刘昌毅 主编

威海市社会科学优秀成果获奖作品文库

（第十二卷）

社会科学文献出版社
SOCIAL SCIENCES ACADEMIC PRESS (CHINA)

编 委 会

序

　　"物之所在，道则在焉"。哲学社会科学是人们认识世界、改造世界的重要工具，是推动历史发展和社会进步的重要力量。习近平总书记指出："人类社会每一次重大跃进，人类文明每一次重大发展，都离不开哲学社会科学的知识变革和思想先导"。在推动社会发展进步的过程中，哲学社会科学与自然科学宛如"车之两轮""鸟之双翼"，相互依存、相辅相成，缺一不可。

　　党的十八大以来，以习近平同志为核心的党中央多次强调要大力加强中国特色新型智库建设，发出了推动哲学社会科学大发展大繁荣的号召，提出了繁荣发展社会科学的战略任务。在哲学社会科学工作座谈会上，习近平总书记明确提出要坚持以马克思主义为指导，解决好真懂真信、为什么人、怎么用的问题，为繁荣发展哲学社会科学事业提供了思想指南和实践动力。同时，贯彻落实威海市第十五次党代会精神，深入实施"全域城市化、市域一体化""产业强市、工业带动、突破发展服务业"等重大战略，争当全省"走在前列"排头兵、实现现代化幸福威海建设新跨越，也需要丰硕的理论创新支撑。时代呼唤哲学社会科学的繁荣发展。站在新的历史起点上，立足威海发展实际，深入研究回答重大理论问题和实践问题，不断推进理论创新和实践创新，提供更多更好的智慧产品，是实现威海现代化宏伟发展蓝图的迫切需要，也是进一步增进共识、凝聚合力的现实要求。

　　长期以来，威海市委、市政府高度重视哲学社会科学事业的发展，不断完善机制、加大投入、优化环境，打造了一批有特色、有影响的社科品牌，造就了一批知名专家和学术带头人，推出了一批理论创新成果和学术精品。全市广大哲学社会科学工作者坚持以习近平总书记系列重要讲话精神为指导，深入研究和回答党和国家以及我市经济社会发展中面临的理论和实践问题，在理论普及、学术研究、决策咨询等方面，做了大量卓有成效的工作，为推进现代化幸福威海建设事业提供了有力的智力支持，做出了积极贡献。

经过 20 年的实践，威海市社会科学优秀成果奖评选工作，逐步走上科学化、规范化、制度化的轨道，其公信力、权威性和影响力不断增强，成为推介优秀成果、引导研究方向、展示我市社科水平的重要平台，成为促进研究成果应用、转化的有力杠杆，成为发现、培养优秀人才的学术摇篮，对激发广大社科理论工作者的积极性创造性、推动新型智库建设、繁荣发展我市哲学社会科学事业具有重要意义。

《威海市社会科学优秀成果获奖作品文库》（第十一卷~第二十卷）的出版，是对近十年来全市社会科学优秀研究成果的再次认可，也是对哲学社会科学研究的激励与推动。这是一个回顾，是近十年社会科学优秀成果的一个归集；但更是一个展望，是督促全市哲学社会科学进一步繁荣发展的一个新起点。希望全市社会理论工作者，在以习近平总书记为核心的党中央的英明领导下，坚持马克思主义理论学风，深入实际、求真务实、与时俱进、锐意进取，以更加昂扬的斗志，不断取得理论研究的新成果、新成就，为实现现代化幸福威海建设新跨越，做出新贡献。

中共威海市委常委、宣传部长　刘广华

2017 年 9 月

C目录 CONTENTS

产业集聚的起源：一个中心外围模型的扩展

何青松　臧旭恒　赵宝廷

一　引言

影响工业区位的因素可以分为区位因素与集聚因素。区位因素是指不同空间具有不同的自然资源禀赋、人力资源禀赋与社会资源禀赋（政策法律环境、人文习俗等），不同的区位因素决定了空间从经济意义角度而言具有异质性。区位因素形成的优势往往先于集群而存在，属于外生比较优势。集聚因素则是由于企业在空间相互邻近，在组织上相互合作，从而形成外部性效应的因素。集聚因素具有报酬递增的特性，在因果累积循环机制的作用下，随着特定空间内集聚企业数量的增加，该地区形成的吸引企业空间集聚的"向心力"越来越大，所以集聚因素属于内生比较优势。区位因素与集聚因素成为解释产业集群演进的两个维度，大量实证研究也证明了这一点。

新经济地理学代表人物克鲁格曼利用主流经济学的研究方法，将"报酬递增"引入空间经济学的分析框架，建立了中心外围模型分析集聚因素对产业集群的影响。在中心外围模型中，制造业集聚的演进动力被归结为集聚本身所产生的内生比较优势，两个同质地区谁演进为制造业"中心"，谁成为"外围"，抑或制造业在两个地区均匀分布，取决于"历史、偶然因素或人们的预期"。虽然克鲁格曼没有否定区位因素形成的外生比较优势对集群起源的意义，但在中心外围模型中区位因素的作用被排除在形式化分析之外。戴卫明与陈晓红将区位因素与集聚因素纳入数理模型中进行分析，他们建立的模型用一个常量表示集聚过程中形成的"内生比较优势"，这样的假设虽然易于数学上的处理，但显然忽略了内生优势是动态变化的这一特性，也难以体现"报酬递增"的思想。

本文第二部分将区位因素所形成的"外生比较优势"这一变量引入中心外围模型之中，对中心外围模型进行拓展，建立区位因素与集聚因素对产业集群影响的数理模型。第三部分讨论"区位因素"与"集聚因素"对集聚均衡稳定性的影响。第四部分得出本文结论的政策含义。

二 扩展的中心外围模型

（一）模型的假设

本文基于以下基本假设。

（1）考虑两个地区，以变量 t 代表地区 1 的区位因素。如果 t 大于零，表示该地区存在区位因素形成的外生比较优势；如果 t 取值为零，区位优势消失；如果 t 小于零，则表示一个地区存在区位劣势。

（2）两个地区仅生产两类产品：农产品 A 与工业品 M。农产品是同质的、农业属于规模报酬不变产业，市场结构属于完全竞争；工业品 M 是具有产品差异的、规模报酬递增产业且市场结构属于垄断竞争。

（3）制造品中有多种差异类产品：第 i 种制造品的产量为 $m(i)$，每一种制造品仅仅在一个地区生产，生产函数为 CES 型：$M = \left(\sum_i m_i^\rho \right)^{\frac{1}{\rho}}$，$(0 < \rho < 1)$。$\rho$ 表示消费者对工业品的偏好，ρ 越小表示消费者越是关心产品差异，同时意味着产品的可替代性越小，令 $\rho = \dfrac{\sigma - 1}{\sigma}$，其中 σ 表示制造品的替代性，并有 $\sigma > 1$。

（4）G_i $(i = 1, 2)$ 表示地区 i 制造品的价格指数。

（5）消费者偏好相同，并采用柯布 - 道格拉斯效用函数表示，$u = M^\mu A^{1-\mu}$，其中，A 为农产品、M 为工业制造品，μ 代表制造品的消费份额，$0 < \mu < 1$。

（6）产品可以跨区域销售，农产品跨区域销售没有运输成本，工业品跨区域销售需要支付运输成本，采用萨缪尔森"冰山交易"形式表示，即一单位的产品仅有 $1/\tau$ $(\tau > 1)$ 的部分到达，其余部分在运输中损耗。

（7）劳动力分为两种，工人 L^M 与农民 L^A，令 $L = L^A + L^M$。经过单位处理，令 $L^M = \mu$，$L^A = 1 - \mu$。农民与工人不能转换工作。两个区域的农民数量相等，均为 $(1-\mu)/2$，农民在区域之间不流动，工人则可以从低工资区域流入高工资区域，令区域 1 的工人比例为 λ_1，那么区域 2 的工人比例为 $\lambda_2 = 1 - \lambda_1$。农民的工资率记为 W^A，且将这个工资率作为计价标准，即 $W^A = 1$。

（二）消费者行为分析

假设消费者的收入为 y，消费者的预算约束为：

$$p^A A + \sum_i p_i m_i = y$$

求消费者的支出成本最小化：

$$\min \sum_i p_i m_i \quad s.t: \left(\sum_i m_i^{\rho} \right)^{1/\rho} = M$$

建立拉格朗日函数：

$$f = \sum_i p_i m_i - x \left[\left(\sum_i m_i^{\rho} \right) - M^{\rho} \right]$$

$$F.O.C: \frac{\partial f}{\partial m_i} = p_i - x \rho m_i^{\rho-1} = 0$$

$$p_i = x \rho m_i^{\rho-1}$$

$$\frac{p_i}{p_j} = \frac{m_i^{\rho-1}}{m_j^{\rho-1}}$$

$$m_i = m_j \left(\frac{p_i}{p_j} \right)^{1/\rho-1}$$

得到第 j 类制造品的消费需求为：

$$m_j = \frac{p_j^{1/\rho-1}}{\left(\sum p_i^{\rho/\rho-1} \right)^{1/\rho}} M$$

$$\therefore \sum_j p_j m_j = M \cdot \left(\sum_i p_i^{\rho/\rho-1} \right)^{(\rho-1/\rho)}$$

令 G 代表价格指数，则：

$$G = \left(\sum_i p_i^{\rho/\rho-1} \right)^{(\rho-1/\rho)} = \left(\sum_i p_i^{1-\sigma} \right)^{(1/1-\sigma)}$$

$$\therefore m_j = \frac{p_j^{1/\rho-1}}{G^{1/\rho-1}} M = \left(\frac{p_j}{G} \right)^{1/\rho-1} \cdot M = \left(\frac{p_j}{G} \right)^{-\sigma} \cdot M$$

求解消费者预算约束下的效用最大化问题：

$$\max U = M^{\mu} A^{1-\mu} \quad s.t: GM + P^A A = y$$

建立拉格朗日函数：

$$f_2 = M^\mu A^{1-\mu} - x(GM + P^A A - y)$$

得：
$$\begin{cases} M = \dfrac{\mu y}{G} \\ A = \dfrac{(1-\mu)\ y}{P^A} \end{cases}$$

$$xy = M^\mu A^{1-\mu}$$

$$m_j = \left(\frac{p_j}{G}\right)^{-\sigma} \cdot M = \mu y \frac{p_j^{-\sigma}}{G^{1-\sigma}}$$

（三）制造品的价格指数与销售量

区域 r 生产的制造品种类为 n_r，$r \in \{1, 2\}$，某一区域的某产品的当地价格为 p_i，运输到另外区域的价格为：$p_i\tau$（$\tau > 1$），故在每个区域消费两地生产的全部制造品的价格指数为：

$$G_1 = [n_1 p_1^{1-\sigma} + n_2 (p_2\tau)^{1-\sigma}]^{1/1-\sigma}$$
$$G_2 = [n_1 (p_1\tau)^{1-\sigma} + n_2 p_2^{1-\sigma}]^{1/1-\sigma}$$

由于 $m_j = \mu y \dfrac{p_j^{-\sigma}}{G^{1-\sigma}}$，所以，区域 s 对区域 r 的产品需求为：$\mu y_s (p_r\tau)^{-\sigma} G_s^{\sigma-1}$，两个区域的销售量分别为：

$$q_1 = \mu [y_1 p_1^{-\sigma} G_1^{\sigma-1} + y_2 (p_1\tau)^{-\sigma} G_2^{\sigma-1}\tau]$$
$$q_2 = \mu [y_1 (p_2\tau)^{-\sigma} G_1^{\sigma-1}\tau + y_2 p_2^{-\sigma} G_2^{\sigma-1}]$$

（四）厂商的利润最大化问题

假设厂商的生产函数为 $l_r = F + cq_r$，F 为固定投入，c 为边际成本，q_r 为某区域的产量。区域 r 的工人工资为 ω_r，厂商的产品价格为 p_r，厂商的利润为：

$$\max \pi_r = p_r q_r - \omega_r l_r + t, p_r q_r$$

对上式求 q_r 的一阶导数得：

$$(1+t)\ p_r\left(1 - \frac{1}{\sigma}\right) = c\omega_r$$

代入利润函数得：
$$\pi_r = \frac{\omega_r}{1+t}\left(\frac{cq_r}{\sigma-1} - F\right)$$

由于长期在均衡状态下，企业没有超额利润，所以 $\pi_r = 0$，且设上式右边第一项大于零，经单位变化得 $c = \dfrac{\sigma-1}{\sigma} = \rho$ 与 $F = \dfrac{\mu}{\sigma}$，得：

$$\frac{cq_r}{\sigma-1} = F$$

$$l^* = F\sigma = \mu$$

$$q^* = \frac{F(\sigma-1)}{c} = \mu$$

$$n_r = \frac{L_r}{l^*} = \frac{L_r}{\mu}$$

当 $\lambda_r > 1/2$ 时，$p_r = \dfrac{\omega_r}{1+t}$，当 $\lambda_r \leqslant 1/2$ 时，$p_r = \omega_r$。

（五）求解工资率

当 $\pi_1 = \pi_2 = 0$ 时，每个企业的最优产出规模相同，所以 $q_1{}^* = q_2{}^* = \mu$，可得：

$$q_1{}^* = \mu\left[y_1 p_1{}^{-\sigma} G_1{}^{\sigma-1} + y_2 (p_1\tau)^{-\sigma} G_2{}^{\sigma-1}\tau\right]$$

$$q_2{}^* = \mu\left[y_1 (p_2\tau)^{-\sigma} G_1{}^{\sigma-1}\tau + y_2 p_2{}^{-\sigma} G_2{}^{\sigma-1}\right]$$

$$p_1{}^\sigma = \frac{\mu}{q_1{}^*}\left[y_1 G_1{}^{\sigma-1} + y_2\tau^{1-\sigma} G_2{}^{\sigma-1}\right]$$

$$= \left[y_1 G_1{}^{\sigma-1} + y_2\tau^{1-\sigma} G_2{}^{\sigma-1}\right]$$

$$p_2{}^\sigma = \frac{\mu}{q_2{}^*}\left[y_1\tau^{1-\sigma} G_1{}^{\sigma-1} + y_2 G_2{}^{\sigma-1}\right]$$

$$= \left[y_1\tau^{1-\sigma} G_1{}^{\sigma-1} + y_2 G_2{}^{\sigma-1}\right]$$

设 $\lambda_1 > \lambda_2$（设 $\lambda_1 < \lambda_2$ 结果一样），表明集聚于区域1，得：

$$\omega_1 = (1+t) p_1$$

$$= (1+t)\left[y_1 G_1{}^{\sigma-1} + y_2\tau^{1-\sigma} G_2{}^{\sigma-1}\right]^{1/\sigma}$$

$$\omega_2 = p_2 = \left[y_1\tau^{1-\sigma} G_1{}^{\sigma-1} + y_2 G_2{}^{\sigma-1}\right]^{1/\sigma}$$

由实际工资＝名义工资÷生活费用指数，得到工人的实际工资 ϖ 为：

$$\varpi = \omega \div G_1{}^\mu (p_{农产品})^{1-\mu} = \omega G_1{}^{-\mu}$$

同理，$\varpi_2 = \omega_2 G_2{}^{-\mu}$

（六）均衡结果

$$G_1{}^{1-\sigma} = \left[n_1 \left(\frac{\omega_1}{1+t} \right)^{1-\sigma} + n_2 \left(\frac{\omega_2}{1+t} \right)^{1-\sigma} \tau^{1-\sigma} \right]$$

$$G_2{}^{1-\sigma} = \left[n_1 \left(\frac{\omega_1}{1+t} \right)^{1-\sigma} \tau^{1-\sigma} + n_2 \left(\frac{\omega_2}{1+t} \right)^{1-\sigma} \right]$$

$$G_1 = \left[\lambda_1 \left(\frac{\omega_1}{1+t} \right)^{1-\sigma} + (1-\lambda_1) \left(\frac{\omega_2}{1+t} \right)^{1-\sigma} \tau^{1-\sigma} \right]^{1/1-\sigma}$$

$$G_2 = \left[\lambda_1 \left(\frac{\omega_1}{1+t} \right)^{1-\sigma} \tau^{1-\sigma} + (1-\lambda_1) \left(\frac{\omega_2}{1+t} \right)^{1-\sigma} \right]^{1/1-\sigma}$$

工人的总人数为 μ，所以 $L_1 = \mu\lambda_1$，$L_2 = \mu(1-\lambda_1)$，$\omega^A = 1$，

农民数量为 $1-\mu$，所以 $L_1{}^A = L_2{}^A = \frac{1-\mu}{2}$，

$$\therefore y_1 = L_1\omega_1 + L_1{}^A\omega^A = \mu\lambda_1\omega_1 + \frac{1-\mu}{2}$$

$$y_2 = L_2\omega_2 + L_2{}^A\omega^A = \mu(1-\lambda_1)\omega_2 + \frac{1-\mu}{2}$$

$$\omega_1 = (1+t)\left[y_1 G_1{}^{\sigma-1} + y_2\tau^{1-\sigma}G_2{}^{\sigma-1} \right]^{1/\sigma}$$

$$\omega_2 = \left[y_1\tau^{1-\sigma}G_1{}^{\sigma-1} + y_2 G_2{}^{\sigma-1} \right]^{1/\sigma}$$

三　集聚的稳定性分析

假设区域 1 发生集聚，$\lambda_1 = 1$，设 $\omega_1 = 1$，则有：

$$G_1 = \frac{1}{1+t}, \quad G_2 = \frac{1}{1+t}\tau$$

$$y_1 = \frac{1+\mu}{2}, \quad y_2 = \frac{1-\mu}{2}$$

以下对 ϖ_1 与 ϖ_2 进行比较静态分析，分析集聚的稳定性及其条件。

$$\varpi_1 = \omega_1 G_1{}^{-\mu} = \left(\frac{1}{1+t} \right)^{-\mu}$$

$$\varpi_2 = \omega_2 G_2{}^{-\mu} = \left(\frac{1}{1+t} \right)^{\rho-\mu} K^{1/\sigma}$$

其中 $K = \left(\frac{1}{1+t} \right)^{\rho} \left(\frac{1+\mu}{2}\tau^{1-\sigma-\mu\sigma} + \frac{1-\mu}{2}\tau^{\sigma-1-\mu\sigma} \right)$，只要 $K < 1$，则有 $\varpi_1 > \varpi_2$，区域 1 的集聚就是稳定的。

（一）考虑运输成本为零的情况

当运输成本为零，即 $\tau = 1$，$K = \left(\dfrac{1}{1+t}\right)^{\rho}$，由于 $\rho \in （0，1）$，如果 $t = 0$，则 $\varpi_2 = \varpi_1$，如果 $t > 0$，则 $k < 1$，$\varpi_2 < \varpi_1$，从而得出：

命题 1：当没有运输成本时，如果一个地区存在区位优势，该地区形成的集聚稳定；当一个地区没有区位优势时，该地区形成的集聚不稳定。

（二）考虑存在运输成本的情况

令 $K_1 = \left(\dfrac{1+\mu}{2}\tau^{1-\sigma-\mu\sigma} + \dfrac{1-\mu}{2}\tau^{\sigma-1-\mu\sigma}\right)$，$\dfrac{\partial K}{\partial t} = -K_1\rho\left(\dfrac{1}{1+t}\right)^{\rho-1}\dfrac{1}{(1+t)^2} < 0$，

这意味着，区位因素形成的外生比较优势越大，ϖ_2 越小，越利于区域 1 集聚的稳定。当不存在区位优势时，如果 $\sigma - 1 - \sigma\mu > 0$，则存在 τ^*，当运输成本 $\tau \in （1，\tau^*）$，使得 $k_1（\tau）< 1$，区域 1 形成集聚。$\dfrac{K（\tau）}{K_1（\tau）} = \left(\dfrac{1}{1+t}\right)^{\rho} < 1$，所以 $k（\tau）< 1$ 成立，只要 $\tau \in （1，\tau^{**}）$，区域 1 就可以形成集聚。由此得出：

命题 2：一个区域具有的区位优势越大，越利于集聚在该区域的形成，区域优势的存在允许集聚在运输成本更高的条件下仍能保持稳定，但具有区位优势的地区并不一定会形成集聚。

当运输成本 τ、产品之间的替代弹性 σ、制造业支出占总支出的份额 μ 固定时，如果 $t > \left(\dfrac{1+\mu}{2}\tau^{1-\sigma-\mu\sigma} + \dfrac{1-\mu}{2}\tau^{\sigma-1-\mu\sigma}\right)^{\rho} - 1$，则 $K < 1$ 成立，得出以下推论。

推论 1：就某一具体产业而言，在运输成本为 0 的情况下，产业将在具有区位优势的地区集聚，在运输成本、规模经济等因素固定时，当区位优势大到一定程度，集聚成为必然。

推论 2：在运输成本、规模经济相同的情况下，对区位优势依赖越大的产业形成集聚的可能性越大。

一个地区已经形成集聚，在经济发展变化过程中，新的地区具备了更大的外生比较优势，这是集聚原发地的区位因素形成了负的外生比较优势，当运输成本 $\tau \in （1，\tau'）$ 时，$K'（\tau）> K（\tau）$ 成立，集聚仍稳定在原发地，由此得出：

命题3：如果一个地区已经形成集聚，新的地区即使具有更强的区位优势，集聚仍有可能在集聚效应的作用下维持在原地。

四　政策含义

产业集聚是区位因素与集聚因素共同作用的结果。区位因素往往是产业集聚的起因，而集聚因素则是将产业集聚锁定在某个地区的重要力量。

这个结论具有很强的政策含义。①在规划产业集群时，必须与当地社会经济条件有机结合，不能忽视区位因素的作用。当前，中国一些地方政府为了发展地方经济，人为设计一些产业集群，如威海市政府在2003年模仿浙江省义乌市规划了文登小商品批发集群，虽然投入很多人力、物力与财力，但由于没有充分认识到当地的区位劣势，经过几年的运作，产业集群仍难以形成，最终只能无功而返。②在推进产业集群进一步发展壮大时要重视集聚因素，应该通过市场机制来增强区域对生产要素的凝聚力。中国很多地方政府在招商引资过程中，出台种种优惠政策（地方所得税优惠、土地价格低估、各种变相的奖励政策等），以增加当地的外生比较优势，但是，为了完成甚至超额完成招商指标，政府官员往往采取"只要是投资项目就来者不拒"的策略，招商项目之间缺乏产业关联，企业之间没有产生显著的外部性效应，对后续的招商项目形不成集聚效应带来的"向心力"，招商工作只能继续依靠政府的优惠政策来推进，结果政府引进的外资越多，地方财政的负担反而越大。③还有一些地方政府在狭窄的行政区划内规划出多个缺乏关联性的产业集群，这种发展思路同样违背了集群发展的规律。例如，江苏省2003年出台《关于培育产业集群促进区域经济发展的意见》，提出要在3～5年的时间，在全省形成100个有竞争力的产业集群。在中国，很多开发区在有限的地理空间内，建立了电子工业园、机械产业园、食品加工园、纺织服装园、化工建材园等，形形色色的区中园、园中园相互之间的产业关联性很小。由于特定的空间所能容纳的生产要素数量有限，瓜分这些要素的集群数量越多，每个集群分摊到的要素总量就越少，尤其是当产业集群发展到一定程度时，生产要素价格的提高、拥挤成本的出现往往会侵蚀集群的利润，集群缺乏集聚效应，其成长规模便会受到制约。

［作者单位：哈尔滨工业大学（威海）］

环境成本内部化与我国对外贸易

谷祖莎

随着环境保护日益受到重视，贸易与环境之间的冲突引起了广泛的关注。从国际社会和世界经济的视角来看，环境保护和自由贸易都是人们追求的目标。如何既促进国际贸易又保护生态环境，便成为世人面临的重大课题。许多环境问题之所以产生，其根源并不是国际贸易，而是因为市场未能反映商品和服务、生产和消费中的环境成本，环境的外部性引发市场失灵，价格无法反映环境成本，从而形成价格扭曲。这样，一方面，贸易自由化导致环境质量进一步下降；而另一方面，各国在保护环境的同时设置的"环境壁垒"又阻碍了国际贸易的发展。为解决这一问题，人们在国际贸易中引进了环境成本内部化这一做法。

一　环境成本及环境成本内部化

环境成本，即商品开采、使用、生产、运输以及回收过程中为解决和补偿环境污染和生态破坏所需的费用之和。

环境成本（E）由两部分组成，一部分是正常使用环境资源支付的成本（即环境生产要素的价格）（E_0），另一部分是污染环境所必须支付的外部成本（E_1），即 $E = E_0 + E_1$。E_0 是环境要素的价格，即正常使用环境要素须支付的代价，它的大小直接受到环境要素禀赋的影响。所谓环境要素禀赋即为环境对污染物的吸引能力，这种吸引能力体现为环境自身可将污染物稀释吸引而不产生外部成本。在环境要素丰裕的地区，E_0 通常比较低，相反的情况下，E_0 比较高。E_1 是外部成本，也就是说，在实际中它是一笔应付而无法支付的费用。E_1 的大小主要受一国环境政策的影响，而环境政策的核心又是环境标准。在环境标准较宽松的国家，生产采取一种粗放型的方式，对破坏的环境投入较小的费用治理，E_1 较低，相反，严格的环境标准会使生产者提高环保意识，加大治理投入，因此 E_1 较高。总之，环境成本 E 由环境要素价格 F_0 和环境外部成本 E_1 组成，影响它的主要因素就是环境要素的禀赋程度和环境标准的严格程度。

环境成本内部化是将环境成本作为生产者成本的一部分计入产品的总成本。从而，环境因素进入生产环节而成为一个新的生产要素，成为同资本、劳动、资源、技术等要素并列、同等重要的生产要素。这样，产品价格能够更准确地反映环境成本的生产经营活动所造成的全部代价，能够消除生产对环境的外部性影响。一旦环境成本成为生产成本的一个组成部分并最终得到体现，商品价格就能反映它的全部社会成本。生产者就会按新的全部社会成本确定最优产量，消费者就得按反映产品全部社会成本的价格进行支付。由市场失灵造成的生产对环境的外部性影响得以消除，市场、价格重新成为配置资源的有效手段，整个环境、社会又能有效地运转。

二 国际贸易中环境成本内部化的实施

环境成本内部化论是根据外部经济（或曰外差效应）理论得出的。环境成本内部化论认为，某些出口生产、营销活动污染空气和水，恶化环境资源，甚至造成跨国境或全球性的环境问题（酸雨、河流污染、气候变暖），然而这些环境资产的价值在出口生产和国际贸易中往往被忽略不计，国际贸易的开展可能加重市场失灵而使环境更加恶化。因此，必须将这种由市场失灵导致的消极的外部经济效应"内部化"，即内化到出口商品或劳务的真实成本中，以便促使资源的合理使用和环境的有效保护。具体实施方法有以下几点。

1. 界定环境资产的所有权

当环境资源的产权未加界定时，无人会主动承担环境退化所造成的损失，若对自然资源的使用也缺乏调控机制，便会导致资源的过度开发和过度消费。例如，共有河流的上游国家建成一家化工厂，其排放的污水侵蚀了下游邻国农作物，但由于产权没有界定，上游国家工厂继续排放污水而邻国居民得不到赔偿。

2. 对环境资产合理定价

环境资产有直接的使用价值，如森林、草地和野生动植物可提供相应商品或提供登山、旅游之类的服务，这些商品、服务均可予以量化。同时，环境资产还有间接的使用价值，如森林和湿地对大气和气候有支持功能，但因难以计量常被忽视。只有对这些环境资产全面合理地定价，才能促进资源持续有效地开发利用。需要指出的是，发展中国家环境资产的价值经常被人为低估，致使资源密集型初级产品出口定价偏低，为多挣外汇而竞相输出初级产品导致农、林、渔、矿诸业的过度开发，加速环境资源的耗竭，甚至在经济上造成"贫困化增长"。

3. 坚持"排污者付费原则"

1972 年，经合组织（OECD）环境委员会在《关于环境政策的国际经济方面的控制》中首先提出这一原则，规定"排污者必须负担由公共当局决定的减少污染的费用，以保证环境处于一种可被接受的状态"。"排污者付费原则"要求污染者承担治理污染源、消除环境污染和赔偿受害人的费用，促使排污者积极主动地治理自身产生的污染物，否则将受到经济制裁，该原则旨在协调经合组织成员方的环境政策，防范不同的环境条款使比较利益与贸易格局扭曲。

环境成本内部化值，在不同的经济发展阶段、不同时期也有所不同，特别是对于发展中国家，这一点非常重要。在此，借用物理学和数学上常用的一个描述最适度的概念——阈值来表达环境成本内部化的最适度及生态目标与贸易目标的协调发展。

环境成本内部化对贸易与环境协调的理想模型如图 1 所示，环境成本内部化越高，越能促进自由贸易并保护生态环境，这个理想的模型是正相关的，但有时会因为各自利益差别导致二者负相关，如图 2 所示。面对这一客观存在的贸易与环境之间的有机联系，做出切合实际的最佳目标模式，就成为构造环境成本内部化阈值的重要任务。将图 1 与图 2 重叠起来，就可得到图 3。

阈值的目标决策就在于寻求 Z_A 与 Z_B 的交叉点 F 的最佳位置。随着人们对生态环境规律和经济贸易规律的认识加深，科技管理水平、计算方式的提高，资源的合理利用，完全有可能实现环境、贸易的目标同步增长，Z_B 移向 Z'_B，交叉点由 F 移向 F′的方向。然而，目前发展中国家的根本任务主要在于发展经济，没有经济的发展，根本谈不上环境保护。而发达国家由于经济发达应多承担保护环境的义务，如图 4 所示，虽然 F 所在点是环境成本内部化最优选择，但就目前来说，发展中国家要求贸易目标适当移向 F″，发达国家应移向 F′。因此，在目前国际形势下发达国家要求统一的环境成本内部化标准，实际上就抑制了发展中国家的经济发展，在国际贸易中为发展中国家制造了一个新的无形的贸易壁垒。

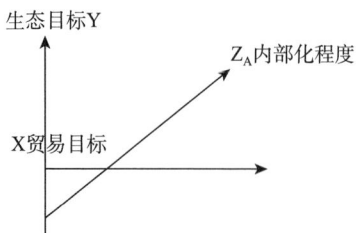

图 1　理想模型

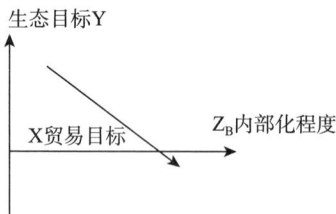

图 2　负相关情况

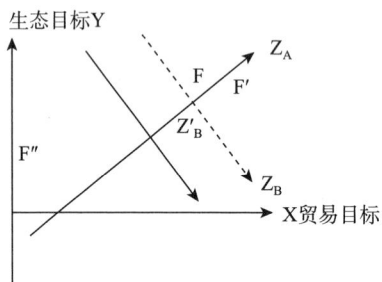

图 3　寻求最佳目标模式

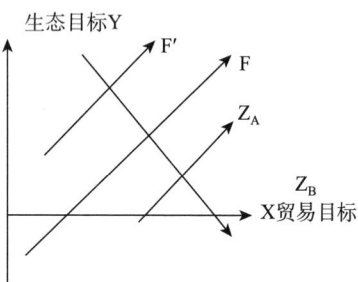

图 4　两种不同的最佳位置

三　环境成本内部化对我国对外贸易的影响

1. 静态效果：对市场准入的影响

环境成本内部化是从贸易角度保护生态环境和自然资源的必要手段，但是，在国际贸易中它又是一把"双刃剑"，即它经常会成为发达国采取严格的市场准入制度、实行贸易保护主义的借口，成为一种新型的贸易壁垒。具体而言，当来自我国的产品对某一发达国家国内产品形成冲击，其国内产品逐步失去市场竞争力时，该国就可能打着保护环境的旗号，采取更为严格的市场准入制度和措施，限制甚至禁止我国产品的进口。

（1）以我国产品采取的环境标准过低为由实施限制措施。发达国家往往以我国环保标准低为理由，认为来自我国的低成本产品是在进行"生态倾销"，是在国际市场上不公平地获取了贸易优势，严重威胁了本国产品的竞争力。为了保持本国产品的国际竞争力，并使其国内市场免受冲击，为产品创造"公平的竞赛场地"，实现所谓"公平贸易"，就以环境成本内部化为名，对来自我国的产品征收"生态倾销"税或采取其他限制措施，抵消我国产品的比较成本优势，达到限制甚至禁止我国产品进口的目的。

（2）以我国产品的环境成本内部化不充分为由实施限制措施。根据国家主权原则，各国享有根据本国经济技术发展水平和其他实际情况单独决定其环境政策、征收环境税费、制定环境标准的权力，这就必然导致各国之间的环境成本内部化程度存在差异，这种差异在目前的国际社会中有其存在的合理性，而且在相当长的时间里是无法消除的。但一些发达国家从贸易保护主义角度出发，对这种情形熟视无睹，而一味要求国外产品符合其规定的环保要求，否则就以该产品的环境成本未充分内部化为由限制甚至禁止进口。

（3）以我国产品未将消费过程中的环境成本内部化为由实施限制措施。近年来，国际社会出现了"可持续消费"这一先进、人文的理念。所谓可持续消费是指提供服务以及相关的产品以满足人类的基本需求，提高生活质量，同时使自然资源和有毒材料的使用量减至最低，使服务或产品的生命周期中所产生的废物和污染物减至最少，从而不危及当代和后代的长久需求。显然，从环保角度而言，改变人类的消费模式已迫在眉睫，消费模式的改变必须通过对具体产品或服务的消费过程的环保要求体现出来，因此，在产品的消费过程中实现环境成本内部化就日益成为发达国家环保政策的重要组成部分。不过在对外贸易中，发达国家对我国产品在消费过程中的环境成本内部化要求，却常常对我国产品的市场准入产生不利的影响，甚至构成针对我国产品的日益严重的贸易壁垒。

2. 动态效果：新的市场机遇

（1）环境管制能够诱发创新。在环保领域，由于存在信息不完备、科技日新月异、企业经营惯性，以及企业内部控制等问题，企业实际上是具有很多创新机会的。创新能够提高产业竞争力的原因在于：它能够带来创新补偿，创新补偿可分为产品补偿和加工过程补偿。产品补偿是指环境管制不仅减少了污染，而且创造了功能更强、质量更好、安全性更高、价格更低的产品（这可能是由原材料的替换或减少包装造成的）；有更高回收价值的产品（这有可能是由提供了循环回收和拆卸分类方面的便利造成的）；对消费者来说具有更低的抛弃成本的产品。加工过程补偿是指环境管制不仅导致了污染的降低，而且产生了更高的资源生产率，诸如更高的加工产出效率，较少的检修停工期（由于更仔细的监督和维护），原料的节省（由于原料的替换和对投入品的重新使用和循环利用），对副产品的更好利用，在生产过程中更低的能量消费，原材料仓储存量以及处置成本的降低，将废料转化为更有价值的形式，更安全的工作环境等。

（2）环境标准将为企业提供新的发展契机，如果企业具有敏锐的商业嗅觉，应当积极抓住这个机会以获得先动优势。多种统计数据表明，世界需求正向环境友善产品加速转移。所谓对环境友善，是指在产品的生产过程中不产生污染或产品进入消费环节后不对环境造成污染或破坏。很多公司已经开发出绿色产品，并获得了回报和开辟了新的市场。例如，德国因早于大部分其他国家制定和执行了废物回收标准，从而帮助国内企业在发展少包装或无包装产品方面获得了先动优势；斯堪的那维亚国家的纸和纸浆生产商率先引入了环境友善的生产加工过程，从而使这些国家的纸和纸浆设备生产商 Kamyn 和 Sunds 等公司在全球新型漂白设备市场上优势明显，获得巨大利润。

四　我国对环境成本内部化应采取的对策

1. 进行制度创新，主要是资源、环境产权制度和环境管理制度的创新

通过明确赋予资源、环境所有权，建立有效的使用、补偿和责任承担机制；逐步完善市场机制，在控制总量的基础上，建立基于市场的可交易的排污许可证和可交易的资源配额制度，逐步实现环境成本内部化。

2. 支持绿色技术创新

绿色技术创新包括绿色产品创新和绿色工艺创新。当前发展中国家绿色技术采用率很低，绿色技术创新更低，基本上还处于无组织无意识的自发状态或被动、被迫状态。即使采用绿色技术的企业，由于种种条件的限制，通常也只采用末端处理技术并且使用效率很低。一方面，从绿色技术创新的资金投入上看，中国的绿色技术创新投入只占国民收入的 0.7%，远低于发达国家的水平，也低于企业一般技术创新的投入比例。另一方面，采用绿色技术的环保市场潜力巨大。因此我国政府应当在财政、税收、金融方面支持企业的绿色技术创新，建立起合理的市场绿色价格体系，一方面鼓励消费者使用环保产品，增加对此的需求，培育市场，另一方面也可以采用倾斜的产业政策和战略性贸易政策鼓励企业进行绿色技术创新，扶持绿色产品和环保产业。

3. 调整出口产业和产品结构

随着环境成本的内部化，出口产业和产品的比较成本优势会发生相应的变化，一些污染严重、污染处理技术相对落后，从而环境成本高额内部化的产业的比较成本优势弱化甚至丧失；而一些少污染乃至无污染的高新技术产业和绿色产业等的成本优势得到强化，应根据这种比较成本优势的变化，以环保为基点培育竞争优势。在对外贸易中追求出口效益与环境效益的统一，以改善环境质量作为提高出口竞争力的出路，形成出口产品的环境竞争优势。

4. 加强环保领域的国际协调与合作

要使中国在 21 世纪的国际竞争中占据有利地位，最根本的途径是使自己成为国际竞争"游戏规则"的制定者，只有这样，才能最大限度地保障自己的权益。国际规则制定的过程实际上就是各国国家利益和力量的斗争与协调过程。目前，中国积极参与世界贸易与环境委员会召开的会议，密切注视国际贸易与环境政策的变化。中国还参加了联合国环境署与联合国贸发会议联合组织的贸易与环境问题非正式高级圆桌会议、联合国环境署与国际商会举办的企业环境行为部长级会议、可持续发展委员会关于贸易与环境的讨论等。中国应更加积极地参与有关国际环境保护组织和贸易组织的活动和谈判，了解世界环境保护发展的新动态及可能对中国对外贸易带来的潜在影响，表明立场，争取公平合理的谈判地位，扩大在一些国际环保立法和贸易立法方面的影响，认真履行作为一个发展中国家所应承担的与其能力和水平相适应的责任与义务，同广大发展中国家紧密合作，以集体的力量进行斗争，努力寻求作为发展中国家在国际贸易中应有的差别待遇，阻止滥用环保法规、滥用贸易协定条款推行贸易保护主义的企图。及时调整有关的环境贸易政策，努力与国际社会接轨，这对提高中国的国际声誉，维护发展中国家的权益，减少不必要的损失，都会起到积极的作用。

[作者单位：山东大学（威海）]

建设胶东半岛世界旅游度假胜地研究

魏 敏

一 引言

迈入 21 世纪之后，我国国民经济总体态势良好，保持了又好又快的发展态势。2003~2006 年，我国国内生产总值（GDP）各年都保持了两位数的增速，年平均增长率为 10.4%，比世界平均水平高 5.5 个百分点，2007 年经济总量跃居世界第四位。截止到 2007 年底，我国人均 GDP 已超过 2360 美元，国内 GDP 达到 249530 亿元，这是一个历史性的突破。按照世界银行的划分标准，中国已经由低收入国家跃升至世界中等偏下收入国家行列。

按照国际经验，人均 GDP 超过 1000 美元，正是一个国家旅游需求急剧膨胀的时期，但主要是观光性需求。度假旅游需求急剧增长的门槛是人均 GDP 达到 2000 美元，将形成对度假旅游多样化的需求和多元化的选择。人均收入达到 3000 美元的时候，度假需求才会普遍产生（魏小安，2005）。所以从全国来看，现在只是观光需求全面膨胀的时期，刚刚超过这个临界点。

但是，由于我国东中西部经济发展的不平衡，对旅游度假的需求自然也存在很大的差异。北京、上海的人均 GDP 已经分别超过 7000 美元和 8500 美元，沿海地区成为我国最发达的经济带，因此，沿海地区已经越过休闲的临界点，逼近度假的门槛，其中有些沿海地区已经大大超越了度假门槛。所以，对于发达地区尤其是沿海发达地区而言，度假需求已经产生。因此，旅游度假胜地这一新产品是经济发展到一定程度的必然产物。

从世界旅游业发展的总体情况和接受游客的数量看，欧洲以其明媚的自然风光和稳定的社会环境，高居第一位；亚洲和大洋洲次之，登记的游客达

1.3 亿人次，其中东北亚增长了 12%，其次是南亚。这说明，中国内地与港澳地区正在成为旅游增长源。世界旅游及旅行理事会（WTTC）2006 年 4 月 24 日发布预测报告：中国将在 10 年内成为世界上第二大旅游和旅行经济强国。我国改革开放 30 年来，旅游业年平均增速超过 10%。现在，这一"朝阳"产业正驶上快车道，旅游度假产品的综合开发尤其是旅游度假基地的开发与建设，将成为我国旅游业发展的主要动力。

从国内旅游度假产品的发展脉络来看，国家旅游局在 20 世纪 90 年代初，结合我国的旅游资源特点，将我国的旅游业定位为多元化、综合性的发展模式，重点发展对象是度假旅游，工作的着力点是培育一批国家级旅游度假区。1992 年，国务院首次批准在全国建设 12 个国家级旅游度假开发区，努力把这些开发区建设成为国际旅游度假基地。经过 16 年的发展，旅游度假基地在我国发展较为成功的有大连金石滩国家旅游度假区、海南三亚亚龙湾国家旅游度假区以及青岛石老人国家旅游度假区等，这些度假区国内外知名度都很高。

随着我国清明节、端午节、中秋节这三个民间节日的法定化，人们闲暇、出游度假的时间相对增多，民航、高速铁路、高速公路所创造的快速便捷的交通条件，把我国的旅游业推向了一个休闲、度假旅游发展的新起点，旅游度假胜地就是这个新起点上的最佳旅游产品。

我们习惯上所称的胶东半岛，位于我国北方环渤海、黄海这个大经济区内，在山东半岛的最东端，处于北京、上海两个城市之间，与辽东半岛相对，与朝鲜半岛和日本列岛隔海相望，区域上由青岛、烟台、威海三市的行政区划构成，位于北纬 35 5′～38 3′，东经 119 0′～122 42′。经考证史料记载，该区域在 19 世纪就被欧洲人称作远东的温带度假胜地，德国人当时占领青岛并实施系统的规划建设就是因为该区域是远东乃至世界上难得的宜居和度假胜地。该半岛土地总面积 3 万平方公里，占山东省的 19%，是我国面积最大的半岛。

该半岛东、北、南三面环海，有着独特的区位优势和相当丰富的旅游资源：

——拥有海岸线长 2552 公里，约占山东省 3200 公里海岸线的 82%，占全国的 16%。

——拥有岛屿 241 个，分布着众多的海湾、山岳、海岛、岬角、沙滩。

——拥有温带季风气候和海洋性气候俱佳、年平均气温 12℃的气候条件。

——拥有大面积的城市山林和近郊生态山林。

——拥有中西方文化交融的欧陆建筑风情与现代化的海滨城市风貌，以及悠久的先秦文化、玄妙的道教文化和近现代文化。

——拥有成熟的工业旅游、度假旅游等多元化产品。

2000年12月，山东省政府邀请世界旅游组织的专家制定了《山东省旅游发展总体规划》。该规划将胶东半岛三市列为山东省旅游发展总体规划的核心。

2003年7月，省委、省政府关于建设半岛城市群和胶东半岛制造业基地的战略决策极大地推动了胶东半岛旅游业的发展。半岛城市群内一小时城市圈的城际交通规划，以及正在建的烟台至韩国的海上轮渡，都将为胶东半岛奠定便利的交通和出行条件。

2003年11月下旬到12月下旬，省旅游局按照省委、省政府和国家旅游局领导的指示，组织了3个海滨度假旅游考察团，由局领导带队，分别赴地中海的西班牙、法国、意大利、马耳他，加勒比海的巴西、墨西哥、美国，南太平洋的澳大利亚、新西兰等国，对著名海滨城市、海岛和城市外的海滨等类型的海滨旅游度假地进行了考察。通过考察，对照旅游业发达国家发展海滨度假旅游的经验，从总体上看，山东省的海滨度假旅游实际上还没有走上国际轨道，在相当大程度上还没有起步。青岛的石老人国家级旅游度假区，由于和崂山风景名胜区、青岛科技开发区几区合一，也脱离了旅游度假的概念。按照此次考察的几处世界著名旅游度假地的水准衡量，省内实际上还没有一处真正意义上的旅游度假区，没有一座真正意义上的度假饭店，也基本上没有接待过真正意义上的海外度假游客。面临的主要问题是：综合配套基础设施水平低；对度假旅游消费和度假产品的认识不到位；规划滞后，没有统一开发；体制问题制约大，非专业化管理问题突出。

2003年12月19日，省委、省政府出台了《关于加快发展旅游业的意见》，对胶东半岛旅游业发展总的要求是：积极推动旅游资源开发上规模、出精品；以"黄金海岸"为主线，打造世界级旅游品牌；充分发挥海滨资源优势，规划建设海滨度假旅游基地；加快旅游度假区建设步伐，形成若干发展活力和增长潜力显著的旅游区带。

2005年5月，省委、省政府在青岛召开了"突出发挥青岛龙头带动作用工作会议"，使青岛在率先发展中，旅游业以及旅游度假基地的建设更加彰显了其独特的滨海旅游度假的区位和资源优势。众多跨国公司的地区总部纷纷移居和落户青岛，总部经济成为青岛经济发展的一大特征。

2007年以来，山东区域经济发展的思路同以往相比发生了根本性变化，即按"一体两翼和海洋经济发展战略"的布局展开。《山东省海岸带规划》

已由省政府批准实施，以省为单元编制海岸带规划在全国属于首创。

"一体"，就是从东部沿海沿胶济铁路向西到省会济南周围，这一带聚集了山东省的主要城市，总体发展水平比较高，经济总量约占全省的2/3，构成了山东区域经济发展的主体部分；"两翼"即北翼和南翼，北翼是指黄河三角洲及周边，南翼是指鲁南经济带。这样，全省一盘棋，一体推进，两翼展开，充分发挥各地的积极性、主动性、创造性，努力形成区域经济协调发展的新格局。

"一体"紧密层的济南、青岛、烟台、威海、淄博、潍坊6市，2006年人均GDP基本达到5000美元，已进入消费型社会阶段，服务业比重逐渐增大。2006年，环渤海地区除北京之外第三产业所占比重均低于全国平均水平，带动经济增长主要靠第二产业特别是制造业。因此，发展壮大服务业是当务之急，谁做得更好，谁就会抢占先机，胶东半岛的旅游业应当成为"一体"内抢占先机的主导产业。

因此，在"一体两翼"的战略思路下，在海岸带规划的基础上，在2008年青岛成功举办奥帆赛所形成的良好国际效应的基础上，如何把胶东半岛建设成为独具东方滨海特色的世界性旅游度假胜地，如何让胶东半岛的旅游度假成为拉动该区域乃至整个山东经济腾飞的另一驾马车，如何实现省政府在旅游业发展中提出的把我省建设成"旅游强省"的总目标，是摆在我们面前的既现实又长远的重要课题，需要我们仔细研究，科学谋划。

二 当今世界旅游业发展的突出特点与主流趋势

当今世界旅游业在经济全球化和世界经济一体化的作用下，进入了快速发展的黄金时代，旅游业已发展成为世界第一大产业。世界旅游业发展状况，呈以下突出特点和主流趋势。

（一）世界旅游业发展的突出特点

1. 世界旅游市场出现新格局

旅游经济是世界经济的重要组成部分，经济全球化与区域一体化的进程深刻地影响着世界旅游业的发展轨迹，直接影响着世界旅游业市场格局的变化。经济全球化、区域一体化为世界旅游业的发展提供了物质平台，而文化多元化则为世界旅游业的发展提供了内在的精神驱动力。

随着世界经济交流、竞争与合作的加强，各国相互开放的进程（包括航空开放）不可逆转，制约旅游的政治、经济、技术和交通障碍将逐步拆除，世界旅游业以高于世界经济的速度快速发展，远远高于世界财富年均 3% 的增长率。

东亚太经济的崛起，为世界旅游热点向亚太转移创造了经济平台。在未来 10 年中形成的中国－东盟自由贸易区，将出现一个拥有 17 亿消费者、近 2 万亿美元国内生产总值、1.2 万亿美元贸易量的经济区。东亚太地区接待国际旅游人数占世界的份额将从 1995 年的 14.2% 上升为 2020 年的 27.3%，超过美洲（2020 年为 17.8%），位居世界第二。欧、美主宰世界旅游市场的局面已被打破，全球旅游市场已形成欧、亚、美三足鼎立的新格局。"欧元之父"、诺贝尔经济学奖得主蒙代尔教授最近预言，世界将形成美元、欧元和亚元三大经济区。"亚元"将以日元与人民币为基础，从人民币、日元和其他亚洲国家货币与美元实行固定汇率起步，建立"亚洲货币基金组织"，逐步形成"亚元"与亚洲各国货币并存的亚元经济区，与美、欧并立为世界三大经济区域。

在这一大格局下，区域经济一体化的推进加速了区域旅游的发展，使世界各大洲内部的区域性旅游成为国际旅游的主体。世界旅游组织预测，2020 年世界各主要旅游区内部的国际旅游者占其国际客源的份额分别为：非洲为 70.5%，美洲为 71.0%，东亚太为 78.5%，欧洲为 84.8%，中东为 73.0%。

2. 度假旅游呈持续增长之势

从世界旅游业发展来看，度假旅游已经走过了半个多世纪。随着世界各国经济的发展与生活水平的提高，众多旅游者越来越不满足多年一贯制的观光旅游，而希望能够在旅游中结合自己的兴趣爱好，进行积极的身心调养和休憩，人们将更加重视精神疲劳的消除。由于每年出国旅游已成为一种生活方式，越来越多的游客已不满足于在各个旅游点之间长途跋涉、疲于奔命的旅游方式。旅游目的也从传统的开阔眼界、增长见识向通过旅游使身心得到放松和休息、陶冶生活情趣等转变，度假旅游活动成为现代人最重要的组成部分。

根据对日本出国游客的调查，近年来日本每年出国游客中有 2/3 是重复出国；而美、英、德、法等国重复出国游客所占的比例更高。随着旅游者中度假人数比例的不断增大，现在度假旅游已经成为重要的市场方向，世界旅游强国在很大程度上都是休闲度假旅游比较发达的国家。而海岛、滨海旅游则是旅游业的一大支柱，在一些国家和地区则成为主要的经济收入来源，如在百慕大、巴哈马、开曼群岛，旅游业的收入占其国民收入的 50% 以上。目前，国际旅游者主要流向之一就是海滨及海岛旅游区，地中海沿岸、加勒比海地区、波罗的海及大西洋沿岸的海滨、海滩成了极负盛名的旅游度假胜地。据统计，滨海旅游的游客在法国占50%，在英格兰占70%，在比利时达到80%。以"出售阳光和沙滩"闻名于世的西班牙，每年的旅游外汇收入高达100多亿美元。在美国，每年约有4500万人乘船度假观光。亚太地区的滨海游乐业也呈增长之势。

3. 休闲度假与旅游体验逐步迈上大众化轨道

随着科技进步与经济发展，人们的闲暇时间与时俱增，恩格尔系数则与时俱减。19世纪70年代，欧美职工每周工作6天每天10小时，周工作60小时；20世纪30年代，每周工作6天每天8小时，周工作48小时；20世纪70年代，每周工作5天每天8小时，周工作40小时；20世纪90年代，欧美大多数国家职工每周工作5天每天7小时，周工作35小时。1995年，全世界145个国家实行每周5天工作制，其中大多数又实行每年5~52天的在职带薪休假制。有些发达国家有可能实行每周工作4天每天工作5小时，周工作20小时的工作制。带薪休假日也将逐步延长，弹性工作制将进一步推广。在发达国家和地区，恩格尔系数已降到20%~30%，人们的可自由支配收入大幅度增长。在美国，人们已有1/3的休闲时间，2/3的收入用于休闲，1/3的土地面积用于休闲。

人们工作时间的缩短和可自由支配收入的增长，为休闲活动开辟了广阔的前景。人们休闲活动的消费总和形成了休闲经济，构成消费经济的重要组成部分，成为经济社会发展的重要经济形态，休闲经济在21世纪的头20年将占世界GDP的一半。科学技术的迅速发展极大地节省了人的工作时间，让人可以把生命1/2的时间用于休闲，以提供休闲服务为主的第三产业在2015年左右将会主导劳务市场。

社会发展到今天，旅游已成为人们生活方式的一部分，成为重要的教育方式、健身方式和社交方式，娱乐业也渗透到文化、体育、教育、医疗、购物、餐饮、服饰、客运、IT、媒体等各行各业，人们对体验的追求成为旅游和娱乐的核心内容，旅游和娱乐已成为驱动休闲经济发展的两大轮子。未来学家托夫勒在1970年提出的关于"服务经济的下一步是走向体验经济，商家将靠提供这种体验服务取胜"的预言得到了验证。

4. 经济型酒店迅猛发展

度假旅游的导向作用和休闲经济的迅速发展，拉动了经济型酒店业的发展。部分经济型品牌酒店的扩张速度达到200%~300%。国家发展和改革委员会的数据显示，2007年经济型连锁酒店业排名前十的品牌年均增长率高达

74%，其中7天连锁酒店更在2006年和2007年连续两年以近400%的门店增长速度发展，2007年我国经济型酒店连锁品牌已达100家，已开业店数超过100家。至2008年4月，国内经济型酒店品牌达到58个，但其中有7家的开业门店数量超过了50家，余下的50多个品牌开业酒店数全部集中在4~27家的规模。在过去两年内，经济型酒店数量有了明显增加。在供应量增加的情况下，市场需求亦在增长，单店入住率仍能保持在同一水平，中国主要城市四星、五星酒店市场的平均入住率在70%~75%，且有些二级城市的平均入住率水平可能还达不到70%，而中国经济型酒店的平均入住率水平却有80%~90%。

经济型酒店的迅猛发展，为国内大众休闲度假市场的发展提供了住宿设施的基础。从目前市场供需情况来看，经济型酒店整体而言仍在迅速发展，这意味着市场需求也在同步增加。专家预测：中国的经济型酒店至少还有30年的发展期。因为中国的大众旅游市场正在蓬勃发展，整个行业还有数十倍的增长空间。未来的市场格局应该是10家左右著名品牌，行业领先者的规模应该在1000家酒店以上。这样的发展前景，为国内休闲度假市场的发展提供了良好的条件。

5. 旅游市场的供求内容发生了实质性变化

与传统观光旅游的基本内容相比较，现代旅游者已经厌倦了以团队组织方式，行军拉练式地到处走马观花，整个旅游市场的供求内容发生了实质性变化。

从度假产品的供给方面看，度假产品最基本的特点就是具有比较高的同质性。比如全世界的海滨度假都是以3S（阳光、沙滩、大海）作为核心资源、主体资源。但有的地方培育成了世界一流的旅游度假胜地，而有的地方就做不起来，关键在于如何在同质的滨海度假功能之下突出自己的独特性和唯一性。从20世纪70年代末80年代初开始，旅游者已不满足传统的大众化的观光旅游产品，更趋向于具有鲜明地域特色、时代特色和个性特色的度假旅游产品。因此，旅游度假的产品内容，除了得天独厚的自然资源和历史文化资源优势以外，核心就是度假地特有的、不可复制的社会资源、民俗文化资源和交通、通信、网络等基础设施以及度假地的游憩设施，形成规模性的复合型度假产品体系，以满足各个层面游客的需求。

从需求者方面看，伴随着以商务、文化、交友、休闲以及家庭为单位的旅游度假新趋势的出现，度假者在度假期间除了在度假地活动以外，往往还会以该地为中心，做短途游览，这些短途游览涉及观光、考古、文化、生态、探险、体育运动等多种旅游类型和多种旅游资源。对于现代旅游度假的消费者来说，认识、感悟和体验世界上不同国家、不同地区、不同民族的特色文化，扩大视野，放松身心，提升自我精神品质是他们选择异地休闲度假的根本动机。所以，同以往的旅游者相比，今天的旅游者需要消费、体验和享受更高层次、更丰富多彩、更富有内涵的旅游产品。

（二）世界旅游业发展的主流趋势

1. 市场细分化趋势

随着旅游者收入水平和需求层次的提高以及出国旅游次数的增加，人们已不再满足于城市观光游览这种传统的旅游方式，而趋于追求能够满足其特殊需求且富于刺激性的旅游方式。现代旅游市场出现了市场细分化趋势。每一种细分市场都具有其独特之点，能够满足某一类型旅游者的特殊需求。旅游组织者将注重从更深层次来开发人们的旅游需求，根据人们的年龄、职业、爱好等不同情况组织各具特色的旅游产品来面向不同的细分市场。特殊旅游、专题旅游也越加盛行。除传统的观光旅游、度假旅游和商务旅游外，目前比较盛行的旅游方式有：宗教旅游、探险旅游、考古旅游、修学旅游、蜜月旅游、购物旅游、奖励旅游、民族风俗旅游等。每一种旅游方式又可以进一步细分。中国国家旅游局于1991年5月向国际旅游市场推出了首批14项国家级专项旅游产品，进一步丰富了中国旅游的产品类型。随着国际游客对特殊旅游需求的增加，人们期待着更多、更为丰富多彩的专题旅游路线的不断推出。

2. 度假型旅游将成为现代旅游业发展的主流产品和重要支柱

世界旅游组织秘书处在关于全球旅游业发展预测的研究报告中预测了旅游产品的变化趋势，指出：度假旅游产品、专项旅游产品、个性化的旅游产品将是发展的趋势。在未来的市场发展中，观光型旅游并不会完全失去市场，但在传统的旅游客源国家中度假旅游将更为盛行，会逐步取代观光旅游成为国际旅游的主体。世界上旅游度假胜地如地中海地区、加勒比海地区仍将是国际旅游者集中的地区。在东亚、太平洋地区，夏威夷及具有丰富海滩资源的泰国、印尼将是旅游者热衷选择的目标。而主要吸引商务和购物客人的城市型旅游地如中国香港、中国台湾、新加坡、韩国将在度假旅游浪潮中失去一部分市场。未来，泰国、夏威夷将取代中国香港、新加坡成为东亚、太平洋地区第一和第二位的旅游接待地。中国的国际旅游客源以观光型为主，但中国有丰富的山水风光和海滩资源，为了适应未来世界旅游市场发展趋势，必须改变中国旅游产品的单一结构，开发度假旅游资源，以吸引国际客源的主流。

3. 追求更为灵活多变的旅游方式

在追求个性化的浪潮下，旅游者不再青睐旅行社固定包价的旅游方式。散客旅游和家庭旅游在旅游者人数中所占比例将逐渐增加。散客旅游盛行，原因在于它比包价旅游更自由随意，可以随时按照个人兴趣来调整旅游计划。随着世界各地旅游设施的建立健全，世界性预订服务网络的普及完善，散客旅游越来越方便，目前世界上散客旅游人数已超过包价旅游人数。1989年，欧洲外出旅游人数中66.6%为散客旅游者。非包价式的家庭旅游兴起的主要原因在于私人交通工具的普及。人们可以利用私人拥有的现代交通工具合家出游，尽享天伦之乐。目前，家庭旅游还主要集中于中短距离和区域内。旅行社在组织团体包价旅游过程中也改变过去单纯集中统一的做法，而采取能满足游客个性需求的灵活多变的组团方式。同时，小包价、个人委托代办服务也占有越来越重要的市场份额。

4. 在旅游中追求更多的参与性和娱乐性

住千篇一律的连锁饭店，参观埃菲尔铁塔、金门大桥这些无生命的建筑已使那些经常出国旅游的人感到厌烦，而单调、机械且使人置身其外的旅游方式也使游客失去兴趣。旅游者转而追求那些富有活力、情趣，具有鲜明特性的旅游场所。在旅游过程中，旅游者渴求能亲身体验当地人民的生活，直接感受异国的民族文化风情。希望通过参与和交流得到情感的慰藉和心灵的撞击。旅游者喜欢那些轻松活泼、丰富多彩、寓游于乐、游娱结合的旅游方式，因此各国在旅游产品设计开发中都注重安排丰富的娱乐活动，改变旅游方式，增加游客的参与感，那些具有浓郁的民族风情和传统地方特色同时又和娱乐相结合的旅游产品尤受游客喜爱。

5. "银色市场"不断扩大

"银色市场"指老年人客源市场。按照世界现行标准，一个国家老年人口超过总人口的7%即为老年型国家。西方主要客源国大都进入老年型国家，其中英国、德国、瑞士等国老年人比例已超过总人口的14%。目前老年人占人口总数的比例仍在增加，所谓"银色市场"有不断扩大的趋势。现代的老年人群是一个有钱、有闲、健康活跃的阶层。老年人市场具有几大优势：首先，和其他年龄组相比，老年人更为富裕，支付能力更强；其次，老年人有充裕的闲暇时间，不必因时间的限制而缩短旅程；最后，老年人在退休前后仍然身体健康，思想活跃，出游欲望强烈。很多人认为只有退休以后才有时间和精力来享受生活，开始人生的第二个春天。目前，"银色市场"已成为各旅游接待国极为重视、积极开拓的市场。老年人对异国的古老传统文化表现出比年轻人更多的兴趣，长期以来到中国旅游的外国游客中，50岁以上的游客占到30%左右。研究老年人的需求习惯和特点，开发适合老年人的旅游产品，对中国旅游市场营销来讲具有更为突出的意义。

6. 对旅游安全更为重视

世界局势的根本缓和，使世界避免爆发全球性毁灭战争，但局部战争和冲突时有发生。民族冲突、宗教冲突、国际恐怖主义随时对国际旅游业的发展形成局部威胁。在具备闲暇时间和支付能力的条件下，唯一能使旅游者放弃旅游计划的就是对安全的考虑。旅游者考虑的安全因素主要有：①局部战争和冲突；②恐怖主义活动；③旅游目的地政局不稳定；④传染性疾病流行；⑤恶性交通事故的发生；⑥社会治安状况恶化。旅游者只有对各方面的安全因素确定无疑后才会启程。因此，各旅游接待国都愈加重视安全因素对市场营销的影响，力求从每一个环节把好安全关。对一些不可预测的不安全因素则为游客预先代办旅游保险。这样做一方面可以减轻游客的后顾之忧，另一方面一旦事故发生，可以将其对市场的冲击力减到最低程度。

7. 区域旅游也是主流趋势之一

据世界旅游组织（WTO）统计，20世纪90年代初，区域旅游者占全世界旅游者总数的2/3。对大部分国家来说，邻近市场仍是本国旅游客源的主体市场。区域旅游盛行不衰的原因是多方面的。首先，邻近国家之间政治、经济、文化联系更为紧密。欧洲客源占世界客源的60%。由于欧洲各国间政治、经济和文化紧密相连，语言相通，相互往来手续简便，因此欧洲国际客源中80%的在区域内流动。其次，区域旅游时间短，花费少。进行长距离洲际旅游总要受到一定的时间限制，而短期的区域旅游则可利用节假日，甚至周末就可进行。洲际旅游要支付昂贵的国际交通费用，其平均花费要比区域旅游平均花费高出一倍以上，这就加强了区域旅游的替代性。同是海滨度假，欧洲人就会选择地中海沿岸国家而不去加勒比海地区。当然，随着世界旅游业的发展，跨区域旅游的绝对数量也会相应增加。世界航空业的发展也将给未来洲际旅游的扩展创造条件。以不变价格计算，每公里的交通费用将逐年降低。随着交通工具的革命，未来的旅游将不仅局限于地球范围，宇宙间旅游时代会到来。这些因素都会促进区域以外的旅游迅猛发展。但区域旅游由于其"地利、人和"的优势，总会以更快的速度增长，在可以预见的将来，区域旅游也将是世界旅游业的发展主流之一。权威人士指出，在不久的将来，东南亚海域将成为世界上滨海游乐业蓬勃发展的地区之一。

三　国外海滨度假地的发展历程及其规律

（一）国外海滨度假地的发展历程

世界范围内，海滨度假的发展可大致分为三个时期，分别是以欧洲大陆海滨镇为代表的传统海滨度假地发展时期、海滨度假地快速城市化时期和近半个世纪以来兴起的综合型海滨度假发展时期。

1. 传统海滨度假地阶段

世界范围内最早的海滨度假地出现在 18 世纪上半叶的英国海滨城镇，随后扩展到法国、比利时、西班牙、德国和美洲大陆。这被称为传统海滨度假地，也有学者称之为定制化海滨旅游（institutionalization of seaside）的开端（Walton，1997a）。欧洲传统海滨度假地的兴起最初都与皇家贵族的示范性消费有关（Gilbert，1949，Walton，1997b，Lewis，1980），海滨度假长期以来一直是权贵上层阶级的专利。直到 19 世纪后半期，欧洲和北美的海滨度假地出现了权贵消费向大众消费的转型，普通大众越来越多地介入海滨度假活动中。相应的，欧洲海滨度假地也真正进入大发展时期。

这一转变的推进因素主要是铁路运输技术的发明和普及，极大地提高了工业中心城市周边海滨度假地的进入性（Gilbert，1949，Walton，1983，Williams，1998）。如兰开夏（Lancashie）和约克郡（Yorkshire）成为伦敦居民大批前往的目的地，西班牙阿利坎特（Alicante）成为马德里周边新兴的海滨度假胜地。此外，工人阶级为获取平等社会地位的抗争也是重要因素之一（Walton，1981）。

2. 海滨度假地快速城市化阶段

20 世纪上半叶，欧洲海滨度假地的发展带动了其他各洲海滨度假地的开发。随着交通运输条件的进一步改善，国与国间的海滨度假活动日益兴盛。北欧及西欧的人开始组团去地中海沿岸的海滨度假，北美地区的游客则大量涌向佛罗里达和加勒比沿岸，地中海和加勒比地区的海滨度假地得以迅速发展。这是由于：第一，航空运输技术的发展使旅行费用降低；第二，地中海沿岸国家的消费比北欧和西欧低；第三，北欧和北美地区由于纬度偏高，西欧的一些国家由于多雾，光照时数偏少，而地中海和加勒比地区纬度较低，一年四季都有非常充足的阳光，人们普遍具有强烈的逐光（sunlust）需求。

3. 综合型海滨度假地阶段

20 世纪 70 年代末开始，伴随着度假旅游的大发展，英国传统海滨度假地普遍出现了衰退，许多度假地都面临游客量下降、失业率高于平均水平和投资不足的困境。而与此相对照的是，在环太平洋地区却兴起了许多新兴的海滨度假地，如印尼努沙杜阿度假区和墨西哥坎昆度假区，它们远离当地社区，环境条件优越，规划合理，成片综合开发，以良好的环境和鲜明的地方特色吸引了这一时期国际度假客源，成为这一时期海滨度假地的新宠。在加勒比沿岸、地中海沿岸、东南亚国家的海滨地区，夏威夷、澳大利亚的海滨地区，形成了以夏季休闲度假为主要目的的海滨旅游度假区，在欧洲的阿尔卑斯、韩国首尔附近的山地，出现了以冬季山地运动、健身为主要目的的山地度假旅游区。20世纪70年代后期，大多数欧共体国家有一半或一半以上的人口每年离家休假至少1次。到20世纪末，欧美一些国家的度假旅游甚至成为各类旅游产品中居主导地位的产品。1994年，以度假旅游为主要目的的旅游者——英国占59%，德国占75%，法国占57%，西班牙占55%。

20世纪后半期，随着亚太地区经济的快速发展，休闲度假旅游也成为该区域的新时尚。1994年，亚洲除韩国外，其他国家和地区的旅游者中休闲度假的比例至少占外出旅游的2/3。到泰国旅游的外国人中80%以上是为了度假观光，而新加坡的入境旅游者中以度假旅游为主要目的的人数占旅游总人数的60%左右。热带、亚热带海滨度假地是休闲度假的最主要去处。

为配合度假旅游的迅速发展与旅游区建设的需要，世界旅游组织聘请有关专家专门对世界上6个较著名的旅游度假区——西班牙的加那利蓝岛、土耳其的南安塔利亚、多米尼加的波多普拉、墨西哥的坎昆、韩国庆州的波门湖和印尼的巴厘杜阿岛等地的发展条件，规划与建设，对地方社会经济的作用进行了调查研究与总结。结论是：这些度假区都采取了"充分考虑本地区的环境、经济和社会文化的平衡发展，严谨规划、认真实施"的综合开发模式。

（二）国外海滨度假地的发展规律

从世界海滨度假地发展的阶段性问题及对其的研究，我们可以发现，国际海滨度假地发展有其自身规律，表现在以下几个方面。

第一，在度假地发展过程中，世界经济的发展和交通运输技术革新是推动度假地阶段性繁荣的主要因素。这一规律充分体现在海滨度假地三大阶段的转变过程中，以及在每一阶段某一地区海滨度假地迅速成长的机缘性因素中。

第二，传统海滨度假地衰退不仅仅是单体旅游产品相对吸引力下降的问题，而且还是在全球化浪潮的推动下，世界范围内旅游消费模式由标准化、大众化的福特制消费模式向个性化、多样化的模式转变的结果。世界范围内度假市场的发展受生活方式和休闲方式变化的影响较大，传统度假地的衰退和新型度假地的崛起都是这种变化的结果。所以单纯的旅游地生命周期理论尚不足以解释某一海滨度假地成功或衰落的现象，度假地衰退存在更深层次的外部环境动因。

第三，对世界海滨度假地兴衰深层次的外部动因的揭示以转型理论成果最为突出。转型理论认为当前的旅游者更加注重旅游产品个性化和本真的旅游体验，这种需求转变造成旅游生产模式由福特制向后福特制过渡，大众市场逐渐细化，并为小型且更具灵活性的旅游企业提供了新的市场机遇，这就是所谓的"新旅游"（new tourism）。与生命周期理论不同，转型理论侧重于从海滨度假地的外部环境变化方面寻找度假地衰退的原因，认为度假地衰落的根源在于独特性和市场竞争力的弱化。

第四，海滨度假地的世界格局经历了从欧洲向北美及加勒比海扩展的历程，正在经历向亚太地区转移的趋势变动之中，这对我国而言既是良好的机遇同时也意味着周边的近邻度假地竞争日益加剧。

第五，城市化是海滨度假地曾经经历的误区，世界范围内许多海滨资源环境良好的度假地都因为过度城市化而走入不可逆转的衰落境地，这是在当前世界度假地已进入综合型发展阶段的背景下我们应当引以为戒的。

这些规律性的东西是很值得我们借鉴和引以为戒的。

四　我国海滨旅游度假区的发展现状

我国的度假历史也很悠久，早期的度假较典型的为皇家园林与私家园林式的旅游度假区，如河北承德的避暑山庄，北京的颐和园等皇家园林，以及苏州、无锡等地的私家园林，但度假的主体为帝王将相、皇亲国戚和社会名流。现代休闲度假则主要集中在海滨、山地和温泉疗养地等，以避暑和疗养为主要目的。前者如著名的避暑胜地河北秦皇岛、江西庐山；后者主要为中华人民共和国成立以后建立起来的各类疗养院，如云南个旧的温泉疗养院等。真正大众化的休闲度假始于20世纪90年代，以1992年国务院批准建立的12个国家旅游度假区为标志，我国的大众化度假旅游产品开始启动。

在旅游度假区的发展过程中，我国经济的持续快速增长和休假制度的演变为旅游度假区的发展提供了先决条件。1995年，我国开始实行双休制，人们有了更多的可自由支配的时间，1999 年，国务院重新调整了假日结构，增加了两天的假期，迅速形成了三个黄金周，并引发了"五一"和"十一"两个黄金周的旅游热潮。2007 年，国务院再次调整假日结构。我国现在每年有 115 天的法定假日，再加上带薪年假，也就意味着中国城市人口一年有 1/3 的时间处在休闲状态。12 个国家级旅游度假区从当时批复的 151 平方公里发展到现在的 237 平方公里，度假区面积增加了 86 平方公里。度假区的建设投资累计为 326 亿元，其中外资 20 亿美元，营业额累计 101 亿元，利税 10 亿元，接待游客 1 亿多人次。旅游度假区经过 16 年的发展，现已大体形成了"三三"式结构：一是以满足海内外度假需求为导向的国家旅游度假区和部分省级旅游度假区；二是以满足暑期度假休闲需求为主的海滨度假地；三是以满足双休日需求为导向的环城市旅游度假设施（魏小安，2005）。旅游度假区的建设使我国旅游产品的开发实现了由点到面的发展，形成了区域开发，成片开发的格局，也为我国旅游业的发展开拓了新的领域。据统计，目前全国沿海省（市、区）修缮开放了近 400 个滨海旅游景点，其中有国务院公布的 16 个国家级历史文化名城、25 处国家重点风景名胜区、130 个全国重点文物保护单位以及 7 处国家海岸带自然保护区。这些都标志着我国正迎来全方位、大规模开发滨海旅游度假的新阶段。

（一）我国滨海旅游度假迅速发展

我国的 12 个国家旅游度假区除了云南昆明的滇池、福建南平的武夷山外，其余皆分布在京津环渤海地区、长江三角洲地区、珠江三角洲地区或与此相近的海滨地区。从休闲度假的核心市场区——京津环渤海地区、长江三角洲地区和珠江三角洲地区来分析，其度假旅游的发展程度与速度惊人。京津环渤海地区以最典型的北京市为例，根据 2006 年的调查，在北京市常住居民中，占人口总数 50%（中等收入者 35%，富裕阶层 11%，富有人群 3%，豪富人群 1%）的中等收入以上的人群中每年平均有 1 次以上的休闲度假活动，每年以休闲度假为主要目的的旅游者占这部分人口中的比例超过 50%。长江三角洲地区以上海市为例，抽样调查结果显示，其以休闲度假为主要目的的旅游者比例达到了 29.3%。珠江三角洲地区以最具休闲度假功能的珠海市为例，珠海游客的 78.2% 来自珠江三角洲，调查统计显示，到珠海旅游的游客中以休闲度假为主要目的占 39.3%。2007 年底，山东省接待境外游客 156 万人，从其旅游目的来看，其中从事经济商务活动的占 50.3%，观光度假的占 39.3%，从事文化学术交流活动的占 5.6%，探亲访友的占 2.7%，其他的占 2.2%。值得注意的是，滨海旅游还日益成为外商竞相投资开发的热点。海南琼海万泉河旅游区、秦皇岛海洋花园、金石滩海洋娱乐中心、珠海海上温泉旅游乐园、粤西金海湾旅游城、青岛水晶城等一大批投资数亿元、几十亿元的与外商合资、独资旅游开发项目已先后开工兴建。我国国家旅游局的目标是使我国"从亚洲旅游大国向世界旅游强国迈进"。

鉴于我国旅游业发展的趋势特征，在"十五"计划期间，国家和多数地方政府将度假旅游的发展与度假区建设作为其旅游业发展的重点。国家旅游局提出的旅游度假区的发展目标是"要在国务院批准的 12 个国家旅游度假区的基础上，将一批条件比较成熟的省级旅游度假区和外资建设的度假区批准为国家旅游度假区，以增加国家旅游度假区的数量，扩大国家旅游度假区的规模"；"把集中力量抓好海南热带海岛海滨度假地的建设作为全国开发旅游度假产品的重点"；"把青海、甘肃、新疆、黑龙江建成暑季度假旅游的新的热点地区，分流东部海滨压力，促进西北大开发"；"其他地区要在'十五'规划期间，建设一批借助山间、湖畔、林地、温泉等区位和资源优势的旅游度假地，以形成度假产品的多样化"；"环城市度假设施要更加适应家庭式旅游的需求，逐步增加和调整经营项目，不断提高服务质量"。

地方旅游度假区的发展以长江三角洲度假区为最。目前，江苏省已有苏州太湖国家旅游度假区和无锡太湖国家旅游度假区 2 个度假区，在江苏省旅游业发展"十五"计划中，规划建设 8 个旅游度假区（省级及国家级），其中多数分布在长江三角洲区域内，以苏锡常地区和南京为主。上海市对度假旅游区的发展也相当重视，但限于自身的资源条件，度假区数量相对较少，除佘山国家旅游度假区外，主要分布于滨海和城郊区（县）。浙江省在 2005 年以前，将按照成熟一个批准一个的原则，建设 13～15 个城郊休闲型、历史文化型、湖山型、滨海型、海岛型和温泉型旅游度假区。北京市在 1996 年就已批准设立 6 个市级度假区，目前发展的趋势有增无减。山东省也先后批准建立了 7 个省级旅游度假区。

（二）我国海滨旅游度假区发展过程中存在的问题

与旅游度假的迅速发展和度假旅游区的雨后春笋之势形成鲜明对照的是其目前存在的问题。虽然由于国情不同，客观基础条件不同，开发旅游度假区没有固定的模式，但开发旅游度假区有客观的规律，我国海滨旅游度假区发展过程中普遍存在的问题有以下几点。

1. 缺少科学论证，急于开发

海滨旅游度假区是具有较高技术标准、专业性很强的经济区域，必须科学规划、高水平建设，而目前我国一些好的海滨已经被低水平开发，低起点规划，低质量建设。一些海滨度假区，房地产建设和商业开发用地影响了旅游度假布局，沿海植被覆盖率偏低，甚至中华人民共和国建立后几十年形成的海边防护林带也受到破坏，对历史人文景观缺乏应有的保护。我国海滨旅游开发目前已经明显落后于东南亚国家，海滨旅游资源在数量上虽有优势，但在质量上处于劣势，且在世界范围内缺乏知名度，没有影响力。

2. 开发定位不明确，缺少特色

所谓主题，是指度假区发展的主要理念或核心内容。在我国海滨旅游度假气候条件、自然环境背景相似的情况下，明确主题是形成差异、营造特色、增强竞争优势的有效途径。随着海滨度假旅游需求的日益多样化，具有特定主题和专门内容的度假区得到了较快发展，如土耳其南安塔利亚海滨度假区以"生态""健康""人文"的主题著称于世；墨西哥坎昆旅游度假区以"古老文明"与"现代休闲"有机结合的主题特色吸引了大批游客；我国海南博鳌作为高层次论坛的会议型度假地，也树立了形象鲜明的"自由"、"合作"与"互信"主题，有力地支撑了其旅游业发展。我国的度假区还处于建设初期，要在强手如林的世界度假旅游市场确立自己的地位，就必须有明确的开发定位，明确主题、明确市场、形成特色。

3. 文化意识不强，缺乏内涵

实现度假区经济、文化在高品位、高起点上的协调发展是现代海滨度假旅游区建设的新概念。挖掘文化内涵是丰富海滨度假旅游产品内涵、营造景区特色、扩展度假区吸引物的重要途径。如国外游客到巴厘岛度假休闲的主要目的之一就是去领略其浓郁的地方特色文化；墨西哥坎昆大型海滨度假区则以玛雅文化为中心；而以草裙舞等为代表的土著文化更是成为夏威夷海滨度假区成名的主要吸引物之一。三亚亚龙湾度假区就面临着东南亚巴厘岛、宿务岛、碧瑶、帕塔雅等热带海滨旅游度假区的竞争。我国海滨旅游度假区在开发建设中，一方面要强调海滨度假地的"3S"（即阳光、海水、沙滩）资源；另一方面更要突出"东方文化"和"中国传统文化"的人文景观特色，也就是文化特质。这种文化特质是我国旅游度假区区别于其他国家海滨旅游度假区的关键。中国有着五千年的文明历史，宗教、养生、书法、绘画等文化对国际游客尤其是日本和东南亚游客具有强大的吸引力。深厚的中国传统文化是建设旅游度假胜地的文化背景，也是吸引国际游客的"精神内核"。而目前，度假区文化氛围的营造工作做得还很不够。

4. 旅游开发中资源保护意识不强，破坏严重

度假旅游者往往选择空气清新、自然景观丰富的海滨、山区和森林地带作为理想的度假之地，对海滨度假的需求尤其旺盛。而目前我国海滨旅游度假区的建设，普遍存在旅游开发中资源保护意识不强，破坏现象严重的问题。海滨的海岸线和土地资源面临城市扩张带来的巨大压力和无序开发的风险。突出表现为：圈占海滨岸线和土地的现象普遍存在，一些本应属于公共资源的海滨岸线和土地资源，成为房地产开发商、个人和企业（这些企业往往是受到地方政府扶持、重点保护的）等多方觊觎的对象。有鉴于此，我国海滨度假旅游在未来发展中一定要高度重视生态环境保护，引入生态的可持续发展的开发模式，建立健全完善的生态保护机制，克服在旅游业开发中忽视环保与生态的短视行为，实现海滨度假旅游业的可持续发展。

关于我国海滨旅游度假区发展中存在的问题，国家旅游局将其归纳为三个方面：国家旅游度假区的国际化水平不高；海滨度假地的淡旺季严重失衡；环城市旅游度假设施的总体质量较差。除此之外，对度假旅游需求与旅游度假区发展趋势把握不准；旅游度假区策划创意与规划设计缺乏新意；个别地方设立度假区的动机不纯（如以房地产开发为主要目的）等；也是目前存在的主要问题。针对上述问题和度假旅游的发展趋势，借鉴国外成功度假区的经验，旅游度假区的发展与规划将主要集中在度假环境的营造与旅游项目的规划两个方面。下文以南方海滨度假区和北方环渤海地区国家旅游度假区的发展为实例，看一下我国主要海滨度假区的发展现状。

（三）南方海滨度假区——海南三亚亚龙湾和广西北海银滩度假区

1. 海南三亚亚龙湾国家度假区

海南岛位于中国南端，地处热带、亚热带，环境优美，是我国度假旅游发展较早的地区，也是市场运作较好的地区。我国的度假旅游起步较晚，1992年，国家颁布《国务院关于试办国家级度假区办法》，我国的度假区才开始有所发展，但事实上我国度假区的发展是在1996年之后，国家的政策实行明显先于发展度假区的成熟条件，但也为我国度假区的发展提供了客观上的促进作用。

海南三亚亚龙湾国家度假区是1992年10月4日经国务院批准建立的我国唯一具有热带风情的国家旅游度假区。亚龙湾国家度假区位于三亚市东南28公里处，是海南省南端的一个半月形海湾，全长约7.5公里，是海南省名景

之一。度假区在建立初就由亚龙湾开发股份有限公司进行开发和市场运作，亚龙湾开发公司积极致力于度假区的基础设施建设，为亚龙湾的开发建设和招商引资提供了可靠的保证。度假酒店、别墅、高尔夫球场，景区景点及娱乐项目相继建成开业，形成了吃、住、行、游、购、娱为一体的旅游体系。为了进一步丰富亚龙湾国家旅游度假区的游览内容，亚龙湾股份有限公司还投入巨资兴建亚龙湾海洋乐园，该项目是以探险、娱乐、表演、观赏、展览、科普为主要内容的生态旅游景区。该景区建成后将能极大地弥补海南参与性旅游项目不足的缺陷，延长游客在岛内的逗留时间。

可以看出，海南的亚龙湾度假区是市场运作的产物，采取公司管理的模式，效率高而且赢利性好。这给度假区的发展提供了良好的空间。

2. 广西北海银滩国家度假区

广西北海银滩国家度假区是国务院 1992 年 10 月 4 日批准建立的 12 个国家级旅游度假区之一。度假区位于北海市南部海滨，距北海市 8 公里，银滩西起侨港镇渔港，东至大冠沙，由西区、东区和海域沙滩区组成，东西绵延约 24 公里，海滩宽度为 30 米至 3000 米，陆地面积 12 平方公里，北海银滩以其"滩长平，沙细白，水温净，浪柔软，无鲨鱼"的特点被誉为"中国第一滩"。

银滩度假区的发展与亚龙湾度假区的发展模式有很大区别，它是完全在政府主导下进行开发和规划的，在政府的主导下，银滩开发初期呈现一片繁荣景象，但随着市场经济的发展，银滩开始进入低潮期并且后期持续衰落。亚龙湾度假区是市场化开发的产物，企业化治理是其成功的制度保证，但最终成功离不开垄断性的气候资源、高端度假需求、高素质的企业管理层、度假区与社区隔离等特殊因素的共同支撑。银滩度假区则完全是政府行为的结果。银滩开发初期的火爆是在特殊政策引导下，政府过度介入畸形发展的结果，是非市场化的虚假繁荣。后期的持续衰退则是泡沫过后真实市场需求的反映。

（四）北方主要海滨度假区——环渤海地区

1. 区域特点

我国北部的滨海旅游度假区主要位于环渤海地区，此地区主要是温带海洋性气候，受海洋影响很大，所以，此地区有凉爽的夏天，温暖湿润的冬天，为发展度假旅游提供了先天的优越条件，以青岛为例，与其他城市酷暑难熬的夏季相比，青岛夏季仍凉爽宜人，是著名的避暑胜地。青岛属华北暖温带沿海季风区，具有明显的海洋气候特征。春季气温回升缓慢，比内陆晚；夏季凉爽，多雨多雾，空气湿润；秋季凉爽但很短，空气干燥；冬季长且寒潮频繁，风大温低，但少有严寒。此地区的沿海城市基本上有这样的特点。另外，在经济区域上，此地区处在环渤海经济圈内，而且，靠近中国的政治、文化中心——北京，靠近天津城市带，交通区位条件也很好，水路、航空、铁路以及公路交通都很发达，为其广阔的客源市场提供了良好的进入条件。此地区比较著名的海滨度假城市有青岛、大连、北戴河、秦皇岛等。

2. 发展历程

我国北部的海滨度假地也是在我国发展度假区的大背景下发展起来的，20世纪50年代和80年代，此地区的发展方式主要是建疗养院，形成了两次高潮，80年代后，随着此地区酒店业和景区的快速发展，基础设施逐渐完善，为后来的度假区的发展提供了良好的条件。1992年，国家批准建设国家级旅游度假区，此后，度假区获得飞速发展。在这期间，青岛成立了薛家岛、琅玡台、田横岛省级度假区，还有石老人国家级度假区，另外，青岛市政府批准成立了温泉旅游度假区和仰口旅游度假区。大连成立了金石滩海滨休闲度假区，山海胜景与军港胜迹旅游景区旅游资源形成了环渤海滨海旅游度假区的特点。

在近几年的发展中，北部度假区获得了巨大成功，接待游客的数量与日俱增，而且经济效益贡献很大，但也遇到了不少问题，首先是季节性问题，虽然，此地区是海洋性气候，但毕竟靠近北部，所以，四季还是很明显，有较寒冷的冬季，一到冬季，该地区的景区、饭店业、旅行社基本上处在亏损期。其次，该地区的度假区管理经营方面也是其发展的软肋，基本上是借鉴欧洲20世纪80年代的管理模式，缺乏创新。

3. 小结

由以上两个旅游度假区域的发展可以看出，我国旅游度假区发展缓慢的根本原因在于两个方面：一是国内度假需求发育不足，度假区过度超前发展；二是中央政府支持力度不够，地方政府过度介入度假区开发建设。因此，度假区治理结构优化有两种路径选择，一种是中央政府主导治理模式，另一种是地方政府监督下的企业开发模式。在中央政府介入力度不够的情况下，度假区企业治理比起地方政府治理的度假区产权结构更合理，对开发主体的激励和约束功能也更有效。因此从开发绩效来看，由企业主导开发，地方政府监督实施，是度假区治理结构优化的主要方向。

五 胶东半岛的旅游度假资源及旅游度假产品

胶东半岛（主要指青岛、烟台和威海）旅游度假资源丰富，现从胶东半岛区域内的城市旅游资源以及其所拥有的漫长海岸线、独特的海湾、众多的海岛、温泉和道教文化为主要内涵的崂山、圣经山、昆嵛山等旅游度假资源出发进行系统研究。

（一）滨海旅游度假资源

1. 漫长的海岸线和众多的海湾、海岛资源

胶东半岛有着漫长的海岸线，总长约 2757.54 公里。

（1）青岛市总面积 11282 平方公里，地处山东半岛东南部，东南濒临黄海，东北与烟台市毗邻，西与潍坊市相连，西南与日照市接壤。其中市区面积 1102 平方公里，所辖胶州、即墨、平度、胶南、莱西 5 市面积为 9552 平方公里。青岛有漫长的海岸线、众多的海湾和海岛以及全国有名的温泉资源。全市海岸线（含所属海岛岸线）总长为 862.64 公里，其中大陆岸线 730.64 公里，占山东省岸线的 1/4 强。海岸线曲折，岬湾相间，自北而南分布着 32 个面积大于 0.5 平方公里的海湾。青岛市原有海岛 70 个。1987 年，青岛市把斋堂前岛和斋堂后岛人工连接为斋堂岛。现有海岛 69 个，其中，小青岛、小麦岛、团岛、团岛鼻、黄岛和吉岛是人工陆连岛，有 63 个岛四面环海。69 个海岛总面积为 21.2 平方公里，岛岸线总长 132 公里。这些海岛绝大多数距离大陆不超过 20 公里，最远的千里岩岛，距大陆约 64 公里。在这 69 个海岛中，有 10 个海岛有固定居民。

（2）烟台市地处山东半岛中部，东连威海，西接潍坊，西南与青岛毗邻，北濒渤海、黄海，与辽东半岛对峙，并与大连隔海相望，共同形成拱卫首都北京的海上门户。全市土地面积 13739.9 平方公里，其中市区面积 2643.60 平方公里，全市海岸线曲长 909 公里。烟台有大小基岩岛屿 63 个，面积较大的有芝罘岛、南长山岛、养马岛。有居民的岛为 15 个，分别为长岛县的南长山岛、北长山岛、大黑山岛、小黑山岛、庙岛、砣矶岛、大钦岛、小钦岛、南隍城岛、北隍城岛，龙口市的桑岛，芝罘区的崆峒岛，牟平区的养马岛，海阳市的麻姑岛、鲁岛。

（3）威海北、东、南三面为黄海环绕，海岸线总长 985.9 公里，约占山东省的 33%，全国的 6%。总面积 5797 平方公里，总人口 243 万。海岸类型

属于港湾海岸，海岸线曲折，沿海有大小港湾 30 多处，岬角 20 多个，并有众多优质海滩分布。全市大小海岛 114 个，其中面积在 500 平方米以上的有 84 个，有居民的岛屿 6 个。威海岛屿众多，大小岛屿 104 个，面积 11.6 平方公里，岛岸线总长 141.7 公里。

1988 年，国务院将威海刘公岛、成山头和烟台蓬莱、长岛确定为胶东半岛海滨国家风景名胜区。

2. 得天独厚的天然温泉资源

胶东半岛的温泉资源很丰富，共有 14 处温泉。

青岛地区有 1 处温泉——即墨温泉，地处夏庄——灵山卫断裂带上。这里依山傍水，气候宜人，冬无严寒，夏无酷暑，年均 12.1℃，即墨温泉矿泉水储量丰富，面积为 6.5 平方公里，是全国四大温泉之一，最高温度可达 93℃，泉口水温 88℃，含有氟、溴、锶等 30 多种微量元素，含盐量高，总矿化度为 10.809 克/升，对治疗风湿性关节炎、腰腿痛等骨质性疾病有良好的辅助作用。健康人沐浴，则能起到滋润皮肤、舒筋活络、祛风防病的保健作用。

烟台市有 5 处温泉，分别为招远温泉（汤东泉）、牟平龙泉温泉、于家汤温泉、艾山汤温泉、温石汤温泉。目前开发建设较为成功的是坐落在栖霞市松山镇艾山汤村北的艾山温泉国际旅游度假村。位于集林、溪、泉、瀑、石、甸、湖、观、温泉为一体的著名艾山风景区内，四面环山，空气清新，环境幽雅，风景宜人。以浓郁乡野情调的田园风光，超前的温泉休闲旅游度假理念，为游客提供一个健康休闲的养生之地。项目占地约 2200 亩，是一处集旅游度假、温泉洗浴、休闲娱乐、客房餐饮、运动保健、会议培训为一体的大型露天温泉度假村。度假村内项目内容丰富，涉及温泉洗浴、客房餐饮、健身娱乐、歌舞表演、赛马、狩猎等。可分为体育健身区、竞技区、室内游泳区、娱乐区、餐饮区、休闲区、多功能区、别墅区等区域。配套保健、娱乐系统有室内大型游泳馆、跑马场、狩猎场、足球场、网球场、篮球场、门球场、高尔夫球练习场、VIP 包房、SPA 水疗以及完善的餐饮服务系统等。度假村主要以温泉为特色，吸收日本温泉、北欧洗浴文化的精髓，以中国古典文化为内涵，在洗浴休闲活动中贯穿中国古代田园风情和中医理念，利用四季如春的室内舒适环境与户外郊野自然的充分沟通，创造天人合一、欢乐舒展的境界。

威海市有 8 处温泉，分别是威海市区的温泉汤温泉、洪水岚汤温泉、宝泉汤温泉，文登市的呼雷汤温泉、汤村汤温泉、大英汤温泉、北汤以及乳山市的小汤温泉。

据资料记载，威海中心市区的地热温泉资源早在明朝时期就已被发现。1921年，日本人在此凿井建池，后来由威海当地人集资经营，始称"宝泉汤"。现已经开发利用的8处温泉，出水量达5000 m³/d。其中环翠区的宝泉汤和温泉汤、文登的七里汤和呼雷汤、乳山的归仁汤等久负盛名。

目前，威海市共有地热开采企业21家，年开采地热温泉40.18万立方米，年收入421.8万元，主要用于洗浴、医疗、保健、养殖等。威海中心市区的地热资源（宝泉路地域）主要集中于市中心区宝泉路周围，面积0.14平方公里。水位埋深1.1米至1.4米，水温一般在50℃至70℃，地热温泉无色透明，味咸，伴有硫化氢气体溢出，矿化度为13g/L～18g/L。其化学成分以氯、钠、钙为主，属氯化物－钠钙型水，富含偏硅酸、溴、锂、锶、钡、碘、氟、镭、氡等微量元素和放射性元素，是国内外罕见的海水温泉。这些地热资源的水温、日热流量和矿化度等指标在山东省遥遥领先，在全省国土资源温泉一览表中排位第一（被编为Wl号温泉）。由于此处温泉中所含化学成分特别是微量元素和放射性元素具有独特作用，多项医疗指标居全国温泉之首。多年来的临床实践证明，威海中心市区地热温泉在治疗人体运动系统、心脑血管系统、消化系统、神经系统和皮肤病等方面都有着良好的疗效。中华人民共和国成立后，中心市区温泉主要用于洗浴和疗养。1987年地级威海市建立以来，随着城市建设和经济发展速度的加快，在不足300米长的宝泉路上，形成了"温泉一条街"，建起了多处温泉浴池和两座含有温泉洗浴的宾馆，同时建有5000多平方米的温泉水疗楼。

水温40～80℃的温泉汤，矿化度类似于宝泉汤，出水量超1000 m³/d。泉水喷涌在五渚河中央，据市志记载，"四面水寒而此处独温，水流不滞，浮垢尽去"，附近居民历来有裸浴习俗。

3. 独特的人文资源——道教名山和道教文化

道教源于中国，是中国土生土长的宗教，自东汉中叶产生以来，在中国民间广泛流传，距今已有1800余年的历史。道教由东汉的张道陵创立，是在中国古代神道设教、方仙信仰和黄老学说的基础上，宗仰黄老之道，以神仙家的术说及道家学说为中心，融合传统宗教习俗以教喻世，追求宇宙和谐、国家太平以及相信修道积德定能安乐幸福、长生久视的古老宗教。道教的养生，是在天人合一的生命原则中顺应天地，是在返璞归真的生活态度中亲近自然，是在清静无为的精神境界中融入世俗，在长生不老的追求中珍爱生命。这种"顺乎自然""清静无为"的养生理念，与现代旅游业追求的休闲度假、放松精神、回归自然的目标形成很好的契合。道教的养生思想注重个体修为，即通过个体的"养神""守形""忘我""无欲""目无所闻，心无所知""崇尚自然"等修行，达到养生和延年益寿的目的。道教的教义与中华本土道家文化紧密相连，深深扎根于中华沃土之中，具有鲜明的中国特色，并对中华文化的各个层面产生了深远影响，也日益成为一种世界性的文化现象。胶东半岛与道教有着很深的历史渊源，道教名山构成了胶东半岛度假旅游的又一独有特色。

（1）道教全真派发祥地之一——圣经山

圣经山位于文登市葛家镇西北区，是中国道教全真派的发祥地之一，据史书记载，远在汉唐之际，这里便寺观林立，洞庵毗连，香火不绝。至金大定七年（1167），陕西咸阳道士王重阳游东海来此，在圣经山的"讲经庵"传经布道，创立了"全真教"，并收下七个弟子，后称"北七真"。其弟子邱处机后受成吉思汗嘉封，掌管全国道教，全真教成了国教，盛行一时。圣经山主峰海拔385米，其山顶矗立着一块长约15.6米、高约6米的巨石，其上阳面阴刻有《道德经》上、下两卷，146行5000余字，每字长约10厘米，颜体楷书，略带魏风，圣经山因此得名。《文登县志》载："此摩崖大抵金元诸真人所为。"至今，圣经山还遗留下混元殿、三清殿、三官殿、众仙坟、朝阳洞、老君庙、龙王庙、山神庙、东华宫、东华洞、玉皇阁、天门、卧仙石等众多道教遗迹。1991年，文登市为弘扬民族文化，以"旅游搭台、经济唱戏"为主题，开发了圣经山风景区，至今已投资4000多万元，修复了古迹，改善了区内外道路交通，并建成了通往圣经山的全长1680米的目前国内最先进的单线循环脉动车组厢式高空索道，形成了集道教文化、古今书法石刻、自然风光与现代文明于一体的"山水化"特色。圣经山风景区物产丰富，民俗活动以农家宴（全为山珍野味）又称全真宴闻名，广受游客的青睐。

（2）海上名山第一——崂山

素有"海上名山第一"之称的崂山位于黄海之滨，是我国著名的道教名山，过去最盛时有"九宫八观七十庵"，全山有上千名道士。著名道教人物丘长春、张三丰都曾在此修道。崂山主峰高1133米，它拔海而立，山海相连，雄山险峡，水秀云奇，是中国18000公里海岸线上最高的山峰，也是我国海岸线上唯一一座海拔超千米的高山，自古被称为"神仙窟宅""灵异之府"。《齐记》中亦有"泰山虽云高、不如东海崂"的记载。

崂山原有道观大多被毁坏，保存下来的以太清宫的规模最大，历史也最悠久。三面环山，一面临水的太清宫（又名下清宫），始建于北宋初年，迄今已有近千年的历史。道都以"玉清、上清、太清"为三清,"太清"乃太上清净之界,也就是"神仙"的天堂。太清宫的全部建筑,由三官殿、三皇殿、三清殿组成,风格清淡简朴。三官殿建筑大,前后三进院落。三皇殿院子里有两株古柏,为汉代所植。太清宫三面环山,一面临水,周围有许多景点和刻石。

昔日秦皇汉武登临此山寻仙,唐明皇也曾派人进山炼药,历代文人名士都在此留下游踪,号称"道教全真天下第二丛林",崂山道士更是闻名遐迩。山上奇石怪洞,清泉流瀑,峰回路转。崂山景区分为:崂山巨峰风景游览区、崂山上清风景游览区、崂山太清风景游览区。

崂山还是中国古代园林的一大分支——寺庙园林在崂山最早形成风格体系的地方。这里不仅生长着暖温带植物,而且长有大量的亚热带植物,如茂密的竹林、青翠的茶园、棕榈、广玉兰、红糖等。更可贵的是,这里生长着大量的古树,是整个崂山风景区内古树名木分布密度最大、数量最多的地方。

(3) 道教全真派发祥地之一——圣水观

圣水观是我国北方著名道教全真派的发祥地之一。全真七子之一的王玉阳曾在这里演习道法,为圣水观开山师祖。它位于荣成最长的山脉伟德山脉的西部阳面,这里树茂林丰,鸟语花香,冬无严寒,夏无酷暑,因观内有圣水而得名。

道教是圣水观的主题,通过元朝王道显对该山的撰写和明朝万历年间闫士选撰写的王玉阳传,特别是1992年重修时于庙宇旧址下挖掘出的一块刻有"重修玉清宫记"的碑记,可以知晓该观的历史。公元1164年,东牟王处一(字玉阳)云游此处,只见山外天寒地冻,而此处却溪水潺潺,草青树茂,遂建观于此,现仍存有玉阳大师自凿的打坐石屋和充满真气的玉清宫,1167年,仙人王重阳东来传教,创立全真派,王玉阳离观于昆嵛山烟霞洞拜王重阳为师。道成后,于泰和年间回观,并广收门徒,弘扬全真教,直到1217年仙逝,享年75岁。此后门徒孙道古等铭记恩师教诲,悉心修道,传经送宝,从那时起,这里便成为古圣先贤隐居和道士修炼的洞天福地。

圣水观风景区还是进行革命教育的基地,已被山东省委授予"青少年爱国主义教育基地"和"国防教育基地"。

(4) 海上诸山之祖——昆嵛山

昆嵛山为烟台市内最高山,历来有"仙山之祖"的美誉,位于胶东半岛东端,横亘于牟平、文登、乳山市区,峰峦连绵数百里,松罗森邃,崖奇谷幽,苍茫中成孤独一派。相传仙女麻姑在此修炼,道成飞升。这里还是全真教的发祥地，王重阳与其弟子北七真在此创教布道。山中烟雾缭绕，霞光映照，另有洞天，九龙池九瀑飞挂，九泉相连，泰礴顶系昆嵛山主峰、胶东极巅，登顶观景，一览众山小，沧海眼底收，不似泰山，胜似泰山。

最美的九龙池瀑布实为人间仙境。著名的"泰礴日出""山市蜃楼""古洞烟霞""昆嵛叠翠"等都是由昆嵛山特殊的地形地势形成的天象奇景。昆嵛山还有众多的古迹遗址、名人史料、碑碣石刻等人文景观，如道教的全真教发祥地烟霞洞，胶东第一古刹无染寺，名扬全国的岳姑殿、九龙池、龙王庙、齐王坟及无盐王后墓葬、王母娘娘洗脚盆。烟霞洞内有元、明朝的圣旨碑、"铜碑"、邱处机手书石刻，无染寺中有唐昭宗光化四年的无染院碑、清光绪年间重修的无染禅院碑等。这些人文景观与自然景观融为一体，进一步体现了"秀""古""奇""幽"的特色，更体现了昆嵛山悠久的历史文化。

这四处道教文化遗产都经过了初步的规划建设，是我国现有的较为完整的宗教文化旅游风景区。

4. 迷人的现代化城市——青岛、烟台、威海

位于胶东半岛的青岛、烟台和威海三市，都具有独特的自然景观和城市文化。虽然参照国际旅游城市20项标准，这三个城市目前都不能完全达到要求，但三市在人均 GDP 指标、国际可进入性、旅游业增加值在城市 GDP 的比例等指标上都有新的突破。早日跻身世界著名旅游城市之列，带动半岛经济的发展，提升胶东半岛的国际旅游竞争力，是未来三个城市发展的重要目标。

（1）帆船之都——青岛。青岛地区昔称"胶澳"，1891 年清政府议决在胶澳设防，青岛由此建置。青岛是国家历史文化名城和著名的海滨旅游胜地，也是首批中国优秀旅游城市，其旅游特色可以概括为秀丽的山海风光、丰富的人文景观、风格迥异的多国建筑、历史悠久的宗教文化和五彩缤纷的节庆活动。青岛是国家14 个沿海开放城市和8 个国际会议城市之一，同时，青岛还是中国重要的外贸口岸、中国重要的海洋科研基地。综合经济实力在全国城市中居第11 位，在15 个副省级城市中居第 5 位。青岛首次提出"都市度假"概念，依托欧陆风情的老城区和现代化新城区，建设以消费休闲为主要特色的都市度假区。以滨海步行道串起青岛湾、汇泉湾、太平湾、浮山湾，以及 40 余家星级酒店，依托众多的城市公园、广场和海水浴场，发展具有海滨城市特色的都市度假。另外，通过重点规划和开发都市度假、海滨度假、海岛度假、温泉度假、国际邮船度假等多元化度假旅游产品，在 2007 年，提升都市度假区及石老人、田横岛、凤凰岛、温泉、琅琊台、仰口旅游度假区的综合度假功能，把青岛打造成世界知名的帆船之都。重点发展以滨海度假、温泉度假、文化生态、邮轮旅游、高尔夫度假等高端旅游产品为主的旅游产品体系，通过有吸引力的产品，不断扩大旅游消费，拉动经济增长，树立最佳旅游目的地形象。同时借助"扬帆奥运"的契机，推动青岛旅游由"观光型"向"度假型"转变，从而把青岛打造为"国际海滨度假城市"。

（2）山海仙境，葡萄酒城——烟台。烟台市按照建设现代旅游格局的发展思路和要求，将全市分散的旅游资源按点、区、带科学组合，充实内涵，强化特色，改善结构，发挥整体优势，形成规模效应，从而确立了"九五"期间到 2010 年全市旅游景点开发建设的总体格局——"三区十景一条带，四城五园六条线"。拥有省级旅游度假区 4 处，国家级森林公园 3 处，国家级自然保护区 1 处，国家级重点文物保护单位 7 处，省级文物保护单位 5 处，高尔夫球场 5 处。大力推进旅游休闲度假区建设，在金沙滩、养马岛、蓬莱、海阳四个省级旅游度假区的基础上，加快发展龙口南山、长岛、莱州黄金海岸、栖霞长春湖等 5 处旅游度假区，积极争创国家级旅游度假区，加快昆嵛山、黄海游乐城等 9 个旅游度假村建设，加快产品结构、客源结构和发展模式的优化升级。2007 年接待海内外游客 2029.75 万人次，同比增长 8.17%，旅游总收入 186.13 亿元，同比增长 25.89%，相当于全市国内生产总值（GDP2878.97 亿元）的 6.47%，其中旅游总收入和接待总人数在全省 17 个地市的排名也由第三名首次上升至第二名。烟台市充分发挥世界七大葡萄海岸之一、全国最大的葡萄酒生产基地的资源优势，着力培育葡萄酒专项旅游产品集群。并成功地引入国际高端饭店品牌，填补了烟台市世界著名饭店品牌的空白。配套服务设施的日臻完善，为烟台旅游业的发展创造了更加广阔美好的前景。

（3）最适合人类居住的地方之一——威海。拥有海岛海岸、城市园林、历史遗迹、民俗风情等十多种类型旅游资源。有国家级风景名胜区 2 处，省级风景名胜区 3 处，文物保护单位 51 处，省级旅游度假区 4 处，游览景区（点）80 多处。市内千公里海岸线上，有中国近代第一支海军的诞生地刘公岛，秦始皇东巡过的东方好望角天尽头，中国道教全真派发祥地圣经山，凝聚中、日、韩三国人民友谊的赤山法华院，亚洲最大的天鹅栖息地天鹅湖，大东胜境——铁槎山，天下第一滩——银滩等名胜景观。全市形成了"一线（千公里海岸线）、六区（中心城市、海滨生态、渔家风情、温泉疗养、传统文化、休闲度假）"的旅游格局。

综上所述，胶东半岛千公里海岸线上，有城市文化内涵丰富的青岛、烟台和威海，有秦始皇东巡过的东方好望角天尽头，有中国道教全真派发祥地圣经山，有亚洲最大的天鹅栖息地天鹅湖，有世界七大葡萄海岸之一烟台等名胜景观。海岛海岸、城市园林、历史遗迹、民俗风情等十多种类型旅游资源为胶东半岛世界度假胜地的建设提供了基础。由于气候限制，除了不具有发展高山滑雪这一度假旅游项目的优势以外，胶东半岛占有发展海滨海岛型、温泉疗养型、内陆湖泊山水型、乡村田园型以及以游船、游轮和豪华的旅游列车等现代工具为依托的流动旅游度假资源的所有天然优势。

（二）胶东半岛现有的旅游度假产品

经过多年的发展，胶东半岛现在已经形成了观光旅游、度假旅游和专项旅游三大产品体系。观光旅游产品尤其是文化性观光旅游产品是我国在国际旅游市场上的最大优势，从发展来看也将始终是旅游产品的基础。因此，传统观光旅游的风景名胜区，现代化的城市风光，景色旖旎的海岸线，绵长细软的沙滩，蔚蓝的大海构成了胶东半岛现实的旅游度假产品主体，但是作为特色旅游资源的宗教文化、温泉和专项旅游还没有形成品牌，更没有产生在国内外具有知名度的旅游度假精品项目。

胶东半岛旅游度假产品的开发建设，虽然形成了一定的产业布局，但是很多度假区没有自己的特色，建设缺乏明确的主题，并且旅游度假产品的开发尚处于初级阶段。半岛内现有的交通设施、饭店餐馆设施、旅游服务、森林公园、博物馆、高尔夫球场及娱乐设施等旅游资源和设施的开发，以及啤酒、葡萄酒、工业旅游等专项旅游产品的开发成为度假旅游目的地发展的重要内容。伴随现代旅游度假需求的多样化，除传统的观光消费外，游客更多地需要健康养生、回归自然、社会交往、学习研修、会展商务、探险运动等新兴旅游度假产品。这些旅游度假产品的成熟度以及为实现这些目的而建设的各种配套设施、服务和其他新型旅游项目是旅游度假区的吸引力所在。

六　胶东半岛旅游度假发展情况综合评价

2007 年，山东省旅游总收入相当于全省 GDP 的 5.93%，相当于第三产业增加值的 18.56%。胶东半岛作为山东省旅游业发达地区，青岛、烟台、威海三市国内游客人数、入市游客人数、旅游外汇收入、旅游业在本市国内生产总值的比重等各项指标均处于全省领先水平。截止到 2007 年底，青岛旅游总收入达 400.3 亿元，居山东省第 1 位，占青岛生产总值的 10.4%；烟台市旅游总收入 186.13 亿元，居山东省第 2 位，占烟台生产总值的 6.47%；威海市旅游总收入 130.69 亿元，居山东省第 3 位，占全内生产总值的 5.94%。青岛市共接待入境游客 108.15 万人次，同比增长 26.6%，旅游外汇收入 6.75 亿美元，同比增长 24.4%。烟台市共接待入境旅游者 30.7 万人次，同比增长 28.45%，旅游外汇收入达 2.29 亿美元。威海市共接待入境旅游者 26.73 万人次，旅游外汇收入达 1.24 亿美元，同比增长 30.5%。在青岛国内外游客的人均消费为 1006.6 元，烟台国际游客的人均消费为 209 美元，国内游客的人均消费为 861.68 元。威海国内外游客的人均消费为 835.85 元。三市在全省旅游业中的地位，以及旅游业在三市经济结构中的地位和对三市经济特别是第三产业的龙头带动作用可见一斑，旅游业在三市的支柱产业地位进一步增强。在旅游业迅速发展的大环境下，为了对胶东半岛旅游度假发展现状进行更加全面深入的了解和掌握，也由于威海在三市旅游度假发展中的特殊性，课题组在三市中以威海本地居民及来威游客作为调研对象，以威海作为调研实施地点，针对旅游度假消费现状、游客消费意向、旅游度假方式等问题实施了调研，基本情况分两部分进行分析。

（一）居民旅游度假消费情况调研

本次调研受到山东大学威海营销管理研究中心、市场调研所的大力协助，主要针对有旅游消费能力的威海市本地人以及来威海市旅游的外地成年人，调研地点主要在威海定远舰公园、刘公岛风景区、石岛赤山法华院、西霞口游乐园、成山头风景区、威海国际海水浴场、华联商厦、利群商厦、大润发超市、市政府广场、中信大厦、新闻大厦。对威海居民发放问卷 449 份，实际回收有效问卷 422 份，有效率 94%，符合调研要求。接受本次街头拦截调研的被访者中，男性占到总体的 53.2%，女性占到总体的 46.8%。被访者中已婚人口占总人数的 67.3%，未婚人口占总人数的 32.7%。被访者中没有孩子的占 45.8%，有孩子的被访者中孩子年龄在 1~10 岁的占 33.20%；孩子年龄在 11~20 岁的被访者占 15.40%；孩子年龄在 20 岁以上的占 5.6%。被访者的年龄分布比较分散，各个年龄段都有，45 岁以下的占到 82.6%。接受本次调研的被访者中，一般职员、企业管理人员的比例分别为 25.3% 和 17.7%。被访者的家庭年收入主要在 6 万元以下，占到 87.1%，收入水平中等偏低。而从学历看，高中及以下占 34.6%，本科及以上占到 36.5%。

1. 度假旅游消费现状

（1）在对被访者周末及假期休闲时间所从事活动的调查中发现，只有28%的人选择旅游度假。63%的被访者看电视、电影、听音乐；62.1%选择玩电脑、上网；选择垂钓、游泳、爬山等休闲项目的被访者均占20%左右。由此可见，威海市居民旅游消费相对不足，市场潜力仍比较大。进一步研究表明，周末有旅游度假习惯的居民年龄主要集中在20岁以下及26～35岁，占总观光人数的70.25%。其中25岁以下的占26.50%，26～30岁的居民占21.25%，31～35岁的居民占22.50%。

（2）在对被访者最喜欢的旅游度假活动意向的调查中发现，最受欢迎的运动是爬山、赶海和球类运动，其次是游泳、自驾游、垂钓等亲近大自然的活动。

（3）在对被访者近半年的旅游次数的调查显示：近六成的被访者在半年之内旅游次数只有1～2次。而在短途近郊旅游中，半年内出游1～2次的被访者所占比例为63.50%；出游3次的被访者占9.80%；出游4次及以上的被访者占13%。由此可见，短途旅游成为被访者出游的主要形式。

（4）在对旅游度假主要目的地的调查中发现，47.30%的被访者把威海周边地区作为出游的主要目的地；27.40%的被访者选择山东省内；24.10%的被访者选择省外国内；还有1.20%的被访者选择到国外出游。威海周边地区成为威海市居民休闲度假的主要目的地。

家庭年收入对居民旅游目的地的选择有一定的影响。家庭年收入在8万元以下的居民旅游目的地主要集中在威海周边和山东省内；家庭年收入在10万～20万元的居民旅游目的地主要集中在省外国内；家庭年收入在20万～30万元的居民旅游目的地主要在国外。

（5）影响旅游度假选择的最主要因素。在对影响旅游度假选择的主要因素的调查中发现，57.80%的被访者选择距离远近；31.80%的被访者选择价格高低；30.10%的被访者选择能否品尝当地美食。另外还有少部分被访者认为有无适合全家人参与的项目、能否体会当地民俗文化、有无适合孩子活动的项目以及知识内容也是影响其近郊休闲旅游选择的主要因素。

2. 休闲旅游消费意向

在对被访者喜欢的旅游目的地类型调查中发现，喜欢山水风光型的旅游消费者所占比例达到86.60%，这部分旅游者也是山水风光型的消费主力军。家庭年收入对居民所喜欢的旅游度假地类型也有一定影响。城市风貌型最受年收入在3万元以下的居民欢迎（见图1）。

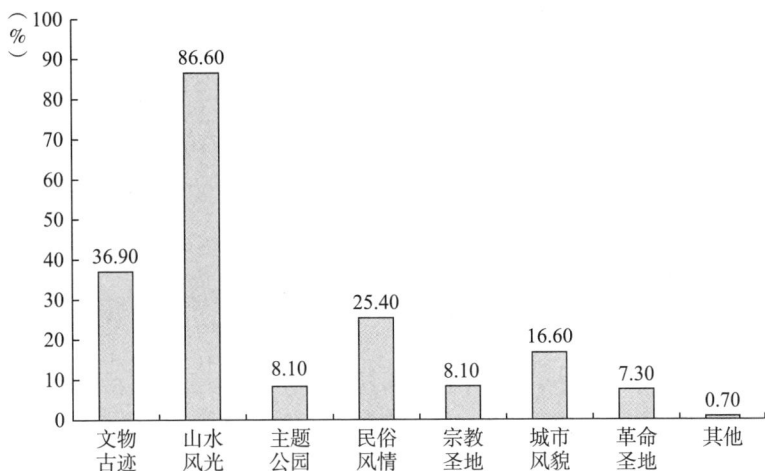

图 1 目标被访者喜欢的旅游目的地类型

3. 旅游度假方式

调查数据显示：52.7%的居民有过驾车出游的经历。从驾车旅游路程上看，36.00%的居民车程在 100km～300km；26.60%的居民车程在 50km～100km。

4. 对威海主要旅游度假地的认知情况

（1）居民对威海近郊旅游度假地整体认知度偏低。针对居民对威海近郊旅游度假地的认知情况的调查发现，居民对威海市旅游度假地的总体认知程度不是很高，但是对个别景点的认知度比较高。例如，85.40%居民知道昆嵛山樱桃园这个旅游度假地。

（2）居民对威海近郊旅游度假地的到访情况。在居民所知道的威海近郊旅游度假地中，66.80%的居民去过昆嵛山樱桃园；35.90%的居民去过孙家疃风俗度假村；33.00%的居民去过老虎山生态观光园；32.70%的居民去过里口山蟠桃园，即环翠旅游度假区。

（3）昆嵛山樱桃园是最受居民喜爱的景点。在去过上述各旅游度假地的居民中，63.30%的居民喜欢昆嵛山樱桃园，20.70%的居民喜欢孙家疃风俗度假村，19.90%的居民喜欢里口山蟠桃园，而基本没有人喜欢老虎山生态观光园。

（二）外来游客旅游度假消费情况调研

1. 人口统计特征

本次调研的目标对象主要包括来威旅游的各地游客，调研地点主要为刘公岛、赤山法华院、西霞口、成山头 4 个既定访区。共发放问卷 430 份，实际收回有效问卷为 409 份，问卷有效回收率为 95.1%，符合调研要求。在调研过程中，有专门研究督导进行辅助；对所收回问卷百分百进行审核，并按 10% 的比例进行问卷的电话回访；在数据输入中，按 10% 的比例进行数据录入复核，以确保本次调研的质量。问卷的录入、数据处理和图表处理，均使用 SPSS 软件和 EXCEL 软件。

接受本次调研的目标被访者中，男性占到总体的 56.7%，女性占到总体的 43.3%。被访者中有 72.1% 的已经结婚。在被访者居住地区分布中，50.6% 的被访者居住在省外，居住在山东省烟威青地区的占到 26.3%，居住在山东省其他地区的占到 23.1%。多为群体出游，将近 50% 为 5 人或以上，30% 多为 3~4 人，2 个人也占到了 18.3%。年龄分布比较散，各个年龄段都有，主要集中在 35 岁以下，占到 57.9%，学历多为高中及以上，收入中等。一般职员、企业管理人员分别占到 20.0%、18.6%，而公务员及个体工商业者各占 15.4%、12.7%。大多为高中及以上学历，其中本科占了近 40%，为 38.6%。家庭年总收入主要在 8 万元以下，占到 75.5%，收入处于中等水平。

2. 出游总体情况

出游方式方面，调研发现，36.2% 的目标被访者选择亲友结伴的出游方式，26.9% 的是自己出游，旅行社组织和单位组织分别占 20.5%、15.2%。进一步分析得出，35 岁以下的倾向于自己出游、旅行社组织和亲友结伴这三种形式，而 26~30 岁及 36~45 岁两个年龄段比较喜欢单位组织这种出游方式，41~45 岁这个年龄段的选择亲友结伴的较多，46 岁以上的被访者的出游方式则较为分散。

交通方式方面，调研发现，目标被访者主要乘坐客车和私家车，分别占 32.3%、29.3%。旅游路线方面，调研发现，被访者除威海外还主要去过或打算去青岛、烟台、蓬莱、大连四个城市，其中青岛占 48.5%，烟台占 42.9%，蓬莱和大连分别占 41.9%、30.1%。

信息获得渠道方面，在景点拦截调研中，主要通过亲戚朋友同事介绍了解景区景点信息的占到总体的 42.1%，通过电视电台的占 30.10%，仅有 4.6% 的被访者是通过宣传手册了解旅游信息的。

旅游花费方面，目标被访者的主要旅游开支在游、吃、住三个方面，其中游占 66.3%，吃占 53.5%，住占 40.1%（见图 2）。由此可以看出，目前威海旅游市场的特点依然是观光型旅游占主导，旅游度假市场尚未完全形成。

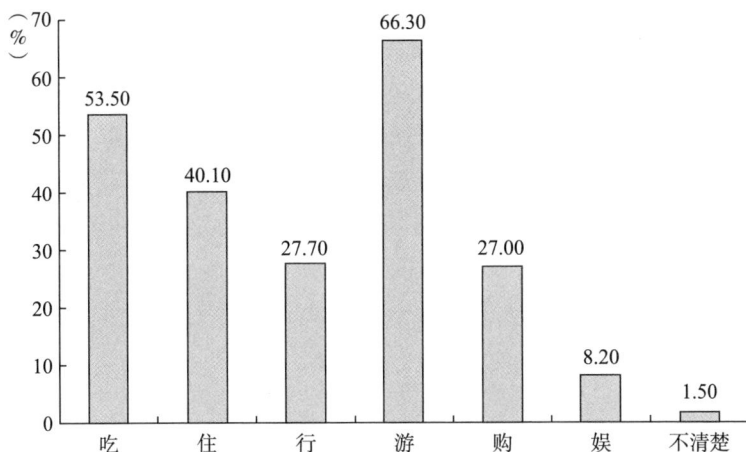

图 2　旅游者花费分布情况

针对花费预算的调研发现，28.3% 的目标被访者花费预算在 501～1000 元，在 2000 元以上的高消费群体占 21.1%。接受本次调研的目标被访者有 43% 的不打算带纪念品，愿意带的纪念品主要是韩国商品和珍珠贝壳类饰品，分别占 30.1%、24%。对于海洋食品，有 47.8% 的目标被访者不打算带，39.00% 的目标被访者愿意带干海鲜。

3. 旅游需求偏好

（1）观光游览和休闲度假是出游的最主要目的。52.8% 的目标被访者出游的最主要目的是观光游览，休闲度假的为 33%（见图 3）。

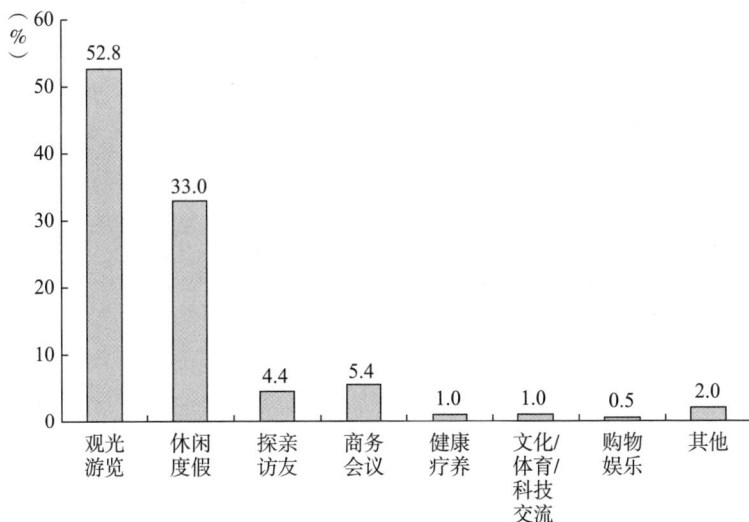

图 3　目标被访者出游的最主要目的

（2）三天以内的短期出游占主导地位。调研发现，近80%的目标被访者打算在威海逗留3天以内，其中1天的占33.1%，2天的占27.2%，3天的占15.8%，国家法定节假日可能是影响因素之一（见图4）。

（3）目标被访者喜欢的旅游目的地类型——以山水风光为主

在景点拦截调研中，喜欢山水风光类型的占86.6%，文物古迹的占36.9%，民俗风情的占25.4%。

在被问及选择旅游目的地，主要考虑的因素时，距离远近成为首要因素，占39.1%，其次为能否体会当地民俗和费用高低，分别占36.4%和34%，再次为能否品尝当地美食。可见，除了距离、费用等关键影响因素外，能否体会当地民俗成为目标被访者选择旅游目的地考虑的最主要因素。

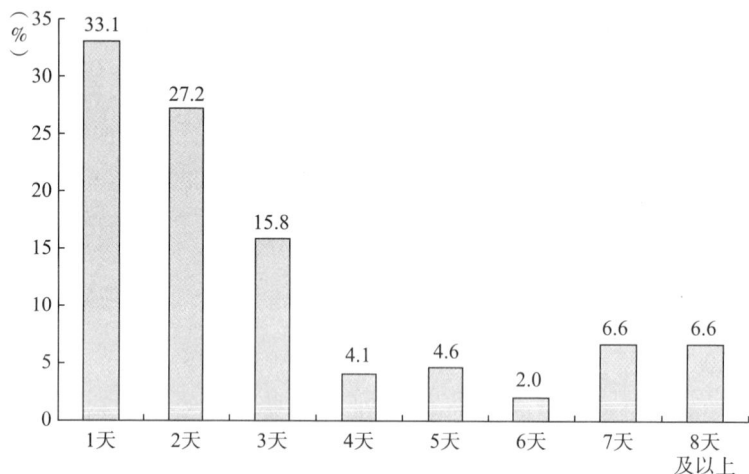

图 4　目标被访者打算在威海逗留的时间

4. 游客旅游消费满意度

目标被访者普遍对威海旅游服务的景点安全和景点环境两方面表现出较高的满意度，而对景点收费、旅游餐饮、旅游购物及旅游娱乐四个方面总体满意度不高，在目标被访者最关注的服务要素中，住宿占53.1%，餐饮占52.8%，其次为景点和交通工具，分别占39.1%、33%，可见，目标消费者对旅游过程中的吃住及安全因素最为关注（见图5）。考虑到投入产出，应尽量满足目标被访者需求，通过营销宣传来突出其优越性，使这些因素能得到目标被访者的认可，从而提升旅游度假地的形象与信誉。

调查结果表明：①我国现今正处于从以观光旅游为主，向观光、度假、专项旅游并重发展的转折期，度假旅游已成为出游的主要目的之一，山水风

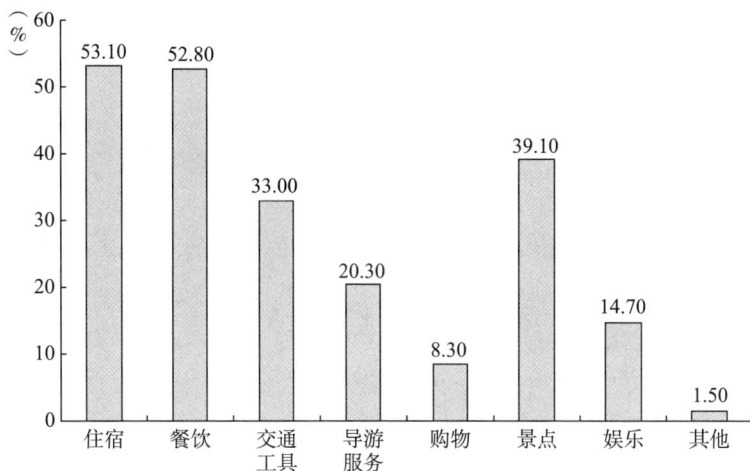

图5　目标被访者关注的要素

光型的旅游度假产品依然是游客的首要选择，滨海旅游度假地一定要发挥海滨资源优势，集中力量打造滨海特色。②旅游度假地的基础设施建设，如住宿、旅游购物、旅游娱乐、旅游交通等是旅游度假发展的薄弱环节，国内游客较低的满意度，已经发出了警示，需要加大基础设施的建设和投入，提升旅游度假地的品质和形象。③在未来一段时间内，积极建设和开发高端和低端两端市场，是旅游度假市场发展的方向。

（三）发展情况评价

胶东半岛的旅游度假面临一个快速发展的重要阶段，一方面是国际旅游向东亚太转移（旅游人数从1975年的3.9%增加到2007年的14.7%），我国已成为国际旅游的主要目的地之一，国际游客人数迅猛增加；另一方面是如何应对国内市场发展的趋势，引导和培育国内旅游度假市场的消费，建设具有中国特色的滨海度假产品。客观地讲，胶东半岛的弱势十分明显，这里冬季气温低，海滨旅游在冬季难以开展，影响了冬季度假旅游的发展。同时至今没有形成海滨度假拳头产品，在国内知名度不高，更不用说国际知名度，海滨旅游形象不鲜明。从总体上看，胶东半岛的海滨度假旅游实际上还没有走上轨道。按照世界著名度假地的水准衡量，目前省内实际上还没有一处真正意义上的旅游度假区，也没有一座真正意义上的度假酒店，也基本上没有接待过真正意义上的海外度假游客。存在的主要问题有以下几点。

（1）综合基础设施水平低。国际和区内交通（特别是航空交通）、度假酒店等接待设施、城市服务功能等都离接待高消费的度假游客有很大差距。如度假旅游过程中购物消费是十分重要的内容，夏威夷就建有面向度假游客的、规模可观、门类齐全的购物中心和商店群，而山东省的旅游城市包括青岛在内都远远达不到这个规模和水准。青岛石老人国家旅游度假区在设施建设和配套方面存在很多不足，不具备度假功能。烟台、威海、日照等城市与国外的旅游度假地相比差距更大。每个道教名山景区都是道教文化和自然资源的结合，可以说是优点，但是要突出相互之间的区别也就不是很容易了。同时面向低端旅游度假市场的经济型住宿等基础设施又十分缺乏，产业结构不合理。

（2）缺乏统一的海滨度假旅游规划。青岛、烟台、威海各自为战，在滨海旅游度假区的建设上缺乏统筹指导，没有形成集约效应和连带效应。从调查可以看出，游客在旅游度假时，基本上是将青岛、烟台、威海三地作为一个整体考虑，到达一地后，必然会到其他两地，而目前三市内重复开发建设现象严重，甚至造成了建设性破坏。

（3）体制问题制约大，非专业化管理问题突出。度假旅游和度假区管理是一项专业化要求很高的工作，而目前半岛内旅游度假区的管理体制非专业化问题严重，管理层总体素质不高，造成度假区的规划、建设、管理与经营参差不齐，低水平运作。

总之，胶东半岛要想成为无政策障碍、无交通障碍、无市场障碍、无服务障碍的世界旅游度假胜地还有很多工作要做。

七　建设胶东半岛世界旅游度假胜地的总体思路

央行发布的三季度货币政策执行报告指出，当前国际金融市场剧烈动荡，世界经济受到严重冲击，对我国经济的负面影响已经显现并日益加重。面对当前经济发展中的复杂因素和环境，党中央、国务院决定实施积极的财政政策和适度宽松的货币政策并推出十项重要措施，侧重于扩大内需，中央的力度是4万亿元投放。这正是建设旅游度假胜地的好时机。

（一）战略意义和实践意义

在山东省制定海岸带旅游规划的基础上，建设胶东半岛世界旅游度假胜地一旦付诸实践，会极大地提升胶东半岛的国际知名度，极大地提升胶东半岛旅游度假的国际竞争力，也会极大地拉动区域经济的发展速度，使胶东半岛的旅游度假成为一块响当当的世界品牌。这是胶东半岛经济发展新的增长极，是拉动该区域发展的另一驾马车。

构建和谐社会，是我们社会建设的总体目标。和谐社会有着丰富的内容，人的精神层面的和谐是和谐社会主题中的重要内容。从社会经济发展的历程来看，旅游度假活动的开展以及旅游产业的发展，是以社会经济的一定程度的发展为前提的。只有社会经济发展到了一定的程度，人们才有能力从事旅游活动，旅游产业也才会产生。近年来旅游度假活动的大规模兴起，说明经过近 30 年的不断发展，我们在经济方面已经具备了从事旅游活动的实力；在精神层面，已经产生了这方面的需求。建设胶东半岛世界旅游度假胜地，大力发展我国的旅游产业，是构建和谐社会的一项重要内容。

从产业的角度来分析，不同的地区有不同的要素禀赋结构。著名战略管理专家迈克尔·波特认为，一个国家或地区的竞争力是由这个国家或地区所拥有的大企业和大公司来决定的。胶东半岛自身的要素禀赋结构状态只表明比较优势为其提供了可产生竞争优势的必要条件。胶东半岛应该利用现有的比较优势，创造自身的竞争优势，增强旅游业和旅游产品的核心竞争力。旅游产业是新兴的产业，它不同于传统产业。旅游产业能耗低、环境污染小、能够吸纳较多的就业人员、产业关联度高、创造附加值的能力强，因此，发展旅游度假产业，是发展国民经济的重要举措。而从整个经济的角度来看，由于经济结构不合理，目前我国经济运行中，存在能耗高、环境污染严重的问题。这样的经济结构，是不利于可持续发展的，必须大力发展新兴的产业，比如旅游业。而目前山东省在旅游产业领域尚未有大企业和大品牌产生，全省上市公司中没有一家旅游企业。在世界饭店业 300 强排名中，中国有 15 家饭店集团，但山东省没有一家。这与全省建设"旅游强省"的目标还有很大差距。

胶东半岛目前的旅游产品以观光产品为主，专题旅游、特种旅游和度假旅游产品开发力度不足，缺乏动态的以市场需求为导向的产品开发体系，运动旅游、探险旅游以及其他一些专项旅游产品虽有所发展，但远远不能与世界接轨。随着旅游业的发展，旅游者的需求日益多样化和个性化，而旅游产品的市场定位不明确，众多的旅游经营者没有形成独特的核心竞争力。建立在低水平基础上的竞争难以形成相对完整的、满足各个细分市场的完整的旅游产品体系。目前，胶东半岛旅游产品结构相对于国际市场丰富多彩的旅游需求来说相对单一，国际竞争力受到很大限制。

将胶东半岛建设成为国内外知名的旅游度假胜地，以海滨度假旅游带动山东省旅游业成熟发展，形成全省旅游业的核心竞争力，进而推进全省经济的全面、协调、可持续发展，已成为全省经济工作的重点内容。近年来，区域性旅游已成为世界旅游业发展的一大趋势，而胶东半岛旅游资源在全国占有明显优势，青岛、烟台、威海三地旅游业发展均较为成熟，各地旅游产品又各具特色，优势互补，从而构成了滨海旅游大格局的雏形。与此同时，青岛作为2008年北京奥运会唯一伙伴城市为胶东半岛旅游业发展带来的机遇已是有目共睹。为此，应该充分利用胶东半岛滨海旅游优势，结合地域、口岸特点，包装整合区域性产品，打造首个"世界温带旅游度假胜地"品牌。并整合我省已经编制完成的山东省城市群发展总体规划，山东省旅游规划以及海岸带、交通、旅游等专项规划，以城市旅游、海滨旅游、道教文化旅游、温泉旅游四大旅游品牌的规划建设为中心，全面推进胶东半岛世界旅游度假胜地建设。

（二）原则和目标

建设胶东半岛世界旅游度假胜地，要坚持以市场为导向、统筹规划、分期开发的原则，坚持经济效益、社会效益与生态效益统一的原则，坚持突出半岛旅游资源独特性的原则，进行规模档次结构的调整优化。海滨度假旅游者对目的地可进入性和进出时间要求较高，而从区位上讲，我国远离世界各主要客源国，较近的客源国只有韩国、日本和俄罗斯，因此市场定位应以国内为主，国际为辅。而我国目前中等阶层消费者的支付能力还相对有限，因而对海滨度假旅游的开发不可一味追求豪华、高档，而应坚持"特色为主，兼顾两端"的原则进行调整优化。与此相适应的，是产品结构的优化。对海滨度假旅游区的开发资金投入是很大的，前期大规模的开发不仅造成了投资分散、效益不佳等问题，而且与我国的市场特点不相适应，因此在后期开发中应注意开发项目的时序性，先集中力量打造品牌，走高起点、精品化的发展道路，以高质量的品牌度假区带动整个产业竞争力的提升。

胶东半岛度假胜地建设的目标是：合理开发和科学保护滨海旅游资源，加强重点滨海旅游区的建设，到2030年，使各类滨海旅游景点基本开发出来，使胶东半岛旅游的交通、通信等基础设施和服务设施实现现代化，在半岛绵长的海岸线、众多海岛和环境优美的大地上建成一大批布局合理、功能齐全、设施配套、技术先进的海滨浴场、海上娱乐场、度假休闲区，温泉疗养区和现代工业文化研习区，使胶东半岛地区成为我国开放程度最高、发展活力最强、最具核心竞争力的经济增长极之一，使胶东半岛旅游业在产业规模、产业地位、接待水平、文化影响力和可持续发展等方面跻身于发达国家的行列。

（三）总体思路

以青岛、烟台、威海三城市为中心，建设以下六个具有不同特色的滨海旅游度假品牌，共同打造胶东半岛世界旅游度假胜地的形象。

1. 以3S为中心的滨海游乐品牌

海滨度假旅游的主要吸引物是3S和与海滩相连的海域组成的滨海景观。海滨浴场是海滨度假旅游必不可少的基本设施之一，应该是一个综合的旅游项目集合体，一般由水上运动区、游泳区、日光浴区、沙滩活动区、附属设施和酒吧餐饮等配置服务设施组成。一个完善的海滨区域应该包含吃、住、行、游、购、娱六大要素的基本功能，使来此度假的旅游者在海滨区域内得到旅游全过程的享受。旅游者对某地的某个旅游景点可能一次满足不会重复游览，而对于度假产品则会根据自己的身体、精神、经济情况和对该度假区的认知程度多次进入。因此在海滨区域建设空间开阔，错落有致，绵延数公里，并且各具特色的观光、娱乐区，形成综合性大规模的旅游产业链，使单一的观光型旅游产品转向观光与度假型产品相结合的旅游产品，是今后旅游业发展的一种趋势，自然也成为胶东半岛旅游业今后发展的方向。2007年山东省17个海水浴场水质总体以优良为主，最适宜游泳率达到60%。其中威海国际海水浴场、烟台金沙滩海水浴场、威海乳山银滩海水浴场、青岛第一海水浴场、烟台第一海水浴场、烟台黄海娱乐城海水浴场、青岛仰口海水浴场7处浴场，水质最好，均达到一级海水标准，最适宜发展海滨旅游度假。

2. 以帆船运动为中心的滨海运动品牌

青岛位于我国东海之滨，是世界十大港口之一，也是胶东半岛海陆空立体交通网络最发达的城市。随着滨海度假旅游的逐步成熟，与之结合最紧密、特色最鲜明的是运动旅游项目，青岛应塑造帆船之都的城市品牌，以奥运场馆及配套设施为基础，推进邮轮码头建设，开发推出奥运、邮轮、游艇旅游等专项产品，积极培育游泳、潜游、潜水、划船、航海、攀岩、冲浪、钓鱼、滑翔、滑水、乘风浪板等运动项目，胶东半岛8处高尔夫球场风格各异，周末举家到山东打高尔夫球，成为日韩游客的新宠。除完善高尔夫产品外，还可以争办国际性大型体育赛事，举办中日韩青岛国际马拉松比赛、国际柔道邀请赛、中国登山节、美洲杯帆船拉力赛、中法中国之程帆船拉力赛等高规格赛事。据悉，在旅游设施方面，该市决定，到2008年，全市星级饭店达到

180 家，客房床位达到 4 万张，住宿设施最高日接待能力达到 20 万人。同时，吸引世界知名酒店管理集团的品牌落户，建设一批规模大、功能全、设备先进的世界知名品牌高星级饭店，引进经济型酒店品牌，加快建设中低档经济型酒店和汽车旅馆、青年旅馆、家庭旅馆，满足不同的消费需求，形成高、中、低档度假产品齐全的海滨旅游度假区，提高旅游集散能力，全力挺进世界高端旅游度假市场，从而形成以帆船之都——青岛为品牌的运动度假中心。

3. 以休闲疗养为中心的温泉文化品牌

2007 年，威海市被中国矿业联合会评为"中国温泉之乡"，这是山东省的第一个温泉之乡。2008 年 9 月，中日韩威海温泉旅游文化节在文登举办，为威海温泉发展宣传造势。威海温泉的开发历史悠久，早在齐国时，温泉就开始被发现，宋代已被广泛利用，明清时期，温泉洗浴、保健已融入当地人的日常生活中，成为一种生活习惯和文化传统。1903 年，日本商人开始在威海卫城外（今宝泉路一带）大规模开发温泉资源，按日本模式修建了众多豪华浴池，专供国外游客使用，温泉浴成为威海近代旅游业的一大特色，也成为殖民地政府招待客人的最高礼遇。威海市主要有宝泉汤和温泉汤两处大型温泉集聚地，区域内分布相对集中，其中温泉汤为淡水温泉，内含偏硅酸、氟、溴、锶、锂等多种微量元素。宝泉汤是国内外罕见的海水温泉，水的温度高、矿化度高、医疗价值高、储量大。胶东半岛有 14 处温泉，威海有 8 处。应该发挥温泉资源的丰富性和独特性作用，挖掘悠久的温泉洗浴历史，以威海为中心塑造浓厚的温泉疗养文化品牌。

4. 以海上仙山为中心的道教文化品牌

胶东半岛度假旅游产品的多样化还体现在与历史文化的结合上。胶东半岛是我国道教全真派的发源地，我们可以推出"道教文化博物馆通票"，可用于胶东半岛所有的道教博物馆、历史古迹和风景区。为了突出道教文化特色，可以重点开发历史文化资源，以道教文化遗址为背景，推出"朝圣之路""全真七子之路""道教养生之旅"等主题鲜明的旅游产品，赋予海滨度假旅游以丰富的文化内涵。各度假地应注重对传统文化特别是道教文化的继承、创新、提升和展示。道教文化博大精深，概括起来有道教宇宙观，道教人生观，道教哲学，道教神学，道功道术，斋醮仪范，医学养生，阴阳风水，命相预测，道场法事，道教武术，道教音乐等 12 个方面。以道文化为精髓，弘扬道教的崇尚自然的思想，将道教文化研习、道教养生功能等与休闲度假很好地结合起来，达到良好的效果。

5. 以现代工业文明为中心的工业旅游品牌

我省现有 6 个工业旅游示范点，总量居全国之首。胶东半岛是我省工业发达地区，拥有海尔、海信、青岛啤酒、青岛港、烟台张裕等一大批驰名品牌和著名企业，这些企业在全国的经济发展中占有重要的地位，若以企业本身实力为依托，通过旅游度假的形式，向社会介绍产业的历史及业绩，增长游客知识并给予游客工业文明文化的熏陶，在建设旅游度假胜地过程中，就可以取得事半功倍的效果。

（1）青岛啤酒。目前，青岛啤酒博物馆是中国工业旅游项目中成熟度最高、与国际接轨程度最高、对海内外旅游者都具有吸引力的旅游点。青啤集团聘请丹麦专家精心设计，将百年老厂房、老设备与现代化生产线、现代旅游服务设施融为一体的工业旅游项目全游客赞不绝口。青啤的工业旅游项目，设计科学前卫，参观路线合理，展示手段先进，旅游纪念品特色鲜明，知识性、娱乐性、参与性强，既充分体现和展示了啤酒文化，又为旅游者开辟了一个新型旅游点。青啤高水平策划开发工业旅游的经验，值得工业界的同行学习借鉴。

（2）青岛港。作为世界上环太平洋地区的重要港口，青岛港已经跻身为国际级亿吨大港，发展工业旅游优势明显。自 1999 年首次推出工业旅游项目以来，不断完善发展，现已具有比较规范的三条旅游线和 20 多处参观点，一年接待游客 15 万多人，收入 2000 多万元，吸纳直接就业 150 多人、间接就业 100 人以上，经济效益和社会效益都很好。青岛港充分利用自身特有的资源优势和市场优势，在进一步发展港区内工业旅游的同时，规划发展游船旅游，从海上看青岛做起，逐步将游船旅游的目的地延伸到渤黄海其他港口城市乃至日本、韩国，进一步做大做强旅游产业，使青岛港从目前工业旅游的佼佼者跃升为青岛市发展海洋旅游的龙头企业，创造旅游业发展的新辉煌。

（3）葡萄酒庄园。张裕公司是国内最大的白兰地、葡萄酒、保健酒、香槟酒生产企业，在游览过程中让游客亲身体验本企业文化，得到美的享受。游客可以在葡萄园休闲、采摘、品尝各种各样的葡萄品种，可以到海滨观海听涛，可以到生产线观看压榨、发酵、过滤、贮藏、包装等酿酒全过程。游客不仅能够了解中国葡萄酒工业发展的历史，了解张裕公司的传奇故事，更能亲自参与生产过程，品尝葡萄美酒，购买张裕公司的葡萄酒等礼品。在葡萄园采摘葡萄，是一种特别适合城乡休闲游客的旅游活动。这些成功的工业旅游线路可以给普通游客以很大的收获，对有志于体验成功企业的文化、学习先进企业经验的游客来说更是价值非凡。

（4）海尔文化之旅。海尔集团是世界500强之一，也是世界上著名的跨国公司。作为跨国公司集团总部，海尔集团的工业旅游项目、被评为全国青少年科普教育基地和青岛市首批科普教育基地的海尔科技馆，不仅是宣传海尔的窗口，也是彰显我国现代工业发展状况及产业竞争力的最佳途径。

6. 以大型区域性国际活动为中心的会展旅游品牌

会展活动起初是作为营销的衍生工具，是典型的贸易促进方式，是"注意力经济"在现实中的重要载体。作为成熟市场经济的必然产物和社会分工不断细化的直接结果，会展业被誉为"城市名片""城市面包"，已经成为衡量一个城市乃至一个国家国际化程度和现代化程度的重要标志。会展业以会议、展览及各种类型、不同层次的节会赛事等重大活动为主要形式和载体，通过集聚物流、人流、资金流和信息流等各种良性资源，对国民经济快速发展产生巨大"传递"作用的现象，被人们称为会展经济。会展业是实现产品在价值链中增殖的重要衍生工具，作为生产性服务业，主要呈现出资源依附、产业连锁、成本节约三大特性，是国民经济的"晴雨表"、城市化进程的"助推器"和区域经济发展的"双刃剑"。尽管目前世界经济的增长势头趋缓，但是会展业作为服务业新兴的动力引擎，一直保持着较高的增长速度。随着中国经济的快速发展，尤其是2008年北京"奥运会"和2010年上海"世博会"的举办，中国会展业迅速崛起。胶东半岛产业资源优势明显、传统文化底蕴深厚、地理位置独特、会展基础设施相对完善、开放程度相对较高、服务业较为发达，具备了发展会展业的基本条件。经过多年的培育，一些节会日益成为胶东形象的品牌，受到国内外工商企业界关注。青岛啤酒节、青岛家电电子博览会、青岛渔业博览会、青岛小提琴国际比赛、威海人居节、烟台果蔬博览会等在国内外具有一定的知名度和影响力。但是，会展业也存在一些问题：展会的数量少、规模小。20世纪80年代初期至今，山东会展业的发展速度远远落后于国内发达地区30%的年均增长速度。每年展会的数量、规模、效益与北京、上海、广州相比差距大，与区域会展业较好的省份相比也有一定的差距。全省数百个展会，90%左右集中在传统专业领域，新兴产业领域展会偏少；除传统文化节和少数展会外，95%左右的展会规模偏小，无法形成规模效应。同时品牌展会少，缺乏竞争力。山东会展业经过几年的较快发展，形成了一定的品牌展会，但真正意义上的国际国内知名展会很少。目前，被国际展览联盟认证的中国大陆展会有20多个，山东1个都没有。2008年商务部重点支持的29个展会中，山东有3个，其中中国国际消费电子博览会和中国国际果蔬·食品博览会分别在青岛和烟台举办。虽然办展规模逐年扩大，水平逐年上升，但是以会展为中心的商务度假品牌的建设还需要花大力气。

7. 辅助开发

除按上述六个品牌布局开展传统滨海游乐项目外，还应充分利用尚未完全开发利用的旅游资源，围绕"岛、滩、钓"三个方面重点开展几个新颖、有影响力的旅游度假项目。

（1）海岛开发。胶东半岛的海岛突兀于万顷碧波之中，风光秀丽，岛礁奇异，气候宜人，是游览避暑疗养的理想胜地，开发的潜力很大，要围绕海岛做好文章，充分发挥海岛优势，建立起独具特色的海岛旅游。

（2）海滩开发。目前尚有海滩有待于进一步开发。这些海滩具有坡缓、沙细、浪平、水清等特点，而且阳光充足、空气新鲜、气候宜人，均是天然海水浴场，极富开发价值。宜结合开展帆板、冲浪、潜水、游泳、赛艇等旅游项目，在沿海滩涂上建立若干类似于西班牙"阳光海滩"的海滩娱乐城。

（3）游钓开发。在海上、岸礁、海岛进行游钓，不仅能欣赏海洋自然风光，而且可以增强旅游的娱乐性。习惯了都市生活的人们，不再安于城市的拥挤和喧嚣，纷纷涌向海滨，走向沙滩，投身大海的怀抱，尽情地观赏海景的壮美，体会海湾的宁静，领略海浪的舒畅，感受海滩和阳光的浪漫，享受大海垂钓的无穷乐趣。开展游钓可带动与游钓相关的行业，如游艇制造、饵料生产、渔具制造、交通、旅游、商业、宾馆等的发展，其经济效益、生态效益、社会效益十分显著。胶东半岛开展游钓的基础条件十分优越，不仅滩涂广阔、岛礁林立，而且鱼、虾、蟹等适于游钓的海洋渔业资源十分丰富。并有我国最大的渔具生产地——威海，提供的优质渔具产品的保障，可以有计划地建立几个高水平的国际游钓中心，并辐射整个胶东半岛，吸引国内外垂钓游客。

结　论

我国现今正处于从以观光旅游为主向观光、度假、专项旅游并重发展的转折期，旅游度假已成为我国的主导产业之一，并且在全国国民经济中的比重在不断上升。与此相适应，加快发展山东省旅游业，潜力在海滨度假，后劲在海滨度假，突破口也在海滨度假。从产业发展看，在休闲经济中，旅游资源成为休闲产业的重要空间载体，旅游业自身提供的服务和所创造的价值不但远远超过休闲经济其他领域，成为休闲经济的主力军，而且由于具有强大的乘数效应和产业带动性，已成为带动休闲经济高速增长的领头行业。因此，如果将半岛制造业基地建设比作拉动全省经济增长的一驾马车，那么，建设胶东半岛世界旅游度假胜地必将成为全省经济腾飞的另一驾马车。本文针对此问题进行了初步探索，希望在今后的研究中能够丰富和完善相关问题的研究。

[作者单位：山东大学（威海）]

论人文精神与高校和谐社会价值观教育

赵笃玲

在我国，随着社会现代化进程的展开，西方社会的"现代化问题"已经显现，作为对这些问题的回应，整个社会出现了"人文精神的失落"和对人文精神的呼唤，高校尤其是高校思想政治教育领域也不例外。党的十六届六中全会通过的《中共中央关于构建社会主义和谐社会若干重大问题的决定》，明确提出了建设和谐社会的目标。这种新的形势和党的目标对高校培养人才方面提出了新的要求，那就是我们培养出来的人才不仅是学术上的专业人才，更是富有人文精神的社会公民，不仅是"中国的"，而且也是"世界的"，即适应世界政治经济发展与需要的，这是 21 世纪对我们高校建构和谐社会价值观教育提出的新课题。如何应对这个新的课题呢？从思想道德素质的培养角度讲，笔者认为，我们在大学生的思想道德教育中应该重视人文精神的倡导，高校建构和谐社会价值观教育理应融入人文精神的内容。

一　人文精神的内涵与社会主义和谐社会价值观

所谓人文精神，一般的理解是指以人为本，对人的尊严和价值充分肯定，对人类社会长期以来形成的普遍的信仰、信念和价值观念充分尊重以及对人类最终命运强烈关注的文化精神。

人文精神大致包含以下几个方面的内容：①对精神价值的信仰和追求，即崇尚超功利的人格的力量、道德的力量和精神的价值，这是规范人性和肯定人的尊严的必然要求；②对人类文明进步过程中长期积淀形成的文化传统、价值观念的尊重；③对人类文明的最终走向和人类的最终命运的关注，即终极关怀。

构建社会主义和谐社会，实现社会和谐，是我们党不懈追求的一个社会理想。社会主义和谐社会应当具备六大特征，即民主法治、公平正义、诚信友爱、充满活力、安定有序、人与自然和谐相处。综合这些特征，我们可以概括地说，社会主义和谐社会就是一个既充满生机又协调有序的社会。

社会主义和谐社会应该是一个充满人文关怀的社会，大学应该是人文情怀、人文精神的栖息地和营养基，大学生更应该在社会主义和谐社会的创建中发挥生力军作用。这里之所以要特地强调人文精神的倡导，尤其是把人文精神的倡导作为高校建构和谐社会价值观教育的重要课题，正是基于对当代大学生人文精神中存在的种种缺憾进行体察和对如何弥补这些缺憾进行思考所提出的。

二　当代大学生群体中普遍存在的人文精神缺失问题及其表现

当今时代，是一个伟大变革的时代，社会环境复杂多变。改革开放在促进我国社会主义生产力发展和整个经济社会发展的同时，也使我们的社会呈现出多种思想观念并存的局面。我国社会的经济成分、利益分配、组织形式、就业方式以及人们生活方式的日益多样化使人们对现实政策的评判、对社会与个人前途的期望发生了巨大变化。大学生是一个容易为外界所感染的群体，对市场经济的种种负面作用"免疫力"不强，自然更容易受到侵蚀。我们对大学生的人文精神问题进行研讨，正是基于在现阶段，大学生的人文精神存在缺憾这一前提。

曾有研究人员专门就大学生人文精神状况进行过问卷调查，在对问卷进行统计分析后发现，在回答"你的信仰是什么"的问题时，66.1%的人选择了"实用主义"，接下来依次是"共产主义"（13.3%）、"享乐主义"（11%）、"功利主义"（5.1%）、"个人主义"（4.5%）。在回答"你的理想和追求是什么"的问题时，64.5%的人选择了"事业成功，生活满意"，10.6%的人选择了"家庭生活幸福"，1.9%的人认为是"个人的名利"，此外，还有14.7%的人回答"人格的完善"，1%的人说要"为共产主义而奋斗"。这个结果反映出，大学生的思维方式已经发生了很大的转变，那就是从重理想转向重现实，重功利、讲实惠的人生价值取向突出，注重物质利益和短期的回报，而对远大理想和精神价值的追求显得软弱。从高考的竞争到专业的选择，从为学费发愁到为求职焦虑，大学生开始直面事关自身前途命运的各种现实问题，这些问题已经成为他们关注的焦点。

文化传统、道德理想和超功利的价值追求在当代大学生的思想意识中也正在一步步失去它曾经的感染力和召唤力，大学生的精神内涵和人格品位日渐肤浅、庸俗。在爱国主义教育中，我们告诉学生要热爱自己的祖国，但在很多大学生的心目中，祖国只不过是几本干瘪的历史教科书中苍白的面影；我们也曾经谈论过大学生的道德滑坡问题，虽然在整个社会的道德普遍滑坡的情况下，单单指责大学生显得有点不公平，但这也恰恰反映了整个社会对大学生所寄予的厚望，可惜我们很多大学生还是辜负了社会的这种厚望；至于无私奉献、为人民服务这些超功利的价值追求，在当代大学生的内心所占的"市场份额"，如果与 20 世纪 80 年代的大学生相比的话，恐怕是微不足道的。

从我们传统德育模式的局限性的角度来看，我们培养的主要是一种"中国的"内向型和保守型人才，而不是"世界的"外向型和开放型人才。这主要体现在：在政治教育上，我们的传统德育比较多地强调我们与西方世界在阶级意识和社会制度上的对立，而较少地提倡以求同存异的态度进行文化层面上的包容；在思想教育上，我们以马克思列宁主义、毛泽东思想和邓小平理论作为我们的思想纲领，这是我们应该一贯坚持的根本，但是我们比较多地强调了马克思列宁主义与世界上其他的非马克思列宁主义思想在本质上的区别，而较少言及马克思列宁主义与这些非马克思列宁主义思想在很多观点和具体内容上的相通或相融，造成了大学生在思想上与整个世界的隔离；在价值观念的引导上，我们的传统德育较多地强调对自己民族、自己国家的责任感和道义感，而较少强调对整个世界的责任感和道义感；在道德教育上，传统德育比较多地强调对自己道德传统的接受与继承，而较少强调对别人的道德传统的尊重与吸收。

以上这些缺憾实际上都是人文精神的匮乏所导致的。因此，只有在大学生的思想道德教育中有意识地注重人文精神的倡导和再造，才能培养出适应21 世纪要求的具有人文情怀的新型人才。

三　新时期高校和谐社会价值观教育贯穿人文精神培育的必要性及其意义

中共中央、国务院发布的《关于进一步加强和改进大学生思想政治教育的意见》强调指出：大学生是十分宝贵的人才资源，是民族的希望，是祖国的未来。提高他们的思想政治素质，对于全面实施科教兴国和人才强国战略，确保我国在激烈的国际竞争中始终立于不败之地，确保中国特色社会主义事业兴旺发达、后继有人，具有重大而深远的战略意义。

就对高校进行和谐社会价值观教育，不断提高大学生的思想政治素质来说，人文教育的必要性和重要意义，则主要体现在以下几个方面。

（1）通过人文精神的倡导，促进大学生主动地去继承和吸收人类文明发展过程中所产生的一切进步的文化传统和思想观念。人文精神是人类文明发展进程中逐步积淀、内化所形成的一种精神感应力，它可以影响人，使人产生对历史、文化和传统的认同感与亲近感。所以人文精神的倡导，无疑会促使我们的大学生在对待历史、文化和传统的态度上由被动接受转化为主动认同；而只有在这种主动认同的前提下，对于这一切的文化传统和思想观念，不管是古是今，是中是西，他们才能够自觉地去汲取、去思考、去辨别、去扬弃，最终将其转化为自己内在的智慧资源和精神力量。

（2）通过人文精神的倡导，可以重新唤醒当代大学生对人的尊严的认识和对精神价值的信仰与追求。毛泽东说过，人总是要有点精神的。许多大学生之所以会出现道德理想的失落、超功利的价值追求的放弃，还是因为缺乏一种精神力量的支撑。而人文精神的倡导和弘扬之所以不同于一般的道德说教和思想灌输，就是因为人文精神具有一种无形的感染力和召唤力，能唤醒青年大学生的主体意识，让他们意识到人之为人、人有别于物的关键在于，人是由精神主宰的，而物和技术只能是人之"用"，决非人之"本"，这也正是人的尊严之所在。这种尊严意识，能让人的灵魂得到净化，精神品格得到提升，使求真、向善、至美的人文理想最终转化为我们大学生的内在诉求。从而道德理想、超功利的价值追求、高尚的情操与人格力量等精神的价值，也自然能得到当代大学生的信仰与追求。

（3）通过人文精神的倡导，可以强化大学生的社会责任感，进而使这种社会责任感转化成对人类社会发展的终极关怀。人文精神的感染力和召唤力，在唤醒人的主体意识与尊严意识的同时，能够进一步唤醒人的责任意识，让人意识到人之为人对社会和群体所应尽的责任与义务。这种责任意识首先表现为对自己国家与民族的责任感，关心国家的前途命运，关注民生疾苦，愿意为国家和民族做出自己的贡献。同时，在人文精神的观照之下，这种责任意识也会在更高的层面上升华为对整个世界和人类的关注，关注世界的和平与发展，关注人类文明进程的最终命运，形成对人类社会的终极关怀。

四 新时期高校和谐社会价值观教育
贯穿人文精神培育的实践途径

2003 年 12 月，胡锦涛总书记在全国宣传思想工作会议上指出："思想政治工作说到底是做人的工作，必须坚持以人为本。"党的十七大报告进一步提出了"加强和改进思想政治工作，注重人文关怀和心理疏导"的重要任务。这是党中央对做好思想政治工作的新要求。

社会主义和谐社会视域中的加强和改进大学生思想政治工作，就要既注重思想政治教育，又注重人文关怀和心理疏导。对高校思想政治教育工作者来说，就是要把倡导人文精神作为在高校开展和谐社会价值观教育的重要课题，并在实际工作中采取以下举措。

1. 确立人文教育超功利性的教育观念

教育之为教育，正在于它的非功利性，在于它的长远性或未来性，在于提升境界、陶冶情操、确立信仰、丰富生活、和谐关系。尤其是教育人文价值的发挥和释放有一个过程，应该允许教育与现实的政治、经济保持适当的距离。当前的问题在于教育过于紧跟形势，成了经济改革的附属者，丧失了自己的独立性。故此，应树立长远观念，调整教育期望值，而不应该目光短浅，急功近利。

2. 确立人文教育的思想观念，以学生为中心开展和谐社会价值观教育

传统教育中，长期以来偏重于教，以"教师为中心"；现实教育中，我们向"学"倾斜，竭力以"学生为中心"。大学德育教育不应是"我讲你听"的一味说教，而应是充满人文精神的"你我共享"。人文视野下的德育教育课不能千篇一律花很多时间看书，这样太无趣、太呆板，也不能老师一个人在上面唱独角戏，必须尊重学生的需要和兴趣，要注意了解学生的关注点和兴趣点，应让每个人有话说，有机会说。

3. 教育内容上，将和谐社会价值观教育与人文教育结合起来

和谐社会价值观的教育应当是生活的、实践的。在教育内容上，要强调和谐社会价值观教育回归生活世界，在生态体验视界中深度领悟生存实践的关系，回答好大学生普遍关注的热点难点问题，满足学生的成长需求，冲破师生之间单一的知识和技能的传授与接受关系，通过教师与学生之间的交互作用，使学生作为具有独立主体和人格尊严的人，在与教师相互尊重和平等合作中，全面发展自己，使学生在"亲验"或"想验"的过程中形成自己的

人文情感、态度及价值观念，从而在生活实践中体验生命，在主体的相互理解中丰富生命，在真实的生命表达中展现生命，使和谐社会价值观教育真正成为与生命共生共融的教育。

4. 打造校园文化环境，积极营造人文氛围，形成正确的校园舆论

正确的校园舆论，能起到表扬、鞭策、扶正祛邪、激励进取的导向作用。要想方设法营造健康的人文环境，在开好德育课的同时，各个学科都应该自觉渗透人文知识，把人文思想从政治学、文学、法律学、经济学中推向数学、物理、化学、生物等更广泛的知识领域，在丰富学生文化知识的同时，让大学校园充满积极向上的人文气息，使和谐社会价值观教育潜移默化地融进他们的心灵。

总之，21世纪中国经济的发展和科技的进步速度大大加快，中国与世界在政治、经济、文化上的交流也将空前频繁和深入。在这样的大背景下，我们对当代大学生的思想道德教育任重而道远。我们强调在高校和谐社会价值观教育中大力倡导人文精神，就是要培养出有着崇高的理想追求和丰富的文化内涵，有着高尚的精神品格和价值追求，有着对国家、民族和整个人类的现在和未来强烈责任感和使命感的大学生，也就是具有人文精神的大学生。当然，人文精神的倡导、弘扬和再造是一个相当复杂的系统工程，需要有深入的人文素质教育的实施，也需要有浓厚的人文氛围的营造，并不是思想道德教育单方面的工作就可以达到的。笔者在这里所表达的是我们作为高校思想政治工作者，应该把倡导人文精神作为高校建构和谐社会价值观教育的重要研究课题并不断深化，为实现大学的育人目标做出我们应有的贡献。

[作者单位：山东大学（威海）]

立法后评估对象的选择

汪全胜

近几年我国开展的立法后评估活动，都选取立法机关制定的一件或几件具有代表性、典型性的法律法规作为评估对象，如云南省人大法制委员会选取《邮政条例》《广播电视管理条例》《农村土地承包条例》作为评估对象；甘肃省人大常委会选取本省《麦积山风景名胜区保护管理条例》《农机管理条例》作为评估对象；上海市人大常委会也选取了《历史文化风貌区和优秀历史建筑保护条例》作为其首次评估对象；国务院法制办选取了《艾滋病防治条例》《劳动保障监察条例》《信访条例》《蓄洪区运用补偿暂行办法》《特种设备安全监察条例》《个人存款账户实名制规定》六件行政法规作为首批评估对象等。那么，作为评估组织活动的主体为什么选取这些法律法规作为评估对象呢？其理论依据是什么？是不是所有的法律法规都可以进行评估？对这些问题进行深入探讨，以对我国建立规范化、制度化的立法后评估制度有所助益。

一　评估对象选择的一般理论："可评估理论"

"可评估理论"并不是立法后评估对象的选择理论，它是政策评估理论中的一个重要方面。各国开展立法后评估的历史不长，理论研究基本是空白，因此，在很多领域还有待借鉴与吸收其他学科的知识。

"可评估理论"是政策评估理论发展到一定阶段之后，人们对政策评估目的有效性反思的结果。政策评估理论最早产生于美国，大约形成于 20 世纪 60 年代，在 70 年代以后得到很大发展，"在 20 世纪 60 年代，美国政府的干预导致了公共机构开始正式的政策评估过程。20 世纪 70 年代，政策评估的分析水平得到了更明显的提高，具有重要意义的是，国会关于项目评估的立法起到了很大的推动作用"。

政策评估的目的是改进政策，但早期的政策评估逐渐发展出一套成熟的分析工具与评估方法，但评估结果并没有实现其政策改进的目的，要么政策评估与政策改进没有关系，要么政策评估结果被低效率地使用。这引起了一些政策分析学者的反思。1975年，美国学者尼尔森发表了《评估为什么无法改善政策效能?》一文，开始对这个问题进行思考。1976年，胡雷发表了《评估与评估者在改进公共项目中的角色》一文，对早期的政策评估理论进行了反思，提出"可评估性理论"。他认为，早期的政策评估存在六大弊端：一是评估活动不对政策形成支持；二是评估的时间、方式、准确性与使用者的需求不相吻合；三是评估者很少与决策者沟通；四是缺乏相同政策的不同评估比较；五是缺乏评估的累积资料；六是评估经常处理没有答案或不需答案的问题，以至于使评估没有实际成就。胡雷提出，要克服这些弊端，评估者就必须先对政策进行"可评估性分析"，并通过"可评估确定报告"实现决策者和执行机构的沟通，在得到评估结果使用者的反馈信息后，再确定政策评估的步骤。

怎样确定可评估性呢？有学者提出了可评估性的11个方面，有一定的借鉴意义。①选择政策执行与社会变化存在明显因果关系的政策。如果因果关系不明确，那么社会变化是否应归于政策执行所致，将很难分析解释，评估方案也很难设计。②选择政策直接影响比间接影响更为主要也更为显著的政策，以减轻分析衡量的难度。③选择短期效益具有价值的政策。长期效益政策将受到多种因素的影响，很难精确衡量。④选择具有代表性的政策。这种评估结果可以推广使用，为类似的政策评估提供参照。⑤选择运作充分、执行信息资料丰富的政策，避免政策执行得不成熟。⑥选择高成本、高效益的政策。如果一项政策成本效益都微小，那么通过投资进行评估所带来的收益也将很小，这种评估有可能造成评估投入的浪费或根本没有必要。⑦选择政策绩效产生的原因明显且易说明的政策，避免对绩效产生的不同原因解释时出现偏差。⑧在政策执行中所做的工作不能明确判定时，要避免进行绩效评估，因为这种评估很难说明执行过程与绩效的密切关系。⑨选择有关人员支持的评估，主要是政策决策者和政策执行者的支持与配合。这种支持与配合将使评估工作有可能获取更为丰富的信息资料。⑩选择有经费资助的评估。社会资助的经费一方面可以充实评估费用，另一方面也说明政策评估引起一定的社会关注。⑪借助社会力量进行评估，诸如学术研究机构工作者、高等院校研究生等都是政策评估中可利用的人员，他们可以通过学术论文的方式评估政策。这一方面可以节省评估费用，另一方面也可以促进理论研究与社会实践的沟通。

在可评估性问题上，谢明提出："虽然在一项实际的政策评估活动中，评估对象是既定的，但这并不是说所有政策在任何时候都可以并有必要进行评估。""评估应以有效性（有没有实际价值）、时间性（时机合适不合适）、必要性（有没有现实需要）和可行性为前提，具体问题具体分析，不能不加区别，一概而论。"贠杰、杨诚虎认为："应当根据评估工作的需要，遵循有效性、必要性与可行性相结合的原则来确定可评估性。"

结合西方各国立法后评估的实践、西方学者提出的可评估性理论以及我国近几年的立法后评估过程中评估对象选择的实践，我们认为，立法后评估对象选择的标准是：立法后评估的有效性、必要性与可行性原则相结合。

二　立法后评估对象选择的有效性

所谓立法后评估对象选择的有效性，即是说，立法后评估选择的对象必须确实有价值，能够通过评估达到一定的目的。

立法后评估主要是通过评估，了解法律法规的实施情况，找出法规实施以及法律质量方面存在的问题，为今后该法的立、改、废提供依据。立法后评估的目的主要有以下方面。

第一，法律法规实施状况如何，实现立法目的的程度。

第二，法律法规的合宪性、合法性、合理性、可操作性、可行性如何。

第三，法律实施过程中存在哪些问题，是执法本身的问题，还是立法质量的问题，分析问题产生的原因与根源。

第四，它对该法律法规的后续发展能有什么启示或建议。这是立法后评估活动的最终目的或根本目的。

1. 通过立法后评估，了解法律法规实施的成效，对法律法规的积极作用有中肯评价

法律法规的积极作用是指法律法规的实施，对社会的影响是积极的、主要的、肯定的。比如，国务院法制办启动的《劳动保障监察条例》评估，评估课题组发现，该条例实施两年来，"相关配套立法相继问世，宣传活动广泛展开，执法力度明显加强，社会影响与日俱增，劳动保障监察已经成为劳动者维权和推进劳动保障事业的主要手段之一"。接着课题组从"完善了我国的

劳动保障监察制度"以及"促进了劳动保障法律法规和国家劳动标准的贯彻落实"两个方面具体阐述了该条例的具体绩效。上海市人大常委会对《历史文化风貌区和优秀历史建筑保护条例》历时十个月的评估得出的结论为："条例的实施使上海市基本建立了以保护条例为核心的规划管理法律框架，健全了两级规划管理保护工作机制，立法的目的明确、手段丰富，措施得当，加快和加强了全市各项规划管理保护工作，取得了明显绩效。"

2. 通过立法后评估，对法律法规的合宪性、合法性、合理性、可行性等进行评估评价

法律法规的合宪性是指法律法规的规定、原则、精神不得违反宪法的规定、原则与精神。法律法规的合法性是指在形式上不得与上位价法律法规相抵触，其制定主体、行使权限、运行程序不得违反法律的规定，在实质上指法律法规的实施获得社会主体的支持与拥护。法律法规的合理性是指作为规范选择来讲法律法规是合理的，成本与收益的比率是合理的，法律绩效是合理的。法律法规的可行性是指法律法规的条款规定合乎实际状况，符合社会发展的规律性与客观事物的规律性。立法后评估的一个主要目的或重要任务就是对法律法规的合宪性、合法性、合理性、可行性进行审查与修正。如山东省人大法制委员会对该省《私营企业和个体工商户权益保护条例》、《产品质量法实施办法》、《法律援助条例》和《就业促进条例》进行评估时，重点看法规设定的权力和责任、权利和义务是否合理；赋予行政部门权力的同时有没有对其加以限制；规定的公民权利有没有切实得到保障以及这些规定执行的情况。北京市专门出台了《北京市地方性法规合法性评估工作规程》，将合法性评估作为评估的重要内容，认为："合法性评估是指市人大常委会有关工作机构依据国家新颁布实施的法律、行政法规，及时地对本市相关的现行有效的地方性法规进行合法性审查，并对法规中与上位法相抵触的内容提出处理意见的制度。"在北京，《宗教事务条例》于2002年11月1日施行。国务院《宗教事务条例》于2004年11月30日颁布，2005年3月1日才正式实施。按照《北京市地方性法规合法性评估工作规程》，2004年底北京市人大常委会法制办公室组织市人大常委会民族侨务工作委员会、市政府法制办对该法规进行合法性评估。经过评估，认为其中部分条款与上位法相抵触，需要适时进行修改完善。

3. 通过立法后评估，发现法律法规实施中存在的问题，并分析是立法本身的问题还是执法的问题以及这些问题背后的原因

立法后评估不仅在于真实评价法律法规的实施绩效，还要对其实施过程

中的问题进行分析。在国务院法制办启动的《劳动保障监察条例》评估中，评估课题组也发现了该条例实施中的一些问题。一是条例本身存在的制度问题，如条例因立法层次的限制，缺乏必要的行政强制手段；条例对监察处理决定的执行缺乏有效的保障措施；条例对法律责任的规定总体过轻等。二是劳动保障监察执法中存在的问题，如监察机构建设不健全，人员配备不足，经费保障不够，地方政府干扰监察的问题依然严重等。

4. 通过立法后评估，最终的目的是为法律法规继续沿用还是修改或废除提供决策依据

立法后评估与执法检查的主要区别在于侧重点有所不同。立法后评估的重点在于挖掘与立法有关的信息，客观评价法律法规的实施效果，目的是改进立法工作；执法检查则侧重于检查有关部门在贯彻执行中的薄弱环节和存在的问题，目的是监督法律法规的贯彻执行情况。以海南省人大对《海南省红树林保护规定》立法后评估为例，海南省人大法制委员会、法工委牵头组织了这次评估，提出了五点建议来进一步修改完善《海南省红树林保护规定》。①理顺管理体制，明确职责。要依据国家森林法、海域使用管理法、海洋环境保护法、渔业法、自然保护区条例等法律、行政法规的规定，林业、海洋、环保等部门根据各自的职业分工，从不同的角度负责红树林的保护。②完善法律责任的设定，增强可操作性。法规中设定的毁坏林木处罚标准应具体、合理，要保护珍稀树种。③加大政府对红树林保护和发展的扶持力度，同时鼓励社会各类投资主体投资保护红树林，建立全社会参与红树林保护的投入机制。④明确红树林地和林木的产权。⑤具备正确处理保护和开发利用关系的内容。

三　立法后评估对象选择的必要性

立法后评估对象选择的必要性在于进行某项法律法规评估是否有现实的需要。立法后评估对象选择的必要性在实践中表现出多种类型。

1. 法律法规有效期即将届满或法律法规的实施时机即将结束，立法机关在决定该法是否继续延用还是修改或废止时，有必要进行立法后评估

（1）法律法规有效期是指法律法规实施的时间期限，在西方称为"日落条款"，即在法律法规中明确规定法律法规实施到什么时间即终止，如果再要适用就必须对其评估后做出延续适用的决定，否则该法的有效期届满后即终结。1976 年，美国科罗拉多州通过了第一个"日落法"，该法律对一项计划

或一个规章规定一个日期，到了这个日期，该计划或规章除非再次得到批准，否则就此失效，从而迫使政府部门定期对其活动和规章的结果进行评价。根据 OECD 的调查报告，OECD 大多数成员宣称自己在某些监管领域采用了日落条款。如澳大利亚规定，"监管规则每 10 年、7 年甚至 5 年就要自动废除"。韩国也采用了日落条款，"在监管规则'没有明确的理由继续存在'的情况下，它们的存续期'原则上'不能超过 5 年"。美国"就所有的政府文书工作要求都设定了 3 年的日落条款期限"。墨西哥对技术标准设定了 5 年的日落条款期限，同时规定"所有的标准必须在生效后的前 12 个月内得到审查，以确定它们是否如预想的那样发挥作用"。我国还未完全采取日落条款，但有一点迹象，如 1996 年出台的《行政处罚法》在其附则中要求，本法公布前制定的法规和规章中关于行政处罚的规定与本法不符合的，应当自本法公布之日起，依照本法规定予以修订，在 1997 年 12 月 31 日前修订完毕。

（2）法律法规的实施时机即将结束，该法律法规的命运该如何？我们知道，有些法律法规是针对特定时期的需要出台的，特定时期结束以后，该法律法规一般有两个命运：一是评估后进行修改继续适用；二是特定适用条件不存在了，被废止。通常在特定时期出台的法律法规只是某些条款不符合社会发展状况，但还有实施的必要。在这种情况下，立法机关可以对其中某些条款做出修改后继续适用。如 1990 年 4 月 4 日七届全国人大通过的《香港特别行政区基本法》第 8 条规定："香港原有法律，即普通法、衡平法、条例、附属立法和习惯法，除同本法相抵触或经香港特别行政区的立法机关作出修改者外，予以保留。"1993 年 3 月 31 日八届人大一次会议通过的《澳门特别行政区基本法》第 8 条也规定："澳门原有的法律、法令、行政法规和其他规范性文件，除同本法相抵触或经澳门特别行政区的立法机关或其他有关机关依照法定程序作出修改者外，予以保留。"也就是说，在香港、澳门回归祖国以后，原有的法律制度必须重新评估，不得与基本法相抵触。

2. 法律法规的规定存在明显违反宪法或上位法的问题，或者法律法规实施过程中存在问题较多，社会反响较大，公众要求对法律法规进行修改，此时有必要启动立法后评估机制

"法制统一原则"是我国宪法确立的基本原则。任何法律法规都不得违反宪法，下位法不得违背上位法，违法立法应是无效。但是如果缺少相应的立法后评估机制，这些问题便不容易被发现，甚至早应该过时的法律法规还会沿用很多年。2003 年 3 月，孙志刚在广州收容站被打死，引发三位法学博士以公民名义"上书"全国人大常委会，要求启动对国务院 1982 年 5 月出台的

《城市流浪乞讨人员收容遣送办法》的违宪审查机制。后国务院迅速启动法规审查机制废止了这部适用了 20 多年的行政法规。如果不是孙志刚事件，该法规或许还会继续沿用。上海市人大常委会选取《历史文化风貌区和优秀历史建筑保护条例》作为评估对象，是因为其在实施过程中出现了诸多问题，引起了较大的社会反响。《历史文化风貌区和优秀历史建筑保护条例》于 2002 年 7 月 25 日在上海市十一届人大常委会第四十一次会议通过并于 2003 年 1 月 1 日开始实施。虽然该条例也发挥了重要作用，但也出现了一些新情况、新问题。"在 2005 年的上海市人代会上，一些市人大代表陆续就修改完善《条例》提出了议案和书面意见。一些职能部门和市民群众也通过各种方式反映法规在实施过程中遇到的问题，提出修改完善的意见和建议。""在三年多前立法欠考虑，导致当前在操作过程中，规划局、房地局、文管委三家职能部门管理职能交叉，互相衔接性不够，对登记不可移动文物和优秀历史建筑的认定程序和法律责任不能协调统一，执法中出现了诸多矛盾。"鉴于该条例已实施两年多，有关制度设计存在的缺陷已暴露得比较充分，上海市人大常委会 2005 年 7 月做出决定，开展对该条例的立法后评估。

3. 社会转型时期社会关系的变化或为履行国际义务而进行的立法后评估

社会转型时期社会关系发生了重大的变化，规范社会关系的法律法规也需要重新调整，那么怎样进行调整呢？一般情况下，社会转型时期，适应旧的社会关系的法律规范面临着三种选择：一是不再适应新的社会关系发展状况，需要加以废止；二是有部分内容或条款不适合新的社会关系调整，需要进行评估后做出修改，以适应新的社会关系发展状况；三是基本上能够满足新的社会关系的需要，还可以继续适用。

中华人民共和国成立后，我国进行的三次大规模的法律法规清理活动都是因为社会转型时期社会关系的变化或为履行国际义务而进行的。

第一次是在 1954 年。我国第一届全国人民代表大会第一次会议召开，通过了新宪法，并通过了关于"现行法律、法令继续有效的决议"。决议指出，所有从 1949 年 10 月 1 日以来由中央人民政府制定、批准的法律、法令，除同宪法相抵触的以外，一律继续有效。根据这一决议，国务院在 1955 年对原政务院及其所属各部门发布的法规进行了一次清理。

第二次是在十一届三中全会以后，为消除"文革"法律秩序造成的混乱状况，五届全国人大常委会第 12 次会议通过了《关于中华人民共和国建国以来制定的法律、法令效力问题的决议》，宣告中华人民共和国成立以来制定的法律、法令，除同第五届全国人大及其常委会制定的宪法、法律相抵触的以外，其余皆继续有效。国务院随后开展了一系列的法规清理工作。

第三次是为迎接加入世贸组织进行的法律、法规与规章的清理工作。我国成为世界贸易组织成员以后，为履行对外承诺，保证法律、法规、规章与世贸规则相符合，全国人大及其常委会、国务院从 2000 年开始对有关法律、法规、规章进行了清理。

第一次与第二次大规模的法律法规清理活动是为了适应社会转型时期新型社会关系调整的需要，第三次则是为了履行加入 WTO 承诺的国际义务而实施的法律法规清理活动。这些清理活动效果都比较明显。如第一次大规模的法规清理活动，原国务院法制局有重点地对原政务院发布和批准的 250 件法规进行清理，结果将法规分成了五类：①继续适用的法规；②继续适用但须加以修改的法规；③需要重新制定或加以合并来代替的法规；④过时的法规；⑤已废止的法规。

四 立法后评估对象选择的可行性

所谓立法后评估对象选择的可行性，即所选的评估对象必须是可以进行评估的。有学者认为，评估方案选择的可行性包括：①政治可行性，即方案选择获得政治资源支持的程度（获得合法性地位和被方案执行机构接受的可能性）和对政治价值观的影响。②经济可行性，即方案在实施中获取人力、财力、物力资源支持的可能性。③行政可行性，即政府行政部门在执行能力和工作效率方面的支持程度。④法律可行性，即方案选择是否符合国家宪法和法律的有关原则和条款。⑤技术可行性，即在现有技术条件下实现目标的可能性。⑥社会可行性，即方案选择能够获得社会的认同与支持的可能性。我们这里讲的立法后评估对象选择的可行性主要是指，评估的时机、评估所需的人力、物力、财力等条件能够满足评估的需要。

（一）评估的时机已经成熟

评估的时机已经成熟，表明：一是，如果是根据法律规定的评估，法律规定的时机已经到了；二是，如果不是由法律法规明确规定的评估，则评估对象实施已达一定年限，法律法规本身的问题已暴露无遗，社会反响较大，需要及时对其进行评估。

如果按照法律规定的评估，则在法律规定的时机到了以后，有关评估主体即应启动立法后评估。前面我们对西方国家法律法规条款的"日落条款"

作了探讨，日落条款即表明法律规定的有效期限即将终止，如果再适用，需要对其进行评估。如美国在"9·11"事件后联邦国会通过的《爱国者法》，是一部紧急通过的反恐法，国会对其中涉及限制公民权利的15条条款设定了失效时期，随后，美国两院多次对其进行适时评估，根据实施情况决定是否延长或更改。如果非按照法律规定的评估，那么评估对象实施已经有一定年限，法律法规本身的问题已暴露无遗，社会反响较大，需要尽快启动立法后评估机制。如上海市的《历史文化风貌区和优秀历史建筑保护条例》已实施两年多，问题较多，社会反响较大。其他地方性法规、行政法规基本上都是实施两年以后，最长的甚至达十五年才启动立法后评估的。因此，需要尽快根据社会需求及时启动立法后评估机制。

（二）评估的人财物力条件已经具备

从我国近几年发起的立法后评估活动来看，立法后评估的主体都是立法主体的组成机构或立法主体本身，从评估主体来看它属于正式评估和内部评估。如云南省人大法制委员会与云南电网公司组成的调研小组对《供用电条例》进行的评估；上海市人大对《历史文化风貌区和优秀历史建筑保护条例》进行的评估等。既然都是正式评估与内部评估，评估活动的发起者都是立法主体本身，它具备了评估所需要的人财物力资源。

1. 评估需要有一定数量的懂得立法技术、评估专业知识的专业人员

既然是立法主体本身或组成机构发起的评估，它对立法本身会非常熟悉，知道法律法规存在的主要问题。另外，从评估活动来看，这些评估主体也掌握了社会调查、座谈会等评估技术。这些机构或人员具备了评估能力。

2. 评估经费有足够保障

地方性法规主要是地方人大常委会或其组成机构进行评估的，在做出评估决定时，人大常委会会专门划拨一定的经费对评估进行支持。同时也专门为行政法规、行政规章的评估提供经费，为评估能够取得一定效果提供了保障。

3. 评估活动得到相关部门、社会组织与公民的广泛支持

如云南省人大常委会对《云南供用电条例》进行评估时，得到了云南电网公司的积极配合，共同组成调研组，在调研过程中，得到了州、市人大、经贸委、林业局、当地供电部门、社会公众的积极支持，评估活动得以顺利开展。其他地方性法规、行政法规、政府规章的评估都获得了相关部门、社会组织与公民的广泛支持。

（三）评估制度逐渐建立并完善，立法后评估活动具备了制度支持与保障

专门的法规范性文件就有 1990 年国务院颁布的《法规规章备案条例》、2001 年国务院修订的《法规规章备案条例》、2005 年十届全国人大常委会第四十次委员长会议通过的《行政法规、地方性法规、自治条例和单行条例、经济特区法规备案审查工作程序》、2005 年北京市政府出台的《北京市地方性法规合法性评估工作规程》、2006 年河北省政府法制办发布的《关于在省政府各部门开展政府立法后评估工作的实施意见》、2007 年黑龙江省政府发布的《关于开展我省部分地方性法规和省政府规章立法评估工作的通知》、2006 年国土资源部发布的《国土资源管理规范性文件合法性审查办法》、安徽省淮南市人民政府于 2001 年通过的《淮南市政府立法跟踪问效办法》等。不断建立与完善的评估制度规范了立法后评估的主体、客体、程序、标准、方法等，逐渐实现了立法后评估的规范化与制度化。

[作者单位：山东大学（威海）]

《当代中国女性主义文学批评二十年》
内容提要

徐艳蕊

20 世纪 80 年代初，西方女性主义理论开始在中国传播。女性主义理论的传播和女性主义批评的展开，不仅是对文学领域的女性问题的一种理论反思和总结，也为现实中的女性进一步打破性别（gender）禁锢，获得更多自由选择的空间，提供了可贵的思路。这里所说的性别的限制，并不是指生理性征的局限，而是与性别相联系的一整套社会行为规范。这套行为规范并不是跨越时空的永恒存在，而是在历史中被建构而成的，并与整个社会的权力运作机制息息相关。因此，反思性别问题，也就是从性别角度对整个社会的构成机制进行反省。

当代中国的女性主义批评针对本土问题的批评实践始于 80 年代中期，迄今已有 30 余年的历史。在这 30 多年中，女性主义批评不仅为女性文学的发展提供了精神支持和动力支援，并且和后者一起努力描绘了一幅不同于以往以等级制度为标尺，而是以公正自由为基点的性别图景，尝试为人们对于性别角色的认知和想象，提供一种新的思路。这 30 年的探索，成绩有目共睹，有必要进行总结概括，一方面为今后的发展提供经验，另一方面也能即时发现不足之处以待后人填补。

早在 20 世纪 90 年代后半期，就已经有学者不断地对当代中国的女性主义文学批评进行总结和反思。其中比较重要的著作有张岩冰 1998 年于山东教育出版社出版的《女权主义文论》，陈志红 2002 年于中国美术学院出版社出版的《反抗与困境——女性主义文学批评在中国》，西慧玲 2003 年于上海社会科学院出版社出版的《西方女性主义与中国女作家批评》，罗婷 2004 年于中国社会科学出版社出版的《女性主义文学批评在西方与中国》，林树明

2004 年于中国社会科学出版社出版的《多维视野中的女性主义文学批评》，以及杨莉馨 2005 年于北京大学出版社出版的《异域性与本土化：女性主义诗学在中国的流变与影响》。

上述前五本著作，有两个共通之处。其一，都花费了相当大的篇幅介绍西方女性主义文学批评的发展概况和主要观点。其二，都比较倾向于从西方理论的译介和影响入手，讨论中国女性主义批评的发生和发展，或者干脆把中国女性主义批评当作西方女性主义文论在东方的发展和延伸。这也从一个侧面说明了西方女性文论对中国女性主义批评的笼罩力的强大。

不过中国女性文论终究需要独立面对本土的问题，形成自己独立的品格。杨莉馨的《异域性与本土化：女性主义诗学在中国的流变与影响》，是一本专门讨论中国女性主义诗学的专著。虽然此书也把西方女性主义文论，当作影响中国女性主义文论的一个重要因素，并花了相当大的篇幅讨论中西女性文论之间的关系，但是讨论的视角已经不再只是单方面强调西方女性文论的决定性作用，而开始用心探讨本土语境下女性文论需要面对的现实问题、在实践中发展出来的特色，以及它与西方女性文论的差异。该书的第四章"流变与整合：女性主义诗学在中国的发展"分量尤重，作者不仅在这一章中梳理了女性主义批评 20 年来出现的重要著作和文章，对于一些与女性话题相关的学术会议和支持女性主义批评发展的期刊，也做了细致介绍。材料翔实程度，超过了以往所有同类专著。

上述研究成果，从不同角度对中国当代的女性主义文学批评进行了反思和总结，为后来的研究者提供了宝贵经验。其一，对当代中国女性主义文学批评的发生和发展进行了较为清晰的脉络梳理。国人是如何注意到女性主义文学批评的，是通过什么样的渠道将这个概念引进自己的视野之中，并拿来进行自己的批评实践的，在上述著作中，得到了较为翔实的考证和记述。其二，对当代中国女性主义文学批评的理论资源进行了初步整理。西方的女性主义批评流派众多、观点各异，但并不是每一种都能为我所知，进而为我所用。哪些理论是被优先介绍到中国的？哪些对国人来说更有亲和力，更有利于言说，更能够解决自己的问题？这些问题已经被陈志红、杨莉馨等研究者注意到并在专著或文章中给予了解答。其三，这些西方的理论资源在被引进中国之后，是怎样融入我们的批评实践的？在我们的批评实践中，又生成了什么样的主题？这些主题有哪些现实针对性？这些问题，上述著述也有所涉及，但是相对前两个方面的研究来说，还显得比较单薄，很多问题没有得到更深入的讨论。

而对当代中国的女性主义批评实践进行主题式的研究，正是本书的着眼点。

其一，西方女性主义文论的译介情况，理论资源的输入和接受状况，由于前人的工作已经做得比较充分，本书将不再列为表述的重点，而是当作一项重要的研究背景来处理。其二，本书的重点，将放置在对本土女性主义文学批评实践所生成的主题的分析之上，这些主题是针对什么问题而形成的，它们在多大程度上表述出了中国文学传统和现实中存在的性别问题的现状，包括那些不公正和抗争，忧虑和希望，合作和发展。如果这些主题并不能穷尽各种文学实践中存在的性别问题，在提出这些主题的同时，还有哪些问题遭到了忽视或遮蔽。其三，除了西方女性主义文论之外，它还吸收了哪些观念和理论作为自己的发展资源。其四，女性主义文学批评作为一种以女性知识分子为主体的批评实践，它和作为主流意识形态的妇女解放理论是一种什么样的关系。作为一种现实针对性很强的批评实践，它有着怎么样的性别政治诉求和政治批判色彩。在现阶段的整体社会和文化氛围中，它还具有什么样的发展潜能和空间。

对当代女性主义文学批评这 30 年来的发展主题进行总结并非易事。

西方的女性主义理论，本身就不是一个结构严密的体系，也没有统一的理论源头，而是融社会历史批评、心理分析、结构主义、解构主义、人类学、语言学等各种学科和方法为一体，由此呈现出一种综合和多元的姿态。中国的女性主义批评以西方女性主义理论为主要理论来源，自然也延续了这种多元、综合的姿态，并且在此之外又多了一重计较：必须将中西文化的差异考虑在内。因此梳理的工作就显得尤其艰难。

但是繁难之中，并不是毫无线索可循，这个线索，就是"女性经验"。

说女性经验是女性主义批评的基石，这种论断一点也不夸张。许多论题都是在女性经验的基点上展开讨论的，而这种讨论，也反过来使女性经验的边界被不断改写、重构，"女性"这一概念的内涵也随之变得更加丰富。

从 20 世纪 80 年代中期到 90 年代初，当国内学界不再满足于对西方女性主义理论的翻译介绍，而开始用女性主义的眼光讨论本土问题的时候，正是由于预设了这样一个基点——中国女性有着和西方女性相似的受压迫的经验，外来的理论才有了和本土话题结合的可能。本土女性主义批评实践的发端，是对于"女性意识"的讨论，而"女性意识"的一个基础性内涵，就是女性经验：女性独特的体验和感受、心理和生理机制。承认了女性经验的特殊性和差异性之后，女性意识的另一个层面才能够成立，因为女性感受到的世界与男性是不同的，所以具有和男性不同的视点和立场；从这种视点和立场出发，女性意识到，女性在整个社会结构中所处的位置是不符合公正、平等法则的，因此女性要对这种不公正的对待进行反抗。

意识到女性经验的独特性，也就意识到了女性身份的差异性。由此女性看到了自己在历史和社会中所处的被贬抑和压抑的境地，并提出了反抗和改变的要求。女性不应该再是被动的承受者，她应该是现象的观察者、责任的承担者、话语的实践者，是能够思索、言说、选择和行动的人；也就是说，女性也能成为主体。20 世纪 80 年代末，女性主体性问题就开始进入女性主义批评者的视野。对于许多当时的讨论者来说，由女性意识到女性主体意识的演进，似乎是一件顺理成章的事情；但是也有一些更为敏锐的学者，开始意识到女性主体性的获得并不是一种"自然而然"的事情，而是一个渐进的过程。1989 年出版的孟悦、戴锦华合著的《浮出历史地表——现代妇女文学研究》，便把现代女性文学的发展过程，阐释为一个现代女性作家不断言说经验、指认真相、突破包围，而使女性自身的主体意识获得成长的过程。到了20 世纪 90 年代，刘思谦把女性主体性问题与"个人"的命题相结合，选择了个人化路径作为女性朝向主体性的通道。这既是对此前高度一体化政治泯灭个体意识的一种反驳，也是对性别陈规中视女性为男性附属物的偏见的一种纠正。

和女性主体性问题差不多同时展开的，是对女性文学传统的挖掘。历史上的大多数时间，女性虽然被排除在话语秩序之外，但女性并未放弃对自我的表达和建构；女性虽然在"正史"中被描述为外在于历史和文化的"空白"，但是在这由男性所讲述的历史之外，女性文化的源流就如同一条暗河，潜伏于地表之下从来不曾干涸、断绝，并且一旦时机成熟，就会从地下奔涌而出。而当代女性主义批评对女性文学史的重建，就是重新寻找女性文化血脉的工作。1989 年出版的孟悦、戴锦华的《浮出历史地表——现代妇女文学研究》、1993 年出版的刘思谦的《"娜拉"言说——中国现代女作家心路纪程》代表了这方面的最高成就。

如同一个硬币的正反两面，在建立女性文学传统的同时，对一直在文学史中占据着中心位置的男性文学传统的反思工作也逐渐展开。指出男性作家在作品中所塑造的女性形象的虚妄之处，发现其中所包含的不公正的性别话语规范，是这项工作的目的。这其实也就是将女性自身的经验、视角和立场与男性的经验、视角和立场相比较，打破文学传统中视角和立场的单一性，而使其向多元性和包容性的方向发展。这是女性实践自身主体意识，并在这种实践中进一步建构主体性的一种更大胆的方式。1988 年出版的《风骚与艳情——中国古典诗词的女性研究》，是一部温和反省男性文学传统的女性观的著作，作者康正果虽然是男性，却自觉采取了女性主义立场作为自己反思传统的视角。1995 年出版的刘慧英的《走出男权传统的藩篱——文学中男权意识的批判》，代表了一种更犀利的批判姿态；而同年出版的《中国当代文学的叙事与性别》，从叙事学入手解读两性文本中不同的性别观念，以文本细读为依据，冷静剖析了当代文学中男性中心意识的运作机制。

身体写作则是女性经验被推衍到极致的一种表征。从理论层面上来看，身体写作理论是对女性经验论的进一步推衍。一方面，男权社会对女性的一切控制最终都要落实到对身体的控制，那么现在由女性自己来言说身体，便是从话语层面对这种控制的一种瓦解和对抗。另一方面，女性主义的一项重要工作——从女性自身的视角出发，批评男性话语所塑造的女性形象只是男性为满足自身的需求而创造的幻象，常常会遭遇这样的反问，什么样的女性形象才是"真实"的。如果说表达了女性自身的经验是衡量女性形象真实性的标准，那么女性经验的真实性要用什么来衡量，怎么才能证明这种经验不是被某种话语规范控制所产生的幻象，如何看待不同阶级、种族女性的经验和视角间的差异。为了解决这些问题，女性主义者进一步向身体回溯，强调女性共同的身体经验和生物节律，并赋予了这种身体经验一种反抗性特质。以上这些问题，都在 20 世纪 90 年代中期之后学界在对身体写作的关注中被提出和探讨的。

当代女性文学批评的这些主题，并不是按照一种清晰的次序递进排列的，而是在时间上多有交错重合。这一来是因为中国女性主义批评最主要的理论源头——西方的女性主义理论本身就是一个多元、综合的体系，同时也是因为，中国的女性主义批评在借鉴西方理论的时候，不是也不可能是以它原来的历史发展线索为纲循序渐进地引进，而是多方位、多视角地同时进行，因此话题就显得更加复杂。

尽管多有交错重合，这些话题之间，还是能大致清理出一条时间线索。如果把对西方理论的译介放在一边，仅就中国本土问题而言，最先开始的是 20 世纪 80 年代中期对女性意识的讨论。有了一定的观念储备之后，从 20 世纪 80 年代末开始，对女性主体性问题的讨论、对女性文学传统的挖掘和对男性文学传统的反思几乎是同时展开的。这些方面最主要的著作几乎集中在 1988 ~ 1995 年出现。不过 1995 年之后虽然缺乏重要的专著问世，但这些问题也并没有因此停滞不前，而是各自以不同的方式延续下去，并开始显现出跨学科发展的趋势（如女性文学史研究和妇女史研究的结合，对男性文学传统的反思，向社会学批判及文化研究的接近）。20世纪90年代中期以后，学界相当大一部分的注意力都被吸引到"身体写作"（包括实践和理论）上来，以身体写作为契机，女性身体、女性经验、两性关系，文学中的性别、视点和权力问题，都得到了深入讨论。

本书的章节设置，也基本上是按照这种顺序展开的。第一章对相关概念进行界定，第二章讨论"女性意识"问题，第三章探讨女性主体性的建构，第四章检视在女性文学传统的建立和男性文学传统反思方面取得的成果，第五章讨论身体写作问题，结语部分重新讨论了女性经验的边界，并针对女性经验的本土性提出了自己的看法。

[作者单位：山东大学（威海）]

威海市创新型城市建设政策体系研究

岳连宏　　王常正

建设创新型城市是城市发展的必然选择，是增强城市自主创新能力，实现区域经济社会又好又快发展的根本途径。威海市委、市政府确定，今后一个时期全市发展的总体目标思路是：坚持以自主创新为第一动力，以打造高层次人才聚集区、产学研结合密集区、科技成果转化汇集区为主攻方向，更好地发挥开放、生态、海洋优势，加快建设创新、开放、宜居、幸福的现代化新威海。这一目标思路的提出，为加快威海市创新型城市建设进一步指明了方向，提出了更高要求。根据全市"自主创新年"活动的安排，威海市集中力量，集中时间，对创新型城市建设政策体系这一重要课题进行了系统研究。

一　创新型城市政策体系概述

（一）创新型城市的概念、标准及构成要素

20 世纪 80 年代以来，欧美一些发达国家兴起了对国家创新体系和区域创新体系的理论与实践研究，英国的罗伯特协会（Robert Huggins Associates）提出了评价全球主要城市的知识竞争力理论框架和模型，建立了评价城市竞争力的指标体系。虽然各个城市的历史、文化背景、经济与科技的发展水平不同，在创新型城市道路选择上也不尽相同，但一般意义上认为创新型城市是以科技进步为动力，以自主创新为先导，以创新文化为基础，依靠科技、知识、人力、文化、政策和体制等创新要素驱动经济社会发展的城市形态。

对创新型城市，国际上通行的基本认定标准为：技术对外依存度不超过

30%，科技进步对经济增长的贡献率超过70%，发明专利的申请量占全社会专利申请量的70%，企业专利申请量占全部专利申请量的比例超过70%，企业研发投入超过销售收入的4%。除了上述各项硬指标外，创新型城市还有一系列重要的软指标。比如，有一整套良好的创新政策和制度，具有较强的科技实力和一流的公共服务平台，拥有一批实力雄厚的创新型企业，产生良好的产业集聚，能够有效配置城市的创新资源，倡导先进的创新文化，重视区域与国际科技合作等。在这些软指标当中，建立起一套完备的创新型城市政策体系十分突出和重要。

归纳国内外专家学者对创新型城市的研究结论，创新型城市一般应具备以下四个基本要素。一是创新主体。开展整个创新活动的行为主体，创新主体是创新型城市中最重要的能动要素，其他要素均作为环境要素服务于创新能动要素，它位于最顶端，是最重要的构成要素。从我国建设创新型城市的实践看，目前基本上属于政府在强势推动。这样创新主体主要包括两个层面：一个是政府，通过制定优惠政策推动创新型城市建设；另一个是企业，是创新实践的主导力量。二是创新资源。创新资源是创新活动的基础，也是创新活动正常开展的物质保证。创新资源既包括有形的，如自然资源、原材料等，也包括无形的，如人力资源、生产工艺、生产流程等。三是创新制度。创新制度是创新体系有效运转的保障，是影响生产力发展的首要因素。政府在创新体系中的地位与角色的明确定位，本身就是"创新制度"首先要创新的内容。这一点非常重要，因为它是高于、大于单纯科技创新之外的基础性创新，创新型城市政策体系也包括在内。四是创新文化。创新文化是先进文化的重要内涵，是维系和促进创新的基本环境。创新文化提供一种有利于开展创新活动的社会氛围，是科技活动中产生的与整体价值准则相关的群体创新精神及其表现形式的总和。

从上述研究结论中可以看出，创新型城市政策体系包含了主体、资源和制度这三个重要因素的核心内容，是建设创新型城市过程中必须面对也必须解决的关键性问题。

（二）创新型城市政策体系的分类及内容

从政策对区域创新的作用角度看，创新型城市政策体系可分为激励型政策、引导型政策、保护型政策、协调型政策四种类型。

激励型政策。主要包括金融政策，如优先贷款和优惠贷款、设立创新风险基金等；财政政策，如对创新的奖励，对研究和开发的投入、拨款等；税收政策，如减免税等；分配政策，如从利润中提取创新基金等；信息政策，如建立区域信息化基础结构为创新主体及时提供准确的信息等；专利政策，如保护创新成果和知识产权的专利制度等；其他政策，如提供创新所需的基础设施等。

引导型政策。主要包括产业政策，如优先发展高科技产业政策、产业结构调整政策、高新技术产业开发区政策等；科技政策，如技术进步政策、技术市场政策、人才交流政策、技术引进政策、对研究与开发的支持政策等。

保护型政策。主要包括政府采购政策、专利保护制度等。

协调型政策。主要包括协调区域之间创新矛盾的政策、促进产学研合作政策，如配置科技资源的统筹机制、政府采购自主创新产品的协调机制等。

（三） 我国现行鼓励创新政策体系的主要内容

2006 年，国务院制定出台了《关于实施〈国家中长期科学和技术发展规划纲要 （2006－2020 年）〉若干配套政策》，这是我国在提高自主创新能力上第一个全面而系统的政策体系，也是我们在建设创新型城市过程中要遵循的纲领性文件。该政策提出了 10 方面 60 条鼓励自主创新的措施。

（1）科技投入方面。在数量上，把科技投入作为预算保障的重点，致力于不断提高全社会研究开发投入占国内生产总值的比例，确保财政科技投入增幅明显高于财政经常性收入增幅。在使用上，重点保障重大专项的顺利实施，遵循"成熟一个、启动一个"的原则，统筹落实专项经费，以专项计划的形式逐项启动实施。发挥好财政资金对激励企业自主创新的引导作用，激励企业开展技术创新和对引进先进技术的消化吸收与再创新，鼓励中小企业自主创新。在结构上，重点支持基础研究、社会公益研究和前沿技术研究，合理安排政府科技计划（基金）和科研条件建设等资金。在管理上，进一步改革和强化科研经费管理，建立财政科技经费的绩效评价体系和面向结果的追踪问效机制，确保财政科技投入效益最大化。

（2）税收激励方面。一是给技术开发费税前扣除"松绑"。允许企业按当年实际发生的技术开发费用的 150% 抵扣当年应纳税所得额，充分体现了国家鼓励企业进行新产品、新技术、新工艺研发投入，以有效提高生产能力的目的。二是给固定资产缩短折旧年限"解禁"。企业用于研究开发的仪器和设备，单位价值在 30 万元以下的，可一次或分次摊入管理费。三是所得税减免让企业"得利"。国家高新技术产业开发区内新创办的高新技术企业经严格认定后，自获利年度起两年内免征所得税，两年后按 15% 的税率征收企业所得税。四是给创投企业更多"税惠"。对主要投资于中小高新技术企业的创业风险投资企业，实行投资收益税收减免或投资额按比例抵扣应纳税所得额等税收优惠政策。五是加快科研机构转制。对整体或部分企业化转制科研机构免征企业所得税，科研开发自用土地、房产的城镇土地使用税、房产税的政策到期后，根据实际需要加以完善，以增强其自主创新能力。

（3）金融支持方面。加大政策性金融对自主创新的支持，在政策允许范围内，国家开发银行在国务院批准的软贷款规模内，向高新技术企业发放软贷款，用于项目参股投资；中国进出口银行设立特别融资账户，为高新技术企业发展所需的核心技术和关键设备的进出口提供融资支持。引导商业金融支持自主创新，政府利用基金、贴息、担保等方式，鼓励各类商业金融机构支持自主创新与产业化。改善对中小企业科技创新的金融服务。引导和激励社会资金建立中小企业信用担保机构，建立担保机构的资本金补充和多层次风险分担机制。加快发展创业风险投资事业。制定《创业投资企业管理暂行办法》配套规章，完善创业风险投资法律保障体系。鼓励地方政府设立创业风险投资引导基金，引导社会资金流向创业风险投资企业。建立支持自主创新的多层次资本市场。支持有条件的高新技术企业在国内主板和中小企业板上市。制定支持开展对高新技术企业的保险服务和完善高新技术企业的外汇管理政策。

（4）政府采购方面。主要制定了建立财政性资金采购自主创新产品制度，激励自主创新的政府收购、订购制度，本国货物认定制度和购买外国产品审核制度等，并改进政府采购评审方法。这些规章制度和管理办法的核心是督促采购方自觉采购自主创新产品。如明确提出在国家和地方政府投资的重点工程中，国产设备采购比例一般不得低于总价值的60%。

（5）引进消化吸收再创新方面。加强对技术引进和消化吸收再创新的管理。将是否通过消化吸收形成了自主创新能力，作为对引进项目验收和评估的重要内容。定期调整鼓励引进技术目录，并对企业消化吸收再创新给予政策支持，把消化吸收再创新形成的先进装备和产品，纳入政府优先采购的范围。鼓励引进国外先进技术，并定期调整禁止及限制进口技术目录，限制盲目重复引进。

（6）创造和保护知识产权方面。编制并定期发布应掌握自主知识产权的关键技术和重要产品目录，对列入目录的技术和产品的研制开展予以重点支持，对研制开发的企业在专利申请、标准制定、国际贸易合作等方面予以支持。建立健全知识产权保护体系，缩短发明专利审查周期，加大保护知识产权的执法力度。

（7）人才队伍方面。在人才培养上，实施高层次创新人才培养工程，重点关注基础研究、高新技术研究、社会公益研究等若干关系国家竞争力和安全的战略科技领域，并结合重大项目的实施加强对创新人才的培养。允许国有高新技术企业对技术骨干和管理骨干实施期权等激励政策；制定和规范科技人才兼职办法，引导和规范高等学校或科研机构科技人才到企业兼职。在人才引进上，制订和实施吸引优秀留学人才和海外科技人才回国（来华）工作和为国服务计划。海外高层次留学人才回国工作不受用人单位编制、增人指标、工资总额和出国前户籍所在地限制。制定保障具有永久居留资格的在华外籍高层次人才合法权益的办法。在制度改革上，改革专业技术人才管理体制，分类推进专业技术职务制度改革和规范科研单位工资分配制度，建立以岗位工资、绩效工资为主要内容的收入分配制度。在政策激励上，建立以政府奖励为导向、社会力量奖励和用人单位奖励为主体的激励自主创新的科技奖励制度，把发现、培养和凝聚科技人才特别是尖子人才作为国家科技奖励的重要内容。

（8）教育与科普方面。对推进高等教育、职业教育以及素质教育发展都做出了明确的政策性规定。同时，大力实施全民科学素质行动计划，形成尊重科学、崇尚创新的浓厚社会氛围。把科普写入国家中长期科学和技术发展规划，在我国是首次，充分表明了国家对提高全民科学素质水平的重视，也凸显了全民素质的提高对国家创新能力提升的基础性和决定性作用。

（9）科技创新基地与平台方面。在加强实验基地、基础设施和条件平台建设，鼓励建设基础设施和大型科学仪器设备共享平台、自然科技资源共享平台、科学数据共享平台、科技文献共享平台、成果转化公共服务平台、网络科技环境平台的同时，重点加强国家高新技术产业开发区建设，鼓励开发区推进"二次创业"，深化管理体制改革，加强软环境建设，努力建成促进技术进步和增强自主创新能力的重要载体。

（10）统筹协调方面。重点建立和健全合理配置科技资源的统筹机制、政府采购自主创新产品的协调机制、引进技术消化吸收和再创新的协调机制等。

二　国内外创新型城市的政策模式及启示

近年来，国内外许多城市把完善科技政策作为创新型城市建设的关键，设计和创新了旨在提高社会整体创新能力的政策体系。总体上看，国内外的相关政策既有相同点，也有不同点，国外政策趋向于提高政策的集成度和协调性，国内政策尚在进一步完备阶段。这些都有可取之处，对于我们进一步完善创新型城市政策体系具有启迪作用。

（一）国外推进自主创新的政策模式及其变化趋势

第一，在增加科技投入的同时，重视创新计划的实施与创新政策的协调。增加科技投入一直是各国创新政策的核心。从 20 世纪 50 年代开始，美国政府的科技投入就一直保持着持续稳定的增长速度。欧盟领导人提出要增加 R&D（研究与开发）与创新的支出，使其占 GDP 的比例到 2010 年达到 3%。近几年，许多国家的新动向是，把增加科技投入与创新计划及创新政策的协调性结合起来以推动创新活动。欧盟已连续推出了六个科技研究框架计划和其他鼓励科技创新的一揽子计划。此外，欧盟还通过建立从事协商的专门工作组、支持对创新政策的评价和比较、支持对欧洲科技优势的分析与查找、完善科研与创新监管环境等途径，来实现欧洲科研和创新政策的协调。美国为保证对创新资源的有效配置，非常重视对创新投入的协调与评价。协调主要包括，预算协调、重点和优先领域的协调、资源共享等方面，评价主要是对投入使用的效果进行评价。其他如澳大利亚、加拿大、爱尔兰、韩国等国家，均制定了比较全面的指导创新发展的政策框架，以保证创新政策在国家、区域、城市等层次上的协调。

第二，加强公共创新环境与产业集群环境之间的联系，促进创新网络和集群的形成。公共创新环境与产业集群环境之间的联系成为各国创新政策主要的关注点。大多数新举措旨在促进公共私营合伙关系的发展，完善法律法规与财税金融环境，最终促进创新中心的形成。税收激励、政府采购、科技园区、风险投资、法规的建设与改革、促进技术转移等，都是美国营造良好创新环境的有力工具，并且很多政策都以立法的形式确定下来。支持合作研究也是美国创新政策的重要方面，如改革专利政策，允许民间利用政府投资形成的知识产权并同时促进其他部门之间知识产权的共享，对研究开发合作的支持，建立研究开发联合体，对军民两用技术的支持等。欧盟《2002 - 2006 年科技发展框架计划》将建立欧洲科研区作为其中心内容，并从促进科研成果转化、人才培养计划、加大研究基础设施建设、加强科学与社会的联系四个方面着手建设。近几年，澳大利亚创新政策的改革主要集中在创新基础设施建设、创新集群环境建设及二者之间的有机联系上。具体措施包括：加快信息与通信设施建设、对企业进行 R&D 投入的税收优惠政策、提供更多风险资金并保证其有效配置、增加教育投入、提升整体民众素质、培养（保留）一流的创新人才队伍、加强知识产权保护、加大国际贸易与投资的开放水平、刺激消费需求的多样化等。随着技术和经济力量的强大，日本创新政策的目标和方向近年来也有较大调整。主要措施有，建立信息基础，建设先进研究开发设施，加强知识产权、标准和共性技术基础的建设，加强科技评价，推进公共科研机构的改革等。

第三，企业 R&D 方式的变化，使政府采取了更广泛的政策支持。产业结构和生产环境的变化，促进了企业 R&D 投入方式的变化。高技术制造业和服务业的快速发展以及日益增加的风险投资，促进了企业 R&D 投入的稳步增长。20 世纪 90 年代企业 R&D 比例最高的三个国家为芬兰、美国、爱尔兰，高技术制造和服务部门的 R&D 增长均占企业 R&D 增长的 70% 以上。另外，企业环境的变化，如技术变革、竞争和全球化等，推动了企业 R&D 战略及方式的重组。在这种形势下，企业越来越多地把自己的 R&D 计划与企业的经营需求紧密联系起来，与大学、科研机构和其他企业开发的技术联系起来，促使企业间研发合作更为广泛。在这种情况下，由于知识密集部门的继续发展和竞争压力的增加，政府对基础研究的资助将成为支持企业 R&D 的中心内容。政府支持企业 R&D 较为间接的措施是，根据不同产业，调节税收激励、补贴和贷款等与政府直接财政拨款之间的权重。但对中小企业的 R&D 支持，仍是政策关注的重点。

第四，人才竞争日益激烈，纷纷推出更加优惠的政策以网罗人才。人才是创新的关键力量，各国都越来越重视人才竞争政策。许多国家积极招收外国学生，美国、加拿大等国都扩大了海外招生计划，美国、澳大利亚等国还在国外建立校园以扩大招生数量。欧洲大学也在大量吸收更多的外国学生。有些国家则加快了从学生签证转工作签证的程序。德国制订了一项计划，允许计算机和技术专门人才进入德国工作，最长可达五年。法国和英国也简化了允许计算机专业人才和其他短缺技能型人才进入该国工作的程序。德国、爱尔兰和英国采取了如增加研究人员工资、提供新的研究资助、创造新的研究岗位等举措。

从国外推进自主创新政策的模式可以看出，目前各国推进自主创新的政策，在目标层次上主要分为三个方面，即创造良好的创新环境、培育产业集群环境、提高创新环境与产业集群环境之间的联系水平（见表1）。具体的政策措施大体包括以下几个方面：政府对研究开发、创新活动与科研基础设施的投入，旨在促进高技术发展与中小企业技术创新的各种科技与创新计划，各种财政金融手段，如补贴、贷款、减免税、风险投资等，公共科研体系的改革，对研究与创新活动的协调，知识产权的改善，减少市场的不确定性和不完善性，鼓励科技创新活动的各种激励措施，各类人才教育培训计划等。增加科技经费投入特别是鼓励企业增加 R&D 投入的财政税收激励措施，是目前最普遍的政策工具，大多数国家把财政补贴和税收激励两种措施结合使用。

表1　国外推进自主创新政策模式总结

政策目标	政策准则	政策措施	典型国家
创造良好的创新环境	减少企业的审批程序 刺激企业提高研发投入 降低创新企业的市场进入门槛 创造与保护知识产权 提高公共基础设施建设水平 为初期创业型企业提供足够多的基础设施	财政拨款、补贴，科技创新贷款，信息网络，咨询服务，数据库，风险投资、担保，减免税计划，知识产权法规，政府采购，公共建筑、交通、通信、水电建设，科技园区与孵化器	美国、日本、俄罗斯、英国、韩国、法国
培育产业集群环境	促进基础设施网络建设 促进科技成果转移与商品化 支持企业与其他部门联合 提高企业的专业化程度 促进专业技术人员的集中	科研机构和创新基地建设，仪器设备，研究协会、学会，技术转移网络，技术转移法规，反垄断法，官产学研结合，科技园区人才优惠政策	德国、意大利、葡萄牙、瑞典
提高创新环境与产业集群之间的相关水平	提高公民整体素质 提高消费者的消费意识和水平 加大政府对基础性研究领域的投入 培养创新型人才，让人才自由流动 提高政策的有效性 提高对外开放和国际贸易水平	普通教育、大学以上教育，学徒计划，成人继续教育，再培训，人才流动与竞争政策，面向创新的课程改革，消费者权利保护，新产品推广计划，图书馆，公共科研体系改革，科技立法，创新战略中长期规划，公众参与政策制定，加强区域政策的协调与共享，政策评价，进出口优惠政策，出口信用贷款，驻外商贸和科技结构	芬兰、澳大利亚、罗马尼亚、西班牙、印度

（二）国内创新型城市建设政策体系的主要特点

自 2006 年国务院发布文件后，国内很多城市以国务院文件为依据，结合本地实际情况，制定了建设创新型城市的指导意见和相关政策。我们在调研过程中，先后收集查询了国内 20 多个城市关于创新型城市建设的指导意见和相关政策，对其进行综合比较分析。从分析情况看，有以下五个显著特点。

一是充分体现出各个城市的自身特色和发展的重点方向。比如，北京市提出实施"首都创新战略"，从科技投入、税收金融、政府采购、引进消化吸收再创新、保护知识产权、人才培养、教育科普事业等方面制定了有利于高新技术发展、产学研有机结合的政策体系，旨在形成良好的科技创新基地与扩散中心；深圳市围绕打造创新型人才、企业、产业、自主知识产权"四大高地"，出台了"自主创新一号文件"及20个配套政策，制定了一系列鼓励创新，科技投入，政府采购，人才、教育、标准化战略，保护知识产权等方面的政策措施；南京市从创新主体、创新资源、创新服务载体、人才建设、投融资体系、社会环境等方面，制定了充分发挥当地科研院所众多优势的政策体系；杭州市提出集中力量发展信息、新型医药、特色装备制造、新材料、环保产业、知识型服务业等战略创新产业和高端产业，全力打造"天堂硅谷"，制定"133对策框架"（一个主体、三个层面、三个配套），把提升企业的自主创新能力作为战略性突破点；大连市根据自身属于东北老工业基地的特征，制定了以引进吸收消化再创新为突破口的创新政策；济南市提出到2020年在省内率先建成创新型城市，重点建设软件外包基地，争取用五年左右时间，建成领航全国的IT产业创新集群和亚洲领先的信息产业基地；青岛市提出打造"塔形创新体系"，建设在重要领域、关键技术、支柱产业和优势企业具有领先带动、攻关突破、名牌集聚能力的创新型城市。

二是在推进自主创新中积极发挥财政投入的引导作用。各地都将自主创新战略提升为城市发展的主战略，并主要通过设立专项资金、增加科技投入等方式，发挥政府科技投入"四两拨千斤"的作用。大连市政府计划每年投入6亿元设立自主创新专项资金，用于重点产业技术创新、引进消化吸收再创新和重大科技成果转化等。从2006年起，深圳市政府拨款50亿元设立"自主创新基金"，用于实施技术研发、技术成果产业化、创业投资匹配等。武汉市2007年市本级财政科技三项费用预算为2亿元，较上年增加50%，绝对增长额度和相对增长幅度均创该市科技三项费用增长最高纪录。根据各地的科技发展规划，"十一五"期末，全社会研究与开发投入占地区生产总值的比重，沈阳市达到3%，青岛市达到2.8%，天津、苏州、烟台等市达到2.5%。

三是以政策强力扶持打造企业创新主体地位。各地通过激励企业提高研发水平、开展产学研联合、加大对科技型中小企业扶持等政策措施，努力打造企业的创新主体地位。深圳市对经认定的国家级及市级企业研发中心，分别给予500万元和300万元资金资助，提出财政科技投入每年用于支持自主创新型中小企业技术创新活动的比例不低于 50%，对中小企业研发活动，最高可给予 600 万元研发费用资助、2000 万元无息借款和 300 万元贴息。杭州市对企业与国家级大院大所名校共同兴办的分支机构或企业中央研究院，一次性给予最高 100 万元的资助。大连市对新创办的科技型中小企业以出让方式取得土地使用权的，土地出让金可按协议出让国有土地使用权的最低价标准缴纳，一次性支付有困难的，可在 3～5 年内分期缴纳。

四是实施鼓励自主创新的税收激励政策。各城市积极落实国家关于自主创新配套政策的有关规定，明确规定"允许企业按当年实际发生的技术开发费用的 150% 抵扣当年应纳税所得额，实际发生的技术开发费用当年抵扣不足部分，按税法规定在 5 年内结转抵扣，企业提取的职工教育经费在计税工资总额 2.5% 以内的，可在企业所得税前扣除"等。同时对加速研究开发仪器设备折旧、高新技术企业税收优惠、鼓励引进消化吸收再创新、支持转制科研院所发展、鼓励社会资金捐赠创新活动等实施税收优惠进行了积极探索。

五是不断开拓多元化融资渠道。如大连市积极试行专利质押制，在市创新专项中每年安排一定资金，建立专利质押贷款风险准备金，拥有专利的企业或个人可以向市知识产权管理部门申报知识产权质押认定，经认定，市商业银行可给予一定额度的专利质押贷款。上海市大力鼓励创新风险投资，"十一五"期间浦东新区财政投入 20 亿元，与社会创业风险机构合作，共同形成总规模达 200 亿元的浦东创业风险投资基金，该市还在张江高科技园区内设立了全国首个"创业投资广场"，已吸引了 10 余家国内外知名风险投资机构入驻，为创业初期的科技型中小企业搭建了一个便捷的"资金孵化池"。苏州市设立了国内首个"创业风险投资引导基金"，使园区的科技创新资金支持体系得到进一步完善。

（三）国内外创新型城市政策对我们的启示

启示一：要把加大科技投入作为创新政策的核心。对于一个城市来讲，促进全社会 R&D 投入特别是企业 R&D 投入的稳定快速增长，是推进自主创新的核心政策工具。从发达国家和先进城市的经验看，科技投入迅速增长的关键在企业，而企业科技投入的迅速增长，除了自身的战略眼光外，还必须辅之以强有力的激励措施。在大多数国家和城市，政府实行特殊的财税激励政策是促进企业 R&D 投入增长的最主要措施。地方政府的科技投入，既要保证量的稳步增长，同时又要关注这笔投入的高效分配和使用。政府除了结合本地优势领域，搞好关键产业的研发外，更重要的是通过财政拨款等方式，如设立科技型中小企业发展专项资金、创业风险投资引导基金等，引导企业增加 R&D 投入，为企业创新提供良好的发展环境。

启示二：要利用政策来刺激和培育城市创新集群环境。构建公共创新平台，培育创新集群环境，是发达国家和先进城市创新政策一个新的关注点。目前，英、德、法等国家正在加速发展"信息高速公路"网络，把国家的实验室、图书馆、大学、政府研究机构与企业连接起来。我们的产业集中度还比较低，创新基础设施比较分散，产学研之间有机结合的机制尚不健全，造成部门机构之间的基础信息相互封闭，共享程度差。因此，有必要制定加强创新平台、信息网络、共享数据库等基础设施建设的政策，以提高创新基础设施的共享水平。这样不仅有利于科技人员进行创新活动，更重要的是有利于加强产学研的紧密合作，培育创新集群环境。另外，还应加强政府、企业、科研单位、行业协会、中介组织等各机构之间的协调，打破创新基础设施为部门和单位所有的封闭格局，并研究制定鼓励社会资金参与创新基础设施建设的相关政策和创新基础设施管理办法等。

启示三：要大力强化引进与培养人才政策的力度。科技创新的竞争，其实质是人才的竞争。人才政策，包括人才培养政策、人才使用政策、人才流动政策、人才吸引政策等，是许多国家和城市多年来一直很重视的政策工具。近年来的主要趋势是加强对创新型人才的引进和培养。可以预见，全球性人才竞争将日趋激烈，呈现白热化。人才上的差距不弥补，势必转化为发展上的差距。我们要切实增强危机感和紧迫感，进一步强化人才政策，加大人才工作力度，尽快形成育才、聚才和用才优势。要加强对创新型人才的培养，如引导高校主动适应经济社会发展对各类专门人才的需求，优化学科专业布局，结合重大专项研究领域，抓紧培养紧缺人才。大力发展职业教育，重点培养高技能人才。要加紧吸引高层次创新人才，特别是海外留学人员。对人才的引进要对路、适用，重点是对引进能提升关键领域自主创新能力的适用型人才给予政策支持，以避免造成人才资源浪费。

启示四：要不断完善创造与保护知识产权的政策。我国真正开始建立现代知识产权制度，至今仅几十年时间。而英国的知识产权发展道路经历了 300 多年，美国是 200 多年，日本是 100 多年。与国外相比，我国的知识产权制度体系还存在不少薄弱环节，人们的知识产权意识还不强。据统计，我国国内拥有自主知识产权核心技术的企业仅占约万分之三，99% 的企业没有申请专利，60% 的企业没有自己的商标，远远低于发达国家。因此，强化企业的知识产权意识，加强知识产权的创造与保护，是建设创新型城市的重要内容。

要通过建立和完善相关政策和制度，促使更多的企业将知识产权工作纳入研发、生产与经营的全过程，逐步建立起自主知识产权的产业技术基础，推进知识产权的商品化与产业化。

启示五：要加强创新政策的协同性与集成度。创新政策既要具有完备性，更要具备政策之间的协同性与集成度，以形成政策合力。国际经验告诉我们，相同的政策在不同的地方可能产生不同的效果。这就要求每个城市在国家政策的基础上，根据自身的特点，寻找达到创新政策效果最大化的突破口，实现政策的针对性与集成化。要对现有的科技、经委、教育、财政、人事等的相关政策进行梳理，切实解决政策之间的交叉问题和真空地带。同时，要建立起有效的政策效果监测与评价体系，如建立政府科技投入实绩评价体系及科技成果评价体系，建立财政科技投入项目的动态跟踪管理和评估制度等，对不同范围内政策实施的效果定期进行监测、评价，及时调整政策内容。

三　威海市创新型城市建设政策体系现状分析

（一）目前威海市创新型城市建设政策体系概况

建市以来，威海市一直很重视制定和实施鼓励科技创新、促进科技事业发展的政策措施，促使创新能力不断提高，先后6次被国家授予"全国科技进步先进市"称号，被评为"2007中国优秀创新型城市"，所辖市区全部获得"科技进步先进市（区）"称号。特别是2006年威海市明确提出建设创新型城市以来，相继出台了一系列科技政策，以市委、市政府《关于增强自主创新能力建设创新型城市的意见》为代表，标志着威海市创新型城市建设政策体系框架基本形成。

1. 制定实施了有利于创新的科技政策

在制度环境打造上，建市以来就把"科教兴威"作为兴市之策，摆到重要位置，先后出台了《关于鼓励扶持高新技术产业发展的若干意见》《威海市高新技术自主创新工程实施意见》《关于全面推动产学研合作创新工作的若干意见》等系列文件；多次修订《威海市科学技术奖励办法》，有效调动了科技工作者的创新积极性。2006年又出台了《关于增强自主创新能力建设创新型城市的决定》，把建设创新型城市作为全面贯彻落实科学发展观，引领威海未来发展的重大战略措施。市委、市政府制定了以自主创新为第一动力，打造"三区"的发展目标思路，把自主创新问题提到了前所未有的高度。

在人力资源建设上，大力推进"人才强市"战略，先后出台了《关于进一步加强人才工作的若干意见》《威海市引进高层次人才若干规定》《威海留学人员创业园区管理暂行办法》《关于引导和鼓励高校毕业生面向基层就业的实施意见》等一系列人才政策，建立健全了人才工作政策体系，完善了培养、聚集、激励人才和人尽其才、才尽其用的机制，探索建立了"不求所有，不求所在，但求所用"的柔性引才策略。

在组织载体培育上，充分利用国内国际两个市场、两种资源，在成立高技区、经技区两个国家级开发区的基础上，又规划建设了留学人员创业园区、博士后科研工作站、大中专学校毕业生实习基地、威海工业新区等人才和项目载体，吸引海内外各类人才来威海创业发展。先后与中国留日同学总会、中国旅美专家组织等 32 个留学人员组织共同创建了"威海海外学人高科技创新园"和"中国旅美专家威海创业园"，还报请人事部批准设立了"威海海外学人高科技创新园博士后工作站"，建设了全国唯一一家在留学人员园区内设立的博士后科研工作站。

在科技投入力度上，按照地方财政收入增长比例逐年提高科技经费，各级财政科技投入年均增长 33.8%。2005 年启动了威海市与驻威高校科研专项资金。从 2008 年起，全市财政每年拿出 1000 万元，重点扶持各类产学研合作项目。同时积极向上争取专项资金，强化各类科技计划政策性引导和资金扶持，加快科技攻关、科技成果转化及产业化进程，促进产品结构调整和产业结构优化升级。在加大财政投入的同时，积极引导企业和全社会共同参与自主创新活动，基本形成了政府引导、企业为主和社会多元化、多渠道创新投入的格局。

2. 制定实施了适应发展的产业政策

立足区位、海洋等自然禀赋优势和产业基础条件，及时调整产业发展政策，努力打造优势得到较好发挥、与周边城市错位发展、区域特色明显的新型产业体系。近年来，随着现代产业基础的形成，着眼于从更高层次上打好优势牌，加快建设现代制造业、旅游度假、以海产品为主的农副产品出口加工"三大基地"，推动产业结构由第一产业为主向第二、第三产业为主的跨越，初步形成了体现自身特色的新型产业体系。在不断完善调整产业政策的同时，结合威海市实际，及时领会把握国家最新产业政策的实质，用好用活产业政策。一方面，坚持"择优、扶优、限次、淘劣"的原则，积极引进、鼓励、支持符合国家产业政策、有利于产业结构优化升级的项目发展，对国家产业政策鼓励类的项目和产业，采取财税、土地、信贷等多种方式予以扶持，引导各类资金投向高新技术、现代农业、环保产业、现代服务业、先进制造业等产业。另一方面，坚决禁止上马高耗能、高污染、高耗水和低层次、产能过剩的项目。如威海市着力打造的造船基地，尽管船舶及海洋工程项目仍在外商投资指导目录鼓励类范围，但国家提出了"限于合资合作""中方控股"等新要求。在这种情况下，对引进的外资船舶（含船段）项目坚持中方控股，对在建的船舶类独资项目增资时，也变更为合资方式，并积极调整工作思路，把工作重点由吸引国外资金转向国内，千方百计引进国内造船及配套项目，推动造船产业快速发展。

3. 制定实施了鼓励创新的金融政策

充分发挥政府投入的导向作用，通过贷款、贴息、担保、产业化服务等各种手段，鼓励银行等金融机构加强间接融资与金融服务，扩大和吸引社会资金的投入。按照国家产业政策和信贷政策的总要求，在全市范围内筛选重点企业和投资项目，向各金融机构推荐。为进一步调动金融机构支持重点企业、促进制造业发展的积极性，2005 年制定了《金融机构支持重点企业发展奖励办法》，对当年贷款余额比上年增长 10% 以上、为支持骨干企业膨胀发展做出贡献的金融机构进行奖励。奖金总额与贷款增幅挂钩，实行上下浮动。奖励所需资金由市财政负担。为更好地促进银企合作，2002 年 6 月成立了威海市第一家中小企业信用担保中心，注册资金 3000 万元，并列入第一批国家中小企业信用担保体系试点。2003 年，市委制定了《关于解决制约威海市经济发展的若干问题的意见》，决定组建民营中小企业担保有限公司，由市财政一次性安排 500 万元作为启动资金，吸收社会资金入股，按市场化运作方式，为民营中小企业融资提供担保。2004 年 7 月注册资金 3500 万元的银通担保公司正式成立。至 2007 年底，全市共设立各类担保公司 32 家，注册资本总额9.4 亿元，其中过亿元的 3 家，累计完成担保金额 31.6 亿元。

4. 制定实施了合理优惠的财税政策

发挥税收制度和财政政策的调控作用，保障自主创新战略顺利实施。在税收政策的调整只能由国家控制、地方政府无权在税收上进行任何变更的情况下，通过财政政策对自主创新企业进行奖励和激励，以财政专项资金形式对企业进行扶持。如对新创办的高新技术企业和科技型中小企业，从认定之日起 3 年内，企业上缴的营业税、所得税和增值税地方收入部分，由同级财政在次年 6 月底前，安排专项资金等额扶持企业。之后 3 年，由同级财政按国家规定的税率减半扶持。国内外投资机构或自然人在威海市注册的创业投资机构投资于威海市经认定的高新技术产业领域，其投资额达到总投资额 50% 的，于次年 6 月底以前，可按有关规定到同级财政部门办理上年度资金扶持手续。此外，对符合条件的为高新技术企业、民营科技企业提供服务的科技中介服务机构，也加大了财政扶持力度。如对新开办的科技中介服务机构，当年实现并缴入地方国库的营业税、企业所得税属于地方财政收入的税收比上年新增的部分，其实现并缴入地方国库的上述属于地方财政收入的全部税收，由财政部门按规定程序，审核安排专项资金予以扶持。

5. 制定实施了科学合理的管理政策

在科技合作方面，制定相关政策，积极鼓励和支持开展产学研联合。威海市与山大、哈工大、中国海大等高校院所签订了产学研战略联盟合作协议，与山大（威海）、哈工大威海校区共建了国际生物技术研发中心、国际微电子技术中心和宋健科学技术研究院，与中科院共建了中科院山东技术转移中心威海中心，与中科院沈阳分院、西安分院等达成了科技合作协议，采取"1 + N"模式促进区域创新体系建设。科技部门每年都安排较大数额科技经费用于支持院地合作项目，鼓励驻威高校开展各类创新活动。与韩国庆北大学签订了"威海中韩科技企业孵化中心合作协议"，在全国建立了首家中外合作孵化器。

在科技服务方面，由各级政府推动，面向优势领域，加强科技公共创新平台建设。以投入科技补助的形式，引导企业和大学加大投资，建设公共服务平台。面向中小科技企业，加强科技服务机构建设，先后建立各类科技服务机构 70 余家，其中各类生产力促进中心 6 家、科技孵化器 7 家，孵化面积达到 19 万多平方米，为 300 多家成长期企业提供创新服务。

在保护知识产权方面，出台了《关于加强医疗卫生行业专利保护工作的意见》《威海市商业企业专利商品经营管理暂行规定》等系列措施，制定了《威海市专利工作五年规划》，并加大了对侵权行为的打击力度，营造了尊重知识、鼓励创造的良好氛围。

（二）实施创新型城市政策所产生的积极效果

（1）高新技术产业不断壮大。2007 年，全市高新技术企业发展到 160 家，其中有 12 家企业被认定为国家火炬重点高新技术企业；科技人员占职工总人数的比值达到 10%，高新技术产业产值达到 1202 亿元，同比增长 40.02%，占规模以上工业产值的比重由 1996 年初的 5.9% 提高到 30.06%，较当年年初提高 3.1 个百分点；高新技术产品从 2000 年的 181 种发展到 2007 年的 300 多种，主要分布在电子信息、新材料、光机电一体化、生物医药四大领域，其中新材料领域近年来先后承担实施国家"863 计划项目" 7 项，其他国家科技计划项目 9 项，省级科技计划项目 20 多项，发展了碳纤维、低辐射镀膜玻璃、二氧化碳共聚物、铝镁合金轮毂等一批技术水平高、产品市场前景好的高新技术产品。威海拓展纤维集团开发的高性能特种纤维项目在国内率先实现了特种纤维核心技术的重大突破，现已申报发明专利 10 多项，实现年销售收入 110 多亿元、利税 20 多亿元。

（2）研发机构不断增多。在重点领域分梯次培育了一批自主创新的企业群体，积极引导和支持优势骨干企业创建工程技术研究中心和企业技术开发中心。截至 2007 年，全市市级以上工程技术研究中心达到 83 家，其中省级 46 家，列全省第三；市级以上企业技术开发中心达到 91 家，其中国家级 5 家、省级 27 家。全市生产高新技术产品的企业都建立了技术研发机构，20% 以上的建立了省级以上工程技术研究中心或技术开发中心。市级以上企业技术中心都有 3~5 年的创新项目储备和 10 年以上的战略性课题研究。

（3）创新能力不断提升。"十五"以来，全市共组织实施市级以上各类重点科技计划项目 1651 项，其中实施国家"863 计划项目"、支撑计划等重大项目 51 项，建立国家"863 成果产业化基地" 5 个，均居全国地级市前列。全市取得重大科技成果近 500 项，获得市级以上奖励 488 项，其中，三角集团巨型工程子午胎成套生产技术与设备开发项目获得国家科技进步一等奖。高速热敏打印头、高速接触式图像传感器等 10 多种产品居于国际领先水平，高性能碳纤维、铝镁合金材料、二氧化碳共聚物材料、三分量地震勘探传感器等 60 多个产品居于国际先进和国内领先水平。2007 年，实施市以上科技计划 180 项，有 101 个项目列入国家、省科技计划。其中，7 个项目列入国家"863 计划"；17 个项目列入国家创新基金计划，项目数与资金数均位居全省首位，占全省 1/5；6 个项目列入国家火炬计划；1 个项目列入国家重大支撑计划。全市累计申请专利 4532 件，累计获授权专利 2908 件，有 18 家企业被确定为省专利明星企业，7 项专利获得山东省第六届专利奖"金奖"和"创新奖"；2007 年全市专利申请量达 1913 件，同比增长 18.4%；授权量达 1181 件，同比增长 56.4%。

（4）人才队伍不断壮大。截至 2007 年底，全市人才总量近 17 万，是建市初的 3.3 倍，其中，1997 年以来引进各类人才 11.6 万，是建市头十年的 9.9 倍。特别是进入"十五"期间，随着科技在经济社会发展中拉动作用越来越大，人才引进的步伐迅速加快，2003 年比上年猛增 8 万人，随后呈逐年递增趋势。人才总量占全市人口比例由建市之初的 2%，提高到 2007 年底的 6.8%；全市每 10 万人中具有专科以上文化程度的 4224 人，比建市初提高了 11 倍。

（5）科技园区不断增多。高新区通过"二次创业"，已成为威海市高新技术产业发展的龙头。目前，区内聚集了全市约 50% 的高新技术企业和大部分特色园区，2007 年实现技工贸总收入 599 亿元，财政收入 14.59 亿元，出口额达到 31.6 亿美元。建设了 2 个国家"863 计划"成果产业化基地和海外学人创业园、清华科技园、国家电子信息产业园等一批"区中园""区中区"；建设了国家"863 计划"成果产业化基地 3 个，建立各类农业科技园区、基地 56 处，其中省级以上农业科技示范园区 8 处。

（6）产业结构不断优化。形成了三角集团、成山集团、威高集团、华力电机、天润曲轴、广泰空港等一批通过自主创新增强市场竞争力和发展后劲，处于行业排头兵地位的龙头企业，销售收入过亿元的 50 家，其中过 40 亿元的 3 家，有 1 家突破了 100 亿元。培植了"金猴""三角""成山""双轮""山花""海马""洁瑞""华夏""寒思""蓝星"等一批中国名牌产品和驰名商标。目前，全市拥有中国名牌产品总数达 19 件，中国驰名商标 10 件，山东名牌产品 91 件，山东驰名商标 69 件，驰名商标、著名商标和名牌产品总数在全省位次前移。

（三）目前威海市自主创新能力差距与政策因素分析

对照国内创新型城市，威海市还有许多差距和不足。仅同与条件相近的青岛、烟台两市相比，威海市在自主创新能力上，在以下几个主要方面存在明显差距。

一是科技投入不够高。2006 年，青岛、烟台全社会研发经费内部支出占 GDP 的比重分别为 2.18%、0.83%，威海为 1.14%，低于青岛 1.04 个百分点，高于烟台 0.31 个百分点（见表 2）；2006 年青岛、烟台全社会从事研发活动的人员分别达到 21239.5 人/年和 6252 人/年，其中科学家 18637 人/年、工程师 5401 人/年，分别是威海的 4.8 倍、1.41 倍、5.37 倍、1.56 倍。威海市的投资产出效益也不高。从 2004 年以来完成的固定资产投资所对应的财政收入来看，每亿元固定资产投资所对应的财政收入为 1093 万元，比全省少 245 万元、比青岛少 532 万元，差距较大。

表 2　全省及主要地市科技活动研发经费内部支出情况

单位：亿元，%

地区	2006 年		2005 年		2004 年		2003 年		2002 年	
	总额	占 GDP 比重	总额	占 GDP 比重	总额	占 GDP 比重	总额	占 GDP 比重	总额	占 GDP 比重
全省	234.13	1.07	193.80	1.05	140.81	0.94	103.84	0.86	88.16	0.86
青岛	69.91	2.18	61.40	2.28	51.52	2.27	43.06	2.30	36.40	2.30
烟台	20.02	0.83	18.70	0.93	7.94	0.49	5.24	0.40	4.55	0.41
威海	15.56	1.14	10.60	0.91	8.68	0.90	3.24	0.40	3.98	0.59

二是科技成果不够多。2007 年，青岛、烟台取得重要科学技术成果分别为 506 项、198 项，是威海的 4.73 倍和 1.85 倍；获得省级以上科技奖励分别为 92 项、47 项，是威海的 7.7 倍和 3.9 倍。全市 160 家高新技术企业中，52% 的高新技术产品属于国内外引进项目。专利申请量也是如此。2007 年，青岛专利申请量 7023 件，其中发明专利申请量 1271 件；专利授权 3592 件，其中发明专利授权 329 件，分别是威海的 3.67 倍、3.96 倍、3.04 倍、8.89 倍。烟台专利申请量 4516 件，其中发明专利申请量 1233 件；专利授权 1714 件，其中发明专利授权 117 件，分别是威海的 2.36 倍、3.84 倍、1.45 倍、3.16 倍。无论是专利申请数，还是专利授权量，威海市与两市都存在较大差距，特别是在体现城市自主创新能力水平的发明专利方面，青岛、烟台两市更是遥遥领先于威海市，发明专利申请占专利申请总量的比例是 18.1%、27.3%，分别高于威海市 2 个百分点、11.2 个百分点（见表 3）。

表 3　青岛、烟台、威海三市专利申请和授权情况

单位：件，%

地区	专利申请			专利授权		
	2007 年	其中：发明	发明申请占比	2007 年	其中：发明	发明授权占比
青岛	7023	1271	18.1	3592	329	9.2
烟台	4516	1233	27.3	1714	117	6.8
威海	1913	321	16.1	1181	37	3.1

三是科研力量不够强。其一，拥有企业技术中心方面的差距。青岛、烟台拥有企业技术中心 157 家、101 家，分别比威海多出 66 家、10 家。其二，高新技术企业数量上的差距。青岛、烟台高新技术企业 685 家、450 家，分别

比威海多出 523 家、288 家。其三，高新技术产业发展比重上的差距。2007年，威海市高新技术产业产值占规模以上工业的比重为 30.1%，而青岛是46.3%，烟台是 34.7%，威海市分别低于青岛和烟台 16.2 和 4.6 个百分点。其四，高等院校及人力资源方面的差距。青岛、烟台各拥有各类大专院校 28所、12 所，比威海分别多出了 22 所、6 所；在校学生 25.4 万人、11.66 万人，分别是威海的 5.59 倍、2.57 倍。从 2000 年人口普查资料看，青岛、烟台两市拥有大专以上学历人员占总人口的比重为 5.56%、3.98%，分别高于威海 1.69 个百分点、0.11 个百分点。由于地理与历史因素，威海市在高校数量以及高精尖人才储备等方面与青岛、烟台等城市相比仍有很大差距。目前，硕士以上学历只有 2102 人，其中博士只有 253 人，而且有不少人是在机关事业单位就职。

四是自主名牌偏少。从品牌数量上看，青岛拥有中国名牌产品 69 个，山东名牌产品 199 个，市级品牌 311 个，中国驰名商标 25 个，山东著名商标180 件，拥有市级以上品牌的企业达到 200 户，品牌群体不断扩大，令我们望尘莫及。烟台拥有中国名牌产品 28 个，山东名牌产品 151 个，中国驰名商标14 个，山东著名商标 175 个，威海市与之相比总量也有不小差距。从品牌层次看，有"中国品牌城市"美誉的青岛，在全国首批 3 个中国世界名牌产品中占据 2 席，海尔还是中国大陆唯一的世界最具影响力百强品牌（见表 4）。

表 4　青、烟、威三市拥有著名品牌情况

单位：个

	中国名牌		山东名牌		中国驰名商标		山东著名商标	
	2002 年	2007 年	2002 年	2007 年	2002 年	2007 年	2002 年	2007 年
青岛	25	69	59	199	6	25	41	180
烟台	0	28	24	151	5	14	34	175
威海	2	19	18	91	3	10	15	69

上述问题只是表象，从更深层次看，主要还是企业科技投入的积极性不高、主体地位还没有真正确立，中小企业特别是处于起步阶段的企业没有得到广泛扶持和相关政策支持。从政策角度分析，关键在于相关政策没有使作为创新主体的企业真正受益。

（1）税收政策方面。虽然现行税收政策对促进自主创新给予了大量的优惠条款，但这些政策因种种条件限制使企业很难真正受益。如"允许企业按照当年实际发生的技术开发费 150% 抵扣当年应纳税所得额"政策，有的企业因处于合资企业的免税期而无法享受；"符合国家产业政策的技术改造项目所需的国产设备投资的 40% 从新增的企业所得税中抵免"政策，因对技术改造的认定及项目立项审批程序烦琐等原因，很多企业难以享受到；另外，为鼓励企业加大科技投入，允许企业按当年实际发生的技术开发费用的 150% 抵扣当年的应纳税所得额，但对企业在研发新产品过程中发生的研究费、试验费、原材料工本费、折旧费等，没有明确的标准限定到底将哪些列入研发费中，导致该项政策实施困难。再如，虽然国家制定的促进企业技术开发转让、技术改造创新的税收政策有很多，但在威海，大部分政策都因为没有符合条件的企业，而无法发挥效力。如政策规定，企业事业单位进行技术转让，以及在技术转让过程中发生的与技术转让有关的技术咨询、技术服务、技术培训的所得，年净收入在 30 万元以下的，暂免征收企业所得税，因无进行技术转让的企事业单位，而无法落实。总之，现行大部分的税收政策在威海都因为缺乏落实条件，而无法真正发挥促进企业自主创新的作用。造成这一结果的根本原因在于税权集中在中央，地方缺乏因地制宜的税收权限。

（2）财政政策方面。威海市主要从两个方面加大投入促进自主创新。一个是对相关企业进行奖励性补贴。如经认定的高新技术成果转化项目或产品，从认定之日起 3 年内，企业就该项目或产品缴纳的营业税、所得税和增值税地方收入部分，由同级财政在次年 6 月底前安排专项资金等额扶持企业。之后 2 年，按国家规定的税率减半扶持。再如，对经认定拥有自主知识产权的高新技术成果转化项目或产品，从认定之日起 5 年内，企业缴纳的营业税、所得税和增值税地方收入部分，由同级财政在次年 6 月底前安排专项资金等额扶持。之后 3 年，由同级财政按国家规定的税率减半扶持。另一个是直接以预算内财政专项支出的形式对科技投入。但这两部分投入是有条件限制的，主要投向已形成一定规模或达到一定标准的产品、项目和企业，并不能直接惠及所有企业。对其他企业而言起到的只是示范作用，鼓励企业加快发展，待企业达到一定规模和水平后，财政才会给予一定奖励。这种投入方式固然有助于鼓励企业做大做强，但更多的是锦上添花，而企业需要的是雪中送炭，特别是那些刚开始创业的企业投入大、收益小，更需要政府的关注和资金的支持，但现行政策很难惠及这类企业。

（3）人才政策方面。单纯从政策的优惠待遇上看，威海市的人才政策并不亚于其他地市，在有些方面还有过之而无不及。虽然近十年来威海市共引进各类人才 11.6 万，如果剔除大中专毕业生就业这一主要渠道，平均每年引进各类专业人才不过数百人。人才为什么会引不来、留不住？关键还在于人才自身的追求。人才之所以是人才，考虑更多的是工作的满意度和成就感，是自己在企业的发展机会和前途，从而自觉或不自觉地确定自己的职业发展目标。但一些企业只注重人才对企业的价值，而很少考虑为人才提供发展机会，这样不能充分调动人才的积极性，既用不好人，也留不住人。目前，威海市相当多的企业处于生产链的下游或末梢，科技含量不高，创新优势和动力不足，很难给人才提供发挥作用的平台；另外，虽然以人为本的理念已被大多数企业所有者和管理层所接受，但对人力资源的投资仍比较保守，未能真正将人力资源投资作为企业基础性投资看待，因而这些企业在制定市场战略、产品战略、投资战略时，未能制定相应的人力资源战略予以支撑，留不住人，更不能形成一支核心的科研团队。有的企业管理者甚至认为人才培训不仅耽误时间还要投入资金，更怕培训之后的人才"跳槽"或者自己办公司，成为潜在的竞争对手，因而对培育人才缺乏信心，不愿意在人才培养上多花钱，从而影响了人力资源效率的提高和企业自主创新能力的提升。

（4）金融政策方面。从威海市情况看，要建设创新型城市，必须进一步调整产业结构，提高科技含量，加快培育骨干企业，这需要"天文数字"级的资本支持。目前，威海市多数企业本身的资本规模比较弱小，迫切需要金融机构的大力支持。然而现行金融政策，彻底堵死了产业结构调整的三条融资渠道。一是《贷款通则》规定"商业银行贷款不得用于从事股本权益性投资，不得从事股票投资"。这样商业银行资金无法流入产业结构调整和产业整合领域。二是《上市公司收购管理办法》规定"被收购公司不得向收购人提供任何形式的财务资助"。把产业结构调整中"杠杆收购"这一最重要的融资渠道堵死。三是不允许收购人通过发行债券来募集产业整合需要的资金。我国企业可以发行三种债券：可转换公司债券、公司债券和企业债券。在实际操作过程中，不允许企业通过发行债券来募集兼并重组的资金。目前因受国家政策和企业信用的影响，虽然市委、市政府出台了鼓励金融机构支持企业发展的办法，但金融机构出于自身资金安全的考虑，只愿意将资金贷给那些规模较大、经营较好的企业，中小企业仍然面临很大的资金缺口。

四 强化威海市创新型城市建设政策体系的建议

创新政策是创新型城市建设的制度保障，政策环境是创新型城市建设的重要软环境。为促进威海市创新型城市建设，应当进一步创新政策，完善制度，形成大力促进自主创新、持续激励自主创新的软环境。今后一个时期，是落实市委、市政府"打造三区"的目标思路，提高自主创新能力，加快创新型城市建设进程的关键时期。为此我们建议，要依据国家有关政策，借鉴外地的成功做法，结合威海的实际，把强化人才政策、产学研政策和科技成果转化政策作为强化创新型城市政策体系的重点，并搞好其他相关政策的配套完善，为打造"三区"，增强威海市自主创新能力，提供强有力的政策保障。

（一）关于强化人才政策的建议

（1）完善吸引高层次人才的政策。坚持"按需引进、突出重点、讲求实效"的方针，积极引进海内外高层次人才及智力成果。鼓励两院院士、有突出贡献的中青年专家、国家"百千万人才工程"入选人员、享受政府特殊津贴的专家、获得市级以上有突出贡献的中青年专家或专业技术拔尖人才、具有正高级专业技术职称的人员、获得博士学位的专业技术人员以及威海市急需的高级技工等高层次人才来威工作。对引进的高层次人才，其配偶工作调动及子女入学等，要优先、优惠妥善办理。鼓励驻威高校和科研机构面向海内外，引进跨学科、跨行业和有广阔视野的自主创新领军式人才。建立多种形式的"人才驿站"，积极吸引海外留学人员来威创业发展，鼓励留学人员特别是获得硕士以上学位并在跨国公司重要岗位工作的人员来威工作。鼓励威海市高新技术企业和国内外知名大学合作建立研发机构，吸引和鼓励科技人才兼职兼薪。实施企业人才援助工程，定向资助企事业单位引进急需的专业技术人才、知识产权专门人才和经营管理人才。对于取得国家高级资格的或用人单位紧缺的、具有特殊技能的技工，给予优惠政策。鼓励社会力量兴办人才中介服务机构，完善人才中介服务体系。

（2）完善人才培养交流政策。建立高层次创新人才继续教育和知识更新服务平台，对列入威海市"十百千科技创新型人才培养工程"的人选，每年定向资助若干名全市紧缺专业高层次创新人才出国（境）培训，资助若干名具有创新思想、创新能力的复合型企业家到国内外著名高校或培训机构接受培训。拓宽高等院校、科研机构和企业之间人才相互流动的渠道，加强人才的双向交流与技术培训，协调高校、科研机构设立面向企业创新人才的客座研究员岗位，引导企事业单位设立面向高校、科研机构的特聘科研人才岗位。采取得力措施，吸引国内外高校来威海成立分校或校区，鼓励驻威高校、职业技术学院（校）加强与威海市重点优势产业相关学科的建设，加大对威海市紧缺的适用型科技人才的培养力度。

（3）完善人才创业扶持政策。积极推进企业博士后科研工作，吸引优秀博士来威海市企业从事科技研发工作，依托企业技术中心、研发中心、博士后科研工作站等载体，搭建企业创新人才的创新创业平台。鼓励科技人员创办、领办、承包科技型实体，科技人才依托专利等科技创新成果创办科技型企业，可以向市"人才发展专项基金"申请资金补助或贷款贴息，通过必要的资助、包装策划和管理培训、融资服务等多种扶植手段，壮大威海市的创新创业人才队伍。允许企事业单位的专业技术人才在完成本职岗位工作任务、不侵犯原单位合法权益、不损害社会和公众利益的前提下，在市内不同区域和不同单位从事技术开发、信息咨询、技术服务、提供劳务等法律法规允许的工作，并获取相应报酬。

（4）加大对人才工作的投入。市及各市区、开发区、工业新区财政均应设立"人才发展专项资金"，将高层次人才队伍建设资金列入年度预算，根据需要和财政增长情况逐年增加投入，主要用于对高层次创新型人才的引进、培养、扶持和奖励。被威海市新评为国家、省部级有突出贡献的中青年专家、享受国务院政府特殊津贴人员以及列入国家"百千万人才工程"人选的，除享受上级发放的津贴外，建议政府给予相应的奖励。设立"威海市有突出贡献人才奖"，对业绩特别显著、贡献特别突出、创造巨大经济效益或社会效益的人才群体和高层次人才，除予以重奖外，授予相应的荣誉称号。为鼓励青年科技人才脱颖而出，建功立业，建议设立"威海青年科技才俊奖"，每年表彰奖励一批优秀青年科技人才。

（二）关于强化产学研政策的建议

（1）构建多层次产学研合作框架。按照"风险共担、互惠互利、优势互补、共同发展"的原则，建立多层次、多形式的产学研合作关系。根据威海市产业发展的需要，选择国内外知名高校、科研院所与威海市共同建立产学研合作联盟，对加入产学研合作联盟的高校、院所，给予适当的工作经费资助。积极推动企业成为产学研合作主体，借鉴威海市和外地企业的成功经验，鼓励企业与高校、科研院所合作建立股份制科技企业，探索建立产学研合作的投入机制、人才流动机制和利益分配机制，推动产学研结合点前移，形成以企业为主导、以科技合作项目为龙头、以产权为纽带、以市场为导向的产学研紧密合作关系。鼓励国家级技术研究开发机构、国家工程中心、国家重点实验室来威海市设立分支科研机构，对于在威设立分支科研机构的，给予一次性资金补助，并在政策许可范围内，对其在用地、缴费等方面给予一定的优惠。

（2）加快各类企业研究开发机构建设。引导企业自主建立或与高校、科研院所联建各种形式的研究机构，不断加大创新投入，使企业成为科技投入、研究开发、风险承担、应用受益的主体。鼓励企业建立工程技术研究中心（重点实验室）或技术开发中心，争取用 3~5 年时间，在全市大中型骨干企业、高新技术企业、民营科技企业、中国驰名商标企业、中国名牌产品企业等都建立起企业工程技术研究开发中心或企业技术中心。对新认定的国家级、省级和市级技术中心，分别给予不同标准的资金补助。

（3）加强政府对产学研结合的资金引导。市和各市区、开发区、工业新区都应设立一定规模的产学研结合专项资金，用以支持产学研结合，专项资金要随着财政收入的增长逐年扩大规模，形成以政府投入为引导、企业投入为主体的产学研资金配套体系。根据威海发展需要和实施条件的成熟度，设立市科技成果转化专项资金，重点为省级以上重大科技成果转化资金提供配套投放，对列入市级以上科技创新计划的产学研结合、具备良好产业化前景的项目，给予经费补助。设立科技型中小企业创新基金，重点用于鼓励和扶持科技型中小企业的创办和创新发展，化解科技型中小企业"融资难"的突出矛盾。鼓励和支持有条件的高新技术企业在国内主板和中小企业板上市，拓宽融资渠道。认真实施国家、省出台的财政税收优惠政策，发挥财税政策对产学研合作的激励作用。鼓励企业与高校、科研院所建立长期合作专项经费，引导企业不断加大 R&D 投入，提高 R&D 投入占销售收入的比重。鼓励科技信贷、风险投资、民间资本、国际风险投资业涉足威海市高新技术产业，重点扶持一批科技投融资机构的发展壮大，形成政府资金、金融机构、民间资本、风险投资共同参与的多元化科技投资模式，创建以社会化为目的、市场化运作的产学研结合产业投资基金。对重要产学研合作项目，财政专项资金、产业投资基金、风险投资资金和贷款担保资金予以优先支持。

（4）加强产学研结合的载体与平台建设。市及各市区要以财政投入为引导，采取多元化投入方式，规划建设好集居住、科研、交流等功能于一体的科技人才创业园区，作为产学研结合的标志性园区，为高校、科研院所科技人员来威工作提供良好的条件，创造一个适合科技成果快速孵化成科技产业的良好环境。进一步整合科技资源，构建必要的科技公共服务平台。重点建设以提供检测、实验条件为主的科研仪器设备共享平台，鼓励大型仪器设备共享，对仪器设备开放共享的单位给予补贴，促进科技资源向企业、社会开放。建设以提供科技文献、标准、情报等信息服务为主的科技信息共享平台。

市政府与驻威高校共建科技电子图书馆，为高层次创新人才查询资料、科研阅读、专利检索、成果查新等提供免费服务。

（三）关于强化科技成果转化政策的建议

（1）进一步加大政策扶持力度。加大对企业自主创新投入的所得税前抵扣力度，对财务核算健全、实行查账征税的企业在一个纳税年度实际发生的技术开发费用，按规定实行 100% 扣除的基础上，允许再按当年实际发生额的 50% 在企业所得税前加计扣除，实际发生技术开发费用当年抵扣不足部分，可按税法规定在 5 年内结转抵扣；企业用于研究开发的仪器和设备，单位价值在 30 万元以下的，可一次或分次摊入管理费，其中达到固定资产标准的应单独管理，但不提取折旧；单位价值在 30 万元以上的，固定资产折旧年限可缩短至 3~5 年或依照相关规定加速折旧；经认定的高新技术企业，自获利年度起 2 年内免征所得税，免税期满后按照 15% 的税率征收企业所得税；进口范围内规定的科学研究和技术开发用品，免征进口关税和进口环节增值税。对承担国家重大科技专项、国家科技计划重点项目、国家重大技术装备研发项目、重大引进技术消化吸收再创新项目的企业，进口国内不能生产的关键设备、原材料及零部件，免征进口关税和进口环节增值税；对实施技术改造项目新建厂房、仓库和其他生产性附属设施，免征城市基础设施配套费和防空地下室易地建设费；对企业从事技术转让、技术开发业务和与之相关的技术咨询、技术服务业所取得的收入免征营业税。

（2）推动企业成为科技成果转化应用主体。实行科技成果转化项目认定和优惠制度，促进科技成果在威海市加快转化。对承担国家"863"等重大科技创新项目、国家中小企业创新基金、高新技术产业化示范工程等项目和省科技攻关、科技成果转化专项资金等项目的企业，按企业所获得的项目经费，分别按一定比例给予配套资助。对企业实施的本市重大科技成果转化项目，经确认后给予一定数额的科研补助。鼓励和支持企业购买专利等科技成果，对企业购买、引进适合威海市产业发展需要、具备实现产业化条件的发明专利，给予一定数额的资助。对转化项目实现生产或试生产的，给予成果所有者和转化实施者相应资助。引导企事业单位加强技术转化中心建设，凡新建的技术转化中心，在启动经费上给予适当资助。对进入技术转化中心工作的科技人员，按其实际工作时间发给生活和交通经费补贴。引导驻威高校和科研院所面向市场确定研究课题，积极向威海市企业转化应用性科技成果，对就地转化科技成果的给予优先扶持。

（3）鼓励建立各类科技成果转化示范基地。围绕地方支柱产业、特色产业、新兴产业和"三农"建设等，重点建立一批各具特色的科技成果转化示范基地和新品种繁育基地。对于获得国家"863计划"成果转化、农业成果转化、原良种、火炬特色产业等国家级科技成果转化基地的，给予奖励。对市级引进国外智力成果示范推广基地和市级引进国外智力重点项目、常规项目，分别给予一定数额的资金支持。

（4）积极扶持创业孵化平台建设。以建设一流标准的规模化孵化器为重点，以建设区域和产业特色明显的专业孵化器为补充，大力支持以高新区为主的全市综合型孵化器建设，引导各市区、开发区和工业新区围绕自身产业需要发展专业孵化器，逐步形成布局合理、功能完备的科技创业孵化体系。对科技企业孵化器的新建、改建或扩建工程，其缴纳的税收地方留成部分，由所在市区、开发区参照国家政策给予专项补贴。

（5）加大对科技成果转化的奖励和扶持。各级政府都应设立科技成果转化资金，对于符合国家产业政策、市场前景好、技术含量高的科技成果转化项目，以贷款贴息的形式给予扶持。对科技人员带科技成果来威海市初创企业的，给予创业资金资助。各级设立的成果转化资金要向高新技术企业和高科技产品倾斜。对列入国家级重点新产品的项目、列入省享受财政专项资金扶持的新产品项目、转化具有自有知识产权的高新技术产品等，给予奖励。积极鼓励企业创建名牌，对申请并新获得中国名牌产品或中国驰名商标、国家质量免检产品或国家重点支持和发展的名牌出口产品的企业，给予一次性资助。

（四）关于完善其他科技政策的建议

（1）加大商业金融对科技创新的支持力度。政府要运用专项资金、贴息、担保等方式，引导各类商业金融机构积极支持自主创新与产业化。商业银行对国家和省级立项的高新技术项目，应根据国家投资政策规定，积极给予信贷支持。对有效益、有市场的自主创新产品生产所需的流动资金，要根据信贷原则优先安排、重点支持。对资信好的自主创新产品出口企业可核定一定的授信额度，在授信额度内，根据信贷、结算管理要求，及时提供多种金融服务。推动商业银行与科技企业建立稳定的银企合作关系，加强对中小企业科技创新的金融服务。进一步完善企业和个人征信体系，促进各类征信机构发展，为商业银行改善对科技型中小企业的金融服务提供支持。进一步加强中小企业信用担保机构建设，完善担保机构的资金补充和多层次风险分担机制。在政策性银行、商业银行和其他金融机构试行知识产权权利质押业务。支持保险公司发展企业财产保险、产品责任险、出口信用保险、业务中断保险等险种，为高新技术企业提供多种形式的保险服务。

（2）认真落实鼓励科技创新的税收政策。全面落实国家对高新技术产业和科技创新企业的各项税收优惠政策，努力创造条件，确保件件政策落到实处。进一步落实对财务核算规范的企业研究开发新产品、新技术所发生的技术开发费予以税前扣除政策，对企业年度提取并实际使用技术开发费当年不足抵扣的部分，允许在以后年度企业应纳所得额中结转抵扣。放宽企业科技研发人员工资税前扣除标准，对企业研发人员实际发生的工资及工资性支出实行按实扣除。企事业单位、社会团体和个人，通过公益性的社会团体和政府机构向科技创新基金的捐赠，属于公益性捐赠，可按国家有关规定，在缴纳企业所得税和个人所得税时予以扣除。

（3）加强科技创新的环境和条件建设。一是建立健全科技创新风险投资机制，逐步清除政策及机制障碍，发挥好风险投资公司在支持企业技术创新过程中的引导、带动与促进作用；调整完善财政对风险投资公司、企业等对科技型企业的投资支持政策，引导社会资金投向高技术创业企业；运用好财政中小企业发展专项资金，推进企业信用担保体系建设，加大对企业特别是中小企业自主创新活动的贷款担保支持力度。二是大力促进信息产业发展，制定实施威海市信息产业发展扶持政策，建设集聚程度高、创新能力强、综合效益好、规模不断壮大的现代信息产业体系，使之更好地对威海市创新型城市建设发挥支撑与带动作用。三是完善知识产权保护政策，加强专利保护，维护专利人的合法权益，支持企业进行自主创新。设立专利专项资助资金，对本市企事业单位和个人获得受理的重大发明专利的专利申请费给予全额资助，专利维持费部分资助，对优秀发明专利给予一定的奖励。企业在专利成果转化应用过程中所发生的费用，可一次或多次摊入成本。

（4）进一步完善财政科技投入机制。充分发挥政府对科技投入的引导作用，通过财政直接投入、税收优惠等多种方式，增强政府投入调动全社会科技资源配置的能力。各级财政在编制科技事业发展预算时，要体现法定增长的要求，保证科技经费的增长幅度明显高于财政经常性收入的增长幅度，逐步提高财政性科技投入占国内生产总值的比重。以政府增加科技投入为导向，拉动企业增加对科技研发的投入，促使全社会 R&D 投入占 GDP 的比例逐年提高。同时，按照公共财政的要求，以提高资金使用效率为核心，进一步优化支出结构、统筹资源配置。加大对企业科技专项资金使用的监管力度，规范科技经费运行。建立完善科技财政专项资金绩效评价制度，健全财政科技经费的预算绩效评价体系和相应的评估与监督管理机制。

（5）实行鼓励自主创新的政府采购政策。制定财政资金采购自主创新产品制度，由财政部门会同科技部门、综合经济部门按照公开、公正的程序对自主创新产品进行认定，确立政府采购自主创新产品目录，实行动态管理，并向全社会公告。政府机关、事业单位和团体组织用财政性资金进行采购的，必须优先购买列入目录的产品。加强预算控制，优先安排自主创新项目的采购预算。在政府采购评审中，对以价格为主的招标项目评标，在满足采购需求的条件下，优先采购自主创新产品。政府重大建设项目以及其他使用财政性资金采购重要装备和产品的项目，应将承诺采购自主创新产品作为申报立项的条件。在政府投资的重点工程中，国产设备采购比例一般不得低于总价值的60%，不按要求采购自主创新产品的，财政部门不予支付资金。

（作者单位：中共威海市委政策研究室）

威海市造船业发展前景分析研究

刘光明

船舶工业是资金、技术、劳动密集型产业，对装备制造、电子信息、石油化工、轻工纺织、钢铁、航运、海洋资源开发等产业发展具有较强的带动作用，具有技术先导性强、产业关联度大等特点，被誉为"综合工业之冠"。威海市岸线资源丰富，天然优良港湾较多，发展船舶工业具有得天独厚的优势，经过多年的培育和发展，船舶工业已成为威海市最具潜力的高成长性产业之一。威海市是山东省重要的船舶制造业基地。当前，威海市船舶工业正处于战略机遇期和发展关键期，但受国际金融危机影响，船舶工业发展形势面临深刻变化，市场竞争更加激烈，各种挑战更加严峻。在新的机遇和挑战面前，如何化危为机，逆势而上，实现建立造船强市的目标，是一个值得深入研究的重大课题。

一　世界船舶工业发展的总体形势

进入 21 世纪，经济全球化加速发展，世界各国对海洋资源的开发与争夺日趋白热化，这在对船舶工业发展提出挑战的同时也为其创造了机遇。2003年以来，我国船舶工业进入快速发展的轨道，产业规模不断扩大，造船产量快速增长，造船完工量、新接订单、手持订单已连续多年居世界前列。从2008 年起，我国船舶工业"三大指标"全面超过日本，我国成为世界第二造船大国。2000～2008 年世界各国造船完工量变化情况见图 1。

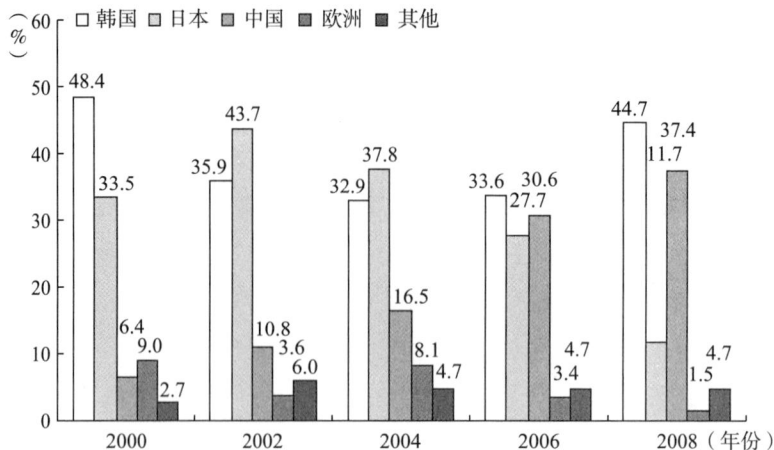

图 1　2000～2008 年世界各国造船完工量所占比重及变化趋势

（一）金融风暴——世界船市危机的直接诱因

船舶工业是深度全球化的产业，其发展速度直接与全球经济形势相关，受金融危机的影响也尤为明显。2008 年，国际船市在连续 6 年高位运行后开始明显回调，市场迅速萎缩，新承接订单大幅减少，新船价格大幅下滑，船舶企业陷入前所未有的困境，世界造船市场出现了"量价齐跌"的局面。

（1）市场大幅萎缩。受国际金融危机影响，世界贸易量迅速下降，国际航运业进入严重萧条期。2008 年，波罗的海散货船运价指数从 5 月的最高 11793 点下降到 12 月的最低 663 点，船舶市场严重萎缩。2003 年以来，全球新船成交量逐年上升，在 2008 年达到最高点，但自去年 9 月以来大幅跳水，今年上半年，全球共承接新船订单 80 艘（500 总吨以上），339 万载重吨，同比下降 96.8%（金融危机以来全球新船月度成交量走势见图 2）；新船价格和修船价格同比分别下降 30% 和 57%；全球造船企业手持订单 9514 艘，合计达 5.33 亿载重吨，其中至少有 20% 被延期或撤单。

（2）投资明显放缓。新船生效量萎缩，新增订单锐减，预付款下降；国内外金融机构对造船行业信贷收紧，全球手持订单 5500 亿元，约有 2500 亿元（占 45%）资金无法落实。为募集资金，国内 7 家造船企业曾筹备公开上市，但在 2007 年之前，除江苏扬子江船业控股有限公司和江苏东方造船有限公司在新加坡实现公开上市外，江苏新世纪造船股份有限公司、浙江扬帆集团以及中国船舶重工集团等企业面对复杂、低迷的国际国内证券市场，不得不将上市融资计划暂时搁浅。受汇率风险增加、融资难度增大、市场预期下

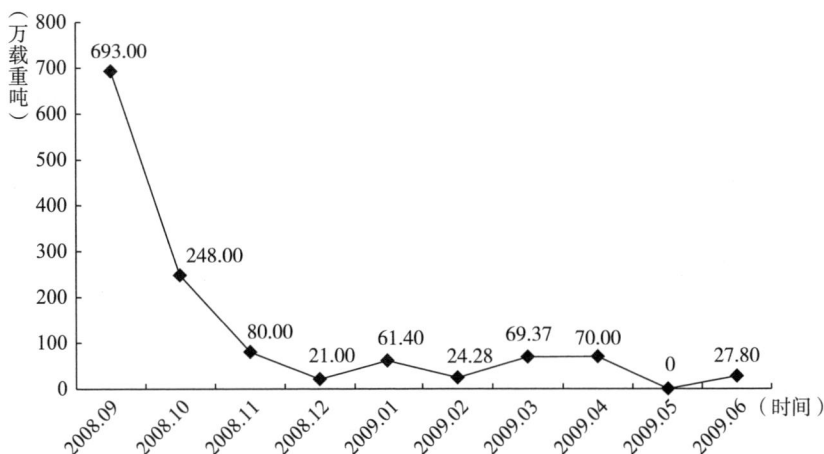

图2　金融危机以来全球新船月度成交量走势

降等因素影响，为防止资金链出现问题，韩国、日本等国家的造船企业部分放弃了海外一些重大投资项目，我国也有部分船舶项目停建或缓建。

（3）交船周期延长。由于船东收入（租金）锐减，部分船舶被迫停靠港口，维护费用增加。为延期接船，船东代表对在建的船舶设置各种障碍，船东对船舶下水、交船两个重大节点，设置一些附加条件，拖延交船时间。同时，船东对船舶质量要求更加严格，主要采取突击检查、特定检查来代替以前的报检程序，进一步增加了船舶企业交船的难度。日本造船业在金融危机中受到的冲击相对较小。主要是因为20世纪70年代以来日本政府限制投资扩能（2003年以来逐渐解除），而把重点放在了新船型研发上，船企抵御市场风险能力相对较强。此外，日本船企服务的船东主要来自国内，船企与船东之间关系密切，基本没有拖期交船的现象。

（4）撤单现象增多。据不完全统计，自去年9月份至今，全球约有2000万载重吨、近千艘船舶订单被撤销或延期。撤单最严重的为韩国，现代重工9艘价值15亿美元的超大型集装箱船订单被撤销，大宇造船海洋、现代尾浦、STX造船等韩国一流造船企业也相继出现订单撤销事件，合同总金额超过35亿美元。我国也有约500万载重吨、400多艘船舶订单被撤销或延期。从撤单的船型来看，散货船最多，占全部撤单的60%以上。大量的订单被撤销，导致一些中小船厂和新兴船厂倒闭，还有不少企业面临无船建造的尴尬局面。据专家预测，今后一个时期，船舶撤单现象将呈现越来越严重的趋势。2009~2012年撤销订单和延期交船总体趋势见表1。

表1　2009～2012年撤销订单和延期交船总体趋势

单位：万载重吨

项目	2009年	2010年	2011年	2012年
预计交付量	13790	19900	16700	4796
撤单量比重	10%	28%	25%	17%
延期交付率	20%	20%	15%	5%
合计	30%	48%	40%	22%

（5）行业洗牌加速。2008年金融危机，使韩国新兴中小造船企业成为最大的受害者。韩国C&重工从2007年初涉足造船业，发展异常迅速，截至目前，接单量高达436.8万载重吨。但该公司在300亿韩元公司债发行，1700亿韩元融资需求，及时获得2300亿韩元预收款保函等方面均以失败告终。面对困境，公司不得不考虑出售位于浦项的钢结构事业和位于巨济岛的新宇造船海洋。近年来，随着船舶市场旺销，我国造船企业迅速崛起，各地新上了一批中小造船企业。金融危机以来，这些新兴造船企业或部分中小船企困难重重，预计未来几年至少有30%的中小企业面临淘汰。

（二）结构失衡——世界船市危机的深层矛盾

当前，世界船舶工业面临的严峻形势，从表面上看是由金融危机所引起的，但从本质上看，是造船市场内在调整的规律所致。因此，本轮船舶市场调整是由结构失衡和金融危机共同作用而引起的。

（1）周期性调整是经济发展的基本规律。在经济发展过程中，与之相伴的是周期性增长和阶段性波动。周期性增长反映的是在发展中总体向上的态势，阶段性波动反映的是在经济发展过程中的某个时期，会出现增速减缓或下降，是产业内在调整的具体反映。船舶产业作为工业经济的重要组成部分，同样也伴随着长期增长和短期调整两种状态，使船市的调整存在必然性。但这种调整是由船舶产业发展的内在规律决定的，外部环境的变化（如2008年世界金融危机）只会加快或延缓船市调整的时间，而改变不了其内在调整的必然规律。当前，船舶市场在经过了长达6年的繁荣之后，其结构性矛盾已经非常突出，面临巨大的调整压力。

（2）结构性失衡是船市危机产生的根本原因。造船市场与航运市场是紧密相连的。随着全球经济的发展，航运市场对新船市场的需求保持在一个较为稳定的水平上。如果手持订单与船队规模的比例远远超过正常水平，则会使航运市场供过于求，费率下降，新船成交量将出现萎缩，手持订单下滑，从而使得手持订单与船队规模的比例回归到正常水平；反之，市场供不应求，费率上升，新船成交量将逐步上升，市场出现回暖。2003 年以来，世界造船市场步入高度繁荣时期。其间，除 2005 年新船成交量在 1 亿载重吨以下，其他年份均超过了 1 亿载重吨。2007 年，全球新船成交量达到了 2.45 亿载重吨，船厂手持订单与船队运力的比率为 0.52，远远超过了 0.11 左右的平均比率。超高的船厂手持订单与船队运力比例，显示出航运市场面临较大的竞争压力，新船供给能力严重超出正常需求。2008 年，全球船厂手持订单与船队运力的比率为 0.54，超过了 2007 年的比率，船市供需矛盾更加突出。2008 年 9 月，全球金融危机的爆发，世界贸易额大幅下降，使本来就严重供过于求的船市雪上加霜，新船成交量大幅萎缩，宣布了船市危机的到来。

（3）过度投机是结构失衡的重要推手。近几年，随着航运市场的繁荣，投机者也异常活跃。2006 年，7 万载重吨售价 1900 万美元的船舶，到 2008 年已卖到 4000 多万美元。部分投机者等船舶制作到一定阶段，就开始寻找亟须扩充运力的航运企业兜售船舶，从中赚取巨大差价。这些船只的价格从订船到交船，价格成倍增长，订船者获利惊人，让很多人加入"炒船"行列。由于 2007 年、2008 年船厂泊位紧张、航运企业运力扩张等外部条件，船市价格节节攀升。在投机者的参与下，船舶市场出现了两种异常现象。一是超长的新船订单平均交船期。在船市发展的过程中，新船订单平均交船期一般为 12～18 个月。据克拉松研究公司统计，在本轮船市扩张中，2006 年新船订单平均交船期为 36 个月左右（约 3 年）。二是超高的新船订单首付比例。市场不好时一般新船订单首付比例为 5%，市场表现正常时一般为 20%。但最近几年，新船订单的首付比例一般达到 30% 或 40%。这种超高的新船订单首付比例和超长的新船订单交船期，带来了船舶市场的虚假繁荣，从而推高了船市的供给能力，也为船市危机的到来埋下了伏笔。

二 威海市船舶工业发展前景分析

（一）威海市船舶工业发展现状

威海有近千公里海岸线，适合造船的天然港湾较多，全年温差小，无冰冻期，靠近国际航运主航道，是世界公认的适合造船的地区之一，这为威海市船舶工业发展提供了良好的环境和条件。

（1）产业基础相对较好。威海船厂、黄海造船、百步亭船业（原海达船厂）拥有50多年的修造船历史，产业基础雄厚。近年来，又先后引进了韩国三星重工、三进船业、伽耶船业、上海神飞集团、新泰源船业、武汉百步亭集团等企业来威海市投资建厂。目前，皂埠湾、俚岛湾、石岛湾三大船舶制造业聚集区已经初步形成产业集聚优势，十大重点修造船企业初具规模。2008年，全市造船完工量达52万载重吨，占全省的50%以上（全省各地市造船完工量比重构成见图3），同比增长80%；实现销售收入53.7亿元，同比增长71%；出口4.3亿美元，同比增长58%。

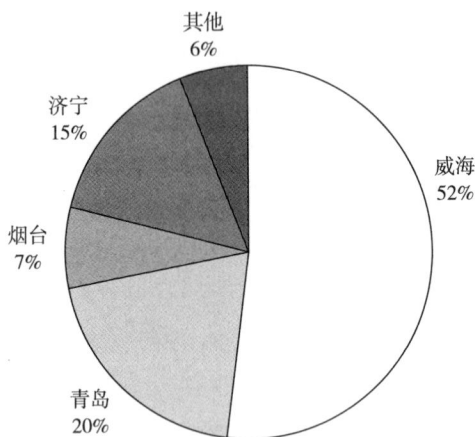

图3 2008年全省各地市造船完工量比重构成

（2）产品结构比较合理。目前，威海市能够建造多用途集装箱船、汽车运输船、散货轮、油轮、化学品船、远洋捕捞渔船、大型客滚船、行政执法船、豪华游艇、海洋工程船和钢结构等15大类40多个品种，船舶配套产品达30个品种。黄海造船有限公司建造的客滚船不但数量上占全国同类船型的62.5%，建造水平也是全国最高，且已发展成全国最大的渔船生产企业。乳山造船有限公司重点建造特种船，不锈钢化学品船建造技术国内一流，订单充足，是全国第一家生产2000吨起重能力起重船的企业。三星重工（荣成）、新泰源船业等一批企业也已进军海洋工程领域；威海中复西港、威海白云船舶等企业游艇产业发展较快。

（3）骨干企业发展势头良好。截止到目前，全市造船产能达到180万载重吨，威海船厂、黄海造船和三进船业的产能分别达到50万、30万和40万载重吨。到2012年，全市整船制造能力达到400万载重吨，占山东省造船产能的 50%，全国的 4% 和世界的 2%。

（4）科技支撑能力不断增强。目前，威海市船行业已建立 5 家省级技术开发中心和 2 家市级技术开发中心，建立了山东省船舶行业技术中心、山东德他马林船舶设计公司和哈工大船舶研究所等公共设计研发平台，具有了完全生产设计能力和部分合同设计能力，船舶设计能力位于全省前列。此外，适应船舶工业发展需要，山大（威海）、哈工大（威海）、山东海运学院、威海职业学院等院校也都设立了船舶专业，每年可为威海市培养约 1500 名各类船舶专业人才。

（5）产品配套能力快速提升。近年来，威海市高度重视发展船舶配套产业，初步培植了一批配套企业和配套产品。怡和专用设备公司是山东第一家能够进行船用轴舵加工的企业，天润曲轴能够为船用主机厂进行配套，济钢启跃是全省最大的船用钢材配送中心，华力电机船用电机技术含量较高，在全国有一定名气，克莱特生产的船用风机被大连重工等国内外船舶企业采用，荣成寻山集团正在研发生产大型船用曲轴，威达机械有限公司的船用压载水项目正在申请国际海事组织认证。

总体看来，近几年威海市船舶工业发展较快，船舶工业体系基本建立，为下一步的发展打下了良好的基础。但目前也还存在一些不容忽视的矛盾和问题，需要逐步采取措施加以解决。

一是造船产能分散，总装化程度低。从国际看，日本、韩国造船产能高度集中，日本约 4000 万载重吨的造船产能主要集中在 7 家大型船厂，韩国约 6000 万载重吨的造船产能主要集中在 4 家大型船厂；从国内看，江苏省造船能力在 100 万载重吨以上的企业达到 8 家，其中江南造船厂的产能在 450 万吨以上。2012 年具备 400 万载重吨的造船能力，相对国内重点造船省市来说，产能规模并不是很大，而且这些产能分散在 10 多家船厂。

二是产业配套率低，带动能力较弱。目前，日本造船业本土配套率达到 98%，韩国在 95% 以上，我国江浙一带平均本地配套率达到 50%，山东省不到 20%，威海市不到 10%（见图 4）。

造成威海市配套率低的原因有：船东指定使用配套产品；江浙一带配套产品价格低廉，质量较高；配套产品量小品种多，认证困难，且需要一定的费用，企业不愿涉及；造船市场不是很大，吸引配套企业能力不够。

三是融资渠道不畅，资金供应紧张。据初步调查统计，目前全市船舶工业资金缺口 100 多亿元。主要原因是：金融机构把船舶工业列入高风险行业，放贷更为谨慎；造船企业抵押资产不足，在建船舶抵押融资政策宣传落实力

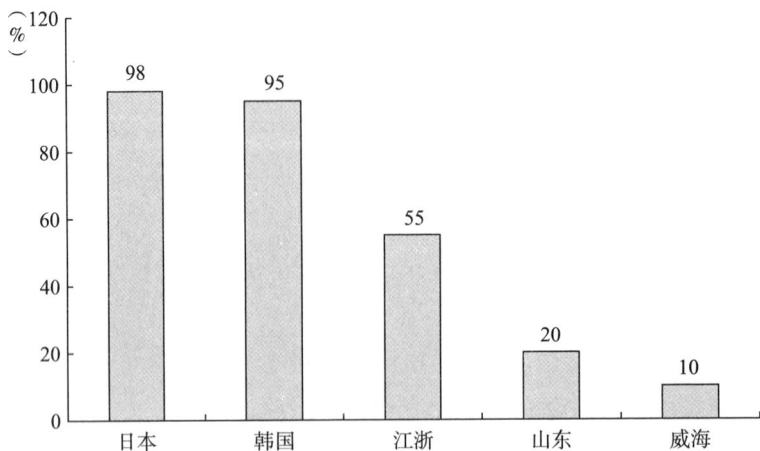

图 4　日韩及中国部分地区产能配套情况

度不够；受国际金融危机影响，船舶企业新承接订单减少，企业收取预付款不足。

四是设计能力较弱，核心竞争力有待提高。目前，全市还没有一家企业能够独立进行完全的合同生产设计能力，具有自主知识产权的核心技术不多，无论是船舶制造业还是船舶配套业，许多技术只能从外部引进；职工队伍整体素质不高，全市船舶行业 2 万多名工人中，具有大专以上文化和中级以上专业技术职称的只有 1000 人左右，不足 5%。

五是协调力度不强，行业管理亟须强化。从全国来看，重点造船省市都已建立专门的船舶行业管理部门，并且职能明确、协调有力、服务到位；从威海市看，荣成市和经区分别成立了船舶促进局和船舶工业办公室，市里仅在市经贸委设立了船舶工业推进委员会办公室，人员配备不足，没有明确相应职能，指导、协调工作，特别是协调外资企业有一定的困难。

（二）面临的挑战和机遇

综观当前宏观经济形势和世界船舶工业发展态势，威海市船舶工业发展面临复杂的形势，可以说机遇和挑战并存。

（1）挑战。威海市船舶工业面临四个方面的严峻挑战。一是船市下行。今年年初，据专家预测，世界船舶工业新船成交量在 5000 万载重吨左右。但受金融危机影响，从目前情况来看，新船成交量不会超过 2000 万载重吨。二是技术壁垒。国际新修订的拆船公约和压载水管理公约等，提高了气体排放和涂层等关键技术标准，增加了造船企业负担。三是产能过剩。目前，全国 5

万吨级以上船坞及船台造船能力已达到 6600 万载重吨，过剩 32%，并且呈逐年上升趋势（见表 2）。2010 年，第一造船大省江苏省的造船能力将达到 2000 万载重吨，完工量约 800 万载重吨，过剩 60%。四是成本上升。金融危机使部分生产资料价格短期内有所下降，但从长远看，价格上升的趋势难以改变，7 月份 20mm CCSB 船板平均价格环比上涨约 150 元/吨，8 月份环比上涨 200~500 元/吨。此外，人工成本从长期来看也呈上升趋势。

表 2　我国造船能力评估

单位：万载重吨

年份	造船能力
2001	500
2006	1500
2010	10000
2012	12000

（2）机遇。威海市船舶工业发展潜在的压力很大，挑战很多，但也面临很多机遇和有利因素：一是全球造船业向中国转移的趋势没有改变。2008 年，我国造船完工量、承接新船订单和手持船舶订单分别占世界市场份额的 29.5%、37.7% 和 35.5%，三大造船指标全面超越日本，位居世界第二。今年 1~7 月，全国造船完工量 1878 万载重吨，同比增长 78%，高于全球同期水平 30 个百分点。二是市场有效需求依然很大。全球航运市场有效需求每年至少在 5000 万~8000 万载重吨；非船产品市场空间很大，全球海上钻井平台 2009~2013 年产值达到 3670 亿美元，年均增长 15%。此外，船舶工业利润至少在 10%~30%，高于一般传统产业，目前国内已有不少企业大胆涉及海洋工程领域，并取得不错业绩（见表 3）。三是造船成本优势明显。目前我国船厂职工工资水平大约是韩国的 1/7，在未来 10~15 年内仍将远低于韩国水平，具有明显的成本优势；生产效率仅相当于韩国的 1/3，具有很大的提升空间。四是海上运输业务市场前景广阔。我国为全球最大的铁矿石进口国、第三大石油进口国，海上运输业务市场潜力巨大。今后，国内企业和船东将把 90% 以上的订单投放国内船厂。五是政府支持船舶工业发展。国家、省、市出台了一系列船舶工业调整振兴规划和加快发展的意见，威海市把船舶工业纳入打造威海蓝色经济区和高端产业聚集区总体规划重点培植，将为船舶工业营造更加宽松的发展环境。

表 3 国内海洋工程装备主要制造企业及产品

企业名称	承建单位	主要产品
中船重工集团	大连船舶重工	自升式钻井平台、半潜式钻井平台、FPSO
	青岛北船重工	海洋钻井平台修理和改装
	山海关船舶重工	VLCC 改装成 FPSO
	武昌造船厂	海洋工程辅助船
中船工业集团	上海外高桥	自升式钻井平台、半潜式钻井平台、FPSO
	上海船厂	半潜式钻井平台、自升式钻井平台
中远集团公司	南通中远船务	FPSO、FSO、半潜式平台、圆筒形钻井平台
	连云港中远船务	FPSO 改装
地方船舶企业	烟台来福士	自升式钻井平台、半潜式钻井平台、FPSO、FSO、供应船、铺管船
	江苏熔盛重工	深水铺管起重船
	蓬莱巨涛	导管架、钢桩、生活模块、浮式生产系统的上部模块

（三）发展趋势

当前，威海市船舶工业正处于快速上升时期，面临产能扩张和结构调整的双重任务。今后一个时期，将按照"造船总装化、配套本地化、服务社会化"的发展方向，坚持造船与设计并举，整船与配套并举，内资与外资并举，加快推进威海市小型造修船企业由以渔船为主向以商用船或配套生产为主转变，中型造修船企业由造修中小型船舶向制造中大型船舶转变，骨干造船企业由单一造船为主向造船和自主研发设计并举转变，逐步形成布局合理、结构优化、组织高效、技术先进的现代船舶工业体系。

总的发展趋势是：造船能力将从现在的 180 万载重吨迅速上升到 400 万载重吨，产能迅速扩张；主要产品将从现在的 15 大类 40 多个品种扩大到 20 大类 60 多个品种，结构更趋优化；设计水平将从现在仅具有部分设计能力提升到具有完全自主设计和部分合同设计能力，研发水平进一步提升；职工队伍将从现在 2.8 万人（10% 左右的高级人才）扩大到 5 万人（25% 左右的高级人才），职工队伍素质进一步提高。

三 发展措施和建议

（1）加大船舶工业结构调整。抓好皂埠湾、俚岛湾和石岛湾三大聚集区建设，搞好项目布局，实现集群化、集约化发展。到2012年，皂埠湾、俚岛湾、石岛湾分别实现销售收入180亿元、100亿元和80亿元。抓好十大造船企业，引导企业抓住当前低成本扩张的机遇，加快重点项目建设，积极开展对外合作，加快发展总装化造船，积极发展海洋工程产业，把企业做强做大。重点抓好总投资24亿元的威海船厂整体搬迁扩建、总投资16亿元的荣成西霞口修造船、总投资10亿元的荣成神飞船舶制造等一批重点项目。中小造船企业要认清形势，未雨绸缪，加强与骨干造船企业的协作，进入骨干造船企业生产体系，在激烈的市场竞争中拓展生存空间。船舶配套企业要适应总装化造船的要求，依托造船聚集区，加快建立物流配送服务体系，与造船企业建立长期稳定的协作关系。要推动企业战略重组，支持重点造船企业通过兼并、联合等形式，使一批中小企业成为协作配套单位，实现与中小造船企业、物流配送企业的合作发展，进一步建立和完善船舶工业体系。引导企业加快市场结构调整，在抓大市场的同时，善于挖掘和开发小市场，提高经济效益。

（2）加快延伸船舶产业链。把发展特种船舶、海洋工程装备和非船产品作为威海市船舶工业未来的发展方向。黄海造船重点研发生产豪华客滚船、内河客滚船和先进远洋渔船；新船重工重点研发生产多用途重吊船和海洋工程产品；乳山造船突出发展世界领先的不锈钢化学品船，巩固发展起重船、打桩船和海洋工程船；三进船业重点研发生产汽车运输船；中复西港等加大研发游艇产品力度，发展壮大游艇俱乐部；鼓励造船企业在大型钢结构、港口机械、风电、核电、新材料、轨道交通、烟草机械、自动化物流、采煤装备等领域开发非船产品，优化产业结构。加大对怡和专用设备公司船用轴舵、华力电机船用电机、克莱特公司船用风机等船舶配套项目的扶持力度；加快济钢启跃船用钢材配送中心建设；加快推进荣成寻山集团大型船用轴项目建设；积极推进威达机械有限公司的船用压载水项目认证。此外，引导威海市水泵、电缆和地毯等全国行业拳头产品积极开发船舶配套产品。

（3）加快提升船舶工业核心竞争力。一是积极与省里协调，共同加大对设在威海市的省船舶行业技术中心的扶持力度，争取在高、精、特、新船舶的设计领域有所突破。二是支持哈尔滨工业大学（威海）、威海职业学院、山东交通运输学院和荣成水校加快船舶人才培养，并且结合市场需要和自身实力增设新的船舶专业。三是鼓励企业与大专院校、科研院所开展产学研联合，提高企业研发能力，对研发高端船用配套产品给予奖励。

（4）拓宽船舶企业融资渠道。一是协调金融机构，对重点骨干企业出现延期交船影响资金周转和生产的，全力进行支持，帮助企业渡过难关。二是进一步搞好银企对接，鼓励金融机构在确保金融安全的前提下，不断创新金融产品，研究开展船台、船坞、龙门吊抵押业务，更好地服务造船企业。三是设立船舶工业扶持资金，为企业技术创新和新产品认证提供支持。全面落实《威海市船舶工业发展规划（2008－2012）》中制定的财税扶持政策，积极研究对接国家船舶产业投资基金，争取获得支持，降低经营风险，减轻企业负担。借鉴荣成市每新认证一个配套产品补贴5万元资金（认证费用在5万~7万元）的经验，鼓励机械制造和轻工类企业与造船企业对接，对新认证的配套产品每个奖励10万元，提高企业开发船舶配套产品的积极性。同时，研究制定对二级、三级配套企业的扶持意见，逐步形成梯次合理、健康有序的配套产业体系。

（5）完善船舶工业管理体系。一是建立健全船舶推进机构，配备专业人才，明确职能。船舶推进机构负责制定船舶工业发展规划和优惠政策；负责打造"威海造船"品牌，并积极向外推介，提高威海造船的知名度和对外谈判的话语权；负责对行业协会进行指导，探索行业主管单位与协会职能的有机结合，提高对企业的控制力和约束力，严格限制企业间低价接船等盲目竞争行为。二是强化行业协会建设。行业协会承担行业信息搜集、汇总分析和调查研究等工作，代表政府参加有关会议，解决有关争端。强化"抱团发展共赢，拆台竞争俱损"的意识，提高会员企业信息共享度，切实做到资源共享、技术共用、困难互助和优势互补，全力推动造船企业协调、健康发展。三是推进企业重组和社会化服务。引导企业通过多种方式寻求与省内外大型造船企业、行业外大型企业联合、重组，整合资源，联大造强，提高综合竞争实力，争取在全市形成4~5家大型船舶制造企业。在造船业聚集区配套建设好学校、医院、公交等公益服务设施，为企业更好发展解除后顾之忧。

（作者单位：威海市经济贸易委员会　课题组成员：隋秀敏　逄忠全　黄经涛　杨启玉　房恒志　王慧博）

信息化与数字化城市发展战略及对策研究

佟晓筠

1　绪　论

1.1　城市信息化的含义

信息化的实质是数字化、网络化。以网络等现代科学手段，实现各方面的信息共享交流。

城市信息化是指一个城市在农业、工业、科学技术及社会生活等方各面应用现代信息技术，在城市管理、经济等不同层面，深入开发和广泛利用信息资源，加速实现城市现代化的进程。

城市信息化涵盖电子政府、电子商务，包括企业信息化、产业信息化、网络资源和服务管理系统等部分。

1.2　数字城市的含义

数字城市（Digital City），简单说是将一个城市进行"数字"处理，它是相对于物理上实际的城市而言的，是指在计算机上建立起来的，由多种高新技术支持的虚拟城市。

数字城市，涉及整个城市的各个方面的信息，包括地理环境、基础设施建设、规划管理服务、资源信息（具体有自然资源、社会资源、经济资源及人文资源等）等，以数字的形式进行采集和获取，并通过计算机统一存储、管理和再现。

数字城市可以分为六个组成部分。分别为：信息网络平台和骨干网、政府类应用、企业类应用、公共建设类应用、信息资源管理、地理环境数字化等。

数字化城市是城市高度信息化、智能化、虚拟化和敏捷化的具体体现，即将数字技术、信息技术、网络技术渗透到城市生活的各个方面，形成一个"数字"城市。

1.3　数字城市的来源与其核心思想

数字城市是数字地球技术系统的重要组成部分。美国前副总统戈尔在1998年《数字地球——认识21世纪我们的这颗星球》报告中首次提出"数字地球"（Digital Earth）的概念。

1999年，首届国际数字地球学术会议在中国北京举行，此后每两年举行一次。数字城市是数字地球技术系统的重要组成部分。从广义上讲，它既是城市信息化总的概述，又是城市信息化的目标。

数字城市的核心思想有两点：一是用数字化手段统一处理城市信息和管理等多种问题；二是最大限度地利用信息资源。它不仅为调控城市、预测城市和监管城市提供了革命性的技术手段，而且描述了城市发展方向的一种本质特征。

1.4　城市信息化的分类

城市的信息化分为四个方面，分别为：信息网络与资源部分、政府城市管理应用、公共基础建设与社区服务系统和产业与经济方面的应用。

①信息网络与资源部分，是指建设一个先进适用的城域网，利用现有的各类窄带与宽带等网络资源，密切结合城市信息资源开发。

②政府城市管理应用，是指政府行政机构利用信息化手段，具体指电子政务系统等管理城市。

③公共基础建设与社区服务系统。主要包括各种社会基础设施建设方面的信息化系统和社区具体的服务应用系统。比如，城市应急救灾系统，社会治安、交通等的管理系统，城市环境监控系统，保障医疗服务系统，科技教育信息系统，旅游娱乐信息系统等。

④产业与经济方面，即为企业类应用。主要是指企业的信息化与电子商务，还包括农业领域信息化等。

1.5 课题研究的背景及意义

目前中国城市化面临双重瓶颈，城市化滞后于工业化，信息化又滞后于城市化，无论是对城市的长远发展，还是对城市地位的提升都产生了明显的制约。因此，城市信息化发展及如何实现数字城市，无疑是一个迫切的任务。

威海位于山东半岛的最东端，三面临海，是我国北方海上交通枢纽之一，也是中外文化交流频繁的开放城市。经国家批准，成立了威海火炬高技术产业开发区和威海经济技术开发区，并在全省率先成立了以市委副书记为组长的威海市信息化工作领导小组。自 2001 年以来，成立了威海市信息产业局，设立了威海市信息中心、信息化专家咨询委员会、软件行业协会、电子商务协会、计算机学会。颁布了《关于鼓励扶持高新技术产业发展的若干意见（试行）》，出台了一系列政策文件，在组织建设、政策扶持、资金筹措等方面，给予高新技术产业大力支持。全市综合经济实力已进入全国 50 强城市行列，投资硬环境跻身全国 40 优城市行列。

威海市具有得天独厚的地理条件和旅游资源，信息产业、软件产业发展良好。全市现有 7 家专业通信网络公司，已建成 4000 公里以光缆为主，以数字微波、卫星通信为辅的大容量、高速率、数字化、覆盖全市城乡的立体化通信基础网络。2002 年 12 月，威海市被确定为山东省地理信息系统试点区域，由山东省国土测绘院同威海市信息产业局共同完成了"山东省地理空间基础框架建设——威海市（试点区域）建设方案"。

总体来说，威海市的信息化发展和数字威海建设，取得了良好的状况，但不可否认的是，威海市城市建设水平还处在初级阶段，许多领域还处于探索或试点阶段，网络社会、网络社区、数字化城市的最终建成还有相当长的路要走，出现了很多阻碍发展的影响因素。对于庞大的资源缺乏整合，资源共享程度不够，在人才、建设规范化标准方面与发达城市之间存在明显差距。数字化城市建设的法制体系不健全、政府财力不足以及人们的思想观念落后等制约数字化城市的快速建设。

该项目的研究对威海市现代化建设，发展城市信息化和数字威海，提高城市的综合能力和可持续发展，为威海市领导提供决策具有重大的战略意义。

2 国外信息化与数字化发展研究

2.1 国外信息化与数字化城市发展概述

2.1.1 电子政务与电子商务

20 世纪 90 年代以来，欧美等主要国家电子政务建设在政府与民众（G-C）之间，致力于网络系统、信息渠道以及在线服务的建设，为民众提供获取更便捷、质量更佳、内容更多元化的服务；在政府与企业（G-B）之间，致力于电子商务实践，营造安全、有序、合理的电子商务环境，引进和促进电子商务发展；在政府与政府（G-G）之间，致力于政府办公系统自动化建设，促进信息互动、信息共享以及资源整合，提高行政效率。

当前，电子政务在世界范围内的发展有两个主要的特点。第一个特点是，以互联网为基础设施，构造和发展电子政务。第二个特点是，就电子政务的内涵而言，更强调政府服务功能的发挥和完善，包括政府对企业和对居民的服务以及政府各部门之间的相互服务。

（1）电子政务的发展

美国的电子政务起步比较早。在硬件方面，美国在 20 世纪 90 年代就率先提出建立国家信息架构（NII）计划，目前已建成了跨越洲际及全美各地的涵盖各个局域网、因特网服务公司（ISP）以及广域网的数据通信骨干网络；在软环境方面，1993 年，克林顿政府就明确提出要应用先进的信息网络技术来克服美国政府在管理和提供服务方面存在的弊端，把构建电子政府作为其施政改革的一个重要内容。

1994 年 12 月，美国政府设立了政府信息技术服务小组，建立以客户为导向的电子政务，以创造效率更高、更为便捷的服务，并提供给客户更多的机会与渠道来获得政府的服务。1995 年 5 月，克林顿签署《政府纸张消除法案》，要求联邦和各州政府部门呈交的表格必须使用电子方式，尽可能在 2003 年 10 月以前实现政府办公无纸化作业，从而使美国民众与政府的互动关系实现电子化。

电子政务成效显著。由于实施电子政务，仅 1992～1996 年，美国政府员工就减少了 24 万人，关闭了近 2000 个办公室，减少开支 1180 亿美元；在对居民和企业的服务方面，政府的 200 个局确立了 3000 条服务标准，作废了1.6 万多页过时的行政法规；美国全国雇主税务管理系统、联邦政府全国采购系统和转账系统等网络的建立，不仅节省了大量的人财物，而且提高了政务透明度。

日本政府构筑了中央和地方互联的政府内部网络平台，建成了统一的政府门户网站，搭建了多个支撑系统，基础环境比较完善。通过行政信息化，充分利用信息技术改变政府靠传统的书面文件传递和运作模式，实现政府内部的电子化和网络办公化，使行政运行更精简、高效和透明；目前，日本所有的政府机关都建立了自己的网站，84%的市、区政府设立了网页，61%的村政府设立了网页。在中央政府，平均0.9人1台电脑，全国政府公务员平均1.4人1台电脑，地方市、村政府部门平均2.2人1台电脑。

在全球各国电子政务网站评比中，韩国电子政务网站服务水平全球第一，韩国政府网站获得最高，为60.3分（满分100分，见表1）。

表1　全球电子政务网站评比排名

排名	国家/地区	得分（满分100分）
1	韩国	60.3
2	中国台湾	49.8
3	新加坡	47.5
4	美国	47.4
5	加拿大	43.5
6	英国	42.6
7	爱尔兰	41.9
8	德国	41.5
9	日本	41.5
10	西班牙	40.6

从发展历程来看，韩国电子政府建设经历了四个阶段。

第一阶段（1977～1996年），韩国政府1977～1986年进行了第一次行政电算化构建工程；1987～1996年推进了第二次行政电算网建设工程。

第二阶段（1997～2000年），韩国政府在1996年制定了信息化促进基本法，完成了第一个五年信息化促进基本规划，根据信息化促进基本规划推进了真正的行政信息化。

第三阶段（2001～2006年），根据2001年生效的电子政府法，韩国政府通过电子政府委员会，扩大行政信息化，正式启动电子政府工程。

第四阶段（2007年至今），这个时期电子政府工程的核心要点是通过推进无处不在的政府，以无处不在计算机化为技术基盘整合系统和提供智能型的服务。

韩国政府在公共管理方面不断扩大电子政务的覆盖面，创新了应用。这种管理电子政府的结构化方法，使韩国的政府管理成为地区乃至全球 IT 技术运用的领先者。

（2）电子商务的发展

在美国，电子商务发展实际上就体现在"信息高速公路"的发展上，体现在具体的信息网络化的建设上。

美国制造者协会的调查表明，80% 的美国制造商已经拥有自己的网站，电子商务交易的使用率为 32%。采购商的电子商务利用率为 38%，54% 的企业考虑在未来三年使用，仅有 11% 的企业表示没有考虑使用互联网进行采购。

2006 年美国电子商务销售额（不包括旅游业务）达 1465 亿美元，年增长率 29%，电子商务占美国零售总额的比例已达到 13%。美国的网上零售额预计将在 2010 年达到 3290 亿美元，保持平均每年 14% 的稳定增长率。

在日本企业间的电子商务往来中，汽车和电子信息相关设备是最大宗的成交项目。其中，汽车成交额在 2003 年度达到 28.49 万亿日元，电子信息相关设备成交额达到 24.29 万亿日元。目前日本五大综合商社都将商品交易重点逐步转向电子商务，随着电子商务比例的提高，这些商社的经营成本大幅下降。另外，面向个人的电子商务市场也在急剧增长。2003 年，日本面向个人的电子商务成交额为 4.424 万亿日元，比上年度增长 64.8%。预计 2004 年度个人电子商务市场将进一步扩大到 6.6 万亿日元。在个人电子商务市场上，金融证券交易发展最快。日本证券公司几乎都开设了网上股票交易业务。

截至 2006 年，韩国企业间的电子商务年交易额达到 366.2 万亿韩元，比 2005 年增加 14.7%。企业与政府间的电子商务交易额增加了 18.6%，达到 34.4 万亿韩元；企业与个人之间的电子商务交易额增加了 15.3%，达到 9.1 万亿韩元；个人之间电子商务交易额增加了 66.9%，约为 3.8 万亿韩元。

2006 年，韩国电子商务交易额比上一年增长了 15.4%，并首次突破 400 万亿韩元（约合 4231 亿美元）大关，达到 413.6 万亿韩元。

2.1.2　企业信息化

发展至今日，发达国家企业的信息化水平可说已经到了一个相当高的水平。在企业内部层面，技术系统、制造系统、管理系统、基础技术系统等的建成，有力地提高了企业的决策、经营和管理水平，提高了企业的核心竞争力。数据显示，美国早在 1993 年就有 2.4 万家企业使用数据交换（EDI，电子商务的前身），其中最大的 100 家企业使用 EDI 的比例已达 97%；美国所有的大公司都实现了办公自动化，众多跨国公司有了虚拟办公室。

在利用信息化手段改变传统经营模式方面，发达国家的企业更是取得了突破性的进展，对企业的发展起到了至关重要的作用。例如在美国，通过网上采购，福特汽车公司汽车零部件的采购成本下降了 30%；通用电气公司借助供应链管理手段，2000 年节省成本 16 亿美元。随后开展了以互联网应用为主要内容的企业信息化时代，20 世纪 90 年代后期，ERP（企业资源计划）的网络功能增强，在世界 500 强企业中有近 80% 的企业采用了 ERP 管理软件。

目前信息化已经将企业带入了网络经济时代，电子商务成为现代企业信息化的一大热点手段。据统计，美国企业信息化已进入比较高级的阶段，60% 的小企业、80% 的中型企业、90% 以上的大企业已借助互联网广泛开展电子商务活动，其中 B2B 占电子商务总额的 80% 以上（见图 1）。

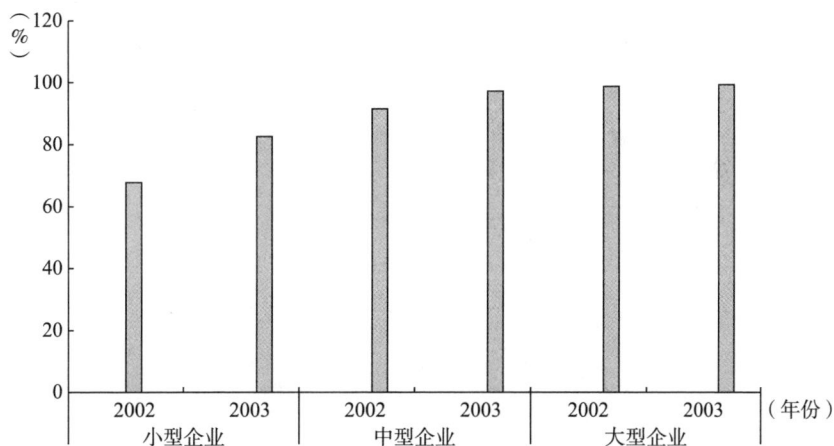

图 1 企业利用电子商务的情况

欧洲的电子商务市场的收入规模也迅速提高（见图 2）。iResearch（艾瑞市场咨询）根据 IAB 发布的数据整理发现，2005 年欧洲电子商务市场的收入规模为 519 亿欧元，2006 年达到 651 亿欧元，预计到 2008 年将超过 900 亿欧元，达到 978 亿欧元。

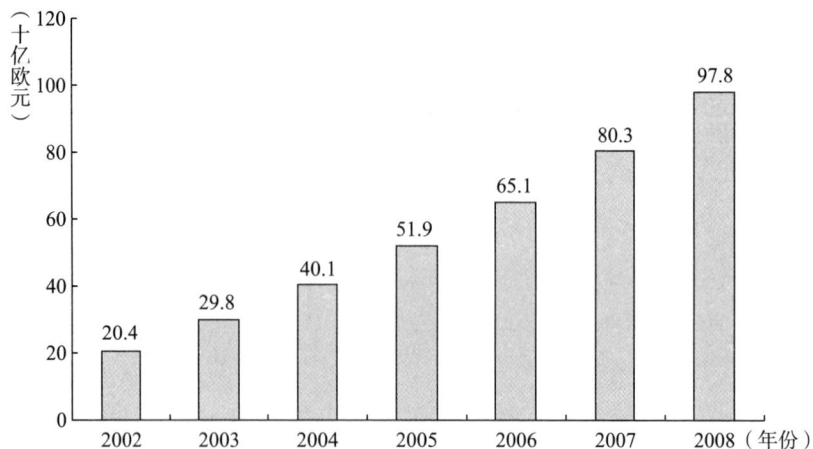

图 2　欧洲电子商务市场收入规模

2.1.3　农业信息化

（1）国外农村信息化各具特色

各国推进农业和农村信息化的工作各具特色，形成了不同发展模式。其中，美国等农业信息化相关立法完善、体系健全，保证了资金投入；日、德等国农业信息化基础设施完善、注重信息系统建设；法国、加拿大等形成了多层次农业信息服务格局，服务主体多元化；韩国、印度等政府投资建设农业信息化基础设施，制定农村信息服务优惠政策，重视农村信息化人才培训与国际合作。

从发展水平上看，以美国、日本等为代表的发达国家的农业和农村信息技术应用正在步入新阶段，形成了从农业信息采集、加工处理到发布的健全的、完善的农业信息体系。信息技术的应用不再局限于某一独立的农业生产过程、单一的经营环节或某一有限的区域，而是呈横向和纵向拓展。

（2）建立强有力的管理体系

各国推广农业和农村信息技术应用，大多建立了强有力的管理体系，确定各部门的职责并分工协作。如美国是农业信息化程度很高的国家，有一个有效的行政管理系统，从联邦政府到各州县都十分注重在组织上加强对农业信息工作的协调与管理。日本则建立了从上到下的完整的农业情报系统。

在信息传播上，政府部门是农业信息最主要的传播主体之一。农业信息产品中多数具有公共产品性质，需要由政府提供，才可能建立权威性的农产品市场信息统计、分析与报告制度，为农民提供及时、全面、精确的市场信息和参考资料。

在政策和资金上，政府部门有责任和义务满足农业和农村信息化发展的需要，围绕农业科研体制、投资结构、经费投入和实用技术研究进行政策调整，明确投资主体并保证基本投入。美国政府对农业信息的投入比例高，欧盟设置专门的农业信息采集、统计、分析和发布等机构，并投入巨资。

（3）加强科研、教育和推广的结合

从各国的实践中可以发现，在推动农业和农村信息化过程中，必须加强科研、教育和推广的相互结合、紧密协作，为涉农经济的发展提供基本保证。

（4）欧洲农业信息化发展的特点

①政府始终致力于对农业信息化的政策与环境、资金的支持以及对农业信息化基础设施的建设投入。

②农业信息和网络资源得到充分利用，农业信息网络持续发展。

③注重以关键技术带动农业信息化的发展。紧紧抓住模拟模型技术、计算机决策系统技术、精确农业技术等关键技术的研发和集成，带动整个农业信息化发展。

2.1.4　信息化立法

信息社会概念提出后，各国信息立法部门就相应展开了政府信息法律制度的立法工作。

1993年美国国家信息基础设施（NII 计划）的提出，信息高速公路的目标导致了全球信息化浪潮。同年美国在全世界首倡发展电子政务，在世界范围内出现了电子政务发展的高潮。在电子政务实施过程中都不约而同地建立起相应的法律基础构架。美国通过了《电子政务法案》《政府纸张消除法案》等，日本也制定了《电子签名与认证法案》。

2.1.5　数字城市建设

（1）数字化地图建设

美国城市的数字化建设比较先进，主要城市街道的电子地图在主要网站上都可以找到，出行者在汽车 GPS 定位系统和电子导航系统的指引下可以很方便地到达目的地。

（2）数字图书馆建设

目前美国出版商已经完成了向数字化转型的基础性工作。在过去 10 年，美国人将所有的文本数字化，企图建立一个数字化的图书仓库，把所有出版的图书和期刊都转化成 PDF 格式放在网络上，建立了各种类型的数据库、在线的教育平台以及各种各样的数字产品和工具。美国出版业数字化在推进的进程中，绝大多数是和 IT 企业合作。例如与 Google、微软合作，使用它们的搜索引擎。

韩国互联网宽带的普及使得韩国数字书籍的发行量近年来强劲增长。与前些年相比，2007 年韩国数字书籍市场规模增长幅度超过两倍。数字书籍是纸质书籍的电子版本，它能够让消费者用手机或个人掌上电脑（PDA）进行阅读。韩国最新版本电子书籍市场的规模已达到 1400 亿韩元（约 1.44 亿美元），增长 220%。

（3）数字化报纸计划

美国国家数字化报纸计划将最终建立一个全国范围内的数字化报纸资源库。除了将那些具有历史意义的报纸数字化，还将通过网站提供全国报纸的目录信息及馆藏地信息。这些报纸信息已通过先前的人文基金会项目——美国报纸计划——被收集和整理。

（4）电视广播数字化

日本自 2002 年 12 月开始进行卫星数字电视广播以来，至 2004 年 6 月接收户数已超过 600 万；而从 2003 年 12 月开始的地面数字电视广播，其接收机也已突破 100 万台；同时有线电视的数字化也进展顺利，能传输 BS 广播卫星数字电视的有线电视网所拥有的用户已超过 1300 万，拥有的机顶盒已超过 30 万台。在卫星电视广播方面，预定到 2011 年将全部完成数字化。而在地面电视广播方面（GTV），2006 年，继东京、大阪、名古屋之后，日本的主要城市也陆续开始了地面数字电视的播出，预计至 2011 年 7 月将结束地面的模拟电视广播。

韩国电视广播正在走向全面的数字化。到 2012 年，韩国数字电视广播服务将完全取代模拟电视广播。韩国信息通信部部长卢俊亨和韩国广播委员会主席赵昌铉共同提出了一个要求全数字化的法案。该法案要求广播机构在 2012 年 12 月 31 日前停播他们的模拟电视信号。此法令还要求所有新电视相关家用电器包含数字调谐器或供数字接收的设备。

（5）电子和通信技术产品数字化

20 世纪 90 年代，通信网由模拟向数字转变，网络业务由语音向数字转变，网络由固定向移动发展，以 IP 为基础的互联网正快速发展。美国加大了在这方面的投入，加大了研究开发的力度，使其拥有世界最高水平的信息和通信技术。日本发挥其在信息通信产品制造上具有世界最高水平的竞争力的优势，在信息通信产品市场上也取得很大的成绩。特别是日本利用其在无线移动领域具有的技术和生产优势，调动整个信息通信行业的力量，大力发展无线技术和产品，期望在无线移动领域超过美国，拓展信息通信技术产品市场，拉动日本经济快速发展。日本在 2001 年 10 月，在全世界率先开通了第三代 WCDMA 无线移动业务。

（6）数字家庭建设

韩国信息技术产业近年来的快速稳步发展可以作为全球的典范，其数字化程度已经达到了相当高的水平。在很短的时间里，韩国有线电话家庭普及率达到 92%，宽带互联网应用达到了世界最高水平。今天的韩国，有 64.1% 的国民在使用互联网，其中宽带互联网的用户超过了 1000 万，超过人口的 1/4，居世界第一位，国际电信联盟称之为"奇迹"。

家庭网络产业是韩国确定的下一代十大增长型产业之一。位于大田县的电子信息研究院里展示着数字化家庭的模型。数字化家庭是一个全面自动化的生活环境，人们可以通过手机或者计算机来实现对家庭设施的远距离操作，如开门关门、开灯关灯、开启燃气灶、调整室温、在孩子们回家后调控家庭的安全系统等。这样一来，即使出门在外，也可以随心所欲地调控家里的各项设施。

2.2 国外推动信息化与数字化发展的举措

2.2.1 重视战略计划的制订

为改变信息化的落后面貌，推进信息化，2004 年 2 月和 6 月，日本分别推出 "E-Japan 战略 II 加速化政策" 和 "E-Japan 重点计划 2004"，提出了推进 IT 发展的目标。其中包括国际战略、IT 安全政策、文化产业政策、修订法律法规、构筑电子政府等内容。

日本政府在完成了《e-Japan 战略 II》建设目标后提出的最新信息化建设计划又提出了 2006 ~ 2010 年信息化建设的基本纲领《IT 新改革战略》。2006年 1 月正式出台的《IT 新改革战略》提出了日本信息化建设下一步的基本理念、目标和政策等，电子政务是其中重要的一部分。该战略提出的电子政务建设总体目标是：通过在行政领域灵活应用信息通信技术，提高国民生活的便利程度，简化行政环节，提高行政效率以及行政行为的透明度，建成世界上最便利、效率最高的电子化政府。

2.2.2 IT 外包服务模式下的电子政务

美国政府部门通过 IT 服务外包改善了 IT 系统的运营环境，以最短的时间、最小的投资得到了高质量的服务，有效地提高了政府的工作效率。未来五年，美国政府的 IT 外包服务将大幅上升，美国各方面正在积极为电子政务等 IT 外包服务营造相应的法规环境。电子政务外包，即政府部门信息技术的外包服务，是指把政府部门的信息系统的日常运行维护等工作部分或全部委托给专业公司，由他们组织专业技术队伍完成。

IT 服务外包为政府的信息化建设精简机构、减少开支，大大提高了效率。这种服务体现了信息技术深入社会各个领域后，服务的社会化和专业化。

2.2.3 促进电子商务的发展

美国政府从规划、政策制定、示范推广、宣传培训、研究开发五个层次上，推动电子商务的发展。

制定各种法律法规，保障电子商务健康发展。1992 年，克林顿政府宣布对电子商务免税政策的草案，推动网络贸易的发展。1997 年，美国颁布《全球电子商务框架》，提出 5 项原则：民营部门必须发挥主导作用；政府应避免对电子商务的不当限制；政府必须参与时，应该致力于支持和创造一种可预测的、受影响最小的、持续简单的法律环境；政府必须认清互联网的特性；应该在全球范围内促进互联网上的电子商务。2000 年，美国国会通过了《国际与国内商务电子签名法案》，使电子签名与手写签名具有同样的法律效力。

在发展电子商务交易方面，日本制定有关制度和市场规则，使任何人都能放心参加交易，主要包括以下内容。

①对现行规则进行明确解释，确立庭外纠纷处理机制，完善反垄断法。

②修改妨碍电子商务开展的有关法律。

③提交有关电子合同、信息产权合同以及因特网服务提供者责任的法律提案；提出保护个人隐私的基本法案，赢得消费者的信任。

④修改现行商法。

⑤修改刑法，补充和完善针对计算机犯罪的有关规定。

2.2.4 推动农业信息化

美国政府在农业信息化中主要发挥了三个方面的作用。

①建立起强大的政府支撑体系来为信息化创造发展环境。通过诸如政府辅助、税收优惠、政府担保等提供一系列优惠政策，刺激了资本市场的运作，推动了信息化的快速发展。

②制定信息技术研发计划，并由国家直接增加技术研发投入。这包括运用多种经济政策增加企业研发投入，实施一系列加强政府和企业技术合作的计划等。

③注重立法和监督。通过立法保证农业信息的真实性、有效性及知识产权等，维护农业信息化主体的权益并积极促进信息的共享。

2.2.5　推进信息化的经验

（1）狠抓通信基础设施建设

一个国家信息化的成功与否主要在于如何有效地建立满足国民通信需求的基础设施并进行现代化。这是韩国 20 多年来推进信息化过程中得出的经验。

（2）大力投资信息化建设

随着 21 世纪知识信息化发展趋势的加快，科学技术成为国家发展的主动力和主导经济社会发展的核心因素。正是基于这种观点，韩国科技界提出了到 2006 年使韩国发展为世界第十大科技强国的远景目标。为此，韩国政府制订了 2002～2006 年的科技发展五年计划，提出了共 10 个领域内的 90 个国家重点课题。这 10 个领域包括发展基础科学和新兴产业以及培养科技人才等。为了研究这些课题，韩国政府计划投资 3.35 万亿韩元，投资额相当于上一个科技发展五年计划的两倍。

（3）重视立法保障

韩国十分重视信息化建设的立法工作，自 1995 年 8 月制定《信息化促进基本法》以来，截止到 2001 年 4 月，修订和制定了与信息化建设有关的共计 154 部法律法规，其中 79 部涉及公共部门的信息化建设，另外 75 部则与其他部门的信息化建设相关。

2.2.6　推动数字化建设

（1）政府积极进行大型基础数据库建设

关于数据库建设，日本政府针对数据采集方面存在的问题，通过立法程序规范政府部门在信息采集、处理、加工、利用等工作的前提下，明确了社会团体和个人提供信息的责任和义务，促进了基础数据库的进一步完善。

（2）网络和信息安全保障有力

政府内部业务网主要用于处理政府机关内部的信息交流和业务工作，为加强网络和信息的安全管理，日本建成了全国统一的 CA 认证系统，应用多层防火墙技术实现网际的逻辑隔离，确保了政府内部网络正常运行。

（3）政府积极推进数字化建设

为了保持自己在国际互联网领域的领先地位，韩国政府又提出了"IT839"计划，其中包括 8 项服务、3 项基础设施建设和 9 项全新或更新设备。此项计划预计在未来 5 年内完成。据有关部门预测，2010 年之前韩国 IT 领域中来自政府和私人企业的投资总额将超过 700 亿美元。

此外韩国全力推进教育数字化，全面开发普及"数字教科书"——无线上网平板电脑。预计到 2011 年，政府将投入 660 亿韩元（约合人民币 5.4 亿元）推广到全国 100 所中小学，2013 年将全面覆盖所有中小学，彻底实现数码教学模式。届时，学生上下学只需带着一个平板电脑。从 2008 年开始韩国小学生通过点击数字课本和上下翻页便可以与他们的教师进行网络连接。韩国人力资源部和韩国教研信息局宣布，从今年 3 月份开始，20 所小学的学生们在韩语、英语、数学、社会、科学与音乐六门课程中将开始使用数字课本。

2.3 国外信息化与数字化建设对我国的启示

（1）降低上网费用，大力发展互联网络

电子政务需要全社会的参与，相比发达国家，我国网络费用相对较高，这极大地限制了网民的数量。

（2）借用中介服务机构，为电子政务的发展创造良好的用户群体

在建设电子政务平台的过程中，尽量利用市场机制，发挥独立中介机构的桥梁作用。

（3）政府的支持和有部署的战略规划

实践证明，正是由于日本政府对信息化时代的充分认识和对信息化建设的大力支持，信息产业的发展才能如鱼得水，从而信息技术在社会生活各个领域迅速普及，真可谓"政府振臂一挥，全民皆响应"。

（4）在农业信息化中发挥政府的主导作用

我国农业信息基础条件与其他行业相比相对滞后，发挥政府的主导作用尤为重要。必须增强长远观念，加大政府投入力度。农业信息化建设属于乡村基础设施建设，其效益一般不是立竿见影，而是长期的、多方面的，政府应下决心增加农业信息化资金投入。要借鉴美国做法，加强行政协调，推动应用系统互联互通，规范农业行业系统信息管理。

（5）推进农业信息共建共享

我国农业部门比较多，各个部门业务联系紧密。一方面要推进涉农政府部门间的业务协同。要统一规划，根据用户的需求，开发公共信息应用系统，通过跨部门协作，将某项特定服务所涉及的各项业务放在一个网站或网页上，让用户通过一个"窗口"就能取得所需要的服务。要创造条件，上下贯通，逐步实现农业行政许可"一站式"网上全天候服务。

另一方面要推进信息内容的共建共享。在信息爆炸时代，各类农业信息数据数量浩大，涉农行政部门、科研教育单位都掌握大量信息资源，并各具优势，借鉴美国农业网络信息中心联盟做法，强化涉农政府部门与产、学、

研单位间的协作，在信息采集、加工等方面合理分工，各自有侧重点，分专题收集信息，并对原始数据进行二次加工，通过统一的平台向社会提供全面、丰富、及时、便捷的信息。

（6）重视科学技术的发展和后备人才的培养

早在工业化时期，日本政府就非常重视科学技术对于经济发展的贡献与支持，进入信息化时代，科学技术是第一生产力体现得更为明显。信息化竞争体现在网络、产业、社会生活各个方面，但信息化竞争归根结底还是科学技术特别是信息技术的竞争。科学技术为信息化时代的经济增长提供原动力，后备人才的培养则为科技进步提供最根本的保障。

（7）立法保障

各国为了推进"IT立国"的战略，出台了"IT基本法"，修改和制定了大量法律和规定。例如，为加强管理、公平竞争、推动电子商务的发展，推动行政和公共领域信息化，修改《商法》《民间交易书面合同法》等大量的法规并建立新的法规。

3 国内信息化与数字化发展研究

3.1 国内信息化与数字化现状

3.1.1 北京市

首都信息化建设的总目标就是实现数字北京。"数字北京"概念是刘淇市长1999年底提出来的，在广义上指首都信息化。数字北京将通过建设宽带多媒体信息网络、地理信息系统等基础设施平台，整合首都人文、社会、空间、环境、经济、科技等信息资源，建立电子政务、电子商务、科教信息系统、劳动社会保障及信息化社区，逐步实现全市国民经济和社会信息化。

国家信息化水平研究报告显示，北京在信息网络建设、信息技术应用、信息产品与服务、信息化人力资源4个方面排名第一。

（1）电子政务工程见成效

为落实政务公开，北京市政府早在1998年6月就开展了政府上网工作，统一开设了北京市机关中心网站"首都之窗"（www. beijing. gov. cn）。增加了政府工作的透明度，建立起政府与广大市民沟通的新渠道。

50%的政府业务实现信息化支撑。建立了1060个实时更新的业务数据库，301个市级部门核心业务系统。50%的区县建立了统一的电子政务应用平台，区县内初步实现信息资源共享，社区和农村数据采集取得初步成效。市政务信息资源共享交换平台初步建成。

以"首都之窗"网站群为门户的网上政务公开实现政务公开目录、面向社会和公众的规范性文件、行政许可、下载表格、办事指南 5 类信息 100% 完全公开。全市各委办局共有 800 余项行政许可和审批事项实现不同程度的信息化办理。"首都之窗"主网站中文版月均点击数接近 7000 万次，国际门户月均点击数超过 150 万次，居全国领先水平。

电子政务系统在城市运行、医疗保险、税收、交通、地下管线、应急指挥等领域发挥了重要作用。

（2）加快建设电子商务

为推进电子商务工作，北京市成立了以刘淇市长为组长，中央各有关部委共同参加的北京市电子商务工作领导小组。首都电子商城自 1999 年 3 月建立以来，交易额已突破亿元，具有安全、可信、可行的特征，在国内处于领先地位。

北京市电子商务发展的特点主要包括以下几方面。

①电子商务的应用领域逐步扩大，活力展现。全市旅游、票务、金融、房地产、职业介绍、网上教育、娱乐等网上服务业发展迅速，范围扩大，模式多样；手机银行用户、手机炒股、电子机票、网上职业介绍、网上教育、网上娱乐快速增长；旅游业、图书业正逐渐成为北京电子商务的重要增长领域；电子商务大众化程度明显提高，网民对网上购物的满意度提高；大型传统产业和风险投资纷纷涉足电子商务；网站建设发展迅速。北京已成为我国 B2B、B2C 电子商务市场的中心之一。

②工业、信息服务业的电子商务成主导。其中工业电子商务交易额占总交易额的比例平均为 37%；信息服务业电子商务交易额占总交易额的比例平均为 50%。特别是大量的新兴信息服务业，如短信、商情服务、网上娱乐、网上教育等发展十分迅速，影响较大。

③企业从事电子商务业务的经济效益明显提高。在从事电子商务与业务的 1800 家企业中，绝大多数企业认为本企业从事电子商务的效益明显。60% 以上的企业认为网上交易对降低销售成本、降低采购成本、缩短库存周期等方面的贡献率达 5%。

④在线支付比例逐步提高。在电子商务活动中，B2C 交易通过网上支付方式进行结算的比例已经达到 20%。B2B 交易通过在线支付结算的比例接近 10%，另有 90% 的交易基本采用网上订单、洽谈的方式达成交易意向，然后通过银行进行离线支付。

⑤电子商务的发展与新经济条件下企业转型紧密结合。目前部分企业的电子商务开始关注前后台的系统整合，通过电子商务实现企业的供应链系统（SCM）与企业资源计划（ERP）系统和客户关系管理系统（CRM）的无缝链接，实现了企业的业务流程重组，有效地利用企业自身资源，改善效率，降低成本，在满足客户需求的同时实现利润增长。

⑥电子商务典型应用实现突破，带动产业链的发展。骨干企业在采购、销售等方面的电子商务带动作用明显，逐渐形成以产业链为基础，以供应链管理为重点，整合上下游关联企业相关资源，实现企业间业务流程的融合与信息系统的互联互通，推进企业间的电子商务，从而提高企业群体的市场反应能力和综合竞争力。

（3）农村信息化建设

农村信息化建设建成了全市统一的农村信息化软硬件网络平台和服务网站；农村远程信息服务网已经覆盖到全部的乡镇，信息化已成为促进农村产业结构调整和农民增收、发展首都现代农业的重要支撑力量。

截至 2006 年底，全市共建成"农村数字家园"150 个，"爱农信息驿站"170 个，"农业信息服务站"150 个，"远程教育站点"和"数字影院"385 个。现代农业信息平台的建设，促进了农村经济的发展。大兴、平谷农民已经把网上销售西瓜、大桃作为重要的经营渠道。乡村旅游信息网的建成，也极大地推动了农村民俗游的发展。

3.1.2 上海市

3.1.2.1 城市信息化具体发展情况

（1）城市网络通信设施建设

全市信息化网络通信设施框架已经形成，互联网国际出口宽带、通信业务、信息资源等方面的很多指标领先于国内各大城市，已达到世界先进水平。

①主干网方面。国际互联网宽带达到 1.85 万兆，本地的信息交互流量达到 133 万千兆字节，长途光缆线路总长度达到 4525 公里，数字微波线路长度 196 公里，卫星站点 917 个，实现了上海几大信息网络间的互联。

②宽带接入网方面。建成了覆盖全市的电信宽带网络，宽带接入用户 158.82 万，光纤和无线等宽带接入方式开始应用。

（2）信息产业

上海信息产业规模不断扩大，产业增加值快速增长，大大高于其他行业。

①信息产业多元化发展的局面已经形成，微电子信息产品制造业、通信及网络、计算机及软件、数字音频数频产品制造、信息服务业和软件业等行

业均有长足发展。

②信息服务业取得了长足进步，网上教育、电子政务、电子商务、企业上网工程、家庭上网工程等全面启动，并有实质性进展，从事信息咨询服务业和计算机应用服务业的在岗职工大大增加。

③电子及信息产品制造业实力雄厚，特别是程控交换机、光传输和光纤设备，多家企业成为全国电子信息行业百强企业，2004 年上海电子及信息产品制造业完成工业总产值 2845.14 亿元，增长 48.8%，占上海高新技术产业总产值的 72.07%。

（3）政府电子政务

市政务网基础网络骨干平台基本建成，实现了电子政务，政府利用信息网络发布有关信息，提供网上报税、年检、公证、咨询以及投诉等多种互动式在线服务，并在网上提供各类信息，为市民服务，大大提高了政府的办公效率和管理水平。

（4）城市基础建设公共服务

在城市建设与管理领域，电子地图、交通信息中心、车载导航和停车诱导等系统提升了"城市智商"。在社会公共服务领域，上海已发放 855 万张社会保障卡和 1037 万张智能交通卡，电子学籍卡、电子病历、电子公用事业账单付费系统等也已启动，市民从出行到求医问药都能一卡通行。

（5）企业信息化

2004 年底，全市企业实现 90%左右上网，大中型企业积极开发和应用集成制造系统（CIMS）等技术，探索将生产过程、市场营销、内部管理以及外部信息集成起来的战略信息系统，建立面向改善内部企业管理和面向外部市场快速反应的经营管理与决策信息系统，MIS、CAD、CAM、CIMS、ERP 等应用软件在全市企业得到推广应用。

3.1.2.2 数字化发展状况

上海的城市数字化设施的规模和能力处于全国领先地位，完成了所有基本比例尺地形图的数字化，进行了城市遥感影像系统应用，开发了多领域的地理信息应用系统。

（1）GIS 应用

2002 年 10 月 11 日，市政府在上海城市规划展示馆正式发布"上海城市地理信息系统（GIS）基础数据平台"。平台遥感数据的更新与发布成为上海城市发展信息研究中心与上海市航空遥感综合调查办公室的常规工作之一。

基础数据平台可以看作一个立体的完全是数字化的上海地图，采用的是动态修测和周期更新相结合的办法，重大工程一竣工就被纳入数字化地图中，道路等基础设施建设也能即时在图上得到反映。

（2）数字电视"上海模式"试点效果初显

据最新权威数据统计，2007 年上海文广 IPTV 全国用户突破 70 万，其中上海本地用户 22 万，同比增长都突破了 200%。IPTV"上海模式"试点效果初显，2006 年 9 月 1 日正式向全市推广，当年上海用户即突破 10 万。

数字电视的"上海模式"是电信网、有线数字电视网业务互补发展的试验。广电与电信的联合，优势互补，灵活的市场机制，把内容产品和服务摆在用户面前去选择，改变了广电的服务模式。

（3）网上图书馆，公交一卡通发展迅速

"上海热线""东方网站"等一批综合性网站开通，建成数字图书馆、网上博物馆以及网上旅游咨询服务中心，为市民提供了方便快捷的服务。社会保障卡发放 902.78 万张，公交"一卡通"销售量达到 1469.29 万张，数字证书发放超过 44.9 万张。

3.1.3　济南市

3.1.3.1　城市信息化情况现状

● 搭建公用信息平台

（1）九网通衢

1997 年，济南市在全国率先将市场竞争机制引入网络通信运营市场，促进了信息化基础设施建设的快速发展，形成了以中国电信、中国联通、中国吉通、中国网通、中国移动、中国铁通、广电网络、三联百灵、鲁能通信等九家网络相互竞争、协调发展的新局面，逐步建成覆盖全市、大容量、高速度、技术先进、功能完善的数据和通信网络。

（2）搭建共享信息平台

济南市规划设计了"一个平台多个系统，一个系统多种应用"的城市信息化框架体系。2002 年，济南市公用信息平台建设全面启动。它是由政府主导的整合各种信息资源、推动城市网络互联和信息资源共享、开展综合信息服务的系统工程。

● 深入开展电子政务

（1）与社会综合治税相结合，大力推进企业基础信息资源整合

财税增收信息化工程一期工程依托济南市公用信息平台建成了覆盖工商、国税、地税、质监四部门的数据交换平台，实现了四部门 149 项 42 万多条企业基础信息的交换和共享。

（2）与行政审批制度改革相结合，着力实施行政审批信息化工程

行政审批信息化工程充分利用公用信息平台，实现 16 个部门以网络为支撑的"一站式"服务，审批大厅实现网络化管理和监督，建设项目联合审批系统投入运行，电话语音查询和短信服务开通。工商局 15 项审批业务实现网络审批，交通局 10 多项审批业务实现远程审批。通过实施该工程，各部门审批流程更加规范，审批监督更加透明及时，项目审批周期平均缩短 1/3。

- **电子商务现代物流初具规模**

济南拥有一项电子商务方面的国家"863"项目——济南电子商务与现代物流示范工程。现在已形成包括跨国公司等 43 家上下游供应商、103 家上下游分销商在内的全国规模最大的家电电子商务联盟。物流成本降低了 14%，创造了供需链竞争的新优势。带动了电子数据交换、网上支付、数字认证、仓储管理自动化等信息技术在全市商贸流通领域的应用，现代物流业初具规模。

- **信息产业蓬勃发展**

信息产业是带动济南市国民经济增长结构升级的支柱产业，目前已成为最快的经济增长点，近几年平均增长率超过 30%。济南市信息产业企业已达 2618 家，年销售收入过亿元的企业 17 家，过 10 亿元的有 6 家，形成以浪潮集团、山东松下、济南晶恒为首的电子信息产品制造业，以网通、联通、铁通、广电为代表的网络信息服务业，以浪潮软件、中创软件为龙头的软件业和以山大路科技市场为主体的信息产品流通业等门类齐全的信息产业结构体系。

3.1.3.2　数字化发展现状

- **数字电视发展**

（1）数字电视的历史和现状

济南有线数字电视于 2003 年 12 月 31 日试验播出，2004 年 4 月，注入有线数字电视业务，与山东视网联媒介发展股份有限公司合作，成立济南广电嘉和数字电视有限责任公司，组建了市场地位明确、运营能力强的运营主体。

（2）灵活有效的推广办法

通过与家乐福等大超市合作设立体验中心，建设标准营业厅展示介绍和提供办理服务，组建代理推广队伍做好宣传推广活动等方法，加快数字电视的全市推广。并制定以市中心为基点的数字化综合服务平台模式，结合网络与监控，实现信息化数字化。

- **城市土地利用遥感优化配置**

对城市土地利用现状进行分析，再利用系统动力学（SD）模型和多目标

规划模型进行土地结构优化配置，最后在地理信息系统（GIS）的支持下实现各类用地在空间上的优化配置。将该结果应用到城市土地利用规划工作中，发现该成果具有较高的科学性和合理性，土地利用效益明显提高。

3.2 国内先进城市发展信息化、数字化的举措

3.2.1 推广电子政务

（1）长期规划、步步为营

北京市电子政务建设的总目标是：2008 年初步实现政府全天候为公众和企业提供服务，80% 需要到政府办理的事项可以通过网络交互办理。到 2010 年，全市领导干部、公务员、信息化专业工作队伍、在校学生、科技人员、企业经营管理人员等人群信息获取能力大幅提高，充分享受信息化带来的便捷。

（2）电子政务外包新模式

通过外包，把政府部门从具体的技术工作中解脱出来，使其能够集中精力做好 IT 项目的规划和管理工作，同时由专业的外包公司提供服务。这样，政府不仅能够提高电子政务建设和运行维护的质量，还可以节约资金，精减人员，提高服务效率与效能。

3.2.2 大力推动重点领域的电子商务应用

（1）以大企业为龙头，带动产业链整体电子商务水平的提高

推动大企业、树立龙头企业来带动其自身供应链上下游企业电子商务建设，进而以点带面发展行业电子商务，推动整个产业链电子商务水平的提高。

（2）推动先进制造业的电子商务应用

鼓励现代制造、电子信息、生物工程与医药等支柱行业网上采购、分销系统的应用，促进大型企业集团或企业联合形式开展网上采购，整合上下游关联企业，构成业务协同的全程供应链，实现业务流程和信息系统的融合与集成。

（3）推动现代流通业的电子商务应用

促进商业、仓储、物流企业实现传统流通形态的创新和发展，加强现代流通业信息服务平台的建设，推进流通业由传统流通业向现代流通业转型。

（4）推动服务业的电子商务应用

大力发展金融保险、文化、教育、卫生、信息咨询等现代服务业的电子商务，整合知识型服务业资源，提升知识型服务业的网络应用水平，拓展外向服务功能。

（5）推动现代农业的电子商务应用

积极扶持龙头企业、专业合作组织的电子商务应用，引导农民自主网上

创业，推进农业产业化经营。重点支持农副产品流通领域的电子商务平台建设和应用。

3.2.3 完善电子商务市场环境

（1）加强电子交易安全建设

贯彻实施《中华人民共和国电子签名法》和《电子认证服务管理办法》，加快推进电子商务安全认证应用，促进安全认证和在线支付协同应用。

（2）加强电子商务服务体系的建设

加强专业化、系统化、社会化服务体系建设，发挥中介机构的作用，推动电子商务工程规划设计、咨询服务、工程监理等服务工作，保障电子商务的健康发展。

（3）加强电子商务相关标准建设

提高标准化意识，联合高校和科研机构研究制定电子商务关键技术标准和规范，参与国际标准的制定和修正，积极推进电子商务标准化进程。

3.2.4 建立信息化保障体系

（1）政策法规建设

为了加强信息化工程的管理，对信息系统建设的规划、立项、建设、验收等方面做出了明确的规定。

（2）建设网络与信息安全保障体系

网络与信息的安全关系到国家的安全和利益，必须采取有效的管理措施和技术手段保证信息网络和信息内容的安全。

3.2.5 实现农村信息化

依靠科技进步全面提高农民素质，促进农业结构调整，带动农民增收致富，推进该市新农村建设。

3.2.6 注重信息技术运用，提升和改造传统产业

重点围绕电子信息、装备制造、钢铁、造船、纺织机车、建材、石化等重点行业和领域的信息化工作，实施企业信息化示范工程，进一步优化产品结构。

4 威海市信息化与数字化城市发展现状分析

4.1 信息化建设发展现状

自1987年威海建立地级市以来，威海市的信息化建设取得了快速的发

展，尤其是"九五"期间，信息化建设取得了显著成就。赛迪顾问城市战略咨询中心对全国 301 个中小城市信息化现状进行的调查显示，威海市信息化建设水平列第 14 位。

4.1.1 信息网络资源基础设施

威海市现有七家专业通信网络公司，已建成以光缆为主，以数字微波、卫星通信为辅的大容量、高速率、数字化、覆盖全市城乡的立体化通信基础网络。光缆总长度达 4000 皮长公里；多家通信公司的宽带网项目已开始实施，骨干光缆已完成 32X10G 的扩容改造。

有线电视网建成 750Mhz 的 SDH 主干网络，全市传输网络光缆总长度5579 皮长公里，现已实现市至各县（市、区）、各县（市、区）至各乡镇两级入网率 100%，乡镇至村入网率 85%，全市共有入网用户 50 万，入户率达到 60%。截至 2006 年底，光缆敷设总长度达 186198 芯公里，城市出口带宽位 10000 兆，宽带互联网用户达到 16.14 万，宽带网络覆盖率居全省前列。

4.1.2 政府与城市的信息化管理与应用

4.1.2.1 政府信息化

2002 年启动威海市电子政务工程，2004 年 12 月完工，投资 2580 万元，建设了为威海市党政机关提供政务数据、多媒体通信和互联网接入服务的政务专网和电子政务基础平台，建立了政务动态企业信用等数据库和一些相关系统。

其中，电子政务基础平台，通过在全市各部门之间建立一个统一的信息交换平台、提供统一的接口标准和接口技术，为已建或在建的各信息系统提供数据交换服务，消除部门条块分割造成的信息孤岛现象，实现信息共享。

系统中政务公开系统的建成，使得政府各部门可以公开的政务信息、办事程序及指南等上网公开。完善了"中国威海"政府网站，使其成为政府为企业及社会服务的网络门户，政务公开和对外宣传的窗口。2003 年 8 月，新浪网公布的全国地级市优秀政府网站综合排名中，威海市政府网站列第二名。

在市行政审批中心合作下，以"中国威海"为门户，将全市主要的行政审批事项统一标准、统一管理、集中上网，实现"一站式"加"一网式"服务。公众需要查询、申报简单审批事项时，可直接在审批网站上实现"一网式"审批；需盖章、领取证件、提交原件等复杂审批的，可到市行政审批中心实现"一站式"审批。

为加强政府与广大人民群众的联系沟通，接受社会监督，改进和加强政府工作，建立了"市长信箱"系统。可实现 24 小时网上投诉、网上解答、超限时自动转报市纠风办或政府指定其他受理部门，与近期开通的 12345 市长电话结合，建成了全市语音、传真、短信、网络四位一体的公众投诉平台。2006 年中国政府网站绩效评估中，威海政府网站获得地市级政府网站（含计划单列市和省会城市）绩效排名第 24 位，不含计划单列市和省会城市中排名第 9 位。

4.1.2.2　金融与政法信息化

（1）税务信息化

目前威海市国税局网上税务局工程被评为山东省信息化建设示范工程。

（2）海关信息化

威海海关在通关管理上统一使用由海关总署开发的"现代海关信息化通关管理系统"，初步实现了通关管理各业务环节的信息化作业，并已向企业用户开放 EDI 服务。

（3）财政信息化

"金财工程"在 1997 年启动，建成上联国家财政部、省财政厅，下联市区财政局以及乡镇财政所六级网络。2006 年，开发建设了网上国库集中支付系统、联网审计系统等，规范了财政支出和预算管理，增加了财政的透明度，提高了资金使用管理效率。

（4）公安、政法系统信息化

市公安局在全省率先建成户籍管理信息系统、交通管理信息网、公安综合指挥调度系统（包括 110、112、119）。市法院、市检察院于 2000 年全面完成了业务信息系统建设，实现了办公、审案的计算机管理和监控自动化。

4.1.2.3　公共基础建设与社区服务系统

（1）金融信息化

全市银行卡发行量已达 40 万个，ATM 机安装达 80 台，POS 机数量达 80 台；市区七家商业银行已基本实现各种信用卡跨行使用，银行对公、对私业务全部实现行内联网运行；银行办公自动化系统初具规模。

（2）医疗保险信息化

威海作为全国第二批城镇职工基本医疗保险的试点城市，目前职工参保率达 80%，建成了以 18 套小型机为主体、三级中心为主干的广域网系统。

（3）卫生信息化

医疗卫生系统信息化建设取得长足进展，开通了远程医疗和远程医学继续教育系统；实现了全市各医疗单位门诊、划价、收费、药房管理及行政办公的计算机化。

（4）外贸信息化

外经贸系统开展了加工贸易网上审批、进出口许可证网上申领、配额网上招标、原产地证网上申领、海关出口数据核查等网上业务。

（5）教育信息化

山东大学（威海）、哈尔滨工业大学（威海）、威海职业学院等高校都有微机机房并建设了校园网，提高了教学与科研水平。

4.2 数字化城市发展情况

4.2.1 "数字威海"的良好城市基础环境建设

改革开放 20 年来，特别是建立地级市 21 年来，威海在经济、社会、文化、教育、科技、卫生、环保等各方面都得到了长足发展，积累了较雄厚的经济基础，全市综合经济实力已进入全国 50 强城市行列，投资硬环境跻身全国 40 优城市行列。

1990 年，威海市被评为全国第一个"国家卫生城市"，而后顺利通过了 3 次复核；1993 年、1995 年，连续 2 次被评为"全国城市环境综合整治优秀城市"；1994 年被评为"全国造林绿地十佳城市"；1995 年被评为"全国规划先进城市"；1996 年被评为"国家园林城市"，并被山东省人民政府评为"全省水污染防治工作先进单位"；自 1990 年连续 3 年夺得山东省城市规划、建设、管理三上"齐鲁杯"后，于 1995 年又被评为全省唯一免检城市，被授予齐鲁杯特别奖；1996 年 6 月，联合国在土耳其召开的第二次人类居住大会上，威海被评为全球改善居住环境 100 个最佳范例城市之一；1997 年被评为"国家环境保护模范城市"；1998 年被评为"国家优秀旅游城市"、被山东省政府评为"1993—1997 年度环境目标责任制先进市"。

4.2.2 空间地理信息数据库

2002 年 12 月，威海市被确定为山东省地理信息系统试点区域，山东省国土测绘院同威海市信息产业局共同完成"山东省地理空间基础框架建设——威海市（试点区域）建设方案"。经过 16 个月的紧张工作，整个工程于 2004 年 6 月完工。

结合威海市综合地理信息系统的建设，建成了 1:5 万矢量框架要素数据库（威海市范围）；1:1 万矢量框架要素数据库（环翠区范围）；1:2000 矢量框架要素数据库（建城区范围）；1:5 万、1:1 万数字高程模型空间数据库和 1:5万、1:1 万正射影像数据库。

威海地理空间基础框架建设项目，利用计算机网络技术、全球定位系统

（GPS）、遥感（RS）和地理信息系统（GIS）、数据库技术和虚拟现实技术，以威海市作为项目试点区域，建成多尺度（1:50000、1:10000、1:2000），多种类——数字线划图（DLC）、数字正射影像数据（DOM）和数字高程模型数据（DEM），多分辨率的空间数据库体系，同时建成环保、林业两个专题应用示范系统。其整体技术处于国内城市电子政务系统的领先水平。

4.3 威海市企业信息化发展的调查情况

4.3.1 信息产业发展情况

全市内的绝大部分企业开始注重信息化建设。"九五"期间，通过大力实施 CIMS 应用示范工程和 CAD 应用推广工程，制造业企业的信息化建设收到了较好的效果。计算机监控等技术在化工等连续性生产企业以及供电、供水、供气等行业中得到广泛应用，有效地推动了企业的技术进步。企业管理信息系统（MIS）、企业资源计划系统（MRP、ERP）等在几十家大中型企业、设计院等得到不同程度的应用，降低了成本，提高了企业经营管理水平，促进了企业管理的现代化与信息化。北洋、宏安、三角、金猴、山花等一批重点企业竞争力明显增强。天润曲轴、三角集团分别被列为国家 CIMS 应用示范企业、国家软件应用示范企业，山东省 CMIS 应用示范企业。2006 年 2 月，金猴集团在 ceca 国家信息化测评中心发布的《全国企业信息化 500 强发展报告》中，排名第 212 位。

"十五"期间，市级以上制造业信息化示范企业投入信息化资金累计 2.6 亿元，其中硬件建设 1.5 亿元，软件建设 1 亿元，其他 0.1 亿元。山东成山集团有限公司于 2002 年开始，投入 2200 万元用于信息化建设，其中信息化网络及硬件建设投入 1000 多万元，ERP 信息化软件等投入 600 多万元，视频监控系统投入 200 多万元，轮胎条形码技术及物流营运信息技术投入 300 万元，信息化培训投入 100 万元。公司还设立了信息化建设专项资金，计划每年投入不低于 500 万元。

在信息化软件应用及产业化方面：重点抓了天润曲轴、双轮集团、威高集团、三角集团、华羽服装、黄海造船厂、光威渔具等企业，分别从以 CIMS 应用为基础拓展升级、招投标采购与应用国产 ERP/PDM、国外 ERP 应用和委托开发软件等四个方面进行试点。在数控设备及系统与软件开发示范方面：重点抓了威海华东数控有限公司、威海印刷机械有限公司等单位，其中，威海华东数控开发的 HD－500 型机床数控系统已获得"计算机软件著作权登记证书"，技术达到国内领先水平。威海印刷机成功开发了数控双色电脑票据打印机和组合式小型胶印机，并已形成产业化生产。目前，实现产业化的产品有 8 种，这些产品年销售收入达 2.6 亿元，实现利税 5300 万元。

软件园区建设有了较大进展。以威海托普软件园、高区创业大厦为中心，辐射高技术产业开发区的威海软件园区建设有了较大进展。它逐步成为威海市软件的主要发展基地，并被省政府列为全省三个软件发展基地之一。威海托普软件园位于威海市高技术产业开发区，占地面积 500 亩，总投资 6 亿元。

通过实施制造业信息化工程，培育了一批在国内具有竞争优势的制造业产业基地。通过实施制造业信息化工程，加快了北洋集团、三星电子、光威渔具、天润曲轴、三角集团、成山轮胎等龙头骨干企业及相关配套企业的发展，初步形成计算机终端设备、碳纤维及系列制品、汽车及配件制品等多个产业化基地。仅三星电子公司 2004 年便实现销售收入 42.9 亿元，利税 3.6 亿元，出口创汇 4.5 亿元，全市已发展配套厂商 30 多家，2004 年销售收入达 10 亿元，形成了低成本产业化链条和全国最大的专业生产基地。

4.3.2 企业信息化调查情况

计算机辅助设计（CAD）、企业管理信息系统（MIS）、企业资源计划系统（ERP）等在部分大中型企业得到应用，降低了成本，提高了企业经营管理水平。

我们对 13 家威海市具有代表意义的大中型企业进行了调查，获得了关于企业信息化项目实施的具体情况细节内容，以及信息化后带来的效果和收益（详见表 2）。

表 2　威海市典型制造业企业信息化情况

企业名称	信息化实施内容						信息化效果				
	战略地位		资金支持		基础建设		全员劳动生产率增长（%）	销售收入增长（%）	利润增长（%）	库存资金下降（%）	资金运转效率（倍）
	信息化负责领导情况	专职人数（人）	已投入（万元）	占当年投入比重（%）	出口带宽（m）	联网率（%）					
山东成山橡胶集团有限公司	总裁	7	2200	41	15	100	25	35	28	60	2
威高集团	总经理	18	700	10.3	10	92.3	47	39.8	38.7	51.6	1.44
山东华力电机集团股份有限公司	董事长	5	860	21.5	10	—	26	38	25	—	—

企业名称	信息化实施内容						信息化效果				
	战略地位		资金支持		基础建设		全员劳动生产率增长（%）	销售收入增长（%）	利润增长（%）	库存资金下降（%）	资金运转效率（倍）
	信息化负责领导情况	专职人数（人）	已投入（万元）	占当年投入比重（%）	出口带宽（m）	联网率（%）					
山东华羽集团有限公司	总经理	9	518	23	3~5	100	18	23	15	—	2.56
山东省黄海造船有限公司	总经理	16	640	15	10	100	80	60	—	—	1.6
山东威达机械股份有限公司	董事长	15	—	—	100	100	60	40	30	51.6	2
文登威力工具集团有限公司	总经理	9	800	35	100	100	50	60	60	40	2.5
山东万得集团	总经理	11	480	—	100	100	31	89	40	40	—
威海市金猴集团有限责任公司	总经理	15	4500	26	100	100	60	20	43	60	2
山东芸祥绣品有限公司	总经理	5	440	24	100	100	—	—	22.8	—	—
威海恒大电机集团有限公司	总经理	7	580.2	41	100	100	50.9	4.5	4.2	—	1.05
荣成宇翔实业有限公司	总经理	10	—	32	100	100	50	60	30	54	2.15
山东云龙绣品有限公司	总经理	15	796	35	100	100	8.7	3.5	1.21	52.6	1.05

通过对以上企业信息化领导机构的调查可知，各企业对于自己企业信息化的战略地位，都提到了"一把手"工程来抓。由总经理或董事长亲自担任组长，组成小组，领导监督，下设专职小组，专职人员，各司其职。

对资金投入和占当年投入的百分比可知企业对于信息化的重视程度和实施企业信息化的力度。调查的 13 个企业中，最低的为 440 万元，最高达 2200 万元，占当年投资总数百分比最低为 10.3%，最高达 41%。

从表 4 - 1 调查的企业可知，在 13 家企业采取信息化以后，全员劳动生产率、销售收入、利润增长、库存资金下降程度、资金运转效率等方面都有了显著的提高。在这些企业中，分别采取了不同方面的信息化，应用了不同的软件。对其种类进行统计分析，得到图 3。分别由设计方面、生产工艺方面、管理设计、制造软件、供应链软件、财务软件、人力资源、客户资源、办公自动化、企业整体一条龙管理软件，以及采取了条码编码技术对产品进行唯一化确认防伪和追踪。

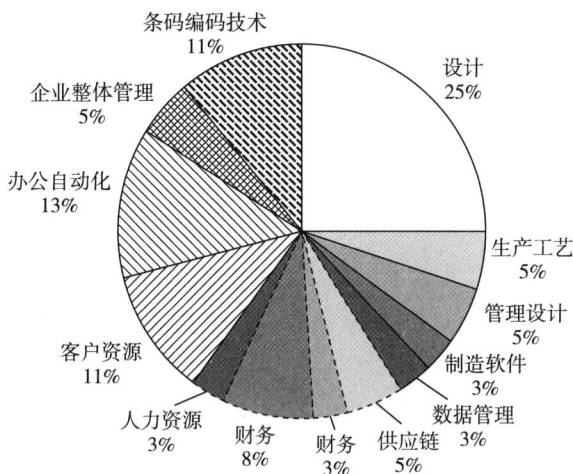

图 3 企业实施的 ERP 软件比例

由图 3 我们可以清楚地知道，最多的是设计软件的应用，占到所有 ERP 软件信息化技术总数量的 25%，其次为办公自动化 OA 软件的使用，再次为占 11% 的客户资源软件和条码编码自动化软件的应用实施。而蓝紫色和蓝灰色显示的是两种不同的财务软件，二者一共也占总比重的 11%。

由此我们可以看到，生产制造基础类软件，包括制造、生产、设计、工艺管理设计等，一共占了 ERP 软件信息化技术总量的 38%，是现阶段应用最为广泛，收效也最突出的一部分。

最后对于采取信息化后企业的收益效果，所有调查的企业均有显著的增长。全员劳动生产率平均增长 30.5%，销售收入平均增长 39.4%，利润平均增长 28.2%，库存资金下降平均为 51.2%，资金运转效率平均为过去的 1.81 倍。

4.4 优势

4.4.1 良好的自然条件

作为中国优秀旅游城市，威海是我国气候环境最好的地区之一，温带季风气候显著，夏无酷暑，冬无严寒，这里风景宜人，气候温和，是最适合人类居住的城市之一。威海市恰好处在我国南北平分线上。特殊的地理位置和海洋、山林的调节作用，使这里具有海洋性气候特征，年平均气温 12.7℃，平均降水量 900 多毫米，四季分明，气候宜人。

4.4.2 独特的区位条件

威海市三面环海，一面接陆。东与朝鲜半岛、日本列岛相对，西与内陆相接，南可由海上连接东南亚，北与辽东半岛相望，素有"京津的钥匙与门户"之称，为我国距韩国最近的地方，是我国重要的海上交通枢纽和北方对外贸易的出口和通道。

国际交流日趋活跃，已与 100 多个国家和地区建立了经贸关系，与英国彻特纳姆市、日本宇部市、韩国丽水市、美国圣塔巴巴拉市等 6 个城市建立了友好关系。

日本和韩国城市信息化数字化高度发达，优越的地理位置和完善的交通体系有利于威海市吸收日本和韩国的先进经验，开展合作项目，加快城市信息化进程。近年来，大连和青岛的城市化发展十分瞩目，为威海市提供了借鉴和参考。

4.5 问题与瓶颈

不可否认的是，威海市数字化城市建设水平还处在初级阶段，许多领域还处于探索或试点阶段，网络社会、网络社区、数字化城市的最终建成还有相当大的差距。出现了很多阻碍数字化城市快速建设的因素，其中主要制约因素表现在以下几方面。

（1）资源缺乏整合，资源共享程度低

信息化建设管理职能分散、重复、交叉，综合利用率和共享程度不高。信息化建设力量分散、组织管理和协调效率很低、重复建设现象存在。

（2）数字城市建设的规范化、标准化程度不高

缺乏统一的规划和指导，各个部门不能很好地实现互联互通等，难以实现信息资源共享，影响城市信息化建设的统一和协调，以及信息化建设的实际效果。

（3）人才缺乏，现有人员素质不高

威海市现有的 5 所高等院校中，只有哈尔滨工业大学（威海）和山东大

学（威海）两所重点普通高等院校。尽管经过 20 年的建设发展，培养了一批人才，也获得了一些信息科技成果，但是与其他城市相比，如省内的济南、青岛等，仍然存在较大差距。

（4）数字化城市建设的法制体系不健全

政府财力不足以及人们的思想观念落后等制约数字化城市的快速建设。

（5）企业信息化建设缓慢

电子商务系统不完善，高新技术企业产业规模较小。

截止到 2007 年 10 月，威海全市国家级企业技术中心仅有 6 家，省级企业技术中心 21 家。而济南市在 2006 年就已有国家级企业技术中心 8 家，省级企业技术中心 85 家；青岛市有国家企业技术中心 11 家，省级企业技术中心 30 家。

5 威海信息化与数字化城市发展战略与对策

5.1 数字化城市的理论模型

5.1.1 数字城市建设的模式

从全球范围看，城市的数字化建设大体上可分为两种模式：城市联盟模式和政府推动模式（见图 4）。目前世界范围内，欧洲大多采用城市联盟模式，而亚洲大部分采取政府推动模式。

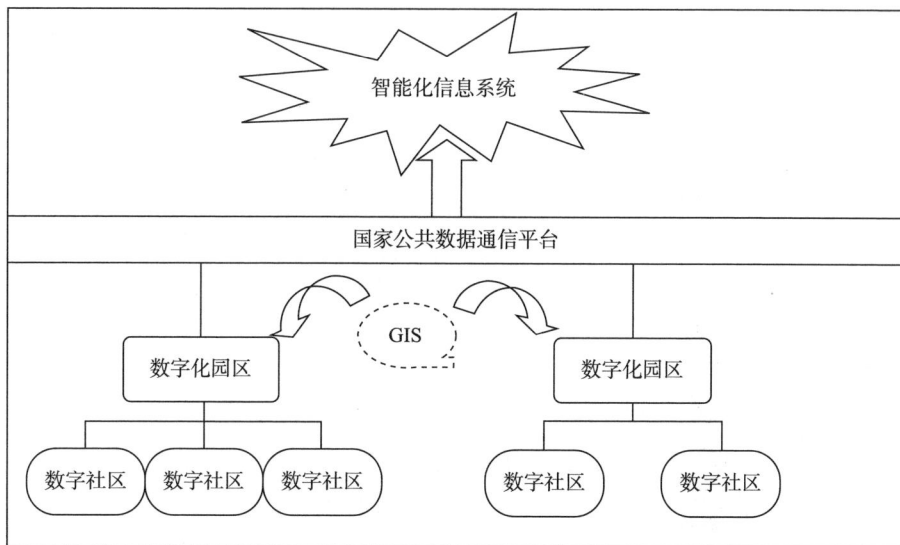

图 4 数字化城市发展理论模型

城市联盟模式是指通过城市与城市之间达成联盟，优势互补，以共同促进，互帮互助方式实现城市数字化的一种模式方法。

政府推动模式是指政府驱动，进行大力支持推动城市数字化的进程和建设的一种模式方法。

在中国应当选择政府推动模式，推动的突破口应选择电子政务，通过电子政务实现信息的透明与公平，提高办事效率。

5.1.2 数字化城市发展理论模型

根据威海的现状和中国现阶段的国情，数字化城市发展模式可以采取如下方法。首先建设数字化社区，其次建设数字化园区，最后利用国家公用数据通信平台，以 GIS 技术为基础，建成一个集城市规划、建设、管理和服务于一体的智能化信息系统。从而实现全国范围内城市规划、建设与管理工作的信息共享与业务应用，为国家各级行政主管部门、企业、公众提供及时、准确、有效和权威的信息服务（见图5）。

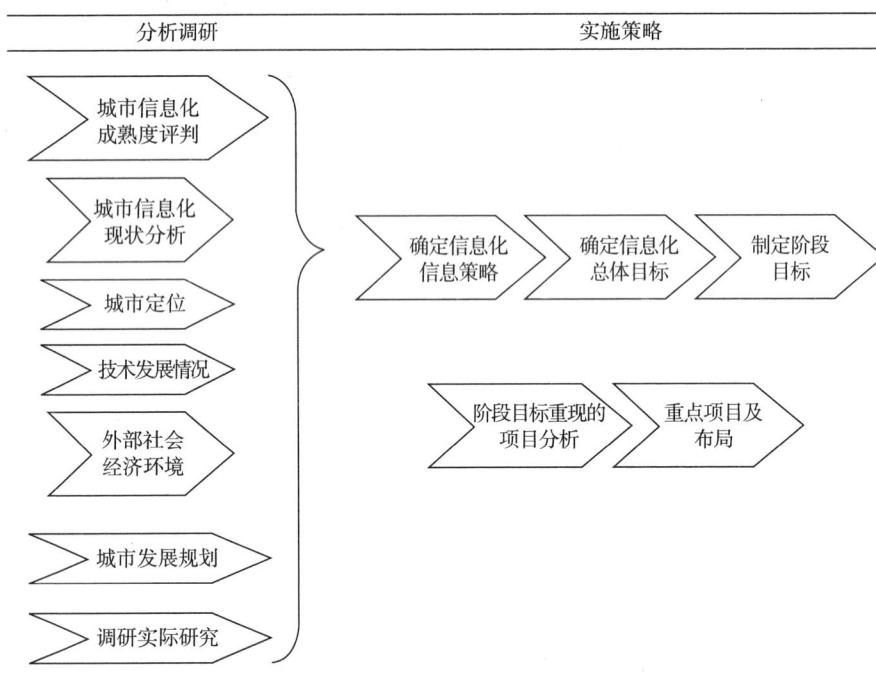

图 5　城市信息化的实现步骤

威海市以政府推动为契机，利用目前已完成的数字威海三维地理空间基础框架，在其基础上不断补充完善。搭好框架，再填充细节，按照先整体后局部，先大框后细节的方法，逐步完善威海市的数字化城市建设。

5.2 威海市信息化与数字城市策略步骤

根据对威海市现阶段的全面调查分析，重点需要研究的策略步骤如下。

第一，建立数字城市发展数学模型，更准确了解数字城市发展趋势。

第二，如何充分利用威海地理优势，更详细提出研究利用周边国家如日本、韩国的信息化产业，来带动威海的信息产业与数字化研究。这是威海地理环境优势在威海数字化城市发展上的创新利用。

策略实现步骤由分析调研和实施策略两部分构成。对城市信息化成熟度评判、城市定位、经济环境和外部社会、城市发展规划等都有全面的综合测评。在实施策略中，对制定的策略、总体目标、阶段目标和重点项目布局都需要做统一、合理的部署安排。

5.3 威海市信息化与数字城市发展战略与对策

5.3.1 提高认识，理顺关系

（1）提高认识

吴邦国同志在全国信息化工作会议上指出："信息化是'一把手'工程，各地区、各部门要把信息化工作摆在突出位置，主要负责同志要切实承担起领导责任。"

想要实现威海市信息化，想要实现数字威海服务社会和人民，应该抓住一切有利时机，向主要领导阐明信息化工作的重要性和意义，使他们深刻认识到信息化是威海实现超常规、跳跃式发展的战略举措。

（2）健全工作体系

信息经济是网络经济，信息工作机构也必须网络化。

总之，要提高认识，理顺关系，以健全的组织和强有力的领导确保制定的信息化目标得以实现。

5.3.2 政府带头，推动建设

信息化的推广和应用给人们带来的最直接益处就是在更广泛意义上实现了信息资源的共享，使得政府和社会公众更容易收集信息。今后，为更快、更好地推进信息化进程，还要以政府信息化的建设为突破口，加快公共信息服务平台建设，积极推动网络在政府行政管理、社会公共服务、企业生产经营中的应用，充分发挥政府在信息化建设中的带头作用。

5.3.3 加强调研，明确目标

对全市电子商务、电子政务、企业信息化发展现状及需求进行认真调研，研究制定《威海市信息化与数字化发展总体规划》，加速威海市电子商务、电子政务、企业信息化及数字城市发展，提高企业竞争力。

5.3.4 出台政策，加强管理

威海市先后制定并下发了《威海市人民政府办公室关于加强全市信息化工程建设管理的通知》《威海市人民政府办公室关于整合全市信息资源的通知》《威海市政府机关域名命名规范》《注册政府域名申请审批步骤》等信息化管理规定。起草了《〈威海市人民政府关于整合全市信息资源的意见〉实施细则》《〈威海市人民政府办公室关于加强全市信息化工程建设管理的通知〉实施细则》《威海市信息办关于加强威海市通信管道管理的实施办法》等实施细则，强化信息化工作管理，规范信息化建设。

但是，目前关于信息化和数字城市的法律规章制度并不完善，还应继续深入研究，根据出现的新问题和情况，参考发达城市的条例制度做进一步的修正和完善。出台政策，加强管理，以科学的政策和规范的管理促进信息化发展。

5.3.5 数字化建设统筹安排，重点突破

①根据已建成的综合信息平台，广泛开展应用，软硬并进，充分利用资源。要充分利用综合信息平台，为威海扩大对外宣传和招商引资提供门户和窗口。

②电子政务建设建成政务通信专网、电子政务基础平台、安全监控和备份中心、政府办公业务资源系统、政务决策服务信息系统、多媒体增值服务信息系统，启动建设经济信息、法人单位基础信息、自然资源和空间地理信息、人口基础信息、社会信用信息、海洋经济信息、政务动态信息七大数据库。

③综合实施威海市综合地理信息系统，充分利用已建立的地理空间数据资源。利用计算机网络技术、3S（GIS、GPS、RS）技术、数据库技术和虚拟现实技术，建成了重点专业领域的示范性地理信息专题应用系统。下一步，要在此基础上，充分利用现有的基础设施和地理空间数据资源，建立威海市多尺度、多种类、多分辨率的空间数据库体系；建设数据生产、更新、管理网络体系。成为"山东省地理空间基础框架建设试点区域"，为建设全市地理空间基础框架体系打下良好基础，为基础地理数据资源的广泛应用发挥示范作用。

④启动实施城市通卡信息系统。通过与银行合作，将社保、住房公积金、医疗等多种交费项目，以及水、电、公交、煤气等城市公共事业中的多种收费项目进行集成，实现一卡通用、一卡多能、全市通用。实施"城市通卡"工程，一方面可以提高服务效率和服务质量，改善人民生活；另一方面可以自动、快速、准确地反馈各行业的营运信息，真实反映各行业状况，为城市的宏观调控提供科学的决策依据。

因此，应统筹安排，重点突破，以重点信息化工程带动信息化发展。

5.3.6 抓培训，促人才培养

培训是基础，人才是信息化的成功之本。要增强全民的信息化意识，广泛开展信息技术和信息能力教育，造就多门类、多层次、高水平的专业人才队伍。

①经常邀请来自国家、省以及大学的领导或专家来威海为各级党政领导及工作人员举办信息化讲座，提高领导对信息化的认识程度。

②大力支持驻威两所分校建设，使其真正成为威海市信息化建设储备人才、培养人才、输出人才的高地。

③高度重视人才的引进，面向周边国家和地区，面向国内大专院所和科研机构，面向国外驻华大型 IT 企业，制定积极而优惠的政策，吸引他们来威海创业发展。

④建立健全信息化教育培训体系，采取多种措施稳定专业技术队伍，引进相关人才，提高信息化水平。

总之，要抓培训，促人才培养，确保信息化步入良性发展的轨道。

5.3.7 电子商务的发展要遵循的原则

（1）政府推动，企业主导

建立健全管理体制和协调机制，优化政策环境，以电子政务促进电子商务发展，充分发挥企业在电子商务发展中的主体作用。

（2）总体规划，重点推进

制定促进电子商务发展的总体规划，围绕电子商务发展的关键问题和关键环节，整合现有资源，从行业特点出发，分类指导，加快推进重点领域的电子商务应用。对从事电子商务交易的网站、机构和企业加以扶持和鼓励，推广那些能够带动上下游，能够带动中小企业电子商务的平台建设。特别对专业性、行业性等第三方平台网站加以鼓励。

（3）培育市场，规范管理

建立有利于电子商务健康发展的管理体制，加强网络环境下的市场监管，规范在线交易行为，保障信息安全，维护电子商务活动的正常秩序。把电子商务作为一种先进的、市场巨大的产业来扶持。

5.3.8 农村信息化建设遵循的原则

农村信息化有效发展要遵循以下原则。

（1）降低成本、提高效率

信息化与新农村建设息息相关。凡是信息化搞得好的，都能做到高效率、低成本。反之，效率低、成本高，信息化肯定没有搞好。农村信息化建设，适当的资金投入是必要的，但投入不宜过大，不能浪费。

（2）整合资源、吸引社会力量广泛参与

信息化建设具有资金需求大、知识含量高、简单劳动与复杂劳动相结合的特点，具有基础性、战略性和长期性。因此，农村信息化建设离开政府支持不行，但完全靠政府投资也不行，必须按照"政府支持、市场运作"的原则，走资源整合、共建共享的道路，必须鼓励、支持、吸引社会各方面力量广泛参与农村信息化建设。

（3）提高农民素质、满足农民需求、增加农民收入

农村信息化的工作任务是通过信息化调整农村的生存状态，要和城市文明接轨，从封闭走向开放；要通过信息化改变农民的生活方式，通过信息加强农民与外部世界的沟通，把城市的文明习惯带入农村；要通过信息化拓展农业的生产途径，从而实现提高农民素质、满足农民需求、增加农民收入的基本要求。

5.3.9 突出发展信息服务业，强化资源共享

突出发展信息服务业，以实现信息技术广泛应用和资源有效共享。社会经济的发展在很大程度上取决于运用信息技术优化社会组织、优化生产资源的能力。发展有效的"内容"将是发展信息化的"生命线"。

而威海市信息制造业能力较弱，应按照"应用为主导、竞争开放、面向市场、资源共享"的发展思路，加强信息资源的开发利用，强化公共信息资源的共享。

要加快和加强信息基础设施建设，不断改善信息化发展的条件。要按照"统筹规划、国家主导，统一标准、联合建设、互联互通、资源互享"的方针，坚持效益最大化、投资最小化、利用充分化、标准统一化、技术先进化的发展原则，大力发展高速宽带传输网络，重点建设威海信息港，实现区域内电信网、广电网和计算机网的"三网"融合，从而把威海市建成一个宽带、大容量、高速、互联互通的信息通道。

5.3.10 大力推行信息化战略，发挥政府的主导作用

①领导重视，推动有力。

②规划完善，建设有序。

③机制健全，投资力度逐年加大，鼓励自主创新。

④信息化带动工业化，政府推动众多产业，提高企业竞争力。

在产品设计中，推广普及计算机辅助设计（CAD）技术，实现产品的智能化改造，大幅度提高产品的附加值，在制造和生产过程中，推广以计算机集成制造系统及其单元技术为重点的自动控制技术，完成生产过程自动化改造，大幅度提高劳动生产率。在企业内部管理中，推广覆盖生产、销售、物流等主要业务流程的企业资源计划（ERP）系统，加速完成企业内部管理的信息化改造，带动企业组织形式和动作方式的变革，大幅度提高管理效益。

5.3.11 充分发挥地理优势，加强国际合作

在信息化与数字化发展方面，日本和韩国在国际上处于先进地位，应多加强与他们的项目合作，学习先进技术与经验，增强威海市的竞争力。

结 论

本文力图从全面、系统、综合分析国内外城市信息化和数字城市取得的成绩和积累的经验启示出发，针对威海市的实际情况，通过科学的数学建模方法，进行比较，找出差距和不足，发扬长处和优点，并给出了威海市下一步发展的具体措施步骤和战略性对策的意见。相信通过各界不断努力，威海市的信息化必定取得长足的发展，数字威海必定推动城市经济飞速增长，实现可持续发展和城市综合实力的全面大幅度提升。

[作者单位：哈尔滨工业大学（威海）威海市科技局 课题组成员：谷军 苑圣波 吕 叶 赵章全]

让合作社"叫好又叫座"

姚鸿健

早在 10 年前，莱阳的专业合作社就伴随农业产业化的发展而蓬勃发展，当时考察取经者很多，一片叫好声，但最终未推广开来。笔者在《莱阳试验》一书中，将其称为"叫好不叫座"现象。从 2007 年 7 月 1 日《中华人民共和国农民专业合作社法》正式实施，到现在已近一年时间，虽然围绕中国农村应不应该发展合作社的争论已经画上句号，但从实践层面看，仍然还是喊的多、动的少。有市场经济和小农存在，就必有合作社存在。中国合作事业的复兴是一种客观必然。如何让合作社"叫好又叫座"是我们必须认真研究解决的重大问题。当前，关键是各级政府尤其是农口的部门要认真履行职责，自觉主动地推动《农民专业合作社法》的实施，真正做到想干、会干、干好，以科学扎实有效的工作，推动中国合作事业的复兴。

一 走出认识误区，解决好"想干"的问题

在我国传统农业走向现代农业的过程中，有两大制约矛盾："人多地少""小生产与大市场"。破解两大约束的基本路径是实行农业产业化经营，发展农民专业合作社则是题中应有之义。当前，我国农村的许多矛盾，运用发展专业合作社和农业产业化经营的思路，都可有效地解决。政府对推动专业合作社发展，要积极主动，也就是"想干"，首先对上述问题要有深刻的认识。对此，理论界已有很多的论述。这可以称之从正面完成认识。从我国特殊的历史情况看，各级政府要解决好"想干"的问题，还需要"从反面完成认识"，也就是从一些历史上形成的认识误区中走出来。

一是不要把农民专业合作社与人民公社画等号。长达 25 年的人民公社时

期，正值中国实行高度的计划经济体制，中间又经历了极左思潮占统治地位的"文革"时期。这段特殊历史，在人们的记忆中留下了难以磨灭的印痕，以至于直到今天，在许多从事农村基层工作的干部和普通的农民中，人民公社的"阴影"仍然未散，还有相当多的人"谈社色变""谈合色变"。其实，稍加考察分析，便不难发现专业合作社与人民公社有许多本质性的区别。真正的农民合作社，有两个必不可少的存在条件：市场经济和独立经营的农户。反过来说，只要有市场经济和独立经营的农户存在，就必然会产生农民专业合作社。而人民公社时代，实行的是计划经济体制，也不存在农户的独立经营地位，所以人民公社并不是真正的合作社组织。要发展专业合作社，第一位的工作便是要向农民和基层干部讲清真正的合作社与人民公社的区别，打消人们对办专业合作社是重搞"归大堆"、"共耕制"、走回头路的错误认识。当然，要说服基层干部和农民兄弟，并非一件困难的事情，关键是各级政府的干部们要主动来做这个工作，否则，就解决不好至少是在短时期内解决不好"想干"的问题。

二是不能简单地把农民专业合作社看作社区性集体经济。专业合作社具有财产成员共有的集体经济的性质，也具有反对一部分人占有他人劳动的性质，正因为过分看重合作社的这些属性，新中国的合作社事业才走入歧途，形成了两种不正确的认识，认为合作社是社会主义的成分，是社区性的集体经济。人民公社便是这种认识下的产物。难怪至今仍有许多社区性集体经济组织挂着合作社的牌子。真正的合作社组织，是"同业者协会"，它的成员是跨社区的。从经济上看，它的财产成员共有制度与"人人有份"的社区集体经济是完全不同的；从政治上看，合作社制度产生于现代工厂制度与信用制度，也就是说它是资本主义制度的产物，而不是社会主义的"专利"。专业合作社虽然具有一定的社会政治功能，但它首先是一个为成员谋取经济利益的经济组织，是市场经济体制下的一种特殊的"企业"形式。回顾世界合作社运动史，随意夸大、追求合作社组织的社会政治功能，是合作社运动遭受挫折的重要原因。空想社会主义者欧文是合作社理论的重要奠基者，但他在合作社的实践上屡屡失败，其中重要原因之一，便是过分夸大了合作社的社会政治功能，期望通过合作社来改造和取代资本主义制度。而罗虚代尔公平先锋社之所以取得成功，则在于把欧文的思路从顺序上调整了一下，把解决经济问题放在了合作社计划的首位。

三是不要惧怕专业合作社成为政府压力集团。10多年前，莱阳就有这样一段顺口溜描述农民的自由散漫性和无政府状态："有房有地不求你，有儿有女不靠你，交足提留不怕你，遇到难事还找你，你要不管就闹你。"要改变农村、农民的这种无政府状况，其路径有两条：政治上实行村民自治，经济上发展专业合作社。双管齐下，农民的组织化、社会化程度必然会大大提高。但是，也有一部分领导干部有一种担忧，害怕大量的农民专业合作社发展起来后，会与政府"分庭抗礼"。这种担忧不但不应该而且是非常错误的。其一，专业合作社具有"第三部门"性质，任何一个现代化国家，在政府（第一部门）与公民和企业（第二部门）之间，都离不开发达的中介组织（第三部门）的整合、协调与缓冲作用，这是社会学常识。以立党为公、执政为民为宗旨的执政党和政府，怎么能担忧和惧怕农民以合法的程序和渠道反映自己的意见、愿望和要求呢？相反，农民的愿望和意见没有正常的表达渠道，才是社会稳定的重要威胁。其二，专业合作社是一种经济组织形式，而绝非政治性团体，更不是政党。"在政治与宗教上保持中立"，是全世界各类合作社所共同坚持的原则之一。况且，对此类问题国家已有《农民专业合作社法》来调整。因此，对农民专业合作社政治化的担忧是没有必要的。

二 走出知识盲区，解决好"会干"的问题

我国的合作社，从 1958 年后就步入人民公社歧途，而后，供销合作社、农村信用合作社等也都相继摘下草帽戴上官帽，以致对当代人来讲，专业合作社变成了新生事物，甚至许多负责农村工作的领导干部对合作社方面的知识也知之甚少。他们当中一些人往往把股份制与合作制混为一谈，还有的站在人民公社、供销合作社的角度来理解专业合作社，结果由"无知"走向了偏见。走出合作社知识的盲区，是摆在全社会面前的一项重要任务。

一是要在全社会开展合作社启蒙教育。任何一项社会化的行动都离不开社会化的启蒙运动。沉寂了多年的中国合作社运动，要走向复兴的道路，需要理论界加强研究，办专业刊物、增加出版物，在全社会广造舆论，唤起广大民众的关注和重视。同时，要采取多种形式，对各级政府领导干部、农民进行合作社启蒙教育，做好相应的理论知识准备。对负责农村工作的领导干部来讲，要做到理论上弄明白，实践上搞清楚，工作上会指导。这样才能在推广专业合作社的工作中态度积极自觉，方法科学正确，少走或不走弯路。对广大农村基层干部和农民来讲，则要了解国家关于发展专业合作社方面的法规和政策，并最大限度地利用；要搞清专业合作社与人民公社、集体经济组织、股份公司等的区别，打消办专业合作社的各种顾虑；要掌握专业合作

社的基本知识、一般原则以及发达国家和先进地区合作社发展经验，能够独立自主地组建、经营专业合作社，为自己的生产生活谋取便利。开展合作社启蒙教育，政府应纳入工作规划，全力推动落实。各类合作社组织更要率先垂范。

二是要造就一支宏大的志愿者队伍。合作社是志愿者的事业，要复兴中国的合作事业，需要一大批学者、新闻工作者、经理人才变成合作社的志愿者，无私地加入推动合作事业发展的队伍中来。就像 20 世纪 30 年代走出书斋、走进农民，全身心推动平民教育运动的晏阳初，推动乡村建设运动的梁漱溟那样，把自己的聪明才智贡献给农民、农村、社会；把自己的人生价值体现在脚踏实地的社会实践与探索上。中国需要"形而上"的顶尖人才，更需要从"形而上"走向"形而下"的实干家。对此，各路读书人要觉醒、要行动，各级政府部门要出台相关政策予以扶持、鼓励，全社会要在舆论上给予呼吁和导向。

三是要建立政府指导推进制度。农民是专业合作社发展的主体力量，但复兴合作事业，单凭农民的自发行为是远远不够的，政府责无旁贷，必须有所作为。政府要理顺管理体制，改变多头管理造成的要求不统一、标准不一致、都管又都不负责任的状况。各级政府都应确定一个对农民专业合作社发展负主要责任的部门来统一领导和推动这项工作。从我国现行的行政体制看，应当把这个责任明确给农业主管部门。一旦这样明确，上至国家农业部，下至各县农业局都必须主动负起责任来，绝不能部长等总理发话、局长等县长发话后才作为。各级都要制订切实可行的专业合作社推进计划，虽然不能搞大轰大嗡、简单下指标、定任务，但必须有明确的整体发展思路、具体目标要求、配套的保障措施和扶持政策，扎实工作，稳步推进，不断总结经验、推广典型。各级都这样做，何愁"叫好不叫座"现象不能改变。

三 走出工作误区，解决好"干好"的问题

合作事业，是便利、造福民众的一种手段，发展合作社必须注重取得好的效果，不能为搞合作社而搞合作社。从我国各地农民专业合作社发展的正反两个方面的经验看，要求合作事业的健康发展，在工作上要特别注意四个方面的问题。

一是要坚持合作制原则。合作社既是一种经济组织形式，又是一种经济制度，其中有着决定和维系这种制度的基本原则，即合作制原则。合作制原

则既是合作事业健康发展的轨道和方向，又是其生生不息的力量源泉。在世界合作社运动史上，之所以把诞生于 1844 年的英国罗虚代尔公平先锋社作为现代合作社运动的开端，正是因为它率先提出了合作社的基本原则，从而使全世界的合作社运动踏上了健康发展的轨道。"罗虚代尔原则"虽经国际合作社联盟依据国际合作社事业发展的实际不断加以修订完善，但其本质内涵一直未变。到现在合作社联盟已颁布了四个合作社原则。1995 年，在国际合作社联盟曼彻斯特大会上，经过讨论修改确定了合作社的六项原则：自愿、开放的社员资格；社员民主管理；社员经济参与；独立性与自主性；教育、培训与信息；关注社区。10 年前进行"莱阳试验"时，按照我国的情况提出了一个中国版的"罗虚代尔原则"，一共六条：经济组织、自愿、为社员服务、民主管理、以实际交易量返还利润、教育培训。2007 年 6 月 29 日，经农业部第 9 次常务会议审议通过的《农民专业合作社示范章程》，是当前指导我国专业合作社发展的一份重要文件。从这份章程中，可解读出这样的合作社原则：以谋求社员共同利益为宗旨、入社自愿与退社自由、自负盈亏与风险共担、按交易量比例返还盈余、民主管理、产权量化到社员、在非生产性领域办社等。这些原则，与当年"莱阳试验"的见解非常吻合。各地情况不同，在具体的专业合作社组建上可有不同的特点，但合作社的最一般原则是不能违反的。能否坚持合作制原则，对我国合作事业的复兴具有至关重要的意义。

二是要突出农民办社的主体地位。农民专业合作社，顾名思义是农民自己办的合作社。虽然合作社的发展离不开政府的推动与指导，离不开国家法律、政策的保护与扶持，甚至也离不开学者专家和经理人才等志愿者队伍的帮助和指导，但发展合作社的主体力量必须是农民自己。政府和社会各界对合作社都应呵护和扶持，但不能包办。借用恩格斯的说法，就是政府可以做"助产士"，但不能做"产妇"。合作社的"产妇"只能是农民自己。只有"民办、民管、民受益"的合作社才有生命力。政府包办的合作社由于缺了农民这个生命主体，它可能红火一时，但不会持久。由揠苗助长而导致的欲速则不达的教训，我们经历的已经很多，很多。

三是要按照农民的需要办社。办合作社的目的，是解决农民一家一户在进入市场过程中所办不了、办不好的那些事情。因此，从我国当前的情况看，农民最需要在技术与信息服务、生资供应、农产品加工和销售、经营设施共同利用等方面办专业合作社。办一买一卖的综合性合作社（如供销合作社），效果一般不会好。办纯粹的消费合作社，农民的积极性往往也不会高。办生产性合作社，则要慎之又慎，要特别警惕"规模情结"作祟。许多人认为现代农业是规模农业,因此应促进土地流转和集中,搞机械化、规模化生产。这是很危险的倾向。"归大堆""共耕制"早已被历史证明是走不通的。我国农村的第一步改革恰恰在于成功地解决了这个问题。在我国,解决规模小、分散经营的问题只能用发展专业合作社的办法。对此,日本、韩国以及我国的台湾,都成功地向我们做出了证明和示范。农业是"良心活",弹性很大,不能像工业那样形成严格的作业流程和定额,工业企业的许多管理方式用在农业上是难以奏效的。农业的纯生产环节最理想的经营单位就是家庭。这也是除以色列的"基布兹"之外,世界上几乎所有的农业合作社都属非生产性(农产品加工除外)领域的原因所在。在生产环节上以家庭为单位搞专业化生产,在流通环节上通过专业合作社完成规模上的整合,也就是实行"农户+专业合作社"的模式,这是我国农业走向现代化的必由之路。

四是供销合作社要积极作为。当前,供销合作社的地位很尴尬,扛着合作社的牌子,还是国际合作社联盟的重要成员,却基本上丧失了合作社的性质和功能。无怪乎有人说,如果供销合作社不能为农民做什么,农民还要它干什么;不能为政府干什么,政府还养活它干什么;供销合作社要摆脱这种困境,就要积极领办专业合作社,积极参与、支持和联合农民和其他成分的专业合作社,在重新与农民结成利益共同体中走向新生。在中国合作事业的复兴面前,供销合作社按兵不动,将是死路一条;继续陷入"老大""主渠道""正规军"的留恋与幻想中而自欺,也绝无出路。政府与社会对供销合作社不能只是横加指责甚至搞"毁炉挑灶",而应积极支持其转轨变型向真正的合作社回归,多做"修炉补灶"的工作。搞得好,供销合作社不但自身的生存与发展不成问题,而且有可能在中国合作事业复兴中变成领军或"盟主"。当年的"莱阳试验"这样做过并初步证明过。

(作者单位:中共威海市委办公室)

山东省汽车行业经济税收发展中
存在的问题及对策研究

汽车行业的发展状况是体现一个国家或地区经济发展程度的重要标志。汽车工业是一个产业关联度高、经济带动性强、社会就业面广的国民经济支柱产业。截止到 2007 年底，我国汽车行业产销突破 880 万辆大关，全国汽车保有量已达到 5696 万辆，占世界 8.5 亿辆汽车保有量的 6.7%，每千人拥有汽车超过 40 辆；中国已经成为汽车生产大国，是世界汽车工业的重要组成部分，被国际制造商组织列为世界十大汽车生产国之一；是世界第二大汽车消费市场、第三大汽车生产国。山东省汽车行业也呈现较快的发展速度，对税收收入的贡献率逐年提高，且支柱产业的趋势日益显现，为全面把握汽车行业税源结构，分析我省汽车行业经济税收发展特点，深入研究其经济税收发展过程中存在的矛盾和问题，提出可持续发展的对策和建议，为各级领导决策提供依据，促进全省经济税收协调发展。

一　山东省汽车行业经济税收发展概况

2002 年，山东省委省政府明确提出要把汽车工业发展成支柱产业的目标，并围绕汽车产业建设制造业强省。在这一政策激励下，全省汽车工业规模不断扩大，产品技术和质量水平不断提高，竞争实力显著增强。已形成商用车、乘用车、摩托车以及发动机、零部件全系列、多品种、较为完整的研发和制造体系。2007 年，山东省规模以上汽车企业工业总产值、主营业务收入、利润增长速度均超过 50%，其中主营业务收入在 10 亿元以上的企业达到 10 户。截止到 2008 年上半年，全省共有规模以上汽车生产企业 864 户，其中整车制造企业 36 户。我省汽车产业种类多，品种全，链条长，涵盖了汽车生产的各个环节，汽车产业已初具规模，主要包括整车制造、改装汽车及汽车零部件企业，其中整车制造业收入约占汽车行业总量的 40%，改装汽车约占 20%，汽车零部件企业约占 33%。简要分析，近年来山东省汽车行业经济税收发展呈现以下几个特点。

（一）汽车行业发展速度大大快于全省经济增长

2002~2007 年，全省汽车行业年均增长速度达到 37.31%，大大快于同期经济 20.3% 的增长速度，其中整车制造年均增速 56%，改装汽车年均增速 207.53%，零部件制造年均增速 27.42%，均快于同期经济增长速度。汽车行业占 GDP 比重，也呈现逐年增长的态势，由 2002 年的 3.71% 增长到 2007 年的 7.18%，年均增长 14.14%，2008 年上半年达到 8.85%。照这种趋势，汽车将发展成全省的支柱产业之一。

（二）汽车行业整体竞争力不断增强

从规模以上汽车制造业工业增加值看，2002~2007 年，全省规模以上汽车制造业工业增加值年均增长速度达 37.28%，高于全省规模以上工业增加值 6.85 个百分点，其中规模以上改装汽车企业、整车制造业的年均增长速度分别高于汽车行业年均增长速度 175.04、9.08 个百分点。从规模以上汽车制造业利润看，2002~2007 年汽车行业整体利润年均增长 39.14%，汽车行业整体竞争力不断增强。其中整车企业利润年均增长 116.9%；改装汽车企业年均增长速度达 209.85%；而零部件企业的年均增长速度为 22.53%。2008 年上半年汽车行业整体利润较上年增长 42.23%，其中整车、改装汽车、零部件企业分别增长 58.89%、51.47%、17.52%。

（三）汽车行业提供的国税收入快速增长

2002~2007 年，全省汽车行业提供的国税收入远远高于同期全省国内税收年均增长速度，年均增长速度高达 165.94%，高出全省国税收入同期增幅 143.27 个百分点。但汽车行业税收受政策变动影响较大，呈现波动型增长态势：2002 年，汽车行业仅提供国税收入 1731 万元，2003 年增长了 21.35 倍；2004 年增幅回落至 15.95%，2005 年又较上年增长了 2.19 倍，2006 年增幅回落至 19.05%，到 2007 年又达到 105.62%，2008 年上半年又有所回落，增长 75.82%。

（四）汽车制造业税负逐年上升

2002 年汽车行业的宏观税负仅为 0.05%，此后逐年上升，到 2007 年达到 1.24%，2008 年上半年为 1.65%。其中增值税税负上升幅度大于整体汽车行业税负：2002 年，汽车增值税税负为 0.03%，2003 年提高至 1.55%，2004 年有所下滑，2006 年又升至 2.3%，2007 年达到 3.26%。

（五）重型汽车发展优势凸显

2007 年，山东省汽车行业有两件大事可记入我国汽车行业发展史：一是中国重汽作为我国制造业第一支红筹股在香港联交所主板成功上市，真正融入了国际资本市场，跨上了国际化企业平台。二是中国重汽全年产销重型汽车突破 10 万辆，稳居国内行业之首，从产销规模上讲，已进入全球前五大重卡制造商行列。重型汽车制造业在我省的发展规模、发展优势已初步显现。中国重型汽车集团有限公司（简称中国重汽）是我国主要的重型载重汽车生产基地，也是我国重型汽车工业的摇篮。其前身是原济南汽车制造总厂，始建于 1935 年，主要生产汽车零部件，1960 年 4 月试制出了中国第一辆重型汽车，2007 年 8 月，在国际汽车制造商会公布的 2006 年全球汽车企业产量排名中排第 48 位，以单一制造重卡数据，占据国内企业第一名。

二　山东省汽车行业经济税收发展中存在的矛盾和问题

总体看，近年来山东省汽车行业呈现快速发展的势头，到 2007 年底在全国同行业的综合经济指标已上升到第三位。汽车产销量达到 73.31 万辆，但深入分析便可发现全省汽车行业发展中还存在不少矛盾和问题，具体表现在以下几个方面。

（一）汽车工业收入占 GDP 比重较低

汽车工业在国民经济中具有重要地位，对一国经济和一地经济能产生巨大的拉动效应，是"1:10 的产业"，即汽车工业每增加 1 个百分点的产出，便能够带动整个国民经济总体增加 10 个百分点的产出。汽车工业可以带动钢铁、冶金、橡胶、石化、塑料、玻璃、机械、电子、纺织等诸多相关产业，可以延伸到维修服务业、商业、保险业、交通运输业及路桥建筑等许多相关行业，可以吸纳各种新技术、新材料、新工艺、新装备，可以形成相当大的生产规模和市场规模，可以创造巨大的产值、利润和税收，可以提供众多的就业岗位。综观世界经济强国，大都是汽车工业大国。特别是美国、日本、德国、法国、瑞典等汽车工业发达的国家，以及韩国、巴西、西班牙等汽车工业后起发展中国家，其汽车工业产值占本国国民经济总产值的比例均在10%以上。从我国汽车工业占GDP的比重来看，汽车工业在国民经济中也占有非常重要的地位，而且还在逐渐升高，2003年不足3%，到2007年汽车工业总产值占GDP的比重已经达到了7.92%。从其他省份的情况看，一汽集团所在的吉林省、上海汽车集团所在的上海市、东风汽车集团所在的湖北省等，均是以汽车产业为支柱产业，其汽车工业产值在本省国民经济总产值中都占有相当大的比例，吉林省汽车业产值占GDP的比重达到了49.59%，湖北、上海分别达到19.74%和17.64。山东省不足10%，仅为7.18%，比吉林、湖北、上海分别相差42.41、12.56、10.46个百分点，山东省与汽车工业大省的目标还有相当大的差距。

（二）汽车工业产量低，缺乏规模效应

近年来，山东省汽车工业发展迅速，但产量低，规模效应小，各生产企业之间相互封闭，缺乏专业化的分工合作，汽车工业达不到规模经济临界点要求。按照国际汽车行业经济规模临界点要求，汽车生产企业只有在达到一定的生产规模之后才能赢利。各类型汽车规模经济的临界点为：国家汽车工业汽车生产量为200万辆以上；轿车企业为20万～30万辆；轻型载货汽车企业为10万～12万辆；重型载货汽车企业为1万～8万辆。从世界汽车企业情况看，美国三大汽车公司汽车产量占本国汽车产量的90%；日本三大汽车公司汽车产量占本国汽车产量的80%，汽车生产集中度极高。但从山东省情况看，除载重汽车达到规模临界点要求外，其他车型均达不到要求。山东省目前十大整车生产企业2007年共生产各类汽车53.08万辆，占全省汽车产量的72.4%。其中，一汽解放青岛汽车厂、中国重汽集团卡车有限公司、中国重汽集团济南商用车有限公司年产量在规模经济临界点之内，其他企业均不足经济规模临界点要求，且三家企业均为载重车生产企业。山东省汽车生产厂家数量超过美、日两国，但全年产量只相当于丰田、通用等国外汽车大公司一个多月的产量。

（三）汽车业税收在全省各市地间分布不均衡

2007年，全省32户汽车整车生产企业分布在13个地市，其中青岛1户，

济南、烟台、潍坊、威海分别为 4 户，济宁、泰安分别为 2 户，其余地市均为 1 户。但从国税收入完成情况看，税收主要集中在烟台、青岛、济南、威海、潍坊五个地市，共入库税收收入 205207 万元，占全省汽车行业整体收入的 89.12%。其中：烟台完成 74347 万元，占全省的比重为 32.29%；青岛完成 47376 万元，占 20.58%；济南完成 31777 万元，占 13.8%；威海完成 26796 万元，占 11.64%；潍坊完成 24911 万元，占 10.82%。

（四）轿车生产企业技术开发能力弱，缺乏自主品牌

现代经济增长的历史表明，一个国家，当人均收入达到一定水平后，都会进入一个依赖轿车进入家庭拉动经济增长的阶段。同时，围绕汽车的服务业也将得到迅速发展。但是，除重型载货汽车外，汽车生产企业技术开发能力弱，没有独立的研发机构，缺乏自主品牌，竞争力较低。以轿车和越野车为例，上海通用东岳汽车有限公司是全省唯一的轿车整车生产企业，2003～2007 年，东岳汽车以接近 50% 的增长速度快速发展，2007 年，其主营业务收入达 97 亿元，汽车产量达 14.09 万辆，但从其销售规模讲，与全国十大轿车生产汽车企业差距仍然很大。东岳汽车 2007 年销售量仅为一汽大众轿车销量的 31%，与排名第 10 的神龙汽车相差 6.64 万辆。东岳汽车主要沿用上海通用汽车的柔性化精益生产管理体系，在产品规划、生产制造、零部件采购、营销网络、信息、质量体系和人力资源管理等方面与上海通用汽车资源共享、实行一体化管理。该公司在烟台本地没有设立研究发展中心，基本属于品牌汽车公司在烟台设立的生产车间。荣成华泰汽车有限公司是山东省最大的越野车生产企业，与韩国现代汽车集团合作生产，但其技术开发能力弱，绝大多数汽车生产部件均从韩国现代公司进口。近年来，该公司利润增长明显低于其他指标增长，2002～2007 年，公司销售收入、主要产品产量年均增长分别达到 78.01% 和 73.37%，但利润总额年均增长只有 0.8%。这主要是受进口关税税率影响。2005 年 4 月，海关总署规定，发动机、车身及几大总成件从国外进口，视同整车征收整车进口关税，税率由 12% 调整到 30%，2006 年 1 月 1 日、7 月 1 日又分别调整为 28%、25%，直接导致材料成本增加，利润大幅下滑。目前该公司的主要产品是两种排量的华泰圣达菲都市 SUV 多功能乘用车，但其中的主要部件如发动机全部从韩国现代公司进口。

（五）汽车零部件整体水平较低，竞争力差

汽车整车的快速发展带动全省汽车零部件企业的发展。2002 年，全省规

模以上汽车零部件企业 159 户，到 2007 年底增加到 583 户，年均增长
29.67%，平均每年增加 85 户，全省各地市均有大大小小的汽车零部件企业。
其中数量排前六位的地市分别为：烟台 122 户、潍坊 115 户、青岛 79 户、济南
43 户、聊城 42 户、威海 29 户，合计 430 户，占全省总数的 74%。2002～2007
年，规模以上零部件企业累计实现工业增加值 576.14 亿元，分别高于同期整
车及改装汽车增加值的 24% 和 98%，但其年均增长速度分别慢于整车及改装
汽车 4.05、170.01 个百分点，年均利润率增长速度分别低于整车及改装汽车
94.37、187.32 个百分点。深入分析，造成这一结果的原因有三个。

1. 零部件企业未能与整车企业形成配套群体

目前，山东省的零部件企业和整车企业之间多为单纯供求关系，各自为
政，几乎没有在当地形成有效的配套体系。零部件厂与整车厂之间未能建立
长期协作、共同发展、互利双赢的战略合作关系，不利于全省汽车产业健康
发展。如上海通用东岳汽车有限公司是山东省最大的轿车生产企业，但其配
套零部件大多源于上海周边地区或国外；而烟台最大、发展最快的汽车零部
件生产企业烟台胜地汽车零部件制造有限公司生产的轿车用刹车盘几乎全部
出口美国、欧洲。

2. 汽车零部件企业普遍存在资金分散、市场分割、产品水平不高、企业
竞争力低下等问题

2007 年全省规模以上零部件企业户数占规模以上汽车企业户数的 89%，
但其资产总额仅占 23.72%。从汽车行业投资情况看，发达国家整车与零部件
投资比例一般为 1:1.3 至 1:2，即零部件企业投资大于整车投资，但从山东省
情况看，2007 年规模以上汽车工业总投资 59.2 亿元，其中整车投资 47.1 亿
元，零部件投资则缺乏具体的统计数字，也就是说投资小而零散。这说明全
省汽车行业零部件投资大大落后于整车投资。

3. 零部件企业缺乏自主创新、自主开发能力，更缺乏自主品牌

山东省汽车零部件企业规模小、效益差、科研投入少、技术人才缺乏，
有相当大一部分零部件生产企业仍处于作坊式状态，设备陈旧，技术落后，
管理水平较低，产品档次多年没有大的提升。另外，因小汽车生产的大部分
车型都是从国外引进的，零部件配套企业依赖性强，产品和技术方面依赖整
车企业、依赖跨国公司，自主创新意识差，自主开发能力薄弱。

（六）汽车产业提供的税收占税收总收入的比重较低

从国税收入的角度看，汽车业提供的税收收入占国内税收的比重虽呈上

升趋势，但占整体国内税收收入的比重明显较低，2002 年仅为 0.03%，此后逐年上升，到 2007 年增加至 1.36%，低于全国汽车行业税收占总收入 2% 的比重；2008 年上半年上升至 2.05%，但仍低于全国 1.71 个百分点。从分税种提供的税收情况看：2002 年，汽车业增值税占全省增值税的比重仅为 0.01%，到 2007 年上升至 1.32%，2008 年上半年为 2.38%；消费税占全省消费税的比重在 2002 年为 0.25%，2007 年上升至 5.67%，2008 年上半年为 8.22%。

三　对山东汽车行业发展的建议

汽车工业是产业关联度高、规模效益明显、资金和技术密集型的重要产业。发达国家的经验表明，汽车工业每增值 1 元，会给上游产业带来 0.65 元的增值，给下游产业带来 2.63 元的增值。大力发展汽车工业，应是今后山东省经济建设的重点。针对山东省汽车产业发展中存在的矛盾和问题，我们提出以下几点建议。

（一）科学引进技术，提高汽车业自主品牌建设

山东省汽车产业要发展，尤其是轿车产业要想做大做强，必须借鉴国外经验，科学合理地引进技术，要站在巨人的肩膀上前进。一方面，要借鉴国外经验。在韩国汽车产业的发展史上，政府的扶持起到了重要的作用。韩国政府在汽车产业的发展过程中扮演了重要的策略、扶持和主导角色，使整体产业的发展始终与世界汽车行业的前进趋势相一致。从利用汽车国产化学习外国先进经验与核心技术，到出口导向战略让本国汽车企业到海外参与竞争，以及一直实行的进口壁垒对本国汽车市场的保护。集团化、集约化的重点经营，抓大放小，形成了以现代 - 起亚为主，具有全球竞争能力的跨国汽车集团。韩系车是跨国公司的产品中最低端的品牌，但山东省的产品与现代的同级产品相比在性能和质量上仍有很大的差距。现阶段，我们应该把韩系车型作为主要竞争目标，不断缩短与韩系车之间的差距，赶超之后再逐步过渡到以日系、德系作为竞争目标，这是在目前基础上通过努力可以实现的选择。

另一方面，企业要注意引进吸收再创新。2007 年，在全国汽车销量前十名企业中，山东省汽车企业榜上无名，面对这种情况，我们唯一的出路就是技术创新，加强自主品牌建设，尽快缩短与合资品牌的技术差距。政府应该从政策上提高技术引进的门槛，鼓励对具有国际先进水平的技术引进，避免

低层次重复引进；而企业则应该在对技术引进消化吸收的过程中，将国外合资合作方视为技术创新的资源而非主体，全过程参与联合开发。从世界汽车工业发展史看，汽车的研发是一项昂贵而复杂的工程，是一个在技术上高度连续性的工业，在过去的 100 年中，汽车技术的研发从来没有中断过，跨国公司最宝贵的财产在于他们长期积累的实验数据和开发经验。对于山东省来说，创新模式就是与国内、国际企业合资，引进技术、创建自主品牌、消化吸收再创新，最后实现完全自主的方式。企业在合作谈判过程中，要注意保持谈判优势，以便于在合作中获得更有利于技术引进的条件，把自主创新建立在其他国家、其他企业已有创新的基础上，站在巨人的肩膀上前进，使山东省的汽车工业不断发展壮大。

（二）整合现有的汽车企业，成立配套产业群

目前，山东省大多汽车整车生产企业与零部件生产企业之间独立经营，没有形成良好的"共生关系"，随着整车生产企业的快速发展，需要相关的零部件企业配套发展，并促进规模小、技术水平低、分布较为零散的零部件企业的整合；从另一个角度说，零部件配套企业的广泛发展又可对山东省汽车整车生产企业起到推动作用，两者互相促进，共同发展。山东省的汽车零部件配套企业还缺乏名牌，缺乏高、精、尖产品，缺乏在国内有影响的企业，因此还有很大的发展空间。政府部门应在充分调研的基础上，采取有效措施，合并、改革、重组分散在全省各市地的各生产企业，集中投资、规模生产，不断提高全省汽车行业整体竞争实力；另外，要吸引国际、国内有影响的汽车零部件配套企业落户山东。政府应调整汽车零部件工业的产业结构，促进产品结构的优化升级，加大对核心零部件的投资开发力度，通过持续的自主研发解决核心零部件的技术障碍，在核心零部件领域建立起自己的自主研发能力，满足整车发展的需要和市场的需要，在单项产品上尽快形成竞争能力，建成山东省独具特色的汽车配套产业群。

（三）制定落实扶持政策

一是突出重点，扶持新生力量。对于汽车这一区域主导产业，目前，山东省部分城市都在不断研究优惠政策，加大扶持力度。如青岛专门划出 10 平方公里土地供一汽集团用于发展汽车工业；划出 1.9 平方公里给上汽用于发展汽车和零部件，这一举措成为通用 10 万辆汽车基地最终落户青岛的重要因素。济南提出要集中全市力量支持重汽集团发展，同时出台一系列优惠政策，

千方百计加快轿车生产基地建设。在此基础上，省政府应进一步加大对以中国重汽为代表的重型汽车，以及以东岳汽车为代表的轿车等重点企业的扶持力度，充分发挥其龙头辐射带动作用，保证水、电、汽、气、热和土地等生产要素的充足供应，提前规划，扶持企业做大做强，带动相关产业的发展。

二是支持汽车及零部件企业技术进步和产业升级。随着国外汽车及零部件生产企业向我国大批转移，国内汽车尤其是零部件生产企业面临越来越大的竞争压力。据统计，截止到去年底，世界 100 强汽车零部件企业中的 70% 已在中国设厂，对中国投资的外资零部件企业超过 1200 家，这些外资企业具有明显的资金、品牌和技术优势，占据了 80% 以上的轿车零部件市场份额，在汽车电子和发动机等高技术含量领域更占到了 90% 以上。有关专家提醒，下一步我国零部件企业的生存环境将更加恶化，能否加强自身核心技术研发和产品升级换代，是关系到国内企业能否生存的最主要问题。因此，建议通过调剂现有切块预算资金、每年从汽车产业新增税收中拿出一部分和争取有关方面支持等途径，建立汽车产业发展专项基金，用于支持汽车及零部件企业的技术研发和新产品开发。

（四）加大税收征管力度，提高汽车业税收比重

汽车生产企业大多在本地经济税收中占有较大比重，但本次调查中我们发现很多汽车生产企业经济税收发展趋势不一致，如中国重汽集团济南商用车有限公司 2002～2007 年经济增幅为 62.82%，税收增幅仅为 25.3%；中国重汽集团济南卡车股份有限公司经济年均增长 28.14%，税收为负增长；上海通用东岳汽车有限公司经济年均增长 44.87%，税收增长 17.85% 等。且越是重点税源企业其经济税收形势背离情况越是明显，在此我们从税收的角度看，应加大对汽车行业税收征管力度。随着山东省汽车产业的高速发展，汽车业税收也随之快速增长，在此情况下，我们应重点跟踪监控汽车产业的生产经营情况，加强纳税评估和税收分析预警，制定汽车企业发展状况记录，及时向各级政府部门提供汽车行业的税收发展及对地方财政的贡献情况，对收入出现异常的企业加大分析力度，查找问题产生的原因，有针对性地采取措施加以解决，确保汽车业税收持续稳定健康增长。

（作者单位：威海市税务学会）

人力资本对区域经济发展的
作用及其评价

——京津冀、长三角、珠三角人力
资本竞争力比较

罗润东　刘　文

一　人力资本竞争力：理论问题与经验研究

当代区域经济发展的一个重要特征是，区域经济增长与人力资本成长的内在联系越发密切，而且区域人力资本变动趋势对区域经济发展及其竞争力状况影响日益显著。自20世纪60年代美国经济学家西奥多·舒尔茨（Schultz T. W.）提出人力资本理论之后，关于人力资本对经济增长作用的研究逐渐拓展。80年代后，卢卡斯（Locus）、罗默（Romer）将人力资本作为内生的经济发展要素，纳入了经济增长模型，建立了新经济增长理论，使内生性经济增长理论成为经济学家研究的热点之一。巴罗（Barro R. J.）的研究表明，初始人力资本存量通过促进技术进步、扩散和学习对经济增长产生积极的促进作用。这一研究成果已被学术界广泛接受，后来的研究多在此基础上做理论和经验扩展。国家间的实证分析有不同的结果，目前对中国经验的实证分析大概分为两类。一类是在区域竞争力理论体系下对人力资本要素竞争力状况进行研究。如严于龙、杨瑞艳、潘丽柳、孙建波、吴斌、魏敏、王超成、肖红叶、李闽榕、高志刚分别对各省市自治区的竞争力进行了研究，单玉丽、张旭华、苏美祥对长三角、珠三角地区的一些城市的竞争力做了比较分析，徐小飞、龚德恩对我国东中西部地区人力资本状况做了实证分析与比较研究。这些研究虽然在区域竞争力理论体系下建立了较为全面的指标体系，但人力资本竞争力在整体研究中的地位不够突出，虽然对区域的人力资本状况进行了分析，但较少使用指标体系进行全面、综合的评估。

另一类是对人力资本在区域经济增长中作用的研究。主要涉及人力资本与区域经济增长关系的研究。蔡昉、都阳采用 FGLS 回归方法，对 1978～2000 年中国区域经济增长趋同的研究表明，人力资本的初始禀赋，非常显著地与增长率呈正相关，是促进增长速度的重要因素。闫淑敏、秦江萍的研究表明，东中西部三大地带的人力资本同经济增长均呈正相关，东部地区相关程度最高，中部居中，西部最低。徐现祥、舒元的研究则发现，进入 20 世纪 90 年代后沿海、内地各自的组内收入差距缩小，组间差距不断扩大，主要源于物质资本的单独效应，人力资本并没有主导地区内收入差距的实际变动模式，中国地区出现双峰趋同。林毅夫、刘培林的分析也支持这一观点，其研究表明，1978～2000 年，人力资本对劳均地区生产总值的年平均增长率的影响不显著。

对同一现象的分析得到的结论差异如此之大，最重要的原因是人力资本概念上的模糊性使其计量标准不一。在实证研究中，不同的研究者往往使用不同内涵的人力资本定义和不同的代理变量，由此导致不同甚至相反的结论。而且，上述研究多将人力资本作为一个整体，使用单一变量代理，没有区分不同人力资本的不同组成部分对产出的不同影响，这显然不能得到令人信服的结论。直觉告诉我们，可以尝试从人力资本及其外部性与经济增长关系的角度进行细化研究，如结合经典人力资本理论考察其作为生产要素的内生作用，同时关注人力资本使其他要素的效率提高所起的外部效应。基于此，本文以经典人力资本理论为基础建立客观、比较系统的指标体系；以改进的卢卡斯有效劳动模型和人力资本外部性模型为分析工具测算人力资本相关指标及其组成部分，选取我国东部沿海的京津冀、长三角、珠三角三个同类型区域作为比较对象，分析其人力资本竞争力状况，对这三个相对成熟发展的区域在相对成熟的发展阶段的人力资本竞争力状况做比较，从中考察人力资本对区域经济发展的作用，分析区域经济持续发展中遇到的共性问题。

二　理论依据与指标体系构建

影响区域经济增长的因素涉及多方面，本文主要从人力资本作为生产要素的内生作用、人力资本使其他要素的效率提高所起的外部效应加以分析，利用改进的卢卡斯有效劳动模型和人力资本外部性模型来分析京津冀、长三角、珠三角三大区域人力资本对经济增长的作用。

（1）有效劳动模型

有效劳动模型表述为：

$$Y(t) = A(t) K_t^\alpha H_t^\beta$$

这是对柯布－道格拉斯模型的改进，H_t为卢卡斯所说的有效劳动，这里无规模收益不变的假设。该模型内生地引入劳动力的人力资本水平因素，充分考虑了人力资本的生产性功能。

其差分方程：

$$\frac{\Delta Y(t)}{Y(t)} = \frac{\Delta A(t)}{A(t)} + \alpha \frac{\Delta K(t)}{K(t)} + \beta \frac{\Delta H(t)}{H(t)}$$

α，β分别为资本和劳动的产出弹性。$\frac{\Delta Y(t)}{Y(t)}$为经济总量的增长率，Y为一个区域的 GDP；$\frac{\Delta A(t)}{A(t)}$、$\frac{\Delta K(t)}{K(t)}$分别表示全生产要素增长率、资本增长率；$\alpha \frac{\Delta K(t)}{K(t)}$和$\beta \frac{\Delta H(t)}{H(t)}$为资本和人力资本存量投入的贡献份额，除以$\frac{\Delta Y(t)}{Y(t)}$所得的商就是其在经济增长中的贡献。

（2）人力资本外部性模型

人力资本外部性模型可以表述为：

$$Y(t) = A(t) K_t^\alpha H(t)^{1-\alpha} h(t)^\beta$$

$H(t)$为卢卡斯所说的有效劳动，$h(t)$为劳动力具有的平均人力资本水平，简称为人力资本水平。这个模型不仅充分考虑了人力资本的生产功能，而且充分考虑了人力资本对其他非人力资本要素的外部性作用。

以差分形式的增长方程为：

$$\frac{\Delta Y(t)}{Y(t)} = \frac{\Delta A(t)}{A(t)} + \alpha \frac{\Delta K(t)}{K(t)} + (1-\alpha) \frac{\Delta H(t)}{H(t)} + \beta \frac{\Delta h(t)}{h(t)}$$

其中$\frac{\Delta h(t)}{h(t)}$是人均人力资本的增长率；$\alpha \frac{\Delta K(t)}{K(t)}$、$(1-\alpha) \frac{\Delta H(t)}{H(t)}$和$\beta \frac{\Delta h(t)}{h(t)}$分别表示资本、人力资本存量和人均人力资本的贡献份额，他们除

以 $\dfrac{\Delta Y\ (t)}{Y\ (t)}$ 所得的商就是各要素在经济增长中的贡献。

　　根据卢卡斯的分析，人力资本的内部效应是人力资本给其拥有者带来的效益。外部效应是指人力资本对其他生产要素生产率产生的作用，一般为正的外部性，卢卡斯用全社会人力资本的平均水平表示人力资本的外部效应。人力资本作为生产要素的作用定义为人力资本的直接作用，人力资本使资本及其他要素效应提高所起的作用定义为人力资本的间接作用。人力资本对区域经济发展的直接作用可利用人力资本外部性模型下的增长方程估计，人力资本的间接贡献要通过有效劳动模型与人力资本外部性模型的比较测算。经典人力资本理论关于人力资本的内涵和投资内容的界定是我们设计人力资本竞争力指标的基础。舒尔茨认为人力资本是体现于劳动者身上，通过投资形成并由劳动者的知识、技能和体力构成的资本。他将其概括为五个方面。其一，医疗和保健。它包括影响一个人的寿命、力量、耐力、精力等方面的所有费用，保健活动既有数量要求又有质量要求，其结果必然是提高人力资源的质量。其二，在职人员训练。它包括企业所采用的旧式学徒制，在职人员训练支出是相当可观的，所以，由此产生出一个重要的问题：由谁来负担这笔费用。加里·贝克尔曾就此提出一个原理：在竞争市场上，受雇者支付自己的全部训练费用；在职人员训练最初可能使工人的净收入减少，随后则会使之增加。其三，学校教育。它包括初等、中等和高等教育。教育成本是指学校直接用于教育的费用和学生上学期间所放弃的收入。其四，企业以外的组织为成年人举办的学习项目，包括农业中常见的技术推广项目。其五，个人和家庭为适应就业机会的变化，而进行的迁移活动。根据上述理论内容，按照区域经济发展中人力资本的投资实践，我们把区域人力资本竞争力指标设计为五个方面，包括正式教育、医疗保健、职业培训、迁移、工资水平与就业状况等指标，五大类指标进一步划分为若干子指标，组成一个比较完整的指标体系。以此为基本依据，测度区域人力资本竞争力状况的指标分为五大类：A 类为教育，B 类为医疗保健，C 类为职业培训，D 类为迁移，E 类为工资水平与就业状况。按照地区划分，一方面可以考察地区因素对人力资本的影响，另一方面也可以考察各地区在人力资本形成中的差异，同时可以方便地利用现有分省数据进行加总。结合人力资本理论和我国经济发展的结构状况，我们建立区域人力资本竞争力指标体系。该体系由五类主指标和 24 个子指标构成，如表 1 所示。

表1 区域人力资本竞争力指标体系

指标	指标内容
Ai	教育类（i = 1, 2, …, 7）
A1	每万人拥有的大专及以上受教育程度人口（人）
A2	科教文卫事业费占财政支出比重（%）
A3	城镇居民家庭平均每人全年教育支出占消费性支出比重（%）
A4	农村居民家庭平均每人文教、娱乐用品及服务支出占生活消费支出比重（%）
A5	每万人拥有高等学校（机构）专任教师数（人）
A6	普通高校生师比（%）
A7	人均教育经费（元）
Bi	医疗保健类（i = 1, 2, …, 6）
B1	人口平均预期寿命（岁）
B2	人口死亡率（‰）
B3	城镇居民家庭平均每人全年医疗保健支出占消费性支出比重（%）
B4	农村居民家庭平均每人医疗保健支出占生活消费支出比重（%）
B5	每万人拥有卫生技术人员（人）
B6	每万人拥有医疗机构床位数（张）
Ci	职业培训类（i = 1, 2, …, 5）
C1	登记求职人数中获得职业资格人员比率（%）
C2	每万人拥有中等职业学校（机构）毕业生数（人）
C3	每万人拥有中等职业学校（机构）教职工数（人）
C4	职业高中生师比（%）
C5	普通中专生师比（%）
Di	迁移类（i = 1, 2, 3）
D1	人口迁出率（‰）
D2	人口迁入率（‰）
D3	人口净迁移率（‰）
Ei	工资水平与就业状况类（i = 1, 2, 3）
E1	职工平均货币工资（元）
E2	职工平均货币工资指数（上年 = 100）
E3	城镇登记失业率（%）

三　数据分析与特征比较

本文有关指标数据取自 1996～2006 年的《中国统计年鉴》、《中国人口统计年鉴》、人口普查数据和 10% 人口抽样数据，部分数据经过笔者加工计算。由以上原始数据计算出各指标的数值。结果发现，从 1995～2005 年十年间，三区域人力资本水平在绝对数值上都呈增长趋势，但是各区域之间差距比较大，而且区域内部分化较大。

1. 三区域之间人力资本竞争力总体比较

（1）京津冀地区人力资本状况

表 2 反映了作为主区域的京津冀与作为对比区域的长三角和珠三角的比较分析情况。京津冀在与长三角可比较的 23 个指标中，13 个具有比较优势，占 57%，9 个具有比较劣势，占 39%，1 个相同，占 4%；在与珠三角可比较的 24 个指标中，18 个具有比较优势，占 75%，6 个具有比较劣势，占 25%。与两区域相比，具有明显优势的有 11 个，具有明显劣势的有 3 个。

表 2　京津冀与长三角、珠三角人力资本竞争力比较分析（2005）

主区域	对比区域	A1	A2	A3	A4	A5	A6	A7	B1	B2	B3	B4	B5	B6	C1	C2	C3	C4	C5	D1	D2	D3	E1	E2	E3
京津冀	长三角	+	+	−	−	+	+	−	−	+	+	+	+	=	+	−	+	+	+	−	−	−	−	+	/
	珠三角	+	+	+	+	+	+	+	−	−	−	−	−	−										+	

注：表中的 +/− 表明在某个指标上主区域较对比区域具有优势/劣势；= 表明在某个指标上主区域与对比区域相同；/ 表明在某个指标上数据缺失。下同。

（2）长三角地区人力资本状况

表 3 反映了作为主区域的长三角与作为对比区域的京津冀和珠三角的比较分析情况。长三角在与京津冀可比较的 23 个指标中，9 个具有比较优势，占 39%，13 个具有比较劣势，占 57%，1 个相同，占 4%；在与珠三角可比较的 23 个指标中，17 个具有比较优势，占 74%，6 个具有比较劣势，占 26%。与两区域相比，具有明显优势的有 7 个，具有明显劣势的仅有 4 个。

表 3　长三角与京津冀、珠三角人力资本竞争力比较分析（2005）

主区域	对比区域	A1	A2	A3	A4	A5	A6	A7	B1	B2	B3	B4	B5	B6	C1	C2	C3	C4	C5	D1	D2	D3	E1	E2	E3
长三角	京津冀	−	−	+	+	+	−	+						=		+				−	+	+	+	−	/
	珠三角	+	+	+	+	+	−	+	+	−					+				+	−	−	+	+		/

（3）珠三角地区人力资本状况

表4反映了作为主区域的珠三角与作为对比区域的京津冀和长三角的比较分析情况。珠三角在与京津冀可比较的24个指标中，6个具有比较优势，占25%，18个具有比较劣势，占75%；在与长三角可比较的23个指标中，6个具有比较优势，占26%，17个具有比较劣势，占74%。与两区域相比，具有明显优势的仅有4个，具有明显劣势的有16个。

表4　珠三角与京津冀、长三角人力资本竞争力比较分析（2005）

主区域	对比区域	A1	A2	A3	A4	A5	A6	A7	B1	B2	B3	B4	B5	B6	C1	C2	C3	C4	C5	D1	D2	D3	E1	E2	E3
珠三角	京津冀	–	–	–	–	–	–	–	+									+	–	+	+	+	+		+
	长三角	–	–	–	–	–	+	–	+									+	+	–	+	+	–		/

2. 三区域之间人力资本竞争力分类比较

首先，从教育和培训指标看，京津冀人力资本在教育上的竞争力较强，区域内部各省市政府和居民投入不断加大，居民教育水平提高较快。这些变化，一方面是由于京津冀10年间经济的快速增长，无论是政府还是私人都有一定经济基础来增加人力资本投资，另一方面随着人们生活水平的提高，劳动者个体对人力资本投资的意识也日益加强。虽然1995～2005年十年来京津冀区域的普通高等教育和中等职业教育不断发展，但中等职业教育发展速度低于长三角及珠三角地区的发展速度。这主要是因为人们对中等职业学校作为人力资本投资的认可度还不高，一方面与大多数人倾向于把高等教育（即更高的学历教育）作为投资首选有关；另一方面也与职业教育尚处于粗放式阶段，质量亟待提升有关。京津冀高等教育和中等专业教育发展的不平衡性对劳动就业市场有两方面的影响。一方面，大量从第一产业部门转移出来的劳动力只能从事一些低劳动附加值的简单劳动，技术工人的短缺将成为产业结构升级的瓶颈。另一方面，将出现劳动就业市场上失业者和空闲工作岗位并存的现象，导致劳动就业市场的结构性失衡；长三角地区人均教育经费最多且增长最快，但人力资本竞争力在高等教育方面的培养条件相对不足，每万人拥有的大专及以上受教育程度人口低于京津冀，高于珠三角。职业培训状况则好于京津冀，次于珠三角；珠三角在教育方面不具有明显优势，政府对教育的投入小，科教文卫事业投入占财政支出比重低，居民对教育方面的人力资本投资低，人力资本在正规教育方面的培养条件弱。但珠三角在职业培训方面具有明显优势，表现在职业培训发展条件好，普通中专生师比最低，职业高中生师比最低。

其次，从医疗保健指标看，三区域人口的身体健康素质均不断提高。京津冀地区医疗卫生资源最为丰富，城镇、农村居民家庭医疗保健支出占消费性支出比重高，卫生医疗服务条件好。人口死亡率最低，人口平均预期寿命高于珠三角，低于长三角；长三角的情况是人口平均预期寿命最高，但人口死亡率也最高。居民对自身身体健康素质的投入和城镇居民家庭医疗保健支出占消费性支出的比重低于京津冀，高于珠三角；较匮乏的是珠三角地区，城镇、农村在教育和医疗保健的私人投入减少，卫生医疗服务条件相对不足，人口的身体健康投入不如其他两地区发展得快；人力资本投资的收益发展较慢，这主要与近些年来该地区经济增长速度放缓有关。

再次，从迁移指标看，珠三角地区状况最好，城镇登记失业率呈下降趋势，说明该地区就业环境改善。这一方面是由于该地区经济发展进入成熟期，增势减慢，外来人口进入本区数量相对下降。另一方面也是由于该地区支付给农村劳动力的工资报酬水平相对下降。因此该地区对外部人力资本流动的吸引力减弱，劳动力市场供求缺口缩小，区域内就业环境有所改善；长三角的情况优于京津冀地区，但在与珠三角比较上具有就业吸引力不足的劣势，人口迁入率、人口净迁移率均低于珠三角地区；京津冀对外地劳动的就业吸引力低，具有相对劣势，该区域人口迁入率、人口净迁移率低于长三角和珠三角，尤其与长三角相比，该区域人口迁出率低，表明该区域人口外出发展的意识弱。

最后，在工资水平与就业状况方面，京津冀的人力资本投资收益相对较低，目前尚处于劣势地位。职工平均货币工资最低，势必影响该地区对劳动力的吸引力，也影响人力资本再投资。京津冀对劳动力的就业吸引力下降，城镇登记失业率上升，表明京津冀的就业环境压力加大。这主要有两方面原因。一方面京津冀原本就是国有企业分布密集的地区，国有企业改革深化，大批下岗职工出现；另一方面京津冀属于经济发达地区，尤其北京作为首都，对劳动力的流动具有巨大的吸引力，不仅高校毕业生等高级人才大量流向此地，而且农村大批的劳动力也涌入京津冀，导致京津冀劳动力市场供给严重大于需求，就业形势严峻；长三角劳动力工资水平相对较高，仅在与京津冀比较上具有工资水平增速放慢的劣势，职工平均货币工资指数比京津冀低1个百分点；珠三角人力资本投资收益较高，职工平均货币工资最高，该区域就业环境较好，城镇登记失业率最低。

综合京津冀、长三角、珠三角比较结果发现，三区域在人力资本形成与经济发展方面存在一些共性特征与问题，主要表现在四个方面。第一，三区域经济增长均已呈现由"物质资本投资推动"发展模式转向"人力资本推动"发展模式，其物质资本存量对经济增长的贡献率均低于全国平均水平，而人力资本对经济增长的贡献高于全国平均水平，表明三区域经济增长方式在全国占有先发优势。第二，三大区域中区域经济增长快速的省份其人力资本在经济增长中的作用也较大。上海、北京、江苏、浙江、广东在 GDP 总量以及年均增长率上都表现突出，人力资本的贡献率也较高，凸显出经济大省向经济强省转变的趋势。第三，尽管三区域人力资本水平和人力资本投资水平均高于全国平均水平，但地区、城乡之间的结构不均衡。经济发达的上海市、北京市和天津市，居民受教育水平较高，地方财政和家庭个人对教育的投入也最多；而经济比较落后的河北等省，居民受教育水平较低，不仅财政对于教育的投入少，个人支出也少，各省市普遍存在教育支出城乡差距较大的问题。第四，三区域比较普遍地存在高层次人才培养能力强、中等职业教育相对滞后的情况。如果这种情况长期持续，随着产业技术升级，有可能出现劳动者的知识技能与劳动岗位的需要不匹配、大量无效劳动的供给以及结构性失业局面。

四 结语与政策建议

本文在经典人力资本理论和人力资本发展实践分析的基础上构造了区域人力资本竞争力指标体系，并以此比较分析京津冀、长三角和珠三角的人力资本竞争力状况。从 1995 ~ 2005 年三个地区十年的人力资本发展动态看，长江三角洲地区人力资本提升最快，其次是京津冀地区，再次是珠江三角洲地区。从横向对比结果看，京津冀的人力资本竞争力在三个区域中，综合优势明显，各项指标综合排名第一；长三角第二；珠三角第三。京津冀地区人力资本的优势体现在高等教育和医疗保健等方面，劣势体现在迁移和中等教育方面。长三角地区人力资本的优势体现在教育、工资水平与就业状况方面，劣势体现在职业培训方面。珠三角地区人力资本的优势现在迁移方面，劣势体现在教育和医疗保健方面。

人力资本竞争力是区域竞争力的重要组成部分之一，人力资本竞争力越强，技术进步越快，区域经济增长就越快。与能源要素密集型推动的经济增长不同，人力资本竞争力推动的经济增长具有可持续性；与资本要素密集型推动的经济增长不同，人力资本竞争力推动的经济增长具有自主性。从对京津冀、长三角、珠三角人力资本竞争力优势和劣势的比较可以得出，在人力资本发展总体战略上三个区域应加强合作，促进人力资源共享，同时发挥特色优势，进一步发挥区域人力资本竞争力的作用，将人力资本竞争力优势转化为经济发展优势，实现区域经济快速、持续发展。具体到每一具体区域，建议结合各自现状采取一些个性化的发展思路。①京津冀区域创新型人才密集，但其"外溢效应"有待于进一步充分发挥其作用。该区域在加大对人力资本投资的同时，更需要注重对现有人力资本的整合，充分发挥创新型人才在技术创新、技术扩散和技术进步中的作用。充分利用人力资本科学文化素质高和职业技能培养条件强的优势，利用该区域在这些方面优越的人力资本发展条件，制定更优厚、更宽松的人才引进战略，提高该区域对外部人力资本的吸引力，扩大人力资本在区域内部的流动，使京津冀地区进一步发挥人才、智力资源的聚集与扩散优势。②长三角的经济目前正保持快速增长，综合实力显著，政府和私人对人力资本在教育上的投资大，人力资本投资收益高。这对人力资本来说，在教育上具有更好的增值机会而且投资收益回报大，具有极大的吸引力。因此，长三角应该在坚持发展经济的同时，继续加大人力资本教育投资，并且增强职业培训的师资力量，大力发展职业培训，提高人力资本的职业技能，进一步完善人力资本的合理配置机制，实现资源的优化配置，促进经济进一步发展。③珠三角是我国改革开放的前沿，是我国经济最具活力及外向程度最高的区域之一，较早分享了改革政策的优势和先发效应，其对人力资本具有巨大的吸引力。珠三角要继续发挥作为改革先行者的优势，加速社会经济发展，不断增强综合实力，加大对人力资本在教育、医疗保健和职业培训上的政府和私人投入，为人力资本成长环境的改善创造条件，提高区域的人力资本竞争力，逐步转变以生产加工为主的劳动密集型经济增长方式为可持续的、自主的人力资本竞争力推动的经济增长方式，做好科技创新、外源型人力资本引进，将提高自主创新能力作为优势，营造建设内源性人力资本与外源性人力资本结合的良好环境，为区域经济持续发展提供充分的人力资本支持。

此外，从我国区域经济的协调与持续发展角度出发，京津冀、长三角、珠三角三大地区在人力资本投资导向上，又要注意不能忽视区域之间的平衡发展。只有做到三大区域之间充分合作与互补，其各自优势与特色才可以有效地发挥出来，真正实现人力资本对经济发展的持续推动作用，并最终落脚到对中国宏观经济增长的贡献层面。对此，三区域在下一阶段经济发展中可共同采取以下人力资本投资对策，加强区域之间与区域内部的均衡发展。首先在人力资本投资导向上，三区域应形成区域发展"大人才观"的视野。这要求京津冀、长三角、珠三角三大区域共同实施人力资本优先发展的战略，继续提升三大区域的人力资本竞争力，加强区域之间的合作与联动。如在不同层次的人力资源使用上，实现共享与互通，彻底消除传统体制遗留的人力资本流动壁垒。可以说，目前体力型人力资本的流动较少受到区域限制，而智力型人力资本尤其是创新型人力资本的流动虽有较大改观，但在实际中依然暴露出一些流动障碍，在一定程度上折射出我国区域经济发展的狭隘性一面。其次，强化职业技能型人力资本的培植规模与水平，实现高层次人才培养与中等职业教育人才培养的均衡发展。对此三区域要抓住产业技术升级的先机，利用有限的劳动力低成本时期，通过职业培训等具体手段实现劳动者素质与技能的继续提升。这样随着劳动力低成本时代的渐去与产业技术升级的加快，就可以避免在我国京津冀、长三角、珠三角三大率先发展地区出现劳动技能供给与劳动岗位需求错位的局面，通过人力资本结构优化降低无效劳动供给以及缓解技术进步引发的失业。再次，加大人力资本的医疗保健部分的比重。京津冀、长三角、珠三角三大区域人力资本投资结构中对于这部分的投入总体水平较低，投资质量与数量均需要提升。健康型人力资本对劳动者寿命、力量、精力等方面都有积极影响，增加这一部分投入既可以从微观企业角度增加人力资本的边际产出，又可以从宏观经济总体角度降低劳动者的医疗保障成本，提升经济运行的效率。最后，大力提升三大区域内部农村地区劳动者的人力资本投资水平，缩小各区域内部的人力资本投资差异。长期以来，受我国二元经济格局的影响，农村劳动者人力资本投资数量与质量相对落后。从目前全国范围看，这一状况随着经济快速增长总体有所改善。但从区域角度看，区域内部的二元性特征并未显著缩小。因此需要从教育、培训等人力资本形成的各个层面强化对区域内农村人力资本的投入力度，为区域经济的进一步发展挖掘新的潜力与动力。

［作者单位：山东大学（威海）］

《社会养老保险融资模式研究》
内容提要

张建波

社会养老保险资金是社会养老保险制度运行的前提和基础，融资模式的选择决定了社会养老保险制度在财务上是否具备可持续性。社会养老保险融资模式既是一个理论问题，又属于制度与实践范畴，与社会养老保险融资模式密切相关的社会养老保险融资问题已成为当今困扰各国社会养老保险制度可持续发展的瓶颈之一。从养老保险资金收支平衡的情况看，养老保险融资模式可以分成三类，即现收现付制、完全积累制和部分积累制。不同的社会养老保险融资模式具有不同的资金收支平衡规律和影响资金收支平衡的因素，每种融资模式皆蕴含着不同的财务风险，存在不同的收益率，等等。在人口老龄化趋势日益严重、经济增长模式转变和经济增长放缓的背景下，以现收现付制为代表的传统的社会养老保险融资模式亦面临着较大的财务风险。越来越多的国家和地区对养老保险制度的改革方案开始倾向于完全积累制，或多支柱养老保险融资模式体系过渡。与现收现付制融资模式相比较，完全积累制具有能够激励参保人缴费、提高国民储蓄率，以及可避免养老保险计划受到人口老龄化的威胁等优点，但是完全积累制要受到通货膨胀、资本市场发育状况等因素的制约。另外，不同利益群体的态度、转型成本的消化和管理成本的控制也是影响制度运行的关键因素。所以，从现收现付制融资模式向完全积累制融资模式转变还要考虑转轨成本的负担，以及未参保和部分参保人群的社会保障问题（因为完全积累制融资模式的收入再分配功能弱）。另外，在完全积累制下，积累基金的投资回报率的高低也在很大程度上影响养老保险计划的平衡。养老保险及融资模式的改革虽然是一个全球性的问题，但各国还须根据自身宏观经济运行趋势、人口年龄结构的演变趋势和其他社会政治因素确定养老保险制度的主要功能和改革方案。与其他国家相比，我国社会养老保险融资模式面临着许多特有的困难，如我国人口老龄化具有老龄人口绝对数多、未富先老以及地区间分布不均匀的特点，资本市场不发达，人们收入水平不高，就业形势严峻等。所以，与其他国家相比，我国的社会养老保险制度和融资模式将面临更为严峻的压力。

进入 20 世纪 90 年代，随着我国社会主义市场经济体制的建立和老龄化时代的临近，固有的养老融资模式已无法适应市场经济体制和未来的人口年龄结构。人口老龄化必然导致养老保险制度内缴费人数的下降、抚养比上升，养老保险基金面临着收入减少和支出增加的双重压力。养老保险融资模式改革是一项涉及多方利益主体的制度变迁。我国的养老保险制度改革是典型的"旧城改造"，其改革蓝图不仅要包含未来架构，更要包含可行的过渡方案；不仅要考虑养老保险制度自身发展的要求，而且要考虑各方主体参与、推动制度演进的动力机制、约束条件。自 1995 年我国实施"统账结合"的社会养老保险融资模式以来，该制度模式在运行过程中存在不少问题。①社会养老保险覆盖面窄、养老保险缴费率过高、征缴率低。②养老金个人账户空账现象严重。国务院明确提出了融资模式由现收现付向部分积累的转型，但在实践中，职工基本养老保险个人账户只是名义账户，"统账结合"制度改革只是改变了养老金计发办法，并没有改变现收现付的筹资模式。③社会养老保险参保主体缴费积极性不高，养老基金积累部分投资回报不高，以及多支柱养老保险融资模式不合理等。④做实个人账户、建立并筹措社会保障储备基金等工作进展缓慢。做实个人账户、建立社会保障储备基金是我国应对人口老龄化的重要举措，是决定养老保险融资模式真正由现收现付制向部分积累制转型的关键。

我国社会养老保险融资模式的完善，就是要通过科学合理的制度设计来实现社会养老保险制度的可持续性，在养老保险费用合理负担的基础上调动参保主体的参保积极性、减少对经济活动的扭曲。结合养老保险制度改革的进程和发展方向，我国养老保险融资模式的完善可以分为：建立适合我国国情的"NDC + FDC"融资模式，合理负担社会养老保险隐性债务，开征社会保障税为基础养老金和历史成本供款，逐步充实全国社会保障基金建立战略储备。

全书对社会养老保险融资模式的有关理论、实践以及我国社会养老保险融资模式的选择、运行等进行了分析研究，并希望在探求社会养老保险融资模式某些基本规律的基础上，实现我国社会养老保险融资模式的改进。全书共分为六章。第一章阐述了选题的研究意义、国内外研究现状、论文的研究目标、研究内容以及论文力图做出的贡献。第二、第三章为基础理论部分，主要介绍了现收现付制、完全积累制和部分积累制三种社会养老保险融资模式的特点和运行规律，并对现收现付制、完全积累制这两种融资模式，在收益、财务风险、经济效应及对劳动力供给影响等方面的差异进行了分析；在上述分析研究的基础上，分析并总结了影响社会养老保险融资模式选择的因素。在第四章，分析了不同社会养老保险融资模式的实践、改革及我国社会养老保险融资制度的演变。第五章分析现行制度面临的现实压力与潜在挑战，并明确指出当前中国社会养老保险融资制度存在的覆盖面小；社会养老保险隐性债务负担不合理；"统账结合"融资模式不完善，以及多支柱社会养老保险融资体系的现状等；我国在经济社会转轨期间所面临的社会保障资金压力。社会与经济转轨给我国带来了就业压力大、贫富悬殊、产业结构演变等诸多新挑战，这些又影响着社会保障资金的收支。第六章为关于如何完善我国养老保险融资制度对策研究，即合理承担养老保险隐性债务、通过延长人口红利期、完善"统账结合"融资模式等缓解社会保障资金的支付压力，实现我国社会养老保险制度的可持续发展。

具体章节分为：

第一章　导论分为问题的提出、文献综述国外研究、研究思路及内容、研究方法、创新与不足之处等内容

第二章　不同社会养老保险融资模式的比较

2.1　社会养老保险融资模式的类型

2.1.1　现收现付制融资模式

2.1.2　完全积累制融资模式

2.1.3　部分积累制融资模式

2.2　现收现付制与完全积累制两种融资模式的比较

2.2.1　两种融资模式收益水平的比较

2.2.2　两种融资模式的风险比较

第三章　社会养老保险融资模式的经济效应

3.1　社会养老保险融资模式对劳动力供给的影响

3.1.1　对退休决策的影响

3.1.2　对退休前劳动供给决策的影响

3.2　储蓄效应及经济增长效应

3.2.1　不同融资模式的储蓄效应

［作者单位：山东大学（威海）］

"三区联动"创新网络在城市创新
系统中的地位探析

夏　辉　夏　光

21 世纪是科技竞争的时代,科技创新成为各国提升经济和综合竞争力的必然选择,科技创新能力尤其是自主创新能力已经成为决定国家持久竞争力的关键要素。越来越多的城市也将提升自主创新能力纳入城市发展的中长期规划中,并且通过设立各类科技园区来引导和带动城市创新系统创新能力的提升。

通过文献检索笔者发现国内外对科技园区和园区企业创新能力的研究很多,但以往的研究主要局限于对科技园自身的考察,从城市创新体系这个层面来剖析科技园的独特作用则鲜有论述。"三区联动"创新网络作为一种新的创新形态,将为城市创新体系增加新的内涵。因此,探究"三区联动"创新网络在城市创新系统中的作用,一方面有助于构建更为科学、更有实践指导意义的"三区联动"理论体系;另一方面又可以进一步丰富和完善城市创新系统理论。

一　"三区联动"创新网络的内涵

"三区联动"是一个具有中国特色的概念,最早是在 2002 年 6 月由上海紫竹科学园区、上海交通大学及其所在的闵行区委、区政府根据发展实践提出的,复旦大学及其所在的杨浦区委、区政府随后也提出了类似的理念并倡导建立了杨浦知识创新园区。"三区联动"理念的提出,适应了上海及其他城市乃至全国开发区转型的内在要求,并为之提供了一条新思路——以组织(制度)创新促技术创新,以合作创新促自主创新。

"三区联动"理念，也探索出当代社会发展条件下，大学功能延伸的新方式和大学能量释放的新机制。"三区联动"理念，对于推动城市经济发展、产业结构调整、社区文化水平提高，乃至城市功能的重新定位，都有深远影响。"三区联动"的更大价值体现在能够增强我国的自主创新能力上。因此对"三区联动"理论体系进行完整构建对于城市和国家自主创新能力的增强都具有重大的现实意义。

"三区联动"是大学（特指研究型大学）校区、科技园区与公共社区（特指市的直属行政单位——区）三者紧密结合、互动发展的区域创新网络。"三区联动"应包括"三区融合"和"联动发展"两层含义。所谓"三区融合"是指地理上紧邻的大学校区和科技园区与二者所在的公共社区之间在资源和功能上紧密结合，这种结合可以通过制度性安排（如互相参股、成立管理委员会等）以及非制度性安排（如文化环境）达到。所谓"联动发展"是指大学校区、科技园区与公共社区三者在共同目标的指导下，通过资源共享、功能分工、协同发展，形成强有力的区域创新集聚，从而强化和提高各自以及整体的创新能力。

简言之，"三区联动"是一个以大学校区为依托，以科技园区为平台，以资源在公共社区的集聚、共享、融合为抓手，形成强有力的区域创新集聚氛围的区域创新网络。其中，大学校区是源头，科技园区是主体，公共社区是保障。"三区联动"可以更好地促进大学发挥科技、知识和人才的"溢出效应"，促进科技园区发挥科技成果转化的孵化功能，提高社区的人才素质和促进产业结构升级，推动城市和国家自主创新能力的提高。

二　城市创新系统理论综述

约瑟夫·熊彼特（Joseph A. Schumpeter）在 1911 年出版的德文版《经济发展理论》一书中，首次使用了"创新"（Innovation）概念；1928 年熊彼特在《资本主义的非稳定性》一文中首次提出创新是一个过程的观点。在 1933 年出版的《商业周期》一书中，他对创新理论进行了详尽的论述。

熊彼特及其追随者的创新理论主要停留在技术过程本身，属于"线性范式"的创新研究。但是后来越来越多的理论分析和实证研究发现，来自外部的信息交换及协调对于创新具有重要影响和作用，它可以有效克服单个企业在从事复杂技术创新时的能力局限，降低创新活动中的技术和市场的不确定性。这样，创新研究的视角逐渐从企业内部转向企业与外部环境的连续和互动上，从而导致技术创新研究"网络范式"兴起。

"网络范式"最初应用在国家层面上，形成了"国家创新系统"（national system of innovation）理论。国家创新系统这一概念是由弗里曼（Christopher Freeman）于1987年研究日本的创新系统时首次提出的，他将国家创新系统定义为"由公共和私人部门机构组织的网络，它们的活动和相互作用促成、引进、改变和扩散了各种新技术"。除了弗里曼，波特、伦德瓦尔、纳尔逊、爱德奎斯、巴特尔和巴维特也是这一理论的重要代表人物。弗里曼、巴特尔、巴维特以及中国学者柳卸林还分别提出了自己的国家创新系统模型。

在实践中有些学者发现，创新网络的成效似乎与创新主体的空间分布有很大关系，尤其是地理上的邻近带来了维持并强化技术创新所需的重要支撑因素，如文化的认同和相互信任等。20世纪90年代以后，区域创新系统（regional innovation system）得到了发展。英国的库克教授在《区域创新系统：全球化背景下区域政府管理的作用》一书中，将区域创新系统定义为：由在地理上相互分工与关联的生产企业、研究机构和高等教育机构等构成的区域性组织体系，在这个体系内企业和其他组织通过根植性的制度环境相互学习并产生创新。在区域创新系统的要素和结构分析的研究方面，魏格、库克、逊斯托克都构建了自己的区域创新系统模型。国内学者主要从区域创新系统的含义、特征、功能、组织模式、区域创新网络对企业创新的影响、区域创新系统中的知识外溢效应等方面进行了深入研究。

在区域创新系统理论基础上，一些学者又提出了城市创新系统理论，并且对城市创新系统各自进行了界定。王铁明等认为，城市技术创新体系是基于城市角度，以追求创新各要素效率最大化为目的，协调城市公共和私有部门组成的组织和制度网络，从而推动新知识和技术的创造、扩散和使用的顺利进行。张德平认为，城市技术创新体系是指由相关的知识机构（企业、大学、科研院所、中介机构等）组成的，为了促进经济增长和社会进步，在各组成部分之间生产、传播、引进、扩散和应用新技术、新知识，并将创新作为系统变化和发展关键驱动力的体系。赵黎明等认为，城市创新系统是指在以城市为中心的区域内，各种与创新相联系的主体要素（创新的机构和组织——企业、政府、大学、科研机构和中介组织）、非主体要素（创新所需的物质、资源条件）以及协调各要素之间关系的制度和政策在创新过程中相互依存、相互作用而形成的社会经济系统。

范柏乃认为，城市创新系统是指组合城市范围内的一切可以利用的人力、技术、资金、设施等资源，以激发创新欲望、提高技术创新能力、建立有效的创新机制和服务于城市经济和社会发展目标为导向，由城市内的企业、大学、研究机构、金融机构、中介服务机构和政府等行为组织构成的创新网络。隋映辉等认为，城市创新系统可以表示为城市创新的扩散效应和科技产业聚集效应的矢量集合，以及一个独特科技、经济、社会结构的自组织创新体系和相互依赖的创新生态系统。以创新城市系统为核心节点，以科技产业和创新企业关联为组织节点的创新生态系统和网络群，将在协同创新中进一步联结城市各个创新节点（产、学、研、政府等），构成创新系统网络，并融入区域创新、国家创新系统组成的系统结构。

笔者较为认同隋映辉等对于城市创新系统的界定，该定义不仅对城市创新系统自身特征进行了描述，较前人不同的是，该定义更揭示了城市创新系统作为一个中观的区域创新系统，在微观创新系统和宏观创新系统之间重要的桥梁和纽带作用。因此本文对于城市创新体系的界定将引用该定义。

三 "三区联动"创新网络在城市创新系统中的地位

如上文定义所述，城市创新系统是国家创新系统的基础和重要组成部分，也是连接微观创新系统和宏观创新系统的重要的中观区域创新系统。而"三区联动"作为一个开放的区域创新网络，包含了网络内的大学创新系统和企业创新系统，并且通过这两个创新系统彼此紧密连接和交换，以及与所在社区和区外在信息、技术、人才、知识、资金等方面的交换，与城市创新体系紧密联系在一起。笔者认为，"三区联动"区域创新网络构成了城市创新系统的重要组成部分，因为"三区联动"的主要创新源——研究型大学和科技园区高新技术企业——同样也是城市创新系统的重要节点。下面笔者通过模型来解析"三区联动"创新网络在城市创新系统中的地位。

令 $$U_i = (x_i + k_i x_i^d)^\beta (y_i + k y_i^d)^{1-\beta},$$

其中：x_i 表示对原始创新 x 的自给量；y_i 表示对集成创新和引进消化吸收再创新 y 的自给量；x_i^d 和 y_i^d 分别表示对 x 和 y 的市场购买量。

$$x_i + x_i^s = a_{ix} l_{ix}, \quad y_i + y_i^s = a_{iy} l_{iy}, \quad 并且 \, l_{ix} + l_{iy} = 1$$

a_{ix} 和 a_{iy} 分别表示生产 x 和 y 的劳动生产率，l_{ij} 表示类型 i 生产商品 j 的科研劳动量。

情境（一）："三区联动"与其他城市创新子系统都分别致力于三类自主

创新。

在这种情况下，我们可以得出结论：

$$x_i, \ y_i > 0, \ x_i^s = x_i^d = y_i^s = y_i^d = 0$$

令 $i = 1$，2（其中 $i = 1$ 代表"三区联动"区域创新网络，$i = 2$ 代表城市创新系统中的其他创新子系统），则：

$$U_1 = (\beta a_{1x})^\beta \ [\ (1 - \beta) \ a_{1y}]^{1-\beta}, \ U_2 = (\beta a_{2x})^\beta \ [\ (1 - \beta) \ a_{2y}]^{1-\beta}$$

情境（二）："三区联动"与其他城市创新子系统进行自主创新的分工。

在这种情况下，我们可以得出结论：

$x_1 > 0, \ x_1^d = x_2 = 0$；$y_1 = y_2^d = 0, \ y_2 > 0$，并且 $x_1^s = k y_1^d$（其中 k 为交易效率），

$$U'_1 = [\frac{\beta k a_{2y}}{(1 - \beta) \ a_{1y}}]^{1-\beta}, \ U'_2 = [\frac{(1 - \beta) \ k a_{1x}}{\beta a_{2x}}]^\beta$$

如此，可得出：

$$U_1 < U'_1, \ 当且仅当：(\beta a_{1x})^\beta \ [\ (1 - \beta) \ a_{1y}]^{1-\beta} < [\frac{\beta k a_{2y}}{(1 - \beta) \ a_{1y}}]^{1-\beta} \tag{1}$$

$$U_2 < U'_2, \ 当且仅当：(\beta a_{2x})^\beta \ [\ (1 - \beta) \ a_{2y}]^{1-\beta} < [\frac{(1 - \beta) \ k a_{1x}}{\beta a_{2x}}]^\beta \tag{2}$$

政府对科技创新收益的税收用 T 和 T' 表示，则：

在情境（一）下：

$$T = t \ (U_1 + U_2) \ = t \ [\ (\beta a_{1x})^\beta \ [\ (1 - \beta) \ a_{1y}]^{1-\beta} + (\beta a_{2x})^\beta \ [\ (1 - \beta) \ a_{2y}]^{1-\beta}]$$

在情境（二）下：

$$T' = t \ (U'_1 + U'_2) \ = t \Big[\Big(\frac{\beta k a_{2y}}{(1 - \beta) \ a_{1y}} \Big)^{1-\beta} + \Big(\frac{(1 - \beta) \ k a_{1x}}{\beta a_{2x}} \Big)^\beta \Big] - c$$

其中，c 表示政府为了保障交易双方顺利进行交易而所花费的成本。

则 $T < T'$，当且仅当：

$$t \ [\ (\beta a_{1x})^\beta \ [\ (1 - \beta) \ a_{1y}]^{1-\beta} + (\beta a_{2x})^\beta \ [\ (1 - \beta) \ a_{2y}]^{1-\beta}] < t \Big[\Big(\frac{\beta k a_{2y}}{(1 - \beta) \ a_{1y}} \Big)^{1-\beta} +$$

$$\Big(\frac{(1 - \beta) \ k a_{1x}}{\beta a_{2x}} \Big)^\beta \Big] - c \tag{3}$$

由（1）（2）得：

$$k > \max\left[\frac{(\beta a_{1x})^\beta \left[(1-\beta) a_{1y}\right]^{2(1-\beta)}}{\left[\beta a_{2y}\right]^{1-\beta}}, \frac{(\beta a_{2x})^{2\beta} \left[(1-\beta) a_{2y}\right]^{1-\beta}}{\left[(1-\beta) a_{1x}\right]^\beta}\right] \tag{4}$$

将（4）带入（3）中得：

$$c < t\left[\left(\frac{\beta k a_{2y}}{(1-\beta) a_{1y}}\right)^{1-\beta} + \left(\frac{(1-\beta) k a_{1x}}{\beta a_{2x}}\right)^\beta - (\beta a_{2x})^\beta \left[(1-\beta) a_{2y}\right]^{1-\beta}\right]$$

且如果 a_{1y} 和 a_{2x} 越低，分工收益越加明显。即城市创新系统中各个创新子系统可以通过各自不同的分工定位，来提高各自的自主创新效率和能力。从模型可知，由于"三区联动"区域创新网络中的研究型大学和高新技术企业是城市重要的创新源，通过专注于生产 x 产品，即专注于原始创新来充分发挥其研发实力和研发人才上的比较优势；而其他城市创新子系统可以通过专注于生产 y 产品，即专注于引进"三区联动"以及其他国内外原始创新，并在此基础上通过集成创新和消化吸收再创新，来提高自身的自主创新能力。通过上述研发分工，分工效益明显增加，表现为整个城市创新系统的创新效率、创新能力和创新水平不断提高。

由于原始创新是自主创新的基础和永动力，因此专注于原始创新的"三区联动"区域创新网络在整个城市创新系统中自然就占据了重要地位，其直接关系到城市创新系统的健康持续发展。

四 "三区联动"创新网络在城市创新系统中的作用

既然"三区联动"创新网络承担着城市创新系统中原始创新的重任，对于提升城市创新系统的持续创新能力起到重要作用，那么"三区联动"创新网络在城市创新系统中又是如何发挥其作用的呢？

（1）"三区联动"可以促进知识在城市创新系统内有效溢出和扩散：由于知识溢出存在一定的空间局限性，因此专注于原始创新的"三区联动"区域创新网络对所在的城市创新系统的空间溢出效应和扩散效应相对更为显著。"三区联动"可以通过构建一个有效的空间集聚区，创造促进知识（尤其是不可编码知识）流动的正式和非正式交流的空间氛围，从而促进知识在城市创新系统内空间最大化的溢出和扩散，带动区域内的其他创新活动，增强整个城市创新系统的创新能力。

（2）"三区联动"可以在城市创新系统内构造有利于创新集聚的网络平台："三区联动"可以通过制度性安排将研究型大学、科技园区和所在社区结成一张空间创新网络，研究型大学、科技园区和行政社区既是创新网络中紧密互动的节点，又是促成新节点产生的动力来源。知识在"三区联动"这一创新网络中的流动和碰撞，产生聚变和裂变反应，使得网络创新与研究型大学、科技园区或行政社区各自为营相比，成本更低、速度更快、反应更敏捷、潜力发挥得更大。

同时，通过"三区联动"，将大学、科技园区、行政社区的资源共享，为大学、科技园区以及行政社区提供了更为广阔的学习平台、交流平台和创新平台，使创新可以在更多层面、更多环节产生，从而更好地发挥区域创新网络的功能。

"三区联动"可以通过在城市创新系统内构造有利于创新集聚的网络平台，吸引城市创新系统外更多的创新资源向系统内聚拢，从而形成更大空间范围内的创新集聚，带动整个城市创新系统创新能力进一步提高。

（3）"三区联动"可以促进区域创新的动态、开放和可持续进化："三区联动"可以构建一个研究型大学、科技园区和行政社区相互依赖、相互促进的区域生态创新网络。其动态特性可以促进个体（大学、科技园区、行政社区）动态循环以及整个"三区联动"系统的动态循环；其开放特性可以使系统和个体根据创新需要和目标来调动和吸收外部的创新资源，从而完善内部的创新结构，同时可以通过对外部环境的适度改造，创造更适宜的系统生存环境；其可持续进化特性可以促使系统以及个体不断适应动态变化的环境，并不断地由低级向高级发展。"三区联动"创新网络的动态、开放和可持续进化特性可以带动城市创新系统创新环境的改善，推动整个城市创新系统趋于动态、开放和可持续进化，促进整个城市创新系统良性、健康和可持续发展。

（4）"三区联动"可以通过与其他子系统的结网来提高城市创新系统的自主创新能力：不仅"三区联动"区域内的研究型大学和高新技术企业是城市创新网络的重要节点，整个"三区联动"区域创新网络同样也构成城市创新网络上的重要节点，通过与城市创新系统中其他子系统的交流和合作而紧密结网，创新思想在城市创新系统内更广泛的地域发生聚变和裂变，进一步增强城市的知识、人才、技术和文化储备，增强城市的知识运用能力，促进创新氛围的形成，使城市创新系统更加完善，从而提升整个城市乃至国家创新系统的自主创新能力。

（5）"三区联动"可以促进微观创新系统与中观、宏观创新系统有效对接：以"三区联动"创新网络为桥梁，可以将微观创新系统（企业、大学、科技园区等）与城市创新系统、国家创新系统更为有效地对接。并通过创造充满活力的区域创新网络，提升企业、大学和所在的城市创新系统的活力和竞争力。

综上，"三区联动"创新网络在城市创新系统中占据引领原始创新的重要地位，通过其扩散、集聚和紧密结网等可以进一步提升自身乃至城市创新系统的自主创新能力。因此，笔者认为，应该重点引导和扶持代表性"三区联动"创新网络的建设和发展，使其在城市创新系统乃至国家创新系统中发挥更大作用。

[作者单位：山东大学（威海）　华东师范大学]

推进组织工作改革创新

杨万友

在新的历史起点上全面推进中国特色社会主义事业，必须大力推进党的建设和组织工作改革创新。近年来，乳山市坚持与时俱进、积极探索，在继承的基础上持续不断地推进组织工作改革创新。

一　实行选拔任用全程纪实，不断加快干部人事制度改革

近年来，乳山市在推荐提名上，实行定位公推，把首次提名权交给群众；在选拔环节上，引入竞争机制，把公平参与权交给干部；在酝酿讨论上，实行常委会票推、全委会票决，把最终决定权交给全委会；在延伸监督上，实行全方位、多层次监督，把优劣评判权交给社会，提高了选人用人的公信度和党员群众的满意度。在此基础上，我们认真贯彻党的十七大和全国组织工作会议精神，抓住有利时机，全面推行干部选拔任用全程纪实。在提名制度上，进一步完善定位公推办法，规范干部提名主体、程序和责任；在考察方法上，完善干部考核评价指标体系，实行干部作风民意调查、工作绩效延伸考察，加大经常性考察力度；在评价手段上，探索影像纪实办法，对关键环节进行实况录像，为常委会票推、全委会票决干部提供多媒体资料，提高干部评价的客观性、公正性；在选拔方式上，完善公开选拔、竞争上岗、公推直选等竞争方式，扩大群众参与率范围，让选人用人权在阳光下运行。通过全程纪实，进一步明确干部选拔各个环节的工作目标、纪实内容和监督要点，健全责任追究、档案管理等配套制度，形成事前预防、事中规范、事后追究的干部选拔任用和监督管理科学机制。

二　深入完善党内组织制度，不断 加强党内基层民主建设

围绕推进党内民主，积极探索，形成了市镇村三级联动、整体推进的良好局面：在市一级进行党代会常任制试点，在镇一级进行党代表直选镇党委领导班子试点，在村一级实行"两推直选"村党支部书记。今年，按照不断扩大党内民主的要求，重点抓好和推进三项试点工作。一是党代会常任制试点。组织好党代会年会，加强民主集中制建设，完善票决制，深入探索党内决策、监督等方面的新做法和措施。二是党代表任期制试点。研究制定代表任期制意见，探索党代表在党代会闭会期间履行职责、行使权利、发挥作用的有效途径和方法。三是党组织候选人推荐办法试点。坚持基层党组织领导班子成员候选人由个人自荐、党员群众公开推荐与上级党组织推荐"三个推荐"相结合，规范"公推直选"办法，改进候选人提名方式、介绍方式及选举方式，进一步扩大领导班子直选范围。

三　建立基层党建质量管理体系， 不断加强基层组织建设

近年来，乳山市突出四个重点规范提升，创新用人标准，创新管理方式，创新组织设置，创新互助机制，强化了基层党组织功能。今年，在深化"三级联创"活动中进一步总结完善，借鉴 ISO 质量认证理念，全面推行基层党建工作质量管理体系，按照"干什么、为何干、谁来干、何时干、怎么干、干到什么程度"等要求明确目标、规范流程、明晰责任、严格评价，对基层党建工作实行全程化、规范化管理，提高工作质量和水平。同时，实行镇党委落实基层党建工作责任制情况报告制度，深化村干部任期目标管理，抓好包镇包村工作和活动场所建设，不断增强基层党组织加快农业特色产业基地建设的能力；推进"两新"组织党的建设，通过加强企业党的建设，为"工业立市"战略的实施提供有力的组织保障。

四 突出主体地位、发挥主体作用，
不断加强党员队伍建设

采取四项措施突出党员主体地位，发挥党员的主体作用。一是深化党员目标承诺制，抓实"三诺两评一考"，评选表彰一批"践诺标兵"，切实发挥党员的先锋模范作用。二是实行城乡党员一体化管理，在各党委建立流动党员服务站的基础上，进一步加强人才、劳动、军转、社区、市场流动党员服务中心建设，发放流动党员联络卡，探索网上接转组织关系。三是完善党内关怀机制，组织老党员老干部开展观摩视察、走访慰问、结对帮扶，落实老党员、困难党员生活补贴，及时兑现农村干部补贴奖励，为全市离退休老干部配备保健医生。四是健全党员经常性教育机制。建设多媒体综合应用系统，通过音频、视频、文字等实时双向互动，实现点对点、点对面的网络会议、教学辅导、视频点播，实现基层站点在线情况、会场实况、学习内容的视频监控，实现对站点软件安装与卸载等远程技术指导服务；整合部门、人力、设备资源，推进课件开发、科技致富、文化共享工程，加强示范点和致富示范基地建设；拓展应用领域，开展"远程教育见实效"活动，实行网上财务公开、技术培训和信息发布制度。

五 提高贯彻落实科学发展观的能力，
不断创新干部教育培训工作

一是培训机制不断创新。在实行课题招标、学分制管理的基础上，进一步完善菜单式选学、培训经费保障等机制，突出实践特色，开展好学习实践科学发展观活动，推进科学发展取得实效、人民群众普遍受益。二是培训内容不断丰富。开展培训需求情况调查，按照科学发展要求，根据干部需求更新培训内容，突出抓好十七大精神和中国特色社会主义理论体系武装，提高干部理论素养和政治素质，把科学发展观内化为干部的思想境界和自觉行动。同时，针对培训对象的差异性，突出培训内容的针对性，增强培训效果。三是培训方式不断改进。在坚持"走出去学"与"请进来讲"相结合，组织干部赴清华大学、苏州农村干部学院参加培训，邀请知名专家教授举办讲座，通过上派挂职、横向交流、涉外锻炼等形式组织年轻干部赴部厅学习，到基层锻炼的基础上，进一步探索建立市级领导自主选讲、培训基地动态管理制度，推广小班化培训、专题性研讨新方式，开办"乳山讲坛"，切实增强培训的层次的质量。四是培训范围不断拓展。抓好党政领导干部、农村干部培训的同时，强化党务工作者、企业经营管理者、专业技术人员以及青年干部、组工干部和国家公务员等培训，全面提高干部贯彻落实科学发展观的自觉性。

六　树立"讲党性、重品行、作表率"新形象，不断创新组工队伍建设

着重从四个方面落实全国组织工作会议关于加强组工干部队伍建设的要求。在思想上，扎实开展十七大精神学习培训，推行"每日一省"做法，引导干部及时反思自省，统一干部思想、坚定政治立场、增强党性品行。在能力上，把今年作为"素质提升年"，在组工政工干部中开展主题实践活动，为每名组织政工干部确定一个镇、村、企业、机关党支部和困难党员作为联系对象，采取专家辅导讲学、月份文章促学、网络交流评学等十项措施加强学习，切实提升党性觉悟、道德品行、知识内涵、业务水平、综合能力。在创新上，实行课题立项、全员调研、成果奖励等制度，鼓励干部大胆探索，促进工作与时俱进。在效能上，实行"一线工作法"，推进工作重心下移，改进工作方法，提升工作效能，努力把组织部门建设成为党性最强、作风最正、工作出色、党和群众都满意的部门。

（作者单位：中共乳山市委组织部）

新形势下加强文明社区建设的思考

张丽峰　毕　伟

社区是城市的细胞，是居民生活的重要场所，社区建设是社会建设的重要组成部分。改革开放以来，随着社会主义市场经济的深入发展，我国城市社会生活发生了深刻而复杂的变化：一方面，原来计划经济体制下的"单位"不再是功能齐全的社会单元，大量社会管理和社会服务职能从政府和企业中转移和剥离出来，由社区来承担；另一方面，城市家庭小型化、人口老龄化、消费多样化、外来人口急剧增加趋势日益明显，迫切需要做好居民的教育、管理和服务工作。如何适应形势的发展变化，把社区建设成为管理有度、服务完善、文明祥和的生活共同体，促进城市经济、政治、文化、社会建设各项工作有机结合，成为当前各级党委政府及社会关注的重要问题。

一　充分认识加强文明社区建设的重要意义

首先，文明社区建设是推动城市文明的有效途径。文明社区是城市改革和社会发展进程中出现的新事物。党的十七大报告中指出：要以增强综合承载力为重点，以特大城市为依托，形成辐射作用大的城市群。这为城市细胞——社区，提出了新的更高标准要求。文明社区是把精神文明建设任务落实到基层的新载体，也是促进城市经济社会发展的综合性平台，它把争创文明市民、文明家庭、文明楼院、文明小区等不同层面的创建活动串连起来，有利于改善城市综合环境，有利于提高群众生活质量，有利于带动城市文明程度的提高。

其次，文明社区建设是提高市民素质的有效途径。城市的文明程度，不仅体现在整洁的市容、完善的基础设施等硬环境建设上，更体现在良好的社会秩序、和睦的人际关系、向上的社会风气等软环境上。改革开放 30 年来，我国城市建设发生了翻天覆地的变化，为促进社会的文明进步提供了新的机遇，创造了新的平台。但城市的发展并不意味着市民的文明素质和城市文明程度成正相关，现实生活中的一些矛盾和问题仍然很突出，如践踏绿地、随地吐痰、城市"牛皮癣"等现象没有得到根除，这些都是市民文明素质低的具体表现。只有加强文明社区建设，让市民参与文明创建活动，使他们受到高尚道德熏陶，培养现代文明意识，形成文明言行举止，参与城市发展管理，才能改善城市综合环境，改善生产生活条件，提高生活标准质量，满足居民学习知识、掌握技能、强身健体、娱乐身心等多方面的文化需求。

再次，文明社区建设是推进城市现代化的有效途径。城市的现代化水平，是衡量一个国家经济社会发展水平和现代化程度的重要尺度。在推动我国城市现代化的进程中，通过广泛开展思想道德和科学文化素质教育，人们在经济建设中更加注重道德标准、价值取向和精神追求，实现文化要素和生产力要素的融合，先进文化与现代化管理的融合，文化资源与经济资源的融合，使城市的宏观经济体系充满活力，微观经济主体富有创造力，促进社会事业发展，建设和谐文化，完善社会管理，改善生态环境，提高城市品位，保持生态平衡和良性循环。

二 当前文明社区建设的现状及面临的问题

随着城市化和工业化进程的进一步加快及外来人口的急剧增加，社区的发展进入了新的转型期，大量的"农民"逐渐变为"市民"，大量的"单位人"变成"社会人"，社区建设越来越被重视，纷纷采取多种得力措施，进一步规范社区管理，努力营造良好的生产生活、创新创业的发展环境。以高区为例，高区建区以来，居委会发展到目前有 24 个，这些居委会在系列文明创建活动中发挥着重要作用。近年来，高区党工委、管委注重民生，不断加强社区建设，成立了创建活动领导小组，下发了《创建示范社区工作规范》《在全区开展文明社区创建活动试行意见》等规范性文件，并根据社区发展形势和居民需求，加大投入力度，累计投入资金 500 多万元，建成了一批社区服务中心、社区服务站和文化活动室、图书室，初步形成了卫生、治安、就业、计生等社区服务网络。以初村医院、金海湾医院、佛顶山医院为龙头，以 14 个社区卫生服务站、中心卫生室为骨干，以 18 个基层诊所为辅助的半径 15 分钟社区卫生计生服务圈已经形成。投资 1.9 亿元，新建、改建、改造校舍 3

万平方米，使全区中小学校舍楼房化。投资 3400 万元新建、扩建的钦村、毕家疃、田村三所小学，建筑面积 2 万平方米，有效满足了居民子女的入学需求。改造了初村、田村两所敬老院，2.3 万平方米的东发老年公寓已破土动工。启动了社区救助中心，建立了阳光超市，及时救助特困居民，真正使改革发展成果惠及居民。推出了"瀚海情"广场文化品牌，催生出老年体协、舞蹈队、锣鼓队等民间活动组织，积极引导广大居民参与社区建设，投身社区创建，居民素质得以提高，社区水平明显提高，文明新风处处扬。到目前，省级文明社区 7 个，市级文明社区 3 个，区级文明社区 14 个。做到了以社区促和谐，以和谐促文明，实现了由传统生产生活方式向现代化生产生活方式的转变。

从形势发展要求看，从居民迫切需求看，从与先进地区的比较看，文明社区建设中还存在一些亟须解决的问题，表现在以下方面。一是体制上的差距。社区设施投入和公共服务，政府担任"主角"，必须建立长效稳定的财政保障机制。虽然在社会事业方面投入力度较大，但社区居委会除工资、三金有所保障外，办公经费寥寥无几，没有创收机制和渠道，形成办事无钱、无钱办事的被动局面。二是设施上的差距。社区办公用房是最基本的条件。目前居委会办公室拥挤，条件较差，面积较小，大部分是租用的，不仅满足不了办公需要，更谈不上建设图书馆、活动室等其他硬件设施。三是人员上的差距。社区人员应是一支精干、泼辣、扎实的工作队伍。现有的工作人员存有文化素质低、业务能力差等问题，难以适应工作需要。同时，每个社区居委会只有三名左右工作人员，存在人员少、待遇低等问题。四是规模上的差距。社区要科学规划，规模合理，资源共享。目前社区规划存有规模小的问题，既造成工作人员上的浪费，又在管理上不方便，还不能达到资源共享的要求。五是功能上的差距。为居民提供全方位、人性化服务，使"小社区、大社会"在社区得以充分体现。由于受硬件设施的制约，达不到"七室六站"的要求，服务功能不健全，满足不了居民需求。

三　加强文明社区建设的主要途径

文明社区建设的主体是居民。要围绕环境优美、秩序优良、服务优质、管理优化等方面，努力建设管理有序、文明祥和的新型社区。

（一）广泛开展社区教育，着力提高居民素质

社会现代文明取决于居民思想道德素质。要把建设社会主义核心价值体系作为文明社区创建的首要任务，坚持以思想道德为核心，大力弘扬爱国主义、集体主义、社会主义思想，加强社会道德、家庭素质、个人品德建设，引导人们自觉履行法定义务、社会责任、家庭责任，增强诚信意识，让加强思想道德教育过程成为加强文明社区建设的过程，不断提高居民的整体文明素质。

（二）加强基础设施建设，搞好环境综合整治

要结合城中村旧村改造的契机，有计划、有步骤地完善社区设施，高标准规划，高水平建设，突出社区特点。要在规划中尽可能地留足社区公益性用房，把好小区规划设计、公共设施配套图纸会审和竣工验收关口，建设好图书馆、文艺排演室、游艺活动室、文化活动广场和健身场所，努力建设和开辟更多面向广大居民的公益性文化体育场所，实现社区资源共享。要发挥好职能部门和物业管理部门的作用，成立卫生清洁队伍，美化绿化生活小区，改善人们的生活环境。要舍得花钱买平安，成立治安巡逻队，增设电子监控等先进防控设施，维护社区秩序，为居民安居乐业提供保障。

（三）积极发展社区服务，不断提高服务水平

紧紧围绕居民"求知、求乐、求美、健康、安全"等需求，积极开展科技、文体、法律、卫生四进社区活动，提供全面、方便、优质的综合性、系统化服务，真心诚意地为群众在生活上解难，思想上解惑，精神上解闷。科技进社区。围绕"讲科学生活，建文明社区"主题，组织专家、学者、志愿者在社区与居民共同举办科普读书、科普讲座、科普报告等各类活动，建设科普画廊、科普宣传栏等，引导居民增强科学意识，破除愚昧思想和落后习俗，让科学思想在社区广泛传播，科学精神在居民心中深深扎根。文体进社区。要充分利用社区各类文体设施，经常组织有社区特色、丰富多彩的群众性文体活动，如歌咏、摄影、书画、演讲、舞蹈、健身等表演和展示，大力开展广场文化、楼院文化、家庭文化，丰富居民精神文化生活，增强社区文化凝聚力，使社区文化呈现"周周有活动，月月有高潮，处处有亮点，区区有特色"的生动局面。法律进社区。要积极协调公安、法院、公证部门，与社区建立长期指导服务制度，广泛开展法律咨询、法律援助等活动，及时化

解各种矛盾和问题，维护社区稳定。要建立健全居民行为规范准则，引导社区居民增强遵纪守法意识、安全防范意识，自觉同违法犯罪行为做斗争。卫生进社区。要按照15分钟服务半径要求，建立完善的社区卫生服务站，做到科室、床位、人员、设备到位。要建立健全居民健康档案，定期开展预防、医疗、保健、康复、健康、计划生育"六位一体"的社区卫生服务，形成"小病在社区，大病到医院，康复回社区"的服务格局。要设立社区服务窗口，建立人口学校、计生服务室和智能化药具发放机，为社区居民提供优质便捷的医疗卫生服务。

（四）坚持可持续发展思路，健全完善社区组织体系

一是调整好社区规划。按照方便管理的原则，对现有社区进行重新划分，做到规模适当，科学合理。二是配备好工作人员。按照标准要求，挑选工作作风好、服务热情高、责任心较强的人员充实到社区管理队伍中来。要落实好居委会工作经费和工作人员的生活补贴，按标准落实工作经费和工资福利待遇。要适当下放给居委会部分收费权力，增加服务项目，拓展服务领域，做到费随事走，权随费走。要制定扶持社区经济发展的优惠政策，鼓励个人投资兴办社区服务的福利性经济实体，避免"无钱不办事"的被动局面。三是建立居民代表会议制度和驻区单位协商议事制度，满足社区共建、资源共享的要求。

（作者单位：中共威海高区党工委宣传部）

法律方法的普遍智力品格及其限度
——从法律方法与法学方法称谓争论谈起

张传新

从当前学界关于法律方法和法学方法的研究对象、目标、核心等问题的界定来看，虽然对于究竟应该称为法律方法还是法学方法等名称存在争议，但是在某些基本问题和立场上还是达成了初步的共识：都是"根据法律的""司法场域的""法律内在视角的""在事实与规范之间的"方法。如果在核心观点上没有争议，那么，目前异常激烈的称谓之争似乎就有点无谓无聊了。事实上，恰恰是这些争论反映出的学术失范本身促使我们反思法律方法应具有什么样的品格，而这些品格既保证了法律方法所欲实现的目标，同时也划定了法律方法的界限，使某些方法能够成为法律方法，有些则不能。

一 关于法律方法与法学方法等概念 之争反映出的学术失范

对于知识的理性表达和回应必须基于明确、清晰的语言。只要一个人对检核关于一个问题、难题或境遇的论证的质量感兴趣，那么，普遍智力标准就必定被用于思维。这些标准主要有：清晰性、正确性、精确性、一致性、相干性、逻辑性、深度、广度和公正。这些标准有些是可以通过量化、形式化分析达到高度的精确，如根据某种逻辑理论判定表达的形式一致性和有效性，有些标准则是模糊的，如广度、深度等。基于一般常识的论辩对于这些标准并不做严格要求，即使在存在语言模糊、歧义的情况下，并不妨碍正常的语言交流，因此，不必在这样的语境下片面追求语言的精确性，毕竟效率、成本等也是衡量语言交际的重要标准。但是，对于严格的学术研究，甚至在一切严肃的语境下，对这些标准的遵守就必须是严格的，这些标准构成了有效学术交流的前提，或者说基本的学术规范。然而，我们考察关于法律方法抑或法学方法之争的许多议论并不是基于这些标准做出的，与其说是学术观念之争，不如说是基于模糊概念的口舌之争，这样的争论虽不能说没有任何意义，但意义也不大。舒国滢教授在谈到为什么中国法学需要重视方法论时说："我们的法学未曾受到过严格方法论的'规训'，以致我们的学者难以保持理性、严谨和科学的问学态度，难以保持思想谦抑的心情，难以抵制形形色色的思想诱惑和恣意表达思想的冲动；在我们的法学思考中常常可以发现学术传统的断裂、思想链条的中断、思想进路的混乱和思想鸿沟的无力跳跃，缺乏细致入微的分析、论证和说理。而法学方法论的研究，从另一个侧面为我们的法学提供了一种关照的镜鉴，一种特殊的精神气质和建立法学知识标准的某种进路。正是这些议论促使我们反思，法律作为息争止讼的手段，它应该采用什么样的方法，这些方法应该是什么样的标准，它们应该具有什么样的品格？"其实，舒国滢教授的批评并不表明只有我国当代法学研究才具有这种"法学伪劣知识无序积累"的特色，这并不是法学著作中的一种偶然现象。例如，被称为美国法律史上最伟大的先贤的霍姆斯，他一生致力于对法律逻辑主义的批判，然而在其著作中，逻辑一词至少具有五种不同的含义。①"逻辑"大约相当于"有判断力的""合理的""正当的""明智的"这一系列概念的同义词。②"逻辑"作为三段论推理（或者其他形式推理）。③"逻辑"作为和几何学类似的形式推理系统，包括公理、推理规则、定理。④"逻辑"作为理性的可辨别的因果关系的模式。⑤"逻辑"作为一系列的论证方式，它们各自有固定的形式有区别于其他。而他所批评的"不是逻辑在法律发展中的重要作用，而是那种相信'在法律发展中唯一发挥作用的力量是逻辑'这种观念"。而这种观念只是霍姆斯虚构出来的稻草人。这种误解也存在于20世纪著名法学家哈特与德沃金的论战之中。而在20世纪发生在哈特与德沃金、富勒等人之间的论战中，哈特面对批评，不无委屈或无奈地说："事实上，这从来都不是我的看法。"哈特认为，在某些情况下，对语言运用的理解为法理学创造意义重大的结果。"这些情况是：由于未能辨识那些背离了一些默认惯例的语言运用方式，导致出现很多困难的情况；或者某些截然不同的表达方式被错误地混同于某种常见方式的情况。一些误导性的法理学理论，……在一定程度上就以这些方式而产生了。"因此，"运用语言哲学有益于澄清大部分的误解与混淆"。"一个法律体制常常还有其他资源用于其规则的表述中。""它表明了这样一种学习法律的方式的必要性——在其他学科背景的参照下学习；以及培养这样一种意识的重要性：意识到无言的预设、常识以及道德目的影响法律并涉入裁决的方式。"

二　法律方法的理性基础

如果说在法学理论研究中存在误解，还能够给论战双方提供批判的由头，进而促进法学理论表面的繁荣，进而推动法学理论不断向新的领域拓展的话，作为直接调整社会经济甚至生命权利的司法绝不允许如此草率鲁莽。法律便是限制法官任意裁断的规则，但是，司法裁断的规则不只是这些，为达至理性的法律结果，对于参与法律活动的主体而言，他须遵守的还包括程序规则、论辩规则、逻辑规则、认知规则等，对于这样一个法律论辩过程，Henry Prakken 和 Giovanni Sartor 把它分为四个层面。第一，逻辑层面，它界定论证是什么，也就是说，一系列信息如何被组织起来以对于某一个主张提供基本的支持。第二，论辩层面，集中讨论冲突的论证：它界定这样一些概念，如"抗辩"、"攻击"、"辩驳"和"击败"等，它也确定给定的一个论证的集合和评估标准，以决定哪一个论证成立。第三，程序层面，它规范论证如何进行，也就是说，论证主体如何提出或者挑战一条新的信息以及陈述一个论证。程序层面区别于前两个层面的关键点在于，其他的层面假定存在一个固定的承诺前提集，而在程序层面前提集是在论辩的过程中被动态地建构的，这一点也适用于发现的层面。第四，策略层面或者直观推断的层面，它为一个争论能够在一个第三层面的程序的进行提供理性的方法。在这四个层面中，只有逻辑层面的演绎推理方式被经典逻辑看作有效的推理模式，而论辩层面和程序层面只有一些约定的非形式化的规则，策略层面或直观推断层面运用了大量的在经典逻辑中被视为无效的推理模式，如溯因推理、似真推理等。我们认为，逻辑对于理性认识的作用之一就在于其能够为正确的推理提供明确的、严格的判定标准，而非形式逻辑虽能提供一些合情论证的方法，使前提对结论有一定的支持和评估，这对于日常思维也许是有益的，但是，非形式逻辑并不能像经典逻辑那样得出一个必然的结论，这一点对于法律推理而言可能是致命的缺陷，因为"只要一个法律论证不能被刻画为是形式有效的，一个可替代的结论就是可能的，即使一个人完全接受这个论证的前提，那么，其结论最终就没有被完全证立。存在太多的法律论证超过单纯的司法论证，但是对于司法论证来说，结论得到证明是最重要的：当事人可能被送往监狱或者被判决赔付一大笔钱。同样许多其他的重要的结论被法官作出。在另外的一些法律论证中，其重要性也许没有这么严重，但是也是重要的，因此，当一个人给出一个论证证明某结论时，其意思是该结论是证立的"。由此导致了法律思维的逻辑基础是严格的经典逻辑，还是基于经验的非形式逻辑的争论。

事实上，这些规则（包括法律规则）只不过是我们分析问题、解决问题时，基于经验的积累所形成的某种相对固定的程序或进路，这些规则是随时都可能被修正、废止的，但是，在没有修正、废止之前，它们必须被遵守，并且对它们的修正和废止，也必须基于某种规则做出。

众多研究成果表明法学就其本质而言是论题学取向的，其开放性、弗协调性、可废止性等特点不容于传统的演绎逻辑体系，但是，这并不表明法学可以不需要逻辑的规范，而是为其寻找新的逻辑基础，这一基础通常被称为非形式逻辑，但首先是要转换我们关于逻辑的观念。我们对于逻辑存在严重的误解，认为逻辑是关于形式有效性的理论体系，但事实上，我们的知识及基于知识的推理是一个整体，在思维形式和思维内容之间并不存在明确的区分。对此奎因的评论是："我们关于客观世界的陈述面临的经验认识的评判不是个别的而是一体性的。"通过经验形成假设性知识的复杂体系，如果结果是不可接受的，则必须通过对假设性知识的修正以重新获得其可接受性。修正可以在一体性知识的任意层面进行，除去或修正表达经验的一些陈述，除去或修正关于事实之间一般联系规律的认识，或者采用不同的逻辑，甚至我们评价假设知识可接受性的标准。引导这种调整过程的合理性标准也是一体性知识的一部分，都可能成为修正的对象。知识这个概念是相当全面、包容的，不但包括传统所认为的假设性知识，还包括我们可能的认识世界的约束条件和合理性标准。事实上我们更倾向于修正或放弃这个复杂的一体性知识的这一部分，而坚持另一部分。其中最不倾向于修正的那部分就是关于推理有效性的理论，我们称之为"逻辑"。基于这种观点，逻辑不是传统所认为的经验知识的对立面，我们的假设性知识具有一定的连续性，从我们随时都准备加以修正的非本质性的信念，到只有存在非常强的对立证据的情况下才可能修正的牢固的信念，如我用来从可能信念集中选择哪些信念更具有可接受性的确证规则，只有在发现更好的理论时我们才可能放弃原来的，甚至我们很难想象发生放弃"逻辑"规则的情况。可是，即使一些逻辑性规则也已经成为论辩的障碍，如排中律已经被结构主义或直觉主义逻辑所放弃。信念和标准都是相互联系的一体性知识的一部分，我们尽可能地使其保持"一致性"，这里一致性标准本身就是我们希望保持一致性的系统性理论的一部分。我们可以称这种一体性知识为一个"承诺集合"。逻辑属于这个承诺集合的一部分，并且是其最不愿意放弃的那部分。很明显，逻辑与该承诺集合的其他部分之间并不存在清晰的界限。甚至也不存在为什么要在二者之间进行严格划分的根据，因为在逻辑和其他知识之间并不存在根本的不同，它们被认为是可以进行划分的基础，甚至逻辑在原则上也是可以被修正的，尽管对它的修正是不容易的，特别是仅仅基于经验性的证据对其进行修正。改变逻辑意味着对承诺集合的整体性的改变，这不像仅仅是对观察性知识的修正那么简单。以上部分对逻辑的属性的描述是相当宽泛的。逻辑不只是要被局限于对基于逻辑算子的意义确定的必然真值关系的研究。它研究命题间的所有联系，我们坚持"必然性"是因为在信念出现矛盾时我们并不准备改变它们。基于这种认识，我们认为法律方法实质上就是那些稳定的信念，它对于指导、规范、评估法律思维，得出合理的法律结果具有重要的意义。

三　法律方法的功能

法治区别于人治的重要特征之一在于法治具有确定性、稳定性和可预测性，近代科学理性主义的张扬促使思想家们企图建构一个封闭的、以概念的演绎作为基础的完美的法律体系，但是由于法律思维具有的实践理性的品格和价值多元性，人们认识到这样一种体系的建构不过是一个乌托邦。也就是在这个意义上，大部分学者不同意将法律方法界定为法律技术，而是将其视为一种智慧与艺术。问题是这种智慧与艺术又是什么？又是从什么地方、通过什么途径可以获得？一般来讲，智慧与艺术这种东西总是和经验有密切的关系，而通过经验积累获得的智慧和艺术的提高又总是和非理性的直觉和感悟分不开，如果决定当事人生命财产利益的法律结论是依靠这些神秘的智慧与艺术获得的，如何保证法律的确定性和稳定性？如何要求民众以法律规范自己的言行？又如何要求他们表达对法律的忠诚与信仰呢？并且，"法官像其他的人一样，无法使他们自己与他们所属的社会或团体中蕴含的价值形态隔离，而且很少有法官能用有意识的努力来保持公正或摒弃感情以消除这类因素的影响"。因此，必须通过一定的制度对其裁判行为予以约束，法律方法实际上就是对这种可能的任意予以约束的规范，同时按照这种规范可以指导法官如何做出合理的裁断，并对其裁断的合理性予以评判。综上所述，我们认为法律方法是规范、指导法官做出合理的法律结论，并对该结论予以评价的规则和标准（当然任何主体在希望得出合理的法律结论时，也必须遵守这些规则和标准）。法律方法同法律规范一起对法官起着严格的制约作用，只不过法律方法更体现为普遍的智力标准，而法律只是对权利与义务的具体规定。据此，我们认为法律方法具有以下功能。

第一，规范功能。随着法治理念的确立，如何将抽象的法律规定适用于具体的案件就成为法学理论研究的重点。我国的一些学者提出从立法中心主义向司法中心主义的法学研究的转向，法律方法理论研究热点的出现便是这一规律的历史体现。而在德国，从 20 世纪 60 年代开始，法律制度的规范基础的讨论被法律科学的方法之探讨所取代。由于当时不能重构自然法理论，法学家们开始反躬自问："法律的讨论应当怎样进行？""什么是最有成效的方法？"这些研究的核心观念是要求法官在行使审判权时必须给出普通人可以接受的正当理由，这个要求体现在司法判决意见的撰写和公法对各种任意专断的判决行为的禁止中。斯科特·布鲁尔将其总结为理性辨析的原则，其核心是"他们要清楚他们给出他们认定的正当理由时所使用的是哪种类型的逻辑推理。作为政治制度的成员，他们在解决法律纠纷时需要提出他们这么处理的理由，但除非他们清楚推理过程和结论，以及（推理者）得到的前提和结论之间的关系，否则他们无法知道这些推理过程和结论是否适用"。"从规范的角度看，逻辑形式的法理学关心的中心问题就是坚持理性地辨析以及为审慎的、政治的、道德的，可能还有审美的价值提供分析。"法律方法的规范功能还表现在无论法官是怎样做出其判决的，都不能将个人的感情好恶、价值偏向等作为判决的理由，尽管有人认为这些因素是不可避免的，毕竟相对于现代的科学研究人的认知心理机制问题依然是一个无法探究的黑匣子，逻辑的形式只不过是个后来的包装，但至少这一要求将那些不能包装的因素完全剔除。

第二，建构功能。即使对于一些形式理性理论持批判态度的学者也承认逻辑是一种重要的法律论证分析方法，但是，他们认为法律裁决的过程却是经验的，更多的依赖是直觉和经验。这是因为这一过程的逻辑机制是假说推理，对于当前案件似乎总是可以通过解释寻找到不同的推理前提，从而得出不同的法律结论。他们认为："假说推理中的看法如同灵光闪现，忽然降临。它是一种直觉，虽然是一种易错的直觉。很难说那些（解释性）的要素以前不在我们的脑海中，当我们进行思考，把这些碎片整合起来时，就得到新的看法。"正如前面所说，这一过程是一个至今无法打开的黑匣子，从这个角度来讲，法律推理是论题学取向的，具有以下特征：缺省性、开放性、弗协调性、实质论辩性、似真性。但是，非形式的论证框架与演绎逻辑不是替代或竞争的关系，而是相互补充的合作关系。所有的论证都是向形式分析开放的，同样也是向非形式逻辑开放的。前者是关于论证的有效性的，后者是关于前提的可接受性的。按照 Arend Soeteman 的观点，或者这样一个论证可以通过增加一个可以接受的前提使其形式有效，或者不能。如果能使其有效，最好的事情就是增加这样一个可以接受的前提并使其保持形式逻辑的有效。如果一个论证不能通过增加一个前提而使其形式有效，那么，它就应该作为无效的论证而被抛弃。因此，非形式论证完全可以发展成为演绎论证，并且由于法律结论对于当事人的严肃性，法律论证也应该建立在这样一个演绎论证的基础之上。那么，在进行法律思维时，对于哪些要素需要补充，哪些要素应该舍弃，应该采用什么样的前提和论证形式就具有一定的指导意义，按照这些法律方法的要求有意识地建构自己的法律推理。

第三，法律方法的评估功能。基于理性的法律方法理论区别于经验与智慧的理论主要优点就是它的可评估性，通过确定一定的标准能够区分什么样的法律论证是好的，什么样的是坏的，但是，这个标准存在吗？"可以说，法律学方法论要解决的最终问题之一，就是为法律上的价值判断提供一种'客观'的标准。为达至或接近这一标准，各种方法论理论精彩纷呈，共识逐现，这一轮又一轮的理论过度或更替源于法官判案过程中方法的贫乏；然而，迄今为止，谁都未能终结此项探索，法律学方法论也在此过程中走向成熟，接近客观化标准。众所周知，在这些尝试中，有菲韦格的类观点学，德沃金、罗尔斯的规范正义论，哈贝马斯的商谈伦理，阿列克西的法律论证理论，等等。"事实上，这个标准至今并不存在，这些建构出来的标准总可以被批评者找到它的"阿喀琉斯之踵"。这些标准不能保证我们找到正确的法律答案，但是可以帮助我们判断什么是错误的答案。例如，对于司法过程中最普遍采用的司法三段论来说，经常表现为省略的形式，而"一旦法官提供的法律推理的省略三段论不清楚，就很可能有问题。这些问题可能来自解释的、逻辑的，甚至可能是审慎的或者道德的视角。这些不清楚包括：哪些命题是用来支持另外一些命题；哪些命题是从另外一些命题中推导出来的；那些被视为前提和结论的命题之间有什么推理上的联系"。通过逻辑的规则将这些隐藏起来的因素显现，我们就可能对其合理性予以评价，而这些因素往往就是那些被视为神秘的直觉或经验。

四　余论——法治悖论与法律方法的限度

法治可行吗？我们不但要看有无对法治的热情和呼唤，更多的是看有无切实可行的实行法治的方法。法治的基本含义就是依法办事。"依法办事大体上有两层意思：一是按法律文本所提供的指示（包括规则和程序），认真贯彻严格执行。二是按立法者的意思解释法律。"虽然法哲学家们对法治所拥有的具体美德进行过争论，但就实现法治理想的一些要件已达致了共识，即法律必须公开、明确、一致、可预期和稳定；立法和行政行为必须遵循法律及其品性；必须由法院推行法治。如果这些要件无法满足，那么，法治只能是一种理想；如果法学理论研究的结果表明法律的本质是模糊、不确定性，那么，我们就会陷入法治悖论之中："法治意味着否定专制统治；法律中的模糊导致第一层次三种含义上的专制统治；法律必然是模糊的。所以，专制统治——法治的对立面——是法治的一个必然特征。法治既需要又排斥专制统治。法治不仅是一个难以实现的理想，还是一个注定难以实现的理想。法治蕴含着悖论。"从某些角度来讲，法律方法就是一个尝试性的解悖方案，如同法治并不是最优的社会治理方案一样，法律方法也不是最好的法治悖论的解决方案，而是一种立场，这种立场的核心是对法律思维予以明确的规范和约束，它比所谓的经验与智慧更能捍卫法律脆弱的生命，它虽不是至善，但并非就不是一种善了。

[作者单位：山东大学（威海）]

也谈如何正确认识我国发展
进程中的一些矛盾和问题

——与梅宁华先生商榷

张文军

一

最近读了梅宁华同志题为《马克思主义认识论这个思想武器不能丢——谈如何正确认识我国发展进程中的一些矛盾和问题》一文（载 2007 年 9 月 3 日《北京日报》，《新华文摘》2007 年第 22 期全文转载。以下简称《矛盾和问题》），感慨良多。文章试图用马克思主义的认识论分析问题，"从中国实际出发，实事求是，反对教条主义、主观主义"，其出发点无疑是值得肯定的。但是读了文章之后，反而使人容易产生相反的感觉，甚至感到恰恰是作者自己违反了上述原则。由于文章涉及究竟如何认识和评价我国发展进程中的一些矛盾和问题，也包括如何确定我们的学术研究方针和路向，事关重大，因此，有必要对有关问题做进一步的辨析。笔者尤其对文中如下观点不敢苟同，特撰此文，以求商榷。

文章认为，"当前，在如何认识中国发展过程中的矛盾和问题时，出现了一些不良倾向"。然后列举了几个方面。

——看问题不客观不全面，把枝节当主流，只看问题不谈成绩。不论什么事情，先讲问题和不利的一面，对成绩忽略不计，以为这样就是"客观公正"，而讲成绩似有"歌功颂德"之嫌。如果不在大好形势下挑出毛病，似乎就不够"客观"。比如，对我国发展形势不能说"大好"，一些专家学者看阴暗面多，看积极面少。

笔者不知道这些论断的根据何在，只知道它与人们的常识是不大相同的。长期以来，人们直接感受到的是，在我们国家，主流意识形态一直占据主导地位，主流媒体一直占据主导地位，无论是政府文件还是领导讲话，无论是报刊还是广播电视，从来没有见过"只看问题不谈成绩"的。即便在学术界，也没有"不论什么事情，先讲问题和不利的一面，对成绩忽略不计"的现象。至于有些专家在学术研究中社会问题谈得多一些，也不能认为是"看阴暗面多，看积极面少"。因为学术研究不同于一般的舆论宣传，它要遵循自身的研究规律，需要有"问题意识"，否则就不成其为研究。况且，"讲问题"的从群体数量、主体地位、传导形式等各个方面与"讲成绩"的相比都处于弱势，如果连这一点微弱的声音也不允许出现，那就只能回到"文化大革命"那种"形势一片大好"的舆论状态，难道这是文章作者所希望的吗？文章多次讲到对形势的认识和分析要实事求是，笔者认为首先作者本人在这个问题的判断上就不符合实际，这怎么能算"实事求是"呢。

——对待发展中出现的问题，采取形而上学的态度。不承认矛盾和问题的出现是不可避免的，不承认矛盾和问题的解决有一个过程，企望一下子就解决所有问题。这在对待收入分配差距、产品质量和知识产权等问题上表现得尤为突出。

梅宁华先生这里既然把对待发展中出现的问题的态度上升到了形而上学的高度，就不能不提到看问题的辩证法。按照唯物辩证法的观点，既要看到取得的成绩，也要看到存在的问题；既要看到有些矛盾和问题的出现是不可避免的，也要看到有些矛盾和问题的出现是可以避免的；既要看到矛盾和问题的解决有一个过程，也不要把它作为拖延或者不解决矛盾和问题的借口。而梅文所谓"矛盾和问题的出现是不可避免的……"云云，看起来好像十分辩证，实则似是而非。在现实社会中，并不是所有的矛盾和问题都是不可避免的，比如有些地方因干群矛盾引发的群体性上访事件，有的地方频频出现的恶性矿难事故等，大都是人为造成的，如果处理得好，是完全可以避免的。矛盾和问题的解决的确需要"有一个过程"，但是这个过程不应当是抽象的、无限期的，不能以此为拖延或者不解决矛盾和问题的借口。如果有些矛盾和问题在解决过程中愈演愈烈（如腐败现象），那么人们对解决这些矛盾和问题的方式方法提出一些质疑又有什么不对呢。又如文中提到的"收入分配差距"问题，既然是一个客观存在的不争事实，人们提出来研究讨论，无疑会推动问题的解决，这又有什么不好呢。由此而论，倒是那种不实事求是，不敢面对矛盾和问题，故意回避、掩盖矛盾和问题的掩耳盗铃式的态度和方法，应该得到一顶形而上学的帽子。

——社会心态失衡，对待问题抱怨情绪大，指责多。互联网上的博客文章和大量跟帖在很多问题上就弥漫着这样的情绪。

在这里，我们终于看到了文章对社会心态的比较客观的描述。遗憾的是，作者对此采取的是结论性的批评或批判的态度，而没有进一步思考分析为什么会产生这种社会心态。既然是"大量的""弥漫着"的情绪，就说明不是个别现象，这种现象的产生必然有经济的、政治的、文化的、社会的原因。作为一名官员或者理论工作者，有责任对此进行深入的思考和分析，提出有针对性有说服力的见解，而不应当简单地武断地下一个批评性的结论了事。在笔者看来，上述"情绪"的产生，主要是因为有些矛盾和问题应该解决而没有得到解决，同时正常的表达渠道不够畅通。对此，只能采取"疏"而不是"堵"的办法，为人们提供更多的表达意见的渠道和形式。你总不能把所有的博客乃至互联网强制性地关掉吧，即便都关掉，能解决矛盾和问题吗？当然，从根本上说还是要真正解决现实中存在的矛盾和问题，从而达到釜底抽薪的效果。不管怎样，有一点是可以肯定的，如果按照梅宁华先生的态度来处理，不仅无助于矛盾和问题的解决，而且只能适得其反。

二

文章在对上述各种"不良现象"进行批判之后，接着就开出了一些药方。总的药方是："客观地、理性地看待中国发展中出现的矛盾和问题，纠正错误的观点，消除不良倾向，最根本的是要坚持马克思主义认识论。"作者把马克思主义认识论的基本内容和要求界定为"一切从实际出发，实事求是，强调事物是发展的，防止静止地和孤立地观察问题"。

这当然没有什么不对的地方。问题在于，作者在涉及具体事物的分析时又犯了自己文章中所反对的错误。这里仅举几例。

第一，文章批评"近年有不少人总是抱怨中国为发展付出了沉重的代价，把 GDP 增长对提高综合国力、增加就业、提高人民生活水平等方面的贡献置之脑后"，明确反对关于"绿色 GDP"一说，认为"不能因噎废食，把保护环境绝对化。中国所经历的是所有国家要达到经济成熟必经的过程"。

首先，大量的数据证明，中国的环境污染、生态恶化问题已经十分严重。"现在全球污染最严重的 10 大城市中，我国已占了 7 个。"环保总局发布的一项调查显示，在被统计的我国 131 条流经城市的河流中，严重污染的有 36

条，重度污染的有 21 条，中度污染的有 38 条，污染率达到总水系面积的87%。国家环保总局和国家统计局联合发布的《中国绿色国民经济核算研究报告》表明，2006 年全国因包括水污染在内的环境污染造成的经济损失为5200 多亿元，约占当年 GDP 的 4%（为了免遭梅宁华先生"只讲问题，不讲形势大好"的指责，有关更多资料不再援引）。这里笔者只是想说，难道"中国为发展付出了沉重的代价"不是触目惊心的客观事实吗？倡导实事求是的马克思主义认识论的梅先生为什么对此讳莫如深呢？更令人不解的是，在这种情况下，"民间环保人士"搞了个"绿色 GDP"，既符合科学发展观，又合乎国情民意，应该说有百利而无一害，梅先生为什么对此十分反感呢？

其次，文章提出"中国所经历的是所有国家要达到经济成熟必经的过程"的论断也是不符合实际的。北欧如瑞典、瑞士、挪威、芬兰等应该是达到经济成熟的国家了，但是他们似乎并没有为此付出沉重的环境污染代价。"目前，挪威人均 GDP 超过 5 万美元，居世界前三位，是世界上少数的几个最富裕的发达国家之一。""2002 ~ 2005 年，挪威连续 5 年被联合国发展计划署（UNDP）评选为全球最适合人类居住的国家。根据联合国的报告显示，挪威在生活水准、教育程度和寿命三方面的综合指数名列榜首。"在梅先生看来，为了发展经济，"不可能不付出一些发展的代价"，"不经过这个阶段就直接走到高级阶段是不可能的"。即付出环保的代价既是必然的，也是必要的。中国的发展已经并正在证明，这种"经济发展代价论"在理论上是十分荒谬的，在实践中是极其有害的。党中央提出科学发展观，其主要目的之一就是对这种观点及其行为进行校正。

第二，文章批评"很多人简单套用国外的基尼系数来分析，得出我国两极分化严重的片面结论"，是"一种洋教条主义倾向"。而且也承认并列举了我国改革开放以来的基尼系数发生了巨大变化：1978 年为 0.18，1981 年为0.29（此前被国际上认为这是世界上分配最公平的国家），2000 年为 0.458，2001 年为 0.459。2005 年，居民个人年收入和人均家庭收入的"基尼系数"分别达到 0.529 和 0.561，并且，每年都以 0.1% 的速度递增。基尼系数的国际警戒线是 0.35 ~ 0.4。然而，作者对"有些人据此认为，我国已经是世界上收入分配差距最大的国家之一"的观点颇不以为然。梅先生的态度是："关注但不要惊慌。""过度渲染无益于解决问题，反而会对现存的问题和矛盾起到推波助澜的作用，这对社会是不负责任的态度。"

这里至少存在几个值得商榷的问题。其一，作者在没有任何理由否定基尼系数科学性的情况下，凭什么指责"很多人"简单套用基尼系数得出我国两极分化严重是"片面结论""洋教条主义倾向"？这种不做分析、乱扣帽子的做法才是"简单套用"过去某个时期的批判模式的"片面结论"。其二，贫富悬殊现象涉及能否体现社会主义本质，是我国面临的一个重大问题，人们对此予以高度关注是有理由的，不存在什么"惊慌""过度渲染"的问题。如果说"惊慌"，我看倒是作者本人对人们的关注表现得有些莫名其妙的"惊慌"。其三，承认矛盾和问题是研究、解决矛盾和问题的前提，如果说"很多人"对贫富差别问题"推波助澜"的话，那也是为了尽力促成问题的解决，是一种对社会、对人民负责任的态度。相反，那种对贫富悬殊现象视而不见，对人民的疾苦冷漠无情，只会说空话、打官腔的人，才恰恰"对社会是不负责任的态度"。

顺便指出，梅文一方面强调 GDP "是世界公认的标准，而并未见谁用所谓'绿色 GDP'来做生产力发展的标准"，而在该文中另一个地方又批评"一谈收入差距必然要套用基尼系数"是"洋教条盛行"。这岂不是坚持双重标准，有自相矛盾之嫌吗？

三

综观《矛盾和问题》全文，感觉作者不像是在研究和讨论问题，而是以居高临下之势、盛气凌人之态，在那里发号施令。可能梅宁华先生自认为坚持了马克思主义认识论这个思想武器，坚持了主流媒体的主流话语。可是我们认为，该文有些观点不仅不符合马克思主义认识论和辩证法，而且也不合乎党的主流声音，甚至还没有达到古代先哲圣贤的认识水平。

大凡一个阶级、政党、群体在最初执政时，往往雄心勃勃，励精图治，廉洁勤政，体恤民情。但时间一长，又往往为既得利益所困，惰性增长，贪图安逸，不思进取，滋生腐败，只顾歌舞升平，不顾人民的疾苦，于是社会矛盾逐步积聚，日渐尖锐，遇到某种导火索，便会骤然爆发，轻者引发社会动荡，重者导致政权得而复失。为了避免这种情况的发生，一些有远见的、清醒的政治家、思想家，便经常提出警示，如："安而不忘危，存而不忘亡，治而不忘乱。""思则有备，有备无患。""于安思危，危则虑安。""天下稍安，尤须兢慎，若便骄逸，必致丧败。""自古失国之主，皆为居安忘危，处治忘乱，所以不能长久。""生于忧患而死于安乐"，这一充满辩证法的警世名言，更是千百年来一直为人们所铭记。历史上"忧劳兴国，逸豫亡身"的事例可谓不胜枚举。

正是基于这种考虑，胡锦涛总书记上任之初，就重申了"两个务必"的思想。2007 年 3 月"两会"以来，更是多次强调广大干部要树立"三个意识"即"忧患意识、公仆意识、节俭意识"。忧患意识被排在首位，足见对这个问题的重视程度。正如《人民日报》评论员文章所指出的："忧患意识是一种清醒的预见意识和防范意识，是一种危机感、紧迫感、责任感、使命感。这种意识源于对事物发展规律的深刻认识。'祸兮福之所倚，福兮祸之所伏。'任何事物的发展，都存在着相反相成、相生相克的规律性。忧患意识的可贵就在于，能够从承平中预见危机，从有利中发现不利，未雨绸缪，防患未然。古往今来，多有哀兵胜利之师，也不乏骄兵惨败之旅；多有负重奋起之邦，也不乏逸豫覆亡之国。历史的经验表明，越是形势好的时候、越是发展顺利的时候，越要增强忧患意识。"而我们一些自以为坚持马克思主义的"理论家"，却对党中央的这一精神置若罔闻，对存在的问题特别是人民的疾苦视而不见，麻木不仁。他们听到一点反面意见，听到一点所谓"负面"消息，便以为天要塌下来，便说成"噪音""杂音"，动辄给人扣上一顶什么帽子。这就更加有利于某些干部热衷于制造什么"形象工程""政绩工程"，玩"官出数字，数字出官"的把戏。而长期以来，正是因为一些人从"报喜得喜，报忧得忧"中尝到了"甜头"，才形成了一种报喜不报忧的不良风气，致使隐患丛生，事故频发，群众多有怨言。我们不禁要问：这些人的马克思主义唯物辩证的立场观点哪里去了？对人民群众的感情哪里去了？

在我们看来，其实并不在于谈成绩还是谈矛盾和问题，而是在于在谈成绩或矛盾和问题时是否采取客观的态度，特别是在谈矛盾和问题时，是忧党、忧国、忧民的态度还是幸灾乐祸的态度，是建设性的态度还是彻底否定性的态度。总之，是善意的还是恶意的。可以说，绝大多数专家学者在这方面坚持前者而非后者。否认这一点，本身就违反了实事求是的原则。这也正是梅宁华先生观点错误的出发点之所在。

最后，笔者倒是赞同文章的如下观点："现在从某种程度上说，又走向了另一个极端，批评太少，甚至没有批评，使得有些错误甚至是反动的东西得以恣意蔓延。"但是文章关于"既要提倡自由精神，又要坚持批判精神"，"在讲自由精神的同时，不能忘了发扬批判精神"等提法，颇让人费解。在作者看来，似乎"自由精神"和"批判精神"是对立的，而常识告诉我们，"批判精神"乃是"自由精神"的展现，二者具有内在的一致性。如果笔者没有理解错的话，看作者的口气，所谓"批评""批判"之类，原来是只对别人，而并不包括自己。这样一来，未免有失公平，所以这里也给梅宁华先生来一点批评。

［作者单位：山东大学（威海）］

罪刑法定司法化中法律方法运用的基本立场

王瑞君

从法律方法学说发展来看，自近代法律近乎机械适用的设计，到承认法官解释法律，再到以区别于法律解释的一种新的探讨而走向前卫的法律论证方法，反映了法律适用理论与实践不断提升的过程。法律方法与一国或地区一定时期的主导价值观紧密相连，并且制约于案件事实与法律规范之间的复杂关系。罪刑法定的实现离不开法律方法的运用，并且其本身即具有法律方法的意义。对罪刑法定的实现进行研究，固然要考察并参照他国的实践进路，但重点仍然在于当下中国罪刑法定的司法运作问题。无论中国刑事法治的未来如何，也不管中国刑法理论发展的走向怎样，中国的问题在当下具有正当性，于是立足于法治后发的现实，思考我国罪刑法定的实现具有重要的意义。

一 适用、解释与论证：方法上的对照与分析

下文从法律方法的角度纵观近代以来法律裁判模式演变的大体脉络。

首先，针对封建时代司法恣意的特点，近代法倾向于机械适用的设计，这种以司法三段论的机械适用为主的法律方法论将一个法律规范分为"要件事实"和"后果"两部分。只要一个具体事实满足这个规范所规定的所有事实要件，则可运用逻辑推理得出相应的结果。其特点是，法律形式主义色彩突出；三段论的演绎推理是法官基本逻辑思维模式；法官是法律的喉舌，是立法者制作的法律机器的操作者。其突出优势在于，在法律规范和法律事实二分格局下，法律适用之操作过程极为清楚，并且由于法律推理乃直接自既定规则出发，无须触及那些具有不确定性的价值判断如正义等问题，故如此

似乎足以消除法官的恣意裁判，从而保障了判决的客观性和确定性，奠定了近代法治的根基。但由于过于僵化与机械，这种方法受到各种挑战并日益失去解释力和说服力，在此背景下法律方法论发生了一场深刻的转型，即从传统的司法三段论逐渐转向以法律解释为主的法律方法论，通过解释方法达到法律的适用，摆脱了机械适用不现实的困境，从而在一个更高的层次上完善了法律适用理论和实践。通过解释适用法律，承认法官有解释法律的权利；通过对法律条文的解释，建立推理的大前提即个案的裁判规范，将法律规范运用于具体的个案。尽管在解释方法中仍然保留演绎推理的基本逻辑思维形式，但承认个案的裁判规范是通过对成文法条的解释形成的。解释中可以运用语义、历史、系统等不同方法。当然解释方法与排序问题仍然面临选择，解释方法的选择和排序又因解释目的在取向上的不同而不同。由于解释是由裁判者做出以适用于所面对的案件，所以具有法官独白式地解释法律的一元化法律决定的特征。但解释同样面临困境，如通过解释对法律规范的理解往往并不是一解，于是在解释规则时，在各种可能解释当中选取一种之后，法官尚需对其解释做出充分的说明即对其判决进行确证，这就需要一种法律论证理论。由解释学发展而来的法律论证，意味着从一元化的法律决定主体向多元法律决定主体范围的扩大，通过论证裁判案件，除了裁判者与当事人的对话以外，还应该考虑当事者与当事者之间的相互作用以及舆论的力量，于是无论是法官还是等待裁判者因此皆会获得更大的选择余地，尽管论证离不开逻辑和解释工具，并且解释本身即离不开论证，但法律论证仍然以区别于法律解释的一种新的探讨而成为走向前卫的法律方法。可见，法律方法的演变和法律方法论学说的不断更新是法律适用理论与实践不断提升的过程。

其次，法律方法与一定时代法律追求的价值目标存在内在的联系。法律作为调整社会关系的规范，与习俗、习惯比较，具有自主性的特征，不论是制定法还是判例法，从产生那一天开始就与价值追求联系在一起。从法律方法的角度纵观法律裁判模式演变的大体脉络，基于针对封建时代司法恣意的特点，近代法的机械适用的设计更多地关注法的安定性，试图通过严格贯彻法律条文的字面含义，实现人权保障的目的，这在刑法领域表现得更为明显。机械适用作为乌托邦式的幻想在实践中无法行得通，于是法官通过对法律进行解释来适用法律，则一方面注重法的安定性和一般正义的实现，这是实现法治的需要，同时针对个案不同进行法律许可的相对灵活的判决，可兼顾个案公正，同时一个个经过对法律进行解释之后做出的判决，促进了法的进化与发展。再后来兴起的法律论证理论则为解决解释多解的难题，在学理上逐渐走向强势，法律论证将程序公正与实体公正予以兼顾，尤其强调程序保障，并将个案正义的实现放在突出的地位，强调增强判决的合理性与可接受性。

最后，三种法律方法从历史纵向发展来看，其脉络较为明显，当然如果就当今个案的裁判而言，几种方法的使用区分往往不是绝对的，只是相对有所侧重而已，因为几种方法本身存在横向上的交叉关系。如法律论证自然离不开逻辑推理和法律解释，试想离开逻辑推理与法律解释又如何进行论证，如何使论证具有说服他人的效果？而当今所说的法律适用，离开法律解释或法律论证将是无法进行的；同时法律解释离不开论证，法官无论做出何种解释，都需要就解释的结论进行论证。但就相对意义而言，并将机械适用、法律解释与法律论证的含义有所限定的话，简单案件或者可以说典型案件，其法律适用仍然比较简单，在这里三段论演绎推理发挥突出的作用；复杂案件或者说非典型案件，其法律适用则比较复杂，除遵循逻辑规律外，还需对法律进行解释与论证。从整体来看，对案件的处理仅仅依靠其中一种方法显然行不通，因为，方法的选择与运用与案件的简单或复杂程度有直接的关系，并且决定于不同历史时代的法律价值追求。

二 法国 "马格劳德现象" 的启示

法国的"马格劳德现象"是为人们所知晓的实验。1889～1904年，沙托－蒂埃里的一审法院，在其院长马格劳德的领导下，发起了对现存法律秩序的造反运动。该法院的成员以好法官——"令人满意的法官"（le bons juges）——而为人们所知晓。他们看起来是在每个案件中都自我发问，一个善良之人在这些法官所面临的情况下会希望怎样做，并据此提交他们的判决；而这样做有时在外观上就与制定法不一致。他们的工作究竟怎样，笔者不敢说有第一手的了解；但是，热尼谴责了这种做法，并且说，这一运动已经面临穷途末路。

法国马格劳德的实验实际上试图放弃国家实在法而另立裁判前提，这种无视国家实在法的做法在实际法律生活中还可以通过其他事例来证明。1954年2月17日，联邦德国最高法院将订婚者的性行为定为淫乱。其根据是"道德律法的规范"。其逻辑是：道德律法是一种普遍的实体性规范和价值，它是永恒的、超实证的东西，是法（自然法），从这个法中，可以推论事实行为合法与否。如果说，由于联邦德国最高法院毕竟是以法律的名义通过法律推理把订婚者的性行为界定为淫乱，且我们不知道当时是否存在相反的规定，而且当时的普遍的价值观可能就是要求严格的严肃的性行为，这种判决尚可理解的话，那么，我国四川省泸州市纳溪区法院在爱姑诉蒋伦芳遗产纠纷案中根据遗赠人黄永彬的遗赠行为违反了法律的原则和精神，损害了社会公德，破坏了公共秩序，认定遗赠行为无效。这个判决可以说就是直接与法律叫板了。

法国的"马格劳德现象"和其他无视实在法的做法让我们想起在由传统的机械论向社会学法学方法论转变过程中，特别是美国的现实主义法学及否定普适性、确定性的后现代主义法学对概念法学进行反叛所出现的规则怀疑主义倾向。从霍姆斯的"法律的生命在于经验而不在于逻辑"到"社会学法学"的创立者罗斯科·庞德的法律首先是协调社会利益的工具，法官则是权衡这些利益的"社会工程师"，他们只有了解其判决所影响的实际社会条件，才能适当地完成其使命，再到"现实主义法学"的代表人物如卢埃琳、弗兰克等。他们对于用来描述和预见法官的实际活动的抽象公式化的法律规则，持怀疑态度，如卢埃琳、弗兰克等认为，从教科书的"书本规则"中不能学到法律，只能从对"司法行为"即法院的实际所为的敏锐观察中学到法律。为此，卢埃琳将法官和司法官喻为"法律的官员"，且"在我们的心目中，这些官员对争纷所做的处理，即为法律本身"。在现实主义法学看来，即便先例拘束力原则实际上也远不能保证正统观点所宣称的法律的稳定性和对未来判决的预见性。法官具有许多可供选择的技术，通过使用这类技术，他们可以巧妙地从先例中选取他们需要的东西。真正决定案件处理以及法学研究的，是特定案件背后的特定的社会和经济关系，这是被传统的法律规则所忽视的问题，而这些规则大都是很久以前形成的。还有一个决定性的因素是法官个人的好恶和道德价值及其政治信念，此外还有一个关键因素，就是首创先例的法官在多大程度上弄清了案件事实或不了解案件事实。后现代法学则以哲学解释学为其理论基础，对传统法学提出了一系列挑战。如对法律的确定性提出了质疑，不相信法律解释的客观性等。

在大体上同一时期，大陆法系法学家也表达了类似的规则怀疑主义的思想。例如，格梅林指出："司法的全部功能，都已经……转移了。表现在司法决定和判决中的国家意志就是以法官固有的主观正义感为手段来获得一个公正的决定，作为指南的是对各方当事人利益的有效掂量，并参照社区中普遍流行的对于这类有争议的交易的看法。除非为某个实在的制定法所禁止，司法决定在任何情况下都应当与商业交往所要求的诚信以及实际生活的需要相和谐；而在掂量相互冲突的利益时，应当帮助那种更有理性基础并且更值得保护的利益，直到其获取胜利。"热尼也说："一方面，我们应追问理性和良心，从我们最内心的天性中发现正义的根本基础；而另一方面，我们应当关注社会现象，确定它们保持和谐的法律以及它们急需的一些秩序原则。""正义和一般效用，这将是指导我们进程的两个目标。"大陆法系国家的司法实践也在这一时期发生了重大变化。可以说，不管具体细节和特色有什么不同，适应当代社会的现实、社会价值或者社会利益是解释和适用法律的重要标尺。

法国"马格劳德现象"可以称为规则怀疑主义的极端尝试，当然其教训也十分深刻。卡多佐大法官评价说："'马格劳德现象'与依法进行司法之间的根本差别，即使法官是自由的时候，他也仍然不是完全自由。他不得随意创新。他不是一位随意漫游、追逐他自己的美善理想的游侠。他应从一些经过考验并受到尊重的原则中汲取他的启示。他不得屈从于容易激动的情感，屈从于含混不清且未加规制的仁爱之心。他应当运用一种以传统为知识根据的裁量，以类比为方法，受到制度的纪律约束，并服从'社会生活中对秩序的基本需要'。在所有的良知之中，那里还留下了一个相当宽阔的裁量领域。"

我国属于法治后发型国家，法治基础比较脆弱，在刑法领域刑事法治理念仍需深入，目前还不能说业已形成高水平法律职业共同体，刑罚还未实现轻刑化，于是在法律论证理论正以强劲的势头成为西方法律方法前卫理论的背景下，从法国"马格劳德现象"中获得一些启示，对于我们实现法治是非常必要的。

人类的存在和繁衍、社会生活的有序进行，都是一些基本的生活事实；人们关于是非、善恶的判断在道德情感上具有相当大的一致性，这也是刑法中犯罪与刑罚的设立尤其是各国有关自然犯罪大体一致规定的理由所在；同样，法律语言也并非像极端怀疑论所讲的那样虚无缥缈，无法把握。因此，极端规则怀疑论不符合法律现实。法秩序具有客观性，法律是具有客观含义的规范；刑法所表现的是通过长期历史经验和多数人社会舆论形成的客观伦理，它甚至是一种不断试错、日积月累而艰难获致的文明成就，体现了人类文化的共通性。这种文明成果恰好是人类智慧在成文法传统中法律条文或在判例法传统国家判例中的体现。此外，法律具有指导功能，包括刑法在内，法律作为一种规则，其首要的、本位的意义在于为人们提供一种观念性的指导，表明人们试图通过法律建立有意义的生活方式；法律中包含着人的意图，社会交往中事先树立这种形象并在交往的过程中时时遵从它。所以，我们的结论是，除非我们能够取得对现行法律极其严重地违反正义的共识，否则，应该尊重实在法的规定。

当然，尊重实在法的规定并非意味着法律逻辑推理的大前提无须解释或论证。传统的法律认识论将法律视为"客观"的、具有不以人的意志为转移的确定内容，而理解的方法则意味着内含在法律中的人的意图随着历史性的人的参与而具有可变性。因此，法律的内容不是绝对确定的，人对法律的认识也不具有唯一正确的答案。例如，过去我们说的法律解释，多指人们对法律内容和立法意图的说明，在我国法律实践中，专指特定国家机关明确法律界限、澄清法律文字含义的活动。在这样一种法律认识的引导下，法律解释只是一种法律适用的技术手段，目的仍然是说明法律的文字含义和立法意图。但是，正如我们所知道的，在我国，法律解释的功能绝不仅限于此。从理论上讲，法律的文字含义如果是清楚无疑的，那么，就不再需要解释；如果法律的文字含义不清楚，解释者根据什么又以什么理由宣称他的解释是正确的？法律论证理论也许不是最佳的解决办法，但的确为我们解决这一问题提供了新的思路。

但是，如果为实现判决的合理性和可接受性，一概怀疑实在法的有效性，认为实在法的所有内容都需要重新进行论证，将会走向另一个极端。除上述对法国"马格劳德现象"等规则怀疑主义的弊端分析之外，还因为，实定法之有效性在于它在颁行过程中已经被合理地同意了，即法律论证就实定法规范而言，立法过程既已经历论证。当然法律方法论意义上的法律论证是就司法过程来讲的，并且按着理想的法律论证模式，参与论证的主体的范围应当是受其约束者均有参与商谈论证的机会。然而，立法环节的合理同意赋予了法律规范的有效性，这恐怕就是为什么阿列克西所讲的法律言说必须受现行有效法律的约束的所指。"由于法律言说同伦理言说一样，也是追求规范性问题的正确性，所以，可以视为一种实践言说。法律言说与普遍性实践言说（即伦理言说）的区别在于，法律言说必须受现行有效法律的约束，而普遍性实践言说则没有这个限制，所以，法律言说是普遍性实践言说的一个特殊个案。"葛洪义教授在其《法与实践理性》一书中谈道："一般情况下，除非我们能够取得对现行法律极其严重地违反正义的共识，否则，应该从实在法体系内部合法性论证。"在这一点上，佩雷尔曼（Perelman）的惯性原则颇具启发性。所谓惯性原则就是指，主张或引用既存之规范或实务者，不负举证责任。依照惯性原则，只有当有充分的理由能被提出时，一个先前的规范或裁判才能被修改。因此仍应优先尊重规范与裁判先例，欲偏离规范或判决先例者负论证责任。这其中包含对法安定性原则与信赖保护原则的考量。

三 法治后发型的我国实现罪刑法定
与法律方法运用的基本立场

如前所述，对罪刑法定的实现进行研究，重点仍然在于当下中国罪刑法定的司法运作问题。由于法律方法的选择与一国或地区一定时期的主导价值观紧密相连，因此，主导价值的确立即具有重要的意义。就我国新刑法确立的罪刑法定的价值而言，笔者曾在拙作《罪刑法定：理念、规范与方法》中对罪刑法定的价值取向进行过较为详细的还原性考察，并认为在特定历史时期走向历史舞台的罪刑法定主义，其初创目的是限制国家权力、保障公民权利即保障人权。罪刑法定的价值与刑法的价值是两个不同的概念，尽管二者与自由、秩序两大价值紧密相关，但刑法的价值表述的是一个部门法的价值蕴含，它承担着打击犯罪保护社会和保障人权的双重功能，并且其保障人权的机能是通过打击犯罪来实现的，人权保障的对象是社会的一般成员；而罪刑法定表达的是一个部门法原则的价值，作为刑法的王牌原则，其对该部门法具有引导、规制的功能，这种功能是单一的，即强调人权保障功能，刑法打击犯罪不得以牺牲人权为代价，人权保障价值具有独立性，人权保障的对象是法律意义上的无辜者以及犯了罪的人。近现代法治国家刑事法治演进的历史轨迹体现了罪刑法定产生和发展的自身逻辑。近代刑事法治是沿着规范公权力，保护私权利的路径而演化的，而这一路径实现仰赖于罪刑法定原则的确立和实施情况。直至现代，从个人与社会、国家的相互关系看，罪刑法定是通过对公权力的限制来保护私权利，这既是罪刑法定的价值取向也是刑事法治的制度原理。罪刑法定所具有的特殊精神品格，其保障权利的价值取向使得近现代刑法与古代和中世纪刑法严格区分开来。

一定时期的主导价值观确立后，具体方法的选择则需要考虑具体案件事实与法律规范之间的复杂关系。郑永流先生以中国法律及纠纷为例，从实证角度将案件事实与规范适应与否及适应程度的各种情形概括为：（1）事实与规范关系相适应；（2）事实与规范关系相对适应；（3）事实与规范关系不相适应；（4）事实缺乏规范标准；（5）事实与规范关系形式相适应实质不适应。

参照上述划分方法，就我国现在刑事法领域罪刑规范与案件事实的关系而言，可以大体上归纳为以下几点。（1）案件事实与罪刑规范关系相适应。如刑法关于刑事责任年龄的规定、关于追溯时效的规定等，由于有清楚确切的数字规定不存在扩张或缩小的例外。（2）案件事实与罪刑规范关系相对适应。如在刑法规范中有较为清楚定义的概念，如国家工作人员，司法工作人员，公共财产，从重、从轻或减轻，重伤的法定标准，这为大多数情况。（3）案件事实与刑法规范关系不相适应。如关于明知、疏忽、过于自信等价值评判规定；关于情节严重或轻微、重大损失、严重后果、数额巨大、必要限度等程度规定；危险方法、其他方法等规定。（4）事实缺乏刑法规范标准。此种情形指存在刑法漏洞，即法律应规定而未规定。刑法有意不进行评价的不在此列。

从上可见，除第（1）种情况之外，都存在事实与规范关系的不对称，同时也暴露出成文法的不足。针对成文法的不足，是放弃传统概念法学的演绎推理的推论立场还是走法国"马格劳德"之路，对于我们选择罪刑法定实现的方法至关重要。

前面已经分析了无视国家实在法的弊端，与此相对应的当是法律形式主义。传统概念法学的演绎推理具有法律形式主义的特征。"有一种关于法治的见解常常被称为'法律形式主义'，它坚持认为，法律推理应该仅仅依据客观事实、明确的规则以及逻辑去决定一切为法律所要求的具体行为。假如法律能如此运作，那么无论谁做裁决，法律推理都会导向同样的裁决。审判就不会因人的个性的怪异而变化。法律和法律推理将足以使律师有信心地去预测政府官员的行为。法官就可以无须判断力而裁决案件。评论者也可以有信心地说，司法判决是依法做出的。"上文所描述的传统大陆法系审判过程所呈现出来的画面是一种"法律形式主义"的机械式活动的操作图。无视国家实在法与法律形式主义各有明显的弊端。

在这里波斯纳法官观察到的"采样偏见"现象和哈特基于法律语言的"空缺结构"，在法律形式主义和无视国家实在法的规则怀疑主义之间确立的一种中间立场理论富有启示意义。波斯纳法官曾谈到因"采样偏见"而导致法律不确定性（按照传统的确定性标准衡量）泛滥的现象。他认为：以诉讼案件作为样本会产生关于法律不确定的偏见，因为如果结果一目了然，纠纷就不会导向诉讼。但是，即使在诉讼案件中，也并非所有的案件都不确定。许多诉讼之所以难分难解，不是因为案件疑难，而是因为当事人或他们的律师迟钝或顽固，或者由于纠纷或诉讼本身很激烈。对于简单案件的判决，法官常常不附公开的理由，因此对案件的汇编往往集中于疑难案件。这些案件的判决挤满了研究者的视野以致他们看不到法院的其他判决，于是就产生了这样一种偏见，即多数司法判决是任意专断的，它们是由法官的个性和气质决定的，是由政治偏见或掷硬币来决定的。哈特基于法律语言的"空缺结构"，在法律形式主义和规则怀疑主义之间确立了一种中间立场。哈特认为，任何语言包括法律语言都不是精密的表意工具，都具有一种"空缺结构"（Open Texture）：每一个字、词组和命题在其"核心范围"内皆具有明确无疑的意思，但随着由核心向边缘的扩展，语言会变得越来越不确定，在一些"边缘地带"，语言则根本是不确定的。因此，在法律语言不确定的地方，对法律条文的解释和适用也不存在绝对或唯一正确的答案，解释者或法官拥有自由裁量权，需要在多种可能的解释和推理结论中做出选择，甚至可以扮演创建新规范的角色。"形式主义和规则怀疑主义是审判理论中的斯库拉和卡里布狄斯；它们极为夸张，但在互相校正方面不无益处，真理就在二者之间。"的确，在对法律解释的研究中，通常情况下和"简单案件"（Easier Cases）中的普通解释例恰恰可能成为研究者的一个"盲点"。研究者往往会有"采样偏见"，会把自己的视野局限于存在分歧甚至激烈争议的疑难解释例。这样做就使得对法律解释的研究不知不觉地变成了对疑难法律问题或法律解释争议的研究，使得立法者、法律文本和解释者这三者之间的分歧在一种不同寻常的背景下凸显。对于分歧的过分渲染，必然遮蔽三者之间的基本统一，因而也就必然在一般意义上给人造成法律和法律解释不确定、不客观（按照传统标准衡量）的灰暗印象——规则怀疑主义常常会应运而生。

受上述观点和实践的启发，并基于我国实现刑事法治的背景，笔者有以下几点看法。

首先，以既存刑法规范作为依据的制约原理不能偏离。至少在逻辑上来说，裁判过程首先在于发现、确定此等先于判决而存在的刑法规范，若不是如此，则无法承认这样的判决为正当的判决，这既是法律思维的释义学性格，也是实现刑事法治的内在需要，极端规则怀疑论不符合法律现实。在此，刑事案件发生，公共执法者必须就实际发生的事实提出一些主张，并努力表明它们立基于何种与所提出的事实相关的规则，以及根据这些事实将如何欲求法律进行干预，在此体现的"法治"观念，强调尊重法律合理性的现代法律模式，于是适用规则的逻辑就成为法律的核心逻辑，适用规则的过程对于法律活动来说是中心环节。倘若不是如此，法律规范也就丧失其存在的合理性了。借用卡多佐的话说："只是在决定它应如何发挥作用时，我们一定不要过分狭隘地看待它。我们一定不能为了个别而牺牲了一般。我们一定不能为在个别案件中实现正义而完全不顾前后一致和齐一性的长处。""逻辑、历史、习惯、效用以及为人们接受的正确行为的标准是一些独自或共同影响法律进步的力量。在某个具体案件中，哪种力量将起支配作用，这在很大程度上必定取决于将因此得以推进或损害的诸多社会利益的相对重要性或相对价值。最基本的社会利益之一就是法律应当统一并且无偏私。在法院的活动中，一定不能有偏见或偏好，一定不能有专断任性或间歇不定。"在法律适用中，大多数情况下我们都是将既定的法律规范适用于个案，这就是法律解释和适用的逻辑方法。这种方法的根基在于相似的案件应得到相似的处理，这是公平观念的基本要求。通过逻辑方法，我们能够保证法律解释和适用的确定性、一致性和连贯性。逻辑显然是最为重要的法律适用观念。正如卡多佐所说，在没有其他合宜的测试标准的情况下，"假如要排除侥幸和偏私，假如要以确定无疑、不偏不倚的统一规则调整人间事务——这是法律概念的精髓——那么，法院就必须继续以哲学方法为其工具"。唯有以历史、传统或正义为依据的令人信服的立论，方可作为判案依据的方法，替代逻辑推论。法官要运用严格的方法，避免正义被"侥幸与偏私"玷污，确立"确定无疑、不偏不倚的统一规则"。同样，逻辑方式是追求法律效果的基本方式之一，只是以社会效果衡量，有更大的价值需要打破惯常的逻辑时，我们才会考虑逻辑以外的其他方法。

其次，刑事司法实践中应视案件事实与罪刑规范之间的不同关系生成不同的应用方法。当事实与规范或先例相对称，即通常我们所说的简单案件或者在这里称作典型案件的法律适用，案件与先例或成文法规范相切合，在这种情况下，直接适用先例规则或制定法规则。司法中这种情形不多，严格上指清楚确切的数字规定如刑事责任年龄、犯罪数额、追溯期限等，它们不存在扩张或缩小的例外。宽泛上还包括有关明文列出的权限、生效范围，只需对规定做"字面解释"，用演绎三段论的推理方式，可将规定适用到案件。当然，社会关系的复杂性意味着法律案件的处理并非在现有的有罪和无罪、此罪与彼罪之间简单、机械地圈定。当案件事实与法律条文表面上不切合，则需借助法律解释方法。这是因为，法律解释的作用场域在不可直接应用法律的情况中。所谓不可直接应用法律是指事实（小前提）与规范（大前提）不相适应。法律判决形成的关键在于解决二者之间相适应的问题。二者关系相适应与否，从应用法律的特点看，取决于规范，只有不确定的规范，没有不确定的事实。尽管事实永远只是相对的确定，因为人们不可完全再现自然事实（原始事实），但迄今为止所查明的事实是确定的。对为何要进行法律发现，学界已讲出了许多对人有启示性的道理，当然通过法律解释，探寻立法原意或找出符合目的论的解释（对法律的某些字、词的限制解释或扩张解释）存在较大扩张或缩小及自由裁量的例外，如合理注意、较大利益等价值评判规定；情节严重或轻微、重大损失、严重后果、数额巨大、必要限度等程度规定；不可抗力、明知、危险方法等其他规定。对此恐怕传统的适用模式和围绕法律适用的法律解释方法是远远不够的，还需借助其他方法，如法律论证。

最后，法律需要借助解释才能适用于个案当中，以致法律适用被理解为法律解释，法律解释就是法律适用。但裁判者解释法律会形成多解，而司法活动的特征就在于在规定时间内做出发生效力的判决，于是，司法裁判的制度设计归结于程序进行中，透过法官与当事人的协同活动，以具体确定法律规范的意义内容。换言之，司法活动讲究权威性，为使司法活动能被尊重、被信赖，在法院的裁判中，应以宪法为最高位阶的法律规范系统作为该论证的基本前提，以使法律裁决能符合社会共识的正义，增强衡平的感觉。另外，在正当程序保障下，借由理性论证以解决各种法律争议，对于法治原则的确立是不可或缺的。

法律现象不同于自然现象，法律现象是人的理智活动的产物，所以，法律中包含着人的意图，表明人试图通过法律建立有意义的生活方式。一切人文社会科学的对象都是有意义的。德国哲学家狄尔泰的著名的"自然需要说明（explanation），人则必须理解（understanding）"命题提醒我们，在理解和解释历史、文化、作品时，不能采用与自然科学相同的因果关系的说明方法，而必须运用理解的方法。狄尔泰的叙说，对法律认识具有至关重要的意义。它涉及认识主体与认识对象之间的关系属性。"说明"意味着作为认识对象的法律现象是独立于、外在于认识主体的，具有独立于认识主体的客观内容。作为说明对象的法律如同一具待解剖的僵尸，人与法律的关系是单向的，法律是无生命的、无意识的，一经制定就成为冰冷的文字和符号，等待人们机械地适用；而作为理解对象的法律则体现着人们相互之间的沟通、交流和理解关系，人与法律是双向互动的关系，人在认识法律的过程中也在与法律的制定者、发布者和实施者进行交流。传统的法律认识论将法律视为"客观"的、具有不以人的意志为转移的确定内容，而理解的方法则意味着内含在法律中的人的意图随着历史性的人的参与而具有可变性。因此，法律的内容不是绝对确定的，人对法律的认识也不具有唯一正确的答案。

刑事法治作为法治的应有之义，以罪刑法定为标志，其含义不仅仅是依刑法而治，如果这样理解显然偏离了法治、刑事法治的基本宗旨。刑事法治不仅意味着依照法律对犯罪进行打击，它还需要关注"被统治者"或"被治理者"的利益和感受。现代社会，立法者不能排除法律适用对象的角色，"关于立法，本质上不存在只针对他人的东西"。任何人都不是局外人。民主社会的一个最大特点是立法者同时又是法律实施的对象。因此，法律论证能够缓解刑事法领域合法与合理、形式合理性和实质合理性之间的对立，为形成一种新的刑事裁判理念具有重要的实用价值。

　　总之，对法律人而言，结论是重要的，但获致结论的思维过程是更为重要的。就法治后发行并以成文法作为刑事案件裁判依据的我国来说，宏观而言坚持形式逻辑的法律思维的基本构造，将作为小前提的具体事实，涵摄于作为大前提的一般法律规范中，以导引出的结论作为判决，于此过程中，真正能够左右结论的关键环节在于使演绎三段论的适用成为可能之前的解释与论证，即大前提与小前提的相互澄清、相互确定之阶段，在此阶段表现为刑法规范与案件事实间目光往返流转之反复过程，并且既要防止"法治"原则空洞化，也要兼顾裁判之合理性。而适应现代刑事法治发展之趋势，探讨并尝试论证方法，于法律效果与社会效果的兼顾应为我们坚守刑事法治的基本立场。

［作者单位：山东大学（威海）］

《巍巍马石山》内容提要

孙旭光　栾法龙

　　红色文化是一座城市不可磨灭的印记。在中国抗日战争史上，有四大英烈事迹为国人称道：马石山十勇士、狼牙山五壮士、八女投江、刘老庄八十二烈士，其中发生在乳山市的马石山十勇士"轮回拼杀护民众，舍生取义建奇功"的英雄壮举，独具震撼力，这使马石山威名远扬。

　　乳山是一块红色土地，是马石山反"扫荡"突围战纪念地；是中国著名作家冯德英长篇小说《苦菜花》《迎春花》《山菊花》故事背景的发生地。老一辈革命家许世友、谷牧等曾在这里留下了光辉的足迹。乳山是革命老区，早在1930年，市内就有共产党活动。1932年8月，市内第一个中共地方组织牟海特别支部建立，随后，中共牟海县委、牟平县委、胶东特委、海阳县委和牟海福栖中心县委又相继在市内建立，乳山成为胶东地区中国共产党地方组织建立较早的地区之一。为配合全市"旅游兴市"战略的实施，着力提升乳山旅游品牌的层次、内涵和品位，多角度挖掘乳山特色文化的历史元素，乳山市党史市志办公室立足于服务全市文化建设，着眼挖掘乳山的红色旅游资源，在时间紧、任务重的情况下，组织专人搜集大量的史实资料，精心组稿编辑，编成《巍巍马石山》一书，该书于2008年10月出版发行。

　　该书从介绍红色线路马石山风景区入手，向人们勾画出一幅壮丽迷人的画卷。层层解剖历史，通过翔实生动的史实考证，描绘了巍巍马石山上"十勇士"等英雄的壮举，再现了马石山反"扫荡"突围战惊天地、泣鬼神的壮烈场景，英雄们的大义凛然、浩然正气让人涤荡于胸；通过大量丰富翔实的史料，印证了骇人听闻的"马石山惨案"，揭露了侵华日军的暴行，催人勿忘国耻、励志图强。书中还通过文献资料、革命回忆录、文学作品等形式，多侧面全方位地再现了这段历史，让人震撼，如亲临其境，显示了军民之间浓浓的鱼水深情。

全书分为"马石山风景区"、"反扫荡突围战"、"马石山惨案"、"英烈事迹"、"文献资料"、"革命回忆录"和"诗文鉴赏"七个部分,内容丰满,资料翔实,考证充分,可读耐读。第一部分"马石山风景区",从介绍风景区特色景点、传说故事等角度入手细说马石山,让人们对马石山风景区有了感性直观的认识,充满了对欣赏此景的向往。第二部分"反扫荡突围战",生动地介绍了马石山十勇士、英雄七连和十八勇士三个战斗群体的英雄事迹,通过十勇士考证、十勇士事迹考辨、回忆录和调查报告等形式对"反扫荡突围战"进行了充分的史实考证,增强了历史研究的真实性,再现了胶东马石山突围战的壮烈场景,歌颂了英雄勇士的无畏精神和爱民情怀。第三部分"马石山惨案",充分揭露了侵华日军发动惨绝人寰"大扫荡"的暴行,通过20多则日军残杀我同胞的证明、控诉等铁证,让人看清了日军野蛮残忍的兽行本质,令人发指,催人勿忘国耻。第四部分"英烈事迹",通过详尽真实的生平简介资料,对于于一心、于巳午等7名英烈的壮烈事迹进行了记述,英烈的英雄主义精神足以深深感动读者。第五部分"文献资料",开篇影像资料老一辈革命家迟浩田、许世友等的题词,证明凸显了马石山突围战在抗战史上的地位和影响力,其后通过胶东区军民反"扫荡"、相关碑文、日军资料等大量文献,综合立体全面地介绍这段抗战历史。第六部分"革命回忆录",收录了综合反映与马石山突围战有关的15篇革命回忆录,从不同的侧面、角度记述了历史,增强了这段历史的真实性。第七部分"诗文鉴赏",通过诗歌、散文、歌词、报告文学、小说、话剧等丰富文学作品,多侧面全方位地再现了这段历史,让人身临其境,大大增强了该书的可读性。该书为32开精装本,配有释解文字内容和反映马石山景区民俗风情的30多幅彩色图片,图文并茂,较大空白页面附有与红色文化相关的插页,使整本书浑然一体。

总之,《巍巍马石山》这本红色文化书籍的出版,为进行抗战历史研究提供了具有重要价值的历史资料,是革命传统教育和爱国主义教育的好教材,也是宣传乳山红色旅游文化的一个好读本。

(作者单位:中共乳山市委宣传部)

二语"投资"概念述评

芮晓松

1 引言

语言学习（或习得）的动因和学习者付出的努力，是应用语言学研究的一个焦点。有关研究传统上采用心理学范式，聚焦于学习者个体，采用学习"动机"概念，将其与自信、焦虑等"情感因素"一并纳入稳定的"学习者因素"，用来预测学习结果，特别是目的语知识和技能。社会心理学家 Gardner 和 Lambert 提出的"工具性"（instrumental）和"融合性"（integrative）两分动机概念，以及 Gardner 在此基础上提出的"社会教育模式"（social - educational model），被广为应用并扩充，相关实证研究向因素更多、统计手段更复杂、因果预测性更强的方向发展。

与此相对应，有关学习者认同（identity）的研究传统上采用结构主义视角，将其视为客观群体身份（如民族、国籍），或以此为基础的主观定位；学习者在语言活动中用"内群体"（in - group）和"外群体"（out - group）来定义自己与交流对象的关系。根据 Giles 和 Johns 的民族语言认同理论，认同可用来解释动机：对目的语文化的认同强，对本群体的认同弱，则目的语学习的动机便强。在其他理论中，认同常隐含在其他概念中，或作为学习结果的预测因素，如"心理距离""社会距离""融合型取向"，或作为学习结果（"非语言结果"，同上）。

近十多年来，语言学习和教育研究领域发生了"社会文化转向"，各种人文社会科学理论被引入，以社会建构主义为理论取向的社会文化研究范式逐渐发展起来。此类研究的关注点从学习者个体扩展到学习者与社会环境之间的互动。二语 "投资" （investment） 概念的提出和应用，便是这样一种尝试。

2 Norton 的二语 "投资" 概念

2.1 "投资" 的定义与实证基础

二语 "投资" 概念是由加拿大语言教育学者 Bonny Norton（Peirce） 于 1995 年正式提出的，借鉴了法国社会学家 Pierre Bourdieu 有关 "文化资本" 的理论。在 Norton 后来的研究中，这一概念得以反复阐释和应用。

学习者如果向某种第二语言投资，是由于他们明白自己将获得范围更广的象征性和物质性资源（此处所说的象征性资源包括语言、教育、友谊等；物质性资源是指资本货物、房地产、金钱等），从而提高自己文化资本的价值。学习者期待或希望自己的投资得到很好的回报，享有原来无法得到的资源。而且，借鉴 Obgu 的观点，笔者还认为在二语学习上付出的努力，应被视为与这种投资的回报相匹配。

Norton 试图以 "投资" 概念解释其实证研究材料。这一质的研究以五名加拿大移民妇女为对象，描述二语学习过程中的语言投入和认同变化。例如，来自波兰的 Eva，22 岁时为了 "经济上的优势" 独自移民加拿大，初期在一家饭馆工作，同事都是当地人，只有她一人不能讲流利的英文。当某年轻女同事指着电视中的人物问她："你不认识这个人吗？你怎么可能不认识他，你不看电视吗？他是 Bart Simpson。" Eva 感觉很糟，没有作答，她不知道为何这个人如此重要。在这家饭馆跟同事相处，Eva 感觉自己需要做许多别人不愿意做的事，没有人在意她，因而她也没有欲望要对别人笑脸相迎，主动交流。然而后来，她逐渐主动加入同事的谈话，同事谈论假期喜欢去的加拿大地区，她便介绍欧洲的生活，同事也开始问她相关问题。

按照传统理论解释，Eva "性格内向"，具有 "工具性动机"，与目的语群体的 "社会距离" "心理距离" 较远，因此语言习得受阻。但 Norton 认为这些概念忽略了社会情境中权力关系对语言学习的影响，无法解释学习者对目的语矛盾的态度，以及态度和认同的变化。从投资观来看，Eva 不仅投资于目的语的经济优势，也投资于更高的社会地位。在明显的权力差距下自尊受到威胁时，她无奈地接受了 "不合法的语言使用者" 认同，放弃了话语权。后来她的 "多元文化公民" 认同逐渐发展起来，有能力要求目的语使用者倾听自己的历史和经验，希望这些 "文化资本" 被认可，环境也给予了她更多平等交流空间。

2.2 相关概念以及对传统二语习得理论的批判

2.2.1 "投资"与"动机"

在实证研究的基础上，Norton 指出语言学习动机理论存在明显问题，不能充分解释语言学习者的认同与经历，需要重新概念化。"需要注意重要的一点：我所提倡的投资概念不是工具性动机的同义词。"Norton 认为"投资"与"动机"的区别在于，"动机"是语言学习者的稳固特征——一种固定不变的人格特征。它将学习者视为没有矛盾、一成不变、没有历史发展的。动机理论乃至心理学取向的二语习得理论总体上没有充分考虑情境的作用。"投资"的概念则体现了社会学取向，试图表明学习者和变化着的社会的关系。从这一视角来看，学习者充满了矛盾的愿望，其认同以及与目的语的关系是复杂、变化的，充满了权力的斗争，在通过语言进行的社会互动中不断被重新构建。正是在这个意义上，"投资"拓展了"动机"的概念。

"动机"是为实现一定的目的激励人们行动的内在原因，二语习得中的"动机"是指从情感和心理角度研究学习者学习第二语言的内在原因和驱动力，属于学习者相对稳定的人格特征。"工具性"和"融合性"的二分，更使"动机"呈现机械和绝对化的特征。"投资"首先预设的是二语学习者各自占有分配不均的"文化资本"，他们为获得更多的"利润"而进行"投资"。一方面由于社会权利因素的影响，他们学习二语的"投资"充满矛盾和变化，受到社会和文化因素的影响；另一方面，他们的"投资"在更大程度上体现了主动性和能动性，即学习者和社会之间的协商和互动，体现出建构的特征。

2.2.2 "投资"与"社会认同"

与"投资"相联系的一个概念是"社会认同"。投资的概念前设，当学习者与目的语使用者谈话时，他们不仅是在交流信息，而且是在不断构建和重构自己是谁，以及自己与社会环境的关系。由此，对目的语的投资，也是学习者对其社会认同的投资，这种认同是随着时空不断变化的。

Norton 所说的"社会认同"并非客观的国籍、民族，也有别于 Tajfel 结构主义色彩的经典"社会认同理论"，不是简单的内外群体区别。她所持的是一种社会建构主义的认同观，社会认同是多元复杂的，蕴含于语言学习过程之中，并在此过程中发展变化。"我强调，语言构建了学习者的社会认同，同时也由学习者的社会认同所构建。"因此，这种社会认同难以简单定位于动机的预测因素或学习结果。Norton 认为"基于课堂的社会研究"可能会使学习者的社会认同发挥作用，促进课外语言学习，并帮助他们争取自己说目的语的权利。

2.2.3 "投资"与"想象共同体"（imagined community）

近年来，Norton 借鉴 Anderson 和 Wenger 的理论，将"想象共同体"概念引入二语习得研究，并与"投资"联系起来。

对于许多语言学习者来说，共同体是想象的，即能为未来认同提供更多可能性的期望中的共同体。它也可能在某种程度上是以往共同体或历史关系的重构。从本质上看，每一个想象共同体都前设了一种想象认同。学习者对于目的语的投资必须置于这一情境中理解。

"想象共同体"的概念将"投资"的范围从直接交流的"实践共同体"扩大到主观期待中的共同体，使主体能动性的作用更加突出。Norton 和同事以实证材料表明，学习者对于目的语共同体的成员有着不同的投资，其中投资最大的是能够代表学习者本人"想象共同体"或者为他/她提供进入"想象共同体"可能性的那些成员。人类有能力和存在于眼前的现实的共同体以外的共同体取得联系，这种对于"想象共同体"的投资影响认同的构建和对学习的投入。

2.2.4 传统二语习得理论批判

Norton 试图以"投资"、"社会认同"、"想象共同体"以及"主体性"（subjectivity）、"主体能动性"（agency）、"权力"、"斗争"等一系列概念为基础，对传统二语习得理论的心理学范式进行批判。其批判对象不仅包括 Gardner 和 Lambert 的动机理论，还包括 Spolsky 的"自然语言学习理论"（natural language learning theories）、Krashen 的"情感过滤器"假说（affective filter hypothesis）、Schumann 的"濡化模式"（或"文化适应模式"）（acculturation model）等。她认为，这些理论人为地进行"个人因素"和"社会因素"对立二分，忽略了学习是一个个体和社会环境的互动建构过程。例如，要理解人们对于语言学习的投入，必须参照目的语使用之可能性的种种社会权力关系，以及学习者多元的、变化的、充满矛盾的社会认同。学习者要进入学习语言的自然环境、协商意义、获得支持，会碰到种种困难。学习者对目的语群体的态度、学习动机和他们的语言实践不一定是线性的因果关系，它们之间的关系远比理论家们声称的复杂。除动机之外，传统二语习得理论定义的焦虑、自信心等因素，也不是单一不变的，而是随着时间、地点和交谈者的态度不断发生变化的。Norton 还试图扩展 Hymes "交际能力"的概念，使其包括说话的权利，即 Bourdieu 所言的"强制接受的力量"。

3 理论溯源

关于"投资"概念的来源，Norton 是这样说的："我的投资概念来自对社会理论的文献阅读，尽管在这些语境中我还没发现对于这一概念的全面讨论（comprehensive discussion）。这一概念最好参照 Bourdieu 的经济学隐喻来理解，尤其是'文化资本'的概念。"

这里提到的是法国社会学家 Bourdieu 扩展了马克思的经济资本观而提出的资本理论。Bourdieu 的"资本"包括经济资本、社会资本、文化资本、符号资本。经济资本即人们通常熟悉的资本类型，可直接兑换成货币。社会资本指人际关系网络，以及由此发展出来的社会制度形式，如家庭、阶级、部落等。文化资本指借助教育传递的文化物品，具有三种形式：身体化的形态，如技能；客体化的形态，体现在文化物品之中，如著作；制度化的形态，体现为特定的制度安排，如学位认定。符号资本是对上述三种基本形式的资本的认同，是制度化、合法化了的权威。在社会的再生产中，不同形式的资本可以相互"兑换"，有其"兑换率"。

可见，Bourdieu 的"经济学隐喻"不是单一的"资本"概念，而是一个以"资本"为核心的语义场。学习者首先由于各自不同的地位，在社会上占有分配不均的"文化资本"，为了获得更多的利润，而进行"投资"。尽管 Norton 认为相关社会学著作没有详述"投资"概念，我们查阅了 Bourdieu 的著作，发现他曾多次讨论"投资"，将其作为资本理论体系的一部分。

Bourdieu 多次提到，语言使用者向其话语"投资"某种文化资本："说话者的语言策略取向……取决于获得利润的机会，即在资本分配结构中的特定地位。这是由于语言能力不能还原成生产某种话语的具体能力，而是涉及构成说话者社会人格的所有属性，特别是他所投资的所有形式的文化资本。由于信息传播者的不同，同样的语言产出可能获得完全不同的利润。"

决意巩固自己优势的富家子弟，会将自己的文化资本投到最可能保证最大和最持久学术利润的那些方面。

社会中的统治阶层，在语言使用中会故意或偶然地偏离规范，然而他们的话语从来不包含被统治阶层对其话语所投资的社会价值。

对于"文化资本"之"投资"最明确的解释出现于《区隔：趣味判断的社会批判》一书中，在此书中 Bourdieu 谈到"投资意识"（investment sense）：

“继承的文化资本中，最有价值的信息就是有关学术资格认证市场之波动的实践或理论知识，即一种投资意识，它使投资者能够在学界或劳动力市场的学术资本方面，就继承性的文化资本得到最好回报。”

在《语言与符号权利》一书中，Bourdieu 也提到了诸如全部的无条件的“投资”、对实践和工作的“投资”、心理“投资”、个人“投资”策略等。在《反思性社会学雏形》一书中，Bourdieu 更是明确地为“投资”下了定义：“我所说的投资是指这样一种行为倾向，它产生于特定场域与其倡导之游戏的习性系统之间的关系，是对此游戏及其利害关系的意识。该意识同时蕴含了参与游戏的意向和能力，这两者都是社会性、历史性构建的，而非先天性、普适性的。”

无论 Norton 是否详细参照了上述著作，我们都可以看出，她的“投资”与 Bourdieu 的很接近，只是更加具体，针对二语习得这一特定场域。准确地说，“投资”并非 Norton 的原创概念，而是 Bourdieu 之社会学概念在语言习得和语言教育“场域”的引介和应用。Norton 在率先引进这一概念时，以实证材料对它进行了更为具体、有针对性的阐述，将这一场域的游戏规则和过程，以及参与者的游戏意识揭示给人们。

除了 Bourdieu 的理论外，Norton 的二语习得社会建构观还参照了 Bakhtin 的“言谈理论”、Weedon 的“主体间性”（subjectivity）、Lave 和 Wenger 的“情景学习”（situated learning）、“合法的边缘性参与”（legitimate peripheral participation）等概念，此处不一一赘述。

4 与二语“投资”相关的概念及应用性研究

“投资”概念的提出引起了二语习得学者的关注，带动了一批相关研究。对于学习者“投资”的研究包括了社会文化因素的方方面面。

有些研究提到了对目的语的“投资”。还有一些研究涉及对某种具体语言技能如写作的“投资”、对语言具体层面如语篇的“投资”、对语言学习项目如成人 ESL 培训项目的“投资”等。另一些研究提到对认同的“投资”，包括社会认同、学术认同、学习者个人的认同，以及其他意义的认同。还有一些研究提到的“投资”的目标是社会文化情景，比如社会生活和学校生活、大众媒体。

在方法上，大多数研究采用针对个案的“质化”方法，采集日记、访谈等材料进行分析。研究对象和背景涉及各种二语情境。例如，McKay 和 Wong

对母语为汉语普通话、移民到美国加州的中国孩子七到八年级英语能力的发展进行了两年跟踪研究，运用"投资"概念，对多种语篇与学习者认同之间的互动进行分析。他们认为学习者对听、说、读、写这几种技能的"投资"具有选择性，与学习者认同的关系具有不同的价值。Angélil-Carter研究了南非大学一位英语学习者学术能力的发展状况。该学习者曾因政治问题入狱，进入大学后，对语篇的"投资"由于周围政治权利关系的变化而发生变化，直接影响了其认同和学术能力的发展。Potowski调查了母语和二语为西班牙语的四名学习者在英语和西班牙语"双重沉浸"课堂中西班牙语的使用情况，描述和解释他们对这种特殊课堂的"投资"，揭示互相竞争充满矛盾的各种认同对语言实际使用选择的影响。

5 对Norton "投资"概念及相关理论的评论

5.1 正面评介

一些二语习得专著和教材对Norton的"投资"概念做了正面评介。Ellis在《第二语言习得》一书中比较了Norton和Shumann的著述，认为Shumann的"文化适应模式"存在两个问题：一是将"融合方式"和"态度"当作固定不变的；二是未能说明学习者不仅仅受到社会环境的制约，同时也是社会因素的"主体"。而Norton的理论则注意到了学习者个体和社会文化因素的互动。

Mitchell和Myles合著的《第二语言学习理论》一书用专门的一章讨论社会语言学视角的二语习得，对Norton的研究和主要贡献做了较详细的介绍。作者认为，Norton等人采用民族志方法进行的研究最令人印象深刻，这一社会语言学视角的二语习得理论注重学习者认同对二语学习任务投入的动态特征。伴随学习的速度和成功程度，自尊心和动机等在学习过程中得以不断建构。对于"主体性"和"投资"的重视，是这一视角的二语习得研究理论最特别的主题。

Dornyei的《语言学习者的心理：二语习得中的个体差异》一书评介了Norton的相关研究，其中转述了Pittaway对"投资"概念的评论："投资"概念值得特别关注，因为它能够反映属于"想象共同体"的学习者主动的提高的过程。

对Norton的研究也出现了专门评论。Yim在对Norton的书评中指出，

Norton 的主要成就在于对一些二语习得的经典理论进行了有力的质疑。另一个重要贡献是将日记研究方法运用于批评性民族志和二语教学研究。该书的总体贡献在于，针对二语学习者认同如何在目的语社会的影响下不断变化，其语言学习如何受到社会因素的制约提供了令人信服的个案。同时，它为语言教育者如何调整角色，接纳多元的学习者认同提供了建议。

Hall 在书评中指出，Norton 将"主体性"和"投资"概念推至语言学习理论讨论的中心。"主体性"使人们看到，在学习过程中，学习者的认同是让自己发出声音、发挥主体能动性的斗争场所。"投资"是对"动机"的有益补充。Norton 的著述为二语习得领域做出了扎实的贡献，不但使人们重新认识学习过程，将其视为社会实践，而且也使人们重新认识语言的本质。此外，对于课堂教学改革的建议也独具眼光，具有实践价值。

Hansen 认为 Norton 的二语社会认同理论具有开创性意义，使得二语习得研究转向更符合需要的理论方向。不过语言教师能在多大程度上帮助投资过程中的学习者，使他们自身变得更有力量，尚需进一步研究。

5.2 批评与挑战

Price 认为，Norton 的"社会认同"理论并没有像她声称的那样超越传统二语研究的二元对立，她对于主体性、权力、认同的分析并没有以后结构主义为理论基础。"投资"更像是主导性的、持久的认同所起的作用。"投资"概念本身也建立于固定的、非历史的基础上，它不是由话语所构建，更像是人类固有的特征。Norton 研究的核心，恰恰是后结构主义和批评性分析理论反对的。

Thesen 的批评有些相似，不过并非专门针对"投资"，而是针对后结构主义对语篇和读写能力（literacy）的意识形态分析。她认为这些理论在理解学习者迅速转变阶段个人和社会过程的关系上解释力有限。而且这种认同"决定论"忽视了个体的焦点地位，把学习者强行纳入研究者预制的有限认同范畴，并假定学习者是为了进入"主流文化"，假定他们以相似的线性模式来获得教师的话语、规则和规范，以获得适宜的课堂社会行为。

Norton 回应 Price 的批评时说，自己的研究的确借鉴了后结构主义的理论，但理论和研究的关系是复杂的，研究者没有必要使自己的研究始终遵循某一特定的理论导向。她在研究中关心的是后结构主义在多大程度上能够帮助自己理解实证材料，而不是 Price 所假定的这些材料在多大程度上支持后结构主义理论。

Hall 对 Norton 的质疑集中于数据来源。她认为该研究不足以视为成功的质性研究例证。研究方法缺乏细节说明，数据的来源有些令人费解。Norton 声称自己的研究基础是调查对象的日记，但所提供的证据好像多来自研究者与研究对象的交流，她没有明确交流的时间和具体方式，也没有说明其论据有多少来自两个人的单独交流、小组交谈和日记。

6　我们的看法

6.1　理论启示与局限

Norton 首先将"文化资本""投资"等社会学概念引入、应用于语言习得和语言教育的"场域"，并以此对实证材料做了样板性的分析，为二语习得及教育提供了市场的视角、权力斗争的视角、社会建构的视角。这些相关概念尽管还不能说已经构成了完整的理论体系，也未必能满足精确的操作需要，但的确代表了一个新的二语习得理论取向，一个相对于传统心理学范式的社会文化研究范式，由此拓展了语言教育及研究的视野。在此方面，我们十分赞同前述学者的积极评价。

"投资"理论蕴含的"人"，归根结底是具有清晰理性头脑的经济人。他在竞争环境的制约下，由利润驱动进行相关投资，并依据各种形式资本之间的"兑换率"而转换投资方向，挣扎于由于利益冲突产生的权力斗争之中。对于当今日益国际化的资本竞争社会来说，这种理论有相当强的现实描述和解释力。然而它的局限在于，其一，"建构"成分有限。尽管个体投资者在具体投资目标上有一定的选择空间，但在投资方向上没有选择自由，这是由社会结构和有限的利益资源所决定的。Bourdieu 曾称自己的理论是"建构主义的结构论"和"结构主义的建构论"。二语"投资"论也的确如 Thesen 所言，具有某种结构决定论色彩。其二，投资的驱动力都是"匮乏性需求"，即 Maslow 基本需求等级中自尊需求以下的较低层次，因而难以预测和规定理想的学习取向。这在一定程度上可能是受到研究对象的限制。其三，无意识的行为驱动力没有得到足够关注。

对照之下，一些更具社会建构主义特征的理论，如 Giddens 自我认同理论，将社会"结构"看作一个互动过程，给予个体更多的能动空间。它不仅包括理性的动机和行动的理性化，也包括无意识的动机、"未意识到的行动条件"和"行动意图之外的后果"。这里的"人"是反思的人，在回顾历史的基础上构建未来的人。如果说投资论是部分建构论，Giddens 的反思性自我认同则是更彻底的建构论。在语言学习中，它体现为学习行为和自我认同的更多个体自由。一些人本主义理论，如 Maslow 的"自我实现"、Fromm 的"生产性取向"，则较多着眼于对"匮乏性需求""市场取向"的超越和对现实社会的批判。这里的"人"是潜能实现的人，向人之"本质"回归的人。如果说资本投资是现实人的模式，人本主义提供的则是理想人的模式。在语言学习中，它体现为超越力量对抗的"生产性双语现象"。

6.2 适用性与应用问题

二语"投资"的概念是在狭义二语情境中提出的。有学者提出，包括 Norton 理论在内的"社会文化模式"适合二语情境，此处社会因素制约学习者与目的语的接触以及学习目的语的决心。而对于目的语的接触如果主要发生在课堂教学的外语环境中，这些模式便不太适用了。

我们认为，"投资"同样适合解释外语情境的现象，尽管投资目标和斗争力量有别于二语情境。在我国，作为外语的英语学习和教育具有文化资本的全部三种形式：语言技能本身是身体化的形态；书籍、辞典、录音录像制品等是客体化的形态；英语等级考试、各种资格证书是制度化的形态。尽管文化资本在不同社会阶层和集团中的分配很不平等，但在社会阶层分布改变，中产阶层扩大的转型期，高考等制度还是给阶层身份的变动提供了很多机遇。学生向英语的投资，未必是向目的语文化群体"想象认同"的投资，而投资过程中的权力斗争，也并非突出地体现为学习者的目的语话语权被剥夺，反而可能是被结构强制按一定的模式学习目的语。在日益国际化的就业情境和就业压力中，作为文化资本的英语与经济资本的兑换率增高，吸引的投资也趋向增多。学习者如何与这样的环境互动、确定投资目标、建构认同、值得特别关注。

在我国的情境运用外语投资的概念，需避免将"投资"等同于"工具型动机"。即便是对英语文化的兴趣或传统的"融合型动机"，也可能是指向特定文化资本的投资，即英语本族语群体所代表的社会经济地位和文化品位。同时，我们还应注意将利润驱动的"投资"与超越匮乏性需求的、潜能实现的学习动力和学习者认同区分开来。如果狭隘地将"投资"理解为"工具型动机"，简单地将所有实用型投资合理化，甚至片面地要求英语教育以实用利润为导向来满足学习者的要求，就有可能扭曲理论原意，误导实践。

[作者单位：哈尔滨工业大学（威海）]

山东地区刺绣工艺的艺术特征探究

许崇岫

山东地区的刺绣又叫鲁绣，是我国刺绣工艺史上记载最早的品种之一，遍及齐鲁大地，广大农村给了鲁绣肥沃的土壤和广阔的发展空间，广大农村妇女是其传承的承担者。几千年来，在鲁绣工艺的发展中，山东地区妇女自幼通过向亲邻好友、母亲姐妹学习，不断使其推陈出新，变化发展。表现了当地的习俗风情和美好祝福。经过漫长的演变与发展，传统的手工鲁绣工艺艺术特色发生了重大变化，在保持自己独特个性的基础上，融合了苏、粤、蜀、湘等地区的刺绣艺术之长，形成了鲁绣做工精细、种类繁多、构图饱满、纹样古朴、形象生动、色彩斑斓的艺术风格，表现出丰富的文化内涵以及独特的审美情趣。

一 山东地区传统民间刺绣艺术特点分析

作为工艺美术范畴的鲁绣，既体现了作品的艺术特色，又受到工艺条件的制约。鲁绣按照其内容可以分为观赏性鲁绣作品和实用性鲁绣作品；根据所用材料的不同可以把鲁绣分为丝绣、发绣、棉线绣（绒线绣）；按照形成时代和工艺特点等可以把鲁绣划分为传统鲁绣和现代创新鲁绣。下文以传统鲁绣和现代创新鲁绣为例来论述。

（一）传统鲁绣

传统鲁绣主要是通过手工工艺来完成，"绣"是整个刺绣作品中最主要的手段。鲁绣的工艺独特，有散套、齐针、行梗、抢针、旋针、打籽、网绣、纳绣、编绣、盘金等针法，形成了鲁绣独特的工艺特色。山东民间还存在一种"割绣"，最主要的工艺特点就是"绣"的工艺与"割"的工艺相融合，通过"割"得到左右两片完全对称的绣片。

传统鲁绣工艺有选题广泛、色彩明丽、工艺独特、针法多变、雅俗共赏、对比强烈、粗犷奔放、苍劲朴厚、雄健浓郁的特点，具有强烈浓厚的北方民间人文气韵。但在工艺制作上需要大量的人工，不仅费时费工，而且因绣织人员的素质不一影响了传统鲁绣织纹、色彩的搭配。同时作为一种古老的民间传统艺术，由于受到城市化进程加速、现代生活节奏加快、生活方式的改变、机器大工业的冲击，民间艺人越来越少，面临着濒临消亡的危险。再者，随着各种艺术流派的不断兴起，鲁绣没有很好地加以吸收、利用、改造并创新，刺绣的表现力与其他民族艺术品相比较显得越来越苍白，无论是其艺术价值、商业价值，还是观赏价值和收藏价值都发挥不到应有的水准。

（二）现代创新鲁绣

清朝末年，西方文化进入中国，一些西方商人看中了中国的廉价劳动力优势和精湛的鲁绣手工绣花技艺，在中国沿海农村制作欧式绣品，回国销售。1894 年英国人马茂兰夫妇在烟台设立了教会手工学校，组织胶东各县农村妇女编织花边和绣花。20 世纪 30 年代，各类抽纱商行在山东半岛大量出现。

由于受国外抽纱、刺绣的影响，刺绣作品带有明显的国外刺绣风格，传统技法与西方工艺相结合，将西方的图案、工艺品种与中国传统的刺绣技艺融合在一起。经过鲁绣艺人演绎整理，创造出了一种通过"抽、绣、编、锁、勒、挑、补、雕"等技法在白色亚麻或棉麻混纺布上制作各种装饰纹样的抽纱艺术与传统鲁绣艺术的结合品——现代创新鲁绣艺术。现代创新鲁绣继承了传统鲁绣的风格，又吸收了欧洲纱艺术的精华，逐步演变成麻布雕绣，形成了刺绣花纹粗犷雄健、色彩淡雅丰富、构图优美、虚实适宜、形象逼真、工艺新颖的独特风格。

20 世纪 80 年代前后，威海地区主要产品以满工扣锁（即麻布雕绣）为主。1981 年，在中国工艺美术品百花奖中，获得国家银杯奖。满工扣锁是威海地区的名牌产品，由原来单一的花边演变而成，规格尺寸达 1000 种，距今已有百余年的历史。主要原料为麻布和棉线，在制作上分图案设计、刺样、裁料、印花、印花检验、发放、半成品验收、毛货、刻货、烫熨、净货检验、包装 12 道工序。以锁工为主，此外有扭鼻、打结、缠柱、行梗、织综、插瓣、抽斜线、干扒丝、钱眼丝等，还结合绣、编、抽、织、勒等 30 多种附属工艺。使其直锁似线，弯锁自然，针脚均匀，挺拔整齐，既继承了东方艺术传统，又吸取了西方艺术风格。显得纹样秀丽、层次分明、主题突出、结构严谨、绣工精致、富有光泽、浮雕感强。并以原布色、原线色，不下水著称于世。

西方工业革命前，各国的刺绣作品全部是手工刺绣，西方工业革命以后，缝纫机的发明，促进了纺织服装业的发展，同时也用在了刺绣上，诞生了机器刺绣。在中国，20世纪七八十年代鲁绣主要是用缝纫机绣制。在当今社会，先进的机械化大生产代替了部分手工劳动，现在还采用了梭式自动刺绣机和多头式电子刺绣机绣制，促进了刺绣的发展。现代创新鲁绣针法多变，图案新颖，色彩丰富；生产速度快，成本较低，价格便宜。普遍应用于人们的日常生活中，或者用于室内配套的刺绣用品，如床上用品、窗帘、沙发套、台布、枕套、靠垫、坐垫、电视机套等；或者用于室内陈设的欣赏绣品，如绣挂、屏风、绣画；或者用于服饰的装饰绣品，如绣衣、头巾、披肩、领带、手帕、衣服的花边等；或者用于旅游纪念的刺绣产品等。机绣对面料底布要求很低，各种质地、厚薄的面料都适宜用机器绣制。机绣的针法也很多，吸收了传统"鲁绣"针法的特色，吸收了花边中扣眼、抽丝、雕绣等针法，还运用印花、喷花等工艺，既省工效果又好。

威海地区文登市是鲁绣之乡，文登鲁绣可以看作现代创新鲁绣的代表。过去的几百年里，文登的农村妇女运用绣花针绣出了无数手工艺绣品，缝纫机的进入，改变了鲁绣的生产方式，鲁绣在工艺上也产生质的飞跃，由完全的手工制作开始向半机械化和电脑自动化方向发展，机绣制品开始大量出现。机绣制品由于工效高、成本低、针法灵活、操作简便，深受广大农村妇女的喜爱，胶东地区的机绣业十分盛行，农村家家都有缝纫机，很多妇女会绣。其产品拓展到床上用品、台面饰品、墙面饰品、家具饰品、家电饰品和服装饰品等广阔领域。

（三）山东传统刺绣艺术特色

鲁绣工艺运用不同的艺术形式来表现吉祥祝福的含义，展现特殊的审美情趣和象征意蕴。每个图案的寓意不同，代表的含义也各有特色，形成了鲜明的山东民间文化特色。鲁绣中花、草、鸟、兽每一品种都有其自身的寓意和象征，若将花草鸟兽进行不同的组图，反映的寓意内涵就有了变化。在造型纹样上，不同的纹样表达不同的含义。如将牡丹与花瓶组图，牡丹寓意富贵，"瓶"与"平"同音双关，寓意平安，牡丹花瓶则寓意富贵平安；在组织形式上，各具特色，有着鲜明的民族风格。形成了鲁绣丰富多变、多样统一的形式美法则。在色彩上，大胆采用高纯度色和对比色相的搭配，形成高反差、强对比的效果，表现出山东人民豪放的民族气质。在象征意义上，运用谐音、象征、比喻、比拟来表达独特的图案含义，展现特殊的审美情趣和意蕴，如蝙蝠象征幸福登门，石榴象征多子多福等。

二 山东地区刺绣工艺特点分析

山东地区刺绣的工艺技术是不同针法的运用和表现，刺绣一般分为绣布和绣线，绣布就如作图所用的画纸，它是绣品的媒介，有了这个媒介，绣品才得以展现，一般作绣布的多为黑色、白色、红色、蓝色、绿色，有时也用黄色、紫色等。

工具和材料

传统鲁绣的材料可以分为绣绷、绣架、绣线、绣剪、绣底、绣针等；现代鲁绣主要有鲁绣图纸、电脑、刺绣机器等。

1. 工具

（1）绣绷：传统鲁绣，主要是依靠绣绷来固定绣底的，鲁绣的绣之工具与别的绣种的工具有很大相同。绣绷又叫刺绣绷框，俗称绣花撑子，分为大绷、中绷和小绷。清代刺绣名家沈寿说："绷有三，大绷旧用以绣旗袍之边……中绷旧用以绣女衣之绣缘……小绷用绣童履女蹊之小件，谓之手绷。"清华美术学院副教授陈立在《刺绣艺术设计教程》中把绣绷分为卷绷和手绷，卷绷主要指大绷和中绷，适合做大、中幅作品，手绷是指小绷，"一般根据绣品的大是套合在一起的内外两个圆形竹圈（有塑料、木制、方形、矩形的框），绣时将作为绣地的面料夹在内外竹圈中绷紧"。大件绣品适合大绷，一般不常用，中绷比较常用，适合的绣品比较广泛，小绷适合做小件日用品，在民间，过去几乎家家都备（见图1）。

小绣绷（也叫绣花撑子）　　　　　中型绣绷

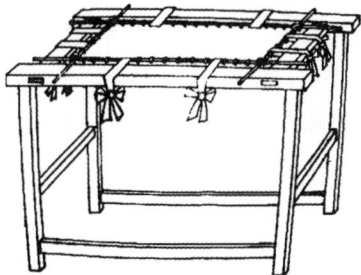

图1

（2）绣架主要是放置支撑绣绷所用。绣架有的有三个木条支撑，一般有两个绣架来支撑一个绣绷。有的是长方形的中空支架，便于双手上下操作绣制。高度根据人的身高坐姿来设定，一般按中等身材来算高度为0.9米。另外附带约45厘米坐凳。

（3）绣剪俗称绣花剪，是一种专用的剪刀，剪刀的把手处小，剪刀要求刀口锋利，刀刃尖细且剪尖微微上翘，便于修剪线头。

（4）绣针又叫绣花针。是绣品的主要制作工具，美丽的刺绣就是靠小小的绣花针描绘出来的。绣针要求针尖锋利尖锐，针鼻钝，不宜伤到手指头。选取好的绣花针对刺绣很重要。

（5）顶针和针锥主要是辅助拔针和进针用的。绣女做鞋底时候，鞋底太厚，借助此来完成。

（6）电脑设备。由于现代创新鲁绣主要运用现代刺绣机刺绣，因此相应的电脑设备是不可少的。电脑设备包括：主机、显示器、输入设备、输出设备、设计软件等。

（7）刺绣机器。这是实现现代创新鲁绣的主要工具和手段，过去主要运用缝纫机，以后运用万能刺绣机、多头电脑绣花机、飞梭电脑绣花机等。

2. 材料

（1）绣线又叫绣花线，绣线的种类很多，有丝线、毛线、棉线、化纤线、绒线等。鲁绣所用的绣线以棉线为主，可以分为天然棉线和化纤混纺棉线，俗称为绒线，用精梳棉纱制成。由于棉纱具有强力高、易染色、色泽鲜艳、色牢度较高、耐洗和耐晒的特点，所以成为具有粗犷豪放艳丽浓郁风格的鲁绣的主要绣线。此外，人发和生丝也成为鲁绣的绣线之一。

（2）绣地面料也就是绣底或者绣地。从刺绣的发展史上看，绸、缎、罗、绢、棉、麻等都成为刺绣的"绣地"。鲁绣也不例外，民间传统鲁绣的材质，主要以棉质纤维为主或者是棉质纤维和化纤混纺。

（3）刺绣辅料。民间鲁绣会为了给绣地增加厚度，而在绣地上做文章。例如鞋垫、鞋子、兜肚、荷包等。例如，民间妇女缝制的"割花鞋垫"就在绣地上加了许多辅料，曾作为"棉线割花绣"的"夹层"的辅助材料包括：平整后的玉米皮、麻布、粗麻片、网格布，有的区域甚至使用粗糙的纸张。这些材质均具有松软的特点，主要是为了刺绣时不仅能够通过铺设达到一定的厚度，而且材质与针、线之间摩擦力较小，使刺绣穿针更为省力。而鞋垫一般运用单面绣，为了加大绣地的厚度，所选用的材料为结实僵硬的布料，在农村，农家妇女一般把穿旧的衣服撕成片状，铺在桌面上在上面抹上糨糊，在糨糊上再铺一层布片，再抹糨糊，依次继续，抹到 4 层左右，再晒干，俗称备子，用时，剪下所需鞋垫的样子，夹在绣底中间；鞋子的绣地一般是中间夹布来加大厚度。

（4）绣样又称花样儿，一般用白纸画出，贴在绣布上，依样刺绣。这类剪纸主要有三类。①鞋花。绣在鞋前头的叫鞋面子花，绣在鞋帮上的叫旁花，另有一种鞋垫花。鞋花图案因人而异，男孩有虎头花，女孩有猫头花、猪嘴花、牡丹花。过端午节有"五毒"童鞋花，青年妇女的鞋花为各种花卉。婚礼上新娘穿的红绣鞋有"事事如意，福禄双全"面子花。老年妇女有佛手（福寿）鞋花。②兜子花。有兜子面花和兜子口花两部分，另有一种幼儿用的围涎（转兜子）花。图案有鲤鱼串荷花、喜鹊登梅、四季花果等，还有端午节专用的"艾虎""五毒"等图样。③枕顶花。方枕两端的绣样，图案有蝶恋花、福寿、鲤鱼跳龙门、刘海金蟾、麒麟送子、戏曲人物、牛郎织女、伯牙操琴、凤凰等。此外还有门帘花、帐沿花、衣袖花、衣领花、衣边花、围腰花、膝裤花、书挂花、荷包花、手巾花。④现代鲁绣中有各种家纺、日用品的花样。

三　山东地区刺绣的工艺过程

作为山东地区的刺绣——鲁绣的作品效果，除了要有好的图案造型和色彩搭配外，工艺的操作是至关重要的，在文章中笔者把鲁绣分为传统鲁绣和现代创新鲁绣来分别阐述，因此在鲁绣工艺操作的叙述中，还是以传统鲁绣和现代创新鲁绣来进行。

（一）传统鲁绣的工艺过程

传统鲁绣主要是以面料为绣地，根据画面设计的需要采用传统的各种针法，在上面刺绣的一种工艺，具有一定的审美价值，同时还有一定的实用功能。

（1）制作工具准备：在进行刺绣之前，首先要把工具准备好。主要有：绣绷、绣架、绣剪、绣针、顶针和针锥。

（2）材料配备：绣线、绣布、刺绣辅料。

（3）设计绣稿：绣稿的设计要考虑到工艺特点，尽量减少"绣工"（即刺绣所用的工时），绣样图案尽量简练概括。选择绣稿应以适于表现刺绣的特色及工艺为条件，如表现欣赏性的鲁绣时，一般选取中国画为题材，也有选取油画的，在作为绣稿前，一般先把画稿改为工笔重彩画；民间的刺绣，主要选择有象征意义的花鸟虫鱼为稿子。

（4）上绷：把绣底布料四周缝上布条，用绳拉紧，拉平，固定在绷架上，要注意绣料经纬平直，预防落稿后，使物象变形。

（5）描稿：将画稿描画在绣地布料上，注意绣料经纬线的平直。

（6）选线：绣线的选择要考虑到设计绣稿的需要。根据设计分析画稿的色彩所提供的色标选线。

（7）刺绣制作：根据绣稿的要求，用选择好的绣线，运用各种针法进行刺绣，注意针法运用、色彩搭配、传神神态、细致性格。用色线的绣花针，右手在上插针，在下拉线。右手中指勾线，食指与拇指向前逼线，形成45度的坡度。操作时左右手要配合默契，换面效果均匀、整齐、饱和。

（8）整理：绣品绣完后即卸绷，如粘有浮尘应该清除，用熨斗熨平，刮浆固定背面针角。欣赏品需再进行装裱和上框等手续。

（二）现代创新鲁绣的工艺过程

现代创新鲁绣主要指机绣。威海地区由于欧洲抽杀绣的渗入，鲁绣的工艺发生了很大变化。一般是在底布上进行机绣。

（1）设计绣稿：根据产品的要求，设计出适合工艺特点的图案纹样，并且要充分考虑到设计作品的色彩搭配和运用。

（2）描绣稿：根据绣稿的样式，运用透明的硫酸纸，描画出稿子。

（3）扎孔：用锥子或者扎孔机将描好的稿子放置在纸板或厚的透明塑料板上扎出连续的小空，形成连续的线式样。

（4）拓印：将扎好的绣稿样板放置在绣地上面，用特制的颜料印制。

（5）刺绣操作：运用各种针法进行刺绣。如雕绣、抽纱绣等。

（6）整理：进行刺绣的定型、熨烫、质检、包装等。由于现代电脑的介入，许多机器是用软盘代替了描绣稿、扎孔、拓印，稿子设计好后，电脑存好盘，直接插到刺绣机的电脑里，进行工艺操作。既省时省工，又方便快捷，并且效果好。

（三）针法

鲁绣的针法众多，变化多样，一般针法的选用是根据所选绣稿的造型、色彩、肌理等的变化而变化的。经过长期的工艺操作，鲁绣形成了一套丰富完善的针法，形成鲁绣独特的工艺。

（1）齐针：齐针是鲁绣针法中的基础针法，是我国古老的针法，齐针的针法可以分为直针和斜针。一般是根据图样的墨线痕迹，进修绣制，要求绣的针脚细密，先走向一致，边缘整体，绣面平整均匀，绣线要求色彩统一。

（2）旋针：适合绣有曲度变化的形状，用接针和滚针的方法，一般是顺着墨线印迹，用短针盘旋而绣，绣面要不漏针脚。

（3）抢针（戗针）：由于所选绣样有明暗虚实的变化，为了表现这些明暗关系，选择这种针法可以把由明到暗的色彩衔接起来。"抢的意思是用后针衔接前针，使颜色逐渐晕然开来……戗针的衔接处只允许1厘米左右，一批一批必须均匀，针脚必须整齐。"抢针分为正抢针和反抢针，正抢针由外及里绣制，反抢针由里向外绣制，在图案的边缘留出水路以区分绣样图案。水路："凡花瓣复叠、叶片交互、枝茎分歧，其显出之处，绣法谓之水路。"

（4）打籽针：是鲁绣中常用的针法，由于效果有立体感，常用于绣制花蕊等形象，绣法是第一针出绣面后，在针上绕一圈，在距离原针眼1毫米处扎下，收线成圈状，拉紧线成一颗粒状，连续制作，形成理想的凸起的立体颗粒形状，要求颗粒均匀紧密，不露绣地。

（5）扣锁针法：广泛用于现代纺织品中，是常用的针法之一。在胶东地区特别是威海，这种扣锁用得最多。一般操作的程序是在预先缝好的底线边缘上，从绣地下面穿出，满过底线。在底线的另一侧边缘穿到绣地下面，扣紧。这样重复进行，形成工艺效果。如果需要镂空效果的，可以依据要求，镂空后，再扣锁。

鲁绣的针法很多，以上仅仅介绍了几种针法，鲁绣针法并不是孤立地运用，而是彼此之间穿插结合运用，如打籽针法和齐针的结合、旋针和齐针的结合等。

四　山东地区传统刺绣发展原因分析

传统鲁绣行业之所以能传承和发展下去，与当地的地域、民俗民风、经济发展等是分不开的。

（一）地理位置对山东地区刺绣的影响

山东地区位于山东半岛，属温带大陆性季风气候，降水集中，四季分明。气候的寒冷使老百姓把御寒看成了首要事情，民间妇女将制作服饰品当成自己生活中的首要任务之一。在实用功能达到以后，审美需要就提上了日程，传统鲁绣艺术在民间服饰品上体现出来。在农村，老百姓给儿童做单鞋、棉鞋，妇女绣花鞋，在鞋前头做鞋面子花绣，在鞋帮上做旁花绣。男孩有虎头花，女孩有牡丹花，成年男女的鞋有花卉、几何形纹、文字等。为了保暖御寒，妇女做鞋垫，运用棉线刺绣鞋垫图案，此外还有兜子花、枕头花、门帘花、荷包花、手巾花等，上面绣有各色图案，如福寿、鲤鱼跳龙门、麒麟送子、戏曲人物等。

目前山东地区经济发达，是我国重要的交通枢纽和北方对外经贸的出口和通道。四季分明、气候宜人、环境优美，是旅游、避暑、疗养的好地方。为开发民间鲁绣旅游商品，提供了广阔的市场。

（二）经济发展水平对山东地区刺绣的影响

经过多年的发展，山东地区现已形成了以机械、电子、化工、轻工、纺织、建材等行业为支柱，以塑料、丝绸、钟表、医药、食品、工艺美术等行业为骨干的门类较为齐全的生产体系。作为威海地区文登市的支柱产业——鲁绣，从过去发展到今天，与当地的经济发展水平息息相关，紧密联系。不仅继承了传统的手绣工艺的全部针法，而且还使中国传统的四大名绣的主要工艺特点得到了进一步发扬光大，形成了举世闻名的"鲁绣"艺术风格。威海地区经济繁荣，为鲁绣的发展提供了更好的机会，当地政府和鲁绣行业结合全市工业的发展形势，加大了对外宣传力度。2004年1月，文登市被中国纺织工业协会、中国家用纺织品行业协会命名为"中国工艺家纺名城"，2004年8月，又成功举办了"中国·威海工艺家纺发展论坛"。如今，经济的繁荣促进了旅游业的发展，旅游业的发展也带动了鲁绣的发达，作为旅游商品的鲁绣，在威海的旅游业发展中起到了举足轻重的作用。怎样把鲁绣作为一种旅游产品发扬光大，推动经济的发展，是目前山东人民关注的重要问题。

中国工艺家纺城为鲁绣发展起到了重要的推动作用。中国工艺家纺城总投资2.8亿元，总建筑面积18万平方米，包括贸易区、加工区、仓储区等，以及物流中心、采购博览中心、产品博览中心等，整个项目建成后，将成为集采购与博览于一体的国内唯一家纺专业批发市场，为工艺家纺业发展搞好配套，提供全方位服务，推动工艺家纺向产业化方向发展。

同时，由中国家用纺织品行业协会主办、文登市人民政府承办的中国家纺产业发展论坛在文登举行，也促进了鲁绣的发展。应邀前来的专家学者分别围绕家纺行业发展方向、存在问题及家纺产品质量分析及值得注意的问题、品牌与管理等方面，深入研讨，为文登鲁绣工艺家纺产业献策，让文登的鲁绣家纺企业开阔了眼界。

再者，文登市启动了临海工业，重点引进一批印染织企业，延伸工艺家纺产业链，为工艺家纺业发展搞好配套，提供全方位服务，推动工艺家纺向产业化方向发展。

工艺家纺城的建设，为本地鲁绣艺术注入了新的血液，为鲁绣的发展传承提供了新的平台；建设工艺家纺专业市场和工艺家纺配套企业，为企业打造原材料采购和产品销售平台，搭建进军国内和国外市场的跳板。文登工艺家纺城成为鲁绣走向世界的窗口，对鲁绣的兴盛起到了不可磨灭的作用。

（三）民俗民风是鲁绣传承发展的沃壤

山东地区的老百姓"朴鲁淳直""俗尚礼仪"。亲朋好友来往频繁，婚丧喜庆、岁时节日，礼尚往来；各地有许多传统民间节日，如每年5月上旬举办中国威海海鲜节，全市百余家旅游饭店联手推出海鲜特色宴。每年10月上旬举办中国威海国际钓鱼节，每年9月上旬由威海市人民政府主办中国威海中韩经贸洽谈会，主要内容有国际经贸洽谈、招商引资、旅游考察、新闻发布会、文艺晚会等。正是这些传统的民俗民风和节日，给了鲁绣对外宣传的机会，并且通过交流提高了鲁绣的知名度，加大了鲁绣创新发展的力度。

（四）山东地区相关工艺品的影响

山东地区民间艺术发达，这与过去当地贫瘠有关，由于土地产量低，吃饭人多，许多人为养活老小，去学习手工艺，特别是妇女主要做家庭劳动，闲暇的时间就做手工艺，因此带来了民间艺术的繁荣。本地区的锡镶、面塑、地毯这些具有地方特色的民间艺术，对鲁绣的艺术发展起到了很大影响。

1. 锡镶工艺艺术

锡镶是本地区古老的传统工艺，近百年的历史，它以宜兴紫砂陶器为主材料，运用锡作镶料，经过锻打、镂雕、镶嵌、抛光等十几道工序制作而成。威海锡镶选取中国传统吉祥图案为题材，镶饰在茶具、酒具、看盘等工艺品上，图案有"八仙过海""龙凤呈祥""松鹤延年"等多种。锡镶选取的图案与鲁绣的图案都含有祝福吉祥之意，而且图案的形式也很相似，足可见各个民间工艺品类之间的关系。

2. 面塑

面塑是一门古老的民间艺术，以前的妇女都会，一把塑刀，一团面就可任意发挥想象力，通过构思，用手、梳子、剪子，经搓、揉、剪、压、捏等工艺将作品制作出来，做出的面塑，在锅里蒸熟就大功告成。面塑的造型简洁浑厚、概括朴实、内蕴饱满丰富、造型题材广泛，形成了独特的民间艺术形式。面塑的作者和刺绣的作者往往出自同一个人，因此二者的风格的借鉴融合可见一斑。由于二者的图案内涵相同，寓意相同，二者的联系自然密切，互相学习发展传承的因素就很多了。

3. 地毯

地毯是山东地区近代新兴的工艺美术，地毯图案设计取材于自然景物、历代宫廷建筑、纹样鸟兽、文房四宝等，有美术式、素凸式、彩花式等10多个品种1000多个花色。经过机纺线、化学媒介染色、手工八字扣编织、花纹剪片、化学水洗、毯面整理等工艺，具有不褪色、光亮足、手感松散、毯面致密不掉毛、裁绒挺实、编制牢固、层次分明、花纹清晰、立体感强等特点和色泽协调、幽雅明朗的独特民族风格。

地毯的图案设计优雅美观，有的纹样可以直接借鉴在绣品上，笔者干过7年地毯图案设计开发工作，了解图案的艺术风格。通过采访王殿太先生，更深刻地认识到地毯图案对鲁绣绣品图案风格的影响，并且富有欧洲风格的美术式地毯图案和抽纱图案同出一辙，有着很深的根源联系，美丽的地毯图案丰富了鲁绣艺术的内容。

4. 剪纸

山东地区民间剪纸历史悠久、种类繁多。农村妇女几乎都会剪纸。民间剪纸按用途可分为鞋花、兜肚花、枕头花、筐箩花、面缸花、窗花、门花、顶棚花等。双喜字龙凤窗花、喜上"梅"梢、鸳鸯戏水、狮子滚绣球、凤凰串牡丹、四季娃娃、大鸡花、娃娃抱鱼、狮子滚绣球、老鼠娶亲、莲子花等不尽相同。中华人民共和国成立后，剪纸艺术不断创新，形成了自己的风格。题材有花、鸟、虫、鱼、人物、山水、民间故事等，技法有剪纸和刻纸两种。内容贴近现实生活，剪纸图案可以直接运用在刺绣上，为鲁绣艺术增加了浓郁的民间艺术色彩。

五　山东地区刺绣艺术发展的前景展望

由于外界文化经济因素的影响，机械化生产的刺绣品的介入改变了鲁绣的状况，并且以规模大、效率高、生产成本低的优势逐步代替了具有手工工艺制作的费时费工的手工艺刺绣。但是作为传统的非物质文化遗产的鲁绣，还有它存在的依据和空间，因此还要加以保护和利用。例如，成立民间艺术研究协会，争取政府扶持、加大媒体宣传、举办艺术节、开设网站，宣传保护鲁绣；开展乡土文化旅游活动，生产营销鲁绣艺术旅游产品，展示鲁绣文化；利用机绣的知名度机绣带动手工绣，促进传统鲁绣艺术的发展壮大。

（作者单位：威海职业学院）

《文登李龙王的神话传说》内容提要

张玉强　张元德

　　"中国非物质文化遗产"——《文登李龙王的神话传说》一书，已于 2008 年 8 月由山东齐鲁书社出版发行。全书共计 30 余万字，共收入各种史料、传说、故事、论文 64 篇，各种图片 36 幅，具有很强的史料性和学术性。全书共分六个篇章，分别为："第一篇：李龙王传说的史料记载"；"第二篇：李龙王传说的山会庙会"；"第三篇：李龙王传说的故事流传"；"第四篇：李龙王传说的广泛影响"；"第五篇：李龙王传说的论文选登"；"第六篇：李龙王传说的后续故事"。

　　龙是中华民族的象征，龙文化是中国传统文化的重要组成部分。兴起于我国民间的李龙王文化，是对中国龙文化的延续和发展，是对中国传统文化的继承和发扬，在我国民间有着深厚的社会基础。李龙王传说流传非常广，它不仅在山东家喻户晓，在东北也人尽皆知，在京、冀、豫、皖、苏等地也广为流传。广大民间百姓对李龙王都非常景仰信奉，有关李龙王的宫观庙宇、山会庙会、民间节俗非常兴盛，清代统治者道光皇帝、光绪皇帝、慈禧太后等，都曾为李龙王题过词、赠过匾，因此李龙王传说的社会影响、宗教影响、文化影响都非常大。

　　李龙王俗称"秃尾巴老李""李龙爷""李老爷"等，是由古代劳动人民塑造出来的神话人物。他出身贫寒、果敢正义、惩恶扬善、除暴安良、诚实守信、知恩图报、忠厚仁孝、爱国爱乡、溥惠佑民、泽被苍生，集中展现了中华民族忠、孝、仁、义等方面的优秀品质，代表了广大平民百姓的利益和愿望，是广大劳动人民的保护神，因而在民间备受尊崇，其传说经久不衰，成为封建时代人们战胜各种自然灾害和摆脱险恶环境、追求安宁幸福的精神寄托。因此李龙王传说具有鲜明的思想性，它凝聚着中国传统文化的优秀思想，具有强大的生命力。

鉴于李龙王文化的深远影响，山东省政府已将其列入"省级非物质文化遗产名录"，2008 年又被国务院列入"国家级非物质文化遗产名录"，文登被确定为李龙王非物质文化遗产的重要基地。

文登是李龙王的故乡，是李龙王文化的发源地，有关李龙王的神话传说在这里由来已久。据传，明朝弘治五年（1492）夏，文登县南昌山下山东村男子李田斗为地主扛活来到邻近的柘阳山下山后郭家村，娶得该村女子郭三佳为妻。婚后，郭氏于昌阳河中浆洗衣物时饮用河中之水而有孕。怀胎三载后的古历六月初八日夜晚，风雨交加，电闪雷鸣，郭氏始产下一子，视之却为一肉状物。李家疑为妖孽，遂将之抛于昌阳河中。该物遇水后迅即膨胀绽开，瞬息化为一黑龙儿。龙儿每每夜半回家哺乳，其时狂风大作，其母随之昏厥。此情不久便被其父李田斗察觉。异日晚，田斗瓢扣灯烛，持镰以待。风声过后，田斗猛掀瓢亮灯，但见一黑龙，尾绕屋梁，头入妻怀哺乳。田斗惊怒，挥镰急砍，龙尾随即断裂。黑龙疼痛难忍，腾飞出屋。可怜李田斗，被龙卷风挟持，掉进东海淹死。

李黑龙后来变成人形，回到家中，取名"丕昭"。为了贴补家用，李丕昭九岁时便到财主家打工扛活。财主见他生相神异，又能预知天气，于是就让在京城为官的儿子把他介绍到张天师府上学道。一天，官至工部尚书的文登人士丛兰到张天师府上拜访，不意结识了李丕昭。得知小同乡思母心切，丛尚书就向天师请下假来，让他回家探望老母。为了报答丛尚书的恩情，李丕昭就送了把云伞给丛尚书，此后每逢夏日外出，天空总有一块彩云相随，为他遮风挡雨。李丕昭师满道成后，受到了弘治皇帝的召见。见到李丕昭龙腾云雾、呼风唤雨、雷霆万钧的道法后，弘治皇帝目瞪口呆，随即封其为"巡按五湖四海九江八河之总龙王"。得到皇封后，李龙王便四处巡视江河湖海。其他地方都平静，就是东北一条江里有条白蛟龙在作害祸民，李龙王遂托梦给沿江百姓，让大家帮助他一起除掉白蛟龙。按照李龙王的吩咐，沿江百姓带着石头、石灰和白面大馇馇，纷纷来到江边助战。大家见到江水泛黑就向江里扔馇馇，见到江水泛白就向江里撒干石灰。在乡亲们的帮助下，李龙王大战了三天三夜，终于除掉了白蛟龙。自此，"东北乃至京、津、鲁、豫一带风调雨顺，五谷丰登"。为了感谢李龙王的恩德，人们遂把他打仗的这条江命名为"黑龙江"，以作纪念。从此李龙王名扬八方，相传久远。李龙王是山东人，他对家乡人民非常关爱，凡有经过黑龙江的山东老乡，他都确保无虞。所以几百年来黑龙江上每每行船或放木排时，船老大都总要先问一声："船上有山东人吗?"人们随即纷纷回答："有!""有!""有!"如此，船老大方可放心行驶。

李龙王为人至孝，他每年都要回乡祭母。传说其母死后葬于柘阳山，清康熙五十三年（1714），又被其迁葬于昌阳山，并在这里显灵，一时轰动乡里，百姓纷纷捐资，在山上修起龙母坟，在山下修建龙王庙。因为龙又回来了，所以昌阳山被更名为"回龙山"。此后每年农历三月二日龙母生日前后，人们都要在回龙山上举行盛大的山会，烧香许愿，乞求福泽。李龙王的除暴安良、泽沛苍生、仁孝爱民之举，赢得了广大穷苦百姓及朝野上下的深切爱戴。清道光二十八年（1848），根据文登知县欧文及山东巡抚徐泽醇的奏请，道光皇帝毅然为李龙王御笔圈赠了"溥惠佑民"的四字封号。自此，李龙王"遂列祀典"，回龙山山会亦日渐兴隆。

有关李龙王的神话故事，史书多有记载。据清雍正本《文登县志》记载："县南柘阳山有龙母庙。相传山下郭姓妻汲水河厓，感而有娠，三年不产。忽一夜雷雨大作，电光绕室，孕虽免（娩），无儿胞之形。后每夜有物就乳，状如巨蛇，攀梁上，有鳞角，怪之，以告郭。郭候其复来，飞刀击之，腾跃而去，似中其尾。后其妻死，葬山下。一日，云雾四塞，乡人遥望，一龙旋绕山顶。及晴，见冢移山上，墓土高数尺，人以为神龙迁葬云。"清嘉庆年间文登于克襄著《铁槎山房闻见录》一书中，又增加明代工部尚书丛兰在贵溪龙虎山张真人处见李龙神的情节："丛少保兰，初通籍时曾为贵溪令，尝于张真人处遇同乡李龙神，曾求公向真人缓颊，欲回家视其母。公为代请。真人曰：'此非不可，但易遵海滨而行，免伤禾稼耳。'忽霹雳一声，神龙已不见矣。后公每暑日徒行，顶上必有乌云一块相覆，即神龙之报也。"

李龙王的传说历史影响深远，文化价值重大，它不仅是山东省宝贵的非物质文化遗产，而且也是全国宝贵的非物质文化遗产；它不仅是齐鲁文化的重要组成部分，而且也是中国民俗文化的重要组成部分。然而随着社会的发展和科技的进步，李龙王传说现已面临失传的危险。为了深入抢救挖掘李龙王民间传说，积极开发保护我国的非物质文化遗产，我们在中共文登市委和文登市政协的大力支持下，先后分赴荣成、乳山、海阳、莱阳、即墨、胶州、诸城、昌乐、莒县、费县、蒙阴、莱芜、济宁、汶上、阳谷、梁山、威海环翠区、菏泽牡丹区、临沂兰山区，以及东北的沈阳、本溪、本溪明山区、长春、安图、延吉、哈尔滨、牡丹江、牡丹江爱民区、五大连池、黑河、黑河市爱辉区等地考察搜集资料，先后征集有关资料90余万字，拍摄照片600余张，从而为全书的顺利编纂创造了有利的条件。

　　历经两年多的艰辛努力，2008 年 8 月，备受广大专家学者关注的"中国非物质文化遗产"——《文登李龙王的神话传说》一书终于出版面世了。这本书史料丰富，图文并茂，具有较高的史学价值。全书共分 6 个篇章，共计 30 余万字。作为李龙王传说的发源地，文登有关李龙王的史料记载非常早，非常珍贵，本书第一篇中所刊十五则史料及史学考证文章，就充分证实了文登作为李龙王传说发源地的历史地位。文登李龙王传说丰富多彩、脍炙人口，文登李龙王传说的山会庙会由来已久、热闹非凡，这些都是我国宝贵的非物质文化遗产，书中第二篇、第三篇所列故事片段及山会庙会记载，就简要展示了文登李龙王传说的文化影响。作为李龙王传说兴起的文化圣地，文登当年曾得到胶东各地父老的崇奉景仰，他们修建龙母坟、龙王庙，都要到文登龙母坟抓把土作土引，这在书中第四篇所刊各地故事中都有确切的记述。李龙王是正义的象征，是仁孝的化身，是古代劳动人民战胜自然、战胜邪恶、劝人为善的精神寄托，是明清时期山东人"闯关东"的保护神，"先有李龙王后有黑龙江""没有李龙王就没有闯关东"等民间流传，都客观反映了李龙王传说在明清时期深刻的社会影响。本书第五篇中诸多专家学者的考证文章，就充分论述了李龙王传说对当时社会历史的影响情况。李龙王传说的社会影响和文化影响不仅引起了史学界的热切关注，而且也引起了文学艺术界的热切关注，中华人民共和国成立后有关李龙王传说的文学作品和戏曲戏剧不断涌现，如近年由文登作家于冠卿创作、由文登艺术团排演的大型神话京剧《李龙王》，就在社会上引起了强烈的反响；由文登青年作家于美芹、邵松山合写的长篇章回小说《李龙王传说的后续故事》，也具有十分深厚的文学艺术色彩。为了满足广大读者的期盼，为了丰富发展李龙王的神话传说，本书第六篇就全文刊载了文登这则《李龙王传说的后续故事》。

（推荐单位：中共文登市委宣传部）

创新型城市评价体系研究

从党的十六届五中全会，到 2005 年底国务院发布《国家中长期科学和技术发展规划纲要（2006－2020）》，作为面向未来的重大战略，"建设创新型国家"这一战略目标正式提出。胡锦涛总书记在 2006 年召开的全国科技大会上和党的十七大报告中，进一步提出了建设创新型国家的战略任务。建设创新型城市是建设创新型国家的地方化和具体化。威海作为沿海开放地区，基础条件较好，2006 年 6 月，市委、市政府在《关于增强自主创新能力　建设创新型城市的决定》中明确提出，加快实施城市创新战略，在全省率先建成创新型城市。开展创新型城市评价体系研究，对推动威海市创新型城市建设，加快实现创新型城市的建设目标，具有重要的现实意义和指导价值。本文通过对创新型城市理论、国内外先进地区建设创新型城市实践和创新型城市基本要素的探讨，参照国际国内有关专家学者对创新型城市评价指标体系的研究，结合威海市实际，提出了全市建设创新型城市的评价体系。

一　创新型城市内涵

"创新型城市"的概念是在 20 世纪 90 年代之后提出来的，它是创新与城市的有机结合，其理论渊源是创新理论。研究创新型城市，首先要搞清弄懂创新理论。

（一）创新理论概要

创新概念，是由诺贝尔经济学奖得主、美籍奥地利经济学家约瑟夫·熊彼特在 1912 年出版的《经济发展理论》中首先提出的。熊彼特认为，创新是指把一种从来没过的关于生产要素和生产条件的"新组合"引入生产体系。在熊比特之后，许多研究者又对创新的概念进行了新的拓展和解释。从中可以看出，创新概念的含义相当广泛，可以说各种能够提高资源配置效率的新活动都是创新，既包括技术、产品、过程等技术性变化的创新，也包括制度、政策、组织、管理、市场、观念等非技术性变化的创新。

综合各种对创新的看法，可以这样表述：创新是一种新知识或新技术在人类社会生产中的应用，并使人类对自然界的认识或人类改造自然界的能力获得进步的过程。无论是新知识还是新技术，都是人类在社会实践过程中所获得的关于对客观世界及其规律的新的认识，知识和技术的新突破是人类社会发展过程中最活跃、最迅速的创新，科技的创新又会推动人类社会其他领域的变革和创新，其他领域的创新也会为科技领域的变革与创新创造良好的环境和条件。

20 世纪 80 年代，由于制度经济学的不断发展和完善，技术创新和制度创新逐步融合，即把创新看作一个由多种要素及相互关系组成的系统，从系统观点研究创新的新思路，并提出创新体系理论。创新体系理论首先在国家层次上展开研究，即国家创新系统。

随着国家创新系统理论在学术研究上的成功，研究者开始将目光转移到更加微观的层次，从区域的角度来探讨创新在区域发展中的作用。

（二）创新型城市的含义

对于创新型城市的含义，目前还没有一个公认的说法。对于创新型城市以及与之相近的概念，不同的专家学者从不同的角度进行了论述。国内创新型城市的研究近几年才开始活跃，特别是党的十六届五中全会以后，建设创新型城市已逐渐成为研究的热点。

英国伦敦大学比特·霍尔教授从时间和空间上对 30 个不同的城市进行了研究，从雅典到洛杉矶跨越了整个人类历史。1980～1992 年，霍尔在加利福尼亚大学执教时，目睹了硅谷的发展。他发现，在人类创新的历史中，地点是非常重要的。某些地方会在很短的时间里变得非常具有创造力和创新力，而且常常是一阵非常短暂且集中爆发式的创造力。这种创造力的发生依赖于某个地方的某一群人。城市正是这样一种地方：各种各样的人在这里聚集交流，不断地创造着新事物。城市和创新有着密切的联系，任何城市都可以成为创新城市，或在某一方面具有创新举措。

上海社会科学院院长尹继佐教授在《2004 上海经济发展蓝皮书——创新

城市》中对创新城市进行了界定，认为创新城市是指创新意识成为市民思维不可分割的一部分，城市能够将创新想法付诸实施，并将创新实践和成果不断宣传、传播，维护城市不断进行新的创新过程。创新城市是一种全方位覆盖、全社会参与、全过程联动的城市整体创新。

大连舰艇学院杜辉教授认为，所谓"创新型城市"是指以科学进步为动力、以自主创新为主导、以创新文化为基础的城市形态。它的主要标志是：城市技术对外依存度低于30%，技术进步对经济增长的贡献率超过70%，发明专利申请量占全部专利申请量的70%以上，企业专利申请量占全社会专利申请量的70%以上，社会研发投入占国内生产总值的比重在3%以上，企业研发投入占销售收入的4%以上等。

北京创新研究院的金吾伦、李敬德和北京市人大科教文卫委员会的颜振军等认为：创新型城市，就是建立起一个非常有利于支撑创新创业的整体环境，以其持续不断的创新，推动、促进整个城市在新技术突破及其产业化基础上实现经济社会更大的发展，从根本上改变原有的经济增长方式，使经济结构实现根本性的调整，国际竞争力得到前所未有的提高。

对于创新型城市及相关概念的解释还有许多。课题组认为：创新型城市是指以创新为主要动力推动经济社会发展的城市。一个城市要取得一定的创新效果，要有足够的创新动力和良好的创新保障。创新效果，是指创新型城市的建设效果，包括知识和技术等直接创新效果及创新对经济社会产生的作用等间接效果。创新动力，是指直接推动创新活动开展的人力、物力、财力的投入，其价值最终体现在对创新的推动力上。创新保障，是指创新进行过程中所需的软硬环境，包括基础设施、政府支持、对外开放、创新意识等。创新保障对于创新活动的影响是间接的，具有保障性质的，也是不可或缺的。

（三）创新型城市的基本要素

创新型城市具有完善的创新体系，并随着时间的推移，具有不断修复创新能力的功能，维持城市创新体系高效运转。可以说，创新城市是一种全方位覆盖、全社会参与、全过程联动的城市整体创新。创新城市一般经历两个过程：首先是一个发散的过程，城市中的个人或机构提出创新思路和方案；其次是一个融合的过程，也是对创新想法和方案进行筛选、实施的过程，即运用技术、人才、体系、产业、环境的创新，成功落实城市创新的解决方案。所以，科技创新、创新人才、创新体系、创新环境构成了创新型城市的基本要素。

1. 科技创新是创新型城市的基础

当今世界，社会财富越来越向拥有知识和科技优势的国家和地区聚集，谁在知识创新上占优势，谁在技术创新上占主导，谁就可以在发展上占主动。知识创新为人类认识世界、改造世界提供新理论、新方法，为人类文明进步提供不竭动力。以技术创新为核心的科技创新是现代化的发动机，是一个国家、区域、城市进步和发展最重要的因素之一。在产业发展与经济增长的相关文献中，技术常常被看作经济增长的四个轮子之一。新技术既加强了生产要素的流动，创造了更多的产品样式，又改变了生产和分配的相对成本，改变了企业和城市的竞争优势。技术创新的活动成果在城市经济社会中的作用，主要体现在技术创新促进经济发展方式的转变，促进经济结构的优化，促进城市环境的改善以及促进社会的整体进步方面。为了在激烈竞争中赢得主动，依靠科技创新提升城市的综合实力和核心竞争力，走创新型城市发展之路，已成为各个城市的共同选择。因此，科技创新是现代城市经济发展的前提，是城市经济可持续发展的不竭动力，是衡量现代城市创新能力的首要条件，是创新型城市的首要特征。

2. 创新人才是创新型城市的根本资源

当今时代是知识经济时代，知识经济时代的最大特点是掌握知识与科技的人才是推动社会发展的重要力量。弗罗里达（Richard Florida）把创新型人才定义为：快速成长的、受过高等教育的、经济增长和企业利润所依赖的那个劳动力群体。它涉及广泛的行业和产业，包括科学家、工程师、大学教授、诗人、小说家、艺术家、企业家、演员、设计师、建筑师，以及现代城市的"创新思想的领袖"——传记随笔作家、编辑、智囊机构人员、分析师等。这个群体创造能够被迅速转移和广泛运用的新形式和新设计，比如设计开发一个被广泛生产、销售和使用的产品，提出一项被广泛运用的规则，或创作一首被重复演奏的音乐作品等。许多城市领导已意识到，城市竞争的焦点是人才，特别是具有创新意识和创新潜能的创新型人才。离开创新型人才这一根本，创新型城市建设就成为空谈。

3. 创新体系是创新型城市的支撑系统

城市创新体系是指在城市范围内与创新全过程相关的组织、机构和实现条件所组成的网络系统，由若干创新行为组织如企业、大学和研究机构、政府部门、中介机构、金融机构等组成的一个开放的技术经济系统。这些创新行为主体在网络体系下，共同推动城市新技术、新知识的产生、流动、更新和转化，以市场为导向，合理优化配置创新资源，使创新资源供给规模扩大或结构改善，促进城市技术创新能力的增强，创新效率的提高，发展方式的转变。企业是技术创新主体，企业竞争力是创新体系的核心。政府机构、科研机构和高校是这一体系中的重要因素。政府通过重大科技计划、税收激励、人才培养和对企业研究开发投入的支持，引导企业加强自主研究开发。科研机构和高校在体系中的职责是加强基础研究，不断将成果转化为具有经济价值的产品，并通过企业行为走向市场。

4. 创新环境是创新型城市的保障条件

创新环境包括信息基础设施硬环境以及创新服务体系和创新氛围、制度、生态环境等软环境。创新型城市的基础设施除了传统意义上的交通、通信、能源动力、住房储备等系统以外，还需要适应新经济要求的技术基础设施和文化基础设施。技术基础设施主要是信息技术设施、能源基础设施和环境基础设施，如创新网络、信息交换平台、中介服务体系，以及移动电话发展状况、企业电子商务、市场交换、物流、居民生活等方面。文化基础设施包括大学、研究机构、图书馆、剧院、文化馆等场所。制度环境指产业扶持政策、政府激励政策、法律法规等的建立和健全。产业配套环境包括产权和所有制环境、产学研合作环境、投融资环境等。创新意识、创新文化的建立是创新型城市得以创建的前提。一个城市要成为创新型城市，需要城市居民重视创新，愿意创新。创新型城市还必须强调开放和多元化，以降低进入的门槛。

二 国内外先进地区创新型城市建设
实践及其共同特点

通过对相关资料的查阅和总结分析，课题组选择了美国波士顿、日本东京、英国哈德斯费尔德、韩国大田、新加坡等发达国家有关城市，研究其在创新型城市建设方面取得的成功经验；选择了我国北京、上海、深圳、宁波等先进城市，研究其建设创新型城市的做法和经验，总结和分析各个城市建设创新型城市的特点和规律，这将对威海的创新型城市评价体系研究具产生十分重要的意义。

（1）美国波士顿：知识创新城市。波士顿地处美国东北，具有良好的科教、人才资源和不甘人后、东山再起的特质，拥有丰富的创新实践经验和深入人心的创新文化。全球化的发展，要求波士顿培育更具竞争力的环境，建立一个宜居的、繁荣的、环境良好的国际城市，保证在劳工以及工业集群等方面都具有强于世界其他城市的竞争力。为此，波士顿提出了未来创新的总体战略，主要围绕铸造更加富有弹性的关系、建立更具包容性的公民结构、创建更加和谐的战略和政策三个方面，结合自身特点，制定了波士顿创新体系。一是吸引知识型人才。具有能吸引人才的组织结构，能为才识和远见提供支持，从而创造新的理念。二是把创新理念付诸实施。能促使创业家把创意商业化，使企业以创新理念为基础苗壮成长。三是建立创新产业网络。以产业网络为载体，鼓励互动，刺激创新，支持跨产业联盟。四是提高生活质量。具有文教社会性设施，有完善的社交和智力环境，包括附近的新英格兰音乐学院免费为听众举办音乐会，使知识产业的从业者和创造性的企业乐于驻守本地。五是思考创新之路。要成为富有创新力的城市，就要有相应的教育科研机构吸引智力资源，有为创业家提供完善服务的支持系统，使其再去创造更新的理念，开发下一代更新的技术。

（2）日本东京：以创新型城市政策打造亚洲活力城市。东京作为占日本GDP18%的经济龙头，之所以成为亚洲地区经济较有活力的城市之一，一个重要原因是其创新型城市政策。东京从 2000 年起，根据《促进基础技术开发税制》，对高新技术企业采取多种减免税政策，免征计算机物产税、固定资产税，购置电子设备减缴 7% 所得税，并允许当年进行 30% 的特别折旧；对信息产业增加 25% 的科研税务贷款、设立软件研发免税储备金、意外损失储备金制度，免征技术开发资产税 7%；建立了振兴地方技术的特别贷款制度，高新技术企业可使用低息长期贷款，贷款年限可长达 25 年，利息优惠 10%；还专门成立了小企业金融公库，对高新技术小企业发放年息仅 2.7% 的特别贷款；政府资助高校研究者共同开发的成果；鼓励产业界与高校建立共同研究中心，由科技厅专款补贴。近年来，东京供高科技小企业上市的 OTC 股票交易市场发展势头较好，交易量和影响力不断扩大，为众多高科技小企业迅速扩张提供了有力的资金支持。东京的这一系列政策为城市创新注入了强大的资金动力，吸引了一大批创新要素向东京集聚。

（3）英国哈德斯费尔德：小城市大创新。哈德斯费尔德是欧洲 26 个城市创新先导工程示范城市之一。为了推进城市创新，哈德斯费尔德启动了一系列项目，有些是为了促进城市创新思想及能力的形成，如"创新论坛"以及"千禧挑战"。全部工程都以创新为中心，把城市里的创新思维者组织到一起。此外，还建立了许多"温室单位"，让创新企业在一个有益的环境中协同工作，并建立起种种沟通和交流的渠道。哈德斯费尔德不仅是一座充满活力的大学城，还是一座小有名气的建筑物宝库，全城有 1660 座受保护的建筑物。在音乐和艺术方面，也因其具有创造性而被人们所称道。每年 11 月举办的

"当代音乐节"，因创新的节目安排而享誉国际。

（4）韩国大田：以科学城创建亚洲新硅谷。韩国大田原本是一个土地贫瘠、资源匮乏、面积不大的小城市，现在已发展成为拥有120多万人口、为韩国中部的科技中心和交通枢纽、国民经济总额占韩国的20%左右的成功典范。被称为韩国"硅谷"的大德科学研究城就坐落于大田。目前韩国的一些政府机构正陆续从首尔迁往大田，大田将成为韩国的"第二行政首都"，分担首尔的首都功能。其发展缘由，主要得益于该市成功地推行了以科学城带动城市创新的政策。20世纪70年代，韩国政府为了摆脱经济过分依赖加工型行业的状况，从根本上提高国家竞争力，投入15亿美元在大田县开发建设大德科学城。在起步的头十几年，大德科学城一直处于低迷状态。1990年经过整合的韩国高等科学技术学院，在政府的主导下，由首尔迁入大德科学城，这才使大德科学城获得了强劲的发展动力。韩国高等科学技术学院按市场需求和市场规律办学，迅速集聚人才和各类资金，科研成果直接面向创业企业，实现了教育、科研、产业的自然连接，促使大德科学城在短短10年里迅速崛起，成为大田经济发展的助推器和原动力。大德科学城占地面积27.6平方公里，大田县116家政府和民间的科研机构中，有70多家集中于此，韩国中部地区约2000家高科技企业中，有900多家落户于大德，从而使这里形成总体规模现代、科研设施先进、人文精英荟萃的专业化科研基地，同时它又是科研与成果转化融为一体、科研与产业密切结合的高科技企业孵化基地。一所成功的大学，带动了一座科学城，一座成功的科学城推动了相关产业和相关区域的发展。这就是大德科学城与大田的成功所在。

（5）新加坡：创意产业与传统制造业并举来提升城市创新能力，打造创新型城市。长期以来，制造业都是新加坡经济发展的主动力。但随着经济全球化的发展，新加坡作为一个制造业基地已经不具备竞争优势。因此，新加坡政府适时提出以知识经济为基础，大力发展创意产业，并将创意产业定为21世纪的战略产业，努力使新加坡成为新亚洲创意中心、文艺复兴城市、全球文化和设计业中心，通过创意产业与传统制造业并举来提升城市创新能力，全力打造创新型城市。2001年，新加坡政府成立了创意产业工作小组，2002年出台了《创意产业发展战略》，该策略以"文艺复兴城市2.0""设计新加坡""媒体2.1"等三个重心来发展新加坡的创意产业，通过发展创意产业来建设创新型城市。"文艺复兴城市2.0"，规划发展新加坡文化艺术基础建设，培养创意人才与观众、政府部门共同协作、共同开发文化艺术活动的经济潜力。除了公共部门的参与外，规划发展创意市镇，以整合艺术、商业及科技资源来规划地方发展，建立当代博物馆以展示各国的当代艺术设计，同时推广艺术与文化创业精神。2002 年，新加坡为了提升整个城市的艺术氛围，斥资 6 亿新元建设新加坡滨海艺术中心，打造新加坡艺术与世界艺术交流的平台。"设计新加坡"概念，是指以设计能力来增强新加坡企业与国家竞争力，凭借不同层面的设计为新加坡增加价值。这个规划，包括协助企业将设计视为一种工具来规划商业策略，以刺激创新与经济成长。"媒体 2.1"，则是将新加坡建设成为全球媒体城市，同时以发展工作、生活、玩乐与学习功能为目标，鼓励通过实验与创新来发展高附加值的媒体研发与制作，尽快将新加坡建成媒体交易中心，以各种优惠方案吸引媒体资本进入新加坡。上述以创意产业建设创新城市的政策取得了巨大成功，最近 10 多年来创意产业的产值和就业人数的增长率均高于同期 GDP 和总就业人数的增长率。目前，新加坡已经成为亚洲创意枢纽，城市创新及竞争能力大大提升。

（6）中国北京：努力使创新成为城市发展的动力。北京市委、市政府在 2006 年 5 月 9 日举行的北京市科学技术大会上提出，实施以增强自主创新能力为核心的首都创新战略，并在国内率先建成创新型城市。在其公布的《关于增强自主创新能力 建设创新型城市的意见》中，首次明确提出了北京建设创新型城市的主要目标：到 2010 年，全社会研发经费支出占 GDP 的比重达到 6%，每万人专利申请数达到 18 件，科技进步贡献率达到 60%，高技术产业实现增加值占 GDP 的比重达到 25%，企业创新主体地位初步确立，创新体系基本形成，自主创新能力明显增强，科技支撑经济社会发展的作用明显提高，初步建成创新型城市。再经过十年努力，到 2020 年，首都创新体系更加完善，自主创新能力显著增强，成为推动创新型国家建设的重要力量，进入世界创新型城市的先进行列。为推进创新型城市建设，北京市坚持把增强自主创新能力作为核心和关键，全面推进理论创新、制度创新、管理创新和文化创新，使创新成为城市发展的灵魂和不竭动力；坚持发挥首都优势，突出首都特点，知识创新和技术创新并重，原始创新、集成创新和引进消化吸收再创新并举，构建首都特色的区域创新体系；坚持有所为、有所不为，选择一批具有较好基础和优势、关系首都经济社会发展的重点领域和关键技术，整合资源，联合攻关，实现重点突破；坚持以企业为主体，以应用为导向，加速创新成果转化，促进科技、教育与经济融合发展，培养一批具有自主知识产权和国际竞争力的知名品牌和创新型骨干企业，形成多点支撑的高新技术产业集群；坚持以人才为根本，以制度创新为保障，汇集大批高素质创新创业人才，完善激励创新的体制机制，营造有利于创新创业的良好环境。

（7）中国上海：建设创新型世界级城市。经过多年的发展和积累，上海已初步具备了实现创新型社会转型的前提和基础。一是创新的社会环境逐步形成。创新的经济基础和人才基础进一步巩固，信息化基础设施不断完善，外资研发机构大量涌入，科技型企业的创业热情高涨，创新活力不断增强。二是科技投入产出同步增长。全社会研发经费投入逐年增长，公共平台不断完善，研发能力全面提升，国际科技论文收录和引用数量、专利申请与授权数量同步增长，并在生命科学与生物技术、航空航天领域取得了一批具有世界影响的科技成果。三是经济结构加快转型。上海高新技术产业和高新技术产品出口同步高速增长，产业的技术密集程度不断提高，产业结构正在向资本密集与技术密集型转变。《上海中长期科学和技术发展规划纲要（2006 - 2020）》中，提出了以知识竞争力为测度的上海区域创新体系建设和科技发展的目标，力争到 2010 年，区域创新体系逐步完善，知识竞争力居全国前列，全社会研究开发（R&D）经费支出相当于地区生产总值的比重达 2.8%（其中企业 R&D 经费支出占全社会 R&D 经费支出的比重达到 65%），万人 R&D 人员全时当量达 45 人／（年·万人），公众科技素养达标率超过 10%，国际科技论文年收录数量达 2.5 万篇，百万人年专利授权数量达 1500 件（其中百万人年发明专利授权数量达 200 件），知识密集产业的增加值占地区生产总值的比重达到 30%，使上海成为国家重要的知识生产中心、知识服务中心和高新技术产业化基地，在夯实创新型国家建设基础的过程中发挥重要作用。同时，上海还以技术创新为主线，全面推动教育文化和学习的创新、思想观念创新、发展模式创新、体制机制创新、对外开放创新、城市管理创新和企业管理创新，营造全社会的创新环境，造就一大批创新型人才，培养一大批创新型企业家，打造一大批在海内外有影响的创新型企业，创造一大批拥有自主知识产权的品牌，从而构建起城市自主创新体系，提升城市自主创新能力，提高国际竞争力。

（8）中国深圳：以自主创新为主导的全面创新。在创新技术方面，深圳优势明显。根据社会科学文献出版社出版的《2006 年：中国深圳发展报告》，深圳高新技术产业发展仅仅十几年，全市从事开发、生产高新技术产品的骨干企业，已有 1700 多家，拥有研发人员 7.8 万人，共研发生产高新技术产品 2300 多种。企业成为技术创新的主体。据统计，在深圳，90% 的研发机构设在企业，90% 的研发人员集中在企业，90% 的研发资金源于企业，90% 的职务发明专利出自企业。全市从事自主创新的企业超过 3 万家，涌现了一批有影响力的创新企业，形成了创新企业梯队。全市现共有 40 多家创新型企业成功上市。在创新软环境方面，深圳也独具优势。深圳创新文化氛围浓厚，社会交流指数和人文国际化程度全国最高，形成了开放、平等、自由、宽容的文化氛围，具有强大的文化竞争力；深圳制度环境优越，市场发育程度高，微观组织运转灵活，法制健全，形成了比较完整的、开放的金融组织体系和金融市场体系，正逐步成为我国重要的金融中心之一。在创新体系方面，深圳已形成完善的以产业为基础、以企业为主体、以市场为导向、政产学研资介相结合的区域创新体系。深圳市委、市政府从建立和完善区域创新体系、制定产业政策、加强公共服务、优化环境入手，加大投入，引导社会资源向自主创新的产业倾斜，促进利用外资与自主创新的良性互动，形成了较好的自主创新发展环境。在 2006 年颁布的《关于实施自主创新战略建设国家创新型城市的决定》及相关配套政策中，深圳市提出，从"深圳制造"向"深圳创造"转变，从以引进技术为主向原始创新、集成创新、引进消化吸收再创新相结合转变，从以优惠政策为主向以营造全社会创新的体制环境和创新文化为主转变，努力造就一大批高水平的创新型人才，培养一大批高层次的创新型企业家，打造一大批在海内外有影响的创新型企业，创造一大批拥有自主知识产权的名牌产品，构建具有较强自主创新能力的产业体系，重点建设创新型人才高地、创新型企业高地、创新型产业高地、自主知识产权高地和创新公共基础平台、创新资本平台、创新合作平台、创新制度平台、创新文化平台，力争到 2010 年，深圳的 R&D 资金投入占 GDP 比重达到 4%，具有自主知识产权的高新技术产品产值占到 35% 以上，高新技术产品增加值占 GDP 的比重达到 35%。

（9）中国宁波：全方位建设创新型城市。一是完善技术创新体系，提升自主创新能力。积极推进企业研发机构建设，增强企业创新能力。2007 年，直接用于支持企业工程技术中心建设的市本级财政经费就达 1560 万元。目前，重点骨干高新技术企业普遍建立了技术研发机构，企业工程技术中心已经成为企业开展技术研发、产品开发的中坚力量。加强产学研结合，提高协同创新能力。同时，加大引进、共建高水平研发机构工作力度，鼓励支持中小企业与各类科研机构合作，成功引进、创建了 26 家研发机构。加强研发园区建设，提高创新公共服务能力。积极推进研发园区建设，大力促进各类企业工程（技术）中心、研发机构、科技中介服务机构在研发园区集聚。二是实施"三大"战略，提升产业核心竞争力。实施专利战略，鼓励发展具有自主知识产权的核心技术。以开展创建创新型企业试点和企业专利试点（示范）为抓手，积极推进企业知识产权工作，引导企业加强知识产权管理，重点培育一批拥有自主知识产权、具有国际竞争力的优势企业。实施技术标准战略，加快建立优势产业技术标准体系。制定出台了《宁波市技术标准战略 2007 - 2010 年发展规划》和一系列配套文件，围绕推进企业标准体系建设、参与国家标准化活动、地方标准管理、农业标准化示范区建设、应对技术性贸易壁垒等工作，加强了部门间的协同配合，形成了全方位加强技术标准工作的良好格局。目前，全市有 74 家企业参加国内外标准化技术组织，大多数企业参与了国家、行业标准的制定修订工作。实施自主品牌战略，全面提升制造业品牌。积极实施品牌推进工程，以市场为导向、以品牌产品和品牌企业为龙头，鼓励、引导企业发展品牌经济。积极探索"企业品牌—行业品牌—区域品牌—城市品牌"的品牌发展之路，发挥龙头企业作用，通过对"区域 + 产品"的集体商标设计、注册、宣传，打造区域整体品牌。2007 年，宁波市新增中国驰名商标 80 个，中国名牌产品 17 个。三是推进产业结构优化升级，提升持续发展能力。积极培育科技型中小企业，提升区域特色高新技术产业发展能力。目前，市级以上高新技术企业已达 539 家，其中产值超亿元的高新技术企业达 178 家，超 2 亿元的 69 家，超 5 亿元的 23 家，10 亿元以上的高新技术企业 12 家。实施提升传统产业行动计划，改造提升特色优势产业。

通过国内外有关城市建设创新型城市的经验可以看出，创新型城市的建设普遍具备以下几个共同点。

一是立足优势的特色性。综合优势明显的东京、北京、上海等城市，大力发展原始创新，为城市发展提供源源不断的动力。深圳等资源较薄弱的城市，则从自身实际出发，在某些重点领域培育出了不亚于世界先进城市的创新能力。

二是政府支持的导向性。不论是西方发达国家还是国内的城市，近年来，都大力提高了政府在推动科技创新中的作用，由政府牵头，制定了创新型城市发展战略，并实施了一系列优惠政策和有效措施，推动技术进步和科技创新，推进重点产业的科技创新和科技成果的顺利转化，以实现知识和产品的商品化价值。

三是创新主体的协同性。政府、企业、大学和科研机构等互动联合贯穿了大部分创新型城市建设先进城市的发展轨迹。打破区域界限，博采众长，互惠共赢，建立良好的企业、大学、研究机构间的合作关系，已经成为各个创新型城市得以成功的关键。

四是制度机制的系统性。在大规模投资促使资源优势转化为财富优势的同时，及时跟进系统规范的机制创新和制度创新，可以形成可持续的发展优势。

五是核心要素的关键性。日本、韩国等国的创新型城市的建设之所以快速发展，就在于抓住了技术创新和人力资本这两个核心要素。仅靠资源和资本拉动，没有创新要素的积极参与，是无法形成可持续创新能力的。

六是经济基础的先进性。国内外创新型城市的经济势能高于一般城市，整体实力比较雄厚，是区域经济活动的聚集点和经济交流的枢纽，其国内生产总值、人均 GDP 高于区域平均水平，具备自主创新的经济基础。

七是科技资源的丰富性。创新型城市建设的先进城市，一般拥有水平较高的高等院校、科研院所和大型企业，有相当数量的科学工作者和专业技术人员，是新技术、新工艺、新设备、新产品的研发中心，也是新管理、新制度的发源地，具有较强的创新和吸纳创新能力。

八是基础设施的配套性。国内外创新型城市具有便捷的交通运输网络、快捷的信息网络、良好的人居环境和完善的综合服务体系，这不仅优化了创新体系内部的运行条件，而且提供了与外界联系的通畅渠道。

三　创新型城市建设评价指标体系研究及应用综述

近年来，作为一个国际化的热门研究课题，不少专家学者及国际组织，在深入探讨创新型城市基本内涵的基础上，从国家、区域、城市等不同的层次，从竞争力、创新能力等不同角度，开展了对创新型国家、创新型区域、创新型城市评价体系方面的研究。国内一些城市如深圳、济南、宁波等，已开展了创新型城市建设的评价及考核工作。

（1）在国际上，多数研究者的研究是站在国家层面，围绕竞争力和创新能力展开的。联合国开发计划署在 2001 年发布的《人类发展报告》中，用技术成就指数来测量各国的科技竞争力，而技术成就指数主要由四个方面的八个指标构成，即技术创造（人均获得专利数量、人均从国外收到的版税和专利费）、现代创新的传播（每千人拥有的国际互联网主机数、高技术产品出口额在商品出口总额中的比重）、以往创新的传播（每千人拥有的电话机数、人均用电量）、人的技能（15 岁以上公民平均受教育年限、高等教育中接受高等科技教育的比例）。美国哈佛大学波特和斯特恩教授推出的评价美国创新能力的《创新指标》，认为国家创新能力取决于共有创新基础设施的强度、支持创新集群的环境条件以及两者互动联系的强度。其中，创新基础设施包括：研究开发中的人力资源、投资于研究开发的资金资源、对国际投资的开放度、知识产权的保护水平、教育投资水平和人均 GDP 等。另外，瑞士洛桑国际管理发展学院、世界经济论坛等在研究国家竞争力方面，也就各国的科技竞争力提出了一系列指标，英国罗伯特·哈金斯协会从人力资本、知识资本、金融资本、经济产出、知识可持续性等五个方面，对各国知识竞争力进行评估。从目前的情况看，国际公认的创新型国家评价指标标准，主要有科技进步贡献率 70% 以上、研发投入占 GDP 的比重 2% 以上、对外技术依存度 30% 以下和获得的三方（美、欧、日）专利占世界专利总量的绝大多数等四个标准。按照这一标准，世界公认的创新型国家有 20 个左右，包括美国、日本、韩国等。

（2）在我国，理论界对创新型城市评价指标体系的研究，尚处于探讨阶段，多数研究成果只公布了被评价地区创新能力的排位情况，没有定性说明创新型社会的建设进程。归纳起来，我国理论界对创新型城市评价指标体系的研究有四类。一是从投入产出的角度，将城市创新能力评价指标分解为创新基础、创新投入、创新成果等。如中国科学院可持续发展研究组 2003 年发布的《中国可持续发展报告》，从科技资源、科技产出、科技贡献三个方面研究中国区域的科技发展问题，设计了科技能力指数，并对各区域的科技发展能力进行了排序。胡琴的《湖北省区域科技创新能力综合评价及研究》，将区域创新能力评价指标分为科技进步技术基础、科技活动投入、科技活动产出、科技进步对经济社会发展的贡献四大类。鲁志国、刘志雄的《区域创新能力的多层次模糊综合评价》将区域创新能力评价指标分为技术创新基础资源实力、技术创新投入能力、区域政策和管理水平、技术创新产出能力四大类。二是从城市创新系统功能的角度出发，认为城市创新能力由知识创新能力、知识传播能力和知识应用能力构成。如山东理工大学高厚礼的《区域创新能力评价指标体系与方法》，将城市创新能力分为知识与技术生产能力、知识的应用与转化能力、开放吸纳能力等三大类；王国桢的《河北省区域技术创新能力评价研究》，将创新能力评价指标分为知识生产能力、知识扩散能力、企业技术创新能力、创新环境和创新效益五大类。三是从城市创新系统的构成要素出发，将创新能力评价指标分为信息能力、组织能力和制度能力。例如，郑伯红、彭际作的《我国区域创新能力差异实证研究》，将创新能力的构成要素分为区域综合经济实力、人力资源及潜力、科学技术资源及潜力、企业创新能力、信息化水平与条件、区域管理水平六大类；范乃的《城市技术创新能力评价指标筛选方法研究》，将创新能力分为技术创新投入能力、技术创新配置能力、技术创新支撑能力、技术创新管理能力、技术创新产出能力五大类。四是从城市创新的过程出发，认为对创新型城市的评价要着重考虑创新的推动力、保障条件和效果三个方面。北京现代化进程评价研究课题组的《北京创新型城市建设评价研究》，将创新型城市评价指标分为创新效果、创新动力、创新保障三个方面。

（3）在实践应用上，我国国家统计局的创新型国家统计监测研究、科技部的科技进步统计监测指标体系和部分城市的评价与考核工作，对我们具有一定参照和借鉴意义。2006 年，国家统计局组织开展了"创新型国家进程统计监测研究"，主要从创新资源、知识创新、技术创新、创新水平和创新影响五个领域筛选了 20 个监测指标，并根据我国《国家中长期科学和技术发展规划纲要（2006－2020）》、欧盟国家平均水平、科技发展领先国家的平均水平，确定了 2020 年各指标的目标值（见表 1）。科技部 2003 年新修订的全国科技进步统计监测指标体系，从科技进步环境、科技活动投入、科技活动产出、高新技术产业化、科技促进经济社会发展五个方面，确立了较为详细的 34 项指标与监测标准。这两大权威部门公布的指标体系及标准，对各地创新型城市评价指标体系确立和目标制定具有现实意义。2007 年，武汉市统计局从科技创新、体制创新、产业创新、农村发展模式创新、城市建设管理创新五个方面，选择了 35 项主要指标，建立了《"创新武汉"统计监测体系》。另外，深圳、上海张江区等地也出台了自己的自主创新指标体系，如深圳的《自主创新型城市评价指标体系》和上海的《张江园区创新指数》。宁波、济南等在出台《创新型城市评价指标体系》的基础上，还加强了对创新型城市建设的考核工作，大大推进了创新型城市建设的步伐。

表 1　创新型国家评价指标体系

领域	监测指标	2020 年目标值
创新资源领域	经济活动人口中受过高等教育的人数所占比重（%）	21.9
	20～29 岁人口中新毕业的理工科学生所占比重（%）	12.2
	20～24 岁人口中受过中等教育的人数所占比重（%）	80.5
	人均 GDP（美元）	3000
知识创新领域	R&D 经费支出占 GDP 的比重（%）	2.5
	中高技术和高技术产业 R&D 经费支出所占比重（%）	89.2
	基础研究支出占 R&D 经费支出的比重（%）	15
	信息通信产业投资占 GDP 的比重（%）	6.3

续表

领域	监测指标	2020 年目标值
技术创新领域	开展创新活动的企业所占比重（%）	43.7
	创新费用投入强度（%）	2.3
	企业研发经费中对大学和科研机构支出所占比重（%）	6.6
	享受政府创新资助的企业所占比重（%）	9.7
创新水平领域	百万人口发明专利数（件）	1.7
	百万人口工业设计授权数（件）	1.4
	百万人口商标注册数（件）	1.4
	国际科技论文引用率（次/篇）	8
创新影响领域	高技术产品出口占世界市场的份额（%）	16.0
	高技术产业增加值率（%）	35.0
	新产品销售收入占全部产品销售收入的比重（%）	20.0
	高技术服务业就业人员占全部就业人员的比重（%）	3.2

四　威海市创新型城市建设评价指标体系的构建

（一）构建威海市创新型城市评价指标体系的必要性

一是建立一套科学、系统、规范的评价体系，将与创新型城市建设有关的参数具体化，可以客观地评价威海市创新型城市建设的进程，从总体上把握创新型城市建设状况和发展规律。二是建立创新型城市评价体系，将威海与其他城市的创新活动进行比较，可以找出威海创新型城市建设的优势与不足，为各项创新决策提供基本依据。三是建立创新型城市评价体系，可以推进创新型城市建设活动的有效开展。运用创新型城市评价指标体系，开展创新型城市建设评价考核工作，可以进一步提高各级各部门领导干部的创新意识和创新积极性，增强全社会共同推进创新型城市的合力，使创新成为经济社会发展的主要动力。

（二）威海市创新型城市评价指标体系设立的原则

主要遵循以下原则：一是坚持科学性原则。指标体系的设计力求建立在科学的基础上，评价指标的选择主要围绕城市创新的本质，涵盖反映城市创新的重要因素，客观真实地反映城市创新的内在规律，力求客观准确地反映和描述城市创新状况。二是坚持系统性原则。创新型城市评价指标体系的构建应具备全面性，能够全面反映创新型城市所包含的各个方面，从各个不同的角度和层面来度量和评价创新型城市的状况和水平。三是坚持可操作性原则。评价指标体系的可操作性和指标的可度量性是建立评价指标体系的一个基本原则。该指标体系的设立应具有可采集性，每个指标的内容应具备易理解性，尽量避免形成庞大的指标群或层次复杂的指标数，一些很难量化或没有可靠数据来源的指标，原则上不予以考虑。四是坚持可比性原则。创新型城市评价结果不仅能够进行同一城市的纵向比较，而且能够进行城市之间的横向比较。这就要求尽量采用通用的统计指标，注意与国内外相关研究的衔接，采用的指标体系应有广泛的共识基础。五是坚持导向性原则。创新型城市评价指标体系必须科学、准确地反映和描绘创新型城市的发展，及时发现创新型城市建设中的问题，反映创新型城市建设的工作重点，突出反映高端产业、高技术产业等城市自主创新的状况。只有这样，才能更好地促进创新型城市的建设。

（三）构建创新型城市评价指标体系的思路

（1）以创新型城市的状态评价为出发点。课题组对创新型城市的评价是在某一时点所达到的创新水平的一种状态评价。

（2）以创新型城市建设的效果为落脚点。创新型城市的发展虽然是一个历史演进的过程，但构建创新型城市评价指标体系的核心是在指引未来发展方向的基础上，对朝着这个方向所做工作的效果进行衡量。课题组在综合参考现有评价指标体系的基础上，突出强调了检验创新型城市建设水平高低的核心是创新效果的大小。

（3）以创新型城市建设要达到的效果为目标，找出创新型城市建设所需的主要动力和基本保障条件。

一级指标：按照创新型城市的动力、保障条件和效果顺序展开，予以方向性的描述。每一个一级指标包含对其内涵的描述——总体评价方向。

二级指标：主要围绕一级指标所蕴含的重点内容进行细分领域的分类，该分类指标对应于一级指标所指方向而需要展开工作的领域。每一个二级指标蕴含的是对建设创新型城市细分领域的描述——细分领域评价方向。

三级指标：是指数量指标，是可以用于衡量和评价创新型城市建设进程的，该类指标清晰地反映创新型城市发展的量化状况——发展中的数量评价。

（四）威海市创新型城市评价体系

威海市创新型城市建设综合评价指标体系见表2。

表2 威海市创新型城市建设综合评价指标体系

一级指标	二级指标	序号	三级指标	标准	权重
创新动力	创新人才	1	大专以上人口占总人口的比重（%）	≥26	4
		2	每万人专业技术人员数（人）	≥700	4
		3	每万劳动力中R&D人员数（人）	≥50	5
	创新投入	4	全社会研发经费支出占GDP的比重（%）	≥2.5	5
		5	全社会教育经费支出占GDP的比重（%）	≥3	3
		6	企业科技活动经费支出占全社会科技活动总经费支出的比重（%）	≥50	4
		7	企业R&D支出占产品销售收入的比重（%）	≥6	4
创新保障	创新主体	8	市级以上高新技术企业占规模工业企业总数的比重（%）	≥15	5
		9	市级以上工程技术研究中心和企业技术中心占规模工业企业总数的比重（%）	≥10	5
	创新设施	10	国际互联网家庭普及率（%）	≥25	2
		11	电脑家庭普及率（%）	≥25	2
		12	移动电话家庭普及率（%）	≥67	2
		13	万人参加科普培训和展览人次（人次）	≥1000	2
		14	百人拥有公共图书馆藏书量（册）	≥120	2
	创新环境	15	地方财政科技拨款占财政支出的比重（%）	≥5	2
		16	出口总值占GDP的比重（%）	≥35	2
		17	外商直接投资占GDP的比重（%）	≥5	2
		18	万人技术合同成交额（万元）	≥800	3
		19	万名就业人员专利申请量（项）	≥100	4
创新效果	知识创新	20	万名就业人员专利授权量（项）	≥20	4
		21	发明专利占全社会专利授权量的比重（%）	≥60	4
		22	市级以上科技成果中达到国际领先及先进水平的占比（%）	≥30	4
	技术创新	23	亿元固定资产投资新增GDP（亿元）	≥0.8	2
		24	万元GDP综合能耗（吨标准煤）	≤2.0	2
		25	规模以上工业企业全员劳动生产率（万元/人）	≥9.6	2
		26	高技术产业产值占规模以上工业产值的比重（%）	≥55	4
		27	知识型服务业增加值占第三产业增加值的比重（%）	≥30	3
		28	生活垃圾无害化处理率（%）	≥100	2

续表

一级指标	二级指标	序号	三级指标	标准	权重
		29	污水处理率（%）	≥100	2
		30	人均 GDP（万美元）	≥3000	2
		31	科技进步贡献率（%）	≥70	5
		32	平均预期寿命（岁）	≥75	2

（1）创新型城市评价指标体系框架。根据国内外研究的最新成果，结合威海市的具体实际，我们提出了威海市创新型城市建设评价指标体系。该评价指标体系分别从全市和各市（区）、开发区两个层面对创新型城市建设工作进行评价考核，由"威海市创新型城市建设综合评价指标体系""威海市创新型城市建设市（区）、开发区评价指标体系"两部分组成。全市的评价指标体系，由 3 类 32 个较具权威性和代表性的指标构成（详见表 2），主要从创新动力、创新保障和创新效果三个方面反映创新型城市建设的进程与成效。市（区）、开发区的评价指标体系，由 23 个重点指标构成（详见表 3），旨在监测、评价各市（区）、开发区的创新能力与效果。

（2）创新型城市评价指标标准设定。课题组在创新型理论和实践研究的基础上，通过对发达国家及国内先进城市建设创新型城市的研究，分析相关城市创新型城市建设已达到的状态和已实现的程度，并根据"十一五"规划，确立创新型城市在各个方面应达到的标准（详见表 2"标准"一列）。

（3）创新型城市评价指标体系的应用。运用本指标体系，可以对威海市创新型城市建设的进程和绩效作整体评价。具体计算方法采用简便实用的加法合成方式进行单项指标的结果合成。计算公式为：$Y = \sum Ai * Bi$，其中 Y 是综合评价值，Ai 为第 i 项指标评价值，即指标的实际值与标准值的比，Bi 为第 i 项指标的权数。另外，利用本指标体系实施考核时，应把各指标分解落实到相应责任单位，作为重要指标列入相应责任单位的目标管理考核和领导干部考核体系，具体权数和分值由考核部门在相应考核体系中设定。

表 3　创新型城市建设市（区）、开发区评价指标体系

序号	指标	权重
1	地均二、三产业 GDP	5
2	人均 GDP 增长率	5

续表

序号	指标	权重
3	财政一般预算收入增长率	5
4	服务业增加值占 GDP 比重	4
5	亿元固定资产投资新增 GDP	4
6	万元 GDP 综合能耗	4
7	年化学需氧量减排量	3
8	年二氧化硫减排量	3
9	万人参加科普培训和展览人次	3
10	百人拥有公共图书馆藏书量（册）	3
11	市级以上高新技术企业数	6
12	工程技术研究中心数	4
13	企业技术中心数	4
14	每万人中专业技术人才数	5
15	全社会 R&D 投入占 GDP 比重	6
16	年度市级以上科技成果获奖数	6
17	万名就业人员专利申请量	4
18	万名就业人员专利授权量	3
19	中国驰名商标、省著名商标数	4
20	万人技术合同成交额	4
21	国际主要标准认证企业数	4
22	规模以上工业高新技术产品产值率	7
23	规模以上工业企业劳动生产率	4

建设创新型城市是一个长期系统复杂的过程，评价工作及指标体系也是一个不断健全完善的过程，因此，需要各级各部门共同努力，根据实际情况提出改进意见，进一步完善指标体系。

（五）创新型城市评价指标具体解释

（1）大专以上人口占总人口的比重：数值依据统计部门口径。该指标能从总体上反映全社会人口受教育程度和文化水平。一般说来，人口文化水平越高，城市创新水平越高。

（2）每万人中专业技术人员数：数值依据人事部门统计口径。人才资源是创新的基础，人才总量的高低直接决定着该地区的创新潜力。该指标反映了城市高级人才储备的状况及进行持续创新拥有的潜力。

（3）每万劳动力中 R&D 人员数：数值依据科技部门统计口径。R&D 人员是科技活动的重要力量，其数量和素质是衡量一个城市科技创新能力的重要指标。

（4）全社会研发经费支出占 GDP 的比重：数值依据科技部门统计口径。指年度研究与试验发展经费支出与 GDP 之比。该指标又称 R&D 投入强度，反映地区研究开发投入（经费和人力投入）水平和能力，是目前国际上通行的衡量国家或地区科技投入水平最为重要、最为综合的指标。

（5）全社会教育经费支出占 GDP 的比重：数值以财政部门统计口径。该指标反映全社会对教育的重视程度和投入力度。

（6）企业科技活动经费支出占全社会科技活动总经费支出的比重：数值依据科技部门统计口径。企业是科技进步的主体。这是衡量一个城市科技活动经费投入比例的重要指标。一般说来，一个城市科技活动经费投入比例越大，科技创新的水平越高。

（7）企业 R&D 支出占产品销售收入的比重：数值依据科技部门统计口径。该指标是衡量企业科技经费投入的重要指标。经验表明，企业只有从产品销售收入中拿出足够的资金用于创新，企业的创新才能形成良性循环。城市内企业的创新能力越强，城市的创新能力就越强。

（8）市级以上高新技术企业数：数值依据科技部门统计口径。高新技术企业在重视技术创新和增强自主创新能力等方面，在我国企业的发展和技术创新主体建设中处于领先地位，其数量的多寡在一定程度上影响着城市的整体创新实力。

（9）市级以上工程技术研究中心和企业技术中心数：数值依据科技部门统计口径。旨在引导企业加大对研究开发的投入，推动企业的科技进步，从而提高企业整体创新能力。

（10）国际互联网家庭普及率：数值依据信息产业部门统计口径。在信息时代，城市创新的一个重要基础就是信息技术发达的程度。该指标反映了一个城市信息化水平的高低，进而反映城市创新的发展程度。

（11）电脑家庭普及率：数值依据信息产业部门统计口径。知识的传播和传媒的发展是科技进步的重要标志之一。电脑的普及反映了信息技术对居民生活的影响程度和深度，反映了城市信息化水平的高低。

（12）移动电话家庭普及率：数值依据信息产业部门统计口径。移动电话的普及为人们的信息交流提供了极大方便。该指标是城市信息化发达程度的又一个重要标志。

（13）万人参加科普培训和展览人次：数值依据科技和科协部门的统计口径。该指标反映的是城市对居民进行科学普及程度和城市创新的基础设施水平。

（14）百人拥有公共图书馆藏书量：数值依据文化部门统计口径。公共图书馆是普及知识的重要场所，是城市开展创新活动的基础设施。该指标越大，说明城市创新的设施越完备。

（15）地方财政科技拨款占财政支出的比重：数值以财政部门统计口径。该指标反映政府对科技创新的重视程度。

（16）出口总值占 GDP 的比重：数值依据外经贸部门统计口径。该指标反映了一个城市参与国际竞争的水平和对外开放的程度。一个城市对外开放的水平越高，对世界高新技术发展的动态掌握越多，对创新的促进力越大。

（17）外商直接投资占 GDP 的比重：数值依据外经贸部门统计口径。该指标反映了一个城市对国际资本市场的融资能力和对外资的吸引能力，融资能力及吸引能力越大，城市创新的动力就越强。

（18）万人技术合同成交额：数值依据科技部门统计口径。技术合同交易额是衡量科技产出的重要指标。技术合同成交额反映了城市技术产权交易市场的活跃程度及科技产出能力和创新成果应用转化能力。

（19）万名就业人员专利申请量：数值依据科技部门统计口径。该指标反映全社会科技创新的意识，数值越大，说明科技创新意识越强。

（20）万名就业人员专利授权量：数值依据科技部门统计口径。年度授权专利数指已经获得专利权属的发明、实用新型、外观设计专利数，特别是其中发明专利授权数，既反映了企业掌握核心技术的能力，也是衡量城市创新能力和知识产权保护力度的重要指标。

（21）发明专利占全社会专利授权量的比重：数值依据科技部门统计口径。该指标反映城市知识创新水平。

（22）省级以上科技成果获奖数：数值依据科技部门统计口径。该指标反映企业的行业地位，激励企业不断提升自主创新能力。

（23）亿元固定资产投资新增 GDP：数值依据统计部门统计口径。指年度新增 GDP 与全社会固定资产投资总额之比，在一定程度上能反映区域经济的投入产出情况和投资的效率状况。高投资效率是创新型城市的重要特征。

（24）万元 GDP 综合能耗：数值依据统计部门统计口径。该指标反映一个城市综合能源消耗水平，代表创新型城市建设中的节能降耗水平。

（25）规模以上工业企业全员劳动生产率：数值依据统计部门统计口径。该指标反映工业企业的生产效率和劳动投入产出。

（26）高技术产业产值占规模以上工业产值的比重：数据依据统计部门统计口径。该指标反映了高新技术对地方经济发展的贡献程度，反映了创新对城市工业结构优化程度的贡献。

（27）知识型服务业增加值占第三产业增加值的比重：数值依据统计部门统计口径。知识型服务业是指服务业中以应用知识为主要手段的行业，包括信息传输、计算机服务和软件业、金融业、科学研究、技术服务和地质勘探业。该指标反映科技创新对一个城市第三产业结构优化程度的贡献。

（28）生活垃圾无害化处理率：数据依据建设部门统计口径。该指标反映城市利用高科技处理固体废弃物的水平。

（29）污水处理率：数据依据建设部门统计口径。该指标反映了创新成果在污水处理中的水平。

（30）人均GDP：人均按照区域常住人口计算，数值依据统计部门统计口径。该指标衡量地区经济发展水平，能够比较客观地反映各地区的经济发展水平，具有较高的人均GDP是创新型城市的必然要求。

（31）科技进步贡献率：数值依据科技部门统计口径。该指标是指科技进步对经济增长的贡献份额。它是衡量区域科技竞争实力和科技转化为现实生产力的综合性指标。

（32）平均预期寿命：数值依据统计部门统计口径。平均预期寿命与城市创新水平一般表现为正相关关系。该指标综合反映一个城市医疗保健、卫生服务和生活质量水平，综合反映城市人口健康水平。

五 建立创新型城市评价考核工作制度的几点建议

（1）健全创新型城市评价考核组织制度。评价考核工作在市建设创新型城市领导小组（以下简称市领导小组）统一领导下，由市领导小组办公室具体组织实施。

（2）制定分级分类评价考核制度。依据《指标体系》制定具体的评价考核办法，在对全市层面进行评价的同时，要强调对各责任部门的考核，把责任分解到各部门，制定相应考核办法；市（区）、开发区评价考核要注重实效，根据市（区）、开发区局部差异制定分类考核办法。

（3）建立定期评价考核制度。《指标体系》各项数据的统计、监测和分析每年度进行一次。要加大对各部门指标数据采集的审查和监督工作，确保数据的准确、全面。指标数值提供单位要做好相关数据的采集、监测和分析工作，每年 3 月份将相关数据报市领导小组办公室，由办公室组织力量进行综合测算和分析，做出全面评价考核，形成《威海市创新型城市评价考核报告》。

（4）建立评价考核结果公告制度。《评价考核报告》经市领导小组审定后，由市领导小组办公室正式在相关媒体或文件上公布，并提交市委、市政府及市委组织部、市人事局。

（5）建立考核激励制度。把创新型城市建设评价考核结果与党政领导干部目标考核、市级各部门工作目标管理考核进行挂钩，将创新型城市评价考核结果作为领导干部任用的重要依据和各部门工作绩效的重要内容，建立科学发展、创新发展、和谐发展的政绩导向机制。建立和完善党政一把手科技进步目标责任制，加强对自主创新工作绩效的考评和督查，促进各项任务落到实处。

当前威海市农村经济发展迫切
需要解决的几个问题

岳连宏　隋福鹏　张　锐

最近，我们就农村经济发展的相关问题进行了调研，先后到市农业、畜牧、海洋渔业、农机、水利、供销社等部门和文登、乳山两市及宋村、崖子、南黄三镇召开了不同层次的座谈会，并实地观摩了部分农村、龙头企业、生产基地，走访了部分农户。通过对调查情况的汇总、分类、思考和研究，我们认为当前威海市农村经济发展有七个问题迫切需要解决。

一　产业结构调整问题

近年来，威海市农业结构不断优化，粮经比例已达 46∶54。但是，从调查的情况看，除了崖子的苹果、张家产的西洋参、白沙滩的大姜、界石的樱桃、经区的无花果等几个过万亩的种植方外，其他规模都比较小。特别是成规模的一镇一品的农业特色镇还比较少。有的镇甚至发展了十几个不同品种的生产方，基本形成不了产业优势。我们感觉到有的镇在农业结构调整上"东一榔头西一棒子"，缺乏一个明确的思路和持续发展的精神。

这次我们到崖子镇调研，受到很大启发。崖子镇村民通过几年的努力，已发展成为名副其实的果业专业大镇。全镇 4 万人口，7.6 万亩耕地，种植苹果 5.2 万亩，占耕地面积的 68%，人均达到 1.9 亩，户均 2.3 亩；同时，还开发山峦发展板栗 4 万亩，达到人均 1 亩，户均 2 亩多；近几年，该镇每亩苹果纯收入均在万元以上，今年户均果业纯收入可达 3 万元，该镇农村经济总量的 75%、农民收入的 82% 来自果业，农村户均储蓄和储蓄总额名列乳山市（镇、域）前茅；主打的"垛山牌"苹果成为全省知名品牌，崖子镇成为全国优质苹果基地百强镇。

崖子镇的经验给我们三点启示。一是农业产业结构调整要发挥资源优势。在农业产业结构调整中，各镇都应立足于自己的资源和传统优势，适合发展什么，就应集中精力发展什么。比如适合种大姜就上大姜，适合种药材就上药材，适合多样发展的就应优中选优，主攻一点，形成优势。崖子镇的成功，得益于因地制宜，坚持不懈地走发展苹果这条路子。全球适合种植苹果的区域很小，苹果的市场需求却很大。从苹果适合生长的温度带上看，威海是全球最适合发展苹果种植的少数地区之一。同时，从市场看，苹果收入也一直比较稳定，有很大的发展潜力。另外，从卫生标准、技术要求和投资规模上看，目前鸡、猪、牛、貂等已不可能家家户户饲养了，而水果却可以家家户户种植。因此，应继续扩大苹果种植规模，特别是内陆镇都应学习崖子镇的经验，发动群众大种其果，使苹果真正成为威海市农业和农村经济的主导特色产业。二是加快农业结构调整必须伸出政府"这只手"。崖子镇苹果能有今天的规模水平，很重要的一条在于政府的科学引导，他们咬紧苹果发展不放松，一任接着一任干，抓引导、抓示范、抓管理、抓技术、抓市场，形成了"大干快上"的局面。今年又引导果农连片发展5000亩新果园。而不少与崖子种植条件差不多的镇，却没有形不成规模。这说明政府引导不引导结果大不一样。现在有的镇领导狭隘地吸取过去号召农民养鸡、养猪、养兔等教训，不敢理直气壮地引导农民调整结构，而是笼统地提出"市场需要什么就种什么"。而大多农民又不知道"什么是什么"，导致结构调整长期处于"自然发展"状态。我们感觉，政府不是不能指导农民进行结构调整，关键是怎样指导。崖子镇在指导农民发展果业中，既不强迫命令，又不搞泛泛一般的号召，而是通过大量的、具体的政策和服务，使果农既有积极性，又有安全感，果业发展的步子一年比一年快。三是坚持走特色产业规模化的路子。从调查的情况看，我们的几个特色产业都是好的，问题就是规模上不去。规模小，无法实行统一技术、统一标准、统一管理等服务，特别是形不成品牌，形不成市场优势和竞争力，因而就会出现产量低、品质劣、成本高、效益差的状况。崖子镇的苹果就是因为有了规模，才成为标准化生产基地，镇域内所有水果均通过农业部无公害果品质量认证；才形成了联通全国的销售市场和网络，苹果一直畅销不衰，吸引了来自全国各地的上千名经销商前来订购，年出口创汇达到3000万美元，而且平均比周边苹果价格每斤高出2～5毛钱。所以产业结构调整，小打小闹、零打碎敲不行，一村几业、一镇几品也不行，要搞就要像崖子苹果那样一镇一品、几镇一品，甚至像寿光蔬菜那样一市一品。

二 龙头和基地建设问题

目前，全市苹果、花生、大姜、无花果、中草药、蟠桃、茶叶、葡萄、毛皮动物等特色产业（包括水产养殖）面积达到 170 万亩。全市年销售过 500 万元的龙头企业达到 261 家，其中过亿元的 78 家，过 10 亿元的 7 家；市级以上重点龙头企业 78 家，其中国家级重点龙头企业 5 家、省级以上重点龙头企业 26 家。但是，龙头企业和基地联系不紧密、对农民增收带动不强的问题仍然十分突出。一方面是有龙头无基地的现象还比较多。如家家悦、好当家、泰祥、威东日等都是威海市的大型农产品加工营销企业，年消化农副产品都在 20 万吨以上，但本地能提供的还不足 20%。以家家悦农副产品配送中心为例，年配送蔬菜 20 万吨左右，本地只能提供 2 万~3 万吨，大部分需要从外地调入。年需生猪 70 万头，本地只能提供 4 万头左右。本地蔬菜供应不足的主要原因是种植不成规模，品种杂，规格杂，一个地方有十几个品种，甚至一块地有几个品种。这样一来，收的时候没法分拣、包装，卖的时候没法计价。另一方面是有基地缺龙头的现象也比较多。比如威海市近年来快速发展的西洋参、大姜、牡蛎、板栗、苹果、芋头以及猪、鸡、貂等均没有像样的龙头加工企业。如大姜生产，仅乳山就发展到 4.5 万亩，总产 4 亿斤左右。由于本地没有大姜加工销售的龙头企业，只能靠卖鲜销售，风险大、收益低，好年头每斤卖 2 元多，差年头每斤不到 3 毛钱。再如西洋参，全市种植面积将近 3 万亩，亩产平均 800 斤，因为没有龙头企业，收购价格完全被外地参贩子左右，每斤价格由好年头的 40 多元降为现在的 15 元。而参贩收购后进行深加工，价格是收购价格的十几倍、几十倍，甚至上百倍。与此形成强烈对比的是无花果产业的发展。无花果在威海市有悠久的种植传统，但由于长期自产自销，一直没能形成产业。随着威海清华紫光科技开发有限公司、威海紫光科技园有限公司、山东健人食品科技有限公司等龙头企业参与无花果的深度加工和开发，开称收购价由过去的每公斤 1 元涨到每公斤 2.4 元，使无花果的发展呈现出勃勃生机。目前全市已建成无花果园区 400 多处，仅经区的种植面积就超过 40000 亩 177 万株，2.8 万农户成为无花果专业户。

龙头企业和生产基地，一头连市场，一头连生产，是产业化和现代农业的两个关键环节，缺一不可。所以，一头要围绕基地抓龙头。应抓紧制定完善扶持龙头企业发展的优惠政策，在资金、税收、土地等方面给予最大化的支持。以带动了多少基地、带动了多少农民为标准，多带多奖，少带少奖，不带不奖。另一头要围绕龙头建基地。在搞好龙头与基地机制创新的基础上，引导农民进行标准化生产，为企业提供达标产品，实现企业和农民的双赢。

三 农村土地承包问题

全市需进行延包的村 2478 个（人均耕地 0.3 亩以上），占总村数的 90.1%，涉及 55 万户，221 万亩耕地。已完成延包工作的村和户，分别占应延包村、户数的 85.8% 和 90%；完成延包土地面积占应延包面积的 91.8%。在已完成延包工作的村中，合同签订率为 75.4%，证书入户率为 63.6%。

当前威海市土地承包的总体情况是好的，但在实际工作中还存在三个突出问题。

一是全市有 350 个村，14.2% 的村没有实行土地二轮延包。主要原因是，除少数村班子软弱（如南黄镇李家疃村）或一直走集体化道路（如南黄镇南黄村）外，多数村由于在各级积极鼓励扶持下，农户已经在第一轮承包的土地上栽植了果树。目前大部分果树处于盛果期，果农不同意重新分配土地。土地调整方案得不到 2/3 以上的村民同意，二轮延包便无法进行。

二是"两田制"问题在个别地方没有纠正。全市仍实行"两田制"的村约 100 个。主要原因是二轮延包时，这些村采取了顺延的办法把承包期延长到 30 年。取消承包费和农业税后，按叫行方式承包的"经济田"和按人口均分的"责任田"均不用上缴各种税费，导致村民的土地分配明显不均，诱发了农民上访。

三是农村人地矛盾比较突出。中央在二轮承包时要求将全部土地平均承包到户，威海市不少村一点机动地都没留，留的少的也分完了，还有点的也承包出去了，这就造成了增人无地可增的局面。主要有四种情况。①新增人口无地可种。如农村新婚青年，婚后一般生一个小孩，如果第一胎是个女孩，还可以再生一个，这样势必造成三四口人种男方一个人的承包地。如夏村镇任沟村一个大龄青年，娶了个离异妻子，带了两个小孩，因村无地可增，四口人只能靠一个人的承包地生活。②过去不少农民为了不交农业税费，主动放弃承包权，有的甚至还给村里写下了"永远不要地"的保证书，现在农业税费免除后，又想要回承包权。以南黄镇东洋水村为例，该村 261 户，700 人，土地 1600 亩。1999 年签订二轮承包合同时，有许多村民为了逃避税费，想方设法不签合同，结果只签了 191 户，890 亩地，还有 5 人把已经承包了的

8 亩地退回给村。2004 年以后，过去不要地的现在纷纷要求承包地，却又无地可分。现在村里有人没地的共 53 人，按照该村人均 1.5 亩的分地标准，少地 69.5 亩。③过去不少外出打工的农民为了逃避税费，采取"口袋户口"的办法去外地打工，现在又把户口迁回村里要地种。如南黄镇凤西庄村，这种情况有 20 多人。④农村的回迁户、投亲户、复员军人、下岗职工等，也回村要求承包地。在增人无地可增的另一面，是减人不减地造成的矛盾。比如一家两口，一人去世，一个人种的就是两个人的地；再比如，如果夫妻双方都是独生子女，双方的老人都去世，两个人种的就是六个人的地。以上几种情况，涉及全市每个村，总的比例大约在 20%，应该说比例很大。这些矛盾的大量存在，导致农村的纠纷不断。夏村镇任沟村多年来一直实行"增人增地、减人减地"的办法，群众觉得很合理，村里一直很平稳。2004 年，该村有 26 户需要调整土地，大家都同意，只因新上任的村主任不同意，结果没调成，群众意见很大，干群矛盾激化，出现多起矛盾纠纷。

针对威海市农村土地承包中存在的问题，建议重点抓好三个方面的工作。一要进一步落实好延长土地承包期的各项政策。对没有延包的 350 个村要采取积极措施，尽快组织好延包。二要切实抓好"两田制"的清理整顿工作。坚持依法、稳妥和实事求是的原则，在充分尊重群众意见的基础上，制定切实可行的整改方案。特别要解决好农民在"经济田"上的投入补偿问题，确保"两田制"向"均田制"平稳过渡。三要依法解决人地矛盾问题。从现实的情况看，减人不减地的矛盾较小，突出的矛盾在增人不增地上。从政策规定看，增人不增地是合法的，但从实际运行看，增人不增地带来的矛盾是很多的，从长远来看，不解决也是不行的。为此，我们提出以下两点建设。一是有机动地的村，要把机动地优先用于解决新增人口用地；对机动地已经对外承包的，建议做好承包方的工作，尽快退出相应的承包。二是没有机动地的村，在做好群众工作和群众自愿的前提下，可以实行减人也减地，把减出来的地用于新增人口用地。如南黄镇有 31 个村，多年来一直实行"增人增地、减人减地"的办法，"三年一调整"，人地矛盾得到较好解决，绝大多数群众对这一做法表示认可和理解，没有因为这一做法而上访。

四　村集体留用机动地问题

全市大约有 90% 的村留有机动地，其中 600 个村机动地超 5%。机动地的来源有三块。第一块是"留的"，在二轮延包时，有些村按比例预留机动地；

第二块是"剩的"，因为税费高，有些村的部分土地包不出去，由村集体统一经营而形成的机动地；第三块是"增的"，有些村退果还耕、复垦整理新增加的机动地，如南黄镇近几年就新增了退果还林土地 3000 多亩。机动地的主要用途有两个：一是用于调节新增人口用地，二是用于增加村集体收入。对绝大多数内陆村来说，机动地收入成了村集体经济的唯一收入。机动地发包的方式主要有两种：一种是由本村村民叫行承包；另一种是对外发包，并且签订长期合同。对外长期发包的机动地，有的承包商在承包的土地上进行了大量的投资，短期内收回土地承包权有困难。

客观地说，留不留机动地是一个两难选择。"留"违背国家政策，"不留"进一步压缩了解决农村人地矛盾的操作空间。现在的人地政策是"增人不增地，减人不减地"，这在实际操作中有很大困难。特别是随着农民生育观的转变和农村劳动力的转移，农村人口"减多增少"的现象非常普遍。南黄镇 2007 年的农村人口比 2002 年减少了 2215 人，南黄村每年减 30 多人，增七八人，凤西庄、北斜山村的情况也大致相同。这些村的大队党支部书记说："减人不减地可以，但增人不增地不行，不给地，村民就闹你，就上访，村里就不稳定。所以，只能通过'三年一小调、五年一大调'，想方设法给这部分人调点地。特别像我们这些仅靠一点机动地搞点集体收入的村来说，如果一点机动地没有，真不知道以后的日子怎么过。"2004 年我们曾做过一次调查，全市集体经济收不抵支的村占 43.8%。崖子镇北地口村每年的村级组织经费，只有靠发包 20 亩机动地收入的 2000 元。有的村干部十多年没有发工资，还有的村支书因集体没地方只好在家里办公。在村级集体收入没有来源、转移支付不能到位、村级组织又要运转的情况下，靠发包机动地来增加集体收入也不失为一个现实的办法。

机动地问题是一个十分敏感的政策问题，也是必须面对的现实问题。如果按照国家政策，应当取消，但如果按照"减人不减地，增人不增地"的政策，又不留机动地，不仅会导致村集体收入无来源、村级组织运转更加困难、新增人口无地可种、农村公益事业无地可用等诸多新矛盾，也会造成新的土地分配不均，进而出现新的不稳定因素。我们觉得，鉴于农村机动地已成事实的情况，处理这个问题，要坚持原则性和灵活性的统一，合理和合法的统一，维护农民利益和稳定农村大局的统一，创造性地开展工作，不宜一刀切。一要对全市机动地使用情况进行一次全面的清理整顿，违规超标的与使用不当的，及时予以纠正。二要规范机动地的处置方式，增加透明度，杜绝关系地、人情地。三要建立规范的土地调剂制度，对新增人口（包括回迁户），应从预留的机动地或者通过依法开垦、整理等方式增加的土地中调整解决。

五 土地流转问题

威海市土地流转总的情况是数量小、层次低、转不动。目前，共流转土地 3.98 万亩，占总耕地面积的 1.86%。流转形式大致有以下几种。①转包。面积为 7400 亩，占流转量的 18.6%。②互换。面积为 5700 亩，占流转量的 14.3%。③转让。面积为 4396 亩，占流转量的 11%。④出租。这种形式主要是农村种植结构调整、建设农业示范园区和招商引资搞农业开发等兴起的。这是威海市土地流转最主要的形式，目前，全市对外出租土地面积为 20046 亩，占流转量的 50.4%。

造成威海市土地"转"不动的原因是多方面的，主要阻力来自农民。一是农民兼业现象突出，不想转。从威海市农民收入结构看，2007 年家庭经营收入 3473 元，占农民纯收入的比重达到 44.9%，土地仍然是大多数农民收入的重要来源。二是农村社会保障不全，不敢转。当前农村土地除了担负农产品的产出功能外，还担负着农民的社会保障功能，土地仍然是农民的命根子，大部分农民担心出让使用权会失去基本生活保障。三是转让收益偏低，不愿转。从已经流转的土地转让收益看，大多数每亩在一百元左右。许多农民说，一亩地转让个一百二百的，还不如自己留着种，至少粮、菜、油不用买了。

要加快威海市农村土地流转，除政策上鼓励、管理上规范、舆论上引导、机制上完善、利益上保证、保障上健全外，最重要的是模式上创新、形式上搞活。现在各地在这方面有很多经验值得我们学习借鉴。从全国来讲，有天津的"宅基地换楼房"模式，浙江的"终生补偿"模式可资借鉴。从省内来说，有吸收社会资本参与土地流转的"莱芜模式"，建立全国首家土地流转市场的"枣庄模式"和以土地入股分红的"胶南模式"值得学习。在市内，结合推进新农村建设，要总结推广文登西楼村的经验，鼓励有实力的企业到农村进行综合开发，促进土地流转。

土地流转的过程也是经济发展的过程，在加快土地流转的同时，还应避免出现由流转变流失的倾向，要合理、有效地转。

六 农村合作经济问题

全市经工商登记注册的农民专业合作社 153 家，其中荣成市 60 家、文登市 35 家、乳山市 50 家、环翠区 3 家、经区 3 家、高区 2 家；注册资金 2300 万元，其中种植业占 62%，畜牧养殖占 17%，水产养殖占 19%，其他占 2%，主要集中在果品、蔬菜、药材、花生、茶叶等农业特色产业领域。从组建模式上看，主要有五种。一是能人领办型。如乳山下初镇葡萄种植能手曹玉波牵头创办的乳山市葡萄协会，已发展本市会员 8800 多人，带动本地葡萄种植面积 1.3 万亩，并辐射到江苏、安徽等 10 多个省市和地区。二是股份合作型。如乳山市黄金梨协会吸纳农民以土地承包经营权入股，入股农户达 23 户，发展黄金梨 1600 亩。三是龙头企业带动型。如荣成市养鱼专业技术协会是依托荣成市玉兔牧业有限公司设立的，现已发展会员 318 个，带动专业养殖户 2000 多户。四是企业联合型。如荣成市渔业协会由 50 多家渔业公司联合组建。五是嫁接互补型。如乳山市大姜协会是在原曹家庄村民自办大姜技术协会的基础上，通过与乳山市供销社优势嫁接改造后成立的以供销社牵头的新型经合组织。目前，该协会已发展会员 5800 多人，大姜种植面积由原来的不足千亩增到 3 万多亩。

威海市农村合作经济组织总体处于起步发展阶段，发展中存在很多困难和问题。主要表现在三个方面。一是功能不健全。90% 的合作组织只停留在单一的生产合作，或信息、技术咨询和部分生产资料的供应服务上。"产供销、农工贸、产学研"一体化的基本没有。二是力度不够大。缺少必要的规划、引导和扶持，大部分合作经济组织得不到信贷支持和税费减免等优惠政策。调查中合作经济组织反映最多的问题是贷款"担保难""贷款难"。三是管理不规范。全市 150 多个专业合作社，真正实行"风险共担，利益共享"紧密型合作的仅有几家，绝大多数是松散型的，这就出现了合作组织在运作、经营、管理等方面不规范、凝聚力不强等问题。

建议把农村合作组织的设立、发展作为一个大的工程来抓。在扶持政策上，实行分类指导，重点抓好"四个一批"。一是规划培植一批。要根据威海市重点产业和主导产品，做出规划，有重点地进行扶持培植，把这些重点办成典型，树成样板，带动全市合作经济的发展。二是规范提高一批。对已经兴办的农村专业合作社，要以农业部门为主进行"三强化"——强化指导、强化培训、强化服务，尽快提高合作社的发展水平。三是转型改造一批。对符合《农民专业合作社法》要求的专业协会，加快注册登记、过渡、转型进程；对暂不具备条件的，进行规范和完善，使其尽快完成向合作社的过渡。四是嫁接合并一批。对一些门类相同、地域相近、服务功能互补的合作社，进行合并嫁接，提高整体带动作用和服务功能。

七 科技体系建设问题

近几年来，威海市在推进新农村建设过程中，下大气力加快农村服务体系建设，农民的水、电、路、厕、气、医、购、娱、居等生活环境得到根本性改善，生活质量得到很大提升。但生产服务体系特别是镇村两级科技服务体系"短腿"的问题非常突出。说得严重一点，就是"线断、网破、人散"。

目前威海市现有镇级农技推广机构 312 个，其中由县主管部门管理的 46 个（畜牧），乡镇政府管理的 264 个，实行双管的 2 个；由财政全额拨款的 257 个，差额拨款的 51 个，自收自支的 4 个；实有人数 1032，在编人数 983。镇级科技服务体系（除兽医站外）可以说是"三个没有"：没有专门机构、没有专门人员、没有专门经费。个别有牌子、有机构、有编制的，机构也是与其他机构合并在一起，人员与镇上其他干部统一搭配使用，要拿出很大精力干包村跑片等行政事务。全市镇级 124 个果树专业技术人员中，全年能够从事专业工作的不足 35%。基层林业站人员 80% 以上的时间和精力要从事行政事务性工作。由于基层财政对农业科技的投入一般仅限于人头工资，对农业新技术的推广基本没有投入，"有钱养兵、无钱打仗"。过去村里都设有专门的农业技术员，现在也都一律取消了。再比如威海市作为全国的渔业大市，市里没有海洋研究所，沿海镇也没有专门的渔业技术人员。

科技服务体系的不健全，导致许多新技术新品种不能及时有效地推广普及。从种植业上看，粮油菜果无不存在品种老化、退化的问题。全市实施"良种工程"的比例仅仅达到 40%，如果提高到 80%，全市种植业年产值至少可再增 10 亿元。从养海参来看，威海市养参技术五花八门。西港集团探索的海参池塘水泥管养模式，是在取得成功三年后才被省厅领导视察时发现并在全省推广的。换句话说，即使这一经验被及时发现，也没人来推。全市海参养殖面积 20 万亩，如果都用先进的技术，年产值至少可再增 10 亿元。从养貂上看，2007 年，全市水貂皮产量达到 1059 万张，但由于品种老化退化，我们的"两张皮不如人家一张"，市场上最好的"美国黑"每张皮价格高达 800 元，而威海市的仅在 300 元上下打转，并且销路不畅。如果采用优质品种，每张皮价格翻一番，全市净收益可再增 20 亿元。与养貂情况类似的，还有养牛产业，因为品种问题也减收了 10 亿元。撇开其他项目不算，仅以上四项就合计高达 50 亿元。如果全部拿到手，全市农民人均纯收入将增加 3200 元以上，农民人均纯收入将超万元。

科技服务体系是现代农业的支撑点。针对镇村两级科技服务体系"短腿"的问题，建议抓好三项措施。一是"归位"。眼前最要紧的是把镇一级农技站恢复起来，原有的农技人员要专职专业，不足的要尽快配足。大力培养村一级农业技术员，把镇村两级的农村服务网络建起来，把体制理顺，把经费落实好，把农技人员的作用发挥好。二是"重置"。就是改传统的按镇设站所为按产业区设站所的方式，突出专业特色，不搞小而全，如在苹果产区设果树站，在药材产区设药材站等。对重组后的站所，实行竞岗聘任，动态管理，强化考核，最大限度地调动每个站所和科技推广人员的积极性。三是"提升"。用现代传媒手段提升农业科技传播的质量和层次。建议在市电视台开设农科频道，在政府网站开设农业科技"一点通"系统，让农民不出家门，就能学到自己所需的科技知识。

（作者单位：中共威海市委政策研究室）

合理引智促进科学发展

——威海市引进国外智力情况调查

王绍臣

2008 年下半年愈演愈烈的金融危机，迅速对全球大多数国家的经济造成极大的冲击，但是危机中也蕴藏着机遇，为了使威海在此次危机中既能够减少损失，又能够抓住再发展的机遇，2008 年底以来，根据市委市政府关于创新型威海建设和产业结构调整要求，市人事局和市委党校课题组在市直、三市三区（经区、高区和环翠区）引智主管部门参加下，与企业人事主管和外国专家共 45 人进行了座谈，收集到问题 25 项、建议 64 项，并结合近年来威海市引智工作实际情况进行了调研，形成本报告。

一　基本情况和特点

近年来，全市共实施引进国外智力项目 680 项，其中引进外国专家项目 544 项 773 人，解决技术难题 2310 个；出国（境）培训项目 101 项，培训 280 人；开展农业引智成果推广项目 35 项。在 544 项引进外国专家项目中，工业项目所占比例为 75%，农渔业项目占 20%，高新技术产业项目占总数的 80%，累计取得引智经济效益 20 亿元。特别是，产生了碳纤维产业化、六轴五联动数控机床、热敏打印头、扫描仪等拥有核心技术、打破国际垄断的自主创新产品，其国内垄断效应、后续经济效益将逐步显现。这些成就的取得，既与国家产业结构调整的大趋势相关，更与全市上下的努力分不开。

（1）主要领导高度重视。新的威海市委市政府领导集体自成立以来，始终把实践科学发展观与产业结构升级结合起来，把自主创新、委托创新和引进吸收再创新放到首位，在会议讲话、视察考察、授课交流、领导批示等多方面，都体现出了强烈的美好发展愿望，并要求各级各部门切实采取措施，提高各产业技术含量。在这一风向标指引下，各地积极贯彻落实国家、省市鼓励创新创业和高新技术产业发展的各项法规和政策，并纷纷出台包含引智在内的地方配套扶持政策，为引进智力提供了良好政策环境。如高区的《技术创新资金管理办法》《专利奖励办法》，规定凡进驻创业园的留学生企业，300平方米以内的办公场所前三年租金全免，企业从进驻之日起三年内所缴纳的地方部分的税收，由开发区财政给予等额扶持，并建立了1000万元的风险基金，专门用于为留学人员创办的企业提供资金支持，每年支持创业服务中心发展和企业创新的资金已近千万元。

（2）管理服务比较到位。在引智管理上，各外智主管部门能够把握正确的发展方向，已引进的智力成果集中在现有工业技术创新升级、国外智力来威自主创业、优质海产品和果蔬培育等领域，十分符合国家产业政策和威海市产业特点。在引智服务上，对于外智自主创业的，从项目审批到项目建设，全市普遍实行了"一站式"服务，真正实现了"只要你来干，手续我来办"；对于外智加入原有产业、开展技术创新的，也普遍落实了政府扶持相关产业、奖励突出个人等政策。在引智管理和服务的载体建设上，作为全国首家与中国留日同学总会共同创办"海创园"的城市，在高区已建成四个大型"孵化器"和技术服务中心，其外智集聚效应、产业创新效应十分明显，高区正逐步成为真正的威海"技术大脑"，实现了国家的建区初衷。

（3）引智方式灵活多样。一是引进外脑与走出换脑相结合。坚持非替代性原则，只有国内无法解决、无法领先的技术，才能进入引进外脑的规划；对于可以通过到外国进行技术培训、直接将国外智力植入威海市技术人员头脑的技术，尽可能采取外派培训的走出换脑方式解决，培育了一批"本市外智"。二是技术创新与智力引进相结合。坚持人无我有原则，外智拥有者自带技术、自带项目来威创业或者加入威海市原有产业是最重要的引智方式，找准了本市需求与外智供给的最佳结合点，最大可能地剔除了有在外经历无自有智力者的"浑水摸鱼"。三是在威研发和跨国交付相结合。坚持但求所用原则，始终以解决高新技术领域、骨干企业关键技术难题为重点，采取课题招标、项目对接、成果转让、联建实验室等方式，国外智力拥有者既可以直接来威创业发展，也可以接收订单、在外完成、跨国交付，既考虑了国外智力的实际情况，又较好地解决了威海市现在产业一些急需的关键技术问题。

应当说，从领导导向、管理服务到方式方法，威海市引智工作都体现出服务领域不断拓宽、引智结构不断优化的特点，为推进全市经济社会又好又快发展提供了有力的外智支持。

二 存在问题和原因

总体而言，引进国外智力是政府、企业和国外智力拥有者三方的协调配合工作。但从调研情况看，引智工作三个主体还存在协调配合不足的问题。

（一）政府的管理和服务还不能完全满足需求

从企业和外智反映的情况看，政府的有效制度供给不足，服务机制尚待完善。在整个引智管理和服务各个环节中，体现出政府前置服务供给不足，申报审批过程中政府关联职能部门协调配合不够，结项后期跟踪不到位等问题，相应地影响到引智效能（好不好，需求状况及政府支付）和引智效率（快不快，专家数量及专家服务）。我们对引智环节中政企脱离的状况和成本支付以图 1 示之。

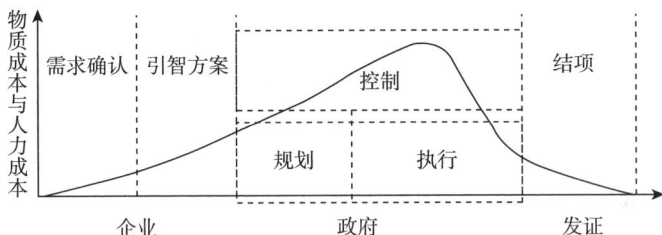

图 1

（1）引智需求确认和解决方案阶段重程序轻实体，存在信息不对称问题。企业的普遍反映是在三个方面还需要政府提供服务。一是方向性信息不对称，即"引什么"，引智项目难与国家规划相衔接。威海市企业的创新需求还不能完全与国家产业政策、技改规划相结合，由此造成部分引智方案难获审批。二是专业性信息不对称，即"引谁"，外智专业化水平难以确认。威海市尚缺乏更加完善的专家库，对各优势产业领域的国际顶尖研发机构和专家，还不能完全掌握，缺乏国内外比较的参照系，由此造成部分引智项目达不到预期效果。三是技术性信息不对称，即用什么条件"怎么引"，存在时滞效应。从威海市引智具体过程看，大多是企业先导、政府跟进、纳入规划和执行，切入点是先由企业自行与外智沟通。执行中能纳入规划的享受国家优惠，即"公引"，政企双方付费；不能纳入规划的则不能享受，即"私引"，企业单方付费。由于企业与外智先行沟通中无法确认是否能够纳入"公引"范围，就会造成成本确认困难。以上三个信息不对称，带来的直接结果就是"私引"多于"公引"，间接结果是一般入境就业者多于专家，企业境外研发机构无法享受国家、省市各种引智优惠，引智各自为政现象普遍，成本较大。

（2）引智申请和审批阶段重程序轻实体，存在审批层级过多效率低下问题。按现阶段的出国培训政策，出国培训项目由国家外专局审批，实行严格的计划管理。每年9月企业提出申请，经省、市外专部门上报，最终经国家外专局审批，于第二年的3月份下达计划，待企业收到计划一般到四五月份。企业执行时，则需经当地市外专部门和外事部门、省级外专部门和外事部门、国家外专局三级多个部门审批。于是，出国培训项目从申请到执行时间太长，需半年审批时间，能否批下来还是未知；管理部门和层次太多，办理手续太过繁杂，项目批下来后从开始办理到成行还需1~2个月时间。不仅严重影响了企业的使用效率与生产效率，也与政府宗旨不符。

（3）引智控制阶段重实体轻程序，存在纳入规划评估机制不完善和执行效率低的问题。我们对一个申请过程进行了格式化处理（见图2），可以反映出关系单位和个人之间的协调配合以及后续服务。

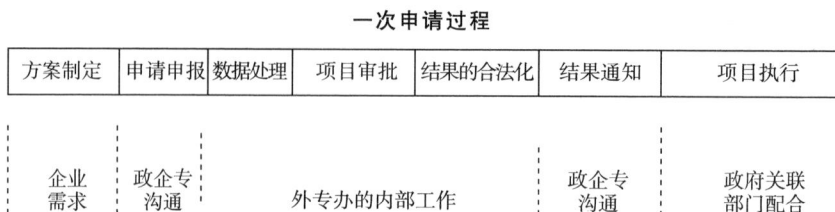

一次申请过程

方案制定	申请申报	数据处理	项目审批	结果的合法化	结果通知	项目执行
企业需求	政企专沟通		外专办的内部工作		政企专沟通	政府关联部门配合

图2

在规划控制上，涉及数据处理到结果通知诸环节，调研中一些企业提出存在"私引"专家不符合专家标准的问题，并以其他地方为例要求准予享受专家证项下的优惠待遇，这说明纳入"公引"规划的评估机制还不完善，且非专家未办理境内就业证现象比较普遍。

在执行控制上，被调研企业和国外专家普遍反映三个问题。一是以人为本的服务体系尚未建立。境外专家从入境到企业再到外专管理服务部门，最后再与各方面主管机关取得联系，不能享受"一站式"服务。二是服务细节关注不够。如出入境不能提供24小时服务，给时差差别较大的境外专家来威带来不便；各部门各类有关境外专家个人信息收集的表格等载体缺乏多国语言提示，造成填写不便等。三是专家证项下的权益变现不易，主要是各关联部门对专家提供服务的效率问题。

（4）引智结项阶段重引进轻跟踪，存在后续管理和服务跟不上的问题。引智流程的结束只带来专家到位的结果，并不意味着政府管理和服务的终结；正相反，它会带来引进智力的个人需求持续满足和任务终结的效益评估等新的政府管理服务需求，而且涉及政府各关联部门对专家证项下的权益给予服务的问题，企业和专家个人对此均有反馈。

以上主要是从企业或为企业引智方面看政府制度供应不足，最终结果是引智成本主要由企业承担，各种政策优惠享受不够，智力引进总量不多。另外，从政府引智层面看，换脑引智中更多解决的是干部外派开眼界问题，至于脑筋是否换了，是否产生相关效益，大多难以评估。同时，很多企业提出政府应当组织企业的技术骨干大力开展境外培训，将换脑对象从干部转为技工，既符合政府效能，又能帮助企业解决技工短缺等实际问题，性价比合理。

（二）企业状况与引进国外智力要求还不能完全符合

从调研情况看，威海市引进国外智力资源总量不多，并且主要集中在第二产领域、大型企业、商业存在（招商引资与招商引智相结合）之中，第一、三产业引智相对不足，中小型企业引智相对不足，纯正技术服务型引智相对不足，这虽符合威海市第二产业占优、中小企业占优、企业经济实力不占优的现状，但也反映了推进产业转型、深化结构调整的紧迫性。就已引进国外智力的企业来说，调研中所发现存在不符合引智要求的一些问题，突出表现在管理方面与专家需求存在差距。

（1）管理方式不符合引智要求。国外专家普遍反映，企业管理计划性很差，临时性的非约定工作多，增加负担、带来不便；他们特别反感检查、评比、开会等命令式的管理方式，认为按契约要求双方是平等的，完成相应工作成果是其本职工作，完不成也有相应的惩戒条款约束，不需要在这些方面浪费精力；有的专家对于官员或企业主管仅靠地位和直觉而不是理性和科学方法处理研发事宜，感到难以理解；有的专家则对引智过程中的夸大宣传与合同签订之后的现实差异难以接受，甚至有上当受骗的感觉。

（2）突发事件应对不符合研发要求。专家反映，部分企业未建立突发事件的应急替代措施和应对预案，也未协调好与公共资源供应企业之间的关系，无法始终保证稳定的电力、干净的水源和无尘无菌室等，难以及时应对出现的突然断电、断水、污染等问题，使对此依赖性极强的高科技产品研发和技术改造存在重大安全隐患，可能造成研发、中试、试产等的重大损失。

（3）劳动者素质不符合成果转化要求。由于产业结构调整与劳动者素质结构调整不合拍、科学技术升级与技工技术升级不相符，造成新技术实际操作者在操作流程、手段等方面存在不规范现象，加之国外专家作为技术负责人一般不能追踪投入生产的过程，往往造成新产品质量稳定性较差。

（4）文化认知不符合沟通要求。企业管理层、研发团队成员等与国外专家的沟通，体现出十分明显的文化差异。特别是私人问题被关注被其认为侵犯了个人隐私，批评过于含蓄其听不懂，而其作为技术负责人对团队成员的批评过于直接又可能破坏和谐的同事关系，此外就是由于同事对其宗教信仰、组织文化、生活习惯不了解而容易触犯禁忌。

以上现象反映出威海市企业在驾驭国际人力资源方面明显力不从心，这种带有社区性企业特点的管理模式明显不符合跨国公司式企业的管理要求，与现代企业特别是能够吸纳更多国际人才的企业还有相当大的距离。

（三）国外智力对威海市人文环境还不能完全适应

座谈中笔者了解到，国外专家对威海市自然环境十分满意，赞誉说不亚于其母国或曾历国的自然环境，但对人文环境不十分满意，体现出明显的不适应。这些不适应主要体现在三个方面，对威海市政府的管理和服务、企业的引智用智都是挑战。

（1）生活问题难以解决。威海市专家大体来自美、日、德、法、韩和"海归"，尽管他们的生活习惯和对家庭的态度不尽相同，相应的都遇到过不同的生活问题，但通过对这些国外专家提出问题的梳理，我们对其所关注的生活问题的重视程度，还是可以进行一个由高到低的排列（取20等差数列）。

由此可以看出，与我们平常了解的不同，国外专家具有很强的家庭观念，其所反映的后顾之忧主要包括：配偶办不到专家证，就业证办理也不便；子女上学困难并且在汉语言环境的学校中难与同学沟通交流；居住社区有"黑屋""孤岛"效应。此外，调研中还发现他们对警察存在天生恐惧感（他们普遍表现出一种对中国政治及其设施的远离倾向）。

（2）文化休克难以解脱。文化休克是一种到了陌生的文化氛围中产生的焦虑心态。由于国外专家失去了原有熟悉的人际交流标记和暗示，往往体现出典型的孤独样态，意志薄弱者可能带来精神伤害。特别是由于威海市懂外语、懂专业的高层次人才较少，很多外国专家不知到哪、找谁沟通交流。有些来威自主创业的"海归"反映，曾与其一道来威创业的一批"海归"先后返回美国，不是"业"创不下去，而是"生活"不下去，能够说到一块儿的人太少。作为对母国文化了解较深的"海归"尚且如此，纯外国专家的感受可想而知。

（3）学习需求难以满足。参加调研的国外专家对学习汉语体现了浓厚热情，并愿意支付"一对一"方式教学的费用，但普遍反映难以找到适宜的教师。

以上政府、企业和专家三类引智主体存在的问题，归根到底是引智环境问题，其中政府提供的引智制度环境、企业提供的引智管理环境以及政府、企业、社会共同提供的引智人文环境，都与引智需求不相适应，表明我们与国际化的新威海存在差距，解决问题的方法也应当放到创新环境上。

三　对策建议

当前的国际经济形势，使引进国外智力面临着前所未有的机遇，也面临着国内外引智竞争所带来的压力。中央已宣布了一项吸纳 1000 名不同学科国际顶尖专家的特别计划，将向专家所在国科研机构提供每人 14.6 万美元的补贴式科研经费，每名专家每年来华工作 6 个月即可，并将向来华专家提供基本社会保障费用；用人单位可以将引进专家任命为高校、科研机构、央企、国有银行或政府资助的科研项目的负责人。同时，中央财政安排 200 亿元专项资金，以贴息方式支持国内企业的技术改造，并鼓励企业购买最新的高科技设备。在良好的国内外引智环境面前，我们只有正视自身存在的问题，切实创新相关体制机制，才能真正抓住机遇并战胜困难。结合各外专主管部门、企业人事主管、国外专家的建议和我们的研究，对健全完善威海市引智环境提出如下对策建议。

引智环境作为一项系统工程，主要包括需求机制、供给机制、审批许可机制和服务保障机制，它们构成一个完整的制度环境。除了审批许可强调引智管理外，其他三项机制重在强调政府服务；政府的引智服务能力如何，直接决定地方引智竞争力的大小。

围绕引智相关要素建立起优质高效的引智制度环境，应重点强化以下机制。

（1）下放审批权限减少管理层级。现代企业经营机制特点，使党政机关和事业单位外的其他单位一般不存在借培训名义出国旅游等问题，故现行的出国培训申请审批制度需做相应改革。首先，减少审批层级。对党政机关和事业单位以外的一般单位，审批权限可下放到省一级；对民营企业、私有企业和个体工商户等则可下放到市一级。其次，加快审批时间。对除党政机关外的一般单位与企业的申请计划，改年度计划审批为随时审批。最后，适当修正出国具体政策。为保证出国人员培训质量，及所代表国家形象质量，政府可适当修整具体政策，如可设立临时专家机构，根据培训内容限定出国培训的时间等。同时，建立健全信息系统，加强反馈机制建设，及时掌握出国人员境外行为活动情况，使相关单位、相关人员再次出境获批的标准更加合理化。

（2）建立国外智力资源引进大部制。应当考虑建立一个以人事劳动部门为中心的引智管理服务中枢机构，负责研究制定引进国外智力资源的战略规划，负责提供引智环境相关要素的政府管理和服务并协调相关部门及供给与需求方的关系。在引智需求机制中，由于国家省市各类产业规划、政策等技改研发信息掌握在科技局、企业局等部门中，引智主管部门要将这些信息与企业引智需求联系起来并提供给企业，就需要各职能部门的配合协作；在引智供给机制中，引智主管部门要与威海驻外办事机构、外国科研机构或留学生团体甚至国际国内猎头公司建立关系，以建立完善专家库或为供求双方提供居间服务，也需要一个强有力的组织协调部门；在审批许可机制中，技术项目与智力项目以及国内市内技术配套能力的三个评估及其有效对接，以及建立以引进外智为核心的"一站式"审批许可机制，同样需要一个综合协调平台；在服务保障机制中，各类政策与教科文卫体和劳动、公安、财税等部门职能相关，这些职能的更好履行往往是外国专家最为关注的问题，需要引智综合部门与其有效衔接。这四类机制反映出，引智工作是一项涉及部门多、联系企业和社会多、国际性很强、协调难度很大的工作，可以参照以引进外资为主的外经贸部门模式，建立以引进外智为主的相关委员会机制；只要我们能够如招商引资一样重视招才引智工作，就一定能为威海引进更多急需的各类人才或智力。

（3）健全国外智力资源管理控制体系。结合当前比较完善的政府奖励扶持政策，国外智力资源管理控制体系应当主要包括五个方面的机制。一是人才认证机制，侧重于国外智力资源的定位，可以考虑由引智主管部门组织进行专业评估，可聘请国内与候选国外专家专业相同或相似的在威驻威的院士、科研项目带头人为评估主体，吸收引智企业主管参加，进行"背对背"评估，解决是不是有本事的国外人才的问题。二是需求确认机制，侧重于威海企事业单位对国外人才的需求定位，以国家省市的产业规划和政策为据，按需引人引智，具体方法可组织发改委、科技局等机关负责同志参加，以解决是不是威海所需要的国外人才的问题。三是成本控制机制，侧重于性价比和使用方式定位，由引智主管部门结合国际国内人才市场价格和专业水平评估结论进行性价比再评估，同时结合引智企业需求进行使用方式评估，节省企业成本和政府补贴成本，以解决是不是威海用得起的国外人才和怎么用的问题。四是绩效评估机制，侧重于专业能力和预期效果定位，区分风险智力和转让智力，实行不同的政府激励政策，对于其中的智力转让者给予重奖，以解决是不是敢于承诺限期达标的国外人才问题。五是风险控制机制，侧重于国资、财税和企业等的让利风险控制，解决是不是接受激励政策分期给付的国外人才问题，防止被骗。

（4）完善国外智力资源引进程序机制。由现期的"公引为主、私引为辅"逐渐转化为"政府引导，私引为主"，真正落实政府服务、调控功能，减少企业私引盲目性；最关键的是建立科学的引智管理服务流程，引入项目管理理念。其中方法与工具的选择是关键。根据我们的研究，按照引智制度环境要求，结合引智项目管理流程，我们将方法与工具的选择进行如下汇总，形成一个不同阶段政府应提供的服务和管理的引智流程及政府职能网络图，从而提供一个比较完整的方法与工具框架，并就其中的难点和创新点加以简要说明。

引智供求服务中，难点在于专家寻获和专家库的建立。目前国内发地区常用做法主要有三种：一是网索，通过猎头网等搜索到可用人才，再以谈判解决；二是招聘，通过到国际相关产业密集区、华人聚集区召开招聘会、解读优惠政策等方式来完成，应当编制多语言的引进国外智力服务手册；三是定点，通过向地方派驻先发国家和地区的办事机构，随时按照地方提供的需求，随时在驻在国挖人，包括直接引进人才，也包括就地创设研发机构，同时为保障企业专家双方合法权益，以及政府各项优惠政策供给对目标的需求，结合威海实际，可以研究出台涵盖前述各类机制和政策的格式合同，确认与保障用人单位的用人权和所引进人才的劳动权，确保政府各项优惠措施产生实效，维护政企专三方各项权益，实现引进与使用国外智力资源的规范化。引智项目申报服务中，应当考虑编制涵盖相关要素的多语种申报服务手册。引智项目审批中的难点在于产业政策与引智需求的契合度评估、国外专家的国内可替代性评估和专业能力水平评估，前已有述，通过聘请国内专家匿名秘密评估的方式来解决。引智项目执行中的难点在于关联部门配合问题，建议给予专家证持有者以市民待遇，强化指挥中枢向关联部门通报专家证信息，以防仿照；强化关联部门责任意识，从国际影响考虑，坚决克服官僚主义等不正之风，为持证办事者提供方便快捷的服务。引智项目评估中，应结合合同约定特别是企业和专家创新允诺完成程度，建立政府引智政策优惠、财政补贴扶持的绩效评估体系，对于完成的企业和专家一如既往地予以重奖，对于完不成的企业冻结今后引智申报资格、取消配合创新的各项优惠政策，对于完不成的专家则应取消引智准入资格和市民待遇。

（5）创新引智方式。在我国参加的世界贸易组织服务贸易总协定（GATS协定）中，引智属于服务贸易范畴。引智服务的提供方式包括四种（见图3）。这四种服务方式中，威海市以自然人流动型引智为主，引进专家直接到威海市服务，对此应加大力度，既要"求所用"，也要"求所有"；商业存在型引智中，外国专家来威创办企业或者随外资来威服务相应的政策较完备、落实较好，但反向商业存在即威海市企业到国外创办研发机构的政策供给不足，这也是一种典型的引智方式，威高、光威、新北洋等企业在欧美日等都有相应的研发机构，以往并未将其纳入引智范围，建议今后纳入，使企业和专家享受到政策优惠；跨境交付型引智中，威海市企业跨国技术订单享受相应的产业优惠政策，但专家待遇未纳入、未跟进，可将引智优惠延伸到国外；境外消费型引智中，重在调整结构，可以强化企业技术人员出国培训的政府扶持。

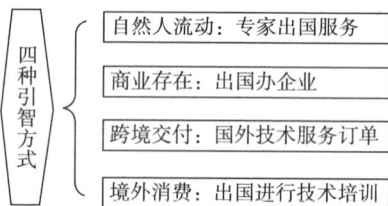

图 3

（6）健全企业家和企业人事主管培训机制。培训组织上，可以考虑将企业纳入"一校两院"（党校，行政学院、社会主义学院）培训范畴，将党管人才落到实处；培训内容上，主要针对研发所需要的企业管理环境和引智所需要的外国专家人文环境；培训方式上，可以考虑以模拟教学为主，仿真国际研发环境，仿真国际人文环境，甚至可以考虑"一校两院"直接聘请驻威外国专家、海归为教员，参与到企业家和企业人事主管培训中来。

（7）强化专家保障机制。一是中央向外国专家提供社会保障的做法，威海市可以借鉴。二是为防止"文化孤岛""黑屋"等效应，可以在各高端产业聚集区由政府投资配套建设外国专家小区，包括公寓、健身、娱乐、餐饮等设施，培育外国文化氛围，各企业和专家对此均有反应。这些设施建成后均可以租赁给企业，改变专家分散居住和文化休克状况，特别是可以将光威、威高等为外国专家单独提供居住条件的资源整合起来。三是将专家配偶就业证的办理与专家证结合起来，作为政府服务的一项重要内容，但要坚决防止专家证取代就业证问题。就业证由省政府控制并收费，专家证地方政府就可办理且不收费，这是由于作为拥有 7.5 亿就业人口的劳动力大国，我国必须采取严格的境外来华就业人口准入政策以减少岗位挤占，这是对等的，国外对我国的劳务输出控制也极其严格。因此，尽管调研中有些企业提出相应需求，但不仅不能开口子，而且还要进一步完善专家评估机制，严格准入。而对于不符合专家标准、企业又急需的来境就业者，则可通过相关制度创新解决其实际问题。四是外国专家子女入学问题，可以考虑由政府向民办双语学校采购服务，条件成熟时也可以将部分学校直接改为双语学校。同时，政府也可以向符合条件的家庭和个人采购服务，使国外专家子女与威海市学生建立紧密联系，使外国专家与威海市双语人才建立"一对一"语言培训关系。

（作者单位：中共威海市委党校　课题组成员：王东普　马拥军　王文祖）

加快发展威海市总部经济的思考和建议

刘昌清

在当前要素日益制约、宏观调控趋紧、区域竞争加剧的形势下，经济增长如果依然主要依靠资源、资本等要素投入的外延式扩张，将越来越难以为继。而发展总部经济，则是转变经济发展方式，实现内涵式、集约化、可持续增长的重要途径。威海市应发挥优势，抢抓机遇，积极探索发展总部经济，使之成为区域发展的新增长点、推动结构升级的新引擎和城市竞争的制高点。

一 威海市发展总部经济的必要性

（一）目前发展模式的局限性

从当前形势看，威海市可持续发展面临以下重大挑战。

1. 生产性资源相对匮乏

一是项目建设用地紧张。近几年，各级大搞招商引资、大上项目的势头很猛，仅过去两年全市新开工项目就有 1866 个，其中亿元以上大项目 80 个。项目建设需要充足的土地供应作为保障，而威海市面临着人多地少、人均耕地 1.14 亩低于全国平均水平的现实状况，面临着国家土地政策越来越严、用地指标越来越紧的严峻形势，也面临着以往一些技术含量低、附加值低的项目浪费占用土地的问题。据了解，十年来威海市新增建设用地达 19 万亩，已超出现行土地利用总体规划控制指标 1.3 万亩，全市已没有预留的建设用地规划指标可用，近两年一直靠申请省里追加规划指标、通过调整规划来报批用地，所以说，威海市新增建设用地空间非常有限，新上项目会在几年内达到饱和。据国土部门调查，今年全市拟上重点项目 199 个，需用地 2.9 万亩，省里下达给威海市用地指标 6700 亩，存在 2.2 万多亩的用地缺口。二是能源、原材料消耗大，持续供应不足。王书记、孙市长在《坚持以自主创新为第一动力，努力建设创新开放宜居幸福的现代化新威海》一文中指出，如果按照现在威海市万元 GDP 耗 0.92 吨标准煤、取水量 20.8 立方米计算，到 2020 年全市需要 6154.8 万吨标准煤，接近目前全省能源年消耗量的一半；耗水 14 亿立方米，大约相当于目前米山、八河、龙角山三大水库总库容 4.9 亿方的 3 倍。同时，威海市大部分能源、原材料需要依靠外部供应，运输成本较高，并受到全球资源短缺和价格攀升的冲击，影响企业的市场竞争力。因此，在各种资源短缺、环境承载力较弱的情况下，迫切需要寻求新的发展方式。

2. 节能减排压力突出

当前，各级对环境保护、节能减排工作高度重视，逐级下达了任务目标，如上级规定威海市万元 GDP 能耗到 2010 年下降 22%，化学需氧量总排放量减少 18%，二氧化硫总排放量减少 6.94%，等等。但是，随着工业化和城镇化的快速推进，威海市的资源消耗和环境污染也步入高峰期，如 2006 年全市废水排放量增长了 14.9%，较上年提高了 10.7 个百分点，化学需氧量和工业烟尘排放量比 21 世纪初增长了 1 倍多。可见，节能减排任务要求和现实污染排放持续增长的矛盾十分突出，逼迫我们认真思考、调整和转换当前的发展方式和增长模式。

3. 劳动力短缺

近些年，随着制造业基地建设的推进和企业经营规模的迅速扩大，威海市企业用工缺口越来越大，"招工难""用工荒"的问题非常突出，市劳动保障部门的统计数据显示，2005 年全市用工缺口为 3.9 万人，2006 年达到 5 万多人，2007 年更是高达 6.2 万人。另外，年初有关部门调查了 167 家规模以上重点企业的用工情况，缺口达 4.3 万人。缺工问题严重影响到企业特别是一些劳动密集型企业的生产经营，成为制约"威海制造"的瓶颈之一。

以上论述说明，威海确实发展到了一个重要关口，需要重新审视、重新定位城市的发展战略，需要摒弃传统的"高投入、高消耗、高排放、低效率"的粗放型增长模式，需要加快转变发展方式，全面实现优化提升，切实增强城市综合竞争力。

（二）总部经济的重要作用和我国发展现状

总部经济，按一般的说法，是指一个区域利用一些特有的条件，吸引企业将总部在该区域集群，而将生产加工基地安排在具有比较优势的其他地区，从而形成合理的价值链分工，并带动该区域经济发展的高端经济形态。总部经济是经济全球化和区域经济一体化发展到一定阶段的产物，是一个城市聚集起各个方面、各个领域起领袖作用的总部，这样的总部是一个大企业、大集团内部的融资中心、结算中心、研发中心、营运中心、公关中心等，企业的生产环节、物流环节与以上中心在地域上实现分离，形成合理的空间布局。总部经济是实现区域经济发展的一种良性循环，具有知识性、高回报性、辐射性、多赢性等方面的特征。从理论上讲，发展总部经济可产生税收贡献效应、产业乘数效应、消费带动效应、劳动就业效应、社会资本效应"五个效应"。

一是增加地方税收收入。总部所在地往往是结算中心和工商税收登记地，可以获得相当大一部分税收，既有直接税收，也有通过关联企业产生的间接税收，还有总部员工的个人税收。比如，深圳市 2004 年总部直接税收贡献达 84.85 亿元，占全市正常税收的 13.8%。

二是拉动多种产业发展。总部聚集的城市，知识型服务业较为发达，各类服务产业链较为完备，有信息服务业、现代金融业、中介业、物流业以及商务写字楼、会展等新型服务业等。同时，通过总部 - 加工基地链，实现中心城市向周边地区的强力辐射，形成密切的产业分工关系，促进整个区域的发展。

三是带动城市消费升级。总部的各种经济、商务、研发活动投入大，在所在城市消费多，同时，总部高级白领阶层的日常生活消费可观，将繁荣教育、旅游、健身、娱乐等行业消费，带动整体消费市场。

四是创造更多就业机会。发展总部经济，需要众多的高层次、高素质人才，因此，能够提供大量的高智力就业岗位。同时，通过产业乘数效应，带动知识型服务业和一般型服务业的发展，各类型服务人员就业机会增多。

五是提高城市经济资源的配置效率。总部经济发展模式能充分利用城市的基础设施、服务业和智力资源，也能促使城市周边土地、劳动力、能源等要素得到更好利用，最大限度地提高资源的配置效率，推动城市转型升级，提升城市的知名度、美誉度和国际影响力。

目前，总部经济在全国方兴未艾，一些城市先后制定了发展总部经济的规划和目标，出台了相关政策措施，北京、上海、广州、深圳等城市就将发展总部经济作为融入全球经济体系、增强国际竞争力的重要途径和方式。北京市在 2004 年的政府工作报告中，明确提出"广泛吸引跨国公司、国内外金融机构、大企业、大集团来京设立总部、研发中心、营运中心、采购中心，发展总部经济"，"十一五"规划中将发展总部经济作为基本战略，并出台了相关优惠政策。目前，已有300多家跨国公司在北京建立中国总部，占全国总数的60%；总部经济资源直接、间接产生的经济价值贡献率超过50%。上海市提出"要大力发展总部经济，使上海成为跨国公司地区总部、研发中心、营运中心和采购中心的集聚地"，将吸引跨国公司的营运总部和全球总部作为招商引资的重点目标，推动总部经济上档升级。到2005年底累计落户上海的上市公司总部、跨国公司地区总部、研发中心总部、中央大企业相关总部和基地、"民营企业500强"企业总部，分别达到300家、133家、177家、100家、31家。另外，广州市把发展总部经济作为中心城市推进产业升级、转变经济增长方式的重大战略，推出了一系列举措。深圳市已成为现代制造业与跨国公司采购中心的龙头，到2005年底，已有98家跨国公司在深圳投资，其中有9家设立了地区总部、26家设立了研发中心，并吸引了沃尔玛、家乐福、欧姆龙等跨国公司中国采购中心的进驻。厦门市将总部经济带定位为地区性总部经济带，辐射整个福建省，并涵盖赣南、粤东、浙南及台湾，主要吸引现代服务业、区域性总部、国外银行代表处和分行、研发中心、采购与分销中心、各种事务所、国外商务代表处等。

二 威海市发展总部经济的可行性

（一）威海市发展总部经济应具备的条件

从国内外成功经验看，发展总部经济需要具备五个方面的条件。一是拥有高素质的人力资源和科研教育资源，具有国际化人才和开放式的知识创新氛围，能够使公司总部以较低的成本进行知识密集型价值活动的创造。二是要有良好的区位优势和健全的交通运输设施，为总部物流提供便利。三是具有便捷的信息获取和沟通渠道，并在土地、劳动力等基础性资源领域与周边地区差异明显，企业有利用区域间资源禀赋不同获利的空间。四是具有高效率的政府服务、一流的投资环境、较佳的综合营运成本、健全高效的制度环境、多元的文化氛围、与国际通行规则接轨的法律法规，也有较好的社会服务体系、市场秩序、通关秩序、诚信体系、社会治安状况、城市文明程度等。五是基本形成围绕总部服务的专业化服务支撑体系，涵盖金融、保险、会展、航运、物流、法律、培训、咨询等诸多领域。

（二）威海市发展总部经济的优势和潜力

虽然就总部资源来说，威海市比不上北京、上海、青岛等这样的大城市，但也有其他城市不可比拟的独特资源和优势，主要体现在三个方面。一是地理区位优越。威海位于山东半岛最东北端，与韩国、日本隔海相望，从当前经济发展格局看，处在东北亚经济圈、环渤海经济圈、胶东半岛城市群三大支点的位置，依托有利的区位优势和抢占开放的先机，威海具备利用两个市场、两种资源的基础和条件。二是海洋资源丰富。威海自然资源特色鲜明，特别是海洋资源得天独厚，拥有近千公里海岸线，具有明显的比较优势。三是生态环境优美。国家卫生城市、国家园林城市、国家环境保护模范城市（群）、联合国人居奖等一系列荣誉称号的获得，使威海生态化海滨城市的形象更加突显，对外知名度和影响力越来越大。

另外，在设施环境方面，威海从无到有，先后建设了一批重点工程，形成了"公路升级、铁路提速、港口扩建、机场开放"的良好局面，经济发展的瓶颈制约基本消除。在服务环境方面，随着政府行政审批制度改革的不断深化和全社会认识水平的不断提高，高效优质便捷服务正在成为各级行政机关和窗口单位的自觉行动，亲商、爱商、富商正在成为全市上下的共识。在社会环境方面，经过连续几次的思想解放活动，妨碍发展的体制机制障碍正在得到有效解决，干部群众的思想观念有了很大改变，干事创业的激情进一步迸发。

在充分发挥优势，打好"开放、生态、海洋"三张牌的基础上，建市以来全市生产总值年均增长17.8%，分别高于全国、全省8.3个百分点、5.3个百分点；形成了富有竞争力的产业体系和一批有创新意识、有自主品牌、有扩张动力的骨干企业；实际利用外资累计达80亿美元，吸引了13家世界500强企业、3000多家外资企业投资兴业；跨入了中国大陆城市综合竞争力30强，所辖县级市也全部跨入全国百强县。独特的资源优势与蓬勃的发展局面，为威海市总部经济的发展打下了较好的基础。近些年，三角集团、威高集团、广泰空港等纷纷与大院、大所、大企合作建立研发中心，蓝星玻璃、华鹏玻璃、艺达家纺等陆续到劳动力或原料丰富、贴近销售市场的地区建立生产基地，迈出了发展总部经济的坚实步伐。但是，相对先进城市，威海市总部经济起步较晚、层次较低，甚至呈畸形发展，如倪氏海鲜、净雅酒店等一些企业，初始起步在威海，并不断积累、成长，但后来纷纷将总部移往北京、济南等大城市，对增加威海税收、提供就业机会的贡献不大。

三　威海市发展总部经济的方向和重点

目前，发展总部经济，威海市具备一定的比较优势和有利条件，各类载体也已基本形成，应以科学发展观为指导，抓住机遇，整合资源，打造环境，努力走出一条"高端人才在威海、产品研发在威海、企业生产在市外"的路子。可考虑以下三种方式。

一是依托主导产业发展总部经济。近些年，威海市在"三大基地、五大产业群"的基础上，突出发展现代制造、现代服务业、海洋经济和能源石化四大支柱产业，大力培育以传统优势产业为基础、成长性产业为主导、战略性产业为支撑、高端产业为方向的现代产业体系，这些为发展威海特色的总部经济奠定了坚实的产业基础。比如，在现代制造领域，对于船舶、汽车、装备制造、电子信息等高成长型产业，依托市内重点企业，加快自主创新、对外合作、做大做强，并适时根据产业链分工，加大产品零部件的外包比重；积极吸引国内外大企业研发中心、营销中心、决算中心等的迁入，提升威海市相关企业的研究能力和技术开发水平。对于机电工具、轻工纺织、食品加工等传统优势制造业，在抓紧改造提升的基础上，"走出去"到土地、劳动力资源丰富地区以及主要销售地设厂生产，实现企业价值链的研发、设计、营销等环节与制造环节空间分离，降低生产成本，增强企业的实力和竞争力。又如在海洋经济领域，利用丰富的海洋资源，加快海洋高新技术的研发和成果转化，努力在海洋农牧化、海洋生物、临港经济等重点产业、关键领域实现突破，培育一批带动力和辐射力强的龙头企业，同时吸引更多相关公司和集团安家落户，形成优势产业集群，打造构建总部经济的产业链条。

二是依托区位优势发展总部经济。美国《财富》杂志调查显示，全球4万多家跨国公司有92%以上的企业考虑在中国设立地区总部。当然，大多数会选择上海、北京、深圳等大城市，但威海也并非完全没有机会。首先，要利用好威海市地处中国连接韩国、日本以及东北亚国家和地区重要"桥头堡"的区位和地缘优势，积极吸引日、韩企业以及跨国公司、国内大企业来威设立地区总部或营运中心，发挥内引外联的作用，把威海市建设成为半岛乃至东北亚重要的人流、物流、信息流中心和商品的中转站、集散地。其次，要利用好处于青烟威"小三角"重要节点的区位，以建设胶东半岛制造业基地和半岛城市群为契机，与周边城市接轨互动、分工合作、优势互补，实现城际的"同城效应"，吸引相关企业来威海市设立研发、营运、采购等各类中心。

三是依托城市定位发展总部经济。1996 年，《威海市城市总体规划》把威海城市定位为"以发展高新技术为主的生态化海滨城市"；后又提出"现代制造业、海滨旅游业为主的综合性生态城市"定位；今年市委、市政府把"创新、开放、宜居、幸福的现代化新威海"作为威海城市新定位。城市定位的演进，既相承了威海自身得天独厚的生态、环境、海洋、开放等优势，又注入了时代新的内容和元素，为发展与城市定位相吻合的总部经济提供了平台和条件。为此，应大力实施"强化优势，中心带动"战略，充分发挥市区的生态环境优势、旅游资源优势、科技文教优势等，引导各种生产要素向市区有序、高效集聚，膨胀经济规模，增加经济体量，汇聚人、财、物流，使中心城市成为区域经济资本、商品、技术、人才、信息的流动中心；在市区黄金地段，科学规划建设威海的中央商务区（CBD）、高档写字楼、金融街等总部聚集区，使之成为威海的核心功能区，吸引相关智力型高端产业的入驻；瞄准国际国内交流胜地和目的地的目标，积极整合各类旅游、观光、度假、休闲、疗养、会展等资源，搞好深度开发，建设精品项目，扩大品牌效应和知名度，吸引国内外专家和高层次人才来威考察、兴业、定居，为发展总部经济提供人才保障和智力支持。

四 几点建议

1. 处理好运用市场规律与加强宏观引导的关系

总部经济是一种新型经济形态，各级政府要扮演好引导者和服务者的角色，在充分发挥市场配置资源的基础性作用、尊重企业自主选择总部空间布局意愿的同时，强化政府的指导、服务功能，科学制定总部经济发展规划，研究出台扶持总部经济的税收优惠及财政补贴政策，如允许研发功能突出的总部享受高科技企业的优惠政策，在外贸进出口权、出入境、外汇结算等方面给予适当倾斜，等等。

2. 合理定位适合自身的总部经济发展模式

企业总部可划分为多个层次，如全球总部、区域总部、国家总部、地区总部等，也可分为外资总部、港澳台总部、内资总部等。我们应从自身条件和特点出发，选择最适合的模式，有重点地扎实培植发展；在大力吸引跨国公司地区总部入驻的同时，注重采取多种方式支持和鼓励市域企业加快自主创新，培育核心竞争力，提升其在国际价值链分工体系中的地位。

3. 大力发展现代服务业

总部经济与现代服务业的互动发展，是城市经济向集约化、高端化、知识化方向发展的重要动力。据有关部门的调查，一个企业总部发展所需要的各类服务业支出，大致占企业总部销售额的 10%。威海市服务业总体发展水平不高，特别是与总部经济息息相关的生产性服务业发展相对滞后，2006 年威海市生产性服务业仅占全市生产总值的 17.7%，远低于发达国家 40% 的水平。因此，要大力发展现代金融、保险、物流、信息、中介、咨询、电子商务等服务业，进一步完善城市功能，提升城市品位，为各类总部落户创造良好的业态环境。

4. 努力创造良好的发展环境

好的发展环境是总部经济形成的前提和保证。发展总部经济不仅要求城市在通信、交通等基础设施和社区服务、自然环境等方面适宜配备，同时要求特别优质的商务环境、司法环境、制度环境、政府服务和文化氛围。为此，应积极营造与国际接轨的政策、法律、法规、行政管理等软环境，大力吸引、培养各类技术和管理人才，优化社会信用环境，全面疏通融资渠道，简化审批手续，提高办事效率，从而使威海市的总商务成本较其他城市有较大优势，在发展总部经济中处于有利的位置。

（作者单位：中共威海市委办公室）

威海近海海底荒漠化治理对策研究

刘宝进

"近海海底荒漠化"是指由于人类的活动导致近海海洋环境受到破坏，水质日益下降，生物资源大面积减少，出现类似陆地上荒漠化的状态。海藻是海洋生态环境的修复者，发展海藻养殖，营造人工海藻场，可以减少海洋富营养化，修复已遭到破坏的海洋生态系统，保护海洋生物资源，因为它是多种海洋生物的食物、栖息地、繁殖场所，相当于陆地上的植被，是近海生物多样化的基础。陆地上的植被受到破坏，能直观地看到荒漠化的情景，也能感受到发生荒漠化后导致的土地沙化、沙尘暴、泥石流等多种自然灾害。但近海海底的海藻资源被破坏后，人们不能直接看到，造成的后果也很难被人们所感知。

21 世纪是海洋世纪，珍视并保护海洋、发展海洋经济、建设海洋经济大区是 21 世纪海洋经济拓展和开发的重要任务。因此，加强海藻资源保护和修复是当务之急。

一 威海近海海藻资源现状

威海市海岸线长达 986 公里， -15 米等深线的浅海水域面积 20 万公顷。在这些水域的岩礁和泥沙海底，各种海藻资源本来相当丰富，是各种海洋动物生物栖息的良好场所。但由于人为破坏和自然灾害，丰富的海藻资源遭到严重破坏。2008 年 3~6 月，威海市老科技工作者协会水产专业委员会对威海市十大海湾（双岛湾、威海湾、朝阳港、荣成湾、马山湾、桑沟湾、石岛湾、靖海湾、五垒岛湾、乳山湾）的海藻资源进行了调查，结果显示，海带、裙带菜、鼠尾藻、海枣子、海蒿子等大型野生褐藻现在仅有 13400 多亩，而

1982 年有 30000 多亩，资源面积减少了 56%；大叶藻现在仅有 750 亩，1982
年有 9900 多亩，资源面积减少了 92%。就桑沟湾的生物资源状况做一个比
较，把 2004 年欧盟与水科院黄海水产研究所联合调查统计情况与 1982 年海
岸带调查的数据相比较，生物品种与资源量都明显减少（见表 1）。

表 1　桑沟湾几种重点生物资源变化情况

调查年份	滩涂贝类		刺参		魁蚶		大叶藻	
	资源面积（亩）	资源量（吨）	资源面积（亩）	资源量（吨）	资源面积（亩）	资源量（吨）	资源面积（亩）	资源量（吨）
1982	4300	895	9500	345	3500	210	2950	3500
2004	2100	310	3600	150	1600	60	210	20
增减（%）	-51.2	-65.4	-62.2	-56.5	-55.5	-71.0	-92.9	-99.4

二　海底荒漠化的主要原因

海底荒漠化不仅是威海市近海存在的问题，也是我国乃至世界上普遍存
在的问题，只是有些国家认识得较早，已经采取了一些恢复海藻场的有力措
施，海洋生态环境得到有力保护。造成近海海底荒漠化的主要原因有以下
四个。

1. 过度捕捞导致渔业资源严重衰退

潮间带本来是水产资源最为丰富、生物多样性最为明显的地带。滩涂上
有泥蚶、毛蚶、蛤仔、螺类、竹蛏、纹蛤等多种经济贝类，朝下带有刺参、
鲍鱼、海胆、魁蚶、江鲩和各种经济鱼类，大片的岩礁、石砾地带分布着茂
密的鼠尾藻、马尾藻、大叶藻、紫菜、羊栖菜、野生海带和裙带菜等各种经
济藻类。而现在这些资源都明显减少了，甚至不见了。中华人民共和国成立
以来，我国的海洋捕捞业发展很快，从原来只有靠风或人力驱动的小木渔船
发展到钢壳、玻璃钢壳的机动渔船，动力功率由十几马力发展到几百上千马
力，捕捞海域由近海发展到外海，由外海发展到远洋。本来对资源的采扑、
利用，应该是科学的、合理的，应当边护边收、轮采轮扑，在繁殖期严格禁
采禁扑。可是在漫长的岁月里，人们并没有做到这一些，而是急功近利，酷
扑滥采，致使中国传统的四大海产鱼中的三种（大黄鱼、小黄鱼、乌贼）已
无法形成鱼汛、渔期，带鱼虽然近几年仍是东海区渔业生产的主要捕捞对象，
但已呈现低龄化、小型化、性成熟提前等资源衰退现象。黄海、渤海的中国

对虾也不能形成鱼汛，20世纪70年代，每年约30000吨对虾的捕获量，但近十年仅有1000吨。据1982年"海调"资料统计，荣成沿海具有很高经济价值的羊栖菜资源的分布面积2720亩，资源面积945亩，现存生物量为558.99吨；而现在分布面积不足550亩，资源面积不足100亩，年产量不足5吨。所以说酷扑滥采是近海荒漠化的一个重要原因。

2. 围垦造田破坏了原有的海岸地貌

海岸带是海洋自我保护的第一屏障。海岸带一旦遭到破坏，就如同人体皮肤破坏了一样，会很快影响到整体健康。所以，保护海岸带就是保护海洋。20世纪60～80年代，由于发展农业实现"以粮为纲"的需要，各地普遍掀起了填海造田运动，把许多条件优良、资源丰富的海湾围堵造田。荣成市东海岸桑沟湾，原来的特点是海湾内有小湾，海岸线曲折，生物资源丰富，大湾的面积约20万亩，内有斜口流、崂山大湾、八河港、龙门港、林家流五个小湾，总面积约4万亩。斜口流、八河港都是20世纪60年代省级滩涂养殖示范区，现在斜口流、崂山大湾先改造成养虾池，后又填池造地，大部分变成陆地；八河港、龙门港、林家流建坝堵成水库，但因水质差，含有一定盐度，不能用于农业灌溉，成了半废弃状态。这些海湾本来多是鱼、虾、贝、藻、参、胆、蛰等多种海洋生物的繁衍栖息场所，一下子变成了苇田、稻田或水库，不仅缩小了多种海洋生物的繁衍栖息活动范围，而且改变了潮向带海域的生态环境，致使流速变小，滩涂板结，营养盐类降低，海水交换周期变长，从而使海洋生物失去了生存空间。威海市原来是特有的泥蚶和泥蚶苗产地，20世纪70年代浙江、福建养殖泥蚶的苗源基地，都到威海来买苗。养殖对虾以后，这些泥蚶场地被围在养殖池内，致使这一国内唯一的泥蚶资源区被彻底破坏，既没有幼苗，也没有成品，现在市场上见到的泥蚶基本是从韩国进口的。

3. 陆源污染导致海域水质下降

海纳百川，浩瀚的海洋虽然具有非常大的承受能力，但是长时间大排量的陆源污染，已超过了海洋的自净能力，联合国环境规划署已把海洋污染定为威胁人类的十大环境祸患之一。随着沿海城市规模化的不断扩大和沿海工业化的迅速发展，大量的城市生活污水、工业废水和陆源污染物注入海洋，致使我国海域环境污染不断加剧，目前年污水排放量85亿～95亿吨，主要污染物为无机氮、无机磷、油类。全国近海污染物年入海量147万吨，陆源污染物入海量以每年5%的速度增加。因此，近几年，我国海域污染范围不断扩大，赤潮频繁发生、污染事故频频增加，赤潮生物及硅藻、甲藻甚至浮游动物有几十个种类，每年造成经济损失数十亿元，环境已成为制约海洋经济发展的主要原因之一。

4. 缺乏科学管理，人为过度"密养"

20世纪80年代以后，我国在"以养为主"的水产方针指导下，很快掀起了水产养殖的热潮。养殖品种不断增多，养殖规模迅猛扩大。由于近海内湾海域比较安全，所以这些海域普遍出现了"过密"的养殖现象。人们为了充分利用水域资源，不断地缩小架距、绳距和株距。本来海带养殖每绳30株为宜，结果密夹到50株；扇贝每层放苗30个为宜，结果每层养到60个；有的为了扩大养殖面积，缩小航道宽度，甚至连航道也利用起来。结果，海流变小，海水交换能力变低，营养盐类降低，各种病害频发。不仅不能达到增产的目的，反而使养殖产量、产值和效益逐年降低。这也是海洋荒漠化的一个重要原因。

三 境外海藻修复现状

海洋中的海藻在生长发育过程中能不断地从海洋中吸收 N 和 P 而转化成 C，当成熟后即可收获。因此，境外都是采用具备以下两种优势的海藻进行海洋生态修复的。一是该种海藻必须有较高的经济价值，易于人工栽培和收获。二是该种海藻可大规模人工栽培且收割方便。海洋微藻也能从海洋中吸收 N 和 P，但由于个体小，收获困难，难以充当现代海洋生态修复者的角色，只能作为生态平衡的参与者。经济价值较高的大型海藻，如目前人工栽培的海带、紫菜、裙带菜、江蓠等，每生产1000吨海藻可以从海洋中除去 30kg ~ 60kg N 和 3kg ~ 10kg P（表2）。

表2　几种养殖藻类（每1000吨）吸收无机氮、磷情况

单位：kg

品种	吸收无机氮	吸收无机磷
紫菜	50 ~ 60	10
海带	30 ~ 40	3
江蓠	50 ~ 60	3
浒苔	45	5.5

20世纪90年代以来，境外关于用养殖海藻作为生态修复的方法已做了很多工作，并取得了明显的效果。海藻场是以海藻为支持生物而形成的一类独特的近岸生态系统，其分布广泛，结构复杂，生态作用多样，日益受到国外学术界的广泛关注，美国、加拿大、日本、英国等相继对北温带海藻场生态

系统进行了研究。美国、日本等国家还利用人工修复或重建海藻场生态系统的手段恢复正在衰退或已经消失的海藻场生态系统，或直接在目标海域营造新的海藻场生态系统，从而达到缓解、治理近岸海域环境与生态的目的。

美国近年来正在开展海带和紫菜的养殖研究，重点开展了重建型巨藻场生态工程，内容包括巨藻的生长周期、适宜的生长条件、重建海藻场适宜的栽培条件和有效技术等。

日本早在1945年就开始了有关人工藻场的研究，内容主要涉及人工藻场生态及地质环境研究、人工藻场对近岸排污的物理和化学治理作用研究、生物种对不同的海藻场理化环境选择性研究、近岸带重建藻场应用技术研究、生物种群对人工藻场的作用研究以及相关的贝藻底播、藻草底播等。近年来，日本针对近岸海藻场资源衰退现象，开展了全国范围内的大规模海藻场资源调查，旨在改善水域环境，增加渔业资源，保护近岸环境。目前，日本已成功在全国范围内营造了多处大面积的大型海藻场。

20世纪90年代以来，欧盟启动了有关富营养化和大型海藻的EUMAC研究计划，研究海藻在海区富营养化过程中的作用，研究水域跨波罗的海到地中海的欧洲沿岸海域，正是这些研究成果促进了该地区鱼、虾、贝类和大型海藻等多种生物的混养。

四　近海海底海藻修复及保护对策

近海的大型藻类大部分表现为多年生，固定在一定的海域，对海洋环境起到生态修复的作用，同时又能提供其他生物附着或在周围栖息生活，为一些海洋动物提供产卵、幼体发育的环境条件。因此，治理近海海底荒漠化必须加强海藻修复和保护。建议采取以下对策。

1. 严禁破坏海岸带，努力维护好海岸带的原始面貌

海岸带是海洋与陆地连接的缓冲地带，是大自然在悠长的历史过程中形成的，是保护海洋的第一道屏障。海岸带一旦遭到破坏，海岸的生态环境就会恶化，海洋生物资源就会遭到破坏。因此，保护海岸带就是保护海洋，我们必须像"保护眼睛"一样来保护海岸带。严禁任何人、任何单位以任何理由有填海造田、海岸采石采沙、乱砍滥伐等一切不利于维护海岸带原始风貌的行为。具体要求有四点。一是强化海域使用规划，防止对海洋的无序开发。二是开展填海对生态环境影响的调查，广泛听取和征求各方意见。其中最主要的是调查填海将对周围环境及渔业生产等传统海洋产业造成的影响。三是

建立围填海对生态影响的评估制度，严格围填海使用审批。不能用牺牲海洋生态来换取一时局部地区的经济发展。四是加强对围填海的执法监管，严格制止乱用海乱填海行为。

2. 发展人工鱼礁，增殖大型海藻

20 世纪 80 年代起，我国开始进行人工鱼礁投放试验，取得了一定成效。威海市西港水产有限公司、怡和水产有限公司、荣成市高绿水产有限公司、寻山水产集团等单位，采用增殖海藻的方法，在近海扩展海藻场，取得了很好的效果。人工鱼礁设置海域的水深要在 10 米以内，有较好的光照条件。人工增殖和移植海藻可以采取以下六种方法：（1）搬移附有野生海藻的石块增殖法；（2）绑苗投石增殖法（主要是海带和裙带菜苗）；（3）沉设种菜增殖法；（4）沉设附有各种野生海藻的旧浮缆、筏架增殖法；（5）采孢子（主要是海带）投石增殖法；（6）移植大叶藻增殖法。

3. 杜绝近海污染，保护海洋环境

随着人口增长，城镇化程度的提高，生活污水已经成为注入海域的主体。在内地将污水排入河流，会直接影响下游地区，对排污单位追踪溯源比较容易。沿海地区将污水排入海域，由于潮水往复流动及大海的稀释作用，很难找到排污源头。因此，要靠全社会的力量来保护海洋。海上"110"不仅要维护海上生产秩序，也应当把维护海洋环境作为一项工作内容。建议不仅县市级要设"海监"部门，对主要沿海镇村也应设专职或兼职的"海监员"，管好自己家门口的海域，真正做到保护海洋县市有责、乡镇有责、村村有责、人人有责。同时加强养殖管理，合理布局养殖模式，降低放养密度，搭配养殖品种，实行间养、轮养和套养，做到品种之间的相互得益。另外，沿海县市对自己管辖的海域，每年都要定时、定点、定量地进行水质监测，关注海洋变化，发现问题及早解决。

4. 加大宣传力度，增强全民保护海洋的意识

保护海洋是全民的事，需要提高全民的认知程度。要充分利用报刊、广播、电视、科普宣传栏等宣传载体，不断加大对保护海藻（草）资源重大意义的宣传，增强人们的海洋环保意识，使保护野生海藻资源（如海带、裙带菜、海黍子、鼠尾藻、大叶藻、紫菜、石花菜、江蓠、石莼等）成为公众的自觉行为，如此才能加快人工藻场的形成和海洋生态环境修复。

（作者单位：威海市科协　课题组成员：宋文静　王义民　汤庭跃　李茂）

港城联动视角下威海市临港
产业发展研究

左　峰

一　前言

（一）临港产业简介

1. 临港产业的概念

临港产业是指那些地理位置毗邻港口，相关业务与港口关联，依托港口资源和运转优势发展起来的有关产业部门。目前这一概念已经发展成为动态模式。在港口发展的初期，其功能比较单一，临港产业覆盖面相对较窄，仅指港口地域范围内的一些生产经营活动，如旅客接送、捕鱼、货物装卸等。随着生产力的发展，港口的功能不断强化，伴随着港口功能多元化，临港产业的概念也逐渐扩大，不仅仅指与港口直接相关的产业，一些与港口联系密切、受港口影响较大但地域上并不临近的产业也被包含在内。所以，定义临港产业的标准是这一产业对港口的依存程度。

2. 临港产业的类型

根据与港口关联程度的不同，可以将临港产业分为三个层次。

第一层次是与港口核心功能直接相关的各个企业组织群体的集合，他们直接参与港口核心业务（货物和旅客中转），也被称为港口服务业。它是临港产业的核心内容，既包括港口企业提供的各种与港口装卸服务和运输相关的活动，也包括政府职能部门和港口提供的海关、边防、海监、引航、消防等服务活动。

　　第二层次是与第一层次业务相关的企业集群，包括港口上游产业和港口下游产业。港口上游产业是指为港口的核心业务提供所必需的原材料、产品和服务的企业，具体包括：（1）农林渔业；（2）矿业；（3）加工制造业；（4）批发、零售业；（5）金融、保险业；（6）水、电、煤气供应业；（7）船舶修造业；（8）海洋环保业；（9）其他服务业。港口下游产业则是指需要港口为其提供货物运输存储、分拨和加工处理的企业，从吞吐量的角度看，以港口为原材料、产成品主要进出口口岸的工业企业和以港口为进出口贸易货物运输口岸的商贸企业所占比重最大。由于港口作为一个中转机构的特殊性，通常来讲，一个产业既可能是其上游产业也可能是其下游产业，沿海城市经济中任何一个产业部门几乎都要与港口相联系，可以说港口发展对城市推动的一个主要表现就是通过其波及作用而对其上下游产业产生推动作用。这其中比较特殊的就是港口建设以及船舶修造业，这是纯粹为港口提供产品和服务的产业，只能算作港口的上游产业。

　　第三层次的范围最广。除了以上两方面的内容，还包括与港口发生间接联系的各种企业集合。它们不与港口发生直接关联，但与港口的直接相关产业（如港口用户、港口建设等）关系密切的企业集合。这类企业虽然与港口并不直接相关，但同样受益于港口的存在，因此应被看作临港产业的一部分。例如，酒店餐饮等服务业并不直接参与港口的核心业务，也不与港口服务业直接相关，然而其发展却直接受益于港口所带来的人流的增加，港口城市的第三产业比重较一般城市要高正说明了这一点。

　　第二层次的产业是临港产业的主体，在实证研究时，临港产业的界定一般用企业通过港口运输的原材料和产成品数量除以企业所有原材料和产成品运输量的比例来衡量，如这一比例超过40%时，即将该企业认定为临港产业的范畴。

（二）临港产业研究文献综述

　　通过科技查询，发现威海市在港城联动和临港产业发展方面的研究都比较薄弱。从检索命中的文献中尚未发现有从港城联动角度系统研究威海临港产业问题的成果，故本项目研究在威海尚属首例，具有较强的新颖性。我们着重检索了有关临港产业研究成果，大致分为以下几类。一是关于临港产业本身的研究，如原毅军、姜海燕、惠凯等人的临港产业集聚程度评估指标体系研究、临港产业集聚研究；张水兰、杨丽华的临港产业集群自主创新路径研究；丁永健的临港产业的发展与整合研究；李南、刘嘉娜的临港产业集群的经济特征与国际经验；等等。二是跨学科对临港产业进行的研究，如孟祥林对河北省临港产业与其腹地协调发展的区域经济学分析，文妮佳把加工贸易产业结构的优化与珠三角临港产业集群的发展联系起来，薛占胜、戴桂林则运用产业链理论研究临港工业发展。三是对临港产业进行实证研究，如李晶、王金婷通过灰色关联度方法分析山东临港产业发展，原毅军用主成分分析法测算了2002年大连临港产业的集聚程度。四是以省（市）为独立研究单元对临港产业进行研究，如张凤展、周纯光关于滨海新区临港产业发展的战略思考，王华伟的上海临港工业发展现状与对策，朱睿的辽宁"五点一线"战略下的临港产业发展研究，李南、李忠华的河北省临港产业集群的稳定性与动态演化研究，李植斌、陈爱宣的论浙江临港产业的发展等。地级市对该问题的代表性研究成果当属朱小敏的专著《临港产业发展研究——基于乐清市的实证分析》。截止到目前，从港城联动的角度专门研究威海临港工业发展的复合型研究尚没有破题，本课题力图弥补这一缺憾，尝试拓荒，进行跨学科综合交叉研究，争取为市委市政府有关部门提供高质量的应用性研究成果。

二　威海市发展临港产业意义重大

港口是威海市的重要组成部分，临港产业是威海市经济发展的驱动力和发力点。港口如何依托城市现有的自然条件、经济技术条件达到自我完善和发展的目的，城市经济又怎样在港口的带动下腾飞发展，如何做到港口、产业、城市一体化发展，是威海市应对当前挑战必须研究的重要课题。

（一）港口及临港产业的发展带动城市经济起飞

1. 从产业链发展来看，港口是临港产业发展的枢纽，也是威海市经济发展的着力点

港口及临港产业带动陆腹内经济的发展，进而带动城市的发展。具体表现为从产业发展上游链来看，各产业的主要原材料一般靠进口或者直接来自海上，但是除了这部分原料以外，仍有很大一部分靠内陆地区供给，因此港区内各行业的发展会为内陆地区创造一定市场需求；从产业的下游链来看，港区内输出的主要如合成橡胶、化纤原料等都是原料性产品，是内陆地区经济运行的必需原料，这些产品向内陆地区的输入将对内陆经济的发展形成有力的支撑。威海腹陆地相对狭小，在原材料进口方面主要依托港口从海上运进，同时也靠港口拓展市场。因此为保证城市的长远发展，港口在降低生产

成本、拓展市场等方面具有举足轻重的地位。

2. 从港口城市资源配置来看，临港产业日益成为城市经济、区域经济各种要素的聚集中心

港口可以依托其天然的地理优势，作为国内市场和国际市场的接轨点，国内经济与国外经济的交汇点，威海市与其他地区的经济平台。临港产业可以实现从传统货流到人流、货流、商流、资金流、技术流、信息流的全面大流通强力吸引货物、资金、技术、人才、信息等生产要素的聚集。临港产业可以将整个城市的生产力、生产要素凝聚起来，实现城市经济的一体化，并且带动地区经济的发展。

3. 从区域经济发展互动的角度来看，港口、城市、临港产业、区域腹地之间存在着密切的互动关系

腹地广阔和现代城市的依托条件也必然促进港口建设，拓展临港产业发展空间；港口和临港产业的加快发展必然增强港口城市辐射效应，实现陆向腹地、海向腹地双赢。如美国有以纽约港为中心的西部海岸经济圈，以洛杉矶港、旧金山港为中心的西部海岸经济圈；日本有以东京港为中心的东部海岸经济圈；韩国有以釜山港为中心的西部海岸经济圈。威海市地处山东半岛的龙头地带，地理位置优越，临港产业潜力巨大。城市经济能力的跨越会起到巨大的联动作用，带动整个烟威地区甚至山东半岛地区的经济增长。

4. 从国内外港口城市发展战略来看，依托港口发展临港产业日益成为"以港兴市、以市促港"的关键举措

临港产业是世界港口城市发展的首选产业、城市经济的重要支撑和带动城市产业结构调整的关节点。纵观世界城市发展历史，因依靠大港口产业而发展起来的大城市甚至国际经济中心城市往往成为世界城市之林中璀璨的明珠。例如，日本的横滨，韩国的釜山，美国的纽约、洛杉矶，荷兰的鹿特丹，比利时的安特卫普，英国的伦敦，新加坡等。纽约港从 19 世纪中叶开始大兴港口贸易业，当年成为全美最大的贸易口岸，占当时美国进出口额的 1/3 以上。在此基础上，纽约发展成为国际金融中心、国际经济控制和决策中心、政治文化中心，成为当今世界最具影响力的国际经济中心城市。我国的香港、上海、天津、大连、宁波、厦门、烟台、青岛、日照等城市都曾提出了"以港兴市、以市促港"的口号，也都取得了不错的成绩。摆脱港口单纯作为交通枢纽的一元化发展模式，走多元化发展模式是当前的必由之路。以港口为中心龙头，辐射、带动整个城市的发展，促使港口的多功能效应充分发挥。例如，比利时的安特卫普港目前已成为充分发挥工业、交通、金融、贸易诸

功能的国际性大港口，临港产业经济区就业人数占当地就业总数的 1/3，港区年国民收入达 200 亿 DF（比利时法郎，折合 5 亿欧元），其中一半作为税收上缴国家和地方政府。其临港产业经济带动了整个安特卫普市的经济发展，成为整个国家国际贸易的火车头。

（二）城市经济促进港口及临港产业深入发展

德国学者高兹在《海港区位论》一书中认为，随着经济的高度发展，腹地因素对海港区位起决定性作用。对于临港城市来说，城市经济规模的不断增大、经济发展的活力和持久性是港口发展的动力和支撑。城市经济的发展促进了港口群的兴起，港口及临港产业的进一步发展也依赖于城市的进一步发展。

1. 城市经济的发展是港口及临港产业发展的根本动力和基础

从港口的产生来看，港口是人类的经济技术和生产力发展到一定水平的产物。当人类能够制造水上交通工具和开通水上航线时，才在运输过程的水陆交接最方便的地方形成了港口，而且其活动主要局限在码头的周围。也正是在经济活动发展到一定程度时候，港口才开始服务于一定的陆地范围，相互之间才能形成较为密切的经济联系。产业革命加速了港口的发展。交通水平的进一步提高使得港口发展到更高的层次。例如火车的使用加强了港口和腹地的联系。火车的运载能力强，成本较低，腹地的货物通过火车运往港口，然后通过港口开拓外部市场，从而促进港口和城市经济的发展。同时城市产业所需原材料可以通过港口从海上获得，弥补资源禀赋缺陷，最大程度上完善产业组织结构。而 20 世纪 80 年代集装箱的迅猛发展，使得港口腹地进一步向周边扩大，港口的作用不仅体现在临港城市中，并且在区域经济发展中崭露头角，临港城市群渐渐兴起。同时，港口功能的实现和良好运作也需要强大的港口城市功能及港口腹地经济的发展为支持和依托。

城市对港口的支持表现在以下两个方面。一方面，城市为港口提供发展空间。城市的规模制约着港口的规模。城市规模越大，劳动力越丰富，资源越充沛，产业链越长，产业凝聚力越强，对港口的货源，后勤服务和保障能力越强，港口发展的潜力越大，空间越广阔。另一方面，城市的基础设施是港口发展的基本物质条件。例如集疏运体系越完善，港口的运转功能越强大。齐全的运输方式、便利的交通干线、高效的运输衔接、先进的交通设施、完善的交通管理都是港口功能得到有效实现的必备因素。

2. 城市经济结构影响港口及临港产业发展方向

港口带动城市的发展，城市的发展又为港口的发展提供支持和保障。城市的经济结构转变影响着港口的功能。城市经济的发展，不断使港口的货物种类发生变化，也使港口的功能战略、服务范围、生产特点和地位作用相应发生变化。随着运输货物种类和数量不断增多，港口运输货物由一般散杂货物向大宗干液散货、集装箱专业化方向发展；港口由人流、物流运输方式换装的单一功能，到拓展运输功能、发展物流业、临港工业，逐步形成面向海洋，以信息化、生态化为主的综合流通枢纽和海洋经济基地，形成海内外两个辐射面的海洋经济综合流通网带，港口的地位和作用得到提升。港口城市在建立了一定的经济结构后，对城市经济运行中的资源条件做出了质的选择和量的规定，从而影响着港口的发展方向。例如我国广州市的经济特征及其工业结构的变动，影响着广州港大宗散货货种结构和流向结构的变化。广州每年的能源消耗数量庞大，而广州市本身基本无常规能源储藏，所需要的能源资源都要从外省市调入。广州市能源地理的这一特征使得煤炭运输始终是广州港的首要运输任务。也正是这一特征造成了煤炭、石油为广州港的首要货种，北方沿海为广州港的首要流向的局面。另外，广州市产业结构的变化对广州港货种结构的变化也产生一定的影响。例如，从20世纪90年代起，广州市重工业得到显著发展，石化工业突飞猛进，建材工业也有较大的发展。在此背景下，广州港的石油、煤炭、矿建材料吞吐量连年上升，导致整个货种结构发生了较为明显的变化。如煤及其制品的吞吐量由2001年的3493万吨增加到2007年的9125.03万吨。矿建材料吞吐量由2001年的1192万吨增加到2007年的5089.69万吨，增长速度非常显著。

（三）港城联动下的"兴港强市"是威海市经济发展的理性选择

威海是全球著名的海上要冲，没有港口，就没有威海。威海港口及临港产业的发展是做大做强城市经济总量、提升城市经济竞争力的需要。威海的港口正由一元模式向多元模式发展，对港口的服务功能要求越来越高而使得城市与港口的关系变得越来越密切。城市作为港口的载体，也是港口发展的依托；港口作为威海市的一部分，对威海市的经济发展起着重要的作用。海港和城市是共生的，互相为对方提供发展的强大动力，双方的发展都以临港产业为基点。而临港产业是在港口腹地和港口城市相互联系、相互促进中发展的。港口腹地直接关系到港口扩张的规模，临港产业的发达程度决定港口城市的发展规模和水平，而港口城市的发展规模和水平又集中反映了港口经济的发达程度，港口、临港产业和威海市在循环累积因果效应中，不断地发展和壮大是未来的发展趋势。它们之间的相互关系，构成了港口城市的深刻内涵。港口、城市、临港产业三位一体共同前进，港城联动下的"兴港强市"是威海市合理发展之路。

三　威海港口及临港产业现状分析

（一）威海市发展临港产业的条件分析

1. 独特的区位优势

威海市位于山东半岛最东端，北、东、南三面临海，海域开阔，与韩国、日本隔海相望，是我国离韩国最近、最早与韩国通航的城市；位居环黄渤海经济圈的中间地带，是山东省对外开放的重要窗口和前沿阵地，是欧洲大陆桥向东延伸朝鲜半岛、日本列岛的主要通道，经济发展与日、韩、俄远东地区具有很强的互补性，开展国际经济合作条件独特，有利于发展海洋经济。

威海港位于山东半岛东北海滨，威海湾的西北海岸。地处北纬 36°41′~37°35′、东经 121°11′~122°42′。威海港北跨渤海，同东北三省老工业区相连。从威海到环渤海各地，以及到韩国西海岸各港口城市，均在 200~400 公里。水路距烟台港 47 海里，大连港 93 海里，龙口港 123 海里，青岛港 200 海里。东越黄海与韩国经济中心区相通，威海港作为区域中心港，是进出渤海湾各口岸和东北各港口的必经之地，也是山东半岛通往韩国、日本、朝鲜及东南亚国家的便捷出海口。威海港同时还是中国距韩国西海岸最近的重要港口，到仁川港 219 海里，到平泽港 233 海里，是韩－中－欧大陆桥最快速、便捷的登陆点。

2. 天然深水良港优势

威海港为我国北方著名的天然良港，自然条件优越，常年不冻不淤，四季通航。海岸多为山地基岩港湾式海岸，水深坡陡，建港条件优越。优越的地理位置和良好的港口条件使威海港在我国沿海港口中独具特色，港口发展极具潜力。

威海市沿海现有威海港、石岛新港、龙眼港、张家埠港、乳山港等 17 家从事经营的港口和码头。其中国家一类开放口岸 3 个，一类开放作业区 5 个；建成万吨级以上泊位 16 个，初步形成了通用码头、集装箱码头、石油煤炭码头、旅游码头相互配套、各种设施齐全、功能较强的港口体系。拥有国内外运输船舶 148 艘，总载重 22 万吨。2005 年，港口货物吞吐量达到 2219.2 万吨，客运量达到 96.6 万人，分别是 1991 年的 10.6 倍和 4.5 倍。继 1990 年在全国率先开通威海至韩国仁川的海上客货运输航线后，又开通了到韩国仁川、平泽、釜山，日本大阪、神户，中国青岛、泉州等地的客货航线和集装箱航线 18 条，其中全集装箱航线 15 条。2008 年，全市集装箱吞吐能力达到 45 万标箱，形成了通达国内沿海、辐射周边国家和地区的综合运输体系。

3. 城市的综合优势

威海市国民经济平稳较快增长。2008 年，全市实现地区生产总值（GDP）1780.35 亿元，按可比价格计算，增长 12.1%。其中，第一产业增加值 132.28 亿元，增长 4.1%；第二产业增加值 1088.56 亿元，增长 11%；第三产业增加值 559.51 亿元，增长 16.5%。产业结构继续优化，三次产业结构由上年的 8.07:61.78:30.15 优化为 7.43:61.14:31.43。改革开放以来，威海市农业的基础地位进一步巩固，制造业水平显著提升，服务业占国民经济和全社会从业人员的比重明显提高。全市劳动力充足，就业环境良好。

威海市基础设施较为完善，国际航运、物流、商贸、金融、旅游和信息服务等综合功能齐全，具有发展临港工业的良好环境。水陆空交通便捷，集疏运条件优越，桃威铁路西起国铁蓝烟线的桃村站，东至威海市经济技术开发区，全长 138 公里。途经栖霞、牟平、乳山、文登、环翠区 5 个县市区的17 个乡镇。桃威铁路开通了全国货物直达运输和威海至北京、济南、汉口三条客运线路。全市共有客、货、集装箱班轮航线 18 条，每周 38 个班次。其中包括威海至韩国仁川、荣成栖霞口至韩国平泽、荣成石岛至韩国仁川等 3条国际客货班轮航线，威海至韩国釜山、威海至韩国平泽、威海至仁川、威海至日本、荣成石岛至韩国釜山、荣成石岛至日本、威海至大连、威海至青岛、石岛至青岛、石岛至泉州外贸内支线等 15 条集装箱班轮航线，形成了通达国内沿海、辐射周边国家和地区的海上运输网。威海市有条件形成全方位立体型的集疏运网络。

（二）威海市临港产业发展现状

威海市充分意识到自己的区位优势和资源优势，提出了"兴港强市"战略。目前威海市的主要产业园区有威海经济技术开发区、威海出口加工区等。工业布局重点建设"两区两带"。"两个聚集区"：以威海市区、文登、荣成交接的"大三角"地区为腹地，引导加工制造企业和新上项目向中部地区（威海工业园）聚集，把"大三角"建设成为加工制造业的聚集区；依托高技术产业开发区的产业基础、科技资源和人才优势，以科技新城为载体，以山大分校、哈工大（威海）校区、威海职业（技术）学院为技术支撑，打造以市区、高区、科技新城为主线的西部高新技术产业聚集区。"两个产业带"：重点打造皂埠湾、俚岛湾和石岛湾三大修造船业聚集区，发展山东新船重工有限公司、山东黄海造船有限公司等一批重点造船企业，形成一条以造船业为主的临港工业产业带；利用威海市丰富的海产、畜产和农副产品资源优势，大力发展以荣成为主的蓝色海洋食品、以文登为主的白色畜牧产品、以乳山为主的绿色农业食品，打造以海产品为主的农副产品深加工产业带。

威海的临港产业为威海市的 GDP 增长做出了巨大贡献。威海市临港产业主要聚集在第二产业的制造业中。2008 年的威海统计公报数据显示：从产业贡献看，第二产业对 GDP 增长的贡献率为 57.08%，拉动 GDP 增长 6.9 个百分点。其中工业对 GDP 增长的贡献率为 49.02%，拉动 GDP 增长 5.93 个百分点。所以大力发展临港工业对威海市具有重要意义。目前，威海市的主要临港产业类型为：食品加工业、化学原料及化学制品制造业、电器机械及器材制造业、橡胶制品业、电子通信设备制造业、非金属矿物制品业、专业设备制造业等。本文根据 2000～2007 年的产业生产总值的平均数得出威海市临港产业的构成情况，见图 1。

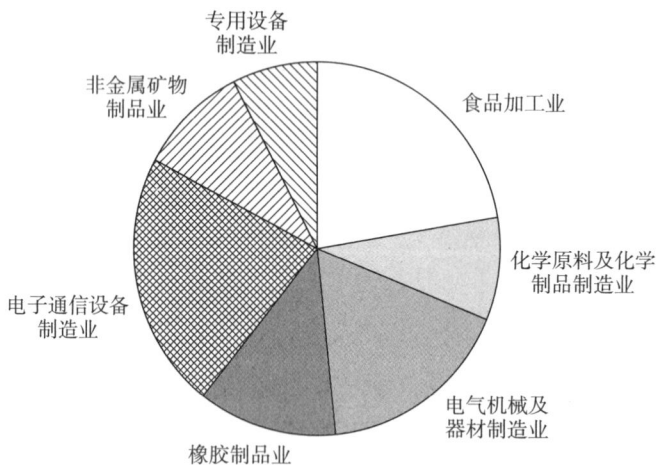

图 1　2000～2007 年威海市临港产业构成

"十五"期间，威海市提出"工业强市、工业兴市"战略，将运输设备、电子信息、机电工具、轻纺服装、食品医药五大产业群确定为制造业发展的重中之重，而这五大产业也是临港产业的支柱产业。

运输设备产业群主要涵盖造船业和汽车及零部件制造业。重点打造皂埠湾、俚岛湾和石岛湾三大修造船业聚集区，培植山东新船重工有限公司、山东黄海造船有限公司等十大重点造船企业，形成一条沿海造船工业带，培育一条船用电机、空调、水泵、锚链等配套产品的产业链，推动船舶制造业向大型化、多品种、多功能、高性能方向发展，把威海市建设成为在国内外具有一定影响力的修造船基地；在汽车及零部件制造业中加强与跨国汽车集团以及为其配套的零部件公司的合作。加快发展轮胎、钢丝帘线、曲轴、铝轮毂、刹车片、板簧、线束、内饰、连杆、活塞环、齿轮等11个骨干零部件产品，培植荣成汽车零部件工业城和韩国现代汽车配件城2个汽车零部件城。

电子信息产业群建设重点抓好"两个园区"和"五大类电子产品"。"两个园区"之一是威海市电子信息产业园，位于高技术开发区，重点引进一批国内外知名的大企业，延伸产业链，实施一批有发展前景、科技含量高、对威海市经济能产生较大影响的大项目，开发一批技术先进、有较高市场占有率、有自主知识产权的高科技产品，逐步建成东北亚地区重要的电子信息产品加工制造基地。之二是威海市软件产业园，以高技区创业大厦为依托，开发、生产的软件产品涉及办公自动化系统、网络安全产品、电力、石油等专业应用系统软件以及各类应用软件等。"五大类电子产品"：计算机外部设备产品，光纤、光缆产品，传感器类产品，电池产品，微电子产品。

机电工具产业群重点抓好四大基地、两大系列产品的建设。四大基地：木工机械制造基地、印刷机械制造基地、建筑机械制造基地、航空地面专用设备制造基地。两大系列产品：数控机床类产品、通用机械类产品。

轻纺服装产业群重点抓好服装、家用纺织品、棉纺织品、皮革及制品、渔具五大类产品的发展。

食品医药产业群中食品产业：重点提高农产品、水产品的深加工和综合利用率，重点发展蓝色海洋食品、绿色农业食品及其他特色食品。医药产业：充分发挥威海市环境和资源优势，采用国内外新技术、新成果，重点发展新型中成药、化学药制剂、医疗器械、海洋药物和基因工程药物。从2000年到2007年的总产值显示，这五大产业群迅猛发展，为威海经济的腾飞带来了强劲的动力。

这五大产业自2003年以来发展迅速，在总产量上增长显著，如图2所示。

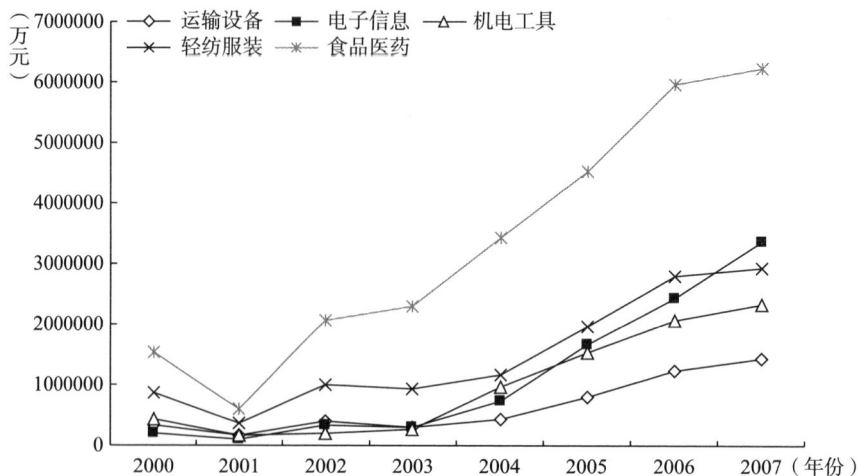

图2　2000～2007年威海市五大产业总产量增长情况

数据来源：威海统计年鉴。

四　威海临港产业发展存在的问题

威海市发展临港产业有得天独厚的优势，但是这些优势并没有得到有效的发挥。对目前威海市来说，威海港口发展与经济强市的地位很不相称，以港兴市并没有真正落到实处。与城市经济的迅猛发展相比，威海市的港口发展相对滞后。港口对城市的拉动作用不是很明显，城市的发展并没有有效利用港口的天然优势。依据先进港口城市的发展经验，优越的港口条件带来城市发展的加速度，城市反过来巩固港口的规模和功能。这种港城互动模式在威海还没有实现。

（一）港口发展缓慢制约临港产业发展

港口是支撑领港产业发展重中之重的基础设施，此外还有连接港口到领港产业、消费市场和原材料市场的集疏运体系，以及领港产业所依托的城市能源、交通运输通道等。港口的发展与否直接关系着临港产业的兴衰。目前威海港口存在下面一些问题。

1. 港口规模小，港口分散

港口运营存在规模经济效应。世界各国港口纷纷采取措施以扩大规模来降低成本，提高经济效益。扩大港口规模已是全国各港口发展的大趋势。不论是从威海港的现实要求还是从威海市的长远发展来看,威海的港口都存在规模过小、不能适应经济发展的要求的问题。与周边港口相比,威海市的港口存在很大的发展潜力。根据 2007 年的数据,汇总为表 1。

表 1   2007 年威海港与周边港口对比情况

单位:万吨、万人次

	威海	龙口	营口	日照	烟台	青岛
货物吞吐量	1730.5	2678.7	12206.5	13063.0	10086.9	26502.2
集装箱吞吐量	28.2	15.0	135.1	42.0	124.9	946.2
旅客吞吐	111.5	—	4.3	13.9	903.9	—

数据来源:2007~2008 年中国港口发展报告。

港口规模小抑制了港口功能的发挥。威海港吞吐量与其他城市存在较大的差距,港口的承载力还存在巨大的发展潜力。在未来的规划建设中,拓展港口运营规模将是主要方向之一。

2. 综合运输体系不发达

港口的综合运输体系及信息网络系统是港口经济成长的扩张动脉,是港口城市集聚、扩散能量的基本渠道,也是联结一个核心(港口)、两个扇面(海向腹地,陆向腹地)的网络。它是以港口运作和大吨位水上运输为龙头,与其他各种运输方式相配套、相协调的运输系统。威海市目前缺乏高效快速的综合运输体系,不利于领港经济优势的充分发挥。临港产业园区本身是资源相对缺乏的经济体,很多资源依赖外界的供给,相对薄弱的运输系统加深了资源供给矛盾。威海市目前的运输体系在一定程度上割断了园区对内陆腹地的经济辐射作用。园区发展对内陆腹地经济的拉动作用体现于园区产业链的上游或者下游向内陆腹地的延伸,而这种延伸又必须依靠顺畅的交通系统方能实现。

(二) 港城关系定位模糊

从先进港口城市的发展经验来看,城市都是在临港经济的带动下发展起来的。港口充分发挥其资源配置优势,以其巨大的带动力辐射腹地经济,促进整个城市经济的起飞。但是威海市的现状是:城市发展与临港产业的发展不匹配。城市经济实力需要一个更加强的港口来支撑。而目前威海的港口及临港产业的发展难以发挥其巨大的潜力。在城市的发展规划中没有将港口的发展提升到战略层面。所以造成一些阻碍港口发展的现状。例如，港口发展所需的岸线、土地资源受限，发展空间不足。快速的城市化进程造成港口所需的岸线、水域、陆域资源受限，港口岸线资源利用缺乏规划。码头布局不合理，利用率不高。港口管理和口岸综合配套服务水平与港口地位和快速发展的要求不相适应，大港小场，陆上运输、服务不配套的问题日益显露等。依托港口的临港工业和物流园区没有充分发展起来，导致港口对临海工业的带动作用尚未充分显现。

五　先进临港城市发展经验对威海临港产业发展具有重要启示

发展临港产业是临港城市经济起飞的合理之路，对城市经济迈向现代化和走向国际市场起到至关重要的作用。特别是 20 世纪 90 年代以来，随着我国经济水平的提高和对外开放程度的加强，东部沿海地区相继出现了连串闪光临港城市。各地市在加快城市开放的基础上，大力发展临港产业和外向型经济，从而得以快速发展。东部沿海主枢纽港口有 20 多个，占全国中级泊位总数的 59%、深水泊位总数的 83%、泊位总吞吐能力的 84%。全国沿海主要港货物吞吐量的 87% 和国际集装箱吞吐量的 90% 以上都集中在此。目前占全国面积 13.4% 的沿海地域承载了 40.2% 的相对富裕的人口，并创造了占全国 62% 的国民生产总值，形成了我国经济发展的东部沿海隆起带。

随着区域密度的加大，港口运输市场竞争也日益激烈。市场要求港口的规模更加扩大，港口的功能更加多元化。为扩大运输市场，各个港口之间、临港企业之间的竞争也日益加剧。各临港城市都在寻求自己的发展之路，都意识到港口对城市的重大战略意义，相继提出"以港兴市""以港立市"等发展方向，有些城市取得了不错的成绩。同时，由于各地沿海城市在发展临港产业时条件不一、基础不同，发展模式也各异。在确定港口功能定位、临港产业规划方面各自具有自己的特点。通过分析日照、青岛、烟台三个临近港口城市的发展状况，作为威海市发展临港产业的经验借鉴。

1. 日照市 20 年来一直坚持实施"以港兴市"战略，立足实际，加快建设海洋特色新兴城市

日照市处在"一桥（新亚欧大路桥）、一环（环黄海经济圈）、一极（山东半岛城市群和鲁南经济带的重要一极）、一线（从天津到上海这一沿海港口岸线）"的节点上。城市充分利用这一地理优势，以建设海洋经济强市、滨海

文化名城为重点，大力实施港口立市、工业强市、科教兴市、生态建市"四大战略"和对外开放、改革创新"双轮驱动"，加快推进"港城、港带、港桥、陆海"一体化进程，充分利用港口资源，推动城市快速发展。以潜心谋划城市经济发展的驱动和增长极，以培育产业集群为方向，全力发展临港大工业，着力打造钢铁精品、石油化工、浆纸产业、粮油加工、木材集散中心和家具制造"五大临港工业基地"。一是大力发展港口基础设施建设，着力提升产业发展基础支撑功能。日照港阔水深、陆域平展，发展临港产业先天条件优越。经山东省全力建设，日照已经形成了海港、内河、铁路、公路等交通运输网络化体系和较好的运能结构。日照建市 20 年来，港口生产泊位由开港时的两个 10 万吨级煤炭输出码头，发展到 39 个生产码头；港口功能由单一的煤炭输出港向以大宗散货、特色货种和集装箱运输为主的现代化、多功能、综合性港口转变，成为国家重要枢纽港。2008 年港口货物吞吐量达到 1.51 亿吨，跃居全国大陆沿海港口第 9 位。二是建立完善的交通体系，作为港口及临港产业发展的有力载体。山东省把日照港作为其沿海南部重点港口，在土地使用、交通运输、项目投资等方面强力支持加快建设。山东省规划的"四纵四横"铁路网涉及日照的有"两纵两横"，其中黄日铁路有望 2009 年提前开工建设，晋中南煤炭外运大通道也计划"十二五"期间动工兴建。在公路建设方面，即将建设长深、日潍、岚临高速公路等。三是抢抓国内外重化工产业转移机遇。作为临港工业的重要组成部分，国内重化工业近年来为适应生产要素优化配置的基本趋势和更高层次配套发展的客观要求，逐步向沿海城市特别是经济发达的港口城市转移。日照紧紧抓住这一机遇，在港口区域布局专业园区，积极吸引内陆部分企业，一批大项目落户临港产业区，建成了大型钢铁厂、水泥厂、纸浆厂、化肥厂等企业。山钢集团的成立和省政府决定在日照建设千万吨特色钢铁基地，将对日照区域经济和港口经济带来革命性变化。

2. 青岛市立足港口优势，实施全面扩张战略，以产业规模强化龙头地位

青岛在山东经济发展全局中长期占据着举足轻重的地位，为进一步打造"龙头"优势，带动山东经济加快发展，充分发挥得天独厚的港口条件、配套完善的城市功能、实力雄厚的产业基础，成为功能互补的开发园区，着力打造北方航运中心、现代产业基地、临港产业体系。一是战略西移，东西呼应。青岛市将经济发展重心移至西海岸，依托亿吨大港前湾港，加快发展港口、旅游、海洋"三大特色"经济，建设汽车机车船舶钢铁集装箱、电子家电、石油化工、新型材料"四大产业基地"，形成"东西呼应，两翼齐飞"的城

市新格局，实现青岛建设"二个中心"（中国北方国际航运中心，山东半岛和沿黄流域的物流中心、外贸中心）、"两个基地"（中国北方电子家电产业基地、环黄海地区石油化工基地）和"一个胜地"（山东旅游度假胜地）的战略总目标。二是开辟建园区，构筑载体。青岛市在生产力布局调整和区域资源配置优化的宏观战略指导下，推出青岛港作为全市对外招商首打品牌，辟出黄岛、胶南开发区作为主要载体，构筑临港产业发展组合互动优势和扩张升级平台，吸引国际大商社、国内大公司综合开发。在开发建设青岛开发区"临港工业区"的同时，又辟建胶南"临港产业加工区"，规划面积63.7平方公里，基础设施总投资36亿元，重点发展外向型出口加工工业、工业大项目物流配套服务和新兴产业的孵化。三是明确重点，产业兴港。港口工业从船舶、集装箱、港口搬运机械延伸到港口管理和港口建设的机械生产。在黄岛建设大型物流中心，海关集中监管，形成第二大保税区，通过港口运输业与港口物流业拉动港口经济发展。物流中心以股份制形式与世界大公司合作，社会力量参与，形成以港口为中心的立体式物流交换中心。积极发展与港口经济密切相关的信息、网络、物流、金融、保险等各个方面的中高级服务业，不断完善城市功能。

3. 烟台港实施"一个中心、两个基本点、一条海岸线"的发展战略

"一个中心"就是要打造烟台港的核心竞争力，形成强大的竞争优势，保持港口的可持续发展和良性循环状态。"两个基本点"：一是芝罘湾港区，要最大限度挖掘其潜力，使港口在现有基础上稳步发展，并通过良好的资本运作，为西港区建设提供资金保证；二是西港区，即充分利用其岸线、产业和集疏运这三大优势，使其成为烟台港跨越发展的"主力军"。"一条海岸线"就是科学、快速、有序地控制山东半岛北部岸线，为将来的大发展多设立几个"桥头堡"，使港口腹地逐步向内陆地区渗透，扭转烟台港的区位劣势，把烟台港真正做大做强。一是"统筹规划、适度超前"的原则加快发展步伐。制定和实施战略布局规划，加快港区建设，解决进口矿石、原油、煤炭和集装箱通过能力不足等关键问题。积极探索BOT（Build－Operate－Tramsfer，即建设－经营－转让）和TOT（Transfer－Operate－Transfer，即移交－经营－移交）等融资建设方式，加快地主型码头建设。二是对整个烟台港的功能布局进行合理规划。建设芝罘湾港区为集装箱专用码头、客运滚装码头和国际邮轮专用码头。西港区功能调整的主要内容是加快6个功能区域的建设步伐。要在24平方公里港口作业区内规划建设集装箱、液体化工、大宗散货、通用散杂货、原油5个功能作业区和一个国家战略石油储备基地。蓬莱港区功能

调整的内容包括三方面。一是重点发展客滚运输、旅游经济和与临港工业相适应的大宗散杂货运输。二是拓展港口功能，发展综合物流业，积极发展临港工业，将西港区26平方公里工业园区，依托烟台开发区和烟台市200公里产业带进行合理布局。三是积极贯彻"向东巩固、向西发展，向北联合"这一联合发展的战略指导思想。向东巩固就是稳固烟台港现有港区的经营优势，向西发展就是要从长远发展的角度考虑，积极研究在山东半岛北部岸线的龙口、莱州、海阳、潍坊、东营等地开发建港或联合经营的可行性，加快港口规模的发展速度。威海市应该借鉴以上城市的发展经验，以港口定位决定经济发展方向，将临港产业的发展提升到战略层面。

六　"港城互动"视角下临港产业发展策略

通过认真分析港城关系，认清威海市港城关系发展的现状、优势和矛盾后，得出一系列港城一体化建设策略。首先把港口及领港产业的发展放到城市发展的着力点上，以港口建设为龙头，以临港产业培育为主导，充分发挥港口对城市的拉动作用。加快港口与腹地间高效、快捷的集疏运综合交通网架的建设，坚定不移地实施外向带动战略，点面结合，统筹规划港口城市的外向型经济布局，以增强其规模优势，利用"大进大出""以进带出"的方式来加快形成以港口为龙头的开放型经济格局，逐步形成港区与城市互动组合的富有现代化特色的港口新城。以下结合日照、青岛、烟台等港口及临港产业建设经验，提出了威海市"港城联动"视角下建设临港产业的策略。

（一）统筹协调港城规划

1. 完善港口规划

港口经济的发展离不开腹地经济的支持，要实现港城共荣，首先就要做到规划上的统筹协调，形成"港城联动"的良好城市规划架构。港口的功能和规模也是港口城市现代化水平的重要标志，港口规划应作为城市规划的重要组成部分加以体现，城市应将港口作为引动产业布局、发展物流、城市拓展和规模开发布局的指向标，把地区生产力布局、城市规划建设和港口发展有机结合起来，从而能够千方百计集合政府和社会力量，鼎力合作开发和建设港口，使港口成为促进当地、区域经济发展的引擎和窗口。港口的规划、建设必须具有前瞻性，适当超前建设，使之能适应未来区域经济发展和城市功能布局、产业布局等的要求；港口与领港产业配合，才能促进彼此的发展。

在对未来的城市规划、产业规划、道路规划的同时，也要充分考虑港口规划，在产业布局、集疏运、水电及通信等配套设施建设上能与港口规划相衔接，最终实现港城共荣、协调发展。

2. 强化因地制宜，打造精品港口

威海市的港口及临港产业发展应该从自身优势出发，因地制宜，开发特色项目，建设精品海港。在学习先进城市的发展经验时，应该充分认清自身优势和发展劣势，合理定位港区发展方向。港口发展走"小而精"路线。加快港口的技术改造，提高作业效率，提升服务质量。以更加有效，有力的方式支撑临港工业的发展。在临港工业区的建设上积极引进高新产业，转变产业结构，增强产业对 GDP 的贡献率。积极发展高端服务业，以更少的资源带来城市更大的发展。

将港口及临港产业建设提升到战略层面，建设特色港口城市。威海港发展方向是做精品港，做优质港口。不要和青岛港、烟台港一味地拼规模、比大小，而是要避其锋芒，形成错位发展格局。如果说它们是"大元宝"，那么我们就是"小钻石"。"大元宝"有价值，"小钻石"也有价值。我们所努力追求的就是让"大元宝"离不开威海这颗"小钻石"，充分发挥港口对城市的拉动作用和城市对港口的支撑作用，形成良性循环，真正实现"港城联动"。

（二）开展"区港联动"，大力发展临港工业区

临港工业区有着独特的优势。一是产业集聚程度高，临港工业区大多以形成完整的产业链为发展目标，着力引进一批投资规模大、关联度强、科技含量高、带动作用强、产品附加值高的项目，最终形成了明显的产业集聚优势。二是产业影响深，临港工业具有典型外向型经济特点，选择产业结构层次相对较高，产业关联度高具有较长的产业链的资源型产出口龙头产业可作为临港经济的主导产业。临港工业区的建设，对当地产业结构的调整具有深远的影响。三是经济拉动强，临港工业一般是当地经济最重要的助推器。港城一体化建设的落脚点之一就是要形成推动区域经济发展的新增长极。临港工业不仅要以大型骨干企业为重点发展对象，还要在园区内大力发展大批不同产业类型的工业企业，这些企业可为港口产生大量稳定的运输货源，它们之间具有十分密切的连带发展和促进关系，即所谓"区港联动"。因此，能否依托港口，开发其工业功能，培育出一个临港型产业群体，并使之成为港口发展与区域经济增长的链接带，是港口新城能否真正确立的重点所在。要把握这个重点，就要发展港口周边地区最利于产生以港口为中心的临港产业带，并

不断产生和诱发新一轮的生产和生活消费需求，使之能有效地拉动整体经济快速增长。开发区要主动承接港口的辐射，对接港口经济的发展，实现"区港联动"，这是发展临港经济的必要条件。不仅如此，临港工业园区还应积极利用港口资本、技术、人口集聚能力较强的优势，采用专业化码头建设与临港工业布局相结合的方式，形成功能明确的生态式组团布局和现代化临港工业基地并继续坚持港口建设和发展临港工业两手抓，加快推进集装箱码头等重点基础设施和重点项目建设，不断提升产业配套水平；在保持优势的基础上，要积极探索未来的产业形态和发展模式，实现临港工业区的良性可持续发展。

（三）实施港城可持续发展战略

在港城之间进行一体化建设、共同发展经济的同时，要坚持合理使用各种资源，防治污染，保护环境；要在积极开发建设新港区的同时，采取扶持政策，推进老港区功能的调整、改造、开发和功能置换，全面提升港口整体素质；进行港口城市旅游开发，大力发展第三产业，创造就业机会，注重社会稳定，实现可持续发展。发展临港工业要特别注重水体环境的保护，限制污染严重的企业在岸线上布点生产，特别是临港重化工业，大都是大运量、大吞吐量、高耗能的工业项目，这些企业尤其要树立生态优先的发展理念，走新型工业化道路，注重生态环境保护和区域经济可持续发展，尽可能地从环保的角度遴选项目，引进一批环保人才和相关领域的专家，对重大工业项目认真进行环境评估，优先发展高科技、高投入、低污染的项目。同时，还要采用国际先进的环保工艺和技术，严格控制沿海近岸的工业污染，建立污水及废弃物的回收处理工厂，并要求海事及环保部门加强监督力度，共同创造一个环境优美的新型生态工业园区。

[作者单位：山东大学（威海）　课题组成员：刘东霞　张积珊　周国菊徐本玉]

发挥优势　打造品牌
着力加强文化名市建设

张瑞英

文化建设是党中央确定的未来五年国家总体发展的四大建设之一，是促进社会文明与和谐的重要组成部分。荣成市委市政府提出建设文化名市的战略目标，是推动全市经济社会各项事业又好又快发展的客观需要，也是贯彻落实科学发展观的重要举措，这既为全市文化建设的大发展大繁荣提供了难得的发展机遇和良好的工作环境，也给全市文化工作者指明了前进方向和提出了更高要求。为了全面深入地了解全市城乡文化建设现状及发展前景，近期，我们通过分片召开不同层次的座谈会、实地考察等形式对全市文化建设进行了专题调研。

一　当前文化建设呈现良好的发展态势

随着全市综合实力的显著增强和对文化事业重视程度的不断提高、文化投入力度的不断加大，城乡群众日益增长的精神文化需求不断得到满足，全市各级参与文化建设的积极性和主动性也越来越高涨，全市文化建设取得了前所未有的大发展和快发展。

（一）文化设施逐步完善

"十五"计划以来，市委市政府高度重视文化工作，文化设施建设投资逐年加大，相继建成了国内县级一流的博物馆、文体中心和大型文化广场等硬件设施，完善了图书馆、文化馆等配套服务和文化信息资源共享工程，全市村村通上了有线电视，电影下乡和数字电视普及工作稳步推进。逐步建立起多元化的文化投入机制，社会文化场所不断发展壮大，截至 2008 年底，全市共有网吧 178 家，书店 49 户，音像制品出租及零售单位 72 家，歌舞体育娱乐场所 60 家，其中游戏厅 11 家，直接从业人员 2100 多人。民营文化艺术团体也不断涌现。全市绝大多数镇、街道建有文化广场，有近 400 个村（居委会）常年组织群众开展文化活动，成规模的文化大院 200 多个，农家书屋 100 多个，初步形成了市、镇、村三级文化网络。这些遍布城乡的文体设施和文化场所，对满足群众精神文化需求，提高文化层次和活动质量起到了巨大的推动作用。

（二）文化旅游发展良好

全市拥有丰富的民间文化资源，民间剪纸、民间绘画、渔家锣鼓、民间收藏、民间面塑、渔民祭海活动、民间神话与传说等都是极具地方特色的民族文化瑰宝，具有很好的开发与旅游利用价值。旅游业以千里黄金海岸线为依托，以历史文化、人文景观、民俗风情、海滨运动及工农渔业为主线，初步构建起"一线联三片，三片带全面"的大文化旅游框架。全市现有省级文物保护单位 3 处，地市级文物保护单位 6 处，县（市）级文物保护单位 14处，全国爱国主义教育基地 2 处，博物馆、纪念馆 2 个，成山头、赤山法华院国家 4A 级风景区 2 个，圣水观、槎山 3A 级风景区 2 个。有近 10 个村成功开发了民俗文化旅游。去年，全市有 400 多个村的海草房民居纳入了依法保护范围。这些有丰富文化特色的旅游资源，为威海市发展文化旅游业提供了有利条件和广阔空间。

（三）文化活动蓬勃开展

全市文化建设坚持节庆活动和常规活动相结合，主题系列活动与专题单项活动相结合，参与型群众文化活动和欣赏型展示活动相结合，做到长年不断，常办常新。以党委、政府为主举办的荣成国际渔民节、海博会、欢乐中国行、荣成月·中华情中秋晚会、国际滨海旅游度假周等大型文化活动，规模宏大，影响广泛，有力彰显了城市魅力，成为全市文化建设的闪光点和助推器，有效引导促进了全市文化事业的蓬勃发展。在注重开展大型文化活动的同时，一年一度的初一群众大型游艺、正月十五元宵灯展、百日广场文化活动、七一大型歌会、科技文化卫生法律四下乡、京剧电影进农村、秧歌舞、锣鼓大赛等节庆文化、广场文化、企业文化、校园文化、社区文化、家庭文化活动形式和每晚遍布城乡、雅俗共赏的群众文化活动，更成为广大群众文化生活中一套必不可少的文化大餐，成为全市文化建设一道亮丽独特的风景线和重要活动阵地，全市城乡每年开展较大规模的文化活动逾千项（次），呈现"天天有活动，月月有主题，人人都参与，无处不欢乐"的文化建设新局面。

（四）群众素质明显提高

全市把文化建设的着力点定位在提高全民的综合素质上，坚持贴近实际、贴近群众、贴近生活和官办与民办相协调、城市与农村相呼应、宣传教育与文化娱乐相结合的原则，积极以群众喜闻乐见的先进文化活动引领群众，教育群众。广泛开展的形式多样、寓教于乐的文化活动成了促进和谐、维护稳定的"润滑剂"，凝聚了人心，陶冶了情操，鼓舞了斗志，提高了群众的思想道德素质和科学文化水平，参与文化活动的人远离麻将桌、是非圈，追求的是富裕之后的文化新生活，崇尚的是文明和谐的文化新理念。文化活动成为促进社会进步的强大精神动力，极大促进推动了群众性精神文明创建活动。截至 2008 年底，全市共有省级文明单位 12 个、文明机关 7 个、文明社区 3 个，威海市级文明单位 58 个、文明机关 24 个、文明街道 3 个、文明村 10 个、文明企业 56 个。

二 全市文化建设的问题与不足

经过各级的不懈努力，全市文化建设取得了较大成就，显示了强劲的发展活力。但是，全市文化建设在某些方面还存在缺憾与不足，主要体现在以下五个方面。

（一）资源优势尚未转化为品牌优势

全市地处半岛最东端，地理区位独特，历史遗迹丰富，人文景观众多，文化底蕴深厚，民俗特色鲜明，拥有很多独具特色的文化资源，如以秦皇汉武成山拜日、明朝设卫等为代表的历史文化，以铁槎山、圣水观、法华院等为代表的宗教文化，以渔民祭海、民间剪纸、石岛渔家大鼓和民间神话与传说等为代表的荣成民俗文化，以荣成籍党政军文艺企业等各界名人为代表的人文文化，以一寺连三国的法华院为代表的中日韩友好文化和以蓝天、碧海、花鸟城等为代表的生态文化等。近年来，我们依托本地优势，大力开展千里海疆文化建设，坚持文化建设与经济建设相协调，文化产业与旅游产业相兼容，精神文化与物质文化相促进，专业文化与群众文化相结合，相继举办了六届既有传统文化特点又有鲜明时代特色的荣成国际渔民节、两届涉及亚太地区 10 多个国家参加的大型"海博会"及荣成国际滨海旅游度假周等大型活动，荣成文化旅游业更是得到了前所未有的大发展快发展。然而，我们必须看到，虽然我们对荣成文化进行了较大规模的整理、挖掘和包装宣传，但力度还不够大、范围还不够广、特色不够多，对外还没有形成具有较强影响力、吸引力和美誉度的荣成城市文化品牌。在对具有荣成特色的历史文化、建筑设施、社会文化活动及文化产业、文化产品等文化资源的宏观整合与保护开发上，还存在许多缺憾与不足，与其他沿海城市大同小异，没有很好地突出荣成符号，导致"荣成文化品牌效应"严重缺失。

（二）文化建设与经济建设结合不够紧密

1. 文化与经济发展节奏不一

荣成市是经济发达县市，县域经济综合实力位居全国百强市前列、山东省首位，但是，毋庸讳言，与威海市经济建设成就相比，与文化建设先进县市相比，我们在文化软实力建设方面尚存一定不足，文化氛围还不够浓厚，文化整体档次还不够高，尤其是在文化夜生活方面比较单调，缺乏有特色、有档次的文化活动和文化品牌，重经济轻文化现象在某些方面仍然存在。特别是在文化旅游方面，能够吸引游客的特色文化尤显不足，配套服务跟不上，造成旅游资源的大量流失。

2. 城市建筑缺乏特色

城市建筑作为时代的史书，反映着一个城市的文化。目前，荣成市在城市建设方面还缺少体现荣成风格的特色建筑和标志性雕塑，式样单一、雷同，荣成城市文化在城市建设方面还没有充分体现出来。

3. 文化产业未成规模

近年来，虽然全市文化旅游产业迅猛发展，取得了令人瞩目的巨大成就，呈现出美好的发展前景。但是，我们必须看到，一花独放不是春。全市除了文化旅游业异军突起外，其他文化门类尚处于弱势地位，或者力量弱小，或者尚属空白，文化产业可以说刚刚起步，未成规模，还没能把荣成文化的特色优势转化为经济优势。

（三）文化设施在利用和分布上不够健全完善

1. 现有设施利用率不高

近年来，全市在文化设施硬件建设方面投入很大，相继建成了一批档次高、功能全、用途广的大型文体设施，为威海市开展群众性文体活动提供了有利条件。但是，总体来看，这些文体设施普遍存在利用率不高的问题，尤其是博物馆、文体中心等大型设施长期处于闲置状态，造成了文化资源的巨大浪费。

2. 部分文化设施还不够健全

虽然我们下大气力建设了一大批文化场馆、文化广场，但是随着城市规模的不断扩大，城乡群众居住环境的明显改善和生活水平的显著提高，群众追求精神文化生活的愿望日益迫切，文化消费日趋多样化。全市群众文化基础设施，无论是数量上还是内容上，都略显不足。尤其是夏秋时节，许多文化活动场所人满为患。同时，全市还缺少面向大众的较高档次的少年宫、文化宫、影剧院等基础文化设施，影响群众文化生活的多样化。

3. 群众参与度不高

有些如文体中心这样的大型公共文化设施由于管理不力，普通群众平时很难进入，一方面导致设施利用率不高，另一方面引发部分群众的不理解和不满情绪；还有的文化设施离居民小区较远，且缺少公共交通工具，不便于群众出行参与活动。

（四）民间文化团体参与文化活动的积极性有待激励

1. 缺乏资金投入机制

全市群众文化活动的蓬勃发展、长盛不衰，得益于市委市政府的高度重视、正确引导和大力扶持，得益于富裕之后广大群众的积极参与，还得益于拥有一大批对民间文化有着浓厚兴趣的志愿组织者队伍，他们不图名、不为利，凭着强烈的社会责任感和服务群众的奉献精神，为丰富城乡群众精神文化生活四处奔波，这其中最为突出的是荣成市京剧、美术、书法、摄影四大文化协会和部分庄户剧团，目前仅四大协会就有会员4000多人。长期以来，这些民间文化团体在组织群众开展各类文化活动方面发挥了重要的作用，广受好评。但是，它们都存在一个普遍问题，就是资金投入严重不足，没有固定来源，基本靠收取会费和"化缘"式筹资开展活动，一方面使活动的开展和组织发展受到一定的制约影响，另一方面也使广大会员误认为自己是政府不管的"游击队"，开展活动的积极性、主动性受到挫伤。同时，威海市还有近1/3的村由于村集体经济力量薄弱、村庄规模小等，没有能力组织群众开展文体活动，农民业余文化生活除了看电视、每年看几场电影外，基本上是一片空白，部分人由于无所事事还染上了赌博等恶习。

2. 缺乏固定活动场所

目前，全市大部分文化协会靠租借场地开展活动，这样，既增加了活动成本，又使活动缺乏稳定性和连续性。

（五）文化队伍建设亟待加强

1. 基层文化机构不健全

全市大部分镇、街道文化设施不够完善，机构不够健全。2001年，我们撤销了镇级文化站，队伍散了，活动停了，职能也弱化了。近年来，我们虽然恢复了镇级文化站建设，但基本上是有名无实，文化站大都缺少固定的活动场所，缺乏专业的技术人员，缺少专门的人员编制，文化站站长基本上是兼职，难以发挥应有的作用。

2. 文化队伍人员老化，后继乏人

全市无论是专业艺术团体还是民间文化社团，都不同程度存在人才断层、人才短缺这一严重问题。现有人员素质不高，缺少领军人物，人才断档严重、青黄不接，不仅制约当前发展，而且影响发展后劲。

3. 政策缺乏灵活性

目前情况下，由于政策不到位，各部门人员出入关口抓得过紧、过死，人员流动不畅。文化单位长期进不了人，偶尔进了人，也多无文艺特长。目前，文化单位一方面人才奇缺，有专长的想进却因编制、身份等进不来，不能使其充分发挥作用；另一方面一些文化单位人员或老化，或无艺术专长，甚至还有人赋闲在家，造成人力资源浪费。

三　关于加强推进荣成文化名市建设的建议

（一）立足自身优势，打造荣成文化品牌

一个城市必须具有独特的文化标识，才能以其独特的形态在文化交流中脱颖而出，体现出充满活力的个性特征，从而树立自己的城市文化形象。

1. 做好民俗文化继承与创新、保护与开发并重的文章

文化是一个发展的概念，必须依附于一定的社会形态而存在，社会形态的变化必然导致文化形态的转化。千百年来，勤劳智慧的荣成人民在长期的生产生活实践中逐步形成了风格独特、多姿多彩的风俗民情。凭借剪纸和石岛渔家锣鼓两项艺术瑰宝，荣成市被文化部命名为"全国剪纸之乡"和"渔

家锣鼓之乡"，牧云庵被命名为"全国画乡"，成为全国唯一获此殊荣的县级市。荣成市渔民开洋·谢洋节入选国家非物质文化遗产保护名录，荣成渔民节、海草房建筑技艺入选山东省非物质文化遗产保护名录，还有渔民号子、渔家锣鼓等4项入选威海市非物质文化遗产保护名录。目前，这些不可多得的宝贵文化资源，大多分散在民间，处于一种松散的甚至沉寂的存在状态，没有充分展现其独有的文化分量和资源价值，亟须加以整合、保护、开发。因此，建议对海草房、渔家大鼓、剪纸、渔家民俗等文化遗产进一步落实政策，加大保护开发力度，取其精华，去其糟粕；对濒临失传的如渔家号子、祭海仪式等文化资源和年事已高的荣成籍老将军、老首长、老学者的传奇人生等进行抢救性挖掘整理保存，使之得以流传后世，成为荣成文明史上永不磨灭的精神财富。

2. 征集荣成精神标语和城市宣传口号

城市精神是为一个城市公民所公认的价值观念、道德规范、社会意识和行为准则，是城市精神文明的重要内容。它是一个城市的无形资产，是城市的灵魂。城市精神对于培育城市个性，塑造城市形象，打造城市文化品牌，提高城市竞争力，具有重大意义和作用。而城市宣传口号，则能起到比较好的导向和宣传效应。一个外地人对一座城市的了解，往往是从其宣传口号开始的。好的城市精神和宣传口号具有唯一性、排他性和权威性，具有强烈的感染力、号召力和广告宣传效果，可以为城市名片添上浓厚的色彩。因此，建议在深入挖掘荣成文化内涵的基础上，广泛征集提炼具有凝聚力、感召力和吸引力的荣成精神和城市宣传口号，以此进一步弘扬荣成优秀的人文精神，展示独特的城市魅力，提高知名度和美誉度，增强影响力和辐射力。

3. 做好文史资料的整理汇编

荣成市虽然历史悠久，文化底蕴深厚，但是全面、深入、系统介绍全市自然风光、风土人情、历史沿革和旅游景点等方面内容的文化专著很少，很多内容鲜为人知，阻碍了人们对荣成的了解。今年，我们组织专门力量，编撰出版了《荣成史话》和《荣成旅游》两部文化专著，各镇、街道、部门也要结合自身实际搜集、整理、编撰具有区域特色的文化专集，逐步形成"荣成文化百科系列丛书"，使荣成人熟悉荣成，外地人了解荣成，并可作为乡土教材对广大学生、居民进行爱国爱乡教育。

4. 利用文化做好宣传推介的文章

当今时代，资讯发达，信息共享，通过一首歌、一幅画、一部影视剧等艺术作品而迅速提高城市知名度的例子不胜枚举。因此，我们可以通过聘请著名词曲作家、剧作家等文化名人来荣成创作拍摄影视剧、MTV 等艺术作品，大力宣传推介荣成。同时，面向市内搞好优秀文艺作品征集活动，一方面可以营造浓厚的社会文化氛围；另一方面通过与外界各种文化形式的交流合作，丰富荣成文化内容，提高荣成文化水平，促进荣成文化创新，扩大荣成文化的对外影响力。

（二）做好三个结合，凸显文化作用

1. 进一步做好文化与经济的结合

当今时代，文化与经济相互促进、相互渗透、相互结合，"经济文化化"和"文化经济化"不仅是一种发展趋势，更是现代经济的一个重要特征。文化需要经济的滋养，经济需要文化的包装。1991 年举办的以浓郁渔家文化特色为特点的荣成国际渔民节，开启了威海市"文化搭台、经济唱戏"的崭新局面，以后的海博会、旅游度假周、中华情大型晚会更是广受关注和好评，收到了很好的效果，成为经济和文化的最佳结合点。建议今后加大继承创新此类特色节庆文化活动的力度，使之既有利于弘扬荣成传统文化，又有利于促进荣成文化资源向文化资本的转化，进一步促进荣成文化产业和经济建设的繁荣发展。此外，要大力加强企业尤其是大中型企业内部文化建设。因为文化是企业发展的灵魂和精神支柱，是企业发展的软实力，没有文化的企业不会走得很远。

2. 进一步做好文化与旅游的结合

调查表明，游客中，以欣赏名胜古迹为主的只占 30%，而对各地的生活方式、风土人情、特色文化感兴趣的却达 70%。因此，可以说，越是有地方特色的文化资源，越有旅游开发价值；越是贴近时代、贴近生活的民俗文化，越有持久旺盛的生命力。我们看到，很多地方都在"争夺"诸如名人出生地、历史事件发生地之类的文化资源，这是因为，文化的的确确是资源，是有丰厚价值的资源。现代社会很多先进的东西可以制造出来，唯独历史、历史人物、历史事件、历史遗存和民风民俗等是不可制造的。长期以来，荣成人民在生产、生活和对外交往中形成的一整套涵盖方方面面的独特的文化习俗，成为一种民俗符号，扎根在这块充满活力的土地上，成为荣成最具开发利用潜力的宝藏，成为文化产业和旅游产业取之不尽、用之不竭的源泉。建议旅游相关部门和企业结合威海市旅游产业发展概念规划通过专家评审的有利契机，在新一轮旅游景区景点建设开发过程中，对旅游景点进行全方位文化包装，科学合理地融合威海市的特色文化，让民俗文化、民俗活动"鲜活"在景区景点，使其对内形成亮点，对外打造卖点。

3. 进一步做好文化与城市建设的结合

城市是一本打开的书，是文化的载体。在中国乃至世界，有许多城市文化与城市建设完美融合的典范。如人们说起北京，就会想到天安门、故宫、长城；谈到上海，就会想到东方明珠电视塔；提到埃及，就必然会想到神秘的金字塔文化；讲到维也纳，就会想到音乐之都。综观威海市建筑，千楼一貌，平淡无奇，只强调其居住性能，忽视了建筑体现城市整体文化性的功能。西安以古城文化为城市的主体文化，它要求古城内建筑五层以上部分必须是仿古设计，不允许城墙边的建筑高出城墙，城内建筑限制在一定范围内。这就是因城市主体文化要求建筑必须符合城市文化的体现。作为国家优秀旅游城市，我们要特别注意城市规划和城市建筑风格同荣成文化相吻合，突出特色。特色才是城市文化品牌的生命力。另外，城市雕塑这种独具特色的艺术形式，在城市建设中起到了画龙点睛的巨大作用。它一旦具有独特的艺术价值，就可作为区域文化的永久性标志广为流传，意义深远。如济南泉城广场的大型雕塑《泉》和青岛五四广场的雕塑《五月的风》等都很好地彰显了城市特色。透过雕塑，人们看到了城市的文化气质、文化品位和文化特征。全市大型文化广场较多，被誉为"城市的客厅，百姓的乐土"，但是，美中不足的是，文化广场中具有全市文化特色的雕塑或者太少，或者太小，没有形成较大影响力。如果将与全市有关的历史事件、民间传说及历代名人的雕塑等置于市区的文化广场或主干道两侧，配备相应的文字、图画，讲述他们的传说、轶事，让走入荣成的人，通过对事件、传说、名人等的了解而认识荣成，就会使荣成的知名度进一步提高。也会使广大市民在休闲娱乐之时，于潜移默化之中了解荣成的文化，增长知识，陶冶情操。因为城市建筑是决策者、开发商、建筑师和市民共同规划的产物。因此，建议今后在城市规划、建设方面广泛听证，对重要的、大型的建筑进行设计方案竞赛，努力突出荣成的城市文化特色。

4. 进一步发展具有荣成特色的文化产业

事实上，文化既是一种社会事业，也是一种经济产业。当今时代，文化产业已成为一个城市国民经济发展、发达的象征和标志，是繁荣程度的外在表现和实力展示。培植和加快文化产业发展，对于荣成市文化名市建设具有十分重要的推动作用。威海市文化产业要在大力发展特色文化旅游的基础上，解放思想，更新观念，像抓工业、农业、渔业和大项目建设那样，规划发展能够突出荣成地域特色、有发展潜力的文化娱乐服务、工艺美术、文物收藏、艺术品拍卖、影视服务、出版印刷和网络文化等文化产业，在规划建设、土地使用、税费征收、人才引进等方面给予一系列的政策优惠，鼓励社会各界平等参与文化产业竞争，鼓励有条件的单位像开发荣成旅游那样，实行跨行业、跨部门、跨区域经营文化产业，努力创造娱乐文化与创业文化共同发展、文化事业与文化产业比翼齐飞的良好局面。

（三）长远规划，科学建设，合理利用公共基础文化设施

1. 着眼当前，进一步提高现有公共文化设施的利用率

就一个社会来说，公共文化服务的需要是无限的，但公共文化服务的资源是有限的。这就要求我们要在科学论证的基础上，千方百计用足、用活、用好现有文化设施设备，让它们发挥出应有的作用，为社会造福，为群众服务。要提倡一室多用、一场多用，提高设施的使用率；坚持公益原则，降低进入门槛，延长公共设施开放时间，让广大人民群众都进得来，留得住，玩得起，使公共文化活动场所真正成为广大人民群众的文化乐园。比如博物馆，在搞好公益性活动的同时，可以增设荣成民俗馆、荣成名人馆和荣成科技馆、荣成特色产品馆等文化场馆，将其精心打造成旅游景点长期对外开放，使之成为市内外群众了解荣成、熟悉荣成和研究荣成的窗口，成为展示荣成丰富物质文明和灿烂精神文明的重要载体；文体中心可以在加强与国家、省市文化体育部门合作的基础上，有条件面向企业、面向学校、面向市民开放，吸引大众进入开展体育比赛、健身娱乐等各种文体活动，让广大群众充分享受到文化设施建设成果，使公共文化设施物尽其用，实现自身的社会价值。

2. 立足长远，科学合理地增加公共文化设施

文化设施是文化服务的平台和阵地，是基础条件。要按照立足当前、着眼长远、普遍均等、惠及全民的文化设施建设要求，做好威海市文化设施中长期发展规划，保持文化建设与经济、社会的持续协调发展。要逐步加大文化设施投入，合理布局并建设健全少年宫、文化宫、影剧院等基础文化设施。改变过去单一政府投资的模式，采用民办公助、民办民助、公民结合，以及引导和鼓励企业、个人以股份制、股份合作制、独资经营等形式兴办文化项目和设施。对新建居民小区要规划建设配套文化设施，明确其功能定位、设施配置、基础管理等。尽快形成总量适当、布局合理、设施先进、覆盖全市的文化设施和文化服务网络体系。

（四）增加投入，强化管理，建立良性发展机制

1. 建立稳定可靠的经费投入保障机制，解决"有钱干事"的问题

文化建设是高投入的项目，特别是在先期建设阶段，必须有强有力的经济支撑。当前，文化事业大多是公益性事业，文化建设资金投入主渠道仍然是政府公共财政投入，资金缺口较大。解决资金短缺的问题，可以借鉴其他城市的成熟做法，通过市里出一块、企业集一块、社会捐一块的筹集办法设立文化发展基金和奖励基金。完善鼓励捐赠和赞助等各项政策，引导鼓励社会资本、民营资本以多种方式投入社会文化建设事业。要制定具体的奖励政策，对促进荣成社会文化建设和对外文化交流，致力于繁荣发展荣成文化事业、文化产业的先进文化团体和文化能人，予以各种形式的资助、扶持、奖励，充分调动他们参与文化建设的积极性和主动性，推动文化建设快速健康发展。针对部分农村群众"文化营养"搭配失衡的状况，要加大扶持基层群众特别是经济薄弱村群众开展文化活动的力度。对没有能力组织群众开展文化活动的部分村，可以由市里统一安排，通过政府购买、补贴等方式，向农村、基层提供免费文化服务，实行文化扶贫工程，有计划地组织各类文化协会和专业艺术团体送文化活动进村，让群众在多姿多彩的文化活动中转变思想观念，提升精神境界，培育、引导、激发群众参与文化活动的热情，使昔日麻将桌边客，变成今朝文化场上人，建设好新农村社会主义精神文明阵地。

2. 加大对文化资源实行整合的力度，解决"有地方办事"的问题

在条件许可的情况下，建议建设荣成市文学艺术中心，为各类协会和民间文化团体提供集中办公和活动场地，这样一方面便于实行集中统一管理，合理配置、科学使用市内各种文化资源；另一方面，可以更好地迅速形成荣成文化的规模优势，凸显荣成文化的特色，打造对外展示荣成群众文化特色和实力的窗口，缤纷荣成文化大舞台。

3. 建立起监督考核机制，解决"有规章管事"的问题

要把支持基层文化建设纳入各级政府重要议事日程，纳入经济和社会发展规划，纳入干部晋升考核指标要求。建立社会文化建设绩效考核机制，从规划制定、政策落实、投入保障、设施建设、活动组织等方面制定硬性绩效考核指标，逐级进行年度目标考核，改变目前把文化建设当作软任务，改变部分单位文化建设说起来重要、干起来次要、忙起来不要的局面。

（五）放宽政策，加强培训，为文化建设积蓄、培养优秀人才

1. 进一步重视镇、街道文化站等基层文化机构建设

镇、街道文化站作为基层文化建设阵地，与广大群众离得最近、接触最广、了解也最深，是传播先进文化、普及科技知识、丰富群众文化生活和加强精神文明建设的重要阵地，不应该也不能成为被遗忘的角落。要保住这块阵地，使其充分发挥应有的作用，关键在于得到镇、街道领导的重视和支持，解决落实好活动场地、活动设施、活动经费等问题，建立起科学合理的督查考评机制。同时，市里应解决无文化站机构编制的问题，配齐专业人员，使文化站能够名正言顺地开展活动，干好本职工作，成为基层文化建设的"领头羊"。另外，要结合社会主义新农村建设，进一步把"一室多用"的村级文化大院、文化活动室建立健全起来，使之成为乡镇文化站的有益补充，成为农村文化活动积极分子展示才艺的"星光大道"。对经济薄弱村和规模小的村，可参照建设医疗社区的做法，与邻近村共同开展群众文化活动。要按照政府管文化、群众办文化、社会扶文化、部门送文化的发展方向，构建以市文化部门为龙头、镇街道文化站为重点、村文化活动室和文化中心户为基础的社会文化网络。

2. 放宽选才用人政策

在文化建设中，人才是最活跃的因素，是最积极的力量，也是最关键的要素。建议市里根据荣成文化特色和发展方向，制定宽松灵活的文化人才选拔录用政策，建立健全文化人才的服务机制、任用机制、激励机制、评价机制和流动机制，为文化系统人才进出开辟绿色通道。热爱文化事业、确有文化专长的市内人才，可以不受编制、身份等限制，公开选拔后直接输送到各类文化部门。市外的优秀人才，可以通过考核招聘、兼职录用等形式将其吸引到全市文化部门，不拘一格使用人才。同时，可以参照鼓励高校毕业生到行政村当村官的做法，制定优惠政策措施，吸引和鼓励热爱文化工作、有一定文艺专长的高校毕业生和大中专艺术院校毕业生到基层从事公共文化服务工作，逐步改善基层文化队伍的组成结构，提升基层文化队伍的素质和水平，增强基层公共文化服务工作的活力。

3. 成立市级文化人才智囊团

文化人才是稀缺宝贵的文化资源，对从本地、外地文化部门、文艺团体退下来的各类优秀人才，可以通过返聘等形式"引智""借脑"，组建成立荣成市文化人才智囊团和人才库，协助从事文化活动、文化产业的策划、组织、

咨询及培养新生力量等活动，充分发挥他们的余热，推动全市文化事业和文化产业更上一层楼。

4. 搞好本土文化人才培训

要加大对现有从业人员的培训，通过"请进来"和"走出去"等多种形式，举办各类文化人才培训班培养本土人才和文化经纪人等，帮助他们开阔眼界，尽快提高业务素质，为威海市文化建设提供源源不断的生力军，促进荣成文化事业健康快速发展。

应该说，一个城市从文化品牌的创立，到文化名市的建设，是一项长期、复杂、社会和系统的工程，不可能通过做一两件事情就可以显现成果、立竿见影，更不会是一蹴而就，它需要我们用3年、5年、10年，甚至更长的时间才能有成效。但我们相信，只要目标准确、措施得当、上下齐心、持之以恒，"历史文化与现代文明交相辉映，文化力与生产力和谐互动，事业繁荣与产业兴旺相得益彰"的文化名市建设目标就一定会实现。

（作者单位：中共荣成市委宣传部 课题组成员：卢培胜 王春河 梁 峰 姜春玲）

对基层税收征管模式创新的探讨

费世宏

税收征管模式是税务机关为了实现税收征管职能，在税收征管过程中对相互联系、相互制约的税收征管组织机构、征管人员、征管形式和征管方法等要素进行有机组合所形成的规范的税收征管方式。对税收征管进行精细化管理，是一场深化征管的改革，是触及国税工作灵魂的一项工程。它的理论基础来自系统论、控制论、信息论等诸多综合科学，它的本质就是对目标的分解、细化、落实和考核评价的全过程，它强调了"五化三性"，即管理制度化、操作规范化、运行流程化、细节衔接化、考核数量化和信息准确性、反馈及时性、规程实用性。通过几年来的工作实践，笔者认为，应该对基层税收征管模式进行创新性的探讨。

一 目前基层纳税征管模式存在的问题

在长期的税务工作实践中，我国的税收征管模式不断走向成熟并日趋完善，由"一员进户，各税统管"的专管员制度到"征、管、查三分离"的管理模式，继而又在征收、管理、稽查的组合形式上形成了"以纳税申报和优化服务为基础，以计算机网络为依托，集中征收，重点稽查"的新模式。这种新模式在长期运行后，在实践中也暴露了一些问题。

（一）为纳税人服务上存在的问题

深化征管改革的重要任务之一就是建设全方位的为纳税人服务体系。要使纳税人依法申报纳税，离不开良好的税收专业服务。但目前，这一服务体系并未完全建立起来。一是征纳双方的权利、义务关系还需进一步理顺，双方平等的主体地位没有得到真正体现，税务干部为纳税人服务的意识还需进一步增强。二是税收宣传手段单一，社会效果不明显，需要探索更加符合纳税人需求的、更有效的税收宣传途径和办法。三是管事制实施后，纳税人办税环节多、手续繁等问题没有根本解决，税务部门内部各项办税程序、操作规程要进一步简化、规范、完善，真正把"文明办税，优质服务"的落脚点体现在方便纳税人、服务纳税人上。

（二）税源管理比较薄弱

过于集中的管理、征收，导致税源监控乏力。税务机关过于依赖集中管理、集中征收，在对纳税人的税源监控上存在一些问题。一是税务机关的监控形式以"门诊"为主，主要以征收人员依靠计算机对申报表的逻辑关系进行审核和监控，对申报真实性的评估与判断准确性不高，这是零申报、负申报产生的主要原因。二是税收监控存在"盲区"。采取集中征收方式后，税务干部大部分时间在单位集中办公，很少深入生产经营一线调查实际情况，税务机关对税源的掌握只停留在纳税人所提供的有限的资料中，不仅信息不全，而且对税源的动态变化无从监控，致使一些漏征漏管户不能有效地纳入税收监控，也造成了虚假申报户的增加，以致税款流失，在一定程度上助长了纳税人"偷、逃、漏"的侥幸心理。

（三）纳税申报管理上的问题

建立纳税人"自核自缴"的申报制度是新的征管运行机制最重要的基础，也是深化征管改革的核心内容。目前纳税申报上存在的主要问题集中表现在两个方面。一是纳税申报质量不高。由于纳税人的纳税意识以及业务技能方面有一定差异，出现了纳税申报不真实的问题，突出表现为零申报、负申报现象增多等。二是内部纳税申报制度不尽完善，手续繁杂，环节较多，对纳税人监控不力。

（四）税务稽查的地位与作用问题

新的征管模式赋予税务稽查十分重要的职能，但在实际运作中，受多种因素的制约与影响，稽查工作"重中之重"的地位与作用并没有充分体现。一是实际工作中"重征收、轻稽查"的观念仍然存在，税务稽查的职能不够明确。只重视了税务稽查对纳税行为的监督检查职能，而忽视了其对执法行为监督制约和对行政行为监督检查的职能。二是税务稽查操作规范还不尽完善，稽查工作缺乏应有的深度和力度。目前按选案、检查、审理、执行四个环节实施税务稽查，在实际操作中还不够规范，某些环节的可操作性和科学性亟待提高，各环节的有序衔接制度要进一步健全，选案的随意性、检查的不规范性、审理依据的不确切性、执行的不彻底性等问题还比较普遍，影响了稽查整体效能的发挥。

（五）计算机开发应用上的问题

新的征管模式以计算机网络为依托，即税收征管要以信息化建设为基础，逐步实现税收征管的现代化。从当前情况看，在计算机开发应用上还存在一些突出问题。一是计算机的功能和作用没有充分发挥，应用效率不高。只注重了计算机的核算功能，计算机对征收管理全过程实施监控的功能没有体现。另外，利用计算机提供的税收数据、信息进行综合分析，为制定政策和科学决策提供参考的作用也没有发挥，技术浪费较大。二是内部计算机管理制度不够健全，计算机综合应用水平较低，部分干部的计算机水平较差，也制约了税收征管现代化步伐的加快。

二 "圆心化" 税收征收管理模式的提出

对基层税务机关来说，构建一个"诚信纳税、共建和谐"的征纳环境是其非常重要的职责，需要基层税务机关完善规范税收执法、保证税收收入、优化税收环境的三大职能。在日常税收征收管理中做好六项工作：一是加强税法执法力度，这就必须完善税收体系；二是规范税收执法，加大税收违法行为的查处力度；三是强化执法监督，加强执法考核；四是优化纳税服务，构建和谐的税收征纳关系；五是加强队伍建设，提高全员素质；六是推进信息化建设，加强精细化管理。为此，构建完善税收征收管理模式应遵循对纳税人"税前服务、税中监管、税后核查"的原则，全面围绕着纳税人开展纳税服务、征收监管、税收稽查。

基层税收征收管理模式应该一切以纳税人为中心，全面地开展税收征收管理服务工作，这样就形成了一种"圆心化"的税收征收管理模式（见图1），由税收征收服务系统、税收咨询服务系统、税收征收管理系统、税收稽查系统等四大系统组成一个封闭的圆形链管理体系，以纳税人为"圆心"，以税务系统内部"扁平化"组织结构为基础支撑，在这种"圆心化"的税收征收管理模式下，能够切实有效地维护和保障纳税人的合法权益，为纳税人提供优质服务；同时能够保障依法治税，规范税收执法行为，保证税收收入，优化治税环境，促进和谐征纳关系的发展。

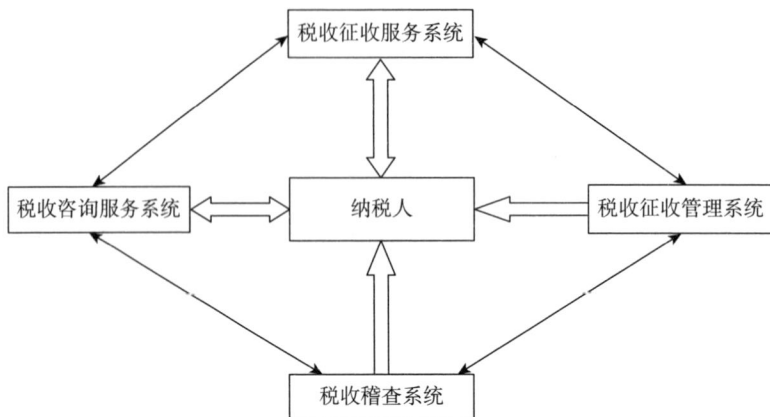

图1　"圆心化"的税收征管模式

这种税收征收管理模式能够充分体现两方面的优势。

1. 以税源管理为中心，夯实基础，强科学化、精细化管理之基

要夯实基础，强科学化、精细化管理之基，就必须强化基础税源监控。一切管理工作以税源为中心，在内部"扁平化"组织结构的支撑下，充分发挥信息化手段的作用，从源头上加强对纳税人信息的监控，以纳税人信息资料"一户式"储存为突破口，采取专业化与信息化相结合、人机结合的方法，集中技术业务骨干力量，强化评估和稽查的力度，实现税收征收的长效管理。

2. 以优质服务为载体，共铸诚信，增科学化、精细化管理之效

要提高精细化管理效率，就必须提高纳税服务质量。一切税务工作以纳税服务为纽带，在外部提高行风建设的舆论环境下，从税收管理各个环节加强对纳税人的服务，从提高行政审批效率，减少税务审批环节，改进服务态度等硬软件服务入手，不断提高税务干部思想、业务素质，从内涵方面改进服务的层次，使纳税服务人性化、精细化、规范化。

三　不断创新和完善税收征管工作中的四大系统

围绕"圆心化"的税收征管模式，不断完善税收征收服务系统、税收咨询服务系统、税收征收管理系统、税收稽查系统等四大系统，是改进税收工作的关键。

（一）税收征收服务系统

目前，税收征收服务是税务机关向纳税人提供的一项重要公务，服务是税务行政的关键，好的征收服务使得纳税人少走弯路，减少纳税负担，提高纳税效率，对提高整个社会的效率也有重要的促进作用。目前，我们在办税服务大厅引进了国外先进的一窗式服务，减少了纳税人在办税服务厅不同窗口之间的流动，是征收服务的质的飞跃。但是，我们能够提供的优质服务还远远不够，纳税人反映纳税资料烦琐，纳税申报和办税时间过长等，这些问题都有待解决。笔者建议，一是对纳税申报、审批中的重复资料一律不必重复申报，对税务审批、许可等进一步探索简化，对条件许可的，可以由行政审批改为注册、备案等代替。从根本上讲，从纳税人的实际需要出发，围绕纳税人的办税过程，创新税收征收服务系统。要让纳税人感觉到人性化的办税过程。最重要的是人对人的态度，在与高素质的人接触的时候，我们如沐春风，心情舒畅。纳税人依法纳税，是法律要求，税务干部依法征税，是宪法授权。既然在一个法律框架下打交道，税务人员和纳税人是人与人之间的相互接触，愉快高效地为纳税人办税，态度如同对自己的亲人，能够做到"己所不欲，勿施于人"，尽职尽责，是提供高质量纳税服务的基本要求。二是要将所有征纳工作分为前台和后台两大部分，前台（即征收服务大厅）负责全面的纳税工作，所有的纳税事宜一律在办税服务厅办理；后台为前台的支撑系统（即税收征收管理系统、税收稽查系统），负责征收监控管理工作，处理的是对纳税人的其他监督、催促、评估检查等后续管理事项。这样，纳税人只需要在前台窗口办理所有的对外手续，具体过程如下：纳税人不用排队，先从自动发号机抽取属于自己的顺序号，在休息座位上等待，听到自己受理号码被提示后，到相应窗口办理业务。能够马上办理的业务，当场办理，有需要相关科室办理的手续，一律经过大厅窗口受理后传递至后台，并告知在相应的规定时间内办理。由此通过前台和后台职责的明确划分，进一步梳理税务机关和纳税人的关系，提高征管服务质效。

（二）税收咨询服务系统

创新税收咨询服务系统，是税收征管法规定的义务，纳税人有咨询税收政策的权利，因此，依法提供优质的税收咨询服务是一项重要的纳税服务。应该尝试成立涉税咨询服务中心。专职负责受理企业、纳税人及社会各界的各项政策法规的咨询、涉税问题的咨询解释；集中统一编制各类税法宣传材料；开展政策法规的宣传。这一机构和职能的设立主要是适应税收咨询宣传与服务的需要，使咨询服务工作更加规范、统一、权威和便捷，也可极大地减轻管理人员、税政人员日常受理咨询解释的压力。另外，可以吸收税务师事务所的人员到涉税咨询服务中心，一方面可以减轻税务系统人力不足的压力，另一方面税务师事务所与相关联的机构也更容易和企业沟通多方面的问题，加强对企业申报程序的法律法规咨询服务。此外，目前提供的电话咨询、网上咨询等便捷咨询服务应该进一步优化服务，必要时，税收咨询人员应该为企业提供上门税收咨询服务，或者，针对某一行业国家出台的最新政策，对辖区内所有适用该政策的企业，专门通过电话、电子邮件、报税系统、大厅公告或者上门服务等形式主动提供税法咨询服务。

（三）税收征收管理系统

现行的管理模式实质上是征管与检查的分离模式。过去的"全能型"管理、"粗放型"管理已不适应社会和工作的需要，专业化、信息化、集约化管理模式是税收管理的发展方向。因此，尽快确定并改革现行管理运行机制，将税收管理纳入科学化、精细化、法制化的轨道，不断探索创新税收管理的方式方法，建立高效运作的税收管理系统才能适应目前税收工作日新月异的变化。对不同类型的纳税人采取不同的管理模式（见图2）。一是管好重点纳税人，要在一定程度上借鉴过去驻厂员的职责，安排骨干人员分别对重点纳税大户进行日常式的跟踪监控，不但熟知其纳税情况，还要熟知其经营动态、销售变化、回笼资金的状况等。二是偏重一般纳税人的管理，一般纳税人是纳税的主体，抓好一般纳税人就等于抓住了主要矛盾，因此，各业务部门都应该把业务能力强的同志倾斜到一般纳税人管理上来，进行高效率的管理。三是管住小规模纳税人。小规模纳税人纳税比例低，存在问题较多，应该加大评估规范的力度，在政策扶持上加以适当侧重，在工作上加以规范，使其健康发展，以提高税收贡献率。四是不放松个体户。个体户的管理难点在于

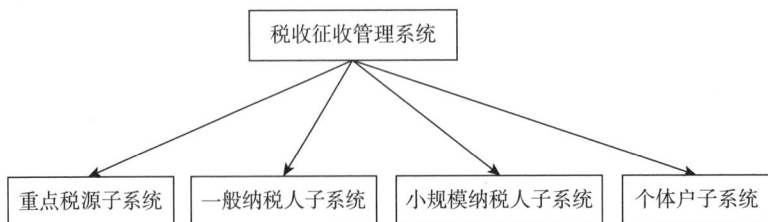

图 2　税收征收管理系统

漏征漏管户较多，应该认真进行工商比对，同时由管片人员，对辖区内的新办纳税人及时进行管理，减少漏征漏管户。分类管理的优点是既能挖掘出人力资源的潜力，也能提高管理效率，有利于征收管理工作的顺利开展。

（四）税收稽查系统

税务稽查是税收工作的重要组成部分，是保证税收收入、捍卫税收法制的重要手段。要提高税务稽查水平，必须处理好两个关系。一是处理好稽查与征管的关系，促进征管水平的提高。征收工作，就是提供优质税收服务，搞好基础性管理。稽查工作，就是要查找出管理工作偏松和监控不力的问题，促进征管水平的提高。不但稽查工作要靠征收管理部门提供的偷漏税线索，而且稽查结果又反映征管工作的质量，促进征管工作的加强完善。只有正确认识它们之间的内在必然联系，才能使管理更加严密，检查更为高效，全面提高征管水平。二是处理好稽查与服务的关系。依法治税是最好的服务。在依法治税的基础上，努力为纳税人、为经济建设提供各项优质服务，不断提高服务水平，密切税企关系，切实兑现服务承诺，为纳税人提供最优的税收服务。

"圆心化"税收征收管理模式的提出和相应的四大税收征管系统的创新完善，是新征管形势的必然要求，是提高税收征管质量和效率的可行性探索和手段，同时，也是抛砖引玉，与同行商榷，共同为提高税收征管水平而努力。

（作者单位：威海高技区国税局）

中小企业融资问题的研究

中国人民银行荣成市支行

中小企业作为我国经济主体的重要组成部分，日益被社会各界所关注。自 2008 年以来，受美国金融危机及国内宏观调控大环境的影响，大银行"保大压小"的趋势更为明显，中小企业融资难的问题正在被越来越多的人所关注。

一　中小企业的发展概况及作用

对一个国家来讲，中小企业在促进科技进步、缓解失业、扩大出口等方面，起着不可忽视的作用。中小企业发达的经济通常是经济发达的一个必要条件。例如，中小企业在德国占 99.6%，在意大利占 93%，在美国占 99.7%。一个大企业成功发展的历史往往是从一个小企业的创业和发展的历史开始书写的，丰田、索尼等世界著名的跨国公司的发展历程就是很好的例证。据统计，我国有 6000 万家左右的中小企业，对 GDP 的贡献率达到 60%，提供了 75% 左右的就业机会，创造了 50% 左右的出口收入和财税收入。

二　中小企业融资难的主要原因

（一）缺少相关的担保机制

抵押和担保是银行业金融机构对中小企业提供贷款时，为防止信息不对称与道德风险所采用的保护自己利益的手段，也是银行进行商业化运作中保障其资产安全性的客观要求。但是，中小企业受自身条件的限制，往往难以提供银行所需的抵押担保。一是中小企业可抵押物少，抵押物的折扣率高。这主要是由于我国银行对抵押物的要求较苛刻，除了土地和房地产外，银行很少接受其他形式的抵押物。二是抵押担保手续烦琐，收费较高，程序复杂，融资时间长。中小企业贷款一般时效性较强，而抵押担保手续复杂、融资时间长，无法满足其要求，同时在办理抵押、担保过程中，评估登记收费较高，普通中小企业无力承担。三是中小企业难以找到合适的担保人。一些效益好的大企业不愿为中小企业做担保，而中小企业之间采取互保、联保的方式，贷款额度又比较低。以荣成为例，2008 年上半年对专项调查的结果显示，被调查的 130 家企业，有 67.7% 的企业反映制约中小企业融资的主要因素是缺少相关的抵押担保措施。

（二）贷款运行成本过高

收益最大化是金融机构经营的主要目标，即三性中的"效益性"，而中小企业贷款的金额一般不大，贷款比较分散，这就导致了金融机构的经营成本上升。部分金融机构信贷管理部门工作人员称宁可错失三千（中小企业）不可放过一个（大型企业），也充分说明了这一点。虽然，人民银行允许金融机构上浮贷款利率，但由于中小企业利润空间相对较小，对高利率贷款承受能力有限，大幅度上浮贷款利率，必须导致中小企业信贷需求萎缩，不利于信贷业务的长期发展。据 4 家国有商业银行对不同类型企业贷款管理成本测算，中小企业贷款的单位管理成本是大型企业贷款的 3~6 倍。

（三）企业经营信息不透明

成立、发展、完善、再发展是一个企业发展的基本规律，处于第一次发展阶段的中小企业，往往缺乏完善的财务管理、成本控制和信息披露机制，外界对中小企业经营前景、收益状况等有关信息缺乏了解，或者了解不够深入、透彻。据对荣成市近三年中小企业贷款卡年审情况分析，能够提交经专业会计师事务所审计的财务报表的企业仅占全部中小企业的 11.6%，导致金融机构对企业的风险状况难以做出准确的判断，融资便无从谈起。另外，由于中小企业经营规模较小，经营状况变化较快，增加了风险的不确定性，同时由于中小企业数量巨大，银行抽不出精力对其进行全面信贷考察和监控。

（四）中小企业抗风险能力较弱

受自身规模的影响，一般来说，中小企业经营项目单一，且中小企业为实现尽快做大做强的目标，过度融资、过度负债的现象突出。2007 年末对荣成辖区 56 家中小企业抽样调查的结果显示，中小企业资产负债率超过 60% 的企业占比高达 76.8%，其中：有 23 家中小企业资产负债率超 80%，占比高达 41.1%。中小企业资产负债率过高，抵御风险能力较弱，政策环境等一有风吹草动，都可能影响到企业的生存状况。

（五）银行推行信贷责任制

目前，一些银行在决策过程中实行审批主责任人制，大大提高了信贷经营人员的贷款考察谨慎程度。这种做法，从长期来看，对于防范风险是有益处的，但是从操作中来看，银行在贷款责任考核上过于严厉，重罚轻奖，使信贷员利益与责任不对称，产生贷不如不贷、贷多不如贷少的恐贷、惧贷心理。对荣成市 8 家金融机构的 32 位客户经理调查的结果显示，87.5% 客户经理表示实行贷款责任追究后工作压力增加，其中，14 位客户经理表示在缺少容错机制的情况下，严格的贷款责任追究已影响到具体的放贷行为，占比高达 43.8%。

三　解决中小企业融资难的探讨

中小企业的融资需求的多样性，催生了解决中小企业融资方式的多样性。下文笔者根据自身的工作实践，并结合国内外的一些成熟的经验做法，着重就解决中小企业向银行融资问题谈几点认识。

（一）服务主体问题

一般来讲，中小金融机构更倾向于向中小企业提供贷款。大银行由于考虑到信息不对称和规模经济问题，往往首先满足向大企业的贷款。而中小银行由于资产负债比例的规定，往往无法向大企业提供大额贷款，并且在与大银行的竞争中往往处于劣势地位，而对中小企业提供贷款则有利于中小银行分散风险。

1. 成立扶持中小企业发展的国家政策性银行

可以考虑将一批中小金融机构改制为中小企业银行，专门扶持中小企业的发展。当前世界上有不少国家、地区，设立了官营或公营的专门金融机构，为中小企业提供贷款。例如，美国各州基本上建立了专门金融机构，为一些不能从银行得到贷款的中小企业提供长期或短期资金支持。政策性银行要把解决中小企业在创业过程中和固定资产投资方面对中长期银行贷款的需求作为工作重点，对需要扶持的中小银行发放免息、贴息和低息贷款。

2. 有条件的中小金融机构建立主办银行制度

主办银行制度，是指银行与企业在自由选择的基础上，确定其中一家银行为主办银行。这一制度实际上早已是许多经济发达国家的通行做法，在国际上被称为"现代银企关系的基石"。我国的主办银行制度在近年才开始试行，各银行特别是大银行争相争取大企业为基本客户，与中小企业之间缺乏建立长期关系的相互承诺。应该看到，中小企业和银行的长期关系是克服信息不对称的一个关键的内容，也是中小企业在未来获得银行贷款的充要条件。长期银企关系的建立是银行和企业承诺互动的结果。我国中小企业在这方面的意识还很差，管理当局在推行该制度时，还应加大宣传力度，使该制度为广大中小企业所接受。

（二）解决担保问题

中小企业向银行借款的担保是一个普遍的问题。银行为解决这一问题做了大量的工作，如开发联保贷款、通过担保公司提供担保等，但缺少政策方面的支撑。对比国外，许多国家建立了各种担保制度。意大利的中小企业很发达，他们主要建立了两种信用担保办法：一种是信用担保基金，通常由政府给以财务支持，以弥补借款者违约的损失；另一种是互助担保体系，即由中小企业联合起来共同为其成员担保，欧盟支持这种办法，所以发展得很快。我国中小企业信用担保体系的试点工作，于 20 世纪 90 年代末已经开始，1999 年以来，各地陆续建立了中小企业担保基金，但在实际操作中，由于业务定位不明确，行业监管不到位等，担保风险问题也逐步开始暴露。下一步要着力解决信用担保的行业准入、风险控制和损失补偿机制问题。

（三）创新抵押方式问题

1. 应收账款融资

这是指企业以自己的应收账款作抵押向银行申请贷款。银行的贷款额一般为应收账款面值的 50% ~ 90%。企业将应收账款抵押给银行后一般不通知相关的客户。当客户偿还应收账款后，偿还额自动冲减企业向银行的贷款。目前，我国已由人民银行牵头开展此项业务，由中国人民银行征信中心建立应收账款质押登记公示系统，银行根据查询的结果为企业提供贷款。

2. 存货融资

这也是银行向中小企业提供贷款的主要方式之一。这种融资方式可以定义为，企业以购得的存货为抵押品向银行贷款，当存货销出后，企业用销售收入偿还债务。银行对存货具有"浮动的留置权"。通常当销售完成后，如果企业获得现金收入，银行将该收入自动扣减贷款额，如果销售存货后企业获得应收款，则"浮动的留置权"将与应收款相联系。对我国银行而言，存货抵押融资还是新事物。不过，已有部分地区，如浙江等地的一些银行根据实际需要设计创新了"保全仓库业务"。此举不但解决了中小企业贷款难担保的问题，而且促进了商品流通。

（四）行业协会作用问题

中小企业由于数量巨大，资产规模相对较少，诚信状况参差不齐，缺少抵押担保等问题在所难免。行业协会作为管理一个地区或一种行业的综合性机构，有着得天独厚的优势，中小企业可以通过平等协商的方式，赋予行业协会一定的管理权，由行业协会代表一个地区或一个行业出面与银行协商，由行业协会在内部利用行业、区域信息优势筛选企业，并将这些企业推荐给银行中小企业信贷部门。在这样的运行机制之下，一旦出现企业违约，银行可以向协会主要牵头企业进行追索，而协会主要牵头企业通过自身内部信息优势，也比银行更能了解企业的经营状况。即便是银行向牵头企业追索贷款，后者也可以通过追偿权转移继续向贷款企业追讨债务。

（五）政府财政补贴问题

银行成本过高是直接影响银行为中小企业融资积极性的重要因素，为解决此问题，银行上浮了对中小企业贷款利率，这对利润有限的中小企业增加了更多的负担，实质上不利于中小企业快速健康发展，极不合理也不可行。因此，建议政府对给予中小企业贷款的银行以高息补贴，即银行对中小企业贷款的过高支出，从政府那里以利息补贴的形式得到补偿，使中小企业能够以正常的利息，从银行获得贷款。因为只有在获取相对较高的收入和风险溢价的条件下，银行才有兴趣参与对中小企业的贷款；而在融资成本相对合理的条件下，中小企业申请贷款才能获得正常发展。

资金不足是创业者的最大障碍

——威海市创业带动就业状况调查

任慧春　孙　波　初力克

十七大报告明确提出："实施扩大就业的发展战略必须大力发挥创业的作用。"目前，威海市对各类潜在创业者和成功创业者进行了抽样调查，并根据调查情况进行了全面分析。

一　潜在创业人群的状况

近 80% 的人有创业意愿；资金不足是创业的最大障碍；批发零售业是潜在创业人员的首选，多数人希望创业时得到政府援助。

1. 多数人有创业意愿

调查中我们了解到，目前有创业意愿的人占被调查对象的 79.5%，另外 2.05% 的人没有创业意愿。在 79.5% 的人员当中，有 14.5% 的人正准备创业。其中，返乡农民工占 3.7%，失业人员占 3.4%，企业在岗人员等各类社区居民占 5.75%，应届大学生占 1.65%。

2. 创业居住地较为均衡

调查了解到，创业人员在创业居住地上并没有过多的要求，只要创业环境好，创业政策落实到位，都可以当作创业的首选之地。有 28% 的人愿意选择地市级创业，25% 的人愿意选择在农村创业，24% 的人愿意选择乡镇创业，23% 的人愿意选择县城创业。

3. 赚钱谋生在创业者思想意识中占重要位置

在调查中，以赚钱谋生为创业目的占 38%；要通过创业实现自我人生价值的占 35%；想趁年轻时闯一闯、锻炼自己、积累经验的人也不在少数，占 27%。

4. 家庭和国家政策的影响成为萌发创业意识的主要根源

有 32.5% 的人创业意愿是受家庭影响，31.8% 的人是受国家政策的影响，23.8% 的人受朋友影响，7.5% 的人受媒体导向影响，另有 4.4% 的人受其他因素影响。

5. 资金不足成为创业的最大障碍

在被调查的 40 人中，"家人反对"一栏几乎成了空白，仅为 0.3%；45.3% 的人苦于资金不足无法创业；25% 的人认为创业经验不够；14% 的人认为没有好的项目；1% 的人对创业信心不足；7.5% 的人认为自己缺乏社会关系；4% 的人不了解国家政策；2.9% 的人认为创业营销较为困难。

6. 批发零售业成为潜在创业人员的首选

在调查问卷中，"如创业，您会选择哪个行业"一栏中，设计了农林牧副渔、采矿业、制造业、批发零售业、金融业、房地产业、文化体育和娱乐业、信息传输与计算机服务和软件业、食宿和餐饮业等 16 个行业和栏目。其中，批发和零售业成为未来创业人员的首选，占 20%，其次是制造业，占 13%，这两大类创业项目主要由大中专毕业生选择；食宿餐饮业和文化体育娱乐业趋同，均占 9%；农林牧副渔业与居民服务及其他服务业相同 8%，主要由农民工选择该类型项目创业；电力、燃气及水的生产与供应业和教育行业居末位，分别占 2% 和 1%。

7. 人本理念日益深入人心

在选择行业项目上，更多的人选择了个人兴趣，占被调查人员 39%；选择市场需求的占 34%；选择专业对口的占 16%；选择对本行业熟悉的占 1%。

8. 独立创业热情高涨

在创业类型上，选择个人自主创业的占 6%，选择合伙创业的占 3%，另有 1% 的人在创业时选择视情况而定；在企业所有制形式上，选择个体工商户的占 53%，选择有限公司的占 26%，选择个人独资企业的占 21%；在运作模式上，有 62.7% 的人选择了自主经营实体，3.06% 的人选择了加盟连锁机构，6.7% 的人选择了网络创业；在从业状态上看，有 72% 的人选择了专职，28% 的人选择了兼职。

9. 普遍认为创业能力是创业成功的重要因素

28% 的人认为创业成功是由于创业能力强，23% 认为创业成功在于好项目，2% 的人认为成功创业是由于资金充足，19% 的人认为创业源于创业信心，8% 的人认为创业成功主要靠政策扶持。

10. 创业前教育和创业指导得到普遍认可

89% 的人认为创业者开始创业前有必要参加创业教育和创业培训，11% 的人认为不用参加创业指导。人们普遍认为掌握创业专业技能与产品营销一样重要，分别占被调查者的 49.9% 和 50.1%；在创业前指导和创业前培训方面，被调查对象觉得重点应该在企业税费征收方面，占 68%，另外有 18% 的人觉得创业前培训应该把重点放在国家的政策上，还有 14% 的人认为创业前培训应该注重公司的规划指导以及公关等方面。

11. 多数人希望创业时得到政府的援助

多数潜在创业者希望政府在鼓励时，应该有具体的扶持政策。70% 的潜在创业者希望能在税费减免方面有优惠政策，62% 的人希望可以申请到创业贷款，49% 的人希望可以得到创业培训，41% 的人希望可以享受岗位开发补贴，51% 的人希望企业在招用失业人员时可以申请岗位补贴和社保补贴，52% 的人希望自谋职业或自主创业时可以领到社保补贴。

12. 更多的人对创业充满信心

在调查问卷中，设计了这样问题："如果你在第一次创业中失败了，你会怎么样？"有 5% 的人回答是"总结经验，继续努力进行第二次创业"；37.6% 的人回答是"等待时机，积累经验"；只有 7.4% 的人选择了放弃。

从上述数据中我们可以看到：年轻而且勇于挑战自我，是潜在创业群体的一个最显著特征。一方面，农民工正在成为潜在创业人群的重要组成部分。一些年轻的农民工，通过在城里打工积累了一些经验，也希望有机会开创自己的新天地。另一方面，一些学生本来有机会选择稳定职业，但是他们更希望用激情锻造充满挑战的人生。很多人在校期间就积极参加讲座培训、进行打工实习、参加创业大赛等，为自己的创业积累实践经验。同时，在没有资金来源的情况下，大学生们希望有机会与出资人及有经验的合伙人一起创业，他们所具备的创新意识，在一定程度上可以有效降低创业困难，与出资人起到很好的互补作用。

二 成功创业人群的状况

失业人员是成功创业人员的主体；县（市）是成功创业人员的主阵地；成功创业者吸纳从业人员平均每户在 10 人以上；资金不足是创业过程中遇到的最大困难和风险；60% 的人认为创业前教育和指导很有必要。

1. 失业人员成为创业成功者的主体

目前，在威海市创业成功的群体中，失业人员占被调查对象的 57%，企业人员占 24%，农民工占 5%，机关事业单位离职人员占 4%，归国留学生占 6%，复转军人占 2%。

2. 学历对创业能否成功并不起决定性因素

在调查中我们发现，高中学历为创业成功者之最，占被调查对象的 37%（含 6% 的职高），大学以上学历占 18%，大专学历占 15%，初中学历占 13%，中专学历占 12%，技校学历占 5%。

3. 大城市创业成功者最少

县城反而成为创业成功的主要阵地，占成功创业者的 51%。地级市 34%，乡镇 11%，农村 3%，省会城市只占 1%。

4. 制造业和批发零售业为成功创业者之最

从成功创业者从事行业分布上看，制造业和批发零售业为成功创业者之最，分别占被调查对象的 21% 和 20%。在创业成功项目及行业中，成功创业者最少的是房地产业，占被调查对象的不到 0.5%；其次是采矿业和金融业，各占 1%。此外，居民服务及其他服务业所占比重也较大，占 16%。

5. 创业主体多样，企业所有制形式丰富

自主创业成为创业成功主体，占 81%；合伙创业成功者 19%。在企业所有制形式上，个体工商户占创业成功的 59%，有限责任公司占 30%，个人独资企业占 11%。此外，创业成功的人选，关于"本人认为目前经营状况是否如本人意愿"的栏目，认为经营状况一般的 52%，认为很好的占 47%，较差的占 1%。

6. 吸纳就业人员情况

成功创业者在吸纳就业人员中，平均在 10 人以上。其中，吸纳 1~3 个人的创业公司最多，占被调查的 37%；吸纳 4~10 人的公司较为平常，占 26%；吸纳 11~20 人的占 14%；吸纳 21~50 人的公司占 12%；吸纳 50 人以上的占 11%。

7. 以赚钱谋生为主要目的，仍是创业成功者的首选

52% 的人创业是为了谋生，39% 的人创业成功是以实现自我人生价值为出发点，另有 9% 的人是以锻炼自己为目的。

8. 创业人员希望获得政府政策扶持

从调研数据中了解到，资金不足是创业过程中遇到的最大困难和风险，占被调查对象的 5%；另有 14% 的人认为最大的困难是没有好的项目。在创业过

程中，很少有遇到家人反对的，只占被调查对象的1%。另外，64.8%的人希望提供政府创业资金扶持，21.4%的人在创业时希望得到政府创业政策扶持，9.4%的人希望政府提供创业后续服务，4.4%的人希望政府提供创业培训服务。9.6%的人认为创业前教育和创业前指导是有必要的，40%的人认为参不参加此类培训无所谓。80%的人希望了解税费减免方面和创业贷款方面的政策。

通过对这一人群的调查，我们发现创业者主要由失业人员组成。可以推断，其中的多数人是由于失业不得已走上创业之路的，许多人的成功源于生存需要而背水一战。因此，虽然对市场尚未达到理性分析，但投资更谨慎。当然，创业资金不足，仍是创业者的最大障碍，"创业每个环节都需要资金，哪怕是几万元，也是雪中送炭"。这是许多创业者的共同心声。此外，成功的创业人士认为，创业过程中心理素质至关重要，在选择创业前就应该做好承受挫折、承受失败、挑战自我的心理准备。

三　开展促进创业带动就业工作的几点建议

1. 进一步强化鼓励自主创业的扶持政策

应该在现有政策的基础上，针对创业群体的需要制定更加优惠的政策，包括对税费减免、小额贷款、经营场地、开发岗位扶持等方面进一步简化手续，拓宽范围，加大扶持力度，创造更加宽松的创业环境；对自主创业人员相关扶持政策进一步明确，加大政策的刚性力度；总结创业失败者的教训，建议在创业（个体经营）前期的三五年甚至更长时间，给予免收工商管理、税务等方面相关费用的优惠。

2. 加强创业项目库建设

建议上级主管部门采取措施尽快建立省级创业项目资源库，实行资源共享，方便创业人员查询。

3. 扩大、明确扶持创业人员的范围

现在山东省已实行了城乡统筹就业，创业人员的范围应包括城乡各类失业人员以及大中专技校毕业生，真正营造全民创业的氛围。

（作者单位：威海市劳动与社会保障局）

从招商引资到招商选资的转变

徐　杰

中国的对外开放为世界的资金提供了用武之地，以巨大的人口市场引来了众多的外资项目，在这个过程中，中国获得了长足的发展，以骄人的业绩震惊了世界。招商引资的确发展了地方经济，但是，在取得成绩的同时，也出现了许多问题。一些不加选择的项目带来了诸多负面影响，迫使我们从国家宏观层面到地方微观层面，思考如何从招商引资转到招商选资。

一　招商选资的背景分析

（一）巨大的环境压力，迫使我们招商选资

在各地激烈的招商引资竞争中，一些地方急于求成，"有奶便是娘"，不管引资项目有无污染，只要能来就一概欢迎。"一个项目脏了一条河，一个项目毁了一座山"，这样的招商项目只是短暂地"繁荣"了局部经济，却让我们付出了巨大的环境代价，脆弱的环境让我们静下心来重新思考：招商的最终目标是什么？青山绿水是我们生存的根本家园，家园毁了，发展的根基就丧失了。我们必须终止不加选择的招商引资了，要在保护环境的前提下，招商选资。

（二）资金的变化，使得我们有条件从容地招商选资

与改革前期相比，今天中国的经济面临的问题已不是资金相对匮乏，而是资金相对过剩。据报道，自20世纪90年代以来，我国的国际收支状况发生了根本性改变。从经常项目逆差、资本项目顺差组合演变成经常性项目和

资本项目双顺差态势，从 2002 年开始，净误差与遗漏项也呈现贷方顺差，三顺差导致中国的外汇储备大幅度增长。还有，人民币的升值和我国银行的不断加息，吸引了更多的热钱涌入中国，我们根本没有必要不惜环境代价引进外资。

（三）土地政策的改变，促使政府在招商用地上必须选择好项目

土地政策有如下变化，一是工业用地必须采用招拍挂方式出让。二是国家实行分类地价制度，联系威海实际情况，威海市区，以及荣成、文登、乳山三个县级市地价分别比以前提高 3.3 倍、1.6 倍、4.4 倍和 2 倍。三是提高新增建设用地有偿使用税，二者分别比以往提高了 1 倍和 2 倍。这些新政策的出台，大大规制了招商用地的无序状况，保证了投资的科学性、准确性。逐步做到引进一个，成功一个；上马一个，见效一个；合作一个，双赢一个。

（四）税收政策的改变，促使产业调整中的招商选资

我国的新近税收政策有如下的变化：一是进一步取消 553 项"高耗能、高污染、资源性"产品出口退税；二是降低 2268 项容易引起贸易摩擦的商品出口退税率；三是将 10 项商品出口退税改为出口免税政策；四是列举了 1729 类禁止从事加工贸易的商品；五是内外资企业统一执行 25% 的新税率。以威海市为例，这些政策的变化对威海的外贸经济产生了巨大的影响，加工贸易的禁止项目影响威海市近 40 家加工贸易企业的进出口，降低出口退税率，涉及威海市 952 项出口商品、1470 家出口企业，分别占全市总量的 43% 和 72%，影响出口额的 45%。这就为威海市下一步经济发展指出了一个明晰的方向，压缩劳动密集型、附加值较低出口企业的招商空间，选择重大技术装备、IT 产品、生物医药产品、高科技产品等产品的招商项目。

（五）科学发展的要求，促使从招商引资转到招商选资上来

党的十七大报告提出：科学发展观的基本要求是全面协调可持续。科学发展观所倡导的发展，之所以是科学的，就在于它是全面协调可持续的发展，即又好又快的发展，而不是片面的发展、不计代价的发展、竭泽而渔式的发展。以前，一些政府领导干部环保意识差，只顾着搞政绩工程，在引进外资的过程中，只看能不能发展地区经济，忽视了对当地生态环境的破坏问题，引进之后才发现，虽然本地区经济发展起来了，就业问题解决了，但环境被破坏了，子孙的长远利益受损失了。"招商选资"把重点放在引进有利于产业

优化、用地少、附加值高、污染小的项目上，在"引进来"中选优、选强。应该说，这才是政府执政理念朝着"以人为本""坚持科学发展观"转变的体现。

所以，从"招商引资"到"招商选资"，绝不仅仅是经济范畴的内容，更表明了党和政府为人民群众谋利益的勇气和决心，无论何时何地，我们发展经济的最终目标是让全体人民的生活变得更幸福。被誉为"维多利亚时代的亚里士多德"的约翰·斯图亚特·密尔在其《政治经济学原理》中写道："如果仅仅为了使地球能养活更多的而不是更多、更幸福的人口，财富和人口的无限增长将消灭地球给我们以快乐的许多事物，那我则为了子孙后代的利益而真诚地希望，我们的子孙最好能早一些满足于静止状态，而不要最后被逼得不得不满足于静止状态。"这让我们人类对"发展"持更加谨慎的态度，使人类与自然的关系更和谐，使当代人和他们的子孙后代，在从大自然中获得基本的物资资料时，能更多地获得精神方面的享受。

我们常说的一句话是"观念决定一切"，有了正确观念的指导，就能有针对性地采取行动，选资标准就是行动的指南。

二 招商选资的标准

（一）绿色选资，设立环保门槛

具体来说，做到以下三点。

1. 实行环保一票否决制

在从招商引资到招商选资的转变过程中，环境因素被列为第一考虑的前提。环境的不可再生性、脆弱性，使得我们各地政府在选资的过程中，必须谨慎地考虑项目的环保因素，环保部门实行"提前介入"，实行环保一票否决制，从源头上控制污染项目的进入。以威海市为例，环境是威海最大优势，被视为第一生产力。中国社会科学院发布的《2007年中国城市竞争力蓝皮书》资料显示：2007年威海城市环境竞争力在全国200个地级以上城市评比中排名第一。在地级威海市第一届常委会上，确立了环保优先的发展理念，明确了污染重、耗能高的项目，经济效益再好也不上的原则。1992年进一步明确为对外开放"四不上"："耗水量大的不上，耗能高的不上，技术起点低的不上，污染环境的不上"。这种环保的理念始终落实在招商工作中，从1990年韩国大宇公司计划投资2.5亿美元建水泥厂项目被市委拒绝开始，每年都有一些不符合威海要求的项目被排除在外。建市十年来，拒上的有污染的项目总投资超过十亿美元。

2. 规划的法定性和长期性

每个城市的发展都需要规划，城市规划就是为了实现一定时期内城市的经济和社会发展目标，确定城市性质、规模和发展方向，合理利用城市土地，协调城市空间布局和各项建设的综合部署和具体安排。城市规划不仅是建设城市和管理城市的基本依据，是保护城市土地合理利用和房地产开发等经营活动协调进行的前提和基础，更是实现城市经济和社会发展目标的重要手段。为了确保环境资源的可持续发展，每个城市都必须严格制定城市规划，确保规划的法定性，并坚持规划的长期性，不因政府人员的变动而任意更改规划。以文登环山街道办事处为例，文登将化工项目统一落户在环山街道办事处，濒临文登污水处理厂，区内工厂的污水首先在厂内处理达标后，再排到污水处理厂二次处理，完全达到安全标准，既节约了工厂的排污成本，又保护了环境。

3. 瞄准"变废为宝"的产业

废品是放错地方的资源，如何"变废为宝"不仅是循环经济的新天地，更是绿色选资的重要方向。"变废为宝"的产业在环境方面表现为污染低排放，甚至污染零排放。它把清洁生产、资源综合利用、生态设计和可持续消费等融为一体，运用生态学规律来指导人类社会的经济活动，因此本质上是一种生态经济。这种产业集中体现为"三个要素、一个目标"，即资源再利用，旧物品再利用，减少废弃物，最终实现"资源循环型"的社会目标。以威海第三污水处理厂为例，将终端的生物污泥通过先进的生产工艺，变成生物肥料，既增加了效益，又保护了环境，一举两得。

（二）因地制宜，发挥比较优势

我们深知，一个地区的发展离不开其优势资源，正所谓"靠山吃山，靠海吃海"，从经济学的角度来讲，就是发挥比较优势。比较优势可以说是经济学中最古老的概念，在亚当·斯密1776年出版的《国富论》中，这个概念已经在很多地方利用。但对之加以提炼并明确提出的则是李嘉图，在他那里，比较优势是各个国家进行国际贸易的最主要原因。这个理论提出来后得到不断发展。现在经济学讲的比较优势是从各个国家的经济要素的比重结构来分析的，主要是三个方面：一是各地拥有的资本量，二是各地拥有的劳动力，三是各地的自然资源。

只有发挥比较优势，才能形成竞争优势。企业是否具有自生能力，关键取决于企业在行业和技术上的选择是否与经济的资源禀赋结构一致。比较优势发展战略就是指企业要在经济发展的每一个阶段上都选择符合自己要素结构的产业结构和生产技术，从而能够促进企业的资本积累、要素禀赋结构的提升，实现经济的快速发展。从产业群和市场竞争性的形成过程来看，我们可以发现，形成产业群聚的前提，恰恰是这一产业一定要符合一个地方的比较优势，没有比较优势，基本不可能形成产业群聚。

如何发挥比较优势呢？

一是选择当地有传统的产业。传统的产业就是有历史的产业，例如扬州"杭集镇"是全国的牙刷之都，如果杭集镇牙刷厂不开工，全世界的牙刷都要配给。这个镇从清朝道光年间就开始生产牙刷，有历史传统。威海的传统产业就是渔业，威海市是全国海洋管理示范区和全国现代化渔业示范区，海洋是全市最大的资源优势和最广阔的发展空间。在这里，依托海洋产品的深加工，威海已经成为海产品的加工出口基地，以好当家为龙头企业，引进韩国、日本等国家的食品标准，加工制造高档海洋休闲食品，畅销海外。同时，依托荣成的海带生产基地，将普通的海带进行生物医学提炼，生成高附加值的艾滋病预防药品，也落户威海草庙子工业园。

二是形成产业链。所谓产业链就是依托一个主产业，衍生出众多的配套企业。以威海的造船业为例，以造船业为龙头，大力进行造船业的链条延伸，发展造船配套加工业，对内可以满足威海本地的造船业需求，对外供应烟台和其他省市造船业的零配件。威海造船业的比较优势体现在区位优势明显、自然条件优越、劳动力资源丰富、原材料采购方便和运输便利等诸多方面。目前，造船业韩国占世界市场份额的40%，日本第二，占30%，中国第三，占23%，到2015年中国将成为世界第一造船大国。威海市作为承接造船业转移的城市之一，外来的船业公司已经初具规模，未来5年威海造船业可能成为第一大产业。同时，国家最近的产业政策规定："船舶和海洋工程类项目不再允许外商独资，合资必须是中方控股。"这一规定，为威海本地的造船业的提升创造了机会，为吸引资金来投资创造了一个好的机会。如何在招商选资上结合威海造船业的比较优势，利用当地有利条件形成造船业竞争优势，是威海市政府面临的新课题。

（三）产权重组，提升优势产业

对于没有的产业，在保护环境的前提下，我们坚持因地制宜地选资进来，而对于已经形成规模的优势产业，招商选资的方向就是如何提高这些产业的国际化程度。我们现在面临的是市场经济，市场经济必然是世界性的。我们加入 WTO，参与了全球化，这时不参与世界市场，不参与世界资源分配的国家，就根本无法生存。因此，作为市场经济的主体——企业组织，必须融入世界经济市场，参与国际分工。对于在国内已经形成规模的企业，如何加入国际化因素，就构成了一个选资的重要方向。通过产权重组，在保证本民族经济安全的前提下，注入国际化因素，提升这些企业的竞争能力。以威海市的实践经验为例，借鉴威高医药器材与美国美顿力、成山轮胎与美国库珀、海马地毯与美国克瑞斯、金泓化工与美国罗门哈斯、威海啤酒与美国加州葡萄酒等的资本合作模式，积极引进外资特别是美国的战略投资者和国际物流业者，形成美中有威、威中有美、盈亏与共的产权结构，借力扩大优势产业产品成本方面的话语权，降低美国经济政策影响中国经济对威海产生的负面影响。

成功的招商选资需要正确的制度保障，就此，提出如下的招商制度保障。

三　招商选资的制度保障

（一）竞争型政府转变为合作型政府

招商是政府的重要工作，面对一个好项目，各个地方政府如何来竞争，如何来合作，省政府又如何来协调各个地方政府之间的关系，是省政府和地方政府都必须回答的问题。这就需要从省到地方建立一个和谐的竞争保障机制。

1. 省政府加强调控力度

在山东省政府和地方政府之间的关系定位上，我们强调，省政府就像父亲，地方政府就像儿子，当地方政府之间为一个项目争执不下时，省政府就要发挥它的权威，从山东省经济布局的角度，合理科学确定项目的归属。倘若省政府撒手不管，势必会导致地方政府之间竞相杀价，损失我们中方的利益。而地方政府也必须有全局的观念，大家好才能小家兴。如果没有这种全局的观念，青岛、烟台、威海、潍坊、淄博打成一锅粥，那么招商的卖方市场永远变不成招商的买方市场。

2. 建立错位竞争，共同发展的机制

经济学中强调资源是稀缺的，物以稀为贵，产业的互相复制，必将增加失败的风险。因此，在招商选资的过程中，各个地方政府之间加强信息共享，根据自己的特色，实行错位竞争，是实现共同发展的必由之路。当年的上海徐家汇黄金地段，有太平洋百货、东方商厦、第六百货商厦三家规模巨大的商场，如果不实行错位竞争，就不会有今天的业绩，正是太平洋百货定位于时尚年轻人，东方商厦定位于白领阶层，第六百货商厦定位于中等收入的工薪阶层，才各自发展自己的特色，立于不败之地。山东省的地方政府在招商选资中，就是要选准自己的定位，不重复建设，不恶性竞争，做大"蛋糕"，共同繁荣。

（二）积极发展"四控型"企业

改革开放之初，我国曾经历过一段物品短缺、资金匮乏的时期，在发展经济资金不足的条件下，吸引外商投资一直被看成解决国内建设资金不足的重要途径，有关部门和地方各级政府不惜通过实施众多的优惠政策，包括低价或免费供地、减免税收等方式来达到招商引资的目的。外资的大量进入填补了过去国内存在的巨大资金缺口，推动了中国经济增长，提供了就业机会，加快了发展市场经济和国际化的进程，并在一定程度上促进了产业升级和技术创新。

不过，近年来外商投资已经不再满足于合资与参股，而凸显独资化、大型化和垄断化等新动向，且越来越多地采用"斩首式"并购方式，其谋求企业和行业控制权的欲望逐步显露。据国家统计局分析，2000 年以来，跨国公司直接并购中国企业，尤其是行业龙头企业的案例逐步增多。跨国公司在中国并购的目的，从过去单纯通过参股分享中国经济发展的成果，逐渐向实现公司全球战略布局的意图演变。因此，相当多的外资并购并非仅仅追求财务上的收益，更多的则是追求产业整合、技术独占、品牌通吃、资源控制、垄断地位、消灭现存和潜在竞争对手等。

在此背景下，我们在招商选资中，必须把经济安全牢记在心。德国经济学家弗·李斯特曾言：我们的经济学并不是研究人类普遍利益的个人经济学，而是首先关注以民族国家利益作为单位的"国民主义"经济学。因此，我国必须大力倡导自主研发和自主发展的道路，应在结合比较优势与竞争优势的基础上，大力发展控股、控技（尤其是核心技术）、"控牌（尤其是名牌）和控标（技术标准）"的"四控型"民族企业集团和民族跨国公司，突出培育和发挥知识产权优势，早日实现从"中国制造"向"中国创造"转变，从贸易大国向贸易强国转变，从经济大国向经济强国转型。

威海市在发展"四控型"企业方面，取得了成功的经验，始终坚持开放中的自主创新。强化引进先进外资的干中学和以时空换技术，达成了部分国际先进技术转让协议。以山东华菱电子有限公司为例，该公司是以威海北洋集团和上海华龙电梯有限公司控股，日本国三菱株式会社和伊腾忠商事会社参股的股份制企业，是国内最大的传真机核心部件热敏打印仪和图像传感品生产商，该公司在外来技术基础上研发出来的新技术及其产品，已经开始由技术来源国变为技术输出国。

（三）建立招才引智机制

据介绍，以8000元资金起家的杭州富阳飞鹰船艇有限公司，如今年产赛艇3000条。该企业生产的"无敌"牌赛艇曾被国际奥委会指定为2000年雅典奥运会比赛用艇唯一中标产品，现远销80多个国家和地区，在各类世界大赛中荣获500多块金牌，公司已成为世界上最大的赛艇制造基地，并成功实现从"中国制造"到"中国创造"的跨越式发展。"飞鹰"成功的重要经验之一，就是持续引进包括国际赛艇联合器材委员会主席、国际造船专家克劳斯在内的国外智力。

通过"招才引智"，引进人才和技术，通过吸收、消化、创新，我们就"站在了巨人的肩膀上"，可以缩短研发时间，降低研发成本，提高产品的出炉率，增强企业的核心竞争力，建立起一条通向市场化、专业化与国际化的快速通道。这是转变经济增长方式的成功先例，也是调整优化产业结构的一条捷径。过去，我们偏重于招外商，引洋设备，用洋工艺，从而大大缩短了在制造业方面与发达国家的差距。然而，多年的实践证明，开放市场并不能换来领先的技术，引进先进装备并不能形成持续创新能力，一味引进洋装备，还可能陷入"引进—落后—再引进—再落后"的怪圈。

历史经验也向我们证明了招才引智在经济发展中的巨大作用。大家熟知第二次世界大战，苏联之所以能够打败德国的疯狂进攻，与苏联在战前建立起庞大的工业体系密不可分。正是斯大林在西方国家遭遇大萧条时，大量引进西方国家的顶尖工程技术人员和科学家，才使得苏联在短时间内迅速完成工业化过程，奠定了坚实的战争物资的生产基础，取得了反法西斯的决定性胜利。而美国战后取得科技领先地位，也与美国在二战中及二战后大量引进世界科技领军科学家有关。

因此，威海的企业在招才引智方面从实践出发，逐步建立了相应的引进机制。荣成华泰汽车制造厂引进外国专家进行管理，三角集团聘请外国专家培训年轻技术业务骨干，都取得了显著的经济效益。"招才选智"是一条投入少，产出大的发展捷径。我们要通过多种渠道，摸清本行业内世界上的权威性人才、顶尖级专家和本行业人才的聚集地，从中选择有研发能力，有国际影响力的专家，作为企业"招才选智"的目标对象。要主动出击，每一个企业，都要利用展览会、博览会、交易会、高峰论坛、互联网等多种途径，主动物色适合本企业的外国专家，主动邀请外国专家到企业考察访问。要疏通渠道，政府有关部门，要通过外办、外国专家局、相关行业协会、境外猎头公司牵线搭桥，让企业所需外国专家能顺利进入。要营造环境，要为外国专家营造配套的研发环境，一流的工作环境，舒畅的生活环境，让外国专家专心工作，放心带徒，舒心生活。

综上所述，由招商引资向招商选资的转变，虽只有一字之差，却是一个从被动到主动转变的过程，更彰显了一种科学的发展理念。招商选资是质的提升，是国家利益与人民利益的统一，是经济发展与自然环境的统一。招商选资是引中选优，是驾驭国际分工的必由之路，是提升中国经济竞争力的有效途径。

（作者单位：中共威海市委党校）

打造三个平台　实行全民医保的探索

王锡国　王　维

2006 年 7 月起，文登市在山东省率先实施城镇居民医疗保险。经过一年的努力，城镇居民医疗保险取得了初步的成效。本文通过对文登市实施城镇居民医疗保险一年运行情况的分析，提出了建立城镇居民医疗保险制度的几点建议，旨在为城镇居民医疗保险的健康发展尽绵薄之力。

一　文登市城镇居民的基本情况

文登市是山东省威海辖属的县级市，作为我国沿海开放城市之一。全市人口 65 万，其中，城镇人口 20 万，城镇从业人员和居民各有 10 万人。2005年，城镇居民人均可支配收入达到 9721 元，农村居民人均纯收入达到 6017元，在全国百强县排名第 18 位。

文登市城镇居民的年龄结构、经济状况、医疗消费和医疗保障等情况大致如下。

（一）城镇居民的构成

文登市有城镇居民 10 万人，其中，学生及 16 岁以下儿童 46000 人，17 ~ 40 岁 14000 人，41 ~ 60 岁 12000 人，61 岁以上 28000 人，城镇居民人数与城镇职工人数大体相当。

（二）经济状况和实施医疗保险前的医疗保障情况

文登市城镇居民主要经济收入为父母、配偶、子女的工资、房租及其他，2005 年年人均收入 9721 元，年人均医疗消费 400 元。部分条件较好的居

（村）委会，很多年以前就开始由居委会出资，对达到企业退休年龄的人员实行养老。有的也实行居委会内人员半费或减费医疗，有的减免的更多。

据我们在文登市的调查，大部分城镇居民家庭成员，没有疾病当年收支有结余。每年医疗消费在 5000 元以下，并且不是慢性病时，尚可应付，每年医疗消费在 5000 元以上当年即负债。

二 文登市城镇居民医疗保险制度要点

文登市城镇居民医疗保险不设个人账户，医疗管理、用药目录、诊疗项目、医疗服务设施标准、待遇支付标准等与职工医疗保险参保人员一致。

（一）通过职工医疗保险扩面，将城镇居民纳入职工医疗保险覆盖范围

文登市将未参加城镇职工基本医疗保险和新型农村合作医疗的本市各类城镇常住居民，纳入职工医疗保险覆盖范围，实现了医疗保险制度的无缝覆盖。

（二）文登市城镇居民医疗保险费，按本市职工上年最低缴费基数的 5%，学生（包括各类学生、16 岁以下儿童）按 2% 筹集，缴费基数与职工医疗保险缴费基数相衔接

按照《社会保险费征缴条例》的规定，医疗保险费缴费基数，最低不低于当地社会平均工资的 60%。城镇居民本来无工资基数，本市职工最低缴费基数，实际上是社会平均工资的 60%。按 2007 年缴费计算，文登市按照社会平均工资的 3% 缴费与按照社会平均工资 60% 的 5% 缴费，每月都是 36.6 元，这样保持了与职工医疗保险缴费政策的一致。

文登市参加城镇居民医疗保险人员的医疗保险待遇，与参加职工医疗保险的人员相比，除了没有个人账户外，其他完全相同。社会统筹基金支付住院费用设置起付标准和年度最高支付限额，同时，建立了大病救助制度，年度最高支付达到 20 万元。

（三）用活职工医疗保险个人账户

文登市参加城镇职工基本医疗保险的参保人员，个人账户沉淀部分，可以用于缴纳供养直系亲属的城镇居民医疗保险费。此举促进了城镇居民医疗

保险参保，加大了城镇职工基本医疗保险个人账户沉淀，达到相互促进、共同发展、获得双赢的目的，同时加速了文登市城市化进程。

文登市规定居住在农村的居民失地时，收取的失地款优先用于缴纳医疗保险费。参加城镇居民医疗保险的人员，按规定享受各级政府医疗保障补助资金，用于缴费，为各级政府今后出台有关政策，为城镇居民缴费补贴，与现行政策留下接口。

三　文登市城镇居民医疗保险运行情况分析

文登市城镇居民医疗保险开展以来，迅猛发展，参保场面一度十分火爆。目前早期参保人员已经进入待遇支付期，整体制度运行良好。

（一）文登市城镇居民医疗保险制度运行平稳

文登市城镇居民医疗保险参保人员中，中青年占20%、儿童占30%、50岁以上的占50%左右，参保人员结构与我们预想的基本相符，无畸形发展的迹象，并且随着城镇居民医疗保险的发展，参保人员年龄结构无明显的改变。

城镇居民中真正恶意参保的并不多，这可能与我们在医疗保险处简单体检有关，也与经济状况、认识水平有关。已参加新型农村合作医疗的农村居民，确有不少要求参加城镇居民医疗保险的，但是，尚未发现明显的恶意参保情况，有些参保欲望还相当强烈。

使用职工医疗保险个人账户沉淀部分为职工家庭成员缴费，受到居民的欢迎，子女为父母办理城镇居民医疗保险的居多，使用个人账户为子女缴费的较多，使用个人账户为父母缴费的较少，可能与父母需缴费较多，个人账户余额不足以缴费有关。开展城镇居民医疗保险以来，参加职工医疗保险人员对个人账户珍惜程度明显增加，2006年个人账户结余率较上年增长了12%。

（二）城镇居民医疗保险与职工医疗保险相互促进，产生"1 + 1 > 2"的效果

文登市城镇居民医疗保险开展以来，乡镇企业、个体企业参保的积极性明显增强，有力地促进了职工医疗保险的发展，产生"1 + 1 > 2"的效果。原因可能是城镇居民参保后，乡镇企业、个体企业老板和职工看到城镇居民都参加了医疗保险，职工不能不参加医疗保险了。现在文登市不参加医疗保险的企业很少，因为不参加医疗保险的企业难以留住员工。

到 2007 年 6 月底，文登市传统意义上的国营、集体企业都参加了医疗保险，破产、倒闭和名存实亡的企业的退休人员全部纳入医疗保险。全市仅有 206 名退休人员没有办理医疗保险，主要来自原乡镇企业，所有退休人员医疗保险均与原单位脱钩，纳入社会化管理。全市尚未参加医疗保险的退休人员，都可按照不同的形式，以个人的身份参加医疗保险。

文登市通过扩面，将城镇居民纳入职工医疗保险覆盖范围，获得政策支持，执行职工医疗保险各项规定，缴费与待遇支付同职工接轨，收缴的城镇居民医疗保险费，全部并入职工医疗保险社会统筹基金，增加职工医疗保险的大数法则功能，增强其抗风险能力，在两个制度之间建立起若干通道，为将来的制度统一打下基础，实行了真正意义上的制度无缝覆盖。

由于文登市城镇居民医疗保险设置了 6 个月的免偿期，加上发展速度比较快，到 2007 年 12 月底，有 15100 名城镇居民参加了医疗保险，共收缴保金 2750 多万元，已经享受医疗保险待遇的有 386 人，支出保金 260 万元，基金结余 2500 多万元，收到了良好的社会效益。

（三）自 2008 年起，建立了两个不同的缴费和待遇支付标准

考虑到部分城镇居民缴费能力有限，自 2008 年 1 月 1 日起，文登市增加了一套新的城镇居民医疗保险办法，新办法较老办法交钱少一些，报销也少一些，无缴费年限规定，按时缴费无免偿期。政府对每个参加城镇居民医疗保险的人进行补助，同时加大了对弱势群体的参保补助，参加新老办法政府补助相同，城镇居民可根据家庭及本人的经济情况和医疗需求，自由选择一种办法参加城镇居民医疗保险。办法推出后，得到了城镇居民的积极响应，迅速掀起参保高潮，呈现出良好的发展态势。

四 几点思考

通过对文登市城镇居民医疗保险制度建设及城镇居民医疗保险一年的运行情况分析，对城镇居民医疗保险制度的建立和运行，提出如下几点建议。

（一）城镇居民医疗保险模式的选择

我国医疗保障模式的选择是近期理论界争论的热点。在如此的经济基础和巨大的人口压力下，建立一个能够和市场经济相吻合的、适合我国国情的医疗保障制度难度巨大。

1. 英国式的全民免费医疗制度在我国行不通

目前很多专家推崇英国的医疗保障——全民免费医疗。英国式这种免费的医疗制度，除了巨大的财政支出外，还有一个明显的缺点是效率低下，医院的门很不好进。低下的医疗服务效率，即使在我国这样的医疗资源和经济基础情况下，也会被人们所抱怨、嗤笑和不能容忍，甚至反应会更加强烈。

由于医疗消费的特殊性，建立全民免费医疗，医疗需求能提高多少？全国到底需要多少支出？谁也无法估量。2004 年美国人均医疗消费就达 5300 美元，总值达 1.9 万亿美元，是国防开支（3680 亿美元）的 5 倍还多，根据卫生部卫生经济研究所的统计，2005 年中国人均医疗费用支出仅 662 元，要达到美国的人均医疗消费水平，岂不是要卖原子弹？

2. 建立城镇居民医疗保险制度要量力而行，不宜把老百姓的期望值提太高

有专家提出，按照中国目前的财力，可以做到基本医疗保障的全民覆盖。其理由之一是：解决全民医疗保障问题是政府义不容辞的责任，中国国力在增强，2005 年国内生产总值（GDP）已达 22257 亿美元世界排第五名，是邻国印度的几倍，而印度实行的是全民免费医疗制度，我国为什么不能实行全民免费医疗？卫生部就曾经给财政部一个 2690 亿元的预算，计划用这些钱来为全国人民免费看小病，即基本医疗。理由之二是：据 2006 年中国卫生事业发展情况统计公报公布的数据，2005 年我国卫生事业总费用支出为 8659.9 亿元，卫生总费用占全国 GDP 的比重仅为 4.73%。而发达国家一般都在 7% ~ 8%，更有甚者 2004 年美国的医疗费用占 GDP 的 16%，与发达国家相比我国财政对卫生事业支出的能力上升空间还很大。

但是，这些专家也忽略了两个重要的问题，一是医疗消费的特殊属性；二是虽然中国近几年经济增长很快，但与我国巨大的人口包袱相比还是很渺小的，正如胡锦涛在美国耶鲁大学演讲时所说："改革开放以来，中国坚持走了一条和平发展的道路。中国的经济社会发展确实取得了很大的成就。但是，我们也应该看到，中国有 13 亿人口，虽然中国的国内生产总值有所增加，可任何一个巨大的数字用 13 亿一除，都是一个很小的数字。"

更何况中国人口现在是 13 亿人，按我们人口模型计算，2035 年会达到中国人口的高峰期，大概 15.2 亿人，甚至是 15.4 亿人。如此巨大的群体，没有强大的财力和合理的制度安排难以保证医疗保障制度健康运行。

随着医学的发展和进步，新技术、新设备、新药品的不断出现，医疗费用上涨是不可避免的，医疗消费具有无限的趋高性。我们在建立城镇居民医

疗保险制度时，必须保持清醒的头脑，尊重现实，量力而行，充分考虑医疗保障刚性增长的特点，不应将老百姓的胃口吊得很高，更不可搞"假、大、空"等短期行为，与其骑虎难下不如稳妥推进，确保城镇居民医疗保险制度的健康发展。

3. 建立具有中国特色的城镇居民医疗保障制度

在我国还将长期处于社会主义初级阶段的历史和现实条件下，在相当长的时期里，我国城乡差距还是会存在，医疗保险制度的改革不可能一步到位，也不可能一步登天，现在说人人享有免费医疗为时过早，我国医疗保障制度改革还将经历漫长的过程。因此在这过渡时期，只能实行城乡双轨的医疗保障体系，一切必须从实际出发，自觉按规律办事，立足当前、着眼长远，有重点分步骤持续推进构建社会主义和谐社会的历史进程，建立一种具有中国特色的城镇居民医疗保障制度。

（二）城镇居民医疗保险的缴费与待遇

城镇居民医疗保险费筹资水平不宜过高，筹资水平过高居民无力参保，覆盖面就必然小，将大部分城镇居民挡在医疗保险的大门之外，体现不出大数法则的功能。因此，各地必须根据各自的实际，确定合理的缴费和医疗待遇水平，最大范围地覆盖城镇居民，最大限度地提高参保城镇居民的医疗保障水平。

1. 城镇居民医疗保险的筹资是城镇居民医疗保险制度运行的关键环节之一

从文登市城镇居民医疗保险运行实践看，同样作为国民，农村居民参加农村新型合作医疗，各级政府都进行了补贴，而作为无工作的城镇居民，包括无丝毫收入的婴幼儿、学生和老年人参保，各级政府不进行补贴，城镇居民心理不平衡，影响城镇居民医疗保险工作的开展。

农村居民还有土地或种或租，多少有一定的收入，国家不收取任何费用，对小麦种植、购买农机等还进行专项补贴，而城镇居民原来享受的国家供应的计划内平价粮油、子女接班就业、老保医疗的家属医疗费单位半费报销等社会保障政策，已经丝毫不存在了。

人人都有享受改革开放成果的权利，加大对弱势群体参加城镇居民医疗保险的补助的同时，对每个参加城镇居民基本医疗保险的城镇居民给予一定的补助引导参保，能激发城镇居民的参保积极性，增加社会公平性，促进城镇居民医疗保险的快速发展。

2. 建立城镇居民医疗保险制度的核心是防止因病致贫

各地在开展城镇居民医疗保险确定筹资与待遇水平时，必须根据本地的实际情况，结合职工医疗保险的筹资与待遇标准，确定可持续发展的筹资与待遇标准。建立城镇居民医疗保险制度的核心，应是防止城镇居民因病致贫和因病返贫。不可盲目攀比，经济欠发达地区，要适当降低筹资与待遇水平，建立多个层次的城镇居民医疗保险筹资与待遇支付制度，供城镇居民自由选择。

（三）加大对弱势群体参加城镇居民医疗保险的支持

随着我国市场经济的进一步发展和社会结构的急剧转型，社会弱势群体及其问题日益凸显，构成了影响社会稳定与社会发展的重要风险因素之一，并且引起社会各界的广泛关注。

1. 贫困者群体

2005 年我国公布的绝对贫困标准为年人均收入 683 元。原欧盟对"贫困人口"的定义是，收入低于欧盟人均收入 60% 的归类于"贫困"一族，按此标准，个人年收入低于 9000 美元属于贫困人口。

美国 2005 年的贫困标准是，单身年收入少于 9570 美元、两口之家少于 12830 美元、三口之家少于 16090 美元、四口之家少于 19350 美元、五口之家少于 22610 美元。根据这个标准，美国的贫困人口最近几年基本保持在 3500 万人左右。

由于国情不同，我们不能按照欧美的标准计算贫困者群体，但是，我们没有理由不相信我们这样一个大国，贫困者群体人数肯定比美国多，按照有关专家对城镇居民贫困人口占 6% ~ 8% 的比例估算，我国城镇居民贫困者应在 3000 万人以上。

2. 老年人群体

由于经济和社会的发展，加上积极的计划生育政策，我国老龄化发展速度非常快。2005 年底，中国 60 岁以上老年人口近 1.44 亿，占总人口的比例达 11%，占亚洲老年人口的 50%，占全球老年人口的 1/5。《国家人口发展战略研究报告》指出：到 2020 年，60 岁以上老年人口将达到 2.34 亿，比重增长到 16.0%，21 世纪 40 年代后期形成老年人口高峰平台，60 岁以上老年人口达 4.3 亿，比重达 30%。

随着年龄的不断增加，鳏寡孤独老人也随之增加。这一群体在生理上容易患病，在经济上处于弱势，有些甚至失去了经济来源，处于无依无靠的境地，在医疗保障上只能依赖政府。构造和谐社会，由政府支持，将包括鳏寡孤独无能力参保的老年人全部纳入医疗保险，将是城镇居民医疗保险成功的重要标志。

3. 残疾人群体、失业者群体

根据 2006 年第二次全国残疾人抽样调查，全国各类残疾人的总数为 8296 万，有残疾人的家庭共 142112 户，我国残疾人的总数占全国总人口的比例为 6.34%。按此计算，我国城镇居民中残疾人人口应该有 3560 万。到 2005 年底全国城镇已参加社会保险的残疾人仅有 125.2 万，在城镇居民中还有一大批的残疾人没有医疗保险。这些残疾人中，很多人失去了劳动能力，有些人无依无靠，不依赖政府还能依靠谁呢？

从国际社会福利发展潮流看，各国都逐步从人人都有权利享受国家福利，向国家只救济最困难的人和老年人、残疾人、儿童等弱势群体过渡；要求有能力的人为自己的养老、医疗承担更多的责任，不能所有的人都依赖政府。

目前我国还没有足够的财力实行全民免费医疗，发展是当务之急，现在还不到坐享其成的时候。但是，面对这些弱势群体，"有人测算过，全国'穷人'的医疗费用总计不超过六七百亿元，这部分资金财政完全负担得起。而且由于被救助群体数量有限，相应的管理问题也较简单"。如果像新型农村合作医疗那样，国家每年拿出几百亿元，各级政府再出一点，就能彻底解决弱势群体的基本医疗保障问题。

由于我国人口众多，各地经济发展差异也较大，城镇居民医疗保险的补助也要参照农村新型合作医疗，建立各级财政分担机制，使各级财政既量力而行，又要尽力而为。即使有些地方政府眼前没有足够的资金，不能马上解决全部的弱势群体的医疗保障问题，也可根据轻重缓急逐步加以解决。

（四）加快医药卫生体制配套改革是城镇居民医疗保险成功的关键

一个国家医疗卫生体系的模式决定着医疗卫生体系功能的发挥。我国现行的医疗卫生体制、药品流通体制及卫生资源的配置不改革，不利于城镇居民医疗保险的发展。

1. 改革医疗卫生体制，解决"看病难、看病贵"问题

目前，首先应解决医疗卫生事业收支两条线的问题，切断医疗收入与医务人员的收入及医疗机构的利益之间的直接联系；同时，加大政府对卫生事业的投入，特别是对乡镇卫生院、社区服务站的政策和资金支持；改革现行的医疗卫生体制，建立医院托拉斯，形成大医院与小医院的隶属关系，使大

小医院之间利益、责任牵在一起；鼓励发展个体、私营、合资等多种性质的医疗机构，建立合理的竞争机制，提高服务质量，降低收费价格。加快医疗卫生体制改革，遏制医疗费用的过快增长，是解决因病致贫、因病返贫的重要方面，也是确保城镇居民医疗保险健康发展的关键。

2. 加强基层卫生机构建设，优化卫生资源配置，引导居民"小病"到基层医疗机构诊治

我们对文登市不同级别的医疗机构中的医疗保险参保人员住院支出进行了调查：使用同一用药目录、同一诊疗项目和同一政策，由于医院的级别、设施存在差别，不同级别的医院医疗消费水平明显不同，同一种疾病在三级医院住院与在一级医院住院相比，医疗保险基金支出相差 45% 以上，参保人员的负担相差 15% 以上。要引导人民群众"小病"尽量到基层医疗单位就医，控制医疗消费水平的过快增长，减轻参保人员的负担，确保城镇居民医疗保险的健康发展。

3. 药品降价、医药分开不是灵丹妙药

据统计，我国有化学制药企业 6000 多家，而全球医药最发达的美国不过 200 家，美国 2005 年批准的新药只有 40 多种，而我国每年上市新药 6000 ~ 7000 种，最多时一年高达 10000 多种。很多所谓的新药不过是变换一下名称、规格、包装等，目的在于规避政府原定的低价位和药品招标的降价。

在拥有 65 万人口的文登市，就有化学制药企业 2 家，药品销售企业 100 多家，从事药品批发的企业比美国全国还多。

严格控制药品生产企业规模和新药生产、引进，药品销售实行零差价并实行专营，对解决药品市场价格虚高、医药腐败比压低药品价格、医药分开更为有效。

当前推进城镇居民医疗保险改革的首要问题是大刀阔斧地实行医药卫生体制改革，理顺药品生产、销售渠道，优化医疗卫生资源配置，加强医院内部管理，提高医疗技术水平，降低医疗成本，提高服务水平。医药卫生体制改革是城镇居民医疗保障制度顺利推进的关键。

（五）加强宣传是确保城镇居民医疗保险健康发展的关键

在参保意识非常强的发达国家，他们对政府推行的医疗保险的宣传是非常重视的，并且力度非常大。如此宏伟的系统的民生工程，只靠经办机构乃至劳动保障系统的宣传是不够的，特别是在我国，人们的整体保险意识还不强，城镇居民医疗保险的开展，没有强大的宣传是不可能成功的。

各级政府要高度重视，加大城镇居民医疗保险宣传的投入，县级每年投入城镇居民医疗保险宣传的费用，不应低于 50 万元，并且至少要连续投入 5 年以上，只有加大宣传，才能使城镇居民充分了解医疗保险，提高全社会的整体参保意识，促进有能力参保的城镇居民尽早参保，使医疗保险覆盖绝大多数城镇居民。

（六）打造三个平台，努力实现人人享有医疗保障的目标

经济和社会的发展，城乡就业的统筹，户口限制的取消，使我国农村居民、城镇居民和职工三者之间，已经没有明显的界线了。一个人今天是农民，明天就有可能进城居住成为城镇居民，而后天就可能在某企业上班成为职工，一些职工也可能回到农村搞种植成了农民。

我国由于地域广阔、人口众多，城乡差别短时间内还难以消除，高速发展的市场经济，造成了各行各业不同的人群经济收入相差很大。户口制度的改革，单从户口上也难以区别居民的身份，不同的居民医疗需求也各不相同，人为的按身份去限定不同人群的医疗保障形式是非常不科学的，也是不公平的。

我们要打造三个平台：城镇职工——城镇职工基本医疗保险，城镇居民——城镇居民医疗保险，农村居民——新型合作医疗。建立和完善多层次的医疗保障体系，打乱居民身份限制，在享受待遇与缴费对等的前提下，由城乡居民根据本人的经济情况和医疗需求去选择其中一种医疗保险制度，在三种制度之间建立多个通道接口，去掉一切人为和政策的限制，使城乡居民可在三个平台间互通互转、自由游走，积极鼓励有缴费能力的农村居民参加城镇居民医疗保险，允许城镇居民参加职工医疗保险，同时，不断提高农村新型合作医疗的医疗保障水平，逐步过渡到制度的统一，使城乡居民人人享有完善的制度保障。

（推荐单位：中共文登市委宣传部）

推销道德对推销行为的影响分析

孙勋成　沈　英

　　在市场经济社会中，商品价值的实现必须通过交换。日本索尼公司前总裁盛田昭夫曾说："企业仅有独特的技术，生产出独特的产品，事业是不能成功的，更重要的是商品的销售。"人员推销正是企业实现劳动价值的有效手段之一，对于任何行业和产品的成功销售都是至关重要的。这就要求推销人员要具有很高的素质，并且要求他们能很好地掌握和运用推销的各种技巧和方法。通过对企业大量推销实践的研究，我们发现推销人员的道德修养、思想品德素质与他们的推销行为和技巧存在相当高程度的关联性，并直接影响着推销人员的正确推销行为和推销绩效。

一　推销道德基本理论

　　道德是社会意识形态之一，是一定社会调整人们之间以及个人和社会之间的关系的行为规范总和。推销道德是指调整企业推销人员在推销活动中与企业所有利益相关者之间的关系的行为规范的总和。关于推销道德的合理性的评价，伦理学家们提出了功利论、道义论和美德论三大道德理论。

1. 功利论

　　功利论主要以行为后果来评判行为的道德合理性，即一项行为能给大多数人带来最大幸福，则该行为就是道德的；否则就是有问题的或不道德的。

　　功利论认为利益等外部制裁的力量起着决定性的作用，人们行善或作恶，主要是利益诱导和推动的，而不是其他的力量。伦理学家穆勒所说的"不是要利益世界，而是要利益个人"是功利论学说利己主义实质的最典型的表达。

　　西方传统的功利主义是建立在生产力较高的资本主义商品经济基础上的，

法律制度相对健全，道德作为不成文的法律，虽然没有专门的惩罚机关去监督，但社会舆论的压力、群众的指责、良心的责备，从某种意义上说，也会像法律一样具有强制作用。但功利主义也是有其局限性的，过分强调实际效果或利益，在舆论监督不健全的环境下，一些人为了达到某些个人利益和目的，会不择手段地妨碍和损害他人和社会利益。在推销实践中，推销人员如果过多强调个人利益，当巨额的经济利益与严肃的道德规范发生碰撞时，他们就可能会屈从或迎合压力与不合理要求，置社会、企业与利益相关者于不顾，以职务角色之便牟取一己私利。

2. 道义论

道义论亦称"义务论"，它指人的行为必须按照某种道德原则或按照某种正当性去行动的道德理论。它是从直觉或经验中归纳出某些人应当共同遵守的道德责任或义务，以是否履行这些义务作为判断行为合理与否的标准。

西方道义论的道德观主要有以英国的罗斯（W. D. Ross）为代表的显要义务论和加勒特（T. Garret）提出的相称理论。

罗斯在1930年出版的《"对"与"善"》一书中，系统地提出了"显要义务"或"显要责任"的概念。所谓显要义务，是在一定时间一定环境中人们自认为合适的行为。在多数场合，神志正常的人往往不用推敲便明确自己应当做什么，并以此作为一种道德义务。

罗斯提出了6条基本的显要义务：（1）诚实；（2）感恩；（3）公正；（4）行善；（5）自我完善；（6）不作恶。

相称理论是加勒特于1966年提出的：一项行为或一项决定是否道德，应从目的、手段和后果三个方面综合考察。目的指行为背后的动机与意图。手段指实现目的的过程及所运用的方式、方法。后果指行为引起的后果。包括行为人意欲达到的后果或虽非其所希望但预见可能产生的后果。假如预见行为将引起副作用，则必须有足够或相称的理由来放任这类副作用的发生，否则，行为便是不道德的。

无论是作为目的还是作为手段，旨在对他人造成"大恶"，都是不道德的。允许或放任一种"大恶"给他人造成重大伤害，且提不出"相称理由"，是不道德的；希望、允许或放任一种对他人的"小恶"或小害发生，且提不出与之相称的理由，也是不道德的。这里"大恶"指造成某一机构或个人某些重要能力的丧失；"小恶"指造成他人物质利益方面的损失；"相称理由"指行为人所意欲的善的效果超过可能非意欲的恶的后果。

道义论强调了三个特点。第一，认定道德的根据是动机。"心中有恶不算恶，行为之恶才算恶；心中有善才是善，行为之善未必善。"第二，强调道德的自律。道义论认为他律所产生的行为仅具有合法性，而自律所产生的行为才具有合道德性。第三，以"理性的人"为出发点。善良意志的本质是人的理性，人的理性使其履行道德义务，成为一个合道德的人。因此，强调推销人员的道德自律，才能提升他们的道德修养。

3. 美德论

美德论亦称德性论，它着眼于那些履行行为的、具有动机的、遵循原则的行为者，即道德主体。我们判断行为主体的道德价值，不仅要对他是否履行义务或他的行为是否产生了善的效果做出判断，而且要对他的"意愿性"做出判断。推销人员美德的形成可以通过推销实践训练获得。推销人员在推销职业道德中所要贯彻的正是"诚信、公平、守法与童叟无欺"。由此看出，美德论不是解决推销人员应该做什么的问题，而是更侧重解决推销人员应当成为什么样性质的人的问题。

二　推销行为误区与技巧选择

误区一：强制推销

推销是指推销人员在一定的推销环境里，运用一定的推销技术与手段，说服潜在顾客购买某项商品或劳务的活动过程。

社会生活与经济生活的各种矛盾与冲突以及其反映的各种关系等都会在推销过程中出现，在充满错综复杂的关系与利益冲突中，劝说一定的对象接受与购买特定的产品并不是一件容易的事，要做到令对方心服口服地接受与购买建议就更加困难。尤其在市场经济条件下，商品销售竞争日益激烈，有些企业推销员在功利思想驱动下，竟按照倾力推销观念，不考虑公众利益与用户实际需要与购买心理感受，采用最极端的做法向用户施加压力以征服买主，不择手段地强制推销顾客不需要的商品，只谋求一次交易，靠一次性交易牟取暴利。

众所周知，顾客是企业的"上帝"，忠诚于顾客是企业利润增长的基石，推销人员的上述行为迟早会使企业丧失顾客。因此，推销人员应及时摒弃强制推销这种急功近利的错误观念与行为，树立以消费者需要为中心的正确推销观念，靠帮助和说服去真正满足顾客需求。

误区二：推销自卑

推销是一种富有挑战性的职业，也是一种非常艰苦的工作。企业推销员常年跋山涉水，遍访千家万户，想尽千方百计，历尽千辛万苦，他们承受着来自企业、客户和家庭这三个方面的压力；承受着成功与失败的喜怒哀乐。由于对推销缺乏一种正确的认识，许多推销员尤其是"科班"出身的高校大学生推销员常存在一种职业的自卑感，认为干推销这一行地位低，待遇差，丢人现眼，又常常被人误认为招摇撞骗、油嘴滑舌之人，工作不光彩。

他们认为推销是乞求，请别人、求别人帮助自己办成某件事情，所以在推销时非常害怕客户提出反对意见，害怕客户对产品提出哪怕是一点点的意见。在这种"乞丐心理"影响下，推销员甚至在推销中有一种做贼心虚、理亏心怯的感受，害怕购买者有丝毫的反对意见或看法，不敢听反对意见，畏首畏尾，严重影响推销成交。

要做好推销工作必须对推销有一种正确的认识。首先，推销员应该有一种职业的自豪感。推销员应充分认识到其从事的职业是社会经济发展的一个重要推动力，也是促进社会经济繁荣的重要手段。更是实现企业商品价值，提高企业经济效益的重要途径。

美国的比尔·盖茨、艾·亚柯卡，中国的李嘉诚、曾宪梓等商业巨头都有推销员的经历。

其次，推销员应时刻意识到使者使命，推销不仅仅是为了企业实现商品销售，更重要的是为了满足消费者的需要。你去走访一个顾客不是求他购买产品，而是向他介绍或推荐一种对他有用，能够给他带来利益的产品，就像医生上门看病一样，是给患者带来便利、实惠。推销员在"使者心理"模式下从事推销工作，展现给客户的精神必定是充满自信，更容易将自己推销出去，更容易取得客户的信任。

误区三：推销人员"红杏出墙"

"红杏出墙"是指企业推销人员在推销中做兼职工作，即拿本公司的薪水销售其他公司的产品。那么，企业的销售人员为什么会在市场上利用企业的资源来销售其他公司的产品，甚至是竞争对手的产品呢？这里当然有企业产品品种不能满足客户需要的原因。首先，如果自己公司的产品品种不多，而用户需要的品种较多时，销售人员就会通过兼职销售其他公司的产品来弥补这一缺陷，从而满足市场需求。其次，销售人员销售与公司产品互补的产品，来填补自己产品线的不足。再者，就是本公司销售提成未能达到销售人员的预期，出于对金钱的需要，推销人员在公司以外业务中寻求满足和发展机会，选择第二职业来弥补自己在一个公司收入上的不足。最后，更深层次的原因就是公司推销人员缺乏职业道德。公司忽视了与自己的业务人员在情感等方面的有效沟通，缺乏科学的考核、激励和管理制度，从而使公司业务人员功利论思想无节制地放任、膨胀。

对此，有效的措施就是，一方面用美德论加强销售人员的职业道德培养，强化他们的道德意识，让他们懂得应做什么样的业务人员；另一方面，公司还应在销售人员的生活、工作、住房、家属等问题上给予更多关心、关照，加强沟通，以情感化，以期培养他们对企业的忠诚度。此外，企业还应建立科学合理的日常管理制度和行之有效的绩效考核与激励制度，来规范销售人员的销售行为。

（作者单位：哈尔滨理工大学荣成学院）

保障和改善民生的主要任务

温训昌

胡锦涛在党的十七大报告中指出："必须在经济发展的基础上，更加注重社会建设，着力保障和改善民生，推进社会体制改革，扩大公共服务，完善社会管理，促进社会公平正义。"这是我们党着眼于发展中国特色社会主义，推动科学发展，促进社会和谐，全面实现小康社会奋斗目标，做出的重大决策和部署。社会建设的内涵主要包括发展社会事业、扩大公共服务、协调利益关系、完善社会管理、调处社会矛盾、促进社会公平正义等，以及这些方面的改革和建设。保障和改善民生就应从这些问题入手。

一 优先发展教育，建设人力资源强国

首先要全面贯彻党的教育方针。坚持育人为本、德育为先，培养德智体美全面发展的社会主义建设者和接班人。其次要优化教育结构。加快普及高中阶段教育，关心特殊教育，形成各级各类教育全面协调可持续发展的良好格局。再次要推进教育改革创新。深化教学内容方式、考试招生制度、质量评价制度等改革，减轻中小学生课业负担，全面提高教育质量和水平，注重培养学生独立思考能力、创造能力和就业能力，使学生得到主动的、生动活泼的发展。最后要坚持教育公益性质。教育是关系社会公共利益，对全体国民、对国家和民族的现在和未来具有重大影响的公共事业，所以政府负有义不容辞的责任，必须加大教育投入，规范教育收费，为全体国民提供接受良好教育的机会和条件。

二 实施扩大就业的发展战略，促进以创业带动就业

首先要千方百计扩大就业岗位。这就需要大力发展劳动密集型产业、服务业和各类中小企业，发展有利于扩大就业的新行业、新企业，鼓励、支持、引导非公有制经济发展，创造尽可能多的就业岗位。其次要鼓励自主创业、自谋职业。自主创业不仅能实现就业者自己就业，还可以创造更多的就业岗位，带动更多人就业。最后要推进就业体制改革创新。要统筹城市就业和农村劳动力转移，建立统一规范的人力资源市场，形成城乡劳动者平等就业制度，健全覆盖城乡的就业服务体系。要完善面向所有困难群众的就业援助制度，及时帮助零就业家庭解决就业困难。积极做好高校毕业生就业工作，鼓励引导大学生面向农村、面向基层就业。

三 深化收入分配制度改革，增加城乡居民收入

合理的收入分配制度是社会公平的重要体现。必须深化收入分配制度改革，调整国民收入分配结构，调整和规范分配秩序，形成合理有序的分配格局。首先坚持和完善按劳分配为主体、多种分配方式并存的分配制度，健全劳动、资本、技术、管理等生产要素按贡献参与分配的制度。目的是调动一切能够调动的力量创造更多的社会财富。其次初次分配和再分配都要处理好效率和公平的关系，再分配更加注重公平。再次逐步提高居民收入在国民收入分配中的比重，提高劳动报酬在初次分配中的比重。最后加大个人收入分配调节力度，合理调整收入分配格局。

四 加快建立覆盖城乡居民的社会保障
体系，保障人民基本生活

首先要完善基本养老保险制度。要促进企业、机关、事业单位基本养老保险制度改革，规范城镇职工基本养老保险制度，完善社会统筹与个人账户相结合的企业职工基本养老保险制度，探索建立农村养老保险制度。其次要完善基本医疗保险制度。要全面推进城镇职工基本医疗保险、城镇居民基本医疗保险、新型农村合作医疗制度建设，使基本医疗保险制度覆盖城乡全体居民。再次要完善城乡居民最低生活保障制度。在城市要继续健全最低生活

保障制度，做到应保尽保。在农村要将符合条件的贫困人口全部纳入最低生活保障范围，切实解决他们的基本生活问题。最后要发展慈善事业和商业保险。慈善事业是中国特色社会保障体系的重要组成部分，具有不可替代的促进社会和谐的特殊功能，应当支持其加快发展。商业保险能够满足人们更高层次和多样化的社会保障需要，也应当支持其发展。

五　建立基本医疗卫生制度，提高全民健康水平

健康是人全面发展的基础，关系千家万户的幸福。多年来，我国医疗卫生事业取得了显著成就，但与人民群众对医疗卫生的需求仍然差距较大，存在看病难、看病贵的问题。大力发展医疗卫生服务，是广大人民群众的迫切愿望。首先要坚持公共医疗卫生的公益性质。坚持预防为主、以农村为重点、中西医并重，实行政事分开、管办分开、医药分开、营利性和非营利性分开，强化政府责任和投入，完善国民健康政策，鼓励社会参与，建设覆盖城乡居民的公共卫生服务体系、医疗服务体系、医疗保障体制、药品供应体系，为群众提供安全、有效、方便、价廉的医疗卫生服务。其次要完善重大疾病防控体系，提高突发公共卫生事件应急处置能力。

六　完善社会管理，维护社会安定团结

社会稳定是人民群众的共同心愿，是改革发展的重要前提。随着改革开放不断深入和社会主义市场经济不断发展，我国的经济体制、社会结构、利益格局和人们的思想观念发生了深刻的变化。这种空前的社会变革，给我国经济社会发展带来了巨大活力，同时也必然带来这样那样的矛盾和问题，增加了社会管理的难度和复杂性，必须把完善社会管理作为改善民生和促进社会和谐的重要任务。首先，要推进社会管理体制改革创新。要健全党委领导、政府负责、社会协同、公众参与的社会管理格局。健全基层社会管理体制。坚持以人为本，创新社会管理理念和管理方式，在服务中实施管理，在管理中实现服务，最大限度地激发社会创造活力，增加和谐因素，减少不和谐因素。其次，要妥善处理人民内部矛盾。完善信访制度，健全党和政府主导的维护群众权益机制，统筹协调各方面利益关系，有效预防和化解各类社会矛盾。再次，要强化安全生产管理和监督。要坚持安全第一、预防为主、综合治理的方针，坚持安全生产，完善安全生产体制机制，健全安全生产责任制

度，维护安全生产秩序，有效遏制重特大安全事故发生，维护人民生命财产安全。最后，要健全社会治安防控体系。加强社会治安综合治理，深入开展平安创建活动，改革和加强城乡社区警务工作，依法防范和打击违法犯罪活动，保障人民生命财产安全。

（推荐单位：中共乳山市委宣传部）

服务型政府建设的民意信心指数调查

——以文登市为例

卜章敏　葛新建

一　前言

服务型政府建设的民意信心指数是反映公民对建设服务型政府信心强弱的指标，是综合反映并量化公民对当前服务型政府建设情况的评价和对建设服务型政府前景、预期、趋向的一个先行指标。现代公共管理认为，政府的主要职责是为"公众提供公共产品和公共服务，它必须以确保社会公共利益的实现为己任，以公众满意为根本价值取向"。公民对政府的态度、信心、满意度成为评价政府行为的终极标准。因此，对服务型政府建设情况的评价，应最终落实到服务型政府建设的民意信心指数上。

二　调查的方法与内容

县级政府直接面向基层，在我国各级政府的数量中占较大比重，是我国政府的重要组成部分。对县级政府服务型政府建设状况的探究，有利于把握我国服务型政府建设的真实状况，为今后我国地方政府加快行政管理体制改革，建设服务型政府提供必要的参考。文登市是县级市，我们对文登市服务型政府建设的民意信心指数进行了调查。调研主要涉及服务型政府的公共性、高效性、责任性、制度建设、技术建设及公务人员发展环境建设等方面，体现了文登市近几年在推进行政管理体制改革、建设服务型政府方面所取得的成效。

我们采用多阶段分层随机抽样的方法。首先根据文登市不同地区经济社会发展状况分为南、中、北部地区，然后从每类地区随机抽取 2~3 个片作为二级单元，再从每个二级单元中分别抽取一个单位和村作为三级单元；最终在三级单元内随机抽取所需样本构成总抽样样本。有效样本总数为 207 个，构成情况见表 1。研究数据的处理，全部采用 SPSS11.0 统计软件包进行分析和处理，分析和处理结果见表 2。

表 1　有效样本的构成情况

项目	每个类别的人数比例
性别	男 58.9%；女 41.1%
年龄	30 岁及以下 21.1%；31~45 岁 48.8%；45~55 岁 15.5%；56 岁及以上 14%
受教育程度	初中及以下 12.1%，高中或中专 26.6%；大专及以上 61.4%
政治面貌	中共党员 51.2%；共青团员 12.1%；民主党派 0.5%；群众 36.2%
职业	工人 13.5%；党政机关科级以上干部 14%；党政机关普通公务人员 21.3%；专业技术人员 20.8%；离退休干部 7.7%；下岗或失业人员 3.4%；农村居民 19.3%

表 2　分析和处理结果

测试项目	问题	回答情况		
		肯定性回答	否定性回答	其他
公共性	您认为政府行为主要是为了	满足公众利益 83.6%	满足政府本部门利益 11.1%；满足官员个人利益 5.3%	
	您认为政府行为	能从公众的公共利益出发 53.6%	不能从公众的公共利益出发 4.8%	基本从公众的公共利益出发 41.5%
高效性	您认为政府行为效率	很高 38.6%	很差 3.9%	一般 57.5%
参与性	行政机关在制定和您利益相关的决策时	能经常邀请您参加 8.7%	从未邀请您参加 72.9%	有时邀请您参加 11.1%；偶尔邀请您参加 7.2%
	您的意见在机关决策时	经常得到采纳 7.7%；有时得到采纳 25.6%	从未得到采纳 50.7%	偶尔得到采纳 15.9%
制度建设	您认为"一正两副"模式（仅限于公务人员作答）	利大于弊 55%	弊大于利 11%	很难说 34%
	您通过正当渠道向政府反映问题	能够得到解决 20.3%	不能得到解决 23.2%	有时能够得到解决 56.5%
	您认为政府机关工作人员的违规行为	能够被追究 27.1%	很少被追究 32.4%	部分被追究 40.6%

续表

测试项目	问题	回答情况		
		肯定性回答	否定性回答	其他
技术建设	行政审批服务中心的成立	大大提高了办事效率25.1%；提高了办事效率67.1%	没有提高办事效率7.8%	
	您认为威海市政府网上公开的信息	能够及时更换58%	不能及时更换42%	
	威海市网上公开的信息	能够满足您的需求48.8%	不能满足您的需求51.2%	
	如果采用电子邮件咨询政府的某项政策，您认为	得到回复27.5%	不会得到回复18.8%	有时得到回复30.4%；偶尔得到回复23.2%
	您认为政府推行"网上办公"有成效吗	成效很大20.8%	没有成效21.3%	成效一般58%
公务人员发展环境建设（仅限于公务人员作答）	您认为要想得到领导的赏识主要靠	能力29.4%	关系14.7%	能力加关系52.9%；其他2.9%
	您认为威海市在公开选拔领导干部程序中	各环节都比较公平42.6%	只有笔试公平44.1%；笔试、面试公平但考察不公平11.8%；各环节都不是很公平1.5%	
	您认为您的工作	很忙67.6%	不忙1.5%	一般30.9%
	您认为您现在的工作岗位	能够充分体现您的能力48.5%	不能体现您的能力51.5%	

另外，我们还对能够体现政府行为利益偏好的前四项测试项目即"公共性、高效性、参与性、制度建设"做了性别因素、年龄因素、文化程度、政治面貌及职业的交叉分析。

对服务型政府"公共性"的评价中，两道题目有所差异。为了更准确地获得公民对"公共性"肯定性的认知，我们取两道题目"肯定性回答"的平均值作为公民对政府公共性的肯定性评价，即对政府"公共性"肯定性评价，其中，男性占男性样本的75.8%，女性占女性样本的57.4%；56岁及以上年龄段占其样本的74.2%，46～55岁年龄段占其样本的71.9%，31～45岁年龄段占其样本的68.3%，30岁及以下年龄段占其样本的63.4%；高中（中专）及以下占其样本数的62.5%，大专及以上占其样本数的61.2%；党团员占其样本数的70.5%，群众占其样本数的57.4%；工人占其样本数的67.9%；党政机关工作人员占其样本数的83.8%，专业技术人员占其样本数的45.4%，离退休干部占其样本数的 75%，下岗失业人员占其样本数的 57.2%，农民占其样本数的 67.5%。

对服务型政府效率的总体评价中，认为政府行为效率很高的公民中，男性占男性样本的 42.9%，女性占女性样本的 32.1%；55 岁及以上年龄段占其年龄段样本的 10%，46～55 岁年龄段占其年龄段样本的 16%，31～45 岁年龄段占其年龄段样本的 39%，30 岁及以下年龄段占其年龄段样本的 14%；高中（中专）及以下占其样本的 38.7%，大专及以上占其样本的 39.3%；党团员占其样本的 37.6%，群众占其样本的 29.3%；工人占其样本的 35.1%，党政机关工作人员占其样本的 53%，专业技术人员占其样本的 20.9%，离退休人员占其样本的 31.5%，下岗失业人员占其样本的 28.6%，农村居民占其样本的 35%。

对服务型政府"参与性"的评价中，第一道题目主要测评公民参与机关决策的状况，对参与性的肯定性回答低于 10%。第二道题目主要测评公民影响机关决策的状况。将回答"经常得到采纳"和"有时得到采纳"的选项作为对公民影响机关决策的肯定性回答，男性占男性样本的 72.2%，女性占其样本的 22.2%；55 岁及以上年龄段占其样本的 4.7%，46～55 岁年龄段占其样本的 21.7%，31～45 岁年龄段占其样本的 62.7%，30 岁及以下年龄段占其样本的 10.1%；高中（中专）及以下占其样本的 7.9%，大专及以上占其样本的 38.3%；党团员占其样本的 40.9%，群众占其样本的 17.3%；工人占其样本的 13.8%；党政机关工作人员占其样本的 29.3%，专业技术人员占其样本的 10.1%，离退休干部占其样本的 1%，下岗失业人员占其样本的 0%，农民占其样本的 15.7%。

制度建设方面主要测评"一正两副"模式和"问责制度"制度。党政机关工作人员中，认为"一正两副"模式利大于弊的占 55%。在副科级领导干部中，对其肯定性的评价占 48.3%，对其否定性的评价占 31%，其余的都认为"很难说"。在党政机关普通工作人员中，对其肯定性的评价占 59.1%，对其否定性的评价占 4.5%，其余的都认为"很难说"。问责制度是建设服务型政府一项必不可少的制度。我们认为回答"能够得到解决"和"能够被追究"两个选项的，可以作为测评公民对政府"问责制度"的信心指数。对政府问责制度肯定性评价取两者的平均值。在对政府"问责制度"的肯定性评价中，男性占男性样本的 31.2%，女性占女性样本的 11.7%；55 岁及以上年龄段占其样本的 12.1%，46～55 岁年龄段占其样本的 32.9%，31～45 岁年龄段占其样本的 29.3%，30 岁及以下年龄段占其样本的 12.2%；高中（中专）

及以下占其样本的 19.6%，大专及以上占其样本的 27.7%；党团员占其样本的 24.3%，群众占其样本的 14%；工人占其样本的 21.5%；党政机关工作人员占其样本的 37.2%，专业技术人员占其样本数的 7%，离退休干部占其样本数的 9.4%，下岗失业人员占其样本的 14.3%，农民占其样本数的 27.5%。

三　结论

1. 关于"公共性"的分析

所谓政府的"公共性"是指政府的思考和行为是基于"公共利益"而非"部门利益""私人利益"所表现出的特征和特性。"公共性"是服务型政府的价值取向之一，也是服务型政府的重要特征。为了更准确地获得公民对"公共性"的认知，我们认为回答"满足公共利益"和"能从公众的公共利益出发"两个选项的，可以作为测评公民对政府"公共性"的信心指数。因此，对政府公共性的评价取两者的平均值，即对政府"公共性"肯定性评价的占总样本的 68.6%。同理，可以将回答"满足官员个人利益"和"不能从公众的公共利益出发"两个选项比例的平均值作为对政府"公共性"的否定性评价，占 5.05%。可见，对政府"公共性"否定性评价占极少数，而对于政府"公共性"的信心指数虽然接近 70%，但仍有可提高的余地。在对政府"公共性"的肯定性评价中：男性高于女性；55 岁及以上年龄段最高；高学历群体与低学历群体比例相当；党团员偏高；党政机关工作人员最高，其次是离退休干部。

2. 关于"高效性"的分析

高效性是服务型政府的重要特征。对政府效率的总体评价中，回答"一般"的比例最高，回答"很差"的仅占极少，可见公民对政府效率的评价是比较高的，但政府效率仍有可提高的空间。在对政府"高效性"肯定性的评价中：男性高于女性；31~45 岁年龄段最高；党团员和群众及高学历群体和低学历群体比例相当；剔除党政机关工作人员，最高的是工人和农村居民。

3. 关于"参与性"的分析

公民参与对自己利益可能产生影响的决策，作为公民的一项基本权利，一直是民主的基本诉求。各种参与制度的制定和落实，必将改变传统的公共治理格局，真正地做到政府行为为民服务。第一道题目主要测评公民参与机关决策的状况，通过上面的数字表明公民参与机关决策的概率非常低，说明调查样本总体上对公民参与机关决策状况的不满。因此，我们就没有必要再做性别、年龄段等进一步的交叉分析。第二道题目主要测评公民影响机关决策的状况。上面的数字表明，该状况仍不容乐。在对公民影响机关决策的肯定性回答中：男性大大高于女性；31～45岁年龄段最高；高学历高；党团员高；党政机关工作人员最高。

4. 关于"一正两副"模式的分析

2006年3月开始地方党委换届，党委领导班子模式被确立为"一正两副"，即一名正书记，一名副书记兼政府正职，一名专职副书记。"一正两副"模式，属于党委政府内部的改革，党政机关工作人员对其最有发言权。上面的数字表明，"一正两副"的改革，总体上得到了机关工作人员支持。副科级以上领导干部对其的评价远远低于党政机关普通工作人员，这或许与减少了他们进一步晋升的机会有关。

5. 关于"问责制度"的分析

服务型政府是责任政府，问责制度是建设服务型政府一项必不可少的制度。责任是服务型政府的一项重要特征，包括对外和对内责任两部分，分别由一道题目来测试。我们认为回答"能够得到解决"和"能够被追究"两个选项的，可以作为测评公民对政府"问责制度"的信心指数。对政府"问责制度"的评价取两者的平均值，即对政府"问责制度"肯定性评价的占总样本数的23.7%。可见，对政府责任的肯定性评价很低，说明了在建设责任政府方面的不足。在对政府"问责制度"的肯定性评价中：男性高于女性；46～55岁年龄段最高；高学历群体高；党团员高；党政机关工作人员最高，其次是农民。

6. 关于技术层面的分析

对服务型政府技术层面的评价，主要测评服务型政府在技术建设方面的实效如何，这与政府的利益偏好基本没有相关性。所以对技术层面的评价仅做总体样本的频数统计即可，而没有必要进一步做性别、年龄、职业等体现阶层利益偏好的交叉分析。

服务大厅建设，属于组织流程再造的内容，其目的主要是提高政府机关的办事效率。调查样本总体上对服务大厅的建设是满意的。可见，服务大厅的成立提高了机关的办事效率。

电子政务具有方便、快捷的特点，电子政务的推广、普及能够改变政府传统的等级结构，对政府的变革产生深远的影响。上述数字表明，我国电子政府的建设还处于初级阶段，我们在电子信息公开方面取得了一定的成效，但仍不能满足公民的需求。网上办公取得的成效一般，也不能满足公民的需求。我们在电子政务建设方面有很大的提高空间。

7. 关于公务人员的发展环境建设的分析

服务型政府不仅关注对公民的"服务"，还强调为政府公务人员营造良好的发展环境，不仅要求善待"外部顾客"，也要求善待"内部顾客"。我们设计了4道题目来测评文登市公务人员的发展环境建设状况，题目限于公务人员作答。通过第一道题目可以看出，"能力"和"关系"在公务人员晋升中起着比较重要的作用。综合前两道题目可见，《公务员法》规定的"公开选拔、竞争上岗"制度，并没有很好地抑制职务晋升中的"关系"因素。另外，超过半数的公务人员认为自己的工作"很忙"，但不能体现自己的工作能力，说明公务员制度中"激励机制"不尽如人意。

通过上面的分析，我们不难得出如下结论。

第一，在服务型政府建设中，公民对"服务大厅"的信心最高，高达92.2%，说明"服务大厅"的建设达到了预期的目的。公民对"参与性"和"问责制度"的信心最低，分别为8.7%和23.7%。这说明我们在这两方面建设存在不足。

第二，性别因素、职业因素与服务型政府建设信心存在比较大的相关性。在对政府"公共性、高效性、参与性、制度建设"的交叉分析中，性别因素是一致的，即男性对其肯定性评价都要高于女性；职业因素基本一致，即党政机关工作人员、离退休人员及农民对其肯定性的评价高于其他职业。这说明按照"性别、职业"两个标准划分群体进行行政行为是比较科学的。

第三，文化程度、政治面貌因素与服务型政府建设信心相关性不大。在对政府"公共性、高效性、参与性、制度建设"的交叉分析中，高学历群体、党团员对它们的信心相当于或略高于低学历群体、群众对它们的信心。这说明受教育程度和意识形态灌输对公民影响力的减弱。

第四，年龄因素与服务型政府建设信心基本没有规律。在对"公共性"的肯定性评价中，55岁及以上年龄段评价最高；在"高效性"的肯定性评价中，31~45岁年龄段最高；而在对"问责制度"的肯定性评价中，46~55岁年龄段最高。这说明以此为标准划分的群体利益的多样性。

（作者单位：中共文登市委党校）

加强党校文化建设的几点思考

董丽霞

党校是在党的领导下进行理论宣传和干部培训的主阵地和主渠道，是干部党性锻炼的大熔炉。党校文化是中国先进文化的组成部分和重要体现，是党校生存与发展的基础，是党校人生活的精神支柱。在新的形势下，完成党赋予的光荣使命，培养出更多德才兼备的优秀人才，是党校追求的根本目标。要实现这一目标，创建一流党校，必须有与之相适应的党校文化。党校要发展，必须努力加强党校文化建设。

一 党校文化建设的内涵和特点

党校文化是党校全体员工在履行职责过程中，为了适应组织存在与发展的需要，在长期实践中逐渐形成的个性鲜明的价值观、办学理念、制度规范、行为方式和外部形象的总和。

1. 党校文化建设的内涵

党校文化的内涵从文化建设的类型上来说，主要包括党校的物质文化建设、制度文化建设和精神文化建设三个方面。

（1）党校的物质文化

党校的物质文化是党校文化的物质载体和物化形态，包括校园、教室、教材、设施、景观环境等物质文化部分，也包括社会上可资利用的各种物质条件，是党校文化的外在和表层部分。

（2）党校的制度文化

党校的制度文化主要是党校进行组织管理的基本规范，它以促进党校内部人与人之间和谐共处和维持党校的正常工作、学习、生活秩序为目的，既包含伦理道德、生活习俗、人际交往等具有软约束力的规定，也包含内部利益分配制度、用人制度、学习制度、奖惩制度、廉政制度、工作制度等硬性的规范。党校的制度文化部分，是党校文化的中间层次。党校的制度文化建设具有长期性、稳定性、全局性的特点，能确保党校各项工作的正常运行。

（3）党校的精神文化

党校的精神文化主要是党校全体员工对党校的价值观、工作理念、发展战略、道德选择、情感追求、审美情趣等方面的价值取向总和，是党校文化建设的核心和根本，也是党校文化构成的深层和核心部分，它属于学校的软件组成部分，它虽然是无形的，却是党校这个有机体的"灵魂"，它构成了党校文化的基石。

2. 党校文化的特点

从整体上来看，党校文化的内涵有三个特点。

（1）党校文化具有姓党的特点

党校是党委的一个重要工作部门，是共产党办的学校，党校的性质、地位和作用决定党校是与党紧密联系在一起的，党校姓党，党校的命运历来是与党的命运和任务联系在一起的。党校姓党是党校工作的根本原则，党校文化也不可避免地带有鲜明的政党特征。

（2）党校文化具有突出的校园特色

党校作为培养干部的学校，首先它是学校，以教学为中心，以科研为基础，在学科体系、教师队伍、教育规律等方面，都具有普通高校的一般特征。党校文化具有校园文化的基本属性，是以校园文化为重点，校园文化与机关文化相融合的多元文化。

（3）党校文化具有明显的干部教育特点

党校不是一般的高校，它以领导干部为培训对象，充分体现了党校教育是干部队伍建设的重要组成部分。因此，党校文化在核心价值观、办学理念体系和行为准则等方面，都围绕干部教育的特殊要求而展开，具有明显的干部教育特点。

二 党校文化建设的必要性

党校文化作为一种特殊的校园文化，对党校乃至社会发展发挥着重要的垂范作用。作为中国特色社会主义政治文化的有机组成部分，党校文化以其强大的文化渗透力浸入现实政治文化的各个方面，对党校以及党的事业发展可谓意义深远，主要体现在以下四个方面。

1. 党校文化建设有助于激扬党校教育的活力

党校作为学习研究马克思列宁主义、毛泽东思想和中国特色社会主义理论体系的重要阵地，作为培养党政领导干部的主渠道，作为干部增强党性锻炼的熔炉，在领导人才的培养中具有不可替代的重要作用，担负着特殊重大的历史责任。党校文化的各方面建设，都会对学员产生深远的影响。因此，把党校文化建设好，使之具有先进性，通过文化建设，搭建平台，凝聚人心，激发活力，增强干部培训的针对性和时效性，使之形成大批"政治靠得住、工作有本事、作风过得硬、人民信得过"的干部，有助于激扬党校教育的活力。

2. 党校文化有助于实现对社会化的示范作用

党校生活在社会中，党校文化具有强大的社会引导功能。通过党校文化建设，充分发挥文化的社会功能，将健康的、先进的文化从党校校园辐射到全社会，最大限度地发挥先进文化对人的教育、培养、塑造作用，为加强社会主义精神文明建设做出贡献。因此党校文化有助于实现对社会化的示范作用。

3. 党校文化建设有助于党校自身的发展需要

党校的目标是为党的现代化事业服务，而党校文化则为党校的发展起到一种强大的推动作用。它有助于促成党校内部种种关系的和谐，有助于全体教职工意志与潜能的发挥，最终有助于促进党校各项工作的开展和党校自身的发展。

4. 党校文化建设有助于落实科学发展观，构建和谐社会

以人为本是科学发展观的本质和核心，是构建社会主义和谐社会的基本要求，同样也是开展党校文化建设，构建和谐校园的要求。开展党校文化建设，就是为党校和谐发展创造环境、营造氛围、搭建平台。用科学发展观解决党校发展中遇到的各种问题，努力实现人和自然环境的和谐、人和制度的和谐、人和人的和谐，促进人的全面健康发展。

三　进一步加强党校文化建设的对策建议

党的十七大提出了"推动社会主义文化大发展大繁荣"的重要任务，并强调指出："当今时代，文化越来越成为民族凝聚力和创造力的重要源泉，越来越成为综合国力竞争的重要因素，丰富精神文化生活越来越成为我国人民

的热切愿望。"根据十七大精神要求，结合党校实际，笔者对加强党校文化建设提出三点对策建议。

1. 建设党校的精神文化

党校的价值观是指党校全体教职工在追求目标的活动过程中所推崇的基本信念和奉行的准则，对于价值观的一致认同将形成一种核心价值观，即党校精神。它是党校内部全体教职工群体心理定式的主导意识，是党校的办学宗旨、价值准则和管理信条的集中体现，它构成了党校文化的基石。党校的核心价值观应突出一个最主要的特征，就是以人为本，以培养人、塑造人、提高人的人本主义思想为导向。众所周知，长期以来，我们一致认为"实事求是"既是党校校训，也是党校精神。但随着时代的发展，对干部培训提出了更高要求，这就需要对新时期党校精神进行新的拓展和延伸，用不断完善的党校精神引领党校人向更高目标迈进。笔者认为今天党校精神还应包括以下几层含义：忠诚、敬业、创新。

（1）忠诚

就是忠诚于党，忠诚于人民，忠诚于马克思列宁主义、毛泽东思想和中国特色社会主义理论，忠诚于党校教育事业。

一要做到政治坚定。始终不渝地坚信马克思主义、坚信社会主义、共产主义，有坚定的共产主义理想和走中国特色社会主义道路的信念，牢固树立正确的世界观、人生观、价值观，提高政治敏锐性，增强政治鉴别力。

二要做到与党中央保持一致，以做好党校工作的实际行动来支持党的工作全局。

（2）敬业

就是要有强烈的事业心和责任感，热爱党校教育事业，争做党校的主人，认真履行岗位职责，努力提高自身素质，老老实实做人，认认真真做事。以严谨的作风对待每项工作，爱岗敬业，诚实守信，一切以党校事业为重，为党增光，为人师表，正确对待岗位、职称和名利。

（3）创新

为了更好适应新世纪新阶段面临的新形势、新任务，党校在坚持"党校姓党"原则的同时，必须继续解放思想，与时俱进，创新办学视野，用开放的观念办党校、用创新的精神办党校、用企业的思维办党校、用宾馆的服务办党校、用军人的作风办党校、用社会的资源办党校，树立党校发展的新理念、新观念。

一要创新培训模式。长期以来，干部到党校培训，靠的是组织调训和计划培训，这种模式已经显得相对滞后。随着培训资源市场化趋势明显，随着经济社会的迅猛发展，我们要用经营的理念指导培训，灵活利用党校优势培训资源，除了办好主体班次外，要面向社会，面向市场，不拘一格，与各行各业各专业团体开展各类干部和人才培训。

二要创新培训内容。在教学内容的设置上要体现动态性，及时把各级市委、市政府的有关精神体现到教学中来，把国内外经济社会科技发展中的重大问题纳入课程体系中；要体现丰富性，及时把一些新形势、新知识、新技术引进课堂，使学员不断更新知识、拓宽视野；要体现实践性，加大省情、市情的研讨，逐步建立起体现时代特点、具有本地特色、适应干部需求的教学格局和课程体系，增强教学的针对性和时效性。

三要创新培训方法。为提高党校的培训质量和效果，有些党校探索出了"三个三分之一"的教学模式，即教师讲授、开展活动、自学与交流各占教学时间三分之一的教学模式，最大限度地调动了教师和学员两个方面的积极性，使得静态、被动的教授知识过程变成了一场教学互动、共同参与的探讨过程，极大地提高了学员参与学习的积极性，增强了教学效果。

四要创新教学管理。要牢固树立以学员为中心的理念。善于从学员的角度来规划教学管理工作，坚持用学员的评价作为衡量教学工作的基本标准，不断提高党校的服务水平。

2. 建立好党校的制度文化

要使一个组织的理念、核心价值观贯彻到日常运行和教职工行为中，最重要的就是确立和通过一整套规范的管理机制，实施有效的引导，使每位工作人员始终以良好的精神状态向着既定的目标拼搏，使全体人员的一言一行能够较好地体现出党校精神文化。因此，通过开展党校文化建设，重新修订和完善各项工作制度、工作标准和程序，继续制定和完善"绩效考核责任制"，以此提高管理的科学化、规范化和制度化，达到管人管事秩序井然，工作运转优质高效。

（1）建立五种机制至关重要

这五种机制是建立竞争机制以优上劣下；建立约束机制以使他律自律结合；建立激励机制以奖勤罚懒；建立合理分配机制，以按岗位贡献大小分配；建立责任追究制度以明确责任。还要在抓干部队伍、抓精神鼓励、抓机制完善、抓重点突破等方面形成一套规范的制度。特别是要完善全体教职工通过学习提高素质制度，在全校形成良好的学习氛围；坚持抓以马克思主义中国化的最新理论成果武装全校党员和教职工的素质教育工程，坚定教职员工的理想与信念；采取多种寓教于乐的主题活动，凝聚人心、激发创造活力、推动发展，引导和教育教职工成为能讲、能写、能干"三能"教职工。使人人都提高素质，增强修养，想干事，能干事，干成事，出名师，出品牌，出名篇。

（2）制定教职工行为规范

一要"高"。就是高起点、高标准，能够反映出党校的工作性质和地位。

二要"严"。就是要体现出严格要求，严于律己，严守纪律。

三要"细"。就是要细致入微，各项工作都要有目标、有标准、有检查、有考核。

四要"实"。就是工作责任要落实，使每个人都明确要干什么、怎么干，明确哪些事能干，哪些事不能干。将任务分解到各部门、各直接责任人。使目标任务看得见、摸得着、可操作、易考核，做到一级抓一级，层层抓落实。只有这样，才能够真正把以人为本落到实处，才能促进党校事业和党校文化的健康、和谐发展。

（3）加强对教职工的人文关怀

党校文化建设核心在"人"，因此在党校制度文化建设中要始终坚持以人为本、处事公道、正派、廉洁，不断完善竞争、约束、激励、分配机制，特别要形成良好的用人导向。党校领导要做到关心人、凝聚人、塑造人、鼓舞人，实行人性化管理，在关心干部职工的工作、生活、成长等方面做更多、更深入、更细致、更实在的事情，为广大教职工努力创造良好的工作环境和个人发展空间，充分调动大家的工作积极性。做好这些工作，就是要让大家感到，党校是一个讲政治、讲团结、讲正气、富于生机和活力的战斗集体，是一个能够促进人的全面发展、可以放手干事业和实现人生价值的地方，是一个充满关爱、充满温暖、充满人情味的大家庭。

要正确处理好"三个关系"。一要处理好以人为本与党校中心工作的关系。我们的工作是育人的工作，是要实现人的自由全面发展的，如果脱离中心工作，以人为本就缺乏必要的物质基础和保证，也难以实现人的尊严和价值，因此，二者是相辅相成，和谐统一的。

二要处理好个人利益和公共利益的关系。实现好、维护好、发展好个人利益是以人为本的集中体现，但人的利益是多元的，不能只顾眼前利益、具体利益和个人利益，要与长远利益、根本利益和公共利益和谐统一起来，找到其中的契合点。

三要处理好以人为本与制度约束的关系。制度和纪律是管理的主要手段，必须以制度管人、管事，制度必须体现人性化，但不能以此降低制定制度和执行制度的规范性和严肃性。科学发展观明确指出坚持以人为本，目的就是促进经济社会和人的全面发展。人是生产力诸要素中唯一能动的要素。人不仅具有内容无限丰富的需要，而且具有无限发展的潜能。只有以人为本，才能把人的潜能充分开发出来。

只有正确处理好以上三个关系，才能真正把以人为本落到实处，才能促进党校事业和党校文化的和谐发展，才能使我们的学校充满活力，充满无限发展的生机。

（4）必须建立科学、规范、完善的干部教育培训制度

建设党校制度文化必须搞好干部教育培训制度体系建设。在学员管理上，强化党性锻炼手段，推行学时学分制，建立完善培训档案，与组织人事部门一起建立学员跟踪考核、监督约束制度等。一方面，要通过建立"亲民服务型"党校，牢固确立"为学员服务"的观念，带着感情为学员提供热情、精心、周到的服务，把学员的满意作为我们工作的最高标准。另一方面对学员要大胆管理，要做到"六严"，即严格教育、严格组织生活、严格组织纪律、严格管理、严格考试考核、严格监督。

3. 建设党校的物质文化

党校作为党政干部学习和培训的重要场所，物质文化建设是党校文化建设的重要组成部分和重要的支撑。党校物质文化的每一个实体，以及各实体之间结构的关系，无不反映了党校的教育价值观。完善的设施、合理的布局、各具特色的建筑和场所，要体现出党校朴素、庄严、团结、向上、科学、和谐的文化气息，使人心旷神怡、赏心悦目，让每个生活和学习在这一环境中的人自觉地受到熏染和陶冶，精神境界得到升华，促进人的身心健康发展。我们要抓住《中国共产党党校工作条例》颁布的历史机遇，积极争取，科学规划，筹集资金，加大投入，加强加快基础设施建设，以满足和适应扩大干部培训规模的需要。还要抓好设施的配套，美化绿化校园，设立宣传、报刊橱窗和一些文化内涵深、具有党校特点的标牌。更新一些体育设施，建立职工健身房和活动室等。尤其是党校的信息化建设要上台阶、上水平，要跟上社会的发展步伐，充分利用好局域网和校园网，搞好信息化教学。通过环境和设施建设，营造浓厚的、具有党校特色和风格的校园文化氛围。

党校文化作为一种管理文化，体现在党校工作的方方面面，最终将上升为一种精神，根植于全体教职工的心中，在教职工的行为中表现出来。因此，建设良好的党校文化，从物质环境的建设到行为制度的确立直至精神文化的

塑造，各个环节都是紧密相连，相辅相成的，最终才会形成一种健康向上的文化氛围。党校文化建设是一个系统工程，也是一个不断推进、长期积累的过程。党校文化建设是一项长期的任务，是加强和推进党校建设的重要举措，只要我们长抓不懈，稳步推进，我们的党校文化建设就会取得成效，全体教职工就会在党校文化精神的激励下形成共识，规范言行，努力工作，我们党校的工作就会上档升级。

（作者单位：中共荣成市委党校）

论冷战后联合国在维护
世界和平中的困境

隋书卿

作为由主权国家组成的最具有普遍性的政府间国际组织，联合国的首要目标是维护国际和平与安全。冷战后，在全球范围内，宗教纷争、领土争端、种族屠杀、恐怖活动不断发生，维护世界和平的任务依然严峻。联合国在这方面做了积极努力，取得了一定成果，但仍有很多力不从心之处。本文拟分析其中的困境，并对联合国维护世界和平的前景进行预测。

一 职能危机：国际效力的缺失

20世纪90年代，国际形势发生了巨大的变化，世界终于摆脱了冷战的困扰，进入了新旧秩序交替的时期。联合国也以新的姿态积极作为，在维护世界和平方面做出了一定的贡献，但也面临重重困境。

（一）维和行动的失效

冷战后，联合国的维和行动在数量和质量上都发生了重大变化。冷战时期，维和行动只有13次，平均约4年1次；冷战后，维和行动有40多次，平均每年近4次。同时，冷战后联合国在缓解冲突、监督停火、促进谈判等方面的作用日益彰显。但是，随着联合国维和行动在数量和规模上的急剧扩大，其行动需要和行动能力之间的矛盾日益显露出来，并导致了一系列维和行动的失败。1992～1993年在柬埔寨的维和行动中，联合国虽然促成了有关冲突各方的和解，但是联柬机构撤出以后，柬埔寨局势再次出现了动荡。1994年，联合国未能及时制止发生于卢旺达的种族大屠杀，近百万无辜者被杀害。

1992 年，联合国索马里行动只是将索马里各派的矛盾暂时压下，并没有解决。1993～1995 年，联合国开展第二期索马里行动，维和人员不但没有遏止肆虐的内战和饥荒，而且伤亡惨重。在 2003 年伊拉克与美英的冲突中，联合国更显得软弱无力。总体而言，联合国解决的许多地区冲突，都未能取得令人满意的效果。

（二）军控与裁军的艰难

冷战后，联合国在军控与裁军领域取得了一定的进展：开始实行常规武器登记册制度，进一步扩大和加强了核不扩散机制，通过了《禁止化学武器公约》等。但这些成果大多只具有倡议和督促作用，难有实质性成效。

首先，核问题难以解决。联合国在创立核不扩散机制的过程中发挥了重要作用。但核不扩散机制是一个有关国家自愿加入的机制，对于尚未加入该机制的国家没有约束力。1998 年，印度、巴基斯坦两国公开发展核武器。国际社会虽然通过了一个否认印度和巴基斯坦成为核国家的联合声明，但联合国并未能采取有力行动阻止南亚核军备竞赛。印度、巴基斯坦的核试验在国际社会产生了极为恶劣的影响。近几年，朝核问题几经周折，多边会谈不断举行，联合国似乎成了边缘机构。当前，伊朗核问题如火如荼，伊朗拒绝执行安理会决议，联合国的职能危机再次凸显。

大国核裁军更是难见成效。大国拥有世界上的绝大多数军备，大国裁军对于国际裁军起着关键的作用，但操作起来艰巨而复杂。某些大国至今仍未做出不首先使用核武器的承诺。美俄保持着庞大的核武器库，其核裁军主要是削减已部署的战略运载工具及其所携带的核弹头的数量，部分核弹头只是从临战状态的运载工具上卸下来，需要时还可重新安装。同时，美国不顾国际社会的反对，坚持试验和布置导弹防御系统，并启动核武器小型化的研究。俄罗斯也加强了对核武器的更新。在大国裁军和军控方面，联合国更是难有作为。

其次，常规军控亦无良策。冷战后，虽然未发生大规模的世界大战，但是局部冲突不断。常规武器成为实战性的武器，破坏着世界和平。一些国家为了自保，加大对常规武器的研制，并向某些军事大国购买大批较先进武器，引起邻国的警惕，刺激邻国对常规武器的研制与购买。虽然联合国实行了《常规武器登记册》制度，但只是要求会员国每年向秘书长报告其常规武器的盘存数量和进出口数量，并未规定具体的限制常规武器发展的措施，难以对常规军备竞赛形成有效控制。

（三）反恐能力的不足

冷战后，恐怖主义犯罪成为严重威胁国际社会安全的焦点问题之一，许多国家把反恐提高到国家安全的战略高度，不断加大反恐投入。但恐怖主义犯罪并未减弱，反而呈愈演愈烈之势。联合国在反恐方面通过了一些决议，采取了一些措施，但成效甚微。

首先，联合国未能建立一个具备普遍权威的反恐合作的条约机制。由于国家利益、意识形态、民族传统、宗教习俗等因素的影响，各国对恐怖主义的认识存在较大差别，联合国尚未总结出被国际社会广泛接受和可操作的关于恐怖主义的定义。同时，联合国反恐委员会也未能制定出综合性的反恐公约，反恐的条约体系支离破碎，给一些国家在反恐中推行双重标准留下了可乘之机。

其次，联合国在反恐中未能发挥主导作用。联合国的反恐活动受制于美国，偏重于打击反美的恐怖主义，而不是积极协调和介入世界各国的反恐斗争。联合国通过的一些反恐决议体现了美国的国家利益，某些反恐公约的制定也明显带有美国的痕迹。近期联合国主导国际反恐斗争的可能性很小，因为它在应付新形式的世界恐怖主义战争给全球安全带来的威胁方面缺乏能力。

二　制约因素：难以解决的悖论

冷战后，联合国在维护世界和平方面障碍重重，既有国际政治现实的原因，也与其自身机制的不完善有关。

（一）无政府状态的国际体系决定了联合国难有作为

当代国际关系理论大师肯尼思·沃尔兹认为，国际社会如果有什么本质的经久不变的特征的话，那就是无政府状态。联合国的建立并未能改变国际社会的无政府状态。联合国不是世界政府，它的权力来源于成员国的授予，它发挥作用的基础是各成员国在联合国内的协调与合作。就国际行为体而言，冷战后，主权国家仍是第一位的，国际组织只能是第二位的。因此，联合国维护世界和平的能力是有限的。

1. 国家间彼此的疑惧和对相对获益的追求制约着它们在联合国内的合作

在国际无政府状态下，国家之间产生冲突时，不存在像国内那样的中央政府来确保国家的安全，因此，这一无政府状态的直接结果是，各主权国家处于一种"自助体系"中。在这样一个体系中，国家为了自身的安全，只能时刻警惕其他国家，更加关注体系内自身的相对实力与相对获益，以不断提高或维护自身在体系中的相对地位。只要双方担心对方会把增加了的能力用于不利于自己的活动，那么，即使双方共同获益的前景很好，它们还是不会合作。

2. 国家利益的分歧妨碍着联合国决策的通过和执行

在国际无政府状态下，国家利益是各国追求的核心内容。联合国的国际组织性质决定了它在这个无政府状态的"国际丛林"中只能是各国维护自身利益的一种工具。各国对国家利益的追求，决定了联合国形成决策的困难。在决策过程中，各国从自身利益考虑，往往意见相左，导致决策过程复杂冗长，甚至无法进行下去，使联合国的权威和效率大打折扣。另外，即使联合国通过了某项集体行动的决策，如果这一集体行动可能会损害某参与国的政治、经济或安全利益，该参与国为了自身的国家利益也会选择放弃集体行动。

3. 权力政治的现状影响着联合国作用的发挥

在国际无政府状态下，各国之间的敌友关系存在不确定性，权力是一项重要的维护和实现国家利益的手段。从国际制度和权力政治的关系来看，国际制度相对于权力政治而言是居于第二位的因素，其作用的发挥受权力政治的制约。例如，在国际组织建立的过程中，强国制定规则本身就是权力政治的体现。由于权力可以决定谁能够参与国际制度，能够决定博弈规则，能够改变博弈局面，所以联合国的规则总是由大国制定，修改规则也只有得到大国的认可才能实现，联合国的决议、行动也往往更符合大国利益。这种不平等性制约了联合国在维护世界和平时正义与公正原则的实现。

4. 国际力量对比的失衡削弱了联合国的国际效力

冷战后，无政府状态下的国际力量对比严重失衡。虽然从长远来看多极化是一种不可逆转的发展趋势，但目前"一超多强"的局面是不可否认的现实。当前美国的国民生产总值占全球国民生产总值的30%，军费开支高居榜首，相当于在它之后15个国家的总和。美国超强的实力使其他国家很难对它形成制衡。由于国际力量对比的严重失衡，美国肆无忌惮地推行单边主义，对联合国采取工具主义的政策，能满足其利益时，把它当作橡皮图章；不能满足其利益时，则将其撇在一边，自行其是。伊拉克危机正是国际力量对比失衡的结果，它是对联合国权威的一次沉重打击。

（二）不完善的自身机制影响着联合国作用的发挥

联合国机制的建立是尝试解决国际无政府状态下的安全困境的一次努力，但机制本身存在诸多矛盾与缺陷，使其很难发挥预想的作用。

1. 决策机制不完善

根据《联合国宪章》（以下简称《宪章》）的规定，安理会处于联合国维持世界和平与安全机制的核心。联合国大会可以讨论维护和平与安全的任何问题并向安理会提出建议，但最终决策权归于安理会。联合国大会提供建议而安理会做出决定的规定，使安理会拥有在有重大政治意义的问题上可以间接控制大会的职能。而安理会实行大国一致原则，小国几乎没有发言权，这显然与《宪章》规定的大小国家一律平等的原则相矛盾。另外，当问题牵涉到大国或其相关利益时，安理会便不可能做出有效的"断定"，更不可能采取任何强制制裁措施。可见，联合国的决策效率和决策公平性的欠缺是其不容忽视的弊端。

2. 执行机制不健全

联合国权力的行使中存在着自身无法克服的矛盾。《宪章》确定了国家主权独立、不可侵犯的原则，同时又赋予了联合国一些超越主权、干预主权国家事务的权力。正如摩根索所论述的："《宪章》在序言的条款中宣布的主权平等原则是与《宪章》正文中关于实际职权分配的规定相矛盾的。"这一矛盾就是主权国家和有效国际组织之间的矛盾，它在理论和实践上都是不可调和的。国际组织要有效，就必然损害它的成员国的主权；成员国要是强调它们的主权，就必然损害国际组织的有效性。可见，联合国执行权力与成员国维护主权之间存在着无法解决的冲突。

3. 法律机制不完备

《宪章》是现代国际法最重要的渊源，它所确立的原则是联合国及其会员国在实践中必须遵循的法律依据。但是《宪章》的内容大多是概括性规定，给《宪章》的解释带来了困难。很多会员国利用《宪章》的不确定性，从本国利益出发来解释《宪章》。结果是，有些会员国以及联合国的活动有可能与《宪章》的原始立法意图不同甚至背道而驰。例如，《宪章》第51条对自卫作为非经联合国安理会授权合法使用武力的例外情况进行了规定，强调自卫权行使的前提条件是"受到武力攻击"，但它对武力攻击的主体、客体、规模、严重程度等没有做出明确的界定。这就在客观上提供了对自卫权的适用范围做宽泛解释的可能性。美国的"预防性自卫权"便应运而生，并付诸实践。

这种对《宪章》内容任意扩大的解释无异于违背了《宪章》的本意，也严重损害了联合国的权威。

三　结论

国际政治的现状以及联合国内部诸多无法解决的矛盾决定了联合国的国际效力的有限性。当前，国际社会为提高联合国效率进行了积极努力，尝试通过改革来完善联合国机制，使其更好地发挥作用。但是改革牵涉到各国的战略利益，复杂而又矛盾重重，将是一个长期的讨价还价的艰难过程。美国学者戴维·里夫（David Rieff）指出："归根结底，这些改革是解决一种疾病的某些症状，但绝不是全部症状的积极步骤。"可见，联合国很难通过改革解决所有问题。只要无政府状态的国际体系的本质不发生质变，我们就不应对联合国抱有过高期望。

虽然联合国存在这样那样的缺陷和不足，但是每当遇到重大国际问题的时候，人们还是不约而同地想到了联合国。迄今为止，没有一个国际组织可以完全取代联合国在维护世界和平方面的作用。首先，越来越多的国家认可联合国的地位与作用。目前，联合国的会员国已从建立初期的 51 个发展到 192 个，几乎囊括了全球所有的国家。绝大多数会员国能够认识到坚持《宪章》的重要性。其次，全球化的发展也加大了国际社会对联合国的需求。全球化意味着全球范围内相互依存关系的扩展和深化。恐怖主义、武器扩散等全球性问题是单独一国无法解决的，需要全球范围内的通力合作。在全球化时代，唯有联合国才能应对任何一个国家即使是最强大的国家也无法应对的全球性问题。最后，从长远来看，联合国通过自身机制的逐步改进会在一定程度上增强其国际效力。

总之，联合国虽然危机重重，但其作用是不可替代的，它将在艰难中跋涉，继续发挥维护世界和平的作用。

（作者单位：中共威海市委党校）

华夏民族理性思维的基石

——对老子"道"的形而上学新解

卢美华

有人认为中国传统文化仅仅局限于道德说教，缺乏表现为理性思维的形上之学。其实不然。中国传统思想文化固然注重道德伦理实践，但也有丰富而深邃的理性思维。以"道"为理论核心的老子哲学就是中国形而上学思维的最早表现形式。老子哲学以深奥玄远、气韵清高、寓意深刻的学风体现了中华民族的最高智慧，构成了中国思想文化的最深层结构，是中华民族思想文化的"大树之根"。

一 "道" 是物质性的客观实存

关于《老子》哲学中"道"的性质，学者们看法各异。有人认为道是精神性的东西，也有人认为道是纯粹的虚无，还有人认为道是作者的主观虚构，等等。笔者认为，如果从现代哲学的层面看，老子的道是具有现代"物质"意义的哲学范畴。首先，不应将道理解为绝对的虚无。老子固然将"道"说成"无"或"冲"（傅奕本作"盅"。《说文》：盅，器虚也）。但道的"无"或"冲"只是指道本身"无形""无名"，即没有日常事物那种种规定性、不可言说而言，并非绝对的虚无。老子在描写道体时强调：

> 道之为物，惟恍惟惚。惚兮恍兮，其中有象；恍兮惚兮，其中有物。窈兮冥兮，其中有精；其精甚真，其中有信。自今及古，其名不去，以阅众甫。吾何以知众甫之状哉！以此。

　　这段话的大意是，道这个东西，虽然恍恍惚惚，深远暗昧，没有固定的形体，却具有一种不见其形的形象，具有像物那样的客观实在性。它是一种精微之物，其存在是可以信验的、真切的。它是永恒的，亘古长存的。根据道便可以认识万物之始。我怎么知道万物的本体是窈冥无形的道呢？就是根据道是如此的实实在在的精微之物。道窈冥之中有精质，恍惚之中有形象，人们却不易感知，它是"无物"。

　　老子对道这个精微之物又做进一步解释，他说：

　　　视之不见，名曰夷；听之不闻，名曰希；搏之不得，名曰微。此三者不可致诘，故混而为一。其上不皦，其下不昧，绳绳兮不可名，复归于无物。是谓无状之状，无物之象，是谓惚恍。

　　这就是说，道没有日常事物那样具体的形象，其形体不像日常事物那样被人们所感知（视之不见，听之不闻，搏之不得），所以，称之为"无状之状，无物之象"，亦即"大象无形"之大象。大象就是一种无任何具体规定性的形象，它的形象就是没有形象，并非空空如也。老子说"湛兮，似或存""绵绵若存"，就是明证。

　　这个虚无的道，也是无限的。时间上，它"应之不见其首，随之不见其后"。无始无终，周流不息，连绵不绝地运行着；空间上，充斥天地，既无限大，又无限小。如：

　　　天下皆谓我："道大，似不肖"。夫唯大，故似不肖。若肖，久矣其细也夫！

　　道常无名，朴虽小，天下莫能臣。这是说道是无限大的，它不像任何具体的东西，正因为它不像任何具体的东西，所以它才是道；道又是无限小的，它幽微而不可见，天下却没有人能臣服它。后期道家对此思想做了概括，认为："道在天地间，其大无外，其小无内。"这就是说，道广大无边，无细不入，包裹天地，禀授无形，永远在时空中运行着。

　　然而，也不能将道看成精神性的东西。《老子》今本认为"道之为物"、帛书甲乙本"道之为物"皆作"道之物"，都是在说道体是客观性实存。竹简本说的一段话更清楚地说明了这个问题：

> 天地者，太一之所生也。……下，土也，而谓之地；上，气也，而谓之天。道亦其字也。

这里的"道"或"太一"就是混沌之物，是宇宙之本体。它是完全没有意识、目的和作为的。所谓"生而不有，为而不恃，长而不宰""无欲""无为""道法自然"，等等，都是在说道产生、孕育万物而不为主，不像神或上帝那样，创造万物，却将万物视为囊中之物，长而宰之，施恩而自负。这显然以无意识、无目的的道否定了有意志、有作为的观念性的神。

既然道不是绝对的虚无，不是精神性的东西，必然是物质性的存在。老子对道的描述极为详备，既有对道的特征和功能的阐释与概括，也有对道的实存性的理论论证，都可以说明道并非虚而不实的主观虚构，而是物质性的存在。如"有物""有象""有精""有信"，是在谈"道之为物"；所谓"微""希""夷"等，是在谈道的态势；"道常无名，朴""朴散则为器"，是在说道生万物。但道的这种物质性的实存，并不是物质的具体形态，而是物质性的抽象，乃是宇宙万物的普遍本质。它相当于万物深层的物质基础，不同于我们日常所见有形有象的具体物。因此，道"视之不见""听之不闻""搏之不得"。老子将具有抽象性的、无任何规定性的、物质性的道作为宇宙万有之本，并不是虚构，不仅具有深刻的含义，也合乎逻辑，也称得上中国古代哲学思想中最为闪光的东西。冯友兰先生认为："道既是万物之所由来，它就不是万物之一；如果它是万物之一，它就不是万物之所由来。"这就是说，产生具体万物的本体，不可能是与具体物处于相同层次上的具体物，必须是更深层次的东西，是处于相同层次上的种种具体万物的否定物。如果将具体物视为"有"，则这种否定物当然应该是"有"的否定物，即"无"。因为道即"无"，它无任何规定性，因此，它潜在地包涵无限的质，包含产生具有规定性的万物的可能性。但如果道有了规定性，则与万物处于同一层次上，不能成为宇宙万物之母。我们认为，宇宙的最后根源和物质始基虽然不大可能什么规定性也没有，但肯定不会具有世界万物那纷纭复杂、无限多样的规定性。宇宙万物的根源相对于具有无限多样规定性的宇宙万物而言，是一种可以称为"无"的客观实在物。

二 道是有与无的统一

老子确定了"道"这个宇宙万物的本原，就可以用"道"解释宇宙世界的任何事物和现象。在中国哲学史上，老子首先提出了"有"和"无"这对范畴。有人认为，老子对有与无关系的阐述，与黑格尔在《逻辑学》中所讲的有与无的关系相差不多。有，就是感觉到的存在；无，就是感觉不到的存在。既然感觉到有，那就是一般的存在；既然感觉到无而又存在，那就是绝对的存在，也就是"道"。存在是物的性质，不存在的存在即绝对存在，那自然就是类乎"绝对精神"的本体了。这种观点，绕来绕去，硬是把"道"与"绝对精神"两个本质属性不同的本体捏合在一起。在黑格尔那里，绝对观念纯粹是精神世界的东西，也是世界万物的本原，又是宇宙一切的精神家园。有和无的概念乃是其逻辑体系的开端，所指的也仅仅是纯粹的思想领域，其内容是极其空洞、抽象的。有是纯粹的存在概念，无是绝对的否定，是纯粹的非存在概念。有与无的对立与同一，就是纯粹的存在与纯粹的非存在的对立统一。二者指谓上有差别，实质是一回事。纯粹的存在与纯粹的非存在，只不过是从有与无的对立统一中引申出的变异的概念而已。老子的道并不指什么思想，而是以深刻物质内容为根基的宇宙本体。老子阐述有与无的关系与意义，正是鉴于对道这个宇宙之本体的深刻体认。其中蕴含了许多哲学范畴及其对立统一关系。对此，有必要做进一步的说明。

首先，道本身包含着无与有。即无与有都是道的应有之义。上面论述已经说过，道无任何规定性，所以可以用"无"称谓。但是，"无"并非空空如也，它窈冥之中有精质，恍惚之中有形象，藏含着无限显现的生机，所以也可以用"有"称谓。这里，无与有同为形上之物。"无，名天地之始；有，名万物之母。"这里的有与无是同指道体而言。这里的无，是作为天地鸿蒙、混沌未分之际的命名；有，是作为万物本原的命名。在老子看来，世界是统一的，由道的运动而产生的。古人认为，从世界产生的时间顺序来说，先有天地的分化，然后才有万物的出现，"有天地，然后万物生焉"。老子也认为："天地相合，以降甘露，民莫之令而自均。始制有名，名亦既有，夫亦将知止，知止可以不殆。"由于天地相合，产生万物之后，才有名（概念）的出现。因此，无和有分别代表世界产生过程的两个阶段。无表示天地鸿蒙、混沌未分之际，可以称之为"天地之始"；有则表示分化后的"天"与"地"，天地相合而生万物。所以，天地可称为"万物之母"。"道生一，一生二，二生三，三生万物。万物负阴而抱阳，冲气以为和。"这里的"一"，指的是未分阴阳的混沌之气，对于"二"的解释，多数学者以及先哲的注释认为是阴阳二气。其实，也可理解为天地。因为天为阳，地为阴。"三"是阴阳二气和合（或天地和合），产生第三者（合气），阴阳和合产生纷纭复杂的宇宙万物。这里看出，无与有应"同为道"。

其次，道是有与无的统一。如果认为宇宙万物是"有"，那么"有"的否定物"无"则必然是宇宙万物之本体。道作为万物始基，其本质就是"无"，其表现则是"有"。世界上没有不是有与无统一的事物。老子说："故常无，欲以观其妙；常有，欲以观起徼。此两者，同出而异名。"朱谦之《老子校释》说："宜从敦煌本作'曒'。"曒，显明之意，也可解释为"表现"。帛书甲乙本徼皆作"噭"，可能是曒字之误。就是说，应该用"无"的观点去观察道的奥妙，用"有"的观点去观察道的表现。这里，"有"则表示形下之物，即有形象的具体事物。道既是无形无名的无，又是有形有名的有，道乃是无与有的统一。无与有何以能够统一？一方面，"有以无为本"。世界既以无为本原，又以无为本质。天地万物由无所产生，无产生天地万物以后便与万物不可分割，内在于天地万物之中，构成天地万物的深层本质。所以，老子将"有"看成道之"徼"，即道的虚无本体的表现。其所谓"大道氾兮，其可左右"，"挫其锐，解其纷，和其光，同其尘，是谓玄同"。都是在说本体"无"与宇宙万有密不可分。可见如果没有本体无，万有就不能维系其存在和发展。另一方面，"无因有以明"。本体无由于有了世界万有，才能证明自身的存在。如果没有世界万有，也就无法肯定本体无的实存。老子在描写道时说："窈兮冥兮，其中有精（情），其精（情）甚真，其中有信。"情，实也；信，信验之意。道虽然窈冥无形，却是一种可验证的实体存在。道虽然是恍惚无形的，但其存在是有信验的，可证明的。这个信验和证明正是天地万有的存在。因为末之所在，本必存焉。一句话，无与有之所以能够统一，就是因为二者是本体与现象的关系。

可以看出，老子谈有与无，是鉴于对宇宙世界的深刻体认，其中既包含了深刻的物质内容，也蕴含了丰富的哲学思想。例如，差别性与统一性（世界万有的存在是有差别的，但统一与道）、个别与一般（以个别形式而存在的世界万物蕴含普遍的本质——道）、现象与本体（有是现象而与本体无相统一）、有限与无限（有是有限的，无是无限的，道是无与有的统一，即无限与有限的统一）等。任继愈先生说："老子的哲学在先秦哲学中巨大贡献之一就是'无'与'有'一对范畴的初次被认识。老子在他五千言里，反反复复讲明事物中有个别和一般，有本质和现象的区别。现象是个别的，本质是一般的。个别的东西有生灭，本质的东西没有生灭。就这一点来说，就是人类认识史上的一大进步。"

三 道是万物发展的宏观场合

"道"生宇宙万有之后，万物并没有处于静止状态，其发展趋势还要回归于产生自身的本然状态。老子说：

> 反者，道之动也。

这里的"反"，蕴含两种意义。一是指相反，任何事物都存在对立面；二是指返回，老子认为自然界中的事物的运动和变化莫不依循着"反"的总规律：事物向相反的方向运动发展；同时事物的运动发展总要返回到原来始基的状态。这里，老子"反"的思想的归结点是返本复初。因为老子对虚静无为、万物本根的"道"情有独钟。认为纷纭的万物，只有反归本根，致虚守静，才不起烦扰纷争。

有人认为，老子的"反者道之动"，体现了道→物→道，或无→有→无的不断走向反面的运动，但这种运动只是简单的循环。笔者认为，这种观点是值得商榷的。老子说："（道）独立而不改，周行而不殆。"周行而不殆就是循环运行，永无停息之意。从天地万物的生成与毁灭的客观过程看，可以认为在老子那里，道的运动是不断重复的循环运动。但从天地万物产生发展的具体过程看，道的走向反面的循环运动就不是一个简单重复的过程。首先，事物的具体发展过程是一个遵循否定之否定、螺旋上升方向的发展过程。老子说："正言若反。"又说："大直若屈，大巧若拙，大辩若讷。"就是说，正确的言论和正面的事物好像其反面，最大的正直好像屈从，因为正直就是实事求是，要实事求是就应该屈从事理，就不能事事表现挺立不屈。最大的灵巧好像拙笨。因为大巧因循自然以成器，不贵主观造作，故若拙笨，如此等等。这一系列命题中显然包含着否定之否定的意思。巧是对拙的否定，大巧是对拙的否定之否定。大巧仿佛是向拙的回复，但不是简单重复，而是处于更高的发展阶段上，螺旋式地上升了。冯友兰先生发挥这一思想，认为："大文明若野蛮，野蛮的文明，是最能持久的文明。"其次，事物的具体发展过程是一个以从量变到质变为表现形式的过程。老子说："合抱之木，生于毫末；九层之台，起于累土。"

这就是说，小事件逐渐积累，最后会形成大事变，量变引起质变。所以不应该将老子的"反者道之动"简单地理解为循环论。

还有人认为，老子谈事物的转化，忽视了各种条件的作用，是无条件论，含有相对主义因素。其实不然。老子谈事物之间的转化，只是在说转化过程中的总趋势，不必非要同时指出转化的条件性不可。老子虽然没有从理论上自觉论述"条件"在事物转化过程中的作用，并不等于不讲条件，也不可推断为相对主义。老子认为任何事物的发展变化都体现道性，都是顺其自然而不妄为的过程，这就是"道法自然"。陈鼓应先生认为："'自然'这一观念是老子哲学的基本精神。"我们可将"自然"理解为自然而然、和谐、不妄为、不强力而为之义。"道法自然"可以解释为道生万物的过程遵循的是一种自然而然、无为而又无不为的法则，即"道常无为而无不为"。这里的"自然"理所当然包含了无限多样的条件性。从本体言，道乃无为；从作用言，又是无不为。道生长万物，养育万物，使万物各得所需，各适其性，即是"无不为"。万物的发展变化也无不体现道性。万物发展的极致是回归于道的本然状态，万物包含着向自身相反方面转化的趋势。例如祸和福、善和恶、有和无、难和易、生和死等，都包含向对立面转化的可能性。由于在种种场合与因素中，老子最为注重的是处于宏观角度的"道"的大场合，因而在道与物的关系上，老子"重道而轻物"。他认为本体道是无限的，永恒的；万物则是有限的，短暂的。所以，宇宙万物的存在和它们之间的转化与道的存在相比，无非瞬间而已。本体道产生万物，又内在于万物之中，成为万物的普遍本质。万物虽有差别，但这种差别统一于道的普遍本质之中。老子思想正是紧密地依赖某种具有确定性的，关于宇宙万物的根源、本质的理性观念"道"的，正是这种确定性的理性观念抑制了老子思想走向相对主义的可能性。

四 "为学"是"为道"的理性根基

既然道无形、无名、无任何规定性，因而需要以不同寻常的方法与认知把握道的存在。这种方法可一言以蔽之曰"直觉体悟"，但我们不应将"直觉体悟"理解为"神秘主义"。所谓神秘主义，一是源于拉丁文，指能够使人们获得更高的精神或心灵之力的各种教义和宗教仪式。二是源于希腊语，意为关闭肉体的感官，同时睁开心灵的眼睛，使心灵的眼睛不受现象世界的熙熙攘攘所干扰，从而返回自我，在心灵的静观中达到真理、智慧。神秘主义在本质上是反理性的。哲学则是理性的事业。当老子宣布"万物的本体是道"时，老子就已经在运用他的理性了。"万物的本体是道"，无疑是一个理性判断。因为在这个判断中不仅包含着"道"这样一个抽象的能够作为哲学范畴的概念，而且潜含着一种认识论基础和秩序：世界上存在着纷纭复杂、无限多样的万物，它们共同构成一个整体世界，这个整体世界是无限多样的统一，统一的基础是道，道是构成宇宙万物的原因与产生一切事物的本源。"道是万物的始基"是老子千百次观察分析个别的具体事物，并对感觉经验进行了一系列抽象概括的结果。因此这一判断集中表现了人类思维的统一性、超越性，揭示了事物的普遍性、齐一性。而这也正是人类理性思维的基本特征、哲学的基本特征。老子直觉体悟的方法，虽然很神秘，但不是神秘主义，其实质是理性的直觉。一方面，"体道"过程具有"排斥"感性经验与理性认识的特点。由于道是一种无条件的、绝对的总体，其自身无任何规定性，所以，当然不可能通过感性直观的形式所感知，更不能为理性通过其概念的推演而认知，只能通过"直觉体悟"的方式把握。这种体道的方法，首先要超越对道这个认识对象的起始原因、发展过程、局部特征等的认识，排斥感性经验和理性思维，要求认知者的精神与心理状态与道的本然状态相符合，使自己"同于道"；再者需要下深刻的功夫，要求心灵达到"虚静无为"的极致。由于高度虚静，认知者在意念上打破了主体与客体的界限，与道融为一体，即我在道中，道在我中，道便全面而深刻地展现在认知者的意识之中，实现"与道徘徊"的境界。这种直觉体悟凝聚了个人独特的精神经历与经验，毫无逻辑性的、固定的轨迹可寻。因而这种非同于感性与理性的直觉体悟对常人来说，具有一种难以捉摸与把握的神秘色彩。另一方面，"体道"过程又具有感性与理性根基。老子说：

为学日益，为道日损，损之又损，以至于无为。

这句话，人们往往解释为，如果要认识道，必须排斥所学知识，将所学知识抛弃到一无所有的程度，这样才能达到"为道"之目的。实质上，老子此语的真义是，要想很好地了解天之道和人之道（自然、社会），必须积累知识，而且积累越多越好；要想把握本体道，则必须达到思想的极度虚静，抛弃心灵中的一切杂念，才能达到"与道为一"的程度。由于所损者和所益者并非一回事，故"为学"与"为道"两个不同过程并不矛盾，"为道"并不排斥"为学"。何况体道过程是一个以理性为基础充满智慧的无私无欲的艰难路径，故"为学"所得到的知识与智慧对于"为道"而言，是极端必要的。人与动物的根本区别在于人具有理性，体道过程中的"致虚守静"有别于动物的"漠然不动",正在于体道过程中的理性根基,这种理性智慧正是源于"为学"所得到的知识。也就是说,老子"直觉体悟"的体道方法应根源于"感性认识"和"理性认识"的方法。

老子关于宇宙本体"道"的认识与把握方面所做的阐述,是中华民族关于宇宙世界本体存在的最早证明。从此以后,"相信以直觉的思维形式可以洞见和把握世界的本原"成了华夏民族的纯朴信念;中国哲学抛弃了古代关于天地生成非理性的崇拜和信仰以及梦幻似的传说,沿着追踪宇宙本原的理性之路向前发展。

五 老子理性思维的发展与评价

以"道"为理论基石的老子思想是中国形而上学思维的最早形式,是中国理性形式发展的原始酵母。中国哲学理性形式发展基本上经历了三个高峰。一是由老子直接发展出了杨朱、列子、庄子、稷下道家和《易传》学派。他们继承并发展了老子哲学思想的思辨特点,使老子思想成为主流思潮之一。二是"玄学"的产生。"玄学"产生于三国两晋时期。"玄"字原出于《老子》,形容道"玄之又玄,众妙之门",意为"道"深远神秘,变化莫测。"玄学"的名字表明它是道家的继续。事实上,魏晋玄学复活了老、庄思想,用以取代两汉以来的谶纬神学。玄学家们称《老子》、《庄子》和《周易》为"三玄",他们通过许多议题的论辩,综合儒道两家的思想资料,铸造了一套新的思辨哲学体系——"三玄之学"。玄学家们探讨与争论的问题很多,但就其哲学意义来说,主要有"贵无"与"崇有"之争、"任自然"与"重名教"之争。在争论过程中,玄学家们采取了思辨哲学的形式,提出了有无、体用、本末、一多、言意、动静以及自然和名教等范畴,赋予了天人关系新的含义,展开了关于本体和现象、运动和静止、认识和对象、天道和人事等方面新的论证,开辟了一代哲学新风。玄学家们在解释经典时,在哲理上剖析微言大义,给人以新鲜的感觉。"玄学"理论构架与思维根基仍不离老子之"道"。因而,冯友兰先生称之为"魏晋新道学"。三是"理学"的出现。以周敦颐、程颐和朱熹等的思想为代表的宋明理学,被称为"新儒学",也称为"道学",是中国理性形式发展的又一个高峰。宋明理学在继承原始儒学基本道德规范的基础上,增加了本体论含义,使儒学避免了重于伦理实践和道德说教而疏于哲学论证。理学家们吸取、改造和熔铸了佛、老思想,建立了精巧的哲学思辨理论体系,用以说明儒学纲常伦理的合理性和必然性。有学者恰如其分地形容宋明理学是"外儒内佛老"。就是说，理论构架与深层体系而言，理学应属于佛老思想。就理学的思维方法和使用的一些范畴看，也显示出对佛老思想的借鉴和改造。如"理""无极""太极""道""器""常""性""命""动静""虚实""无""有"等，基本都来自道家的观念。如朱熹说："有此理，便有此天地。若无此理，便亦无天地，无人，无物，无该载了。"此语显然与老子"道生万物"相似。所以，王廷相认为理学为"庄、老之绪余也"。理学对佛老的借鉴是有所损益的，体现了当时的历史情况。至于王廷相所云："老、庄谓道生天地，宋儒谓天地之先只有此理，故乃改易而目立论耳，与老、庄之旨何殊？"此论有过于轻薄理学之意。

总之，中国哲学思想发展过程中，学说不计其数，所涉及思想范畴更是比肩而立，它们共同建构了中国哲学思想的大厦。与注重道德实践的儒学和注重心灵修养的佛学相比，以道为核心的老子哲学更侧重于理性思维。道的层次的展开，意蕴的阐发，熔铸了老子哲学思想丰富而深邃的思辨性，展示了气韵清高、深奥玄远的哲学意境，体现了中华民族的最高智慧。因此，许多思想家给予较高的评价。如黑格尔认为，老子哲学"说到了某种普遍的东西，也有点像我们在西方哲学开始时那样的情形"。吕思勉认为："道家之学，实为诸家之纲领。诸家皆于明一节之用，道家则总揽其全，诸家皆其用，而道家则其体。"鲁迅认为："中国根柢全在道教。"

由于时代影响，加之行文字眼文太约而义太丰，老子哲学有不当之处也在所难免。老子哲学基本上属于理性直觉主义，缺乏分析的方法，当然更不能像现代哲学那样进行科学的分析，不能有效地揭示事物的奥秘，这是完全可以理解的。再者对"道"的描述也有欠妥之处。如用"湛""幽""微""冥""夷""希""寂"等玄奥的字眼来描述，使人们对"道"的认识增加了难度，让人感觉"道"是不可捉摸的东西。老子在运用概念时也有许多不严密的地方。如用"无"表示"道"，而"无"是有确切内涵的，人们一般是将"无"理解为"虚无"，而又将"虚无"理解为"零"，即"什么也没有"，这样道、无、虚无、零便极容易纠缠在一起，使人们含混不清，无所适从。对此学者们见仁见智是极有必要的，因为这些争论可以纠正对老子哲学思想理解上的一些偏颇，推动中国哲学向更深层次的维度发展。

[作者单位：哈尔滨工业大学（威海）]

《张东荪哲学思想研究》内容提要

马秋丽

张东荪（1886～1973），浙江杭县人（今杭州市人），是中国现代哲学史上相当活跃的哲学家，是位见识卓著又特立独行的人物。在新中国成立前就已享有盛名，他积极投身于他那个时代中国社会出路的探索和论战之中，如社会主义问题的论战、东西文化论战、科学与人生观论战、唯物辩证法论战等，他无不置身其中。他是一位多产的学者，共有专著近20部，译著11部，译著序5篇，文章350多篇。但这样一位学者，却在20世纪50年代销声匿迹了。此后，他的思想成为研究禁区，他作为一位哲学家、思想家对中国学界所做的贡献，他的诸多有创见的精思远识随着他的隐迹而无人称道了。20世纪90年代以后，这位中国现代哲学史上被打入另册而冷落多年的非常重要的思想家、哲学家，才渐渐被人"重新发现"。当我们细心地拂去历史的蒙尘，认真地解读张东荪的思想时，他的学术价值及理论启示就无可怀疑地展示于我们面前。

他的文著丰富，思想涉及哲学、科学、人生、宗教、逻辑、政治、文化、道德等各方面，而且兼摄中西。囿于篇幅与专业需要，本书并不面面俱到，只围绕张东荪的哲学思想进行较为系统的研究，阐发其哲学思想，彰显其理论价值，以有助于现代中国哲学史的研究，为现代中国哲学的发展提供一些有益的启示。

张东荪承袭家学，有良好的传统文化素养，在日本留学期间又接受了哲学的近代教育。归国后，有着士大夫救国救民情怀的张东荪既关心政治，又保持着浓厚的哲学兴趣，做了大量输入西洋哲学的工作，并在介绍西洋哲学的过程中逐渐形成了自己综合各派、兼采各家的哲学体系。

本书的上篇从纵向探讨了张东荪的思想发展以及不同时期的哲学创见。

第一章："科玄论战"使张东荪对科学与哲学的关系很为关注。在这一论战中，他不同意科学派的主将胡适、丁文江及吴稚晖等的观点并对他们进行了批判。在对科学派维护科学进而侵犯哲学提出"科学万能""拿科学统一一切"主张的批判中，张东荪阐述了自己的见解。他认为科学不能代替哲学，科学与哲学各有特质，二者不但能并行不悖而且能相得益彰、共同发展，从而以划界的方式维护了哲学存在的合法性。他不仅探讨了科学与哲学的关系，而且把当时大多数哲学家普遍忽略的常识问题纳入他的哲学反思范围，并从多个角度探讨了他所说的常识、科学、哲学这三个知识系统之间的差异，丰富了现代哲学史上科哲之辨的内容。

第二章：张东荪对形而上学的维护不仅体现在批判"科学派"反形而上学主张的"破"上，更体现在"立"上，即阐明自己的哲学主张，建立其哲学体系。但他不是像大多数哲学家那样从本体论出发，而是以认识论在先的立场建立自己的哲学体系。他首先建立自己的认识论，而后由认识论导出他"泛架构主义"的宇宙观。他以宇宙的层创进化反对既成的本体观、以架构主义的宇宙观反对实体主义的宇宙观使得他的宇宙观在现代哲学史上独树一帜。由层创进化的宇宙观，张东荪又推出他的主智的、化欲的人生观，其中既凸显了理智的作用，也提出了一种对待欲望的方式。

第三章：在输入西方哲学方面做出突出贡献的张东荪深受西方现代哲学的影响，很重视对认识问题的研究。在《新哲学论丛》中，他提出主客交互作用的认识论，认为认识一方面以先天的格式左右后天的经验，另一方面以后天的经验改良先天的格式，从而形成主观与客观交互作用的逐层展开的过程。随着对认识问题思考的深入，张东荪发现认识是非常复杂的现象，并不是主客交互作用说所能解决的，于是他又提出多元认识论的主张。他认为，认识中的各种因素既不互相隶属，又非康德所说的层层递进，而是彼此平列、互相独立的，都是认识中最根本的"元"，它们共同构成了认识不可缺少的因素。多元认识论鲜明地体现了他综合各派、兼采各家的思想特征，是对康德的认识论、新实在论、批判的实在论、实用主义等相关的各种观点的重新"配置与综合"，在一定的意义上，这也可以说是他的创造。后来，他的研究由单纯的认识论问题转向了广义的知识论问题，也就是由研究"认识怎样可能"转为研究"理论知识究竟是什么"。但他并未放弃认识论问题，而是将其包括在知识论之中。他用"层创进化"的理论将知识描述成一个由心的综合作用构造而成的感觉、知觉、概念等多重叠合的产物，对多元认识论中的多个因素及其各元素间的关系做了一定的修改与完善，为他所研究的文化问题建立了知识论基础。

第四章：对西方知识唯一性的怀疑、曼海姆知识社会学与马克思哲学的影响，促使张东荪建立了多元交互主义知识论也可称文化哲学。其中，他主要探讨了言语、逻辑、哲学、社会思想等对知识的影响以及文化之内言语、逻辑、哲学、社会思想等互相之间的交互作用，提出了诸多新颖独特、富有启发意义的见解。他从中西言语的不同对中西思想差异的分析为我们提供了比较中西文化的独特视角；他的文化逻辑观将逻辑与文化上的各种需要交织在一起，取消了逻辑的先在性、最高性、普遍性；他的文化哲学观认为哲学是"文化基型"的表现，是人生哲学的前奏，是间接的社会思想，强调了哲学所具有的标示文化传统的功能及其现实意义与社会价值。

本书的下篇择取当今学界关注的"中国哲学合法性问题""儒学与民族复兴问题""知识分子与学术自由问题"等对张东荪曾做过的研究进行了当代省察，以期对当今中国哲学的发展提供一些有益的启示。

第五章：在中国文化与西方文化的比较中，张东荪反对西方文化中心论。他多次强调，西方文化、西方哲学、西方逻辑并不是普遍的、唯一的，而只是人类文化、人类哲学、人类逻辑中之一种。因此，他以人类文化多元论的立场，正视中国哲学的特殊性，从中西哲学之异的角度来阐明中国哲学的特征，从而得出中国哲学是人类文化中异于西方哲学的另一朵奇葩。在对"近代科学为什么没有在中国文明中产生"这一李约瑟难题进行探讨时，张东荪从科学、哲学、宗教、伦理、政治、历史等相互作用的关系中来把握，认为中国文化没有严格的"物"的概念，不利于近代科学的产生，但中国文化非常注重"事"，因此有非常丰富的历史文化足以应付一切，以至于偏重历史的中国思想没有产生新文化的必要。

第六章：在对儒学问题的认识上，张东荪主张将孔子本人与后世推崇孔子之故分开，体会孔子精神，促进民族复兴。复兴不是简单的复古，而是恢复固有文化，树立民族自信心，重新培植对外来文化的承受与消化能力。

第七章：20世纪上半叶，张东荪对现代化和中国前途进行了自己的思考，对社会主义思想做了大量输入工作，始终认为"将来社会必行社会主义"，只不过他的观点更为平实、客观，区分了信仰上的社会主义和学说上的社会主义，认为信仰上的社会主义只要有一种热烈的情感就够了，而学说上的社会主义尚在研究与修正之中，因此应弄清其来龙去脉，才能真正消化吸收，为我所用。这也是他在20世纪40年代提出"一条中间性的政治路线"，试图调和资本主义与社会主义的前期理论基础。作为中间性政治路线的代表，张东苏在北平和平解放中起到了重要作用。

第八章：20 世纪 40 年代前后，张东荪对知识分子自身角色与使命问题进行了较为集中而深入的思考。肯定了中国传统的士阶级在社会各个层面所起的作用，指出了士阶级自身存在的弊端，认为在中国由传统社会向现代社会转型时期，知识分子应根据时代要求，保持知识分子本色，本着自己的信念与良心，发出知识分子应有的、独立的、强有力的声音，服务于整个社会与整个文化。

张东荪哲学思想的地位及其现代启示可从以下几方面来理解。第一，中国现代哲学的建立与西方哲学被引入中国有密不可分的关系，在介绍西方哲学与建立中国现代哲学的工作中，张东荪做出了突出的成就。第二，张东荪为我们贡献了"认识论在先"而非"本体论在先"的哲学体系与"架构主义"而非"实体主义"的宇宙观，这使得他在中国现代哲学史上有独特地位。第三，张东荪还贡献了一种多元交互的思维方式。这种思维方式注重多种不同因素、不同主张的相容性、互补性、整合性，使之不互相排斥，这对于我们看待哲学上的纷争，解决社会、人生中的各种冲突，甚至整个世界范围内的文明冲突问题，或许都会有一定的启发与借鉴意义。第四，他以求"异"而非求"同"的比较法探索中西文化各自的特性，避免了把西方哲学、思想视为"普遍的"范式以套用到"特殊"的中国的做法。这种研究理路更能让我们切近中国文化、中国哲学的"事情本身"，让我们从中感受到不同于西方文化的中国文化的魅力，因而也更能推进中西方文化的建设性对话，促进中西方文化的共同发展。第五，他对当前仍然深受学界关注的"中国哲学合法性问题""李约瑟难题问题""儒学复兴""知识分子问题"都有自己独到的见解，值得现代知识分子回味与深思。

［作者单位：山东大学（威海）］

事实与规范之间的被害人过错

刘　军

犯罪人并非生活在真空之中，在许多案件中犯罪与被害是一个互动的过程，"在所有的犯罪案件中，除所谓无被害人的犯罪，必然存在犯罪人、被害人及其双方的相互作用"，传统刑法学理论人为地将犯罪与犯罪人从互动关系中剥离出来，孤立地对之进行评价，必然会舍弃或者忽略许多可能影响到犯罪人刑事责任的因素，被害人过错便是其中之一。因此，在规范法学的视野内能否以及如何评估被害人过错对于犯罪人刑事责任的影响，已经成为司法公正所不得不关注的重要因素；而且，以犯罪学和被害人学的知识为基础，以犯罪人的刑事责任为杠杆，以刑事政策的策略效果为导向，逆向思考犯罪人刑事责任的匹配对于行为人模式的影响将具有非常重要的现实意义，也必将改变刑事法学科内部各自为战、相互割裂的研究现状。

一　从事实到规范——被害人角色的学科转换

被害人的概念以及犯罪与被害互动的理论滥觞于犯罪学的研究，这是事实层面上的被害人概念。1941 年，德国的汉斯·冯·亨梯（Hans Von Hentig）在《论犯罪者与被害者的相互作用》一文中就犯罪人与被害人之间的关系进行了论证，认为二者之间是一种动态的关系而非静态的关系，被害人不再是消极的客体，在犯罪产生过程中和在减少犯罪过程中可能会成为积极的主体。1948 年亨梯又发表了论文《犯罪人及其被害人》，进一步推进了被害人学的形成与发展。可见，直到 20 世纪中期被害人才真正被作为学科的研究对象，并最终促成了被害人学的独立发展。然而，如果说被害人在此之前从来没有受到过关注也是不尊重事实的，只不过此前的犯罪学和刑法学仅仅把被害人作为一个静态的、无关痛痒的因素来看待罢了。亨梯指出："在某种意义上说，被害人决定并塑造了罪犯。尽管最终的结果可能是单方面的，但是，被害人与犯罪人之间具有深刻的互相作用，直至该戏剧性事件的最后一刻，而被害人可能在该事件中起到决定性的作用。"对被害人的关注引发了被害人学的强势发展，以色列律师本杰明·门德尔松（Benjamin Mendelsohn）首先提出了"被害人学"这一专门术语，1947 年门德尔松在布加勒斯特举行的罗马尼亚精神病研讨会上做了题为《被害人学——生物、心理、社会学的一门新学科》的讲座，1956 年又发表了《生物、心理和社会科学的新领域：被害人学》一文。因此，亨梯和门德尔松等人被后人尊称为"被害人学之父"。

被害人学主要在事实层面上对被害人在犯罪过程中的地位进行界定，不同的学者对被害人的类型进行了分类：亨梯排除了法律规范意义上的标准，从一般类型和心理类型两个角度对被害人进行了分类，将被害人划分为未成年人、女人、老人、存在精神缺陷的人、移民少数民族裔或者迟钝的人、抑郁型的人、谈论的被害人、轻浮的被害人、孤独的被害人、暴君型的被害人、穷困的被害人十二种类型。以色列律师本杰明·门德尔松将被害人划分为递进的六种类型：完全无罪的被害人、罪责较小或者疏忽的被害人、罪责同等和自愿的被害人、罪责较大的被害人、罪责最大的被害人、伪装或假象的被害人。斯蒂芬·谢弗（Stephen Schafer）将被害人分为无关联的被害人、诱发性的被害人、促成性的被害人、体质虚弱的被害人、社会关系不佳的被害人、自我伤害的被害人、政治性被害人七种类型日本学者宫泽浩一则按被害人的被害性把被害人分为七大类：无辜的被害人、无知的被害人、诱发型的被害人、自发的被害人（自杀者）、攻击性被害人、欺瞒被害人和假想被害人。我国学者更是将被害人行为划分为诱发、促进、挑衅和促成、加害、合作、鼓励七个层面。可见，犯罪现象已经不再是犯罪人的"独角戏"而成为犯罪人与被害人互动的"二人转"，在事件发展的过程中，被害人可能是无辜的，也可能对于犯罪的发生和发展起到了引起或者促进的作用，甚至犯罪人与被害人的角色还会出现互换的情形，被害人竟然有可能是事件的始作俑者而承担刑事责任的犯罪人在起初却可能是"真正的"被害人。可以说，大多数犯罪中都存在被害人有过错的情形。对以上各种分类进行分析可以看出，亨梯和宫泽浩一是纯犯罪学意义上的分类，门德尔松已经开始关注被害人的过错甚至所谓的被害人责任，而谢弗主要从被害人在犯罪过程中所起的作用进行的分类，并对各种类型中被害人的责任进行了分析，我国学者郭建安则更是从加害与被害之互动以被害人为视角进行了六个层次的区分。虽然说以上的各种划分仍然是犯罪学意义上的类型化，对于犯罪学意义上的犯罪预防以及被害人的自我保护都起到了极大的推动作用，更重要的是从学科研究来看被害人在犯罪过程中的作用已经受到了重视，而规范意义上的被害人过错或者说责任亦呼之欲出。

犯罪学层面的被害人研究必然引起被害人的角色向规范层面的位移。然而在犯罪学层面，被害人在犯罪过程中的作用通常存在多种提法，如被害人责任（Responsibility）、被害人有责任性（Culpability）、被害人分担责任（Shared Responsibility）、被害人罪过（Guilt）、责难（Blame）等，这些概念如果是在规范的立场上则会被认为是追究被害人刑事责任之意，是对被害人的刑法否定性评价，而如果是追究所谓的被害人的刑事责任的话，则"被害人"在此就应当是犯罪人了，此责任非彼责任也，刑法学意义上的责任是指呵责性或者说是归责可能性，因此以上在犯罪学意义上的被害人罪过或者责任在规范的立场上是不能成立的。被害人之所以被纳入规范研究，其立场是界定被害人的过错行为对于犯罪人刑事责任的影响，因此笔者认为在规范的立场上恰当的称呼应当是被害人过错（Victim's Fault），其视角仍然是以犯罪人为中心的，被害人的过错则赋予了犯罪人刑事责任一个负加权值。所以，如果犯罪人利用了被害人的自我保护的错误而行刑法构成要件规定的实行行为并不对事实上的因果关系产生影响。亦不会阻却其违法性、在刑法上是具备归责可能性的，因而不会影响犯罪人的刑事责任。就此，被害人过错必须在事实上促进或者促成了因果关系，并且这种对于因果关系的加权必须是符合了社会相当性评价的。

二 从立法到司法——被害人过错的实践考量

犯罪与被害的互动揭示了事实层面犯罪现象的复杂性，被害人过错的提出彰显了规范层面犯罪人承担刑事责任的权重纳入刑法理论研究的可能性。当前对于被害人的研究主要集中在犯罪学领域，规范层面的研究还非常薄弱。但这并不代表着被害人过错在立法和司法中丝毫没有受到关注，许多国家已经立法将被害人因素规定为法定处罚情节，如《俄罗斯联邦刑法典》第 61 条第 1 款规定的第 8 项"减轻处罚情节"为"由于受害人的行为不合法或不道德而实施犯罪"；《瑞士联邦刑法典》第 64 条将"行为人因被害人行为的诱惑""非法刺激或侮辱造成行为人愤怒和痛苦"规定为"减轻处罚情况"中法官可对其减轻处罚的原因；《芬兰刑法典》第 6 条规定"被害方异常的巨大过错作用"是降低刑罚的理由之一；《西班牙刑法典》第21条刑事责任减轻的情况第3项规定"因为能产生冲动、昏乱或者其他的类似情感状态的原因或者刺激"显然是能够包括被害人过错的；再如，《韩国刑法典》第51条规定量刑应参酌的事项包括"与被害人的关系"。《德国刑法典》中虽然没有被害人过错得以减轻犯罪人刑罚的规定，但是理论界通常认可被害人过错能够影响犯罪人的刑事责任，认为"因被害人而使得犯罪行为容易得逞的，通常情况下构成减轻处罚"。由此可见被害人过错能够影响犯罪人的刑事责任已经成为一种共识，而且许多国家已经将被害人过错规定为法定量刑情节。

我国刑法理论中并没有被害人过错的概念，但是被害人过错对于犯罪人刑事责任的影响在立法和司法中还是有所体现的。如我国刑法第20条第1款规定："为了使国家、公共利益、本人或者他人的人身、财产和其他权利免受正在进行的不法侵害，而采取的制止不法侵害的行为，对不法侵害人造成损害的，属于正当防卫，不负刑事责任。"该条第3款规定："对正在进行行凶、杀人、抢劫、强奸、绑架以及其他严重危及人身安全的暴力犯罪，采取防卫行为，造成不法侵害人伤亡的，不属于防卫过当，不负刑事责任。"在正当防卫制度的设置中，不但规定了对于被害人过错所产生的不法侵害可以进行正当防卫，而且对于严重的暴力性犯罪即使造成了不法侵害人伤亡的严重后果也不负刑事责任。正当防卫的情形虽然符合了构成要件该当性的要求，或者说是符合了犯罪构成的客观方面，但是由于介入了国家法容忍的要素，因而阻却了违法性。因此，被害人过错理论为理解正当防卫的制度设置提供了一个全新的视角，可以很好地解释为什么在国家垄断了刑罚权的前提下还能够容忍这种防卫行为。当然，正当防卫的情形中不法侵害人（事实层面上的"被害人"）行为具备违法性，这是极端的、经由国家法评价了的"被害人"过错的情形。对这种解释可能的批评就是，既然是经由国家法评价了的，则此处的"被害人"就不再是刑法意义上的被害人了，因为通常意义上的被害人是指受到犯罪行为侵害的人，而正当防卫是正当的行为。这种批评可谓切中要害。但其实，采此种观点者首先是对"被害人"一词做了主观评价，并赋予被害人以悲情的感情色彩，而本文中的被害人是一个中性的、去除了感情色彩的语词，是符合了构成要件的实行行为的对象；再者，实践中犯罪人与被害人存在混合过错、在犯罪发展过程中互相促动甚至角色互换的情形比比皆是，行为人是正当防卫的意识还是故意侵害的意识难以查清；退而言之，即使是以正当防卫的意识，岂不是还有防卫过当的情形，又如何区分所谓的犯罪人与被害人呢？更何况，在没有进行违法性和有责性判断的场合下，又怎能先入为主地贴上犯罪人与被害人的标签呢？所以笔者认为以上批评至少是不充分的，语境是错位的，而以被害人过错的情形对这一立法现象进行解释是恰当的并能够更好地理解这一制度的设置。

在司法实践中，被害人过错经常作为衡平犯罪人刑事责任的酌定量刑情节，已是不争的事实。典型的是《刑法》第 232 条规定的故意杀人罪，对于"情节较轻"学理上一般将之解释为义愤杀人、因受被害人长期迫害的杀人、"大义灭亲"、受嘱托杀人、安乐死、相约自杀等情形。义愤杀人、因受被害人长期迫害的杀人、"大义灭亲"等情形明显的是基于被害人的违法行为甚至犯罪行为，受嘱托杀人、安乐死则是经由被害人同意甚至祈求，而相约自杀的情形则是经由被害人鼓励并相互坚定其意志。这些都是基于被害人过错理论而出现的酌定量刑的情节，并为刑法理论和司法实践所认可。再如，《刑法》第 234 条规定的故意伤害罪，虽然法条中没有"情节较轻"规定，法院在适用刑罚时亦会考虑被害人在整个犯罪过程中的实际作用从而对犯罪人适用恰当的刑罚。不仅如此，被害人过错对于犯罪人刑事责任的影响也得到了司法机关的正式回应，最高人民法院 1999 年 1 月 27 日在《全国法院维护农村稳定刑事审判工作座谈会纪要》中指出："对故意杀人犯罪是否判处死刑，不仅要看是否造成了被害人死亡结果，还要综合考虑案件的全部情况。对于因婚姻家庭、邻里纠纷等民间矛盾激化引发的故意杀人犯罪，适用死刑一定要十分慎重，应当与发生在社会上的严重危害社会治安的其他故意杀人犯罪案件有所区别。对于被害人一方有明显过错或对矛盾激化负有直接责任，或者被告人有法定从轻处罚情节的，一般不应判处死刑立即执行。"在此，最高人民法院第一次使用了"被害人过错"和"对矛盾激化负有直接责任"的语词，从而在司法实践中对被害人过错影响犯罪人刑事责任进行了肯定。2000年 11 月 21 日施行的《最高人民法院关于审理交通肇事刑事案件具体应用法律若干问题的解释》第 2 条规定："交通肇事具有下列情形之一的，处三年以下有期徒刑或者拘役：（一）死亡一人或者重伤三人以上，负事故全部或者主要责任的；（二）死亡三人以上，负事故同等责任的；（三）造成公共财产或者他人财产直接损失，负事故全部或者主要责任，无能力赔偿数额在三十万元以上的。"在这里被害人过错程度成了犯罪人是否构成犯罪的要素。而第 4 条规定："交通肇事具有下列情形之一的，属于'有其他特别恶劣情节'，处三年以上七年以下有期徒刑：（一）死亡二人以上或者重伤五人以上，负事故全部或者主要责任的；（二）死亡六人以上，负事故同等责任的；（三）造成公共财产或者他人财产直接损失，负事故全部或者主要责任，无能力赔偿数额在六十万元以上的。"在这里被害人过错成了是否适用更高幅度法定刑的影响因素。因此在交通肇事刑事案件的司法实践中，被害人过错不仅成为量刑的依据而且第一次被承认为构成要件的要素。

可见在我国被害人过错对于犯罪人刑事责任的影响在事实上已经被承认，并且作为法律概念在司法解释中被明确提出；而且，被害人过错不但是刑事责任大小的影响因素还是阻却违法性和构成要件符合性的要素。只不过被害人过错在犯罪论体系中的地位尚未进行规范化分析、被害人过错尚未成为法定量刑情节而已。

三 从应然到实然——被害人过错的规范分析

在我国缺失的是对被害人过错在犯罪论体系中的规范化分析，即被害人的过错是如何影响到犯罪人的刑事责任的？哪些情形的被害人过错才具有刑法的意义？"法律是一个改变激励因素的体系"，这种规范化分析将有助于恰当分配互动中的犯罪人与被害人的权利与义务，有助于被害人过错在立法中的完善和司法中的正确适用；而且由于被害人与犯罪人的对弈关系（criminal-victim dyad，亨梯语；penal-couple，门德尔松语），刑事责任的制度设置必将有效地影响双方所采取的行为策略。

一是构成要件上的被害人过错。即被害人的过错行为对于犯罪的因果关系有引起或促进的作用，或者说被害人的过错行为也是事实因果关系的一个条件（可称其为消极条件），如果没有这一条件犯罪将不会发生或者将不会如此严重。这将是犯罪学意义上的被害人过错与刑法学意义上的被害人过错的分野，只有对犯罪发生的有无或者犯罪的严重性有实质影响的被害人过错行为才能纳入刑法的视野，只有在事实上对构成要件中的因果关系产生实质影响的被害人过错行为才具有刑法意义。当然，被害人过错行为在这里仅仅起到的是条件的作用而非原因的作用，亦即对于构成要件中的因果关系不具有刑法上原因力的作用。被害人过错行为可以是故意行为或者过失行为、违法行为甚至是情节较轻的犯罪行为，但是判断被害人过错行为仍然是为了评估对于构成要件上的因果关系的影响（从而事实上可能影响到犯罪人应受刑罚谴责的程度），而不是为了界定被害人过错行为可能带来的对被害人的刑法谴责。

在此，笔者有意忽略了事实层面犯罪人与被害人相互转化的情形，因为此在的犯罪人已经成为刑事诉讼法意义上的被告人，亦即具备了构成要件符合性的行为主体。当然，在这一阶段的判断过程中，被害人过错还有可能成为是否具备构成要件符合性的影响因子，易言之，犯罪人和被害人的过错程度将决定该案件是否进入刑事司法程序。这主要出现在双方有共同过失或者说出现混合过错的情形，典型的就是交通肇事案件。在此情境中，对当事双方权利与义务的匹配，必将深刻地影响行为人的行为模式，激励行为人按照社会福利最大化的方向演变。

二是违法性阶段的被害人过错。被害人过错不但在构成要件的因果关系上可能存在实质性影响，从而影响到犯罪人应受刑罚谴责的程度，在违法性判断阶段如果介入了国家法的评价如正当防卫则可能阻却了违法性，或者介入了被害人的过错因素从而使得犯罪人的违法性得以克减，如德国学者耶赛克等认为"如果通过奸细以类似强制的方法，使得行为人被挑衅实施犯罪行为的，行为不法得以减轻"，甚至如果这种违法性克减到不足以动用刑罚予以规范的程度从而成就了不可罚的违法性。在日本，违法性阻却事由并不限于刑法中规定的典型情况，其有无以及程度应当从法全体的观念来决定，因此，违法性要素是基于规范的立场对犯罪与被害的互动关系进行的具体的、非类型化的、客观的价值评判，从而成为立法上进行不断完善的违法性阻却事由。在我国，司法实践通常限于国家法对于违法性阻却事由的明确规定，但是，被害人过错仍会影响违法性阻却事由的成立。

违法性的概念历来有主观的违法性与客观的违法性的争论，其重大分野在于规范是否仅仅针对理解规范的人。客观的违法性论认为法是客观的评价规范，违法就是违反了作为客观规范的法的行为，无论是否理解以及能否理解规范均不是违法性评价的问题，而是有责性判断的问题。现在，客观的违法性论现在处于优势地位。被害人过错本无所谓的违法性判断问题，因为整个的犯罪论体系仍然是以犯罪人为中心建构的，然而，极端的，以正当防卫为例，对于不法侵害是否存在却有被害人能否理解自己行为的问题，申言之，立于客观的违法性论的立场即使被害人不理解甚至不能理解自己行为过错的严重性质，仍然可以认定为不法侵害，仍然不影响正当防卫的成立。从而，即使犯罪人知晓被害人为无责任能力人仍然能够实施正当防卫，违法性仍然能够被阻却。这不符合被害人过错设立的初衷，也无益于改变互动双方的行为策略，因此，对于违法性阶段的被害人过错的判断仍然以采主观的违法性论的立场为宜，易言之，被害人过错应当以其理解自己行为的性质为限。

三是有责性阶段的被害人过错。构成要件该当性和违法性阶段的被害人过错只是提供了宽减犯罪人刑事责任的可能性，但是被害人过错对于犯罪人的责任程度的影响还应当经受社会相当性的评价，即评价犯罪人的行为对于结果的发生是否具备通念上的规律性或者是否增加了结果发生的可能性，如马丁·瓦希克（Martin Wasik）认为："被害人在罪行发生之前的行为，不论其是否受到谴责，只要该行为推动了犯罪人的暴力反应，那么犯罪人的应受谴责性就会得到适当的降低（幅度有时大，有时小）。尽管存在着对公民面对挑衅应该保持正常自我克制的强烈的期待，但是一旦人们面对这类行为而失去自我控制时，在不同的程度上，这又是可以理解的。"问题是，在面对被害人的过错之时犯罪人能否为法律所期待做出合法行为，其被期待的程度又如何，或者说，被害人的过错对于犯罪的产生和发展所起到的事实上的引起和促进作用是否具备了社会相当性，如果一般人在此种情形下不可能做出合法行为，则不能期待犯罪人不顾被害人过错而为合法行为，除非是犯罪人有特殊的法定义务或者受到了特殊的训练而被期待应当做出合法行为或者是犯罪人有意利用了被害人的过错。如果一般人在此种情形下做出合法行为的期待可能性低，则犯罪人的刑事责任亦必被减降。

同理，对于被害人的过错行为也应当进行社会相当性的评价，如果在社会通念上不能期待一般人做出更恰当的行为，则不能以更高标准来要求被害人，被害人过错行为将不影响犯罪人的刑事责任；而如果能够期待社会上一般人做出更恰当的行为，则被害人过错行为将对犯罪人行为的因果链条起到负加权的作用，从而实质影响犯罪人的刑事责任。唯有如此，对犯罪人与被害人对弈的两个主体均进行社会相当性的评价，才能真正理解犯罪人与被害人互动理论的规范意义，在刑法的立场上正确对待这一理论的影响。

以上笔者以大陆法系的犯罪论体系为标杆对被害人过错进行了规范化分析，只不过是因为其符合法官通常的思维过程，我国的犯罪构成理论虽然没有单独的责任判断阶段，难以具体论述被害人过错对于犯罪人刑事责任的影响，但是我国的犯罪论体系中并不缺乏刑事责任的要素，《刑法总则》第二章第一节中明确规定了刑事责任，因此为完善我国的犯罪论体系，有必要在第21条紧急避险之后增加关于被害人过错对于犯罪人刑事责任影响的条文，使被害人过错成为法定量刑情节，具体可作如下表述："被害人对于犯罪的发生和发展有明显过错或者负有直接责任的，根据其作用大小，可以对犯罪人适当从轻或者减轻处罚。"

该条文可以被称为被害人过错条款。之所以如此表述，从条文之间的关系来看，由于我国刑法第20、21条和第13条明确规定了阻却违法性（排除犯罪性的事由）和不可罚的违法性（犯罪概念的但书部分），因此对于违法性判断阶段犯罪人过错的作用直接依据这些条款的规定。对于违法性减轻的事由在我国尚未有明确的法律规定，在理论上可以包括被害人过错和被害人同意，但目前还不宜规定为法定量刑情节，可以由法官在具体量刑时酌定。从条文的内部关系来看，还要从犯罪人与被害人两个方面进行阐释。首先，犯罪人应当承担刑事责任是前提。刑法学仍然是以犯罪人为中心的学科，仍然是为了解决犯罪人刑事责任的问题。在事实的因果链条中虽然被害人有过错，但是犯罪人认识到其行为的违法性竟仍然实施这一行为，明确表达了违反法律规范的意志；或者违背法律规范的期待而具备违法性意识的可能性时，清晰表达了犯罪人的违法人格，这是其承担刑事责任的前提性条件。因此，依据该条款被害人过错不影响犯罪人是否承担刑事责任。其次，被害人的过错行为影响犯罪人承担刑事责任的程度。这就要求被害人过错实质影响了犯罪进程，对于因果关系的发生和发展具有加权作用，并且这种加权作用是符合了社会通念的，从而在客观上赋予了犯罪人刑事责任一个负加权值，可以依据这一负值确定对犯罪人从轻或者减轻处罚的程度。当然，这是总则条文关于被害人过错的概括规定和一般性解释，属于责任的范畴；至于被害人过错对于构成要件的影响，则在分则具体条文中根据不同罪名的情形在罪状中予以规定，或者授权司法机关在司法实践中对构成要件进行补充解释。

综上，犯罪学的研究表明，一方面被害人过错实然地影响着犯罪的进程，应然地也须纳入刑法学的规范研究，从而最大限度地还原犯罪的真实面目，更好地完善刑法理论、维护司法公正；另一方面，正确地将被害人过错纳入规范分析反过来必将塑造互动中的犯罪人与被害人的行为模式，从而引导社会朝向一个更加理性的方向发展。可以说，被害人过错理论不仅仅是增加一个条文和界定一个法定量刑情节而已，更为重要的是被害人过错理论作为一种思维范式将根本性地改变当前以犯罪人为中心建构的犯罪论体系。

[作者单位：山东大学（威海）]

履行基本维护职责　全面构建和谐企业

——浅议企业工会在打造企业安全文化中的作用

赵世喜　吴　峰　陈凤高

近年来，国内外企业各类事故步频发，每一起事故，都给人民的生产、生活造成了严重的损失和影响，直接关系社会的和谐和安定。结合多年实践，笔者认为必须把安全管理作为"天字号工程"，将劳动保护监督检查工作作为工会组织维护职责最直接、有效的形式，充分发挥工会在企业安全文化建设中的组织、阵地、职能、典型的基本优势，立足实际推进创新，不断丰富安全文化建设的内涵和外延，造就浓厚且独具特色的安全文化氛围，促进安全管理向新层次跨越。

一　着眼于发挥安全文化的有效功能，深化改革驱动

"安全文化是存在于单位和个人中的种种素质和态度的总和"，安全文化建设是预防事故的"人因工程"，以提高劳动者安全素质为主要任务，具有保障安全的基础性意义，在生产中发挥着导向、辐射、激励和保证作用。企业作业现场点多线长，环境复杂，只有针对安全文化建设上存在的薄弱环节实施突破，才能有效地发挥安全文化的整体效益。因此，企业工会应着眼于全面提高职工的安全意识，保护职工在生产过程中的安全于健康，实现"人的本质安全"，健全和优化"进入""退出"机制，对安全意识淡薄、安全素质低劣的职工予以及时"退出"，优胜劣汰。围绕提升安全理念、人员素质和安全思想境界，不断强化"人本建设"。如提倡"四个第一"（安全是企业的第一政治、各级领导的第一责任、企业的第一效益、职工的第一福利）和"四个没有"（没有安全，就没有干部的政治生命；没有安全，就没有职工的家庭

幸福；没有安全，就没有企业的经济效益；没有安全，就没有企业的持续发展）的理念。围绕核心理念的倡树，着力解决好"为什么必须这样干""怎样才能干好"的问题。一是改革领导体制。本着一岗两责、齐抓共管的原则，变过去的由安全、政工部门抓为党政工团齐抓共管。实行党政主要领导交叉任职，通过党政互补作用的有效发挥，加强对安全文化建设的领导。二是加强协调指导。变过去"临时安排多"为"整体安排，统一规划"。企业工会应积极争取把安全文化建设纳入企业年度整体工作安排和"十一五"规划中，分阶段、有步骤、全面组织实施。三是改革考核机制。要注重针对性、兼顾系统性、层次性，变过去"考核、落实双松散"为"考核、落实双超前"，充分利用经济激励机制，启动"动力背后的动力"，改革分配机制，利用职代会的民主决策权利，对中层以上干部实行安全责任评估制度，评估内容包括安全意识、生产任务和抓"三违"指标、现场管理、安全绩效四项内容，评估结果直接和安全奖挂钩，并作为年终考核和干部末位淘汰制考核的主要依据之一，实行一票否决，激发其抓质量、保安全、增效益的积极性。要抓好"兵头将尾"，实现重心下移，不留现场空档。企业工会应会同管理部门根据岗位的危险系数，在班组长中分类推行安全责任风险抵押。在考核期内，凡发生严重工伤以上事故的班组，抵押金收缴公司重新进行抵押，凡发生严重隐患、"三违"和轻伤事故的班组，要扣罚其抵押奖励的30%。考核期满后，按抵押金对等奖励班组长。同时实行"班组长民主评议制"，评议内容分安全、质量、作风、任务、效益五项，按百分制考核（安全质量占60%），得分达不到70分者就地免职。在工人中实行岗位作业标准化考核制度，对工人作业标准化的考核，由班长、安检员和验收员三人负责，做到了一天一考核，一天一打分，一天一公布，并与当日的计件工资挂钩。通过"关口"前移，实现安全管理对象全员化、形式多样化、效果跟踪化，最终确保人的本质安全化。

二　立足于保证安全文化的规范运作，强化管理拉动

安全文化能否规范高效运作，关键在管理。现在不少单位积累了一些好的做法和经验，但很难坚持下去。这种"上热下冷，安全文化流于形式"的倾向，更需要我们潜心研究安全文化的运作规律，探索安全文化管理办法。要坚持"管理贵在到位"的思想，发挥工会在企业制度建设中的参与作用，完善安全生产管理制度，不留制度空档。对各项具体安全管理制度不断进行

调整、创新、充实、完善，努力使之物化为自觉行动。要支持企业完善经济激励和制约机制，不留责任空档。对大型、专业设备实行资格认证制和设备、安全管理专责制；对各线、各专业、各岗位层层分解目标并签订安全责任状。建立安全生产奖励基金，实行全员风险抵押金制度，严格事故惩处，不留人情空当。要强化用电、消防、重点部位安全保护措施的落实，及时更新老化的线路及电气设备。对原料、半成品、成品进行现场定置管理，并借鉴森林隔离带原理预留出空地隔离带，生产车间要保持通道畅通，做到物流有序，忙而有序。要全面开展安全评价活动，对系统的危险性、职业健康等进行定性、定量分析，设计《消防预案》和《应急计划》，制定兼顾环保、安全、职业健康的应付突发事件的条例。在日常生产中定期进行应急预案演练，让广大员工遇到危急情况能够从容应对。要织密监督防线，实现层次保障，不留检查空当，构筑线防、块防、专防、群防、模防的联动式、全方位、全过程的安全防范体系。从运行的实践看，工会的"六员八网"的管理模式更能从根本上促进安全文化的规范、高效运作。"六员八网"管理模式，"六员"即抓会员特别是职工代表，发挥其监督和保证作用；抓团员，发挥青年团的突击队作用；抓岗员，发挥岗员的骨干作用；抓网员，发挥网员的监督作用；抓安全员，发挥安全员对现场事故的控制作用；抓协管员，发挥女工家属的宣传和规劝作用。"八网"即以广播电视为中心的宣传教育覆盖网；以安全展览室为中心的安全文化娱乐网；以班组工序和车间为中心，向周边辐射的安全标语警示网；以刹风查案为中心，群众广泛参与的公开透明监督网；以企业为中心向周边延伸的板报、标语、漫画、橱窗宣传网；以党工团活动室为中心的党员骨干示范渗透网；以安全文明小区为中心的女工家属安全规劝网。正是这种管理模式较强的涵盖性，才确保了安全文化教育工作富有特色，科学规范，深入人心，扎实有效。

三 矢之于丰富和提升安全文化的内涵和档次，持续创新促动

安全文化是否适应企业发展的需要，促进职工安全素质的提高，对企业产生积极的效应？这是衡量一个企业安全文化优劣的重要标准。因此企业工会要以创新精神，不断探索安全文化建设的新路子，有效地丰富和提升安全文化的内涵和档次。

一是教育内容创新。围绕职工关心的热点、重点和难点问题，组织安全

文化攻坚。举办安全知识讲座、热点追踪、安全大家谈栏目，适应职工多层次文化结构需要，普及安全知识。党工团活动室从职工的需求出发，丰富安全教育的内容，做到"六有"：有安全誓词、有每天一题、有"三违"亮相台、有职工代表提示、有职业道德规范、有民主监督栏。从而有效地增强安全知识的渗透力。

二是活动方式创新。安全文化建设必须在继承优秀传统做法的基础上，企业工会要结合形势发展需要和职工的思想实际，吸取和借鉴先进的做法。建立"安全宣誓"制度，做到三个班前集体宣誓，唤醒职工的安全意识；组织开展"全员大唱安全歌活动"，使"安全第一"的思想传播于企业各个角落，扎根于职工的心坎上。

三是活动区域创新。安全文化的渗透不能局限于班前和工作现场，要延伸到职工社会活动的各个环节。要在工会的主导下开展创建文明小区活动，把安全文化融于小区的建设中，寓娱乐性、知识性、教育性、趣味性和服务性于一体，让职工在潜移默化中受到教育；开展"我为安全赠一言"活动，延展安全文化的渗透区域，增强其导向和辐射功能。

企业的生产经营工作是一个连续不断的过程，因而企业的劳动保护也是一个没有终结的过程，在这一过程中如何维护职工的安全健康，降低和杜绝事故的发生，切实维护职工的根本利益，是工会工作面临的一项艰巨的任务。企业工会只有从源头上落实责任，在实践中不断探索，形成独具特色、富有生机和较强感染力的安全文化体系，真正将维护职能转化为维权行动，企业才能实现稳健经营和持续发展，并能更好地诠释企业工会的存在价值，实现共建共享和谐发展成果的目标。这一点尤其值得大家共鉴。

（推荐单位：中共荣成市委宣传部）

反腐倡廉建设是构建和谐社会的关键

原文秀

党风正则干群和，干群和则社会稳，而腐败是影响党群干群关系，破坏社会和谐的重要因素，反腐倡廉是加强党的执政能力建设和先进性建设的重大任务，也是维护社会公平正义和促进社会和谐发展的紧迫任务，是构建和谐社会的关键。构建社会主义和谐社会，要求我们将反腐倡廉作为重要内容和基本保障，深入推进反腐倡廉工作，切实加强领导干部作风建设，以优良的党风促政风、带民风，营造和谐的党群干群关系，不断促进社会和谐。

一　十七大报告把反腐倡廉放到了前所未有的高度

十七大报告第一次从党的性质和宗旨的高度来认识反腐倡廉的重要性，首次提出了"反腐倡廉建设"这个概念。"反腐倡廉建设"是十七大对党风廉政建设和反腐败斗争的新概括。过去通常的提法，是党风廉政建设、反腐败斗争、反腐倡廉工作，并且，党风廉政建设和反腐败斗争是作为党的作风建设的重要组成部分而纳入党的建设的总体布局。十七大报告把反腐倡廉建设单列出来，形成了把"党的执政能力建设和先进性建设作为主线，以坚定理想信念为重点加强思想建设，以造就高素质党员、干部队伍为重点加强组织建设，以保持党同人民群众的血肉联系为重点加强作风建设，以健全民主集中制为重点加强制度建设，以完善惩治和预防腐败体系为重点加强反腐倡廉建设"这样"一条主线、五大建设"融为一体的党的建设新的伟大工程的总体布局。很显然，这一总体布局向全党全社会发出了一个明确的信号，即"把反腐倡廉建设放在更加突出的位置"，提升了反腐倡廉建设的地位和作用，理顺了党的反腐倡廉建设和党的思想建设、组织建设、作风建设、制度建设的关系，强调反腐倡廉"是党必须始终抓好的重大政治任务"，这是对党风廉政建设和反腐败斗争事业的新定位，进一步明确了反腐倡廉建设是提高党的执政能力建设和先进性建设的一项重大政治任务。

二　腐败损害党的形象，影响社会和谐

构建社会主义和谐社会，必须坚持以人为本，把最广大人民的根本利益作为一切工作的出发点和落脚点，做到发展为了人民、发展依靠人民、发展成果由人民共享。而腐败是对党的宗旨的抛弃，是对公共权力的滥用。它损害了党的形象，严重侵害了最广大人民的根本利益，直接导致社会不和谐。

1. 腐败侵害广大人民群众的利益，导致贫富差距越来越大

社会利益的公平分配是社会和谐的基本前提，实现社会和谐必须保障利益分配的公平公正。随着经济的持续高速发展，社会转型时期的各种矛盾也日渐凸显，贫富差距日益扩大。这其中，腐败问题的兴风作浪加剧了这些矛盾：一些地方、一些行业内的"官"与"商"相互勾结，以"改革"和"发展"为借口，侵占农民、工人和城市居民的利益，例如非法滥用土地、转制中国有资产流失……就这样，腐败分子把人民赋予的权力用来为个人谋利益，破坏利益分配的正常格局和合理秩序，广大人民群众的自身的利益受到了极大的损害，贫富差距越来越大，这必然造成社会矛盾，影响社会和谐。

2. 腐败是对党风的严重损害，造成党群干群关系不和谐

我们党的最大政治优势是密切联系群众，党执政后的最大危险是脱离群众。腐败现象的表现形式就是专营私利、弄虚作假、形式主义、官僚主义、贪图享受、腐化堕落。背离了党的性质和宗旨，脱离了人民，走向了人民的反面。这些都严重地损害了广大人民群众的利益，导致人民群众产生不满、对立情绪，直接破坏党和政府的形象，损害党同人民群众的血肉联系。党风问题事关党和人民事业的兴衰成败，而腐败的存在必定严重损害党风，破坏党群干群关系和谐。

3. 腐败扭曲了社会主义的民主，影响了公平正义

我们所要建设的社会主义和谐社会，是民主法治、公平正义、诚信友爱、充满活力、安定有序、人与自然和谐相处的社会。然而，存在于党内和社会上的各种腐败现象，特别是个别领导干部中的长官意志、独断专行、徇私舞弊、买官卖官、任人唯亲等腐败行为，严重地侵犯了人民群众利益和人民民主权利，动摇了人民群众的主人翁地位，削弱了人民群众的责任感，影响了

民主政治的建立和运行，破坏了促进社会协调发展的政治秩序。腐败是社会存在的毒瘤，是导致社会不和谐、不稳定的重要因素，腐败对社会主义民主政治制度、法律制度和社会公共秩序的破坏，对国家政权机构和法制的瓦解，降低了人民群众对党和政府的认同度，阻碍了构建社会主义和谐社会。

4. 腐败破坏社会主义核心价值体系，影响和谐文化建设

从文化意义上看，腐败是对全社会共同的理想信念和道德规范的否定，是对我们党的性质和宗旨的否定，与建设社会主义核心价值体系背道而驰。腐败分子把以权谋私作为价值取向，一切从个人或小集团的私利出发，完全颠倒了社会主义的价值标准。腐败的存在，削弱人民群众对党的领导、社会主义制度、改革开放事业、全面建设小康社会和构建社会主义和谐社会目标的信念信心，破坏全党全国人民团结奋斗的思想道德基础，影响和谐文化建设。

三 坚决惩治和有效预防腐败，是党必须始终抓好的重大政治任务

任何一个政党取得政权都是不容易的，掌握政权并长期掌握政权就更不容易。我们党从成立到掌握政权，经过了 28 年的奋斗历程。在这个历程中，我们党始终牢记党的宗旨，依靠人民，赢得人民的拥护和支持，才从革命党成为执政党。人民群众对腐败深恶痛绝，腐败现象严重地损害了党的形象，影响了党同人民群众的关系。水可载舟也可覆舟，任何一个政党抛弃了党的宗旨，忘记了人民，走向人民的反面，最终也必将被人民所抛弃，失去政权。为此，党与腐败"水火不相容"这样的铿锵之词出现在了报告中，强调反腐倡廉"是党必须始终抓好的重大政治任务"，发出了"对任何腐败分子，都必须依法严惩，决不姑息！"这样的铿锵之词。

十六大以来，我党对惩治腐败采取了多种措施，取得了一定的成效，曾被形容为"惊心动魄"。一些严重违法的原省部级官员被判死刑，腐败问题在一定程度上得到了遏制。值得注意的是，随着惩治腐败力度的加大，腐败行为更加隐蔽，腐败形式不断变化，给反腐败斗争带来了新的难题。已经有报道称甚至一些跨国公司也在向中国官员进行商业贿赂。英国《金融时报》亚洲版主编维克托·马莱称尽管中国多次在全国范围内打击腐败，但一些地方官员腐败仍然盛行。"在中国不少地区，金钱的诱惑仍然超过对惩罚的畏惧。"最高人民检察院的数据显示，2003 年 1 月至 2006 年 8 月，中国检察机关共查

处贪污贿赂犯罪 67505 人，平均每月有近 1600 名官员因腐败走进监狱，其中"一把手"的腐败占较大比重。可见，我国的反腐形势是严峻的。腐败现象的蔓延必将侵蚀党的肌体，纵容腐败现象的发展，必将付出惨痛的代价。东欧剧变的进程中，一些反对派就利用"反腐败"的旗帜，通过批判一些党员干部的腐败行为来否定和攻击执政党的领导，进而全面否定共产党的领导。20世纪 80 年代末 90 年代初苏联东欧社会主义国家共产党失去执政地位的惨痛教训我们要永远牢记。因此，党的十七大报告提出了"坚决惩治和有效预防腐败，关系人心向背和党的生死存亡，是党必须始终抓好的重大政治任务"。

四 按照十七大的要求开展反腐倡廉建设，构建社会主义和谐社会

当前，我国还处于消极腐败现象易发多发的历史阶段，报告指出："全党同志一定要充分认识反腐败斗争的长期性、复杂性、艰巨性，把反腐倡廉建设放在更加突出的位置，旗帜鲜明地反对腐败。"提出了"标本兼治、综合治理、惩防并举、注重预防"的方针。强调"在坚决惩治腐败的同时，更加注重治本，更加注重预防，更加注重制度建设"。这三个"更加注重"事关反腐倡廉建设的全局，为我们进一步推进反腐倡廉建设指明了方向。

1. 加强廉政文化建设，密切党同人民群众的血肉联系

加强廉政文化建设，就是要从思想上牢固党的宗旨，加强作风建设。既要切实解决党风方面存在的突出问题，又要坚决纠正损害群众利益的不正之风，促进社会和谐稳定。坚持人民群众是历史创造者的历史唯物主义观点，坚持全心全意为人民服务的宗旨，坚持群众路线，真诚倾听群众呼声，真实反映群众愿望，真情关心群众疾苦，多为群众办好事、办实事，做到权为民所用、情为民所系、利为民所谋。要按照胡锦涛总书记在中央纪委第七次全会上重要讲话的精神，大力倡导八个方面的良好风气，认真解决领导干部作风方面存在的突出问题。发扬艰苦奋斗的精神，坚决治理贪图享乐、奢侈浪费现象，教育党员干部讲操守、重品行，培养健康的生活情趣。把群众最关心的热点难点问题作为纠风工作重点，继续纠正教育收费、医药购销和医疗服务中的不正之风，着力解决食品药品安全、征地拆迁、企业改制、安全生产、社保基金管理、环境保护等方面损害群众利益的问题。积极推动建立维护群众利益的相关制度，健全利益协调机制，畅通诉求表达渠道，积极预防和化解矛盾。

2. 坚持改革创新，加强制度建设

在十七大报告中的多处，都显示出领导人坚决反对腐败的鲜明态度和坚强决心。同时，在更多的地方，都更突出地显露出未来深化反腐倡廉工作的基本思路，那就是要紧紧依靠制度建设，包括把领导人的鲜明态度和坚强决心也要有效地转化为制度力量。

毫无疑问，仅仅依靠权力反腐败是没有出路的，只有依靠制度反腐败才是我国最终取得反腐成功的必由之路。依靠制度反腐败之路虽然已经探索了十余年甚至更长时间，但我国目前依然处于由依靠权力反腐败向依靠制度反腐败的转型途中，而且要彻底实现这种转型还有巨大的阻力需要克服，还有艰巨的任务需要完成。

依靠制度反腐败要想成为根本的模式，发挥出其应有的效果，实现高度的法治是前提。而要实现法治，前提条件则是权力过度集中的政治体制改革的实质性推进。在权力过度集中的政治体制改革方面，十六大报告的思路是"建立结构合理、配置科学、程序严密、制约有效的权力运行机制"；十七大报告的思路则是"建立健全决策权、执行权、监督权既相互制约又相互协调的权力结构和运行机制"。从抽象的权力制约诉求到"决策权、执行权、监督权"之间的相互制约，这是认识上的飞跃。这种改革思路上的清晰化显然有利于我国政治体制改革的实质性推进。

改革是从源头上防治腐败的重要动力。必须继续推进干部人事制度、司法体制和工作机制、行政管理体制、财政管理制度、金融体制、投资体制、国有资产经营体制等改革。督促有关部门按照公平、公正、公开原则，加快推进公共资源交易市场建设。针对工程建设、土地管理、产权交易、政府采购等领域腐败现象暴露出的问题，当改则改，增强制度的针对性和有效性，充分发挥市场在资源配置中的基础性作用。各级领导干部要带头遵守制度，敢抓敢管，积极营造全党和全社会自觉遵守制度的良好氛围，坚决维护制度的严肃性。

3. 加强对权力的制约和监督

19 世纪，英国学者阿克顿尖锐指出：没有监督的权力必然导致腐败，绝对的权力必然导致绝对的腐败。加强监督、关口前移，是有效预防腐败的关键。监督的重点是主要领导干部以及对人财物的管理、使用。民主是监督的基础，必须进一步发展党内民主和人民民主。积极推进党务公开，保证党员行使选举权、知情权、参与权、表达权和监督权等民主权利。认真贯彻实施党内监督条例，严格执行民主生活会、述职述廉、诚勉谈话和函询、个人有关事项报告、党内询问和质询等制度，进一步完善巡视工作。完善政务公开、厂务公开、村务公开和公用事业单位办事公开制度。按照《建立健全教育、制度、监督并重的惩治和预防腐败体系实施纲要》的要求，着力于教育、制度、监督三者的有机统一，不断加强教育学习，完善制度，拓宽监督渠道。充分发挥民主党派和无党派人士、新闻舆论和人民群众的监督作用，形成监督合力。让领导干部做到"不想腐败""不能腐败""不敢腐败"，从根本上解决腐败问题。

4. 坚持从严治党，对任何腐败分子都必须依法严惩

"治国必先治党，治党务必从严"，对于损害群众利益的不正之风，以及群众反映强烈的问题，都必须坚决纠正和给予解决，坚决查处违法违纪案件。惩治这一手段任何时候都不能放松。按照十七大报告"对任何腐败分子，都必须依法严惩，决不姑息！"的要求，无论腐败发生在哪个地区、哪个部门，不论其职务多高，发现一个查处一个，绝不手软，绝不让他们逃脱党纪国法的惩处。要注意分析排查线索，对重点案件抓住不放，坚决查办领导干部滥用职权、贪污贿赂、腐化堕落、失职渎职的案件，查办官商勾结、权钱交易、权色交易和严重侵害群众利益的案件。对腐败分子，要加大经济处罚和赃款赃物追缴力度。继续治理商业贿赂，既严厉惩处受贿行为，又加大对行贿行为的惩治力度。"确保权力正确行使，必须让权力在阳光下运行。"通过对腐败分子的查处和清理，确保党的先进性和纯洁性，从而增强党的凝聚力、创造力和战斗力，提高党的领导水平和执政能力。

（作者单位：中共文登市委党校）

乳山市发展母爱文化的调查与研究

姜翠萍

近年来，乳山市充分发挥母爱文化资源优势，深入挖掘母爱文化时代内涵，大力发展和弘扬母爱文化，其经验做法得到了各级领导、专家学者、市民百姓以及社会各界的广泛认可和好评，在国内外产生了积极的影响，进一步打响了"母爱圣地、幸福乳山"城市名片，母爱文化已成为乳山构建和谐社会的重要载体，促进经济社会全面发展的强大动力。现将乳山市发展母爱文化的经验做法进行调查与研究。

一 发展母爱文化的有利条件

一是具有发展母爱文化的难得机遇。党的十七大做出了推动社会主义文化大发展大繁荣的重大战略，省委、省政府也提出了建设经济文化强省的重大决策。乳山市发展母爱文化的思路不仅符合中央和省委精神要求，而且与省委提出的打造黄金海岸线、胶东半岛旅游圈以及威海市委提出的打造千公里幸福海岸线的发展思路在内涵上是一致的，面临难得的发展机遇。

二是具有发展母爱文化的自然优势。乳山市内有一座浑圆挺拔、形似乳房的大乳山，被誉为"母亲山"，乳山因此而得名；与其隔岸相望的西乳山，恰似一妙龄少女仰卧碧海之中，被形象地称为"睡美人"，传说是三圣母（沉香母亲）与妹妹为保佑渔民不受海妖迫害的化身，千百年来庇佑哺育着乳山儿女，形成特有的母爱标志。乳山市还是最适合人类居住的城市之一，在大自然的滋养和母爱文化的孕育下，乳山人民健康长寿，目前全市百岁以上老人67位，其中女性40多位，世界吉尼斯之最、目前中国年龄最大的双胞胎姐妹也在乳山市。最近，乳山市被中国初级卫生保健基金会授予"长寿之乡"

称号。

三是具有发展母爱文化的革命传统。抗日战争时期，在乳山筹建了胶东育儿所，面对险恶生存环境，乳山广大母亲为了照顾好、保护好革命后代，无私奉献甚至牺牲了自己的亲生骨肉，在侵华日军残酷"扫荡"的艰苦环境下，养育的1000多名革命后代无一损失，谱写了一曲惊天动地的母爱传奇，她们的事迹深深地影响和教育着后人。

四是具有发展母爱文化的社会氛围。母爱及爱母教育在乳山有着深厚的文化根基和传承意识。在农村每年开展以家庭和睦、科学教子、赡养老人为重要内容的精神文明建设"倒十星级管理法"。在全市组织举办"十大孝星""好媳妇、好婆婆"评选活动。连续多年开展了"社会妈妈"虹桥拉手资助活动。妇女节、母亲节、老人节期间，大力宣传尊老敬老、教子有方典型，营造"母爱、爱母、敬母、回报母亲"的社会氛围。

五是具有发展母爱文化的文学底蕴。乳山是红色经典小说《苦菜花》《山菊花》《迎春花》的故事诞生地，也是著名作家冯德英的故乡，在"三花"作品中，仁义嫂（娟子妈）坚毅果敢、善良贤淑、勤劳聪慧、深明大义的英雄母亲形象深入人心。为进一步挖掘母爱文化资源，弘扬传统美德，建成了冯德英文学馆，并将开工建设山东"三花"影视基地。编写出版了由十届全国人大常委会副委员长顾秀莲题写书名的文化图书《母爱无疆》以及反映大乳山旅游度假区人文景观的文化图书《母爱温情大乳山》。

二 发展母爱文化的意义影响

一是实现建设和谐幸福新乳山发展目标的需要。文化是城市综合实力的体现，是发展的力量源泉。乳山市虽然文化资源丰富，但长期以来一直没有形成特色鲜明、形象具体、广泛认可的城市文化，发展母爱文化不仅填补了这一空白，而且可以增加城市文化厚重感，提升广大市民对城市的自豪感、认同感和归属感，增强全民的凝聚力和向心力，加快推进"四基地一中心"建设，努力构建和谐幸福新乳山。

二是开展精神文明创建活动的需要。母爱文化倡导的母慈子孝，是新时期大力倡导的文明道德风尚，对当前乳山市正在开展的创建省级文明城市活动将起到很大促进作用。首先，发展母爱文化有利于母慈子孝良好风气的形成，促进和睦家庭建设。其次，有利于加强爱国主义教育，激发全民的爱国热情。最后，发展母爱文化有利于促进"四德工程"建设，可以唤起人们的道德意识，更好地纠正自身不良行为，提高社会文明程度，促进社会和谐稳定。

三是提高乳山市对外城市形象的需要。文化代表一个城市的形象，也是提升城市知名度和美誉度的特殊载体。当前乳山市正处于加快发展的重要战略机遇期，抢抓机遇加快发展成为全市广大干部群众的共同愿望，随着母爱文化的建设和打造，必然会在国内外打响"母爱圣地 幸福乳山"城市名片，树立起乳山市良好的对外形象，进一步推动扩大开放、招商引资，为推动乳山经济社会平稳较快发展创造更加有利的条件。

四是加快推进旅游兴市战略的需要。文化是重要的旅游资源。对一个城市而言，文化含量越高，对旅游者的吸引力也就越强。乳山把"旅游兴市"作为发展战略之一，确定了"一轴两带五区多节点"的旅游空间布局，规划建设了一大批母爱文化景区景点，随着母爱文化品牌的进一步打造，必然会吸引更多国内外游客的目光，从而带动旅游等相关产业发展，使文化优势转变为经济效益。

三 发展母爱文化的经验做法

一是文体活动带动母爱文化。借助文体活动的影响力和辐射力带动母爱文化的发展，连续举办了两届中国（乳山）母爱文化节，文化节以弘扬"母爱、爱母、敬母、孝母"传统美德为主题。文化节期间，与中央电视台联合举办了《同乐五洲》国庆特别节目"母爱圣地、幸福乳山"大型主题晚会，我国著名歌唱家宋祖英、阎维文登台演唱了母爱主题歌《乳山，你最亲你最好》《天下第一滩》，产生了强烈反响，引起更多人对母爱文化的关注。此外，还与国家体育总局水上运动中心联合举办了全国青少年帆板锦标赛，与山东电视台联合举办了2009中国（乳山）母爱文化节大型文艺演出等一系列文体活动，提升了母爱文化在全国的影响力。

二是创新载体打造母爱文化。为了扩大母爱文化的影响力，乳山市去年和今年在北京分别召开了母爱文化节新闻发布会，吸引海内外主流新闻媒体争相报道，扩大了对外影响力，提高了知名度。高水平地制作了以"母爱圣地 幸福乳山"为主题的城市形象专题片、旅游音乐片、广告片，并在中央电视台进行了母爱城市形象宣传。在全市推广使用了以"母爱圣地、幸福乳山"为主题的贺年片和工作名片，发行了邮资封，开通了电话彩铃。申请注册了与母爱文化相关的商标、网站域名以及通用网址。在城市显要路段、公交线路分别设立了宣传母爱文化的高炮广告、车体广告。举办了春节晚会、春节秧歌会演、消夏文化夜市等群众性文化活动，开展了"救助贫困母亲 构建和谐家庭"、为困难女职工办实事等活动。

三是扩大合作提升母爱文化。先后与中国妇女发展基金会、品牌中国产业联盟、中国会展经济研究会、中华母亲节促进会、中国女摄影家协会、国际休闲产业协会等签订了合作协议，并在乳山设立了相关文化基地或论坛会址。乳山先后与中国妇女旅游委员会、中国女摄影家协会、中华母亲节促进会、国际休闲产业协会等签订了合作协议，并在乳山设立了"中国母亲节促进会论坛会址""中国女摄影家协会摄影创作基地""联合国青年技术培训基地""国际休闲产业论坛永久性会址"等，不断加强交流与合作，参加了品牌中国女性高峰论坛，举办了旅游发展战略、城市品牌战略和母爱文化发展等研讨会，母爱文化得到专业组织的充分认可和高度评价。

四是发展旅游推荐母爱文化。以母爱文化为主题，引进或建设了大乳山旅游度假区、山东"三花"影视基地、福如东海文化园、东方如意国际城等总投资过百亿元的十大旅游项目。各旅游景区也加快了以母爱文化为主题的旅游设施建设，母爱千年文化苑、敬母台、乳山百岁老人幸福长廊等一批文化旅游景观相继建成。以旅游项目为载体，致力于扩大母爱文化的影响，组织开展了旅游大篷车推介活动，举办了"山东人游山东"启动仪式、东方欢乐节，开辟了母爱文化旅游线路及景区景点，母爱文化旅游品牌初步形成。

四 发展母爱文化存在的问题

乳山市在发展母爱文化方面做了大量的工作，取得了显著成效，但也同时存在一些问题。一是规划不够远。目前，乳山市发展母爱文化形成了一定的思路，但总体看还比较零散，不够系统，缺乏长远规划和整体布局，阶段性目标还不够明确。二是合力不够大。乳山市委、市政府对发展母爱文化十分重视，决心也很大，宣传、文化、旅游等部门以及有关旅游景区也做了大量工作。相比之下，其他部门发展母爱文化的主动性还不高，力度还不够大。三是氛围不够浓。应该说，母爱文化对外宣传方面做得较好，产生了良好的反响，但是市区内母爱文化的氛围还不够浓，宣传母爱文化的载体和形式还不多，广大市民对母爱文化的认知程度还有待提高。四是专业不够强。要把母爱文化发展成一个有影响力的文化品牌，就需要专业的机构和人才。当前，缺乏发展母爱文化的专业机构，也缺乏策划、管理、组织、宣传等方面的专业人才。五是结合不够紧。发展母爱文化除了弘扬传统美德，很重要的目的就是要促进区域经济发展。乳山市在发展母爱文化与发展旅游结合方面还需进一步加强。

五　发展母爱文化的对策和建议

一是建立远期与近期结合的有效机制。文化的形成既需要时间的积累，也需要扎扎实实地去做。为使母爱文化深入持久开展，形成广为认可的核心文化，必须建立近期目标和远期规划相结合的有效机制。首先，实行规划建设目标具体化。制定实施母爱文化发展的长期规划，分解发展目标，细化工作举措，有计划、有步骤、阶段性地推进母爱文化发展。其次，实行母爱文化发展效果绩效化。为调动各部门建设母爱文化的积极性，可将母爱文化发展情况分解落实到各单位，纳入乳山市精神文明建设考核，作为年终评先选优的重要依据，促进母爱文化发展。再次，实行节庆活动时间具体化。像春节、中秋节等传统节日，选择有纪念意义的日子作为中国（乳山）母爱文化节的开幕日，选择有意义的月份作为母爱文化月，以便于文化的永久传承。最后，实行机构和人才专业化。设立母爱文化发展办公室，由策划、组织、宣传、规划等方面的专业人才组成，统一负责母爱文化建设工作。

二是实行对内与对外并重的发展策略。发展母爱文化既要有深厚的群众基础，又要有对外知名度和影响力，市内市外全面开花才能产生良好效果。对内方面，要通过建设母爱文化公园、母爱文化广场、母爱文化河、母爱文化墙等公共设施，命名建设与母爱文化有关的学校、街道、小区等，在出租车、公交车、车站或城区显要位置张贴母爱文化标语，向市民印发有关母爱文化的T恤衫、手提袋、春联、小饰品等，在市区建立母爱文化博物馆，在学校开设母爱教育德育课，在新闻媒体开设母爱文化专栏，让市民真正成为母爱文化的建设者、参与者和分享者，营造出浓厚的文化氛围。对外方面，要借助全国妇联、品牌中国产业联盟等组织或部门在母爱文化方面的号召力和权威性，通过冠名、合办、协办等形式，参加感动中国"十大母亲"评选、品牌中国（女性）高峰论坛等全国较有影响的母爱文化活动。此外，还要继续加大母爱文化在中央媒体宣传的投入力度，举办全国性、综合性文体活动，创作和拍摄反映母爱文化的影视和文学作品，进一步提高母爱文化的对外影响力。

三是实现文化和旅游共进的双赢局面。文化是内涵，旅游是载体。要做好母爱文化与旅游发展相结合的文章，实现二者相互促进，双赢共进。首先，创造良好软硬环境。要坚持政府引导、企业为主的原则，在土地、税收、服务、贷款等方面提供优惠和便利，加大对水、电、路、通信等基础配套设施的投入力度，通过提供良好的软硬环境吸引国内外客商或企业来乳山市开发母爱文化旅游。其次，不断创新营销形式。旅游营销关键在于策划。好的形式和创意，往往能够起到事半功倍的效果。比如，举办由全国 56 个民族男女青年参加的"山盟海誓"活动；举办民俗寿礼、民俗生育祝贺、民俗婚庆活动等。这样既弘扬了母爱文化，又促进了旅游业的发展。最后，打造精品旅游线路。要在大乳山旅游度假区之外的市区、银滩、堕崮山、岠嵎山、马石山等其他景区建设不同风格和内容的母爱文化人文景观，形成母爱文化旅游精品线路，扩大母爱文化旅游的覆盖面，丰富全市母爱文化旅游内涵。

（作者单位：中共乳山市委宣传部）

论德里达解构思想的建构精神

——翻译学视角下的阐释

王军平　陈忠良

翻译学作为一门跨学科的研究，历来是各种理论一试锋芒的理想场地。解构主义（Deconstructionism）作为后现代理论中的一个重要流派，进入翻译学领域后，却不如在哲学、文学、美学、艺术等领域那样风光无限，而是饱受诟病。解构主义于20世纪80年代后期进入中国，让众多在结构主义理论下从事翻译学研究的学者、译者耳目一新。一方面，学者们认为解构主义对翻译研究具有重要意义，如郭建中指出："首先，它让我们从全新的角度来考虑翻译的本质问题；其次，我们能更清楚地理解翻译的作用和地位。"刘军平也认为："我们应该接受德里达的鼓动，对翻译理论的形而上学基础做认真的清理工作，正视解构主义本身给翻译带来的巨大魅力。"另一方面，也有众多学者将解构主义视为异端，对其理论进行断章取义的解读，放大了解构主义关于意义不确定等观点的消极方面，认为其理论的结果只会导致翻译不可译，或者即使可以翻译，也只是为译者胡译、乱译提供了理论基础。更为遗憾的是，一些学者虽然对解构主义持肯定态度，但在解读该理论的一些关键术语时产生了误解或者偏离。笔者以为，这一切都源于对解构主义精神实质的忽视，没能深刻领悟其思想对于革新传统理论、建构科学翻译学研究的积极意义。本文从以下几个最受读者关注的方面来剖析德里达思想的实质，以期澄清误解，求教于方家，进而对翻译研究的理论建构有所裨益。

一　延异与散播——对结构的终极解构

谈及解构主义，不能不谈德里达（Derrida）；同样，谈及德里达，不得不谈德里达为了建构自己的理论而创造的术语。在这些术语中，首先要提到的是"延异"（différance）。"延异"可以说是德里达进行解构的锐利武器，也是研究解构主义理论的切入点。但恰恰是这个术语，让解构思想饱受误解和诟病。这个术语是德里达在其《哲学的边缘》里的一个杜撰，大多数人只认为它包含了延迟、拖延、推后（to defer）和差异、区别、不同（to differ）等意义。而德里达杜撰这个词的目的，却远非这些意义所能涵盖的。根茨勒说："坦率地讲，那些将此词翻译成英语的翻译者的确做了一件糟糕的工作，他们将它保留成法语的原形，这样使得其结果迥异，因为其蕴含的无言的讽刺与精妙的意指被完全丢掉了。"这个词语源于法语词"difference"，德里达通过 a 和 e 两个字母的调换，来解构传统结构主义的逻各斯（logos）——言语先于语言，意义可以提取于语言符号之外，语言服务于一个跳出能指之外的万能的、永恒不变的所指。"在德里达看来，'延异'一词中的字母 a，就像一块默默无言的墓碑，宣示着词语本义的死亡。至此，以言语为先以文字为后的逻各斯中心主义传统，已经不攻自破了。"因而，"延异"一词的杜撰，本身就是反对传统语言观点的一个例证。

在德里达看来，"语言不是可以被自由支配的工具，语言所表达的是文字本身或者语言本身，而不是某种存在于语言之外的先在的意义"。语言本身是一个意义开放的系统，而且其结构本身也是不稳定、不明确的。每个语言符号的意义都没有明确的边界，所以说"意义不是来自语言之外的所指，而是来自与其他能指之间的差异"。在此基础上，德里达又认为，任何语言符号都带有其他符号的印记（trace），它的意义总是在语言符号漫无目的的自由嬉戏当中，以延异的形式存在。而且通过时间和空间的延迟和差异，符号的意义无尽地散播（dissemination）开去，这里一点，那里一点，没有任何的中心，没有任何的明确意义，最终消解在无穷无尽的符号当中。意义就像流淌在语言符号之间的幽灵，彼此之间都有存在的痕迹，似乎相识，但又全然不是。所有的意义永远都是语言符号中的"进行时"而不是"完成时"。另外，德里达的名言——"语境外无物"，也是对延异的准确阐述。任何意义都是一种语境事件，而我们所看到的语言，都是经过时间、空间延异的意义的踪迹（trace）。这些意义环环相扣，既没有起点，也没有终点。脱离了原先的语境，就不可能理解语言符号在当时语境中的意义。显然，德里达在否定了语言的终极意义的同时，也肯定了语言的历史语境，并不像有的学者所抨击的那样，认为他"割断了文本生成的历史条件，又脱离了作者作孤立的分析，是一种极端的反历史主义倾向"。

解构主义显著的成果之一就是证明了意义或者原意的不确定性。意义的不确定性也为解构主义对文本阅读和翻译的解构埋下了伏笔。德里达在此基础上提出，任何文木都没有一个确定的意义，原文通过译文而获得再生，而不是相反。至此，传统结构主义的原文/译文、作者/译者的二元对立以及层级关系便分崩离析。但是，有的学者仅仅抓住意义的不确定性这一点，就认为它是解构翻译理论的全部，因而疾呼：解构主义终结了超验意义，就颠覆了翻译的前提，也就动摇了结构主义翻译的根基，从而导致两种倾向：一是意义不确定论彻底颠覆了翻译的要义，使得翻译成为不可能；二是德里达解构了作者与译者之间的等级和主仆关系，让译者进入了完全自由的新天地，从而为胡译、乱译保驾护航。诚然，解构主义有自身理论的矛盾性，但是直接就此得出翻译不可能或者允许译者乱译胡译的结论，却实在是委屈了解构主义，也有断章取义之嫌。

本着建构的精神，应该看到，"延异"的概念，理性地分析了意义的本原，揭示了语言的实质，"洞察了语言本身存在的不确定性、多义性和边界模糊性"，从而明确了翻译的困难程度。可以说，德里达对传统结构主义的解构，为人们打开了另一扇审视翻译实质的窗户，让人们从那种二元对立的僵化思维中解脱出来。就翻译实践而言，因为意义会由于延异而不确定，就要求译者必须详细洞察意义发展的轨迹，通过差异游戏中累积的意义踪迹，来捕捉那个蕴藏在这个延异嬉戏过程中的意义。其实，任何翻译都是无限地接近真理的过程，但这个真理就像本雅明眼中的那个已经打碎的花瓶，永远无法复原和企及。

上述的两种倾向，貌似是对解构思想的合理推理，实质却是对德里达的武断误解。下文从德里达的解构思想出发，对文本到底可译不可译、翻译到底需要译者遵循什么样的标准进行梳理和探讨。

二 文本的可译与不可译——结构与解构间的困惑

在传统的翻译理论框架下，不管是意译还是直译，其前提都是原作者赋予文本一个确定不变的、超验的意义。无论采取什么策略，其最终目的都是服务于这个意义的重现。而德里达消解了传统哲学的二元逻辑，着力强调区别或差异的不确定性以及意义的不确定性。德里达的文本理论也认为："文本总是处于一种'未完成'的状态，其意义是过去意义的继承，而且有待于进一步延伸。"文本本身同语言符号一样，不存在一个确定的意义。文本的意义也是以延异的方式，播撒在文本的四面八方。据德里达的解释："播撒是一切文字固有的能力，它不传达任何意义。相反，永远是在无休止地瓦解文本，揭露文本的零乱和重复性。这样，文本不再是一个超验所指即在场所给定的结构，而是导向更为曲折幽深的解构的世界。每一次阅读都是一次似曾相识的经验。"这一点，德里达与本雅明一致。本雅明认为："译作不是服务于原文，而是因原作而获得自己的存在……而原作在译文中获得了最新的、持续不断的、全新的呈现。"解构主义颠倒了原作与译作、原文与译文传统的层级和主次关系，因此任何文本都是浩渺文本世界的一分子，与其他的文本存在着千丝万缕的联系，在时空的延异中播撒着意义的种子，这就是文本的"互文性"。"互文性"概念不仅彻底破坏了文学独创性的幻想，也推翻了作者的权威。意义的不确定性以及文本的互文性彻底让传统意义的忠实翻译成了永远的乌托邦。那么，文本到底能不能翻译？

国内有些学者，将文本的不可译归结为解构主义理论的必然。如果情况真是这样，那么那些还孜孜不倦地躬耕在译林的翻译家追求的到底是什么呢？其实，这是对德里达的误解。之所以会有这样的结论，一方面是我们缺乏探寻真理事必躬亲的精神，让误读得以蔓延；另一方面就是有的学者还是在可译与不可译的二元逻辑中徘徊，用结构主义方式来理解解构主义。从上述观点可以看到，在解构主义者看来，任何对文本的翻译都是徒劳的，都是一种误读。但同时，文本又是一个意义开放的系统，没有一个确定的先在的意义，这也就为翻译提供了可能。而翻译，在德里达看来，都是对原作的解读，原作需要这样的解读来让自己得以延续和发展。德里达既承认文本的稳定性（stability），也强调其不稳定性（instability）。对于文本的可译性，德里达的答案是，任何文本都既是可译的又是不可译的。如果一个文本仅仅可翻译，那它就可能丧失存在的价值而自动消亡、词语；如果完全不可翻译，即使是在所认为的一个独立的语言范围内，也是会很快消失的。其实，用德里达的延异、踪迹等术语，也可以探寻文本的可译性。戴维斯（Davis）认为，语言符号具有单一性（singularity）和重复性（generality）的补充关系。就像专有名词一样，一方面它的意义独立于其他符号之外，而同时它又必须依靠可重复的符号来表达。就翻译而言，任何语言事件都是一个最简单的、单一的过程，带有一个特定语境中系统差异游戏所产生的意义。而这个意义是一个有差别的（意义）踪迹游戏，是无法从这个事件中提取出来的，这就是单一性。单一性使得人们无法获得普遍的、超验的意义。从这个意义上讲，翻译是不可能的。但如果一个事件只有单一性，那就是完全不可理解的，为了可以被理解并且具有意义，它必须重复可以理解的结构。也就是说，语言事件在其具有单一性的同时，也积累了具有相对比较稳定指涉的结构。这就是重复性。这就是为什么莎士比亚的作品在我们今天看来也不是全部不可以理解的。正是单一性和可重复性，规定了可译性与不可译性。

需要进一步说明的是，对于可译和不可译的探讨，需要关注的是其在不同语境中的内涵和目的。传统的可译是指原文的意义可以被理解并用目的语表达出来。而在解构主义看来，可译是文本本身意义的不确定和流变性给译者提供了能动解读的可能，表达了文本需要发展、延续并获得"来生"的这样一个需求。所以从这一点来看，任何文本都是可以翻译的。另外，翻译的目的也大相径庭，传统的翻译是为了信息或作者意图的传递；而解构主义的翻译是语言符号自由嬉戏的一个过程，是原语文本得以存活并获得来生的必要手段。笔者认为，用解构主义的思维方式得出传统意义上的文本可译和不可译的结论，本身就是一个谬误。实际情况是，由于解构主义将翻译看成对原作的创造性解读，是赋予原作以生命和活力的行为，是让原作在翻译中获得重生，那么所有的翻译都是可能的，也是必要的。所以，从文本的互文性和意义的不确定性而得出文本不可译的结论，是对德里达的误解，是对解构主义的一种断章取义的误读。

三　翻译的标准——解构后翻译的归宿

"忠实"在传统译论中被看成译者所要遵守的第一信条，被认为是译者对于原作者和原作所要奉行的第一道德准绳。解构主义的文本新论却把译者和原作者放到了平等的地位，译文成了原文的救世主，原文的生命不是取决于原文本身的特征，而是取决于译文的特征。这样看来，好像译者彻底摆脱了忠实原则的束缚。有学者就认为："在解构主义的如此关照下，我们看到译者逃离了原文对其的制约，作为文本的阐述者，他可以对文本实施控制，'操纵''改写'的翻译应运而生，译者进入了自由的新天地"。也有学者认为："解构主义消解了文本的中心，使意义四处游移不定，也就从根本上动摇的'忠实'原则的基础，既然文本意义已经散播在互文的海洋里和符号的游戏中，那么，'忠实''等值''准确'等原则又从何处说起？"译者凭自己主观意志的胡译、乱译就成为解构主义亲手为翻译酿下的苦酒。

诚然，仅就解构理论中译者和原作者的关系以及原文与译文的关系来看，得出这样的观点几乎无可厚非。可是解构主义虽然是一种非理性的思想，但其本身有非常严密的理性逻辑。其本身所具有的系统性，在对传统激烈地反叛和批驳的过程中，也不断地消解着自身的矛盾，从而得以发展。在 1999 年发表的《什么是贴切的翻译》（Qu'est-que une traduction "relevance"?）一文中，德里达提出"贴切的翻译"（relevant translation）概念，来阐述自己对于翻译标准的见解。他认为，"贴切的翻译，那就是好的翻译，一种履行了其职责、为自己的收益而增光、完成了自己的任务或义务的译文，同时也在接受语中为原文写下了最贴切的对等词，所使用的语言是最正确、最适宜、最直截了当的、最无歧义的，最地道的"。德里达一连用了六个最高级，意在表明所谓"翻译"的最高理想的超现实性。在赋予译者权利的同时，德里达指出了传统翻译中存在"质"和"量"的矛盾：译者为了实现"质"的体现，势必会把自己对原文的理解用解释性语言写入译文，从而在"量"的总体上超过原文；反之，如果译者为了追求"量"的等值，"简约"的原则又会使译文在"质"的方面难以实现等值。译者处于这样的矛盾张力中，顾此失彼，左右为难。在德里达看来，译者这样的挣扎还是处在结构主义的牢笼中，没有从附属或者奴仆的地位解脱出来。在解构主义语境下，译者无须进行这样非此即彼的取舍，而更应该关注自己在翻译中所要承担的责任，也就是履行翻译的伦理。"德里达所说的伦理，并不是一种僵化的观念，用于规定译者这么做或那样做，解构主义排斥这样理想化的伦理，而更强调在每一个具体的语境下，译者做出决定需要担负的责任。"可以说，德里达不仅要求译者重视翻译，而且提出了相当高的、近乎完美的标准。

而且对于翻译，德里达一直都坚持自己的标准，这个标准是建立在对传统结构解构之后、语言具有模糊性、多义性和历史性之上的。所以翻译的标准也不应该是静止的、统一的、一成不变的，而应该是多元的、模糊的、流变的。需要强调的是，德里达一方面认可本雅明提出的翻译对于语言的创造性，却认为这个创造性与翻译创造的主观性无关。德里达从来都是否定人的，认为翻译的创造性完全来自语言游戏运动的本身，而与人没有任何关系。"人根本无权、也不可能进行创造，遑论什么'胡译'、'乱译'！"这样看来，德里达似乎又陷入了矛盾，而矛盾，正是语言发展的动力。尖锐的矛盾，也正是解构思想的最大魅力。

四 解构主义的建构精神

解构主义颠覆了结构主义的理论大厦，但解构的目的不只是摧毁和颠覆，而是在传统的基础上进行突破，在人们所认为当然的基础上开辟出新的道路。

澄清上面所提到的关于德里达的种种误读，并不是笔者的最终目的。笔者希望通过这样的分析和解读，来呼唤学界对于这种"解构精神"的把握。就翻译理论的建构而言，笔者认为，解构主义给出以下启示。

首先，解构主义的精神实质是倡导一种"解构精神"，倡导敢于打破传统的理论束缚，"把我们从传统的非此即彼的二元对立的惯性僵化思维中解放了出来，使我们以一种辨证和动态的思维方式来理解和阐释翻译理论中的种种关系"，进而深入研究翻译本质。德里达正是运用这样一种非理性的方式进行真正理性的思考，指出传统译论的局限性，从一个全新的视角对翻译进行了审视，从而得出建构性的理论成果。王宁说，德里达的翻译理论"虽然未对具体的翻译技巧提出任何指导性意见，却是在一个更高的层面上对翻译的理论指导和实践有着指导作用"。金兵则将"解构精神"总结为一种永远不满足于现状、锐意进取创新的求索精神。虽然解构主义因其本身的局限性可能导致的相对主义和虚无主义而饱受诟病，但这并不能掩盖其本身所具有的建构锋芒。翻译本身作为一项跨学科的、复杂的人类活动，不可能靠一种思想或理论解决所有的问题。科学翻译理论的建构，不光需要有这种反传统、反理性的解构精神，更需要扩大视野，进行批判的继承和发展。

其次，解构主义在解构了确定的意义和原语文本及原作者的权威之后，拓展了译者的参与空间，提升了译者的地位。虽然德里达从来都否定人的作用，只承认语言自身差异运动的有机性，不认为是人创造了翻译，而是相反。但至少我们可以认为译者在有限的空间内通过自己的"不懈追寻"（relentless tracking）进行能动的解读成为可能，从而才有机会不断地接近真理。另外，德里达对于译者身份的重新定位，也为后来的后殖民主义、女性主义等理论奠定了基础，为后现代翻译理论研究开拓了一个辽阔的疆域。

最后，翻译的标准问题历来是翻译学家讨论的核心问题之一。德里达认为，任何文本都是可以翻译的，而任何翻译对原作都是一种误读。鉴于语言的模糊性、多样性和意义流性，试图找到亘古不变的标准也是枉然。而实践中的翻译，更应该关注译者的伦理问题，也就是译者在抉择中做出的决定和要为此决定而承担的责任。翻译本来就是一项极其复杂的文化活动，对于翻译实践而言，解构主义的观点无疑是另辟蹊径。虽然在20世纪80年代以后，解构主义开始走向衰落，但是解构主义的这种解构精神，却成为各个领域学者不可多得的财富，鼓励一批又一批的研究者在揭示事物本质、探寻科学真理的征程中走下去。

[作者单位：哈尔滨工业大学（威海）]

乡土社会中的司法智慧

武　飞

一　多元的社会规范与法律渊源

从基层上看，传统中国主要是一种乡土社会。对土地的依恋使得人们都生活在一个以血缘为主要联系纽带的熟人社会，也衍生了以此为基础的中国传统礼法观念以及与这种观念相适应的多元社会规范。国家法律、伦理道德、乡规民约、家法族规，这些规范共同调整着人们的生活。在这些规范之中，出自国家权威的法律"仅仅是社会生活规则显露出来的一个微小的部分而已"，来自民间的规范则是作用更为直接和有效的。对于人们的日常生活而言，人们最基本的行为规范并不是来自国家的法律，而首先是来自其所生活家族的家法族规以及更广泛的熟人圈子的风俗人情、伦理道德等。在一个社会之中，"法律是维护社会秩序的最后凭借手段，而社会秩序依赖于一个国家的社会和文化特性"。这些活生生的规范就在人们之间形成了一种自生自发的秩序。在这一意义上，这些多元的规范在维系社会秩序方面发挥了基础性的作用，成为人们"行动中的法"。与此相适应，乡土社会的所谓"法的实践"也是以多元权威为特征的，这些多元规范不仅调整着人们的生活，也成为法官裁判案件的依据，换句话说，它们作为法律渊源在司法过程中发挥着作用。

在法官的裁判书中，除了"法"，"情"和"理"是经常出现的词语。"情"是一个内涵非常丰富的概念，既可以指案件的情况、情节等关于案件事实方面的含义；也可以指"人情"，即一种将心比心的换位思考，相互体谅或者人们之间的友好关系。此时"情"的含义就多了一些伦理的色彩，人情世故、风土人情中的"情"指的就是这类含义。裁判书中的"理"主要指道理，这种道理与儒家正统的伦理观念是有密切关系的，而且在封建社会中后期，由于礼法的合流，以三纲五常为内涵的天理逐渐实现了法律化。天理体现为国法，则"理"与"法"在本质上实现了一致性。正如我们经常看到的，在古代判词中"理"与"法"经常是连用的。

在现代社会我们一般把法律渊源划分为权威法源和补充性法源，国家法律属于权威法源，具有独立和至高无上的品格，而前面所提到的伦理道德、风俗人情、乡规民约等一般归于补充性法源，家族法规只有在极特殊的情形下才会被视为法源。而在传统社会，这些规范在司法过程中的地位则要高得多，它们不仅可以作为正式的裁判依据，而且如果裁判需要，裁判官就可以将其视为和国家法律具有同等的效力，甚至高于国家正式法律的权威，如此，社会的规范体系就呈现出非常复杂的状态。一方面，不同的行为规范具有不同的权威来源，法律是出自国家；道德和风俗习惯来自传统和社会；乡规民约来自更小范围的熟人社会；而道德又与其他规范都有着密切的联系，道德成为它们的上位规范。另一方面，风俗习惯、乡规民约主要是自发产生的；法律是国家制定的；而道德则同时具有两方面的属性。对此，梁治平总结说："中国古代的法律多元格局就呈现为一种多元复合的统一结构：它既是杂多的，又是统一的；既是自发自生的，又是受到控制的；既有横向的展开，也有纵向的联系；既是各个分别地发展，又是互相关联和互相影响的。"在乡土社会中，这些多元而复杂的规范不仅调整着人们的日常生活，也制约着法官和百姓解决纠纷的方式。

二 衡平的司法理念

在多元规范以及多元法源的作用之下，法官以什么作为审判案件的最终依据？此时，道德发挥了关键性的作用。受儒家思想的影响，在相当长的时间里，中国社会一直有一种泛道德的倾向，这也成为传统中国法律和政治的重要特征。法国学者爱斯嘉拉说："根据传统的观点，在中国，法律与道德并无区别。法律只是道德的实施。相应的，司法官在处理具体案件时，考虑更多的不是法律，而是法律之上的道德准则。在中国的传统道德观念里，和谐是一种重要的价值追求。这种观念体现在司法领域就是要求法官实现衡平司法，即法官在国家法律、风俗人情等多元规范的作用下，尽可能协调各方关系和利益，对案件做出恰当的处理，以达到息讼的效果。"

黄岩诉讼档案中所记载的光绪十一年（1885）"陈周氏呈为图诈挺捏声求

提究事"一案中，家族内部发生财产纠纷并有轻微打斗行为。法官认为，此案是家族内部的财产纠纷，并没有（证据表明）已经发展为严重的恶性案件，考虑到家族以及当事人的名誉，最好还是能够在家族内部解决，因此把案件退回家族内部来处理，并强调"勿伤亲亲之谊"。可见，在法官看来，与处理纠纷相比，更重要的是维护家族内部成员之间的情谊，为了实现这一目的，司法权力选择退出案件的处理过程。《刑案汇览》中记载了嘉庆二十三年（1818）的一起"王黑狗卖妻案"。在该案中，王黑狗将妻子卖给他人，依法应当受到惩处，但是法官考虑到他确实是因为贫病无奈才卖妻子，与其他情形是有所区别的。另外妻子娘家没有亲属，如果依照法律判决二者离异，那么以后妻子的生活就没有保障。因此法官"衡情酌断"，不但不处罚有关当事人，而且判决妻子与后夫一起生活，王黑狗得到财礼，实际上是承认了卖妻行为的合法性。这虽然与法律相悖，却既使王黑狗的贫病生活有所缓解，又使扈氏以后的生活有所依靠，而且也遂了后夫的心愿，照顾到了各方的利益，满足了各方的要求，可以说，达到了衡平司法的要求。

在这类案件中，法官依据情理而不是法律裁判案件，并不必然被归结为无视或者轻视法律，甚至可能会因为"体恤人情"而获得更高的评价。进一步说，法官对人情的关注并不仅仅是为了满足案件当事人要求，更重要的是，这有利于维系固有的社会结构和稳定的社会秩序。正如张晋藩所指出的："从法制发展的历史看，法合人情则兴，法逆人情则竭。情入于法，使法与伦理结合，易于为人所接受；法顺人情，冲淡了法的僵硬与冷酷的外貌，更易于推行。法与情两全，使亲情义务与法律义务统一，是良吏追求的目标。"可见，对法官对"情""理"的关注是与特定的社会条件相适应的，这也是人们处理纠纷的经验和智慧。

在乡土社会，法官据以裁判的依据是极富弹性的，法律并不是法官唯一的上司，除了法律，法官还要服从很多规范。这不仅是因为很多涉及"户婚田土"的民事案件往往被认为是"薄物细故"而缺少详细的法律规范；更重要的是，通过法律的实施来解决纠纷并不是法官的首要使命，法官所追求的更多是"天理人情，各得其当"的裁判结果。因此，对于法官来说，最重要的是要"斟情酌理"，如何恰如其分地做到这一点，就需要充分而细致地分析具体案件中的情与理。这也就可以理解为什么中国古代法官的判词中充满了对案件中人情事理的细致分析，而不仅仅是分析阐述法律问题。如果法官的裁判能够达到平衡"情与理"的要求，判决是否严格遵守国家法律就已经不是太重要了。从这个意义上说，在法律完全从属于道德，法官为了道德来运用法律的时候，法律也就变得像道德一样富有弹性了。毋庸置疑，这种注重衡平的司法传统对于维系和谐的人际关系发挥了重要的作用，而且这种传统也延续到了今天。

在 1998 年的一起轻微盗窃案件中，某村三位村民擅自上山挖笋，竹笋是集体财产，私自上山挖笋违返了该村《村规民约》的规定，因此经由村委会做出了处罚。三个案件是在同日发生的，案件的性质和情节都相同，但处理结果不一样：甲，50 岁，擅自上山挖笋，处罚放映电影一夜，罚款共计 600元。乙，62 岁，擅自上山挖笋，处罚放映电影一夜，罚款共计 350 元。丙，76 岁，擅自上山挖笋，处罚放映电影一夜，罚款 200 元，或者承包看守竹山（一年）。这虽然不是一个典型的司法诉讼案件，但是也可以看出人情因素在案件的处理过程中所起到的作用。如果排除掉其他因素，我们可以看出，处罚的轻重与当事人的年龄有关，可能出于对长者的尊重，年龄越大处罚越轻。可见，即使在今天，在注重人际关系的基层熟人社会，注重人情伦理的传统仍然有生存的土壤和旺盛的生命力。

三　实用主义的司法技术

在乡土社会，法官为了息讼，在裁判案件时追求"情""理""法"的衡平，这种理念也影响到了具体的司法技术，使其呈现出独特的实用主义的色彩。

首先，传统基层社会的诉讼尤其是民事诉讼具有不同于一般正式的法律判决，也不同于民间调解，而是处于二者之间或者说二者兼而有之的特殊属性。学术界关于乡间民事诉讼的性质问题，存在着"调解说"和"法律说"之争：前者认为州县的司法审理不是严格意义上的司法审判，而是一种纠纷调解方式；后者则认为这种实践是与法律一样保护正当权利的审判。根据学者田涛的研究，在传统的乡土社会，民间调解与法律判决二者之间可能存在"某种程序性的链接"，这种介于调解和法律之间的"链接"，也许才是具有古代中国特征的类型。所谓"链接"的两端，一端是官府及其公堂，另一端是地方社会。诉状是告状人与官府交往的渠道，而官府在与地方社会打交道时，表现出一种"间接主义"的心态，它更愿意让当地（包括宗族内部）自身处理当地的内部矛盾。这一点，无论是在财产纠纷，还是在牵涉家庭内部道德秩序的事件中，都表现得淋漓尽致。据王宏治的统计分析，在《黄岩诉讼档案》中户婚案共 19 宗，官府在处理这些案件时，时常用"刑"的概念来定义之，承认这些案件的严重性。然而，在具体处理的过程中，通常不"按律追断"，而是以"毋伤亲亲之谊"等理由将案件驳回宗族处理。在中国的基层社会，一个州县管辖的地域广阔、人口众多，裁判官并没有足够的时间、精力以及财力来详细处理每一桩案件。与此同时，作为裁判官又要尽可能平息纠纷，协调各方关系，那么他必须依赖民间的规范及其背后的民间权威。这也是民间规范能够成为人们生活中、行动中的"法"的重要原因。从这一方面看来，乡间诉讼的这种"链接"或"间接主义"其实是法官在面对各种规则时的一种实用主义处理方式，即无论是依据法律还是依据情理，只要纠纷能获得在法官看来是恰当的解决，法官便会倾向于选择哪一种方式。

其次，诉讼当事人在诉状用词方面具有明显的夸张风格。众所周知，中国传统的法律文化具有"重刑"的特点，一些普通的民事案件往往得不到足够的重视。而且自宋代以来，县衙在自理词讼中采取书面主义的司法审理原则，法官主要直接依诉状做出裁决。这些因素往往使得具状人在书写状纸的时候，用很多夸张的词语来阐述本不那么严重的问题，将单纯的民事案件描述成刑事案件，从而吸引法官的注意和同情，从而获得顺利受理以及有利于自己的判决。例如，《黄岩诉讼档案》中的大多数案件在今天看来是属于民事案件，但为了引起法官的重视，起诉一方总要夸大其词，以要求追究对方刑事责任的口气"具呈"。例如，将"债务纠纷"夸大为"霸噬肆蛮""恃强霸吞"，"失窃案件"夸大为"黉夜撬窃"，"遗产纠纷"夸大为"惑众阻葬"，"合同纠纷"夸大为"图烹诬制"等。根据学者的考证，黄岩诉状中的这种将案件实情夸大的现象，在清代其他区域同样普遍存在。比如，滋贺秀三阅读晚清台湾淡新诉讼文书时，得出的一个总体结论是：案件的真实情况究竟如何，通过档案一般很难准确把握。诉状中常常有夸张成分，还有不少是为了"耸听"而捏造的假象。往往有这种情况，读了某甲的诉状后会认为其对手某乙真是毒辣，然而读了某乙的诉状后，又会改变看法而为某甲之残暴大吃一惊。这种夸张、耸听的讼词风格，经过讼师的代代传承便突出地体现在诉状之中。

在一定程度上，诉状的夸张、耸听只是起诉人吸引法官的重视和同情的一种技术，法官也是清楚明了的，他并不会单纯依据夸张的诉讼来进行裁判。如果从另一个角度来看，我们或许也可以说这些民间的诉讼智慧也在一定程度上使得本来不受重视的民事案件也可以顺利进入司法程序，从而弥补在制度上对民事案件的轻视。事实证明这种做法是有一定的效果的。例如，《黄岩诉讼档案》第 58 号和第 63 号本是同一桩案件，案由是家族内部的财产纠纷，第58号加盖的是"钱"戳，由于案情轻微被法官批示驳回，于是在第二次起诉的诉状中，起诉人使用了更为夸张的用词，使案件性质发生了变化，因此加盖了"刑"戳而获得受理。

最后，与诉状中的夸张风格相反，对于案件中涉及的法律问题，当事人大都严格遵守法律条文。当然，当事人这么做的目的，也并不是因为其具有突出的法律意识，而是希望能够通过这种方式增加自己胜诉的机会。与此形成鲜明对比的是法官因为追求各方关系的衡平而不时地选择技术性地规避国家法律。在法官以及普通民众看来，这种规避是可以被接受的、合理的、正当的。例如，在黄岩诉讼档案中，第4号是"张汝龙呈为奸夫串逃乞恩提究事"，张汝龙状告他的妻子与人通奸，请求官府将妻子李氏"领回"。从传统的伦理观念来看，妇女与人通奸，是严重违犯礼教的行为，也是《大清律例》中规定的严重的犯罪行为。但此案的判词中，法官不但没有追究李氏和奸夫的责任，也没有让张把妻子领回，反而痛斥张汝龙"无聊已极"，将诉状驳回。在此，县太爷不但没有按照刑法规定来断案，反而表现出了明显的姑息态度。

王铭铭认为，根据相关资料的分析，我们大致会有这样一个印象：《大清律例》罗列的众多法律条文，在州县衙门的断案实践中，所起的作用并不大。比较诉状与批文，我们甚至可以说，提出诉状的民众，往往出于胜诉的目的，比县太爷更"遵纪守法"，更拘泥于法律条文。而法官们之所以能够比较自由地运用"法权"，在很大程度上是因为在国家法律之上还有很多其他的社会规范，当这些规范更有利于法官实现衡平司法时，他们就会选择"合情理地"规避国家法律。在这一意义上说，衡平理念支配下的传统社会的司法审判虽然增大了裁判中的不确定因素，使得司法裁判缺少稳定性和可预期性，但其可以切实有效地帮助法官做出最大限度地维系社会关系和谐的裁判，对乡土社会而言，很多时候，后者才是更重要的。

结　语

"国家的控制能力再强，也不能彻底地销蚀社会自治力量的客观实存。""即使在当代最发达的国家，国家法也不是唯一的法律，在所谓正式的法律之外还存在大量的非正式法律。"可见，法律文化的多元是必然的，而且这些非官方法的存在并不像我们经常假设的那样，总与官方法直接对抗，而是常常以不同的方式与后者共存。传统乡土社会虽然存在多种社会规范，但人们并没有迷失其中。普通百姓可能并不了解或者并不关心解决纠纷的法律应该是什么，但是他们实实在在、卓有成效地化解纠纷。与此同时，作为裁判者的法官也不是一味强调国家法的权威或者传统礼教的合理性，而是"具体问题具体分析"，通过对具体案件的不同处理，法官力求寻找到民间法与国家法的有机结合点，在实现个案正义与依法裁判之间实现平衡与突破。在这一过程中，注重道德教化和讲求实用两种观点的矛盾结合构成了基层法官们的思维方式，我们可称之为"实用道德主义"。它强调道德的崇高地位，但它又是"实用"的，两者之间尽管充满紧张关系，却结合成一个整体。可以说，在乡土社会，整体而言，无论是普通百姓还是法官，都具有非常丰富的司法智慧，这些智慧使得现实生活中的案件大多能够获得至少是在较大范围内被认同的处理结果。

在当代中国，还存在民间的"小传统"，这些"小传统"中的习惯、规范等仍然存在于中国社会之中，而且这些规范也是一个国家维持社会的良性运行所不可缺少的，尤其是在国家法所无法深入下去的最基层、最具乡土特质的农村社会。这些民间规则是否能够最终进入司法程序被法官采纳，重要的一个条件就是法官本身是否认同并分享这种风俗或习惯，也就是说，这些非正式的社会规范的有效性往往依赖于社会成员尤其是法官在这一问题上是否能够达成共识。在中国传统社会法官比较重视裁判的社会效果，民间规则帮助法官很好地完成了这个任务，即使在依法治国的今天，法官也不能完全无视裁判的社会效果。当然，法官怎样去采纳这些多样的活生生的民间规则也是一种有策略的行为，因为民间规则各式各样，法官需要甄别。如何在甄别与适用的问题上达成共识，这是民间规范在现代社会对法官所提出的问题，这可能也是民间规范在司法领域的意义所在。

[作者单位：山东大学（威海）]

认清形势　明确思路　全力打造
软件及服务外包发展高地

刘勤显

当前，软件及服务外包产业在全球发展方兴未艾，国内各地纷纷将其作为重点发展产业。市委、市政府高度重视软件及服务外包产业发展，近两年采取了一系列政策、措施。高区充分发挥自身优势，把软件及服务外包作为全区新兴支柱产业，致力于打造全市乃至山东半岛软件及服务外包基地，全力以赴加以推进，取得良好开端。

一　高区软件及服务外包发展态势良好

高区的软件及服务外包发展起步较晚，基础薄弱。经过近两年的不断努力，虽然总体来看目前仍处于起步阶段，但发展速度加快，态势强劲，前景良好。

一是重视程度不断提高。去年以来，管委先后派出四个考察组，分别赴大连、杭州、无锡等软件及服务外包发展先进城市考察学习。在一年多的时间内，围绕一个主题组织这么高密度的外出考察活动，在高区还不多见。2007 年 8 月，高区召开党工委扩大会议，专题研究软件及服务外包发展问题。确定了"政府引导、企业运作、点上突破、稳步推进"的软件及服务外包工作十六字方针，成立了领导小组，从指导思想、组织领导等方面为软件及服务外包的发展提供了坚强保障。

二是政策支持力度不断加大。去年 11 月，管委出台了《关于加快软件、创意及服务外包产业发展的意见》《关于鼓励软件、创意及服务外包产业发展的暂行规定的通知》等鼓励发展软件及服务外包的政策、措施。管委克服财政紧张等困难，每年拿出 1000 万元专项基金，用于扶持软件、创意及服务外包产业的发展，在房租、企业专业资质认定、公共服务平台建设、人才培训等方面对企业进行专项补贴，支持、鼓励企业做大做强。

三是载体建设取得积极进展。2005 年，作为全省四个省级软件园之一，威海省级软件园在我区创业中心成立，总面积达 4 万平方米。火炬创新创业基地投入使用后，管委将软件企业列入首要考虑目标，划出 2 万多平方米，专门用于引进和培育软件企业。目前，管委正在着力打造威海"西部商务区"，规划沿文化路和世昌大道两侧建设一批大规模、高档次的商务楼群；同时，随着建成区内的部分工业企业实施产业转移，将有一批写字楼得以腾出。届时，建成区内将有数十万平方米的商务楼宇。对这些楼宇的开发利用，管委将优先考虑软件企业，采取措施鼓励入驻。

四是发展成果日益显著。在各方面条件不断完善的基础上，管委着力在引进软件及服务外包项目上下功夫，取得了显著成效，在较短时间内，引进项目的数量和档次同步提升。仅去年底以来，就新引进软件企业 18 家，同比增长 2 倍多。区内软件企业总数达到 40 家，居全市之首。其中，鲁能慧通软件工程有限公司设立 1 个月即与海阳核电公司签订合同额达 1500 万元的业务合同；泰华网络安全信息有限公司的投资方为国家重点实验室，在网络通信技术研发和应用等方面走在全国前列；奥博软件是全市第一家开展对日离岸外包的软件公司。另外，新北洋公司的系列嵌入式软件、卡尔电气研究所的系列嵌入式软件、渔翁科技公司的密码产品、农友软件等软件产品都达到了国内领先水平，发展后劲十足。

二　高区发展软件及服务外包的形势分析

辩证分析当前形势，高区发展软件及服务外包产业机遇与挑战并存。

（一）发展机遇千载难逢

从市场前景看，近年来，推动了以服务外包等高端服务业以及研发环节转移为主要特征的新一轮世界产业结构调整不断加速，国际软件及服务外包产业转移的趋势日益加强。据权威机构统计，目前全球软件的销售额为已经突破 2 万亿美元，其中服务外包占到了 60% ~ 70%，2007 年全球服务外包总值达到 1.2 万亿美元，未来几年还将以 30% ~ 40% 的速度增长。2007 年我国规模以上软件产业累计完成收入 5834.3 亿元，同比增长 21.5%，每年还将以

30% 左右的速度增长，到 2010 年将突破万亿元大关。同时，受成本压力不断上涨等因素影响，目前国内软件及服务外包产业已经开始由大城市向二、三线城市转移，这为我们承接国内产业转移提供了难得的历史机遇。从政策机遇看，加快软件及服务外包发展日益成为全国上下的共识，从国家到地方各级政府，对软件及服务外包发展的重视日益增强。从 2006 年起，商务部、信息产业部、科技部、财政部等国家部委实施了旨在创造有利条件，全方位承接国际软件及服务外包业务的"千百十工程"，推动了我国软件及服务外包产业的快速发展。前不久国家新出台的《国家重点扶持高新技术领域产业目录》以及《外商投资指导产业目录》，对软件及服务外包的关注和扶持达到了前所未有的高度。山东省委、省政府高度重视发展软件及服务外包产业。去年 6 月以来，相继召开了全省软件产业工作会议、全省服务外包工作座谈会等一系列会议，专题研究软件及服务外包发展工作，并出台了完善的鼓励政策，软件及服务外包发展热潮逐渐在全省兴起。

（二）自身条件得天独厚

在发展软件及服务外包的条件上，相比其他大城市，高区在很多方面存在先天不足。但结合软件及服务外包的产业特点，辩证分析高区的各方面条件，我们有自己的独特优势。一是环境优势明显。高区自然环境优美，居住环境和生活环境优越，非常适合发展对环境要求极高的软件及服务外包产业。二是区位优势独特。我们毗邻日本、韩国，两国在软件及服务外包产业转移方面刚刚起步，独特的区位优势使我们有条件在承接日韩软件及服务外包产业转移方面占得先机。同时，我们与国内软件及服务外包发展较好的济南、大连、青岛等城市紧密相连，可以充分利用其先发优势和辐射作用，带动我们加快发展。三是高校相对集中。威海四所大学全部集中于高区，虽然绝对数量不多，但相对于高区的人口规模，高层次人才比例已经超过很多大城市（5 万:18 万）。哈尔滨工业大学（威海）、山东大学（威海）、威海职业技术学院等都设有软件学院、计算机学院或相关专业。哈尔滨工业大学（威海）的嵌入式系统、造船、物流、核电及热电等应用软件的研发和应用都已取得一定业绩。山东大学（威海）的动漫、艺术设计等研发和应用不断发展壮大。四是工业基础雄厚。高区拥有四大高新技术产业，有一批自主创新能力强、正在快速发展壮大的高科技企业，他们为加快软件及服务外包发展提供了广阔市场和优良的载体、环境。五是成本相对较低。据测算，高区的人力资源和商务成本只有国内大城市的 40%～50%。六是上级大力支持。市委、市政府对高区的软件及服务外包发展始终给予高度关注和大力支持。市委、市政府主要领导多次明确指示，威海的软件园和服务外包基地要建在高区。去年，王培廷书记就高区发展软件及服务外包做出专门批示，在组织领导、资金保障、发展空间、项目引进等方面给予了有力指导和大力支持。

（三）外部压力仍然较大

一是竞争态势加剧。青岛、烟台近年来凭借环境、人才等优势大力发展软件及服务外包，取得长足进步。尤其烟台，已经成为我们最大的竞争对手。二是人才制约因素明显。相比大城市，软件及服务外包人才不足成为我们最大的差距。三是产业环境未完全形成。软件及服务外包企业数量偏少，规模偏小，尚未形成集聚效应。四是公共服务能力欠缺，公共技术服务平台建设滞后。五是风险投资及中介服务落后，缺乏资金和专业服务保障。

三 全力实现高区软件及服务外包发展新突破

面对挑战和机遇，高区将进一步增强工作的紧迫感、责任感和危机感，下一步主要抓好以下四个方面的工作。

（一）加大项目引进力度，形成产业集聚效应

今后，管委将把软件及服务外包项目的引进作为全区产业引进工作的重点，优先引进国内外影响力大、产业带动能力强的软件及服务外包企业入驻。对外，主要面向日本、韩国引进著名的软件、动漫等服务外包企业，以提高高区离岸服务外包的规模和水平。对内，主要瞄准北京、大连、济南等城市，通过多种途径加强交流与合作，拉动区内软件及服务外包发展。

（二）抓好人才培训和引进，解决人才制约瓶颈

在人才培养方面，引导区内大学增加软件及服务外包相关学科的招生指标，扩大招生数量，形成不同层次的人才结构。在人才培训方面，实训是解决软件及服务外包人才问题的最有效途径。下一步要着手建立"政府扶持，企业、大学具体运作"的实训机制，实行"企业拿一点、政府投一点、上级资金支持一点、实训主体出一点"的多渠道资金筹措办法，确保实训工作见到实效，取得突破。在人才引进方面，建立柔性人才引进机制，加大对高层人才的奖励力度，在来区人才子女入学等方面给予照顾，解决创业人员的后

顾之忧，促进项目落地生根，发展壮大。

（三）加强环境和条件的改善，夯实产业发展平台

加大中介服务机构引进力度，为软件及服务外包发展提供优质、专业的服务。加强对知识产权的保护，有针对性地搞好软件业的专利服务工作，同时加强监督管理，加大依法处置力度，杜绝侵犯知识产权案件的发生。大力引进风险投资公司，帮助破解软件企业资金瓶颈问题。不定期召开软件及服务外包企业交流会，多层次开展学术、技术交流，时机成熟后组织成立产业联盟。

（四）科学制定发展规划，增强产业发展后劲

根据中央、省、市对服务外包产业发展的要求，结合高区的具体情况，管委将立足长远，对软件及服务外包产业发展进行科学规划，并分步实施。根据规划，到 2010 年底，以建成区创新创业大厦为一期载体，软件、创意及服务外包产业的从业人数达到 1.2 万，年销售收入达到 24 亿元，利税 5 亿元，出口达到 5000 万美元，使建成区形成浓厚的产业氛围。下一步，管委还规划在科技新城双岛湾沿岸建设软件及服务外包产业园，最终建成以创新创业大厦为中心孵化区、以建成区内写字楼为聚集区、以科技新城为产业发展区的软件及服务外包总体发展格局。

（作者单位：威海高技区管委会）

关于解决"两部分人员群体"基本养老保险问题的调研报告

崔锡壮　　吕海波　　周文彦

党的十七大提出加快建立覆盖城乡居民社会保障体系，加快推进以改善民生为重点社会保障制度建设，解决好人民群众关心老有所养的民生问题。为了解当前这个方面的现状与问题，笔者用了半年的时间，通过到外省区市考察、在互联网上查询、本地区调研等形式，发现在已参加社会基本养老保险人员、未纳入养老保险范围的大龄城镇居民、参加和尚未参加社会基本养老保险的乡镇企业职工、农村居民中的失地农民"四部分人员群体"中存在亟须解决的基本养老保险问题，并针对这些群体中存在问题的原因、如何加以解决进行了剖析和研究，提出了一些浅见，现将拙作予以刊载，与业内同行商榷。

第一，已参加基本养老保险人员群体中存在着达到法定退休年龄时缴费不满 15 年不能按月享受养老金待遇的问题，主要是制度设计不合理所致，应从政策上修正完善，使这部分人员的老有所养问题能够妥善解决。

已参加社会基本养老保险的人员群体，包括各类性质用工单位的职工、城镇个体工商户、灵活就业人员等，即目前已纳入职工基本养老险范围的人员。在这个群体中部分人员存在因为参加基本养老保险时年龄较大，时间较晚，达到法定退休年龄时缴费不满 15 年不能按月享受养老金待遇的问题。即参保人员达到法定退休年龄时缴费不满 15 年，一次性领取个人账户储存额及养老金，终止养老关系，不能终生享受养老金待遇。

上述问题是现行就业准入政策与养老保险制度之间的矛盾造成的。《劳动法》《就业促进法》等法律法规对劳动者的就业准入的规定基本一致，即企业劳动者在法定劳动年龄内（男满 16 ~ 60 周岁、女满 16 ~ 50 周岁）依法享有平等就业权利、享受社会保险和福利的权利等；用人单位和劳动者必须依法参加社会保险，缴纳社会保险费。这些规定明确说明，劳动者在法定劳动年龄内就业参保没有限制。但是，在养老保险制度设计上，国家相关文件又规定，参保人员达到法定退休年龄时缴费不满15年，只能一次性领取个人账户储存额及养老金待遇，终止养老保险关系，不能享受按月领取养老金的待遇。就业的宽入和养老保险的严出，给部分就业晚、年龄大、参保缴费时间短的职工带来了养老保障问题。因此说，产生这个问题的主要原因是现行就业和养老保险制度设计造成的。

笔者认为，一次性领取个人账户储存额及养老金待遇的办法，不能很好体现以人为本的保障理念，不能实现养老保险老有所养的根本保障目的，需要在实际工作中予以修正。对这个问题，目前不少地方已采取措施或正在采取措施研究解决。有的地方虽然在国家对这部分人员没有在政策上开口子，但在为其办理退休时都尽量在政策上从宽掌握，或采取向后顺延退休年龄或采取向前补缴养老保险费的办法使其延缓享受养老保险金待遇，以体现为民办事、以人为本的宗旨。笔者的看法是，如其这个问题是政策设计不合理造成，不如在具体工作中认真加以修正，制定一个明确的规定，使各级经办机构能够掌握，避免既要为百姓办惠及民生的好事，又在那里羞羞答答，不能光明正大。最近，笔者在调研过程中从互联网上查询到有关地方首先在全国带头对这个问题出台了文字性的政策，下发了《关于达到国家的退休年龄但未达到规定缴费年限的参保人员可以继续缴纳社会保险费有关问题的通知》，规定达到法定退休年龄但未达到规定缴费年限的城镇参保人员，本着自愿的原则，可以继续缴费，至符合规定的缴费年限后享受养老金待遇。应该说这个做法是比较好的，敢为人先，是落实"十七大"精神的具体体现，符合加快推进以改善民生为重点的社会保障制度建设的要求。对此，笔者认为对已参保的人员群体中已达到法定退休年龄、累计缴费年限不满15年的这部分人员，可以参照这个做法，允许放宽政策，为其解决老有所养问题。

在具体操作中应按以下几个方面办理。其一，已参加基本养老保险，包括各类性质用工单位的职工、城镇个体工商户以及采取灵活方式就业的人员等，男年满60周岁、女年满50周岁时，累计缴纳基本养老保险费不满15年的，本人自愿，允许继续缴纳基本养老保险费。其二，继续参保缴费的方式。一是在所在地劳动保障部门开办的职业介绍服务中心、人事部门开办的人才交流服务中心办理协议托管的参保人员，应于男年满60周岁、女年满50周岁前30日，向托管机构提出自愿继续缴费的书面申请，并于次月起继续缴费。二是在单位参保的人员,应于男年满 60 周岁、女年满 50 周岁前 30 日,个人书面申请,经单位同意报同级劳动部门备案,与用人单位终止或解除劳动合同,办理托管手续,继续参保缴费。其三,基本养老保险费的缴纳办法。参保人员在托管机构办理了托管手续后,可继续按月缴费至满 15 年。参保人员继续缴费至男年满 65 周岁、女年满 55 周岁时,仍不满足规定缴费年限的,本人自愿,可以一次性补缴不足 15 年差额年限的基本养老保险费。其四,基本养老保险金待遇的享受。参保人员继续缴费至符合按月领取基本养老金条件的,经同级劳动保障行政部门核准的次月起享受基本养老保险金待遇。其五,参保人员没有按规定继续缴纳基本养老保险费,或在按规定继续缴费期间又自愿停止缴费,且缴纳基本养老保险费不满 15 年的,依照相关规定一次性领取个人账户储存额及养老金待遇。

各地在解决上述人员群体延缓享受养老金待遇的工作中,要在国家大的政策框架内,结合各自的实际,因地制宜地制定适应本地政治、经济发展要求的政策和办法,把好事办好。要搞好政策的接缝,特别要解决好那些已经按一次性领取个人账户储存额办理手续人员的政策衔接问题。笔者认为,解决已经按一次性领取个人账户储存额办理手续的那部分人员的政策接缝问题,是解决整个这部分人员群体非常关键的问题,目前还没有达到退休年龄的人员,可以按照前面论述的具体操作办法,本着本人自愿的原则,可以选择也可以不选择享受延缓养老金待遇。但已经按一次性领取个人账户储存额的那部分人员,他们本身就因为政策设计上的障碍没能够享受终生养老金待遇,如果他们提出要求退还已领取一次性个人账户储存额及养老金待遇,重新享受延缓养老金办法,应该对这部分人员给予一个政策加以解决。在实际工作中,要根据各自的实际制定符合本地要求的政策,搞好接缝,满足他们终生享受养老金待遇的要求。

第二,没有纳入基本养老保险范围的大龄城镇居民群体中存在着不能按现行政策规定参加基本养老保险的问题,主要是历史原因造成,应从建立制度入手,使这部分人员的老有所养问题能够有效解决。

没有纳入基本养老保险范围的大龄城镇居民群体中主要包括两部分人员,一部分是男年满 45 周岁不满 60 周岁,女年满 40 周岁不满 50 周岁的城镇居民群体,这部分人员虽然政策上允许其参加基本养老保险,但目前又没能够参保,即使参保达到法定退休年龄时,又因达不到政策规定 15 年的缴费年限,也不能享受养老金待遇,属于政策允许参保但又不能享受终生养老金待遇的部分人员。另一部分是男年满 60 周岁、女年满 50 周岁的城镇居民群体,按现有的政策规定，完全不允许参加基本养老保险，即已超过法定退休年龄以上的人员。

大龄城镇居民群体没有被纳入社会保障的范畴，主要是历史原因造成的。一是国家在计划用工时期有很多的限制政策，就业年龄就是其中之一（男女年龄不得超过 25 周岁），部分城镇居民因为年龄偏大失去了符合参加单位就业的条件，因此也就不能参加社会保险享受基本养老金。二是随着城市化的发展，部分城中村的居民，由农村居民成建制转为城镇居民，他们当中相当多一部分人由于年龄偏大不仅失去了参加单位工作的机会，而且还因为国家实行基本养老保险制度在后，也失去了参保的机遇，不能够享受养老金。三是过去的保障政策保障的范围比较窄，限制了非正规就业人员的参保，特别是改革开放后不少进城务工经商的人员同样存在上述类似问题，也因此失去了参保的机会。四是部分城镇居民虽然在国家实行基本养老保险制度时允许其参保，但由于当时经济条件所限想参保而又没有能力参保，现在他们有些人经济能力能够承受得了的时候，希望参加社会保险，却又因为目前政策规定的年龄限制致使他们想参保而又因政策设计的障碍不让其参保，即他们在有政策的时候口袋里没有钱，口袋里有了钱的时候他们在政策规定的年龄上又过了杠。

大龄城镇居民是这次笔者调研的重点对象，也是当前老有所养的空档，各地普遍存在的问题。目前这部分人员病有所医的问题大多随着《城镇居民医保办法》的出台在逐步得到解决，而他们在老有所养的问题上大部分地方没有个说法。各地在解决这个问题上，有些地方已在探索和实践，有的地方在十七大召开之前就对这部分人员群体采取了延缓享受养老保险金待遇的办法，不受年龄限制，只要个人经济能力能够承受得了，本人又有参保愿望的，随时都可以参加社会基本养老保险，待缴费年限等条件具备即可办理退休，享受基本养老金；有的地方允许这部分人员按灵活就业人员的方式参保，缴费年龄可在 70 周岁以下。笔者认为，目前解决城镇居民中大龄群体参保问题是非常适时和必要的。首先符合十七大提出关心民生的主线；其次有的地方已有了具体的做法和经验，开了好头；再次是对计划用工时期一些制约民生政策的修正；然后是民心所望、民意所求；最后理应让这部分群体享受改革开放成果，惠及他们的晚年生活，不应该把这部分人员拒之社会养老保险的大门之外。

通过互联网上对有关地方政府文件的查询，到相关地方学习他们政府出台的与本地经济发展水平相适应的大龄城镇居民参保办法，概括起来主要有三种:补缴法、顺延法、补缴顺延法。补缴法,即允许接近或已经达到法定退休年龄的大龄城镇居民向前补缴不足 15 年差额年限的保险费,符合条件时,享受养老金待遇。顺延法,即允许大龄城镇居民参保只能向后缴费,不允许向前补缴,参保缴费满 15 年符合条件时,享受养老金待遇。补缴顺延法,即大龄城镇居民不受年龄限制,最早可从养老保险制度"统账结合"改革实施之月起补缴保险费,向前补缴的年限最长不超过 10 年,并须向后逐年缴费满 5 年以上,即前期补缴后期顺延,待符合条件时,享受养老金待遇。

上述三种办法,笔者分析认为,均有其合理的一面,但也有不足之处。补缴法,完全允许大龄城镇居民一次性向前补缴,即可享受按月领取养老金待遇。城镇居民的群体庞大,可能会出现集中参保,集中大量增加退休人数的情况,会给整个社会保障制度带来冲击;同时也容易在城镇居民中造成买保险办退休的错觉,钻在临近退休年龄时一次性买保险就可以享受养老金待遇的漏洞。顺延法,只是放开参保年龄的政策限制,允许接近或已经达到法定退休年龄以上人员参保缴费至符合规定时,享受养老金待遇。但这一政策会出现大龄城镇居民,因为顺延退休年龄较长,领取养老保险待遇的时间较晚,增加城镇居民大龄时的负担,不利于调动大龄城镇居民参保的积极性,也不能很好地发挥年老时的基本生活保障作用。补缴顺延法,即允许大龄城镇居民向前补缴不超过 10 年的养老保险费,差额的年限可以顺延,逐年缴费顺延满 5 年以上,符合条件时享受养老金待遇。这样既可以解决一次性买保险办退休的问题,使其在一定程度上体现养老保险的积累性,避免对现行制度的冲击和基金收支的陡增陡降,兼顾现实与长远,有利于社会保险制度的健康运行,又可以解决大龄城镇居民老有所养的问题。

借鉴各地的做法,笔者认为要解决大龄城镇居民的养老保险问题,就必须突破城镇居民参加社会养老保险的制度障碍,大胆修正计划用工时期对民生问题的一些政策限制。在基本养老保险大的政策框架内,在参保缴费的具体问题上放开不合理的限制;在大龄城镇居民自愿负担保险费的前提下,创造条件方便大龄城镇居民的参保缴费。在具体工作中,建议应按照补缴顺延的办法办理,即大龄城镇居民初次参保向前补缴保险费的年限不超过 10 年,逐年缴费必须满 5 年以上,参保缴费满 15 年以上,符合条件,享受养老保金待遇。

要搞好政策的衔接。大龄城镇居民参保缴费的基数和比例,宜尽量与现行的政策相衔接,统一参保缴费的政策规定,保持政策的连续性,避免引起新的社会矛盾。补缴保险费的基数在不低于上年度各地职工平均工资的 60%

不超过 300% 之间由城镇居民根据经济能力自主申报；缴费比例执行与企业相同的标准。大龄城镇居民开始享受养老金待遇时，其基本养老金按城镇职工的参保的政策规定计发。

要免收滞纳金和加收利息。《社会保险费征缴暂行条例》规定，"缴费单位未按规定缴纳和代扣代缴社会保险费的，从欠缴之日起按日加收滞纳金"。城镇居民补缴保险费不属于欠费，因此不能收取滞纳金。上级对利息问题没有明确规定，因此在为城镇居民补缴养老保险费时不应加收利息。

要考虑允许城镇居民参加社会基本养老保险的承受能力。按笔者上述补缴顺延的办法，允许大龄城镇居民参加社会基本养老保险，各地要测算好每个城镇居民向前一次性补足 10 年的保险费，按当年本地缴费基数，一次性向前补缴需多少数额，再向后顺延 5 年缴费，按当地平均工资水平预测的增长幅度，测算出大约还需继续缴费多少数额，即前补 10 年后缴 5 年共需缴纳保费约多少数额，然后根据当地统计部门提供的城镇居民年人均可支配的收入情况，分析城镇居民前后缴纳 15 年的保险费是否能够承受得了，如果大部分的城镇居民的收入相当，且通过召开座谈会的形式，征求他们的意见，只要大家有参保愿望、参保要求、参保能力，应允许他们参保，使其享受老有所养的社会保障制度。

要考虑社会养老保险基金的支撑能力。各地在考虑为大龄城镇居民参加社会基本养老保险时，要把没有纳入基本养老保险范围大龄城镇居民群体的总人数、男女数量、年龄结构、每个年龄段等情况摸清。与此同时，按前期补缴后期顺延办法测算一下，大龄城镇居民总人数从现在开始参保，一次性向前补足 10 年的保费，共可收取补缴保费约多少数额，再向后顺延补缴 5 年，按当地平均工资水平预测的增长幅度，在后 5 年收取保费约多少数额，计算出 10 年补缴 5 年缴费共可收取多少保费，然后加上本地已有养老金的结余，在此基础上根据大龄城镇居民中不同年龄段享受养老金的时间和人数，分析会不会发生养老保险金的出险问题。只要不会发生养老保险金出险问题，就应制定与本地政治、经济发展相适应的大龄城镇居民参加社会基本养老保险的政策，填补这部分群体老有所养的空档。

总之，通过对上述"两部分人员群体"情况的调查看，不少地方对此要求解决这些问题的呼声很高，笔者认为人民群众有要求，特别是那些有条件、有能力的经济组织和个人需要政府给予政策，作为人民的政府和相关工作部门，就应该顺乎民意，赢得民心，解放思想，创新工作，研究与经济发展相适应的社会保险制度，解决目前保险制度上存在的缺陷，更好地保障每个人员群体的晚年基本生活，以体现政府保障民生、改善民生的举措，加快推进以改善民生为重点社会事业的建设，使广大百姓切身感受到"学有所教、劳有所得、病有所医、老有所养、住有所居"社会制度给自己带来的实惠。

（作者单位：威海市劳动保障局）

加强国税文化建设的实践与思考

于越军

先进文化是凝聚人心，振奋精神，推动各项工作前进的动力。威海经区国税局不断适应新时期对国税工作的新要求，积极探索切合实际、贴近群众、具体自身特色的国税文化建设思路，突出了国税文化的先进性、群众性和创新性，充分发挥文化的渗透、感染、导向、激励作用，在潜移默化中提升团队的生机与活力，使干部职工迸发出巨大的潜能，全身心地投入工作中去，有力地促进了各项税收工作的开展。

一　经区国税局文化建设的基本情况

经区国税局在文化建设过程中，积极吸收借鉴系统内外的先进经验，紧密结合工作实际，制定了国税文化建设的总体思路，即以"以人为本"的文化管理为主线，以促进国税事业持续发展与国税干部个人全面发展最佳结合为目标，以树立共同理念为先导，建设包括"学习文化、法治文化、服务文化、廉政文化、管理文化"五个方面在内的文化体系，为实现凝聚人心、振奋精神、推进国税工作健康和谐发展的目标提供支撑和保障。围绕这一思路，他们突出抓好"一个关键"，积极培育"五种文化"。

（一）抓好"文化理念的培养与熏陶"这个关键，在思想价值观念上求和谐、促统一

以"文化与国税"为主题，开展了一系列理念推进活动，通过召开座谈会、问卷调查等形式，发动干部职工共同参与经区国税理念的总结提炼，形成了"执法理念""服务理念""管理理念""学习理念"等共同价值理念。

如为了推进依法治税，规范执法行为，提出了"执法就是生命"的税收执法理念；为了建立和谐的征纳关系，优化税收执法环境，提出了"纳税人的需求，国税人的追求"的纳税服务理念；为了提高干部队伍素质，增强队伍竞争力和创造力，提出了"人生有限、知识无限"的学习理念；为了增强协作意识，培育团队精神，提出了"以人为本、和平共处、开心工作"的管理理念，使全体干部树立了共同的理想信念、价值观念和目标取向。

（二）紧密结合工作实际，积极培育"五种文化"，在管理服务中凸现国税文化的活力与价值

1. 培育学习文化，促进自我提升

积极倡导"人生有限、知识无限"的理念，坚持面向税收实际，贴近岗位需求，突出能力建设，倡导团队学习，促进素质提升。通过理论灌输、春训学习、网络教育、主题教育等活动，用先进的理论武装头脑，引导干部树立正确"三观"，增强宗旨意识，夯实了思想根基，提高了政治素质。立足全员，突出"六员"，以财会基础知识和税收政策法规为重点，采取以题代训、以考促学等方式，有步骤分阶段地组织了全员培训，提升了业务素质和岗位技能。注重高层次人才培养，组织了多种形式的学历教育。目前，全局研究生、本科、专科学历人员分别达到总人数的4%、66%、22%，三项合计达到总人数的92%，与"九五"末期相比，大专以上学历人员比例提高了15个百分点。

2. 培育法治文化，促进依法行政

积极倡导"执法就是生命"和"公开、公平、公正"的执法理念，加强税收法制宣传教育，提高人员自觉守法、规范执法的意识。对外，将税法宣传与税收文化结合起来，每年以税收宣传月为契机，开展一系列宣传文化活动。先后举办了"胶东百年税史图文展""忆千年税史，话货币变迁"等宣传文化活动，通过宣传中华民族悠久的税收历史文化，提升税法宣传的影响力。同时，加大对涉税违法行为的打击力度和曝光力度，促进公平竞争，树立税法权威，引导税法遵从。

3. 培育服务文化，促进征纳和谐

牢固树立"纳税人的需求，国税人的追求"的纳税服务理念，通过税企座谈、局长热线、调查走访等形式，了解纳税人的服务需求，提高服务效能。在办税服务厅实行了"一窗多能、一窗通办"，由单个窗口单项业务模式拓展为单个窗口综合业务模式，使纳税人排一次队办完所有前台事宜，降低了纳税成本、提高了办税效率。最大限度地简化办税程序，实现纳税人一次报送涉税资料、一次收集、一户式储存、多环节多事项使用，以便纳税人日后不再重复提供，大大促进了机关效能和行风建设，在近年来全区行风评议活动中，该局均获得第一名。

4. 培育廉政文化，促进廉洁从税

加强全员警示教育、预防职务犯罪教育，每月组织干部职工读一篇廉政短文、看一部廉政知识光盘讲座，通过观看录像、案例剖析，引导大家算好政治、经济、人生和家庭"四笔账"，进一步增强了遵纪守法、拒腐防变的自觉性。充分利用革命传统教育基地、警示教育基地和传统文化教育基地，有针对性地开展廉政文化教育。不断丰富廉政文化建设载体，通过开设廉政文化活动室、廉政文化长廊，组织廉政知识讲座和廉政教育演讲会，开辟网上廉政文化专栏、印制廉政文化宣传手册等方式，宣传廉政文化理念，使大家在潜移默化中受到熏陶、教育。

5. 培育管理文化，促进团队和谐

倡导"和平共处、开心工作"的理念，畅通干群之间平等对话、谈心交流的渠道，通过开展"我为经区国税献一计"等活动，倾听群众的呼声与建议，切实抓好群众关心的热点、难点问题的落实与反馈，解决了同志们思想和工作中的实际困难，进一步激发了干部职工的工作热情。经常性地开展联欢会、大合唱、乒乓球赛等文体活动，陶冶了干部职工的思想情操，活跃了业余文化生活。积极开展扶危济困、捐资助学、包村扶贫等公益活动，奉献国税干部对社会的关爱。

二 国税文化建设的体会

通过把国税文化作为加强税收工作的有效载体，不断强化提升，在当前人手紧、工作量大、收入任务逐年增长的情况下，干部职工受到先进文化的熏陶，自觉分担领导的责任与压力，自觉服从组织，强化税收征管，不断完善税源管理体系，积极落实科学化、精细化工作思路，大幅度提高税收征管的质量和水平，确保税收收入任务的全面完成。从1994年国税组建至2007年，税收收入从1590万元增长到93608万元，累计入库税收50亿元，2007年比1994年增长了59倍。近年来，该局先后获得"威海市文明单位""山东省文明单位""全国创建文明行业示范点""全国职工职业道德建设百佳班组"、"全国税务系统先进集体"等荣誉称号。

国税文化建设之所以能够取得较好的成效，主要得益于以下三个方面。

第一，贴近群众是根本。在加强国税文化建设过程中，首要的一条，是要贴近群众。要通过各种活动和方式，营造氛围，使大家从思想上认识到国税文化对个人、对集体、对工作的重要意义，从实际工作中体验到国税文化的魅力，享受国税文化的快乐，从而激发和调动广大国税干部职工参与文化建设的主动性、积极性和创造性。

第二，创造平台是关键。文化的展现与传播需要一定的载体。充分利用有形或无形的载体，给国税文化创造合适的平台，如设立"国税文化建设"宣传栏、利用报纸、电台宣传国税文化建设情况，广泛开展各种文化活动，使国税文化依托看得见、摸得着的活动得以落到实处。

第三，抓好结合是保障。国税文化建设是贯穿于整个税收工作之中的。因此，在加强国税文化建设过程中，一定要抓好与其他工作的结合，找准结合点，使"国税文化建设"融于整体国税工作之中，这样才能达到事半功倍的效果。通过结合，能更好地发挥国税文化的感染力、感召力，彰显国税风采，推进整体国税工作的顺利开展，并取得成效。

三 进一步深化国税文化建设的思路

要提高国税文化建设的层次和水平，必须更加牢固地树立特色意识和精品意识，紧紧抓住当前国税工作的重点、纳税人关注的焦点、干部群众关心的热点来下功夫、做文章，使国税文化在更广的范围和更高的层次上被干部职工认可、被纳税人认可、被社会认可，以进一步增强国税文化内在的渗透力和外向的影响力。

（一）对内，坚持素质教育与人文管理并重，夯实国税文化建设的根基

1. 加强教育培养，提升团队素质

要大力弘扬读书学习文化，培育时时学习、处处学习、事事学习的学习理念，形成一种"人人是学习的主人，处处是学习的场所，时时是学习的机会"的浓厚学习氛围，牢固树立"学习为本、终身学习、终身教育、工作学习化、学习工作化"等先进的学习理念，大力推进学习型组织建设，坚持按

需施教，针对不同的对象，明确不同的培训重点，增强教育培训的针对性。要不断丰富培训形式，开辟网上课堂，建立网上题库，设立电子考场，进行远程教育培训，增强培训效果，引导干部职工在工作中学习、在学习中工作，提高个人创造力、竞争力与发展能力。

2. 提倡人文管理，激发队伍活力

要把为干部职工办实事作为调动职工积极性的一项重要工作来抓，做到以理服人，以情感人。开展谈心活动，及时了解干部思想动态。关心干部职工生活疾苦，帮助解决实际困难。努力改善办公、生活条件，关心干部成长进步，做到各尽所能，人尽其才，以情感为纽带，营造和谐的环境和人际关系，实现人与人之间和平共处、开心工作、共赢发展，激发干部强烈的集体荣誉感和主人翁责任感，自觉地做国税文化的建设者、推动者和维护者。

（二）对外，着眼于促进征纳和谐与社会和谐，提高国税文化建设的层次

1. 将公平执法与重视效率的理念落实到日常税收管理服务当中，提高征纳和谐度

随着税收执法与服务水平的不断提高，执法公平与否与服务效率的高低得到纳税人更多的关注。国税干部要牢固树立"心中有法、思必及法、言必合法、行必循法"的思想，把依法治税贯穿于国税工作的各个环节，通过对内健全监督制约机制，完善执法责任制度，规范执法行为，对外严厉打击涉税违法犯罪行为，进一步整顿和规范税收秩序，营造一个公平的税收法制环境。同时，要将纳税服务置于税收工作的全过程来统筹考虑。在深化税收征管进程中，无论是组织体系的建立，还是业务的重组、信息化的推进，都要贯彻维护纳税人权益的理念，将服务纳税人、方便纳税人放在首位，既要考虑到税务机关征管质量和效率的提高，也要考虑纳税人的方便和纳税成本的降低。

2. 将服务经济与服务社会作为国税文化建设的重要内容，助推和谐社会建设

要牢固树立科学发展观，把建设国税文化与服务经济社会有机结合起来，要面向各级党委、政府，以服务经济决策、促进经济发展为目标，以组织收入为中心，强化涉税信息的分析预测，为规范市场经济秩序和宏观经济发展建言献策，推动经济和谐发展。要继续广泛开展捐资助学、包村扶贫等社会公益活动，让国税干部的爱心温暖更多的贫困家庭、失学儿童，让国税部门

的关爱帮扶更多的贫困村、贫困户走上富裕路。

加强文化交流与合作，提高国税文化的开放度。封闭的文化不会被广泛认知，也难以有持久的生命力。国税文化要持续健康发展，应当注重加强系统内外的交流与合作，包括国税系统之间、国地税之间以及与其他部门单位、企业之间的横向交流，相互取长补短，共同提高，只有这样才能扩大国税文化品牌的知名度，始终紧跟先进文化的步伐，将国税文化提升到一个更高的层次和水平。

（作者单位：威海经济技术开发区国税局）

农村专业合作经济发展问题研究

——以荣成市专业合作社的兴起与发展为范本

王文祖

　　《农民专业合作社法》的颁布与施行，标志着我国农民专业合作社进入了依法发展的新阶段。以农民专业合作社为主要组织形式的新型农村专业合作经济发展模式得到了法律的确认。以此为契机，全国各地因地制宜，围绕着"如何利用现有的土地及其他资源以发展农村经济，实现农业经营的产业化、产业经营的特色化、特色经营的企业化、企业经营的规模化、规模经营的效益化"展开了丰富的实践，并已经取得了斐然的成绩。在此背景下，在威海市各级党委和政府的积极引导、推动和扶持下，广大农村和农民亦进行了大胆的探索与实践，突破了原有的农村经济发展模式，建立并发展了新型的农村合作经济发展模式，在种植业、养殖业等传统的农业领域甚至打破了地域的限制，广泛地开展了专业合作，不但优化了农业产业结构，更增加了入社农户的收入，因此产生的示范作用又带动着更多的农户认同并加入农民专业合作社，为实现农村经济的发展、农民收入的增加、建设社会主义新农村奠定了坚实的基础。

　　荣成市，地域条件尤为特殊，从海洋到滩涂再到内陆，几乎包括了农、林、牧、渔等各行各业，对该市农村专业合作经济发展状况进行分析和研究，足以以小见大。近几年来，该市围绕农民增产增收这一目标，大力发展特色农业，采取"龙头企业＋专业合作社＋基地农户"的农业标准化生产模式，引导特色产业走专业化、规模化、一体化、连锁化经营之路，在畜牧业、林果业、水产养殖业等各领域广泛开展了专业合作，以农民专业合作社为组织形式，初步实现了规模经营，并基本形成了区域整体优势。然而，农村专业合作经济发展模式尚处于处级阶段，农村专业合作经济发展的过程中仍存在着不少的问题和困难，如何促进其持续发展是必须研究和解决的问题。课题组通过定点、持续跟踪，重点走访，并有针对性地进行理论研究，形成此调研报告，以期将农村专业合作经济这一新型农业发展模式进一步完善并加以推广，为农村专业合作经济的持续、健康发展提供参照。

一 荣成市农民专业合作社的发展概况

截至 2009 年 4 月，荣成市已成立农民专业合作社 124 家，入社社员 1.1 万户，约占全市农户总数的 5%；带动农户 2.6 万，约占全市农户总数的 12%，其中在工商行政管理局注册登记取得营业执照的合作社 107 个，注册资本 1967 万元。从行业划分看，主要集中在水产、果品、花生、畜牧四大特色农业，其中，果蔬种植类专业合作社 42 个，粮油种植类专业合作社 21 个，畜牧养殖类专业合作社 36 个，水产养殖类专业合作社 7 个，约占专业合作社总数的 85%。从分布区域看，以内陆镇居多。从成立类型看，主要有农村能人领办型、农民联合自办型、农产品加工企业主办型、村负责人带头创办型、供销基层社参办型等 5 种，其中以农民为主体发起成立的占到 75%。

总体上看，农村专业合作经济呈现出如下特点：农民合作意愿强烈，各类专业合作社发展速度较快；专业合作社组建主体呈多元化态势；专业合作的领域主要集中于特色产业；专业合作的区域逐渐扩大，跨乡镇、跨县域的合作不断增多；政府的扶持力度不断加强。

二 专业合作的经济发展模式铺设了
农村经济发展壮大之路

（一）促进了特色产业的规模化经营

要发展农村经济，实现农民的增产增收，就必须走出传统农业生产与发展模式，坚持以市场为导向，大力发展特色产业，并进行规模化经营，以取得产品品质优势、成本优势和市场优势，如此才能产生良好的经济效益。专业合作社的经营范围大多以乡镇（街道办事处）或村庄为单位，借助地域相近、同业聚集优势，引导社员扩大种养规模，带动形成了"一村一品、一镇一业"的特色种养板块。

以荣成市的崂山街道办事处为例，该办事处近几年根据辖区的资源特点，着力打造四大特色产业板块，并形成规模化经营，带领农民群众走上致富道路。2008年特色产业为农民增收8800万元，户均增收1200元。

1. 草莓种植板块

崂山街道办事处雨夼村于1984年从青岛农科所引进草莓新品种，经过二十几年的发展，现在整个办事处以雨夼村为中心，向外辐射到邻近10多个村，先后成立了三家草莓专业合作社，共有草莓大棚3000多个，种植面积达2500亩，每年可为农民创收4000多万元，成为远近闻名的"草莓之乡"。

2. 樱桃种植板块

崂山街道办事处宁家村1996年从烟台引进大樱桃开始试种，经过十多年的发展，现在依托宁家村大樱桃产业优势，成立了宁家樱桃合作社，带动周边各村大规模发展樱桃产业，全街道大樱桃种植面积达到1500亩，每亩效益都在万元以上。

3. 生猪养殖板块

经过多年打造，该街道办事处形成了以北埠、中埠村为核心的生猪养殖产业群，全街道生猪存栏量达3万头，500头以上的规模养殖场达到15家。2007年11月成立民兴、振兴两家生猪养殖专业合作社，养殖规模迅速扩大。民兴合作社成员由最初的124个发展到300多个，覆盖的散户有3000多个，跨16个镇（街道）。年出栏生猪20多万头，年产值共2.8亿元，成为荣成市生猪养殖行业的带头兵。

4. 贝类养殖和加工板块

崂山地处桑沟湾畔，具有一定的海洋滩涂养殖优势，现已经形成数万亩近海筏式养殖和万亩滩涂养殖，其中牡蛎养殖场就有32家，养殖面积达2.5万亩，年产成品牡蛎3.4万吨，年产值共7000多万元。同时围绕海上养殖业，在沿海村建成牡蛎、扇贝、鲜蛤加工厂50多家，产品除了供给国内市场外，还远销美国、日本、东南亚一些国家，年实现加工收入5000多万元。

（二）促进了标准化生产，提高了产品质量

合作社把种植户和养殖户组织起来，实行统一的生产方式、统一技术操作规程、统一产品质量标准、统一农资供应、统一商标，打造优质知名品牌，推广绿色农产品的生产，极大地提高了农产品质量和安全水平。例如，荣成市民兴生猪养殖专业合作社为保证猪肉质量，严把饲料和药品关，通过标准化采购，确保饲料无不良添加剂，药品无残留；与青岛农业大学、青岛康迪恩药业公司联合，为合作社养猪场建立一套完整的检测、防疫体系。他们向市场上提供的生猪，经有关部门检验合格率达100%。荣成市雨夼草莓专业合

作社 1800 亩草莓种植基地，严格按照绿色食品标准组织生产，在挂果期间坚决不喷洒任何农药，不采用任何激素和催熟剂，并采用蜜蜂自动授粉、叶面喷洒鲜奶等新技术提升产品质量，取得了省级产地认证，并被国家农业部认定为无公害农产品，通过标准化种植、规范化经营，现在草莓每亩年均产值有 1.5 万~2 万元，纯收入 1 万~1.5 万元。荣成市伟德山农业种植专业合作社 3000 亩花生出口基地，统一采购种子、化肥、农药，组织社员统一播种、施肥、喷药、采收，全过程标准化生产，生产的花生全部出口日本，社员花生亩纯收入 1000 多元。此外，荣成市荣金、益正、维达、明达 4 家牡蛎养殖场被省商检局确定为牡蛎备案场，荣金、荣波两家养殖场通过省水产厅"无公害牡蛎产地"认定，荣金牡蛎被农业部确定为无公害产品。目前荣金牡蛎养殖场、民兴生猪养殖专业合作社、雨夼草莓合作社分别向国家申请注册了"爱源"牌牡蛎商标、"民兴"牌猪肉商标和"崂山"牌草莓商标，并通过媒体、企业网站大力宣传和推介，极大地提升了崂山特色产业品牌的知名度。2008 年央视七套《致富经》栏目还对荣金公司进行了专题报道，收到了很好的广告效应。

（三）促进了市场空间的开拓，增强了农业生产的抗风险能力

1. 实现了小生产与大市场的有机对接

专业合作社充分发挥桥梁纽带作用，把原来分散经营的个体农户组织起来，以合作经济组织而不再是单个的自然人形式出现在市场经济舞台上，农民依靠合作社这个组织资源而成为生产资料和产品的购销主体，农民在市场经济活动中可以直接与大企业、大集团实现营销对接。这种以农民专业横向联合为主的专业合作社组织是市场经济条件下农村生产力与生产关系的一种自我契合，是对我国传统农民的小生产者身份及其生产经营模式的一次大变革。如荣成雨夼草莓合作社以经济法人主体资格与家家悦超市 60 多家连锁店达成了配送协议，彻底改变了传统单家单户路边、集市卖货的局面。

2. 提供了良好的技术服务

专业合作社可以利用整体优势，将教育、科研、生产联为一体，极大缩短农业科技成果转化的时间与空间，增强了特色产业的科技含量。如荣成民兴合作社先后与山东农业大学、青岛农业大学进行技术合作，聘请了青岛大学副校长李树超教授、邓仕伟博士等 10 多名专家教授作为合作社的技术顾问，每月两次来合作社讲座，接受培训的社员每月都在 400 人以上；荣成雨夼草莓合作社多次邀请烟台农科所的专家和荣成市农业局土肥站的技术人员对草莓种植户授课，并实行跟踪技术服务，无偿为村测土配方施肥 400 亩，

目前已有 50% 的草莓土地得到了改良。

3. 增强了抵御风险的能力

农户在经营过程中会遇到各种风险，如自然风险、市场风险、农资风险、技术风险、信息风险等。传统农户经营规模小，应对市场风险的能力低。农民专业合作社把松散的农户组织起来，形成利益共同体，抱团闯市场，变弱势为强势，有效地解决了一家一户办不了也办不好的事，使各种风险得到了有效的控制、转移、分散和消化。从生产到产品销售，合作社为社员提供全程化、系列化服务，掌握市场的主动权，加强产品的价格控制，如荣成市民兴生猪养殖专业合作社，为社员生猪养殖提供"五统一保"的利益连接机制，即统一技术培训、统一饲料使用、统一质量标准、统一产品收购、统一品牌销售、保证社员经济利益，有效地降低了社员生猪养殖的风险。一些在发展农村专业合作经济中其骨干带头作用的龙头企业，通过为社员提供服务，与社员结成经济利益体，一方面解决了"订单农业"中存在的合同履约率低的问题，保证了自己的货源；另一方面也变集中生产为分散生产，大大化解了企业的市场风险。多数农户对加入合作社的感受是"除了技术、销售等方面受益较大以外，最大的好处是有安全感"。

4. 产生了明显的"合作效益"

合作社建立内部社员公共信息通道，把农户的分散需求和分散供给集合为规模需求和批量供给，通过"聚集效应"形成"规模经济"，带来了显著的合作经济效益，从根本上实现了农村资金、土地、技术、市场、劳动力、原材料等生产要素的有效整合和合理配置。如荣成民兴生猪养殖专业合作社与威海环山饲料厂等 6 家饲料公司签订饲料供货协议，与天津新星等 6 家药业公司签订用药协议，统一采购饲料和药品，每头生猪可降低饲料成本 20 元，降低用药成本 30 元。按目前年出栏生猪 20 万头计算，上述两项年可增加纯收入 1000 万元。在销售市场上，民兴合作社与烟台的国联、喜旺食品公司建立起长期稳定的购销关系，收购价格每公斤高出市场 0.4 元左右，每头猪可增加收入 40 元，此项年可增加纯收入 800 万元。

三 农村专业合作经济发展过程中显现的问题

（一）农民专业合作社的组织管理与运行有失规范

1. 对专业合作社的认识模糊

多数农民甚至合作社的领导层对什么是专业合作社、专业合作社与其他企业的区别、专业合作社的原则、兴办专业合作社的宗旨等一些基本问题存在模糊认识，很多人将兴办合作社当成了争取优惠政策和项目支持的工具。合作理念尚未深入人心。农户自身的市场意识、科技意识、协作意识比较淡薄，社员缺乏持续投资的意识和能力。长期以来的小农意识和目前实行的家庭承包责任制，使农户养成了分散经营的习惯，对合作不放心、不积极。有的社员的功利心较强，有利则合、无利则散，能共享收益不能共担风险；有的社员期望值太高、短期行为心理严重，期望专业合作社能够在较短的时间内就为他们带来丰厚的利益回报，因此稍有困难就很容易使之办社的积极性和热情受挫；部分农户合作意识不强，大部分社员"跟、等、拿"的"搭便车"心态较严重。

2. 社员资格开放的程度不够

合作社成立以后，其他农户想加入合作社比较困难。由于大部分合作社以股金分红为主，部分合作社自成立以来得到了政府的资金扶持，再加上合作社财务会计制度还不十分完善，多数合作社社员尤其是核心层社员排斥其他农户的加入。

3. 内部组织管理不够规范

从整体上看，专业合作社的发展尚处于起步阶段，大多规模较小，稳定性较差，服务功能和作用的发挥仅停留在较低层次，大多合作社没有财产和资金，开展共同经营活动的较少，社员与合作社之间联系松散。从内部管理上看，社员民主管理意识普遍比较淡薄。大部分的合作社不能结合本社的特点，制定出切合实际的章程和制度，合作社的章程几乎是千篇一律，没有自己的特色，管理制度亦不健全。有些合作社章程不完善，执行中随意性很大，社员（代表）大会、理事会、监事会等组织机构形同虚设，没有财务人员，不按章程办事。许多专业合作社靠个人的权威来维持管理，收益分配和监督保障机制不健全。尤其是一些龙头企业、种养大户牵头兴办的合作社，产权不明晰，社员出资不到位，社员的利益得不到有效保障，体现不出"民办、民管、民受益"的原则。

4. 专业人才缺乏导致管理运行机制不活

大多数专业合作社缺乏具有组织现代农业生产经营能力的懂技术会管理、市场开拓能力强的复合型人才，因资金短缺又无法外聘人才，农民专业合作社的发展和壮大遇到了人才瓶颈，致使合作社在经营上不能按照《农民专业合作社法》的规定去运营，只能按照传统的经营模式去运行。一方面，有的合作社的管理者由于缺乏专业管理知识，习惯于采用单纯搞行政或搞企业的方式来管理合作社，阻碍了合作社的运行机制的创新与发展；另一方面，大部分从事种植、养殖的合作社，只重种植、养殖，没有向深加工、推进农产品品牌建设等方面发展的趋势，在增强农产品附加值上有很大的局限性，在很大程度上放缓了农业增产、农民增收的步伐。

（二）发展规模小，经济实力弱，自我发展能力差，覆盖面不大，带动作用有限

以荣成市为例：发展规模小，主要表现在专业合作社的社员人数少，大多数的合作社社员不超过 50 人，在全市 107 个经过工商登记注册取得营业执照的专业合作社中，50 人以下的合作社占比为 60%。经济实力弱，主要表现为专业合作社的自由资金十分有限，以现金入股的社员仅占全体社员的 11%。自我发展能力不强，主要表现在专业合作社对社员的服务仅停留在技术、物资、销售等较低层次，统一采购的农资不足社员用量的 50%，另外，产品的附加值较低，目前还没有合作社通过产品深加工来提高农产品的附加值。覆盖面不大、辐射带动作用有限。一是带动农户少，专业合作社及入社社员联结带动的农户仅占全市农户的 12%。同时，社员间利益联结不紧密，大部分的农民专业合作经济组织属于松散型和半松散型。二是产业特征明显，以种养业为主，且尚未完全覆盖产前、产中、产后所有环节，另外，在加工、销售、资源开发、农机服务、信息中介等方面的专业合作尚未破题。

（三）资金问题是制约农村合作经济持续、健康发展的"瓶颈"

以专业合作社为主要组织形式的新型农村经济体不同于其他如公司等普通的经济组织。它既是经营组织，又是自我服务组织，是一个介于政府与市场之间的非营利组织，其盈余除了提取少量的公积金用于扩大再生产外，其余大部分都要返还给社员，自我积累能力很弱。因此农民专业合作经济组织获取资金的主要途径基本上是社员自筹、外部股金和自我资本积累，资金匮乏已经成为制约农民专业合作经济组织后继发展的"瓶颈"。

在合作社的带领下，农村形成了许多新的产业，但由于获取外部资金如金融信贷资金的融资途径狭窄，法律障碍较多，农村专业合作经济举步维艰，做大做强令人担忧。如荣成市的 107 家注册专业合作社，注册资本总额只有1967 万元，这其中还包括了非现金出资，至于现金出资的比例就更低了。然而，专业合作社统一采购农资需要资金，农产品的无公害基地、无公害产品认证需要资金，农产品深加工、购置生产和运输设备也需要资金。合作社到

银行贷款，但因合作社没有足够可提供抵押的资产，银行不予贷款；合作社进行招商引资，一些投资者却认为专业合作社是农民的组织，对其缺乏足够的信心而拒绝投资。以发展规模比较大的荣成市民兴生猪养殖专业合作社为例，该社有社员 300 多个，入股资金仅仅 6.5 万元。尽管该社统购、统销经营运作非常成功，但由于生猪品种较杂，外出选购苗猪又需要投入大量资金，生猪品种改良进展缓慢。没有好的品种，难以形成好的品牌，阻碍了生猪进入北京、上海等大城市的步伐。因此，合作社计划投资 500 万元修建一处优质种猪场，种猪场投产后每年可产出约 1600 头优质种母猪，每头成本为 1800元左右，比外出采购可以节省 800 元左右。合作社如果再以低于现行价格30% 为社员供应种猪，产出的生猪不但能跻身于大中城市，且价格也会上升。按现有社员的养殖能力估算，每年将增加收入将近 300 万元，但该计划因为得不到银行信贷支持只能搁浅；由于检测设备简陋又无钱更新，该合作社每次对生猪的血液进行化验、解剖都需送到青岛、泰安等地，不但成本过高，而且耽误时间，直接影响到猪疫情的及时发现和有效预防；为提高社员的专业素质，合作社每月都会聘请专家对社员进行专业培训，但受资金限制，该社至今无法建立自己的培训基地，更谈不上图书馆、科技园地的建设了。

（四）专业合作经济发展模式同质同构现象较突出，区域性特征较明显，专业合作社间缺乏有效的联合

农民专业合作社数量不少，但总体上看，合作社基本上是各自为战，带有明显的区域性特征。首先，辐射的范围较小，多限于乡镇或街道办事处内部，至多是辐射到毗邻乡镇，突破县域的合作则是寥寥无几。其次，合作社之间缺乏有效的联合，同质同构现象较突出，造成了不必要的低级竞争，有的甚至是一个乡镇区域范围内就成立了几家同类的合作社，不能获得规模效益。这种局面，在一定程度上浪费了政策资源，增加了组织成本、人力成本。

（五）外部环境仍不宽松，各种优惠政策难以及时全面地落实

虽然中央、省、市各级政府出台了各种政策扶持专业合作经济的发展，但在政策的具体实施过程中，优惠政策落不到实处，突出表现为在信贷、税收、用点、用地、用人等方面缺少具体的优惠政策。在调研过程中，呼声最高的是税收、信贷和用地等配套政策的出台，相关配套政策的缺失已经不同程度地制约了农村专业合作经济的可持续发展。

四　加快发展农村专业合作经济的对策与建议

（一）发展农村专业合作经济要坚持正确的原则

发展农民专业合作经济，一定要从国情、省情、市情出发，因地制宜，实事求是。一要以家庭承包经营为基础。家庭承包经营责任制是我国农村一项基本经济制度，只有不改变农民的土地承包经营权和财产所有权，农民才会信赖和参加合作经济组织。二要发展专业合作社要坚持"民办、民管、民受益"原则。按照农民的意愿和要求，以农民为主体，独立自主地开展劳动、资本、技术和营销合作，通过合作使社员获得最大经济效益。三要以市场为导向。农民专业合作经济组织产生和发展于市场经济体制中，它们直接面向市场进行生产和经营。因此，要以市场为导向，立足于当地的资源优势和特色产业，特别是围绕当地农业经济发展的整体规划和产业化布局，因势利导地发展农民专业合作经济组织。四要坚持创新原则。发展农民专业合作经济组织，必须适应形势，顺应潮流，大力进行组织创新和制度创新，加快产业、科技、管理上的创新步伐，不断向现代企业制度方向发展，提高社会化程度。

（二）政府的引导与扶持是发展农村专业合作经济的强有力后盾

要实现农村专业合作经济的迅速崛起和快速发展，政府必须充分发挥其职能优势，在调整产业结构、改善农村基础设施、提供科技服务、转变农村经营方式等方面为之提供强有力的引导与扶持。

1. 加强引导

发展农村经济，调整产业结构，转变经营模式，各级党委和政府要主动担当"导航者"。如荣成市崂山街道办事处就是根据辖区资源特点，以市场为导向，综合技术、政策等因素，经过科学论证和重点选择，引导群众大力发展具有崂山特点的特色产业，优化了传统产业结构，使崂山街道办事处成为有名的特色经济示范区。同时立足特色产业优势，引入现代农业生产组织管理方式。该办事处专门成立了专业合作社建设领导小组，在群众中广泛宣传合作社的意义和作用，转变农民思想认识，引导种养大户积极运作成立专业合作社，帮助专业合作社建立健全必要的章程和经营管理制度，达到了"建组织、兴产业、活经济、富群众"的效果。

2. 强化服务

各级政府及相关职能部门要站在大市场、大发展的高度，多渠道、多形式、全方位地为发展专业合作经济提供高质量的服务。一是加强科技服务。建议政府代出学费，采取"请进来、走出去"的方式，结合不同合作社的行业特性，联系各类专家、技术人员为社员提供相关培训和指导，也可以定期或不定期地组织种养大户或选派文化水平较高的社员到外地参观学习，并将学到的经验与知识由社员共享，以推动特色产业的优化、升级。二是为实施品牌战略搭建平台。建议各级政府及相关部门主动帮助企业做好绿色食品、无公害农产品的申报及品牌推广工作，主动及时地联系农业、商检、水产、商标等有关部门对特色产业进行考察鉴定。积极探索建立"成熟一个、创立一个、宣传一个"的品牌创建机制，树立并倡导"靠品质创品牌、靠品牌赢市场、靠市场带发展、靠发展共富裕"的农村专业合作经济发展理念。三是组织协调有关农业、土地、电力、水利等有关部门为农户的生产经营提供综合服务，切实解决农户在产业发展中遇到的困难。

3. 大力扶持

特色产业的规模化经营需要各级政府的大力扶持，包括政策、资金、技术、人才等方面的扶持。其中，政策方面，威海市为了提高农业生产的组织化程度和社会化服务水平，2009 年 5 月 7 日出台了《威海市农民专业合作社奖励办法》，对农民组建专业合作社给予 12 万元至 16 万元不等的奖励，以鼓励发展农业专业合作社；另外为了推动威海市农业产业化龙头企业的发展，提高农业产业化经营水平，促进农村经济发展，带动农民增收，5 月 8 日出台了《威海市扶持农业产业化龙头企业奖励办法》，"绩优"的龙头企业最高可得到 40 万元的奖励。上述办法的出台，无疑会大大推动农村专业合作经济的发展。下一步要解决得是如何将其付诸实施。如两个办法中对奖励资金的安排，都是由市级财政和合作社或龙头企业所在的市、区财政按照 1:3 的比例负担，市、区财政的负担能力将直接影响到该政策的落实程度，如果政策执行中存在折扣势必会影响到农民和企业的积极性。资金和技术方面，各级政府要充分研究和利用好上级政府和相关部门制定的关于扶持农村专业合作经济发展的政策，积极争取各类扶持资金、专项资金。此外，积极搭建招商引资的平台，鼓励、吸引其他社会资本及技术进入农村专业合作经济领域，多渠道整合特色农业发展资金，为农村专业合作经济的发展提供动力。

（三）健康、可持续是农村专业合作经济发展必须坚持的方向

从调研的情况看，农村专业合作经济具有广阔的发展前景，发展中困难与机遇并存。因此在实践中必须始终按科学发展观的要求，走健康、可持续

的发展之路，目标要更高，机制要更优，措施要更实。

1. 科学、规范、高效的组织管理与内部运行机制是农村专业合作经济健康、可持续发展的基础

作为农村专业合作经济发展的主要组织形式，农民专业合作经济组织要平稳度过发展初期，实现后继良好发展，必须建立健全一整套科学、规范和高效的管理制度和运行机制，包括规范的组织章程，有效的风险调剂与防范机制，科学的价值评估机制，合理的利益分配机制，合法的契约约束机制，实用的监督约束机制等。以利益分配机制为例，合作组织向社员提供服务时不以营利为目的，但向非社员开展业务时应当追求利润最大化。组织内部要建立完善的二次分配办法，把社员利益放在首位，通过建立风险基金、合理让利、制定最低保护价、利润返还、预付定金、赊销生产资料等方式支持农民发展生产；在分配办法上，坚持按交易额分配为主、按交易额分配与按股分配相结合为辅的原则。建立利益互补机制，在合作组织内部几种主要的服务功能之间，形成一种能够互相抵消和消除所出现的亏损或赤字，做到利益互补，具有自我服务和自我发展活力的机制。

与此同时，要加快组织资源的全方位整合。从农民专业合作经济组织自身发展看，发展合作组织之间的联合已经成为一种必然趋势。经验表明，跨乡镇、跨县城的合作经济组织的治理结构更加完善，提供的服务更加全面，运行也更加稳定。农民专业合作经济组织之间的联合可以是横向的联合，也可以是纵向的联合。所谓横向联合，就是要打破地区界限，发展跨自然村、跨乡镇、跨县市甚至跨省区的合作社联合社，实现同一类型合作组织的联合。纵向联合，就是以农业产业链条上的某一环节为中心，向前、后延伸，将在同一产业链条上的各个合作经济组织联合起来，建立一体化组织。这样不仅可以较好地解决农产品的产供销各环节之间的衔接问题，而且可以将供销等环节可能增加的利润都保留在农业产业范围内。

2. 农村人力资本建设是农村专业合作经济健康、可持续发展的保证

农村专业合作经济的发展与壮大，离不开人才。发现人才、培养人才、尊重人才应当有相应的长效机制做保障。可按照分类指导、分级负责、注重实效的原则，采取学历教育、远程教育、短期进修、参观考察、国外研修等多种形式，结合乡村职业技术教育和高等农林教育，充分利用网络技术，全方位、多层次地开展对社员的培训教育。具体的培训教育可分为以下几类：普及型培训，对象为广大社员；精英型培训，对象为专业合作组织的管理人员，如理事、监事等；专业型培训，对象为专业技术人员，如财务人员、营

销人员等；储备型培训，对象为年轻的、有一定学历、愿意从事农村专业合作经济工作的人员。努力培养造就一支善经营、会管理、懂技术、有奉献精神的农民专业合作社经营管理的人才队伍。

3. 实施品牌战略是农村专业合作经济健康、可持续发展的法宝

产品质量是专业合作社的生命，品牌是产品质量的标签。优秀的品牌有助于市场的拓展和收益的增加，从而确保农村专业合作经济的长远发展。因此必须重视并做好品牌的创建和经营，要善于从战略角度进行谋划，运筹好品牌的经营，包括品牌观念的树立、品牌产品的开发和推广、品牌形象的创立、品牌的巩固和保护等。已有的经验表明，在实施品牌战略的过程中，可以走"统一"的路子，即通过政府的指导和合作社的运作，在每个特色产业范围内统一商标、统一宣传、统一包装、统一技术规程、统一质量标准等，逐步推行产地编码制度，设立原产地、基地标识，为农产品配上"身份证"，建立一套创品牌、用品牌、保品牌的长远发展机制，着力打造成国内具有明显市场竞争优势的名牌产品和著名商标，增加特色规模产业的核心竞争力。

4. 瞄准"高、精、尖"产品，发展精深加工是农村专业合作经济健康、可持续发展的利器

要逐步改变直接销售初级产品的局面，向深加工、精加工及综合利用的方向发展，延伸产业链，把产品的生产、加工、销售有机连接起来，走产、工、贸、科研一体化之路，努力提高产品的附加值。可以与国内外大企业联合建立大型的生产加工基地，也可以与科研单位合作开发高新技术产品等。如种植业，可以向食品、调味品等领域延伸；海上养殖业，可以通过与科研机构联合开发海洋药品、海洋保健品、环保建筑材料等高科技含量的新产品。另外在产品的贮藏、保鲜、分类、包装上要有新突破，以向市场提供精品为目标，实现经济效益的最大化。

5. 开辟多元化资金筹集渠道是农村专业合作经济健康、可持续发展的根本

各级财政应从预算中拿出专项资金，用于农民专业合作组织的信息化建设、品牌创建、市场开发、人员培训等。商业银行和各级农村信用社应该在信贷风险可操控的范围内适当增加贷款，对规模较大、实力较强并且管理规范的专业合作组织，给予与龙头企业的同等待遇，优先扶持。除了积极争取政府的资金支持和申请银行贷款外，农民专业合作组织解决资金匮乏的根本途径是依靠社员投资和通过有效经营不断提高自身积累能力。2006年12月，银监会发布《关于调整放宽农村地区银行业金融机构准入政策更好支持社会

主义新农村建设的若干意见》，宣布开放农村金融市场，引导各类资本到农村地区投资设立村镇银行、农村资金互助社和贷款公司等新型农村金融机构。我们应抓住这一有利契机，积极兴办和发展真正意义上的农村合作金融，允许和鼓励在合作组织内部建立规范的资金融通体制，以解决农村专业合作经济发展中的资金不足问题。

结束语

农村专业合作经济的可持续发展，必须有长远的发展目标，要做好远景规划。一是各级党委、政府要对区域内特色规模产业制定符合本地实际的长远规划和目标，避免短期行为。二是加强横向联合，打造龙头企业。通过专业合作社，采取合并、联营、置换、股份合作等形式，推进产业与厂家、产业与科研单位、产业与产业的联合，实现资本扩张和价值提升，使之成为发展地方经济的"火车头"。三是筹建特色农业产品质量安全检测、鉴定中心，为特色产业的产品质量保驾护航。四是围绕特色规模产业建设大型农贸批发销售市场，形成特色规模产业产品集散地，带动周边产业的发展。五是以特色经济推动新农村建设。随着专业合作经济的不断壮大，以特色规模产业为基础，以专业合作经济组织为龙头，可以统一规划建设集农村住房、消费、娱乐、教育和医疗卫生等综合功能的农村新社区，实现农村人口就地城镇化的目标，这将对农村未来的发展有着极其重要的实践意义。

（作者单位：中共威海市委党校　课题组成员：王　雷　高和进　马文杰）

威海市社会组织发展研究

李永玲

　　社会组织是十七大使用的新概念，之前也被称为社会中介组织、民间组织等，在西方国家通常被称为非营利组织或第三部门，它包括政府公共部门和以营利为目的的企业之外的所有法人组织，是各种非政府和非营利组织的总称或集合，代表着公域和私域二元建构基础上的一种中介机制。其基本特征有：①民间性，也称为社会性或非政府性，即指它根据社会发展需要而自发产生并通过为社会服务而获得生存空间，或者说它源于社会、面向社会、服务社会，这是社会组织的最显著的特征；②非营利性，即指它是不以追求利润最大化为目标的，其成立和运行的目的在于为其成员或社会提供一些公共服务，但非营利性并不意味着不能从事营利活动，而是指全部的营利必须重新投入提供的服务中或用于团体的自身建设，也就是说，区分营利与非营利的根本不在于是否营利，而在于对营利如何处置；③自愿性，即指它是由公民自愿组成的，本身不具有强制力，其成员都应是自愿参与的而不是受强迫的；④自治性，即指独立处理各自的事务，并且能控制自己的活动，有自我治理权。

　　一般说来，我国的社会组织包括在民政部门登记注册的社会团体、基金会和民办非企业单位等非营利组织，属社团法人性质。遵循市场运作机制、以营利为目的的市场中介组织不应归属社会组织，故不在本研究范围。

　　本研究的基本思路是：首先，从社会组织在现代社会中的举足轻重地位入手，阐述发展社会组织的必要性和重要性；其次，通过对威海社会组织发展状况的调查研究和与先发地区的比较研究，分析社会组织发展中存在的问题及其形成原因；最后，针对发展现状，借鉴先发地区的成功做法，提出促进威海社会组织健康发展的对策建议。

本课题研究中综合运用了问卷调查、访谈调查、文献调查和比较研究等多种研究方法。其中，对威海社会组织发展现状的调查，采用了个别访谈、小型座谈会、查阅登记档案等方法；对社会各界的认识状况的考察采用了问卷调查的方法，其间在市区市民中随机发放问卷600份，回收有效问卷563份，全部数据经SPSS软件处理；对威海社会组织发展中存在的问题的分析及今后发展路径的设计采用了比较研究的方法。

一 发展社会组织的必要性和重要性

社会组织在现代社会中具有举足轻重的地位。现代社会管理学认为，政府、企业、社会组织三大部门是社会稳定发展的三条腿。社会组织具有弥补政府职能不足与市场缺陷的功能。如果社会组织缺位，很容易导致社会的专制或无序状态。当前我国正处于社会转型期，过去那种建立在政治、经济、社会一体化基础上的全能型政府的职能和结构已经难以适应转型社会公共管理的需求。在此情况下，仅仅依靠政府部门的集权式管理，而没有广大的社会领域的深刻变革，我国的市场化改革和民主化进程都会受到影响。党的十七大要求"重视社会组织建设和管理"，"发挥社会组织在扩大群众参与、反映群众诉求方面的积极作用，增强社会自治功能"。因此，重视并促进社会组织的健康发展势在必行。

（一）社会组织是反映利益诉求的重要渠道

在社会成员极端多元化、社会信息化的情况下，制度化、组织化的信息沟通和利益表达机制是社会秩序的重要保障机制。社会组织以组织成员的共同利益为存在基础，以维护组织的共同利益从而达到维护成员利益为目的，是制度化反映利益诉求的重要组织形式。社会组织在日常工作中，紧密联系公众，了解社会不同阶层的不同需求，集中民情、民意、民智，把分散的个人意见和利益诉求以集中的、制度化的、理性的、和平的方式向政府反馈。一方面，为人们的利益表达提供了多种渠道及合法的表达方式，可以保障公民利益表达的畅通，实现有序的政治参与；另一方面，可以起到智囊团、思想库的作用，为政府决策提供资讯和参考，使政府的施政纲领更加符合民意和贴近实际。近年荣成市渔业协会争取海带加工用盐优惠政策的过程就是一个很好的例证。盐渍海带加工是荣成市的一项新兴产业，年创产值10亿多元，带动海带养殖业增收3亿元，并向社会提供4万多个就业岗位。但自

2005 年下半年起，海带腌制盐价格大幅上涨，比年初翻了一番，使海带加工陷入困境。渔业协会多次与市政府领导跑省进京反映情况，最终争取到省物价、盐务等部门对荣成市海带加工用盐的优惠政策，供应价格由 600 元/吨降到 390 元/吨，年可节省生产成本 3000 万元，从而有力地维护了海带加工业的利益。

（二）社会组织是社会和谐稳定的必要环节

社会组织作为服务社会的民间组织，为各种社会成分提供了较宽松的活动空间，社会成员可以通过各种方式满足其多样性和多层次的愿望并实现其利益，能够起到排解社会怨气、释放社会压力的作用，也使各种不同的社会群体能够依法共存相容，增进社会容忍度。在我国从计划经济向市场经济的转型的过程中，社会成员的观念和价值取向从一元化向多元化发展，社会成员独立思考、自主抉择的自由度增加，而社会凝聚力和社会动员力下降，利益冲突加强，社会矛盾增加。许多发生在公民与法人、法人与法人、公民与政府部门之间的矛盾，如果由政府直接面对社会基层去解决，在很大程度上会出现难以解决或者即便解决也需高昂成本的情况。社会组织则可以利用其非政府、非营利的特质和优势，发挥整合作用，把众多散落的繁杂的个人意志聚合起来形成"公意"，得以在政府决策乃至政纲中体现，从而"以一种制度化的公共利益取代四分五裂的个人利益"，并通过内部的自组织和自治机制，解决内部的矛盾问题。如各种学会、研究会、行业学会、基金会、联谊会、俱乐部等各种各样的社会组织，他们不但可以承担控制协调其内部的人力、物力和财力的功能，调节组织内部的关系，而且可以协调组织与组织之间、行业与行业之间、企业与企业之间以及个人、企业与政府之间的各种利益关系和矛盾冲突，从而将矛盾的解决纳入理性有序的轨道，降低社会管理的成本。

（三）社会组织是政府职能转变的得力助手

马克思主义认为，社会决定国家，国家权力是社会主体活动的结果，国家权力源于社会，最终又归于社会。现代社会发展的大量事实表明，要充分实现政府对社会事务的有效管理，需要根据社会经济的发展，不断将一些可由社会自我管理的职能、权力返还给社会，充分发挥社会的自我管理功能，提高社会自我管理能力，这是一个社会能够良性发展、富有生气与活力的关键所在。民间组织作为公众自愿组成的法人组织，深深地植根于民众之中，它们既是公民自治的主体，也是社会自我管理的主体。在我国经济社会结构和行政管理体制双重转型的过程中，社会利益主体和社会需求的多元化，需要有多种社会整合形式对社会成员和社会群体进行有效的整合，以理性、合法的方式，满足他们经济、政治、文化和社会生活多方面的需求，需要社会管理和社会服务的多元化。社会组织以其种类多样、服务直接、知识专业、方式灵活、管理低成本的优势顺应了这种需要。因此，当前推进社会建设和管理体制创新，就是要充分发挥各类社会组织的优势，形成一个国家权力与公共权利良性互动，国家的社会管理与公民的自主管理相统一的社会公共管理格局。必须明确，社会组织的发展不是在向政府夺权，而是在帮助政府治理社会。

（四）社会组织是提高公共服务水平的一大法宝

为社会提供公共服务是政府的主要职能之一。与企业生产不同的是，政府行为基本上是垄断性的，政府的公共产品缺乏直接的市场检验机制。外在竞争压力不足，很容易导致政府内部在提高公共产品质量的问题上动力不足。正因为如此，官僚主义、效能低下成为一种比较严重的政治社会现象，公共悖论提升为一个世界性的难题。解决行政效能问题有多种途径，发展社会组织是一种行之有效的制度安排。政府把一部分公共服务职能移交给社会组织，政府是公共产品的提供者，但不一定是直接的生产者。在一定范围内，政府从卖家转变为买家，从服务的单一的提供者变为服务的多项的选择者。政府掌握了选择的主动权，可以提出明确而规范的质量标准，制立严格而周密的监督细则，要求生产公共产品的社会组织在横向之间展开竞争，货比三家。社会组织要在竞标中取胜并能获得稳定的发展，就必须不断探索服务规律，发挥专业技术优势，提高服务水平。在服务成本没有增加的情况下，服务主体角色的互换，提升了服务品位，社会由此获得了更有效的服务。此外民间组织可以利用自身在机制、资源、人才等方面的优势，在公共服务的提供上对政府、市场机制发挥拾遗补阙的作用，在政府和市场所不能或不愿做的领域提供社会服务，积极参与市场解决不了、政府力不从心的一些社会问题的解决。

（五）社会组织是培育公民意识的有效载体

公民意识是民众在民主政治时代必须具备的一种社会意识，主要包括公民的主体意识、权利意识和社会责任意识三个层面。其作用在于指导和规范公民依法行使自身权利，维护个体利益，履行应尽的义务，积极地进行政治参与，主动监督国家立法、司法、行政机关及其工作人员行使职权的情况。但由于历史的、现实的种种因素的影响，我国公民的公民意识水平仍然不高，这无疑制约了我国政治现代化的发展进程。社会组织可以根据个人的兴趣、意愿和利益将公民组织起来，通过对志愿精神、非营利原则的践行，引导、推动公民主动参与社会公益和志愿者的活动，倡导合作、信任、互惠、公民参与以及社会福利的公民意识和公民道德，宣传对社会要肩负起码的道德责任并自助、互助和助他。社会组织成为公民学习和接受和谐文化、民主教育的重要课堂，为公民提供了参与公共事务的机会和手段，提高了他们的参与能力和水平，培养了他们的社会责任意识。许多国家都把社会组织作为公民社会发育的重要载体。加拿大公民社会组织被认为是社会资本的形式，参与它们的工作不是"做好事"，而是为了以行动表达建设社区的意愿和自己的公民身份。

与全国一样，威海目前还处在社会转型时期，无论是从社会发展的大环境还是从社会组织自身的发展程度看，都只能说社会组织还处在发展的初级阶段。而作为改革开放的前沿地带、中国现代化进程的先发地区，随着经济的高速发展和开放程度的不断加大，威海应该也必须在社会组织的发展中走在全国的前列。

二 威海社会组织发展较之先发地区的差距及其成因

（一）差距考察

与发达国家和地区相比，当前威海市社会组织的发展总体上仍处于起步时期，总量和结构与我国经济社会发展的需要还有很大差距，质量较低，发挥作用有限，存在不少亟待解决的问题和困难，具体表现为以下几个方面。

1. 组织体系发育不良，布局结构不合理

①组织数量偏少。从民政部门登记注册情况看，至 2009 年 5 月，全市共有市、县两级社会团体 450 个，民办非企业单位 1305 个，基金会 1 个（见表1）。全市每万人拥有社会组织 6.3 个。从数字看，高于全国平均数 2.7 个/万人，接近上海水平（2009 年上海市每万人均拥有社会组织为 6.56 个）。但与国外发达国家甚至是发展中国家相比还存在较大差距，目前发达国家每万人拥有社会组织的数量一般超过 50 个，如德国 120 个、法国 110 个、美国 52

个、日本 97 个；发展中国家一般超过 10 个，如阿根廷 25 个、新加坡 18 个、巴西 13 个、印度 10.2 个。

表 1　威海市社会组织分布情况

地区	社会团体	民办非企业	基金会	合计
威海市	194	133	1	328
环翠区	43	168		211
荣成市	88	370		458
文登市	57	456		511
乳山市	56	52		108
高区	6	82		88
经区	6	44		50
总计	450	1305	1	1756

注：工业新区因成立时间较短，目前尚无正式注册社会组织。

②结构不尽合理。在威海市 194 个地市级社会团体中，学术性社会团体 32 个，占总数的 16.5%；行业性社会团体 36 个，占总数的 18.6%；专业性社会团体 76 个，占总数的 39.1%；联合性社会团体 50 个，占总数的 25.8%（见图 1）。其中公益性社会团体 7 个，仅占总数的 3.6%。133 个地市级民办非企业单位分布在文化、教育、劳动、科技、体育、民政、卫生等行业，其中数量较多有文化类 26 个、体育类 26 个、劳动类 24 个、科技类 20 个、教育类 14 个、民政类 12 个。整体而言，威海市社会组织发育存在不协调的"三少一多"现象。"三少"即城市社区民间服务组织少、农村专业经济合作组织少、公益类福利服务组织少；"一多"即培训性民办非企业单位多，占民办非企业单位的一半以上。而从社会组织的作用与目前社会现实需求看，志愿服务、社区服务、社会福利类社会组织应该是多多益善的。

③发展规模较小。社团组织会员少、民办非企业单位从业人员少的现象较为普遍。一些行业协会会员覆盖率、代表性不够，有的未占同行业的 20%。社会组织能解决的就业岗位极其有限，多数民办非企业单位的从业人员不超过 10 人。据调查，有些自上而下都存在的社团组织只是相关部门根据上级政府部门要求登记注册的，既无办公场所，也无具体会员，唯一的目的是上下级对应，便于承接相关任务，是地地道道的"空壳"组织。除此之外，也有不少社会团体属于无办公场所、无专职人员、无活动经费的"三无"组织。

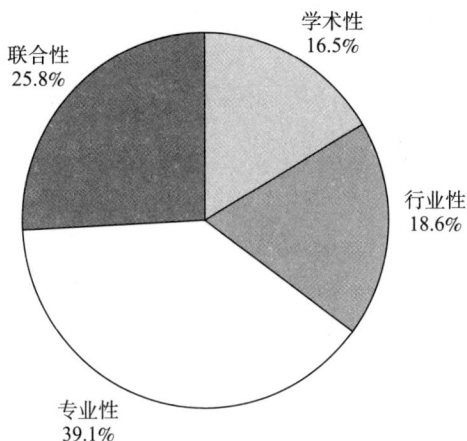

图1 威海市各类社会团体比例情况

2. 政府色彩浓厚，民间性不足

国外非营利组织的自主自立意识普遍较强。例如，日本虽然也存在大量由行政部门基于某种目的而成立的非营利法人组织（被称为"外扩团体"），但多数非营利组织有着比较强的独立法人意识，不愿过多享受政府的庇护或帮助。与发达国家和地区相比，处于发展初期的全市社会组织无论是自主性、志愿性，还是非政府性都不够突出、不够成熟。许多社会组织或与政府部门有"血缘关系"，一块牌子、两套人马，或隶属于行政部门，有的政府部门至今依然把社会组织作为自己的"附属物"或"代言人"，不少社会组织也甘愿依附政府部门做"二政府"或充当其"私益性工具"，政社不分，具有明显的官办色彩。表现为以下几点。

①从成立动因看，调查发现，威海市绝大多数有重要影响的非营利社会组织包括行业协会、专业性协会、公益性组织以及民办非企业中的社区服务性组织等，都是根据政府指令直接成立的，虽然后来少数组织也有脱离其创办者的，但两者之间仍有着紧密的联系，特别是各大系统成立的专业性协会与政府职能转变和行政机构改革密切相连，承担了行政机构剥离出来的职能和分流人员的任务。也有一些社会互利性组织如钓鱼竿协会等，从筹备到成立都是在各级领导的直接关心支持下完成的。真正民间自发成立的"草根"组织极少。

②从领导人产生方式看，根据抽样调查，几乎所有的慈善公益组织以及80%以上行业协会的领导人都是由主管部门任命的，其中绝大多数由政府官员兼任。如市志愿者协会会长由市委领导担任，市、县两级的慈善总会会长

由同级民政局局长担任。在被调查的非营利组织中，根据组织章程民主选举产生领导人的不到15%。领导人的产生方式特别是在社会组织中的影响力大小关系到社会组织独立性程度高低。任命或指派社会组织领导人的行为，背离了新时期社会组织建设与管理的基本原则，不利于社会组织功能和作用的发挥。早在1998年中央就明确规定，党政机关领导干部不得在社会团体兼任领导职务。

③从会员入会方式看，许多协会如驾驶员协会、个体私营协会等，都是依靠行政力量将具备入会资格的社会成员直接列为该会会员，既未征求本人意见，也未明确通知本人，属"自动生成"，许多所谓的会员并不明就里，只是在年审被扣会费时才得知。"入会自愿"是国际通行的社会组织惯例，也是我国社团法中的明文规定。会员"自动生成"，虽然为行政管理提供了便利，但与社会组织的志愿性要求相背离。

④从办公场所与经费来源看，许多由政府主导成立的社会组织多是在政府业务主管部门中办公，经费主要源于业务主管部门拨款，政府主办的较大规模的社会组织如市慈善总会，属于全额拨款的事业单位编制。

⑤从开展活动情况看，根据对社团组织的抽样调查，由政府主导成立的社会组织，其活动绝大多数都是按照有关部门的旨意开展的，甚至一些组织还承担了业务主管部门的某些行政性职能，自发组织的活动极少。

浓厚的政府色彩使社会组织难以保持公正性、独立性，一方面使一些社会组织成为主管部门的"小金库"，行政机关在利益驱动下，通过行政权力强行介入对某些中介服务实行垄断，然后再将一些原本无偿服务的政府职能转让给自己的中介组织，收取费用；另一方面使一些社会组织变成了准政府机构，而无法代表市场主体的利益与政府进行平等的沟通、协商、协调。

3. 功能缺失，服务水准不高

服务性是非营利社会组织的基本功能。这类组织虽不是公共权力的代表，但它可以提供公共物品，即可以为政府、企业、公民个人等提供信息、技术、政策、公证、培训、咨询、法律、预测等项服务，依靠服务取得社会认可。日本的行业协会和经济团体有5万多个，在其经济社会发展中就扮演了重要角色，可以协助政府出台法律法规，建立产业损害预警机制、维护本国企业利益，组织会员开拓海外市场等。

全市的非营利社会组织中不乏作用发挥突出的典型，如荣成市渔业协会、乳山市葡萄协会、乳山市大姜协会等。以乳山市葡萄协会为例，该协会现有市内会员4668人，葡萄种植面积13000多亩，并辐射全国5个省份，引导建立葡萄生产基地 20 多个，发展葡萄种植 10 万多亩，年产葡萄 2 亿多千克，实现经济效益 4 亿多元，使 10 万多农户走上了致富路。但此类组织目前在全市毕竟还只是凤毛麟角。调查可知，多数社会组织发挥作用较弱甚至形同虚设，如荣成市 40 多个农村经济协会中，真正发挥较好作用的只有十几个，不少协会章程规定的会员利益没有得到有效行使，当会员利益与外界产生矛盾时，协会难以有效地维护会员的利益。乳山市登记注册的 56 个社会团体中，真正可以发挥作用的仅有 15 个，73.3% 的社团组织基本上是空有虚名。

目前全市的行业协会的功能极不完善，有的行业协会既无信息功能，更谈不上协调会员间的集体行动。一些行业协会虽然打着为企业服务的旗号，但在行业规划、行业自律、行业标准制定、行业争端协调和涉外案件调查与公诉等方面工作很不到位，无法满足企业的现实要求。

一些公益性社会服务组织工作缺乏主动性，依赖性强，创新、服务意识不强，承担政府职能的能力以及满足社会需求的能力都较弱。

与全国情况相似，全市社会组织虽也在政府、社会、个人之间起桥梁和纽带作用，但这个桥梁往往是单向的，因为严重依附于政府，因此一些社会组织，如行业协会，往往只是将政府的意图告诉企业，并贯彻政府的各项政策。许多社会组织实际上只是政府的神经末梢，很少能将其所代表的民众或企业的利益诉求通过发表意见、提出建议、协商对话等途径和方式反映到政府中去，进而影响政府决策过程。

另有不少社会组织也只是起联谊作用而已，空有一个协会或联合会的名称，成立后不知如何开展活动，不知如何寻求发展机会，活动空间狭小，有的成立多年还没有达到活动正常化，处于瘫痪或半瘫痪状态。

4. 运作欠规范，社会公信力不强

调查中发现除部分社会组织运行机制规范、有序、效能较高外，不少社会组织在运作上存在问题。

①工作随意性大。被调查的社会组织普遍缺乏工作计划，或是有计划但不切实际或不具体，有关信息档案普遍没有建立或不规范，工作缺乏基本的底数和基础。一些社会组织表面上虽然制定了较为完善的规章制度，但在实际工作中是一纸空文。有的单位登记事项发生变化或解散停办，不按规定办理相关手续。

②财务管理较混乱。许多社会组织没有实际意义上的独立账目，有些是与主管部门（挂靠单位）账务混在一起，有些是作为主管单位的"小金库"才有特殊账目。一些民办非企业单位没有专、兼职会计人员，未设置账簿等

相关会计核算资料或会计资料不全，开支不透明，抽逃注册资金、违规使用资金等现象也有发生。

③信息透明度不高。公开透明是社会组织非营利性特征的必然要求。特别是对于公益性慈善组织及民办非企业单位尤为必要。国外非营利组织的运作无秘密可言，公众可以随时查阅财务信息。全市慈善组织集募捐与救助于一身，左手筹钱右手花，信息公开不及时、不详细，大规模募捐活动多由各单位代为收缴，不向个人捐赠者开具收据或其他凭证。民办非企业单位的受薪人员的工资标准及志愿者的补贴费用都不公开。

④执业诚信度不高。主要涉及民办非企业单位及具有某些行政性职能的协会。一些民非单位打着非营利组织的旗号，从事营利性的活动；账目不透明，财务支出不合理；在成员中分配资金，私分或挪用固定资产；从事宗旨以外的活动；等等。少数民办非企业甚至"违规作业"，打着中介的幌子欺诈顾客、牟取私利，如近年《直播威海》《威海晚报》等媒体曝光的一批婚介所，利用"婚托"，骗取客户钱财。另有少数协会利用自己的专业权威和行政性职能，收取企业或个人的钱财，出具伪证，蒙骗社会，为其私利代言说话，犹如近年国内发生的"牙防组事件"和"欧典地板事件"。

社会组织本应是独立于政府和企业之外的第三种力量，它的生命力来源于公信力。由于一些社会组织功能扭曲、角色变形、透明度不高，加之政府色彩浓厚，社会公信度不高。在问卷调查中，有63%的被调查者表现出对慈善组织不同程度的不信任；52%的被调查者表示对消费者协会的不信任。89%的被调查者认为民办非企业单位与普通企业没有本质区别。

（二）成因分析

威海市社会组织发展较之先发地区存在差距的原因，既有外部因素，也有内部因素；既有社会生态因素，也有自身素质因素；既有观念因素，也有体制机制因素和方式方法因素。归纳起来有以下几方面。

1. 观念因素——社会认识存在偏颇

民间性和志愿性是社会组织的典型特征，民主意识和志愿精神是社会组织产生的主观动因。西方发达国家公民社会发育较早，受民主、自由等理念的影响，他们有着结社的自由和传统。在民主理念和志愿精神的引领下，西方国家的社会组织无论是从数量上、规模上，还是从发育的程度上都比较成熟。而我国有着悠久的封建传统理念，"强政府、弱社会"格局长期存在，国家与社会一向是统治与被统治的关系，民主意识的匮乏导致人们对社会组织缺乏正确而充分的认识。从问卷调查与访谈调查的结果看，在威海市无论是党政干部阶层还是普通民众阶层对社会组织的认识都存在误区，具体表现在以下几点。

①作用认识不到位。社会各阶层对社会组织在促进民主决策、扩大就业、促进社会公益事业发展和为社会提供公共服务方面的积极贡献认识还不足。问卷调查结果显示，43.2%的被调查者认为社会组织对社会和谐稳定的"作用不大"或"没作用"，39.6%的被调查干部认为社会组织"可有可无"。

②防范、限制心理严重。一些党政干部对社会组织过多地考虑社会中介组织的集合特性可能对政府和社会造成的负面影响，甚至认为他们是在向政府夺权、不利于社会稳定等。少数部门由于观念上的不理解，导致办事上设关卡，甚至歧视社会组织。

③信任度不高。对社会组织保护自己权益的要求不迫切，"有事找政府"的观念根深蒂固，社会组织在大多数人心中还没有形成概念。多数公众对其了解不足，因而也缺乏足够的信任。调查数据显示，对全市社会组织的发展现状，表示"非常了解"的占16.2%，"听说过一些"的占36.1%，表示"不了解"的占47.7%。

④参与意识不强。从问卷调查结果看，67.4%的被调查者表示没有参加过协会、学会、研究会等社团组织；对与自己工作、生活、爱好相关的社团组织，20.3%的被调查者表示"没兴趣"参加，34.5%的被调查者表示要看对自己有多大用处再决定是否参加。

2. 制度因素——管理体制不适应

国外社会组织的门槛一般较低，手续较简单。基层社会组织达不到一定的规模则无须登记。

在美国，虽然登记注册较为简单，但也必须得到政府的批准。成立社会组织要先提交一份书面申请，写明机构的名称、性质、运作计划、服务宗旨、组织目标、成员构成等，以说明该机构不为任何私人谋利，然后交州内政司审核认定后，再予以批准，这也是获得税收优惠的必备程序。

德国并未规定所有的社会团体都要进行登记。登记注册主要涉及公益性认定问题。不登记的社团只是不能享受国家的税收优惠，承担的是无限责任。

印度社团登记的条件非常简单，在备齐相关文件并交纳50卢比（相当于人民币10元）的登记费后，即可被接受登记。但登记以后政府对其资产、治理机制、非营利性等方面均有着较为细致的监管。

新加坡社会组织管理的特点是：严格的法制、简便的登记。政府一般不对社团活动进行干预，但是有较为严格的社团活动规范，凡在政府注册的社团都必须在该社团登记的宗旨范围内进行活动，不能从事章程规定以外的任何活动，如有违反，政府必予追究；不能以社团的名义进行任何政治活动，否则政府必然出面干涉。

我国现行社会组织管理的基本特点是：门槛高、限制多、监督弱。从1989 年开始，我国在民间组织管理上逐渐形成了登记管理机关和业务主管单位分别负责的所谓"双重管理"体制，这种管理体制经过多次清理整顿和1998 年相关法规的修订完善而进一步强化，成为目前我国民间组织登记管理的基本体制。在这种体制下，民间组织的登记许可实际上面临双重门槛：在获得登记管理机关的批准之前，首先必须得到业务主管单位的许可。登记管理上的双重许可制度造成社会组织的登记困境和监管困境，具体表现为以下几点。

①政府有关部门因怕担责任而不愿作为业务主管单位，致使许多准备成立的社会组织因找不到业务主管单位而无法成立。

②业务主管单位以监督指导的名义对社会组织内部管理进行全面而直接的干预，削弱了民间组织的自治性。

③监管不到位。登记管理机关将管理重心放在"入口"管理上很容易忽视对民间组织活动过程的监管，业务主管单位也因忙于对社会组织内部管理的干预而无法发挥其应有的市场监管职能，双重负责很容易演变为无人负责，税务部门本应成为监管主体之一，但现实中发挥作用很小，司法部门在监管中处于缺位状态。

④在同一行政区域内已有业务范围相同或者相似的社会团体和民办非企业单位而没有必要成立的将不予批准筹备或登记的政策性规定，人为地赋予某些社会团体或民办非企业单位以垄断地位和特权，损害了社会组织提高效率的积极性和动力。

⑤一些业务主管部门利用监管的便利条件和行政的强制力量，通过行业年检机会"搭车"收取"自动生成"型会员会费，"不交会费就不给年检"，变相为自己牟取私利。

目前国内不少地方正在积极推进政社分开工作。如上海、南京、苏州、无锡等地行业协会改革"三脱钩"工作已经完成，协会做到了领导人自选、经费自筹、决策自主、运行自由、责任自担，提升了自主运作的能力。2009 年 6 月 6 日，大连海参商会作为全市行业协会与行政主管部门脱钩试点单位，成为大连市第一家无业务主管单位行业协会。

3. 措施因素——政府扶持不得当

虽然民间性和自治性是社会组织的本质特征，但在社会组织的发展中并不排斥政府扶持。

从国际经验看，政府的资助包括直接支持和间接支持。直接支持包括直接付给服务机构的赠款和合同，以及服务机构为低收入者进行服务时政府直接支付的服务费用（如医疗费）；间接支持包括免税、扣税以及为托幼、亲属照顾、住房补贴提供的税收优惠（如政府报销接受上述服务的个人自己支付的服务费）、发行免税债券等。

美国政府对慈善组织资助额差不多是私人慈善捐助的两倍；加拿大志愿服务部门的一半资金来源于政府；英国政府通过每年面向慈善公益组织的33亿英镑的公益支出（相当于慈善组织每年"资金总额"的1/3左右）；印度政府每年通过项目采购的方式向慈善组织提供50亿美元的资助。

美国政府通过制定政策和项目，引导、扶植某些社会组织。以"花钱买公共服务"等政策，采取规划项目、制订项目实施计划、确立评估指标体系等方式，引导和扶植政府和社会所需要的社会组织。在评估指标方面，美国政府制定了全国统一的标准，用于评估政府资助社会组织项目的实施质量。获得项目资助的社会组织，首先要按照评估指标的各项要求实施项目；其次要在项目完成后的4~5个月内采用标准格式的文件提交结项报告，以供政府有关部门对项目评估验收。

目前，我国许多地方也在积极探索政府对社会组织的扶持办法。上海已建立了以项目为导向的政府购买服务机制，政府各职能部门将购买社会组织公共服务的资金列入部门年度预算，实行对委托方和承接方的双向评估，做到合作前有资质审查、合作中有跟踪调查、合作后有绩效评估。据不完全统计，上海市政府各部门以及各区县政府每年用于购买社会组织服务的资金从几百万元至数亿元不等。从2007年开始，每年从上年度本级福利彩票公益金中支出总额约7000万元的资金，对上海市慈善基金会等7家社会组织实施福利彩票公益金项目资助。从2008年起在全市社会组织中建立年金制度，作为基本养老的补充。

威海市政府对社会组织的扶持中，力度不够和方式不当的问题同时存在。表现在以下几点。

①权益保护不够。政府及政府部门对有些公益事业、专业性的部分社会职能转移、放权不够，有的捏得太紧，社会组织从业人员的权益保障，包括就业、保险、报酬等未享受同等权益，有的民办非企业单位同公办单位一样

的贡献，而享受的政府支持待遇有时不一样。社会组织作为社会和经济发展的重要力量，没有被纳入参政议政之中，没有被纳入政府统一考评、奖励之中。

②资金、资源支持不够。政府缺少支持扶持资金、缺少扶持优惠和减免税收等政策，有些弱小的公益性、福利性、科研性社会组织经费不足、起步艰难，有的培训学校收不抵支，急需政府的支持。

③扶持方式不科学。到目前为止，威海市政府对社会组织扶持的主要方式，是对少数行业协会或公益慈善组织直接进行财政拨款或补贴，而不是以项目资金为主的经费支持。

4. 内在因素——自律失范、资源匮乏

从国际经验看，社会组织应建立健全法人治理结构，形成权力机构、执行机构、监督机构合理分工、互相制约的内部法人治理机构。建立健全以章程为核心的内部管理制度、会议制度、人事制度、财务管理制度等，使社会团体领域的各项工作有法可依、有章可循。英国的公益组织赢得了相当高的社会信任度，其最基本的保障在于组织治理结构对慈善组织的自律机制。在英国，慈善组织的理事对慈善组织的行为和资产负有完全的责任，包括保障公共资产的延续、组织的恰当管理、组织的非营利性、组织的有效运作、公益目的的实现以及保留组织账户和各项信息等。如果理事被发现因为渎职或故意的原因使得公益资产受到损失，他将对此负有无限连带责任。在美国，自律观念得到社会普遍认同，内部监控作为自律的一种形式为各类慈善组织所采纳。基金会大多由高层的专业人员管理，内部有较完善的制度，特别是资助的申请、拨付及运营费用的预算、核销都有一套严格的程序。

与国内许多地方相似，全市目前社会组织的内部运行机制还不尽合理。由于政府的外部干预和协会自身的制度缺陷，协会未形成企业自主办会、民主办会的运行机制。许多组织民主决策不够，有的理事会、董事会、监事会形同虚设，长期不开会、不活动，甚至一人说了算，缺少"章程"意识、法律意识、法人意识。规章制度不完善，对人、财、物、安全生产的管理不善。"民管、民办、民受益"的办会目标尚难达到。

此外，资金来源单一、人才缺乏也制约了社会组织的发展速度。目前威海市社会组织的发展普遍面临着经费、人才等发展资源困境。据抽样调查，市级社会团体近50%没有固定经费来源，70%以上没有充足的工作经费，近80%没有固定的工作人员。社会团体活动经费主要依靠会费，因社团规模不大、会员数量有限，经费紧张在所难免。社会组织的从业人员大多是退居二线的老干部或社会闲散人员，而且大多是用行政手段调拨而来的；专职工作人员待遇较低，同时由于社会保障机制及相应法律法规不健全，没有给员工提供医疗、养老、失业保险，以及人们对中介组织的偏见，使社会组织从业人员背负着对未来的不安全感。因此，优秀人才很少选择从事社会类的职业。

三 促进威海社会组织健康发展的对策建议

借鉴发达国家和地区社会组织发展的有益成果和国内先进地市的有益探索，今后一段时期内全市应以邓小平理论和"三个代表"重要思想为指导，深入贯彻落实科学发展观，坚持培育发展和管理监督并重，采取多种方式，支持和培育社会组织加快发展，积极发挥社会组织在经济社会生活中的作用；依法对社会组织加强管理和监督，实行分类指导，促进社会组织健康发展。

（一）广泛宣传、统一认识，营造社会组织发展的良好舆论环境

1. 大力宣传社会组织的积极作用

充分利用广播、电视、互联网等新闻媒体，宣传社会组织在经济社会建设中不可或缺的作用，提高民众对社会组织的认识程度和认可程度。首先，要对社会组织的扶持政策和管理措施以及社会组织完善内部管理、诚信自律建设情况进行宣传。其次，要抓典型宣传，以先进社会组织的示范效应提高社会影响，彰显社会价值。

2. 着重提高干部对社会组织的认识

观念是行动的先导，创新思想观念是促进社会组织发展的前提。首先，要教育干部正确看待社会组织的作用。要深刻领会十七大报告关于加强社会组织建设的精神，从贯彻落实科学发展观和构建社会主义和谐社会的高度认识社会组织发展的必然性。要充分认识社会组织的积极作用，消除对社会组织的误解，纠正对社会组织的片面认识，从思想上把社会组织作为继政府部门与企业之后的第三种力量和加强社会建设的重要内容，一视同仁、同等对待。其次，要教育干部辩证地看待社会组织的发展。一方面要看到社会组织在构建和谐社会中确实有着不可替代的作用，社会组织的发展是现代社会发展的一个必然趋势；另一方面也要看到，社会组织的发展成熟需要一个过程，在这个过程中，会出现一些泥沙俱下的现象，会存在一些不规

范的操作。因此，对社会组织的发展既不能放任自流，也不必过度限制和束缚。

（二）转变职能、购买服务，扩大社会组织的发展空间

1. 加大政府职能转移力度

除法律法规另有规定外，政府各职能部门应逐步将行规行约制定、行业准入审核、等级评定、公信证明、行业标准、行业评比、行业领域学术和科技成果评审等行业管理与协调性职能，法律服务、宣传培训、社区事务、公益服务等社会事务管理与服务性职能，业务咨询、行业调研和统计分析、决策论证、资产项目评估等技术服务性职能与市场监督等职能，通过授权、委托及其他适当方式依法转移给社会组织。可选择一些代表性较强、运作较规范的社会组织作为试点，取得经验后逐步推广，稳步推进。对转移给社会组织承担的职能事项，相关部门应对有关社会组织设立为期 3 年的指导期，切实对其加强资质审查、跟踪指导和绩效管理，并及时发现和解决问题。指导期内发现该社会组织不具备承接条件或所转移职能不适宜由该社会组织承担时，政府部门可按程序收回相应职能。

2. 建立政府购买服务制度

政府可将部分公共服务、事务性事项，采取公开招标、项目发包、项目申请、委托管理等方式，以契约为基础履行各自的权利和义务，向社会购买服务，并将所需经费列入年度预算。委托第三方对政府部门项目设立与绩效进行评估，政府职能部门通过政社合作的项目绩效评估和部门绩效评估，形成自我监督、约束、评价的回馈机制，进一步节约行政资源，提高管理效能。为确保改革取得成效，可在社会急需、条件成熟的领域先行试点，取得经验后逐步扩大购买范围。

3. 探索购买服务模式

——行业协会购买服务模式。按照"费随事转"的原则和项目结算的方式，行业协会从事技术服务、人才培训、合作交流、会展等政府委托的其他事项时，由职能部门向行业协会购买服务。

——城市社区购买服务模式。各区选择一个社区作为改革试点，政府制定规划和标准，提供资金和设施资助，指导并监督社区服务工作。社区公共服务项目通过竞标的方式向社会购买，鼓励和支持社会组织参与。

——社会工作购买服务模式。开发不同类型的社会工作专业岗位，积极培育和发展社会工作服务站，由政府直接向服务站购买社会福利、社会救助、

社会慈善、残障康复、优抚安置、社区矫正等专业服务。

（三）确立重点、分类指导，促进社会组织的健康发展

1. 重点培育和扶持三类社会组织

——行业协会。围绕市委市政府提出的高端产业聚集区和蓝色经济区建设目标，重点培育和发展一批高端产业、优势产业、新兴产业的行业协会；围绕统筹城乡发展战略，重点培育和发展一批种植业、养殖业、农业经济合作、农副产品加工类等农村专业经济协会。发挥行业协会在行业自律、利益协调等方面的功能，为全市经济社会发展服务。

——公益慈善类组织。拓宽社会福利事业的资金筹集渠道，积极发展面向社会公众的公益慈善类社会组织，培育和发展一批志愿者组织，建立与政府服务、市场服务相衔接的社会志愿者服务体系。发挥公益慈善类社会组织在扶贫济困、抢险救灾、化解矛盾、公益捐赠等方面的作用。

——基层服务组织。重点培育和发展城乡体育运动、文化娱乐、书画摄影、老年康乐、妇女保健等满足城乡居民不同需求的社区组织。建立结构合理、专业化程度高的社区社会组织体系，形成基层政府、基层自治组织与社会组织密切合作的城乡社区现代治理机制，推进和谐社区建设。

2. 对社会组织进行分类指导

——对社会团体应侧重于自立性的培养。要按照市场化原则改革和发展行业协会，推进行业协会从职能、机构、工作人员、财务等方面与政府部门彻底分开，严格依照法律法规和章程独立自主地开展活动。鼓励、扶持学术性社团发展，通过学术团体等平台建设，激发全社会的创新活力。

——对民办非企业单位应侧重于诚信执业的引导。在积极鼓励社会力量举办民办非企业单位的同时，严格监督管理，制定民办非企业单位的举办者合理回报办法及管理人员薪酬标准，严防滥收费现象和欺诈行为发生。

——对慈善公益性组织应侧重于公信力的打造。积极弘扬慈善文化，创新慈善基金募集和运行机制，积极推行募捐与救助相分离，加强对善款的管理与监督，加大募捐与救助过程的公开力度。

——对基层服务组织应侧重于服务能力的提升。加强指导与培训，促进农村专业经济协会发展，不断提高服务"三农"能力，推动社会主义新农村建设；增强社区社会组织服务功能，提升社区自治水平和社区服务品质，加快推进社会主义和谐社区建设。

（四）制定良策、提供平台，支持社会组织的发展壮大

1. 设立专项资金

将社会组织发展专项资金列入财政预算，对重点培育和扶持的社会组织给予支持。社会组织在成立阶段确有资金困难的，可补助一定的启动资金；在开展活动和提供服务过程中遇到实际困难的，可给予一定的经费补贴；社会组织承办的有利于威海市经济建设和社会发展的项目，可适当给予项目经费支持；设立社会组织奖励资金，对诚信守法、严格自律、贡献突出的社会组织给予表彰奖励。

2. 建立孵化基地

利用政府现有资产，筹建社会组织服务中心，打造社会组织孵化基地，建设专业培训、技术孵化、投资融资、管理咨询等公共服务体系。孵化基地优先满足需要重点扶持的社会组织进驻，采取"政府支持，民间力量兴办、专业团队管理、政府和公众监督、民间公益组织收益"的模式，为初创阶段的公益组织提供场地设备、能力建设、注册协助和小额补贴等资源，扶助这些公益组织逐渐成长。

3. 搭建信息平台

建立全市社会组织网和基础数据库，为社会组织提供信息采集、发布、交流等公共信息平台，提供公共服务产品推介、信息发布、政策咨询、培训交流等服务。同时也为政府部门购买服务、转移职能提供动态对称信息，推进社会组织与政府部门、社会组织与社会各界以及社会组织之间的广泛交流与合作。

4. 扩大政治参与

建立社会组织负责人参加同级相关会议的制度，适当增加社会组织代表人士在党代表、人大代表、政协委员中的比例，或设立"社会组织界别"，鼓励社会组织中的优秀人才积极参政议政。政府在制定政策、进行重大决策过程中，应听取社会组织人士的意见和建议，邀请相关代表参加各种听证会、论证会、咨询会和通报会等，提高其对公共事务的参与度。

5. 保障合法权益

研究制定和落实社会组织人事档案、职称评定、就业培训、入籍立户、社会保障、工资福利等相关政策，解决社会组织及从业人员实际困难，为社会组织吸纳专业人才创造条件。

6. 建立激励机制

加强对社会组织的绩效评估，建立社会组织诚信记录档案。将社会组织公益服务和遵纪守法情况纳入社会诚信管理体系，制定社会组织奖励制度，及时表彰社会组织先进集体和个人。

（五）创新体制、加强监管，推动社会组织的民间化

1. 完善登记管理体制

对社会组织实行分类登记管理，有序敞开"大门"，规范准入"门槛"，为其健康成长开辟广阔空间。逐步实现社会组织无行政级别、无行政事业编制、无政府人员任职，真正发挥社会组织的积极作用。

——推行行业协会脱钩改制试点工作。根据国务院办公厅《关于加快推进行业协会商会改革和发展的若干意见》的指示，参照上海、广东等地的做法，选择一些影响较大、声誉较好的行业协会，如荣成市渔业协会、乳山市葡萄协会等，作为全市行业协会与行政主管部门脱钩的试点单位。政府部门依照自身职能对行业协会的业务活动实施指导和监督。通过脱钩，推进政会分开，理顺行业协会与政府部门的关系，确立行业协会的独立法人地位，充分发挥行业协会的职能作用，推动行业协会按市场经济要求运行。行业协会的登记管理体制改革取得经验后，逐步向其他类型的社会组织扩大。

——创新社区社会组织登记管理模式。采取一级登记（区民政部门）、二级备案（区民政部门、镇或街道办事处）模式。各镇、街道办事处成立镇（街道）公共事务管理协会，在区民政部门注册登记；街道公共事务管理协会根据需要下设各类分会，在区民政部门备案。

——放宽农村专业经济协会的准入条件。对农村专业经济协会实行"五个放宽、三个减少"：放宽对农村专业经济协会资金、会员数量、办公场所、业务主管单位、专职工作人员的准入条件；减少筹备审批环节、减少或免除公告环节、减少或免收登记（备案）费。

2. 建立综合监管机制

逐步由重入口登记向准入和日常管理并重转变，健全以规范行为为重心的相关管理制度，将年检工作与日常监督、绩效管理、信用建设、执法查处结合起来。完善登记管理部门、行业主管部门及相关职能部门之间的信息交流、协同监督、齐抓共管的责任机制，提高监管合力和应急反应能力，逐步建立健全科学、规范、有效的监管体制，为社会组织创造公平、公正的发展环境。

3. 完善信用监管体系

建立信用信息动态情况记录、社会评价、诚信公示和失信惩戒等信用管理制度。民政部门登记管理的社会组织还要建立等级评估制度。将社会组织公益服务和遵纪守法情况纳入社会诚信管理体系。严厉打击中介活动中出具虚假资信证明、虚假会计报表、虚假评估、虚假鉴证、虚假信息等失信和违法行为。

4. 建立信息公开制度

建立科学、规范、高效的社会组织监管信息系统和服务信息网络，定期在部门网站、新闻媒体公布社会组织的年检、执法查处等情况。要求社会组织定期向社会公开其服务程序、业务规程、服务项目、收费标准、公益服务等信息。接受社会捐赠、政府资助或政府向其购买服务的社会组织，还应定期公布资金使用情况、财务审计报告。

5. 创新社会监督机制

建立与信息公开制度、财税扶持政策等相适应的社会监督体系，将群众监督、舆论监督与社会参与、新闻媒体、法律手段等有机结合起来。

（六）完善机制、培养人才，增强社会组织的自我发展活力

1. 完善法人治理结构

建立健全以章程为核心的各项规章制度，健全会员大会或会员代表大会、理事会、监事会制度，推进民主选举、民主决策、民主管理和民主监督，提高组织运作透明度，提高自我约束能力，实行内部民主监督。逐步实现社会组织自愿发起、自选会长、自筹经费、自聘人员、自主会务。

2. 加强诚信建设

以开展诚信与自律建设活动为契机，促进民间组织自律机制的形成，推动民间组织开展形式多样的组织文化建设活动，塑造良好的组织文化，培育组织精神，增强组织成员的集体观念，形成组织成员与组织集体荣辱与共的生存和发展意识，建立相应的约束惩罚机制。

3. 加强负责人的培训

对会长（理事长）、秘书长等高层管理人员定期培训，科学设定培训内容，提高其政策引导、战略管理、风险控制、筹资与资源管理等职业素质和能力，使其成为推动社会组织规范化管理的带头人。

4. 推进工作人员职业化

对社会组织专职工作人员进行职业能力培训和职业道德教育，积极创造

条件，与大专院校等方面开展合作，将短期培训提升为正规化培养，造就职业化队伍，为社会组织的规范发展奠定人才基础。

5. 建立党建工作制度

加强社会组织党建工作，按照属地管理的原则，统一管理全市社会组织党建工作。有 3 名以上党员的社会组织，可独立建立党支部；不足 3 名党员的社会组织，按属地管理原则编入所辖地方党组织参加活动，实现党的组织和工作"两个全覆盖"，增强党对社会组织的影响力，确保社会组织正确的政治方向。

（作者单位：中共威海市委党校　课题组成员：林战平　唐修娟　孙　洁）

自主创新之加快"三区"建设研究

于 霞 柏颜春

2008 年,市委市政府以科学发展、和谐发展、率先发展的恢宏气魄,开启威海"自主创新年",提出建设高层次人才聚集区、产学研结合密集区、科技成果转化汇集区的"三区"建设发展战略。一年来,三区建设进展如何?笔者带着这个问题到有关部门进行了调研,对建设三区的现状、问题进行了一些思考,结论是成绩与差距并存,问题与出路同在。

一 取得的成效

(一)打造高层次人才聚集区

1. 引进高层次人才的数量大幅增加

年内引进全市紧缺急需各类人才首次突破 1 万名,达到 10135 名,较去年增长 23.8%,其中博士研究生 50 名、硕士研究生 402 名、本科生 4528 名,其中留学回国人员 40 名。引进人才数量质量均取得历史性突破。

2. 培养高层次人才的活动全面启动

公共管理人才提质,数千名党政干部接受三大培训。全市近年来档次较高、规模最大的党政领导干部培训工程启动——全市处级干部进修班、中青年干部培训班和镇长(街道办事处主任)培训班,三大培训工程同时推进。全市机关干部接受了 85 个专题的专业培训,受训共 10000 多人次。

企业创新能力提升,人才综合实力不断壮大。全市 22 家重点骨干企业主要负责人和市直有关部门负责人在上海复旦大学接受了为期 7 天的培训;举办全市企业高层管理人员自主创新专题培训班开班,来自全市 86 家企业的

155 名企业高层管理人员听取科技部战略研究专家、省经贸委创新专家、企业研发专家及投资专家所做的专场报告。

农村实用人才增加，科技人员深入田间地头。荣成市西霞口村被农业部确定为"农村实用人才培训基地"（全国第七个、山东省唯一的一个）；通过远程教学网络、专家下基层等活动，涌现出更多掌握现代技术的实用型"新农民"；"专家下基层"系列活动惠及农民，技术指导的内容覆盖蔬菜种植、特色动物养殖、渔业养殖等众多方面，效果显著。

职教机构齐头并进，高技能人才助力"三区"建设。目前，全市职业院校已与三角集团、三星等 200 多家企业开展了联合办学，有效推进了学校教学与企业生产的紧密对接。2008 年，全市新增高技能人才 2240 人。其中，新增技师、高级技师 723 人，高级工 1517 人。

3. 使用高层次人才的环境明显改善

人才政策覆盖面广，人才政策支撑体系已经形成。全市的人才政策，已经涵盖从高层次人才引进、培养、使用和服务的各个环节。突出表现为人才的培养、评价和激励机制，先后出台了《威海市有突出贡献的中青年专家选拔管理暂行办法》《威海市首席技师选拔管理办法》《威海市优秀农村实用人才选拔管理暂行办法》《威海市优秀宣传文化人才选拔管理暂行办法》《威海市优秀创新团队评选表彰暂行办法》等十几项政策规定。这些政策的落实，营造出人才辈出、人尽其才、才尽其用的体制环境，充分调动广大科研人员的积极性、创造性，保证了高层次人才聚集区建设的顺利进行，提升了威海的自主创新能力。

为各行业人才服务威海经济搭建平台。"威海发展论坛"的开办、"威海人才协会"的成立为全市各类优秀人才与党委、政府，社会之间搭起了新的桥梁。人才协会组织开设的经营管理、专业技术、宣传文化、律师、农林水专家、博士等方面的人才沙龙，为各类人才沟通交流提供了平台。

（二）打造产学研结合密集区

1. 产学研结合的自主创新体系日趋完善

以企业为主体，市场为导向，产学研相结合的技术创新体系建设不断推进，2008 年新认定市级以上工程技术研究中心 22 家，总数达到 106 家，其中新认定省级工程技术研究中心 8 家，总数达到 54 家；企业建立市级以上技术中心 103 家，其中国家级 6 家省级 31 家。

2007 年以来，全市企业与高校、科研院所合作成立的研发中心、实验室或检测中心共计46家，其中先进制造领域13家、生物医药领域6家、新材料领域11家、电子信息领域7家、新能源和节能环保5家、海洋高新技术4家。新创建泰祥集团、力久电机2家博士后工作站，全市博士后工作站达到7家。威海拓展公司与山东大学及俄罗斯国家石墨结构材料研究所共同成立了"中俄新材料合作研发中心"，被科技部授予"国际科技合作基地"称号。

这些研发机构、实验室和工作站充分发挥高校院所的智力资源优势，提升了企业的持续创新能力，推动了相关领域关键技术和产业链延展技术的研发与创新。

2. 战略联盟成为推动全市科技创新的基础

2007年以来，全市与山东大学、中国海洋大学、中科院、哈工大、北京化工大学、沈阳药科大学、山东农业大学等7家高校、科研院所建立了产学研战略联盟，开展了高起点、多领域、全方位的科技合作。这些战略联盟弥补了全市高校、科研院所少，创新能力不足的缺陷，推动了知识创新成果在全市的转化。此外，各市区政府、开发区、工业新区管委均与1家以上的高校、科研院所建立了产学研战略联盟。

同时，全市开展了形式多样的产学研对接活动，产学研合作不断深入，效果显著。今年以来，积极参与了"西洽会"、2009年山东省产学研展洽会等多种形式的产学研对接活动。市经济合作局与航天集团第四研究院、西北机器有限公司、中国航空西安飞机工业集团公司等就大飞机制造项目配套等进行了产学研合作对接；市经贸委在全市范围征集企业技术难题和人才需求情况，筛选了20多家企业提报的25个技术难题和135人的人才需求，并通过产学研专项工作网上平台上报。

3. 企业的产学研合作主体地位日益突出

企业的产学研合作意识明显提高。许多企业开始主动联系高校、科研院所共同转化科技成果或攻关技术难题，产学研合作变成企业的自觉行为。企业与高校、科研院所合作层次和水平不断得以提升。许多企业不仅仅局限于个别项目的合作，而且把产学研合作作为战略发展的重要推动力。在全市企业与高校、科研院所签订的协议中，就有20多家企业与有关高校、科研院所建立了长期科技合作关系，把高校、科研院所的智力资源变成了企业的创新资源。威高集团就先后与中科院、沈阳药科大学等十余家高校院所建立长期科技合作关系，聘请了9名相关专业的院士作为企业顾问，每年用于产学研合作的经费达6000万元。

（三）打造科技成果转化汇集区

1. 科技产出成果丰硕，成绩斐然

2008 年全年共取得重要科学技术成果 139 项，增长 31%。其中，达到国际领先水平 3 项、国际先进水平 25 项、国内领先水平 105 项。获得市级以上科技奖励 97 项，其中，省级奖励 12 项。首次取得了国家科技进步一等奖，实现了历史性突破。

知识产权工作取得明显进展。全年共受理专利申请量 2924 件，增长 52.8%，其中，发明专利申请量 800 件，增长 149.2%。专利授权 1079 件，下降 8.6%，专利实施量 1182 件，增长 5.7%。

2. 协议项目的带动作用显现

2007 年以来，全市与产学研战略联盟签订的协议及科技部门掌握的与其他高校、科研院所签订的协议共计 204 项，其中，企业签订的合作协议 181 项，政府（部门）签订合作协议 23 项。目前，有 199 项协议项目已经完成或正在积极开展合作，占项目总数的 97.5%，协议项目的成效已初步显现。

这些项目的经济效益突出，有望带动企业和产业的快速发展。目前这些项目已实现产值 3.83 亿元，利税 5147 万元，全部投产后，预计年可实现产值 61 亿元，利税 1.18 亿元，其中，产值可过千万的项目有 40 个，可过亿元的项目有 16 个。这些项目的科技含量较高，有望带动产业结构调整和传统产业优化升级。50 多个属于国家 863、国家支撑、国家火炬以及省、市级各类科技计划或科技成果转化项目，一大批项目达到国内领先以上水平。通过实施协议项目，企业拓宽高新技术产业和产品领域，运用高新技术、适用技术改造提升了传统产业，实现了可持续发展。

2008 年，全市规模以上工业实现高新技术产业产值 1434.18 亿元，比上年增长 33.8%，占规模以上工业总产值比重达到 31.9%，比年初提高 1.85 个百分点。高新技术产品出口额 18.9 亿美元，增长 10.4%，占出口总额的 25.4%。

2008 年威海市成功入选"中国城市综合创新力 50 强"，并荣膺"2007 中国最具创新动力城市"30 强。这是 2006 年中央提出建设创新型国家战略以来，首次对全国最具创新力城市进行的综合评价。评价指标涵盖创新环境、创新动力、创新绩效等内容，涉及城市创新的各个层面。这些都表示威海市自主创新取得了骄人成绩。

二　存在的问题

成绩固然可喜，但只有不断地寻找自身的差距和不足，我们才能取得新的进步。疏理威海市三区建设中存在的问题和不足之处，我们认为，主要有以下几点。

（一）人才队伍建设方面

尽管全市人才队伍建设取得了比较大的成绩，但是与建设高层次人才聚集区，提升威海的自主创新能力的要求相比，还存在较大的差距，主要表现在以下三个方面。

1. 人才总量不足，高层次人才匮乏

全市目前人才总量 29.35 万人，每 10 万人口中具有专科以上学历的人员 4645 人。虽然近几年来全市在高层次人才引进上取得较好的进展，数量和质量都有历史性突破，但一个不容回避的现实是，与北京、上海等发达城市或是省内的青岛、烟台等城市相比，威海市高端人才总量仍不足，高层次创新领军人才尤其缺乏。目前全市博士、硕士不足 3000 人，用人单位急需的职业化经营管理人才、领军型研发人才、复合型涉外人才、高素质技能型人才仍然短缺。

2. 人才分布不均，结构不合理的现象比较突出

从全市人才队伍分布来看，党政机关和事业单位中各类人才比例明显较高，基层和企业特别是农村人才比例明显偏低；高层次人才主要集中在驻威高校和机关事业单位，企业高层次人才数量少，科研创新能力相对薄弱。全市现有博士 255 名，主要集中在山大（威海）和哈工大（威海）两所高校。以 2008 年为例，引进的 50 名博士 70% ~ 80% 集中在山大（威海）和哈工大（威海）两所高校。从性别结构上看，男多女少；从年龄结构看，青年人才偏少，人才队伍的基础设施薄弱；基础研究比较多，应用型、管理型人才较少。

3. 人才非正常流动频繁，浪费现象比较突出

随着人才市场机制的不断健全和国际国内一体化进程的加快，人才流动频率明显提高。据了解，全市部分骨干企业近年来人才非正常流动的比例达到 20%，在很大程度上影响了人才队伍的稳定性和人才的创造力。部分用人单位存在"引得进"却"用不了""用不好"的问题，优秀人才或者不能配置到合适的岗位上，或者在岗位上不能充分发挥作用，人才浪费现象较为突出。2008 年下半年，市委党校在全市组织开展了一次"威海市人才环境满意度追踪调查"，有 33% 的被调查者认为目前全市人才浪费现象"特别严重"

或"比较严重",而认为不严重的只有 16.6%。

全市高层次人才聚集区建设存在问题,我们认为主要有以下几个方面的原因。

第一,人才容量有限,区域竞争力有待增强。威海市在人才资源开发方面,优势与劣势并存。优势在于,自然环境优越、开放程度较高、经济活力较强、社会风气较好,在这些方面对人才的吸引力较大。劣势在于人才宏观环境也面临诸多不利因素。从区位看,地处山东半岛一隅,城市规模不大,青岛、烟台等周边城市对威海市人才的"虹吸"作用明显。从企业规模层次看,威海市能够吸引集聚大量高层次人才的大型企业和高新技术企业偏少,中小企业和劳动密集型加工企业较多,经济增长对人才需求的拉动力相对不强。从人才薪酬待遇看,威海市总体薪酬水平偏低,据山东省统计局公布,2008 年全市在岗职工人均收入(24123 元),不仅与青岛(30235 元)、烟台(28718 元)等周边城市差距较大,甚至低于全省(26407 元)和全国职工平均工资(29229 元),较低的薪酬待遇对各类人才缺乏吸引力。在"威海市人才环境满意度追踪调查"中,39.3% 的被调查者将收入问题列为压力的主要来源。从人文社会环境看,威海市城市功能设施还不够完善,特别是科研、文化设施不发达,学术氛围不够浓厚,高层次人才在市内自主选择、自由流动的空间较小,人才发展环境不够理想,高层次人才"集聚效应"难以发挥。在"威海市人才环境满意度追踪调查"中,"改善科技文化环境"被列为"迫切希望改善的环境"的第一位。

第二,人才投入不足,政策落实的力度不够。这几年,政府重视加大对人才工作的投入,市级财政每年设立 500 万人才开发专项资金,今年又设立了 1000 万元高校毕业生就业专项资金,应该说投入力度在不断加大,但与发达地区相比仍有不小差距。全市不少企业也存在科研投入不足的问题,像威高集团那样专门成立研发中心和培训机构的企业寥寥无几。与此同时,虽然市政府这几年在人才队伍建设方面出台了一大批优惠政策,但有的市区、有些单位在执行人才政策过程中,存在贯彻落实不到位的问题,如有的不按规定及时发放安家补贴与生活津贴、有的不按规定兑现员工应得的科研经费和奖励、有的不按规定解决子女入学入托等生活问题,这些做法在一定程度上降低了政策的公信力,挫伤了人才的认同感。

第三,人才使用观念滞后,机制有待完善。当前全市人才队伍建设不同程度地存在政府与企业"热""冷"互现的尴尬局面。作为人才的主要载体,威海市有些企业还存在管理制度不够完善的问题,特别是在人才资源开发方面仍存在不少误区，例如，有的企业管理体制仍停留在家族式、粗放型的较低层次，在用人上搞任人唯亲；有的企业管理者在人才使用上急功近利，在人才引进和培养上舍不得投入；有的企业缺乏长远的人才规划，在人才引进和使用方面随意性较大；有的企业人才机制不够合理，仍然存在"重生产、轻开发"和"重管理、轻技术"的倾向，人才激励机制功能紊乱，在"威海市人才环境满意度追踪调查"中，仅有35.6%的被调查者认为本单位人才激励和保障机制合理；有的企业管理者把当前比较严峻的就业形势当作"压价"的大好时机，随意压低人才使用成本，结果导致真正优秀的人才引不来、留不住。

（二）产学研结合与成果转化方面

1. 企业创新整体实力不强，产学研联盟水平有待提升

与周边城市青岛和烟台相比，威海市大型企业少，没有大型产业集群，能够承接国家级重大项目的企业数量少，在一定程度上影响了合作的层次。威海市的企业技术中心等科研机构总体数量不多，行业带动作用不太明显。此外，威海市不是高校、科研院所密集区，没有省级以上的科研机构，产学研合作受到一定限制。

威海市虽拥有威高、三星等一批拥有自主知识产权的企业，但总体上看，大部分企业缺少拥有核心竞争力、抵御风险能力强的核心产品和技术。威海市作为沿海开放城市，工业占全市经济总量57%的份额，但传统产业仍占较大比重，骨干企业不多，2008年全市拥有大中型企业285家，占规模以上工业的14.2%，总体上产品的市场竞争力不强。特别是金融危机以来，没有核心技术的短处表现得更加明显。在金融危机不断加深，全球经济增长放缓和我国整体经济出现回落的大环境下，全市规模以上工业增加值、出口等主要经济指标明显回落，增长幅度在全省的位次出现不同程度的下降，尤其是部分企业订单减少，销售下降，营业收入相应减少，这在很大程度上源于企业自主创新能力不强，技术储备能力不强，抗风险能力弱。

2. 产学研投入增长较快，但仍处于较低水平

从科技活动汇总数据看，2008年威海市规模以上工业企业科技活动经费筹集总额为38.56亿元，比上年增长29.57%，其中内部支出34.8亿元，比上年增长16.12%；R&D经费26.15亿元，比上年增长了25.36%；科技活动经费筹集中政府资金1.8亿元，占4.67%；企业资金33.09亿元，占85.81%；金融机构贷款等其他渠道筹集资金3.09亿元，占8.01%。全市已

初步形成"以政府资金为引导，以企业资金为主体，多种筹资渠道并存"的科技活动经费筹集体系，为科技创新活动提供了有力的资金保障。

但是从 R&D 经费投入强度来看，2008 年全市实现地区生产总值（GDP）1780.35 亿元，R&D 经费 26.15 亿元，占比 1.47%，仍低于 2007 年全国 R&D 经费占比 1.49% 的水平。与威海市制定的《自主创新规划（2008－2012）》中"全社会 R&D 经费占 GDP 的比重达到 2%"的目标还有较大差距。根据对一个国家经济发展阶段（发展中、工业化和发达）与 R&D/GDP 对应关系的曲线分析来看，R&D/GDP 达到 1.5% 大致意味着该国将站在工业化大门的门口。与全市当前经济发展水平相比，R&D 投入偏低。

受国际金融危机影响，企业普遍存在经营业绩下滑、资金紧张、投融资能力不足的问题，影响了企业在产学研方面的投入。虽然政府加大了产学研投入力度，但与产学研的高投入、高风险相比，政府投入只是杯水车薪。高校、科研院所产学研合作机制不健全，组织专家、教授来考察、洽谈的前期费用，大部分由地方政府部门承担，导致产学研合作经费紧张。

多元化科技投入体系还不够健全。虽然全市政府资金对科技投入呈增长态势，但受财力限制，财政资金支持科技发展的力度明显不足，金融机构对企业科技创新扶持力度也有待加大。

3. 企业自主创新意识有待提高

由于科技投入的回报期比较长，并存在不确定性，所以大部分企业特别是小型企业对科技投入的积极性不高。2008 年规模以上工业企业中，开展技术创新活动的企业仅占 7.87%，92.13% 的工业企业没有科技开发投入，这容易导致其在面对未来新一轮抢抓机遇的竞争中处于劣势。

产学研合作是自主创新的重要方式，但往往不能立竿见影和一蹴而就，而且存在风险，因此许多企业领导缺乏长期投入、风险投资意识。

三 对策建议

（一）人才队伍建设

1. 要在更高站位上认识和使用人才

这次全球金融危机带来的影响中，有一种现象值得关注，即有高科技、高技术含量产品的企业，抗风险能力强。而全市拥有高科技、高技术含量产品的企业，都有一批埋头研发、精心生产的高素质人才。因此，打造高层次人才的聚集区不仅对推动威海的创新发展具有重要作用，同时对企业应对金融危机具有现实意义。

从世界经济发展趋势看，当前各种生产要素的国际流动速度、广度和规模都在逐渐增大，全球新一轮的生产要素优化重组和产业转移，为我国经济发展、产业结构优化升级提供了战略机遇。我们要想在竞争中立于不败之地，就必须占领人才高地，进一步拓宽人才资源开发的途径，尤其是在建设半岛城市群和区域经济一体化的背景下，人才资源开发一体化工作势在必行。

从威海产业发展的角度看，随着资源瓶颈制约日益凸显，环境容量日趋紧张，威海需要加快传统产业的改造升级、加快发展高新技术产业、引导现有产业向价值链高端延伸，做大产业集群。这一切都有赖于更加重视人才、培养人才、用好人才，发挥人才在抢占发展制高点中的作用。要站在全市的人才资源配置、人才需求状况的层面，制定引进人才、使用人才的政策和机制，避免人才浪费、优化人才结构。

2. 加大高层次人才的引进、培养力度

人才作为一种战略资源引进培养使用既要发挥政府的引导作用，更要发挥市场的配置功能。同时把有限的财力放在解决急需人才、重点引进关键岗位的关键人才上。

抓住当前有利时机。改革开放以后，我国有大批留学人员学成后留在海外工作，许多人活跃在国际科技前沿和产业发展高端，有回国工作或为国服务的愿望，加之全球金融危机影响，海外高层次人才趋向回国的人数增多；此外，外地一些不景气的企业或者倒闭企业释放出大量高层次人才，因此我们要抓住有利时机，采取有效措施，强化人才政策创新，着力加强以领军人才为代表的人才队伍建设，为建设高端产业聚集区、蓝色经济区打造一支适合威海发展、数量多、高素质复合型的人才队伍。

探索人才引进新途径。按照"不求所有、不求所在、但求所用"的原则，建立柔性人才引进机制；加强与国内外知名猎头公司的联系与合作，邀请猎头公司为全市在全球网络、挖掘和引进人才；加强与海外留学生组织地联系与沟通，搭建更加畅通的海外高层次人才的信息平台。邀请国内知名高校的人事处长作为全市人才工作的特聘专员负责创新创业人才、创新成果、收集和推介，畅通高校创新人才和创新成果与全市发展的联系。

借鉴先进城市和先进企业的经验。在高层次人才引进方面，要借鉴先进城市和先进企业的和模式，坚持因地制宜、重点突出，尽快建起紧缺人才、创新创业人才、科技领军型人才三个层次的引才政策扶持体系。

以项目为载体，加强人才培养。我们经常提的"项目招商""产业招商"在人才引进中同样适用。围绕全市的支柱产业、优势产业、重点培植壮大的新兴产业和重要基础设施项目建设等引进和使用好各类人才，这样不仅更好地发挥人才在抢占制高点中的独特作用，还可以使引进的人才有用武之地。

统筹兼顾，抓好各类人才队伍建设。在培养引进高层次人才上，我们要不断提高培养能力，并充分发挥山大（威海）、哈工大（威海）、党校、职业技术学院为地方培养输送高层次人才的作用。要进一步抓好企业经营管理人才队伍建设；抓好高技能人才队伍建设；抓好农村实用人才队伍建设；抓好社会发展重点领域人才队伍建设。

3. 完善人才使用机制，推动高层次人才集聚威海

引进人才，培养人才贵在使用。当各方人才集聚威海的时候，我们必须坚持用事业凝聚人才、用实践造就人才、用机制激励人才、用法制保障人才，努力形成才为我所用、人尽其才的良好局面。

合理配置人才资源。一要建立动态管理的选拔使用机制，坚持公平、竞争、择优的原则，择长而用，择优而用，不断优化人岗组合，使人才始终处于最佳创新状态，发挥其最大效能。二要完善用人单位和人才的"双向选择"机制。推进人才契约化管理，实现人才由"单位人"向"社会人"的转变，促进人才在区域、产业和不同所有制之间合理分布，调整优化人才布局。三要建立以能力和业绩为导向的人才评价机制。四要加快人才和劳动力市场体系建设，疏通流动渠道，消除人才流动中的各种限制，实现人才资源社会化和人才资源共享。

落实和完善人才政策。对已经出台的有关政策，组织、人事、财政、科技、劳动等部门要逐条对照检查，确保落到实处。根据人才工作实践发展，进一步完善人才培养、引进、使用方面的优惠政策，努力为创新型人才脱颖而出、发挥才干创造良好的外部条件。

完善人才薪酬分配形式。要积极探索按生产要素分配的实现形式和具体办法，鼓励企业对有特殊贡献的人才奖励红股或股份期权，以知识资本入股，按知识资本分红，实施股权制、期权制等新型分配形式，使技术、科研成果等参与分配，将人才个人利益和企业长远利益紧密结合。要牢固树立谋人才就是谋发展的意识，坚持不求所有、不求所在、但求所用，舍得投入、舍得让股、舍得让利，让人才与企业紧相连、同甘苦、共发展。

（二）产学研结合与成果转化方面

1. 加大对中小企业创新规律把握，大力促进科技型中小企业发展

相对而言，威海市缺乏大型骨干企业，中小企业偏多，这是威海市现阶

段经济的特点。我们必须从这个实际出发，深入研究中小企业创新规律，扬长补短，实现威海市自主创新的广泛参与和迅速发展。

与大企业相比，中小企业在创新方面既有劣势，也有自己独有的优势。一般而言，中小企业技术创新的体制比较灵活。与大企业相比，中小企业的组织结构安排相对灵活且有弹性。企业上下级关系比较融洽，住址环境比较宽松自由，有利于创新思想的培育，在创新效率和创新时间上明显优于大企业。

在美国，中小企业人均创新约为大企业的两倍。美国学者盖尔曼曾经对美国本土市场的635项创新项目进行研究，发现相对其雇佣人数而言，中小企业创新数量高于大企业2.5倍，将创新引入市场的速度比大企业快27%。在引入风险投资基金后，大量高新技术项目更是以中小企业的形式出现，使其在创新速度与效率上进一步超过大企业。尽管中小企业在信息收集与传递、技术研究与开发、资金筹措与周转以及抗风险能力方面都不如大企业，但由于它具有灵活性、专业化以及面临较大竞争压力等特点，在技术创新方面又具有独特的优势，即组织机构安排灵活而富有弹性，在竞争压力下易于接受创新，在创新效率和创新时间上明显优于大企业。一旦中小企业的创新机制被激活，其所激发出的创新动力与活跃程度是大企业无法比拟的。

再者，中小企业技术创新的转换成本小。技术创新的转换成本是指由一种技术（产品或工艺）转换为另一种技术（产品或工艺）的损失和需要支付的费用。中小企业的资产专用性小，替代差距小，从而具有转换成本小的优势，加之由于中小企业的技术、资金实力往往有限，如果单纯依靠自身的知识积累，研究开发力量，要想获得竞争优势几乎是非常难的。因此中小企业会主动加强与外部尤其是高等院校以及科研单位的合作，这有利于中小企业利用技术跳跃进行创新进入新的产业，挖掘新的利润点。

制约中小企业技术创新的因素主要有以下三个。

一是中小企业技术创新人才短缺。由于知识参与分配难以落实以及缺乏必要的社会保障机制，中小企业对人才的吸引力远不如大企业，现有科技人员流失也比较严重，导致中小企业技术开发能力薄弱，创新活力、实力与潜力不足。

二是中小企业技术创新的发展机制有待加强。从国内外的中小企业发展过程看，中小企业的健康生存和可持续发展，在一定程度上依赖良好的不断推出创新产品的内部环境。除少数高新技术企业外，大多数中小企业是依靠资源优势和原始资本积累以及采取技术引进和技术模仿方式发展起来的，自主创新能力还不强,对外部技术依赖性过大,缺乏稳定的技术源,而且很多都是依赖于同一个"技术源",靠单一产品起家,而后便不再有其他产品推出,很难在技术上形成自己的专业特色,从而为技术创新带来一定的难度。

三是中小企业往往技术创新资金来源不足。技术创新作为使科技成果进入生产过程,转化为现实生产力和物质产品的一种技术经济活动,必须有作为这种活动的直接基础和直接构成要素的资金投入,资金投入是技术创新活动得以进行的最基本的先决条件。中小企业一般自有创业较少,经营风险大,适用程度较差,一旦技术开发失败则少有回旋的余地。而作为发展中国家,我国中小企业主要的融资渠道还没有建立或完善起来,中小企业市场融资非常困难,融资成本比大企业高,因此中小企业技术创新容易碰到资本实力短缺的瓶颈制约。此外,中小企业从政府获得的技术创新活动资金也极为有限,致使中小企业普遍存在资金不足现象,成为制约技术创新的突出问题。

因此,对威海市而言,一是要对现有科技成长型企业进行认真摸底调查,符合国家要求的,帮助列为国家和省专项,或列入市级重点进行帮扶。二是查找制约全市科技成长型企业发展的主要因素,有针对性地形成技术战略合作,通过产学研等途径加快解决技术瓶颈。在这方面威海市已有所作为,如在国家科技部下达的 2009 年第一批国家科技型中小企业创新基金项目中,威海市获得立项 4 个、获补助资金 240 万元。十年来,威海市先后获得国家级创新基金支持的项目累计达到 76 个,项目数和资金数均居全省前列。我们认为,这方面还应着力加强。

2. 继续推进产学研战略联盟,提升产学研合作水平

(1)引导企业加强技术中心平台建设,加大创建力度

引导企业加强技术中心平台建设,把技术中心作为提升产学研合作,加强自主创新能力的"起跳板",加大创建力度;鼓励企业走出去、引进来,通过采取委托开发、技术入股等方式解决技术难题、人才需求等问题,切实提高企业技术创新能力。

提升产学研合作水平,做好院士工作站推荐申报工作。为充分发挥山东省与中国科学院、中国工程院全面合作的优势,加强院地合作,搭建高层次创新平台,省科技厅决定启动实施山东省院士工作站建设工程。市科技局在广泛摸底和调查的基础上,筛选了威高、光威、海王等 7 家企业推荐创建院士工作站工程,如能成功,将带动威海市创建一批高水平科技成果转化基地。

以竞争促发展,引导和鼓励企业加大科技投入。在发达国家,企业要具备较强的市场竞争实力,科技研发投入强度应该在 5% 以上,而威海市企业离

这个标准还相距甚远。企业自主创新意识不强，有的企业没有市场激烈竞争的危机感和预见性，满足于现状，甚至习惯于传统生产方式和发展模式，依赖于地方保护政策，缺乏通过技术创新手段让企业做大做强的意识。为此，要从制度和政策上激励企业革新改制，依靠科技提高技术实力，在激烈的市场竞争中加快威海经济发展。

（2）多方努力，提升企业技术创新能力

在技术迅速变化的年代，创新的节奏加快、产品寿命周期缩短，一个公司能否成功主要是看其是否有迅速开发及将成功的创新推广的能力。研究开发能力和生产能力、营销能力因此成为技术创新能力的关键因素。

企业只有通过研究开发，才可能吸收先进的科学技术成果，才可能把科学技术知识物化为新的产品和设备，才可能形成或创造出新的生产工艺和方法。一直以来，日本企业的优势就集中表现在技术的商业化开发方面。

研究开发能力的表现是多方面的，具体的有技术选择能力、解决技术问题的能力、创造能力、模仿能力、研究开发组织能力等。但是，从当前来看，技术选择能力越来越重要。因为，当前，全球在时间上的竞争日趋复杂。成功的产品创新向那些仍然只是依靠内部技术开发的公司提出了严酷的挑战。技术和市场变化这么快，产品寿命周期缩短，研究开发项目越加耗时耗资，以致仅关注内部关键技术开发已不再能产生竞争优势。今天，没有哪个公司能够沿用 20 世纪 70 年代和 80 年代初期 IBM 公司及 AT&T 公司的方式去研究每一个相关的学科。竞争的规则已经改变，现在，优势往往属于最善于在大量的技术中进行选择的企业，而非开发这些技术的企业。真正的挑战是确定从可得到的各种技术中做出什么选择，以便能找到顺利进行开发并连贯运行的解决方案。

全市企业规模普遍偏小，在这种情况下，技术选择能力尤为重要，要鼓励企业多采用柔性技术（指能快速适应企业内外部环境变化，取得良好的技术经济效果的技术，柔性技术给企业提供了对所面临的内外部环境变化的应变能力）。其中的关键是企业领导者的决策能力，在这方面还需要各方一起努力，还有很多工作可做。

（3）充分发挥科研院所和高校的科技优势，鼓励和引导产学研协同攻关，加快科技成果产业化步伐

高校、科研院所拥有相对雄厚的科技攻关实力，而企业缺少的就是科技攻关实力。要认真做好产学研结合的文章，配置好科技资源。要积极推进和探索产学研合作体制机制创新，建立合作各方紧密联系的利益共同体，鼓励

企业和大学、科研院所通过共建实验室、工程技术研究中心、高新技术经济实体等，建立起企业与大学、研究院所互动开发的新机制，最大限度地实现优势互补，配置好科技资源，缩短科技成果产业化的进程，提高科技成果转化率，为威海经济的率先发展提供强有力的科技支撑。

3. 把握资金投入产出规律，最大限度提高科技创新资金的募集和使用效率

全市自主创新资金虽连年高速增长，但要达到领先水平还有一段时间，当前，应着力提升现有资金的募集和使用效率。

(1) 利用不同资金投入主体的偏重，提升资金募集总量

《2008年全国科技成果统计年度报告》显示，不同的资金投入主体，其资金投向各有偏重。

国家投入偏重生物、医药和医疗器械，新能源与高效节能领域；

部门投入偏重环境保护，地球、空间与海洋领域；

地方投入偏重软件，生物、医药和医疗器械领域；

省级投入偏重软件，地球、空间与海洋领域；

基金投入偏重新能源与高效节能，光机电一体化，电子信息领域；

自有资金投入偏重生物、医药和医疗器械，电子信息领域；

银行贷款偏重新能源与高效节能领域；

国外资金主要集中在新能源与高效节能，生物、医药和医疗器械领域。

针对这种投入偏重，威海市应有意识地投其所好，加强沟通联系、项目推荐申报中的针对性，提高科技创新资金的募集总量。

(2) 引导科技投入向成果产出高的领域倾斜，提高资金使用效率

《2008年全国科技成果统计年度报告》显示，对比2008年科技投入与成果产出在高新技术领域的分布比例，可以看出各领域科技投入与成果产出存在明显差距。

创新资金投入集中于生物、医药和医疗器械，电子信息，新能源与高效节能，新材料，软件等领域；而成果产出比例较高的领域依次为生物、医药和医疗器械，农业，光机电一体化，新材料等。

其中，资金投入比例明显高于成果产出比例的领域有新能源与高效节能，软件，电子信息等，这三个领域资金投入比例比成果产出比例分别高出7.69个、6.1个、5.36个百分点。

成果产出比例明显高于资金投入比例的领域有农业，光机电一体化，航空航天，地球、空间与海洋等，这四个领域成果比例比资金投入比例分别高出8.79个、5.51个、3.78个、3.12个百分点。

资金投入比例与成果产出比例基本持平的领域有生物、医药和医疗器械，新材料，环境保护，核应用技术等。

对比威海市《2008－2012年自主创新规划》中实施的重点创新专项，威海市应将重点更加集中于专项二（先进制造技术专项）、专项六（海洋科学技术专项）、专项七（现代农业技术专项）和小项中的高性能电子元器件这些成果产出比例相对较高的行业和资金投入比例与成果产出比例基本持平的领域：生物、医药和医疗器械、新材料技术领域，以此提高全市有限科技创新资金的产出效率。

（3）把握科技成果转化投入规律，优化创新资金配置

科技成果转化一直是国际性的命题，只不过国外多用"科技与经济一体化"的提法。国外一般将科技成果转化为现实生产力分为三个阶段：新构思、新技术原理等可行性创新思想的产生，到研究制造出样品；从样品到产品，完成工程化设计、工艺设计，通过中试环节达到技术成熟；从产品到商品开发过程以及相关技术培训。将这一过程比喻为由一系列连续阶段组成的管道（pipeline）。在市场需求的推动下，从一个阶段向另一个阶段的转化需要的投资越来越大。国外的一些学者经过研究论证，提出了这三个阶段之间的资金投入的最佳比例为1:10:100。第一阶段与第二阶段的投入比大于1:10，则会影响科技成果的转化；小于1:10，则会使科技发展后劲不足，导致科技发展的不协调。威海市有必要对科技创新资金的分配使用进行精细化研究，总结适合全市情况的资金投入优化规律。

近几年，全市上下高度重视自主创新工作，大力实施"科教兴威"战略。市委、市政府先后出台《中长期科学技术发展规划纲要》《科学技术奖励办法》《关于增强创新能力建设创新型城市的决定》《关于全面推动产学研合作创新工作的若干意见》《科技创新公共服务平台管理办法》《关于加快"三区"建设提高自主创新能力的实施意见》等一系列文件，建立了党政领导科技进步目标考核制度，自主创新的政策环境不断优化，自主创新成绩斐然。以科技局、人事局等为代表的政府各部门和企业、科研机构等在自主创新方面都做了大量工作，许多做法非常有效，理应长期坚持，在此不再赘述。本课题所提对策建议仅限于拾遗补阙，以就教于方家。

（作者单位：中共威海市委党校）

当前影响威海市农村社会稳定的突出问题

林吉爽

当前，威海市农村社会经济发展进入新的时期，随着转型过程中的利益关系调整，一些深层次的矛盾和问题开始显现，农村社会稳定面临着严峻的挑战。全市 260 万人口，有一半以上生活在农村，没有农村的稳定，就没有整个社会的稳定，因此，如何保持全市农村社会稳定，是当前我们必须认真研究的事关全局的重大问题。

一 当前威海市农村社会稳定工作面临的形势

经过 30 多年的快速发展，全市农村社会总体上是稳定的。但是，随着改革的深入、利益格局的调整，一些长期积累的深层次矛盾相继显现，各种利益冲突不断加剧，不稳定因素继续增多，全市农村社会稳定工作面临着前所未有的严峻形势。

（一）农村社会纠纷变化出现新特点

随着全市农村改革不断向纵深发展，各种矛盾出现了许多新的问题和新的变化，涉及群众利益的一些矛盾日益突出，由此引发的各种纠纷也逐步增多，社会纠纷出现了新的特点。

一是纠纷类型进一步扩展。由传统的以邻里关系、家庭纠纷为主的人际冲突向土地征用、承包合同、经济合同等经济冲突扩展。

二是纠纷涉及面进一步复杂。由原来的村民之间，逐步扩大到村民与村干部之间、村民与基层政府之间、村民与政府部门。

三是纠纷时间跨度进一步拉长。全市农村一些旧有的问题纠纷没有得到及时处理，导致现有的矛盾很大一部分是历史遗留问题，时间相隔久远，处理难度很大。

四是纠纷群体性因素进一步增大。纠纷的起因多与农村群众的生产生活密切相关，因而涉及人员往往较多，引发群体性事件的因素增大。

五是纠纷的城乡交织性特征进一步显现。城乡一体化进程的加快，使威海市的农村问题与城市变革紧密地联系在一起。现在威海市一些农村纠纷问题，很多都可以在城市中找到源头。

（二）农村社会结构变革引发新矛盾

31 年的改革开放，威海市农村在生产方式、生活手段、利益分配上都出现了广泛而深刻的变化。在生产方式上，从集体合作到联产承包，从农业劳动的以人力为主到机械化的普遍采用，农村生产与再生产在嬗变中完成了其自身的重生；在生活手段上，从完全依靠种植业到多种经营、从重土轻迁到进城务工成为一种潮流，农民的生活手段在激烈的变革烈焰中得到涅槃；在利益分配上，从农村支持城市到城市反哺农村，从索取农民到各种惠农补贴的落实，利益分配的天平历史上第一次开始向农村倾斜。而这一切，都对原有的价值观念产生了颠覆性的冲击，不可避免地生成新的矛盾。

首先，在农民的心理需求上，马斯洛的需求层次理论在威海市农村得到了很好的诠释。在基本生理需求得到满足后，安全需求、社交需求、尊重需求和自我实现需求接踵而来。现在农村群众对社会治安的要求、对基层选举的热衷，都对我们的传统思维提出了挑战，而客观地讲，在这些方面，我们的准备还很不充分，经验还很不足，因而出现问题是必然的。

其次，在对基层干部的要求上，群众要求的不仅是廉洁奉公的干部，更重要的是能带领群众致富的干部，因而对基层干部特别是村干部的要求更趋严格，对干部作风的诉求更为直接。

再次，旧有道德体系受到了严峻挑战，道德控制能力的削弱给已经缺失行政控制资源的农村社会增添了更大的变数：一是在对待财富的态度上，人们的趋利性心理得到强化，在致富途径上，一些人容易受到不良行为的诱导，抛弃道德和人格，不择手段地攫取财富；二是农村原有的社会人际制度受到前所未有的挑战，代际的道德冲突趋于激烈，人员的快速流动使本土力量权威受到外来势力的挑战；三是人际冲突加剧，农村民转刑案件数量逐年上升。

（三） 农村群众上访案件呈现新趋势

全市农村信访案件总体上比较平稳，但农村群众信访上行趋势明显，越级上访、集体上访事件时有发生。一旦产生利益矛盾，部分上访群众往往抱着"小闹小解决、大闹大解决、不闹不解决"和"法不责众"的心态，有了问题不论问题的大小，都直接到省进京进行越级上访，甚至是有预谋、有策划、有组织地进行集体上访。信访的形式从写信、上访、一人一地访向多人多地、联合上访转变；信访的内容从村级财务管理、村干部作风等传统问题向农村土地征用政策处理、利益的分配等新型问题与传统问题并存转变。同时，近年来因村务管理问题、征地拆迁问题、基层选举问题等引发的群体性矛盾显著增加，存在群体性事件发生的隐患。

（四） 农村社保缺位增添新隐患

近年来，随着全市工业化的发展和城市化的扩张，大量的农村集体土地被征用，失地农民数量逐年增多。农民丧失了赖以生存的土地，如果拿不到足够的补偿，又得不到妥善的安置，其本人和家庭的就业、养老、医疗、子女教育等都会成为问题，甚至生存都难以为继。而目前虽然全市出台了一系列城乡一体化保障的政策措施，但由于受当前宏观经济形势的影响以及基层财力所限，再加上失地农民的自身因素，被征地农民的再就业安置情况不容乐观，保障措施还难以到位。这些问题如果不能妥善解决，必将演变成影响农村稳定的社会问题。

二 当前影响威海市农村社会稳定的主要因素

目前影响农村稳定的因素不断增加，新老问题交织给农村稳定带来新的挑战。

（一） 土地征用

土地征用作为政府行政行为，对被征用人来说具有一定的威势性，直接涉及切身利益，加之这种行为往往带有群体性，因而社会稳定影响巨大，应采用合法、合理方式，谨慎而为。但具体操作过程中存在一系列问题。

1. 个别地方土地征用程序有待规范

我国现行的土地征用制度对土地征用程序有着严格的规定，但在调查中我们发现，全市个别地方土地征用没有严格按照相关程序进行，特别是征地实施中的听取村民意见程序的省略，更使村民产生一种被强迫、被蒙骗的感觉，引起群众不满。目前这种情形在全市农村虽然只是个别情况，但由于涉及众多的被征地农民的切身利益，因而极易诱发群体性事件。

2. 少数地方土地补偿标准低，失地农民安置不到位问题需要关注

我国征地补偿是按被征用土地原用途产值倍数计算，是对农民原有土地从事农业收益补偿。它通过固定数据来反映变动的市场环境和收益，其补偿费用往往较低。为提高土地集约利用率，市政府明确规定了全市行政区划内土地征用的最低补偿标准。但由于各市区、各乡镇发展的不平衡，少数经济相对落后的乡镇土地出让的价格远远低于市政府规定的最低标准，过低的土地补偿标准大大不仅降低了土地集约利用率，更使失地农民安置资金捉襟见肘。

目前威海市对失地农民的安置，主要采取货币安置和招工安置方式。货币安置是一次性发放安置补助费，让农民自谋职业，是目前最主要的安置方式。这种方法难以解决他们的长远生计，农民一旦失去土地，缺少谋生手段，就会坐吃山空，终将演化成社会不稳定因素；招工安置是由政府负责为农民安排工作岗位，但在实践中招工安置工作往往不尽如人意。

3. 部分地方土地补偿费被挤占、挪用、拖欠现象应当杜绝

挤占、挪用、拖欠土地补偿费用等情况在全市亦不同程度地存在，致使部分失地农民处于"上班无岗，种地无田，社保无份，补偿被占，生活无着"的困境之中，极易激化干群矛盾，引发群体性事件。

4. 失地农民就业问题不容忽视

随着经济建设加快，全市很多农村的土地不断被征用，一部分农民失去了赖以生存的土地，个别村组农民已无地可耕。而目前多数农民，特别是一些中老年农民，属于低文化、没资金、没技能的弱势群体。尽管有些村引进企业后，为失地农民提供就业机会，但并非所有失地农民都能够参与其中，还有相当大一部分的农民因缺乏技术或不懂经营而长期失业。因此，征地后农民的失业将是一个不容忽视的社会问题。

（二）土地承包

近年来，随着国家一系列惠农政策的出台，威海市农村涉地矛盾日益突出，农村土地承包经营权纠纷大量出现，已成为目前影响全市农村社会稳定的重要因素。

1. 村委违法变更、解除土地承包合同

调查发现，村委会随意解除承包合同或不经协商另行发包的情况在全市时有发生，情况各异：第一，个别村干部利用手中权力，不经过民主决议而私自发包给家族成员或有其他关系的农户；第二，利用村委会换届或集体经济组织分立或者合并、村委会负责人变更等机会对土地承包合同进行变更或者解除；第三，强制收回农民承包地搞土地流转，有的村委会不经承包者同意，以少数服从多数的名义强行收回承包地，再对外进行转包或租赁。这类行为由于涉及人群众多，个别地方已经出现了群体性事件的苗头。

2. 承包经营权流转不规范

主要表现在两个方面：一是农户之间土地流转多为口头协议，不订立书面合同或订立的合同不规范，不同程度地存在概念不清、条款过于简单、约定不明等问题，遇到纠纷很难解决；二是借用土地流转改变土地农业用途，将流转的土地用于非农建设，谋取私利。近年来全市在这些方面的纠纷呈快速上升之势。

3. 村委违法使用机动地

机动地是村集体预留的不作为承包地的少量土地，一般不得超过本集体经济组织耕地总面积的5%，主要用于解决承包期内的人地矛盾、人口变化、户口迁移等需要调整土地的情形。机动地的存在，本是为了保持土地承包关系的稳定性，但实际操作中，一些村干部擅自扩大机动地的范围，利用机动谋取私利，损害了农民的利益。

4. 特殊人群的承包经营权确定标准不统一

由于婚嫁、劳改、考学等户口迁入、迁出、农转非等情况，出现一批特殊人群，这些人的承包经营权如何确定，标准不明确、不统一，处理不好就会引发纠纷。这其中，由于妇女婚嫁而出现原来生活的村和嫁入村都不给承包经营权的问题比较常见，这部分人在农村上访人群中所占比例逐年增加，应引起相关部门的特别重视。

（三）村民自治

基层民主是我国农村社会的稳定器。全市在具体执行基层民主过程中还存在一些问题，亟待关注。

1. 民主选举方面

基层民主选举不仅可以提高村干部的素质和能力，而且能提升村民参与、决策和民主意识。但在实践中，也存在一定问题。

（1）贿选问题。调查发现，全市少数村委选举中不同程度地存在贿选或变相贿选的情况。贿选方式不断变化，从"暗箱操作"发展到"暗箱操作"与"公开活动"相结合的拉票贿选，从个别人单独活动到有组织拉票，从请吃喝、送礼品到直接送现金拉票，从送钱送物的单一手段拉票贿选到多种手段拉票贿选。2004年全市农村村委会换届选举中，仅某开发区辖区就查处了两起涉及贿选的案件。

（2）宗族势力和派性斗争问题。实践证明，凡是不稳定不和谐的村庄，往往存在宗族势力和派性斗争问题。目前全市农村宗族势力和派性势力依然有生存的空间，而在农村换届选举期间，这些势力的争斗就尤为激烈。他们当选很少是为了带领村民致富，更多的是为了谋求自己的私利。因而当选后出现种种问题的概率很高，影响到农村的稳定。

（3）选举体制问题。如村民理财小组不配合村委会正常工作的问题。按照村委会组织法的规定，村委会的所有开支必须经村民理财小组的审核签字才能下账。而在实际操作中，有的村存在派系斗争，村理财小组成员与村干部分属两派，村干部的所有开支，包括应得到的工资，村理财小组都不予签字，致使村里正常的工作都难以开展。明年又到了全市农村村委会换届选举的时间，上述问题务必引起相关部门的高度重视。

2. 村务公开方面

目前全市村务公开方面存在的主要问题是村务公开制度在具体执行过程中过多注重形式，公开内容不到位，从而引发纠纷。

（1）公开形式过粗。公开形式多样，如召开村民代表大会、张贴专栏、下发明白纸、广播公布等。但有些村公开过粗，如只采用广播的方式，很多人根本没有收听到，影响公开效果。

（2）公开内容有限。只公开财务，而对现行的政策，农民享有的权利，计划生育指标的安排，宅基地的划分和审批，救灾款物的发放和分配等一系列与农民利益相关的内容都得不到公开。

（3）在财务公开信息中，避重就轻，故意回避村民比较关注的重要信息。村务、财务不按规定公开，只公布部分财物项目，村民获得的信息都无关痛痒，达不到真正的监督目的。

3. 民主管理方面

主要是村规民约在制定和执行中出现的一些问题，主要表现为以下两点。

（1）村规民约的制定不规范。根据《村委会组织法》第20条的规定：村规民约由村民会议制定和修改，并报乡、镇人民政府备案。而我们有些村的村规民约不是通过村民会议制定，而是由村委会成员制定，甚至是个别人自己定的。村规民约的制定没有合法的程序，导致村民不愿意遵守。

（2）村规民约的某些内容不合法。如有的村规民约中规定"外嫁女必须迁走户口、不再分配土地、不参与集体收益分配"，"在本村居住未满5年的不给土地补偿费"，等等。这些规定与宪法、法律、法规和国家的政策相抵触，侵犯了村民的人身权利、民主权利和合法财产权利，导致当事人的不满，从而引发纠纷。

（四）社会治安

随着农村社会的发展变化，全市富余劳动力不断增多，人员流动频繁，各种治安案件和民间纠纷时有发生，给农村社会管理带来挑战。

1. 农村传统治安问题仍然存在

民事上，因宅基地、农村土地承包、邻里关系、借贷、婚姻、合同等产生纠纷大量存在；刑事上，传统的盗窃、伤害、抢劫等重大案件仍比较突出，这些犯罪数量多、影响坏、危害严重，仍是当前和今后一个时期，影响全市农村稳定的主要因素。

2. 农村涉黑势力呈现苗头

农村黑社会势力往往与宗族势力有密切联系。一些地方的地痞、村霸危害一方，通过威胁村民征地、操纵基层选举等方式来达到控制地方秩序、牟取各种利益等目的。目前全市某些农村，黑社会势力有发展壮大趋势，已经影响到村民的正常生活。另外，目前我们解决农村社会稳定问题的管道不够畅通，如在土地征用拆迁过程中，对所谓的"钉子户"问题，根本无正常的解决渠道，以至于社会地痞在此领域很有市场。对此，我们应高度重视，防止这种势力发展和蔓延，以维护农村社会的稳定。

3. 精神道德风尚亟待提升

由于农村文化生活相对贫乏，一些村庄村民赌博、打架、迷信之风沉渣泛起。而某些境外宗教在农村村民，特别是老年村民间的传播也呈迅速扩大之势，对村民的影响力不断扩大，需要引起我们的足够重视。

（五）干部作风

近年来，全市采取了基层民主选举制度，对于提高干部的素质起到了重要作用。总体来看，全市农村两委班子干部主流是好的，绝大部分能够认真贯彻落实农村各项政策，切实维护农村的改革发展和社会稳定，起到模范带头作用。但是，还有一些农村干部在作风建设上还不尽如人意。

1. 责任意识不够

少数干部摆不正自己的"公仆"位置，只索取，不服务；有的看问题、办事情出发点不是以群众利益为重，而是从个人或小团体利益出发；还有个别农村干部摆不正对上负责与对下负责的辩证关系，群众对其信任度降低。

2. 存在以权谋私现象

极少数农村干部受金钱物质利益的诱惑，利用村财物款吃喝现象存在；在村务工作上怕受监督，村务公开不真实、不全面，避重就轻。近年来全市纪委查处的违法违纪案件中，农村干部占到很大比例，其中多为经济问题。

3. 工作方法简单

有的村干部平时不注重学习提高，凭经验办事；有的作风霸道，私心重，处事不公，群众反映强烈；有的缺乏民主意识，不懂领导方法和领导要求，唯我独尊、拉帮结派，导致"两委"工作不配合，领导班子的凝聚力和战斗力不强；有的作风粗暴，搞"一言堂"，激化干群矛盾。

4. 党性观念不强

一些干部在处理村务上优亲厚友，甚至假公济私。部分村干部将主要精力放在自己的事业或经营上，把管理村务当作兼职，不能坚持正规化办公，一些干部懒、散、拖，"等、靠、要"的思想严重，缺乏工作热情和责任心。

（六）农村基层组织建设

目前，随着农村社会出现的一些新情况，一些新的权威开始出现，冲击党和政府在农村的影响力，给党和政府维持农村社会稳定格局带来复杂影响。

1. 体制的变革使基层政府农村工作面临新的挑战

根据村民委员会组织法的规定，村民委员会是村民的自治组织，基层政府与村委会之间不再是领导与被领导的关系，而是一种指导关系。乡镇政府对村委会工作只有引导权，而无指挥权，在很多问题上按照传统的做法，难以有所作为。如群众反映最强烈的干部作风问题，恰恰是乡镇政府扭转最难的地方。

2. 少数村民对干部怀有一种不信任感

有的村庄党支部和村委会缺乏战斗力，有的村干部私利之心严重，有的村干部作风粗暴，这些都使村民对干部缺乏一种起码的信任，村干部所做的一切事情，村民都会用怀疑的眼光看待，干群关系紧张。

3. 第三方控制力量削弱党组织在农村的力量

宗教、宗族力量渗入农村，成为农村新的权威力量，不利于党政政策执行，也严重影响农村社会治安，实际上削弱了党在农村的领导核心地位，同时也削弱了村民自治的力量，不利于农村稳定。

三　影响威海市农村社会稳定的成因分析

全市的农村社会稳定问题是社会转型期新旧体制交替和碰撞过程中，诱发因素与抑制力量此消彼长的结果，这是社会深刻变革中难以避免的现象。当前影响全市农村社会稳定的相关因素是复杂的、多方面的，社会、政治、经济、思想、体制等多种因素相互交织、共同作用于当前的农村社会稳定局势。

（一）社会原因

农村社会是我国社会的基础。目前我们正处于社会转型期。社会转型不仅仅是社会某一领域、某一方面的变化，而且是至少包含了结构的转换、机制的转轨、利益的调整和价值观念的转变，伴随这一过程，社会分化加速、社会流动加快、社会冲突加剧、社会整合力下降。因此，社会转型期往往也是社会问题凸显期，各种结构性、变迁性、病态性、越轨性以及心理性等社会问题相互交织、互相影响，共同构成了所谓的"社会转型病"，这些社会问题目前在全市农村依然存在，有的方面还很严重，对农村社会正常秩序甚至社会运行安全构成了威胁。

（二）经济原因

目前我们正处在经济困难期。今年可能是21世纪以来全市经济最为困难的一年，受全球性的金融危机的冲击，人们收入增长趋缓，民生问题日益凸显，特别是处于相对弱势的农村，受到的影响也更为直接。暂时的经济困难进一步加大了利益分配的差异，使各类深层次矛盾处于临界状态，矛盾发生的"燃点"降低，导致社会不稳定、不和谐的因素不断增加。

（三）思想原因

目前我们正处于思想活跃期。人们的思想观念和价值取向日趋多元，新旧思想观念的冲突与摩擦不断增多，传统的伦理道德和社会舆论已难以构成强有力的约束力量，人们对利益的诉求也越来越强烈。而利益的分化往往会使一些群众产生不公平感和被剥夺感，特别是在当前，受国际金融危机的影响，部分人群心理失衡，对社会现状严重不满，一旦遇到外界诱因刺激，行为容易失控，从而引发各类社会矛盾和冲突。另外，部分农村群众法律意识不强，往往为了自身利益诉求而忽视法律约束，一旦产生利益矛盾，抱着"解决问题需要闹"和"法不责众"的心态，动辄聚众上访，影响社会稳定。

（四）政治原因

随着民主进程的推进，不同利益群体参与社会政治生活的需求愈益提高，如果没有一个畅通的利益表达渠道和政治参与渠道，使普通民众的利益诉求通过制度化的渠道进入政府决策，越级非法上访等体制外的利益表达方式必然会成为一种无奈的选择。全市农村近几年上访增多，应该承认确实存在这方面的原因。

（五）社会管理原因

目前全市农村社会中间组织发育尚不完善，在政府与社会个体之间缺乏必要的利益缓冲带，致使政府成为各类利益矛盾的汇集点，极大地增加了政府和社会个体之间陷入正面冲突的可能性，增加了处理社会矛盾的难度。尤其是利益表达机制、社会情绪疏导和化解机制等尚不完善，部分利益受损群众认为自己的利益得不到保障，不满情绪长期聚积，一有诱因，极易产生社会情绪异变，而目前的复杂经济形势恰好提供了这种诱因。

（六）体制原因

主要是全方位、多样化的农村维稳机制没有形成。首先是协调机制不够健全。目前农村维稳机制主要靠单个部门单打独斗，各个方面协调力度不足，维稳成效不显著。其次是评价机制不够健全。目前我们农村维稳方面的评价机制主要是上级部门的监督和管理，缺少与群众的互动，缺乏一套行之有效的综合评价机制。再次是奖罚机制不够健全，仅仅满足于制定措施、签订责任状，而不能真正把工作绩效与个人进步直接挂钩，缺乏一套科学可行的奖罚机制。

四　当前维护威海市农村社会稳定的对策建议

解决农村社会稳定问题是一项系统工程，"治穷""治乱""治风"等问题应同时进行，这就需要坚持现实与长远相结合、宏观与微观相结合，完善农村经济建设、社会建设和民主建设机制，逐步解决各项矛盾。

（一）狠抓农村经济发展，夯实稳定基础

全市农村社会矛盾虽然表现在多方面，但核心是农民利益问题，归根结底要用发展的办法来解决。只有发展农村经济才能从根本上消除农村地区诱发违法犯罪活动的经济因素。通过调研发现，出现问题和纠纷较多、上访率较高的村大多数是比较贫困的村。这就要求大力发展农村经济，千方百计增加农民收入。抓住国家新农村建设的机遇，因地制宜，积极调整农业结构，加强农业基础设施和项目建设，把农民的注意力和关注点转移到增收致富上来。

（二）加强农村基层组织建设，改善干群关系

强有力的基层组织，在维护农村社会稳定方面发挥着至关重要的作用。因此，一是要加强村领导班子建设。全市农村实行村领导"一肩挑"制度，所以选配好农村带头人尤为重要。在此基础上，要加强定对"两委"主要领导进行政治理论、组织领导能力、民主与法制和处理突发事件等方面的专门知识培训，改善干部作风，提高他们素质和水平。二是要落实政务公开工作。稳步推进基层民主管理和政务公开，规范制度建设，定期公开群众关心的财务、村务等事项，随时公开重大事项，切实保障农民的切身利益，营造和谐的干群关系。

（三）用好农村维稳机制建设，营造和谐氛围

对于目前农村存在的各种矛盾，应建立高效的矛盾化解机制，最大限度地减少不和谐因素。第一，明确主体，落实责任。改变过去主体不清、责任不明、推诿扯皮等情况。各责任主体分工配合，集中开展矛盾纠纷排查、调处、化解工作，从源头上减少越级访和无序上访。第二，摸清底数，分类指导。在调研的基础上，对可能引发上访的不稳定因素、矛盾隐患，农民反映强烈的热点、难点问题等进行全面排查。第三，健全制度，完善机制。制定

并完善领导接待日、案件督查督办、责任倒查、工作通报等工作制度。强化联合互动机制，形成共同参与、联动联调的工作格局，建立健全多方位的农村维稳机制。第四，因案施策，妥善化解。针对农村社会矛盾的多样性、复杂性特点，坚持抓主要矛盾和矛盾的主要方面，抓"五点"——矛盾的起点、热点、重点、难点、特点，做到从实际出发，因地制宜，因案施策。通过以上措施，推动全市农村群众利益表达机制、社会情绪疏导和化解机制以及矛盾调处机制的发展，特别是处理好群众信访问题，使存在的问题得到及时、快速、妥善解决，营造和谐的农村生活、生产氛围。

（四）强化农村党组织的建设，树立党的领导权威

农村建设与坚持党的领导是分不开的，在当前复杂形势下，党在农村的根基不能动摇。发展农村经济和维护农村稳定必须强化党组织在农村的权威。这就需要强调以下几点。第一，充分发挥农村党员的示范带动效应，增强村民对农村党员的认可度，树立权威性。在农村多发展党员，扩大农村党员的规模，使党在农村的根基更加牢固。第二，改善和提高党和政府在农村的权威。通过各种方法和手段，把党的惠民政策落实到位，让百姓得到实惠。并通过改善农村基础设施，发展交通、通信事业，改善农民生活。此外，通过加强基层政权的民主选举，促进农民与农村官员之间的认同感，降低政府与农村之间的交易费用，使农民与政府之间形成较为一致的意识形态。第三，引导良性"二宗"力量，而抵制、消除恶性"二宗"力量。因为富有道德内涵的宗族力量和良性疏导的宗教力量，不会对党的领导根基产生影响，反而可以对村民良好道德的形成起到积极引导作用。

（五）治理违法犯罪活动，保障农民合法权益

应持续开展对全市目前社会治安存在的一些问题，如盗窃、抢劫、伤害和恶势力犯罪、邪教势力的严打斗争；并严厉打击欺行霸市、强买强卖、暴力抗税和制售假冒伪劣农资等侵犯农民群众切身利益的违法犯罪行为。

加强基层社会治安力量，加强乡镇派出所警力，增强基层侦察和打击力量；加强乡（镇）村社会治安综合治理网络建设，切实指导村治保会开展工作，加强农村治安基础工作；同时要建立群众广泛参与的农村社会治安防范机制。

（六）做好法制宣传工作，提升法治观念

各级基层政府应协调组织各部门力量，有计划、有步骤地开展多种形式的农村法律宣传教育，营造良好的农村法制氛围，引导农民用法律保护自己的合法权益，增强农村群众维护稳定的自觉性。

另外，要把法制宣传教育与农村精神文明建设结合起来，深入开展道德建设、文明创建等活动，切实提高农民素质。

（作者单位：中共威海市委党校　课题组成员：李进成　王文祖　刘变叶）

切实推进农村社区建设

——对文登市农村社区建设的调查与思考

孙 浩

农村社区建设主要是指在党和政府的领导下，动员各方面力量，整合社区资源，强化社区功能，解决社区问题，合力建设管理有序、服务完善、文明祥和的新型农村社会生活共同体的过程。对中国这样的农业大国来说，规范农村社区建设，对于建设社会主义新农村具有重大的现实意义。正如党的十六届六中全会所强调的："积极推进农村社区建设，健全新型社区管理和服务机制，把社区建设成为管理有序、服务完善、文明祥和的农村生活共同体。"

一 开展农村社区建设的现实意义

（一）开展农村社区建设，是推进社会主义新农村建设的有效途径

自党的十六届五中全会确定了"建设社会主义新农村"的重大历史任务以来，为推进新农村建设，党中央、国务院采取了一系列支农惠农政策，各级政府及有关部门加大了对"三农"工作的扶持力度。但要把这些政策措施及时落实到基层，落实到农户，让亿万农民群众真正受益，必须通过开展农村社区建设这一有效途径。开展农村社区建设可以广泛动员社会各方面力量支持和参与农村社区公益事业建设，使政府各部门和社会各方面通过社区把服务送给农民，把实惠带给农民，把建设新农村的主动权交给农民，使各种捐助资金、项目、技术源源不断地流向农村，形成全社会关心、支持、促进新农村建设的长久有效机制。

（二）开展农村社区建设，是完善村民自治的有效载体

改革开放 30 年来，在各级党委、政府和亿万农民群众的不懈努力下，广大农村基本建立了以民主选举、民主决策、民主管理、民主监督为主要内容的村民自治制度，基本落实了村民的选举权、决策权、参与权、知情权和监督权，得到了社会各方面的肯定。但是也应该看到，近年来，随着农村经济发展和各项改革措施的推进，村委会等村民自治组织承担的任务越来越多，难以充分发挥其社会自治功能，而且不少地方农村集体经济薄弱，村级债务沉重，村级组织难以为村民提供有效的服务，对农民群众缺乏吸引力和凝聚力。通过开展农村社区建设，可以健全乡村治理机制，增强村级组织的服务功能，提升村级组织的管理水平，使社区在提高村民生活水平和质量上发挥服务作用，在密切党和政府同农民群众的关系上发挥桥梁作用，在维护社会稳定、为群众创造安居乐业的良好环境上发挥促进作用，为扩大基层民主、完善村民自治找到新的突破口。

（三）开展农村社区建设，是构建农村公共服务体系的内在要求

纵观改革开放的历程：一方面，广大农民的收入差距明显扩大，生活需求更加多元化；另一方面，农村公共服务体系建设滞后问题突出，致使相当大一部分农村居民面临教育、卫生、医疗等现实困难。而要解决这些问题，不仅需要村民自治，而且需要通过社区建设把政府公共服务覆盖到广大农村社区，围绕农村居民生产生活要求，搭建社区公共服务平台，建立农村社区卫生、教育、文化、社会保障等公共服务体系。从这个意义上说，开展农村社区建设是构建农村公共服务体系的内在要求。

二 文登市农村社区建设的现状分析

文登市委市政府 2008 年以来把建设农村社区综合服务中心作为推动新农村建设的重点工作。为有效推动这一工作，市委市政府出台了《农村社区综合服务中心建设实施方案》，并于 2008 年 5 月 16 日，召开了全市农村社区综合服务中心建设现场会议，推广了文登市南廒、岛集、风口集村的经验和做法。经过一年多扎实有效地开展和推进，这项工作取得了显著的成绩。目前，首批启动的 39 个社区综合服务中心已全部建成并投入使用，累计完成投资3441.5 万元，共新建改建便民超市 12 处、标准化卫生室 29 处、动物卫生室

21 处、便民浴室 35 处、农家书屋 19 处、农资店 16 处、警务室 19 处，增设健身路径 59 套，服务范围覆盖周边 294 个村、21.5 万人。2009 年，又规划建设了 20 个社区服务中心，目前已有 17 个启动实施，已完成投资 1362 万元，有 8 个社区服务中心基本完成了主体工程。计划建设数量为 100 个，基本形成社区公共服务全覆盖的整体格局。

文登市农村社区综合服务中心有这样几个特点。一是鲜明的服务功能，农村社区综合服务中心，就是以方便农民、服务农民、提高农民生产生活质量为目标，全面整合文化、体育、卫生、商贸、司法等资源，在重点村集中建设的集行政办公、购物娱乐、农资供应、洗浴卫生、健身休闲、治安调解等多种设施于一体的公共服务场所。因此，它的定位就是提供各种社会服务，满足群众的需求，所以鲜明的服务功能就是社区综合服务中心的本质。二是一体化建设，所谓一体化建设就是配套建设各种服务设施，比如卫生室、便民浴室、健身路径、农家书屋、党员活动室、娱乐室、警务室和便民超市、农资店等。三是因村而异，形式多样。农村社区综合服务中心的建设坚持因村制宜、量力而行的原则，充分考虑每个村的实际情况，首先启动群众最基本、最急需的服务项目，然后逐步完善提高，不搞一刀切，不搞形式主义。

作为社区建设的重要突破口，文登市农村社区综合服务中心这项工作虽然刚刚起步，还有许多尚待完善的地方，但也初见成效。

一是方便了农民的日常生活。农村社区综合服务中心集行政办公、购物娱乐、农资供应、洗浴卫生、健身休闲、治安调解等功能于一体，公共资源较为丰富，服务内容相对集中，在周边 2.5 公里半径内形成了 10 分钟生活圈，为农民的日常生活提供了极大便利。连锁便民超市让农民不用出村，就可以享受到城里人便捷的购物服务，改变了以往农民购买生活用品要到镇上或定期赶集的购物方式和消费习惯，且商品种类齐全、质量可靠；中心卫生室的运行，改善了农民的医疗卫生条件，解决了农村群众就医难的问题；便民洗浴中心的建设，从根本上解决了农村群众特别是老年人冬天洗澡难的问题；通过配备警务室实行警力下沉，为群众生产生活提供了良好的治安环境。侯家镇南廒村投资 120 多万元，建起了设施完备、功能齐全的社区综合服务中心，可为周边 5 个村、4000 多人提供服务，发挥了很好的辐射效应。

二是改善了农村环境面貌。农村社区综合服务中心建设不仅包括各种服务设施的建设，而且包括农村基础设施和环境整治的内容，通过推进"四化""三改"，清理"三大堆"，治理污水漫流，农村脏乱差面貌得到了彻底改观，农民生活条件得到了显著改善。去年实施的 39 个社区服务中心共硬化村内街道 16 万平方米，安装路灯 200 多盏，新增绿化面积 8 万平方米，完成沼气 1892 户、改厕 2390 户，10 个村进行自来水改造，有 35 个村达到威海市生态文明村标准。南海管委凤口集村经过精心打造，成为"四季常青、三季花香"、辐射带动力强的花园式社区。埠口港顶子村加大沼气、改厕力度，全村常住户几乎都用上了沼气和卫生厕所，成为名副其实的清洁社区。

三是促进了农村乡风文明。农村社区综合服务中心设立的农家书屋、娱乐室、老年人活动室和健身路径等设施，为农民学习健身娱乐提供了良好场所。空闲时节、茶余饭后，农民来到社区服务中心，读书看报、跳舞唱戏、打球下棋、健身休闲，陶冶了情操，弘扬了新风，丰富了精神生活，以往打麻将、搞赌博、酒后滋事、邻里不和、不赡养老人等不文明不和谐现象明显减少，呈现出团结和谐、人心思上的崭新风貌。宋村镇山东村前几年受"法轮功"误导，全村有 60 多人练习"法轮功"，村民拉帮结派，打架斗殴，村风不正。通过建设社区服务中心，引导群众开展健康向上的文体活动，村民杜绝了"法轮功"，主动投身文体活动中，并自发组建了秧歌队、说唱队，妇女群众"扇不离手、曲不离口"，精神面貌焕然一新。

四是推动了农村经济发展。农村社区综合服务中心是集政务性、公益性、经营性于一体的综合服务组织，既涉及群众日常生活，又涉及生产资料供应、农业技术指导等各项服务。农家书屋、远程教育室为农民获取农业生产技术提供了良好平台，提高了农民学科技、用科技水平；农资店为农民提供了优质放心的农业生产资料，杜绝了假冒伪劣商品坑农害农的问题；动物卫生室为农民提供了动物防疫、养殖技术等服务，提高了畜牧养殖效益；有的社区服务中心还通过开设电脑上网，为农民免费提供致富技术和市场信息查询，有力地促进了农民增收和农村经济发展。

五是为基层政府转变职能、由管理型向服务型转变搭建起一个平台。有了农村社区服务中心，政府职能部门为"三农"服务就有了载体、有了抓手。随着农村经济社会的发展，面对庞大而分散的乡村，许多部门在社会建设过程中无法深入，只能浮在面上。农村社区的建设，使各部门借此深度参与农村社会建设，各项公共服务职能"众流归一"，政府职能转变真正落到实处。干部离群众更近了，服务更好了，群众更满意了，服务型政府因此向前迈进一大步。

六是强化了党的领导在农村的群众基础。农村分户经营制的实施，党支部丧失了对农村生产资料的直接配置权。同时由于集体经济薄弱，无法给农民看得见的利益和实惠，甚至连农民遇到的危难问题也无力给予救助。因而导致一些党支部领导普遍感到"办事无实力（无钱），讲话无牙力（无号召力）"。农村党支部的威信弱化问题，其本质是民心问题，是党的领导在农村的群众基础问题。正如江泽民同志所说："基础不牢，地动山摇。"建设农村社区综合服务中心，是顺应民心为群众办实事，干好事，解决群众普遍关心的热点、难点问题，因此自然能赢得民心，改善党群关系，提高村级组织的凝聚力，强化党支部的群众基础。

总之，推进农村社区综合服务中心建设工作，以推动城乡公共服务均等化为目的，打破了长期实行的城乡二元体制造成的农村公共服务被"边缘化"的局面，不仅仅能够给老百姓提供一些公共服务，为百姓生活带来便利和实惠，同时也能在一定程度上带动、促进农村经济、政治、文化、社会建设，成为推动农村社区建设和新农村建设的一个重要突破口。

文登市农村社区综合服务中心的建设工作其积极意义不仅在于为进一步推进文登市农村社区建设打下了良好的基础，更提供了一种推进农村社区建设的具有普遍意义的可行思路和途径：以发展农村社区服务为主题、为基础开展农村社区建设，在服务中实施管理，在管理中体现服务，以实现农村社区服务与农村社区建设的高度统一来推动农村社区建设的发展。

同时，我们还认为文登市农村社区综合服务中心建设工作尽管取得了初步成效，但这只是农村社区建设工作的开始阶段和初步工作，因为农村社区建设是一项综合性极强的社会实践活动，它涵盖农村社区的全方位建设，而不是特指某一方面的工作。农村社区服务是农村社区建设的重要方面，但不等同于农村社区建设。因此探索农村社区建设工作的思路与对策，对于推动全市农村社区建设这一综合性的系统工程的进一步开展是十分必要的。

三　推进农村社区建设的几点建议

建设农村社区，首先需要解决思想认识上不统一的问题。当前，有不少农村基层组织和群众认为农村社区的建设与村民自治是自相矛盾或重叠的。当村级事务管理和公益事业办理出现问题和难以办理时，他们总认为这是政府的问题，因此，需要把农村基层干部和广大群众的思想统一到建设新农村和构建社会主义和谐社会的大局上来，建立起能承上启下的农村社区组织。其次要解决理论指导实践的问题。农村社区建设是一项全新的事业，没有现成的经验可供借鉴，应当深入了解农民群众在社会主义新农村建设中，需要什么，想干什么，农村基层干部最担心的是什么，最难办的是什么，并结合当地的实际情况，周密筹划，科学安排，采取先行试点，总结经验，以点带面，加以推广，用成熟的理论指导建设农村社区的实践，避免盲目性和走弯路。在推进农村社区建设实践过程中，应着力做好以下几个方面的具体工作。

一是建立强有力的农村社区建设领导体制和工作机制。农村社区建设是一项事关农村经济社会发展的基础工程和系统工程。要建立党委领导、政府主管、民政部门牵头、有关部门积极配合的领导体制和工作机制。各镇（街道）要在村务公开工作领导小组的基础上，成立由党（工）委主要负责人、行政分管负责人以及市直派出机构、驻社区单位、有关站所负责人组成的农村社区建设工作领导小组，办公室可以设在民政部门，切实加强对农村社区建设工作的指导。在农村社区成立由党组织书记为主任、村（居）民委员会主任为副主任、驻社区的经济组织、民间组织等有关领导为成员的农村社区建设工作委员会，负责组织农村社区建设和开展创建活动。

二是因地制宜，合理规划，组建农村社区。要根据自然文化资源、经济社会发展水平、居民生活习惯等不同情况，按照统筹城乡发展、聚居人口适度、服务半径合理、资源配置有效、功能相对齐全等原则，组织编制农村社区布局规划。社区布局规划既要满足农村社区化管理服务的新要求，又要与土地利用总体规划、村庄布局规划和生态环境功能区规划等有机衔接。应当以建制村为单位，通过广泛征求村民意见，根据各村不同的自然、经济条件，按照"地域相近、产业趋同，利益共享、有利发展，群众自愿、便于组织，尊重习惯、规模适度"的原则组建若干农村社区。

三是完善农村社区民主治理机制。首先，要加强农村社区党的建设。探索建立以农村社区党组织领导为核心、村民自治为基础、农村居民广泛参与、各类社区组织互动合作的农村社区民主治理机制。按照全面推进农村党的建设和农村社区建设要求，加强农村社区党建工作，针对"几村一社区""一村几社区"的情况，积极稳妥地调整农村社区基层党组织设置。在此基础上，进一步理顺社区内各组织之间的关系，明确职责分工，发挥整体功能，不断推进社区群众自治制度化、规范化和程序化。其次，要完善农村社区群众自治机制。加强农村社区的组织建设和制度建设，建立社区共建理事会、和谐促进会等新型社区治理组织，培育农村服务性、公益性、互助性社会组织，畅通驻村单位和离退休回村居住人员、外来务工经商人员等参与社区建设的渠道，实现村民自治与社区治理有机统一。同时，要加强农村社区民间组织建设，大力发展各类专业协会、合作社等农村经济合作组织，为农民提供生产经营服务，促进农民增收。大力发展志愿者、帮扶互助、文体教育、环境保护等公益性社会组织，健全共青团组织、妇女组织、残疾人协会、计划生育协会、红十字会等群众组织，充分发挥其提供服务、反映诉求、规范行为的作用。

四是加快构建农村社区服务体系。首先，要加强农村社区基本公共服务。要加强农业生产服务，健全农技推广、动植物疫病防控、农产品质量监管等服务机构，发展农民专业合作经济组织，为农民提供产前、产中、产后系列服务；加强卫生计生服务，加快建立以社区卫生服务中心（乡镇卫生院）和站（村卫生室）为主体的社区卫生服务网络，健全完善新型农村合作医疗制度，为农村居民提供安全价廉的医疗、预防、保健、康复、健康教育和计划生育指导等服务；加强文化体育服务，建设社区读书、阅报、健身、文艺活动场所，开展丰富多彩的文体活动，促进全民健身运动；加强社会救助服务，确保最低生活保障应保尽保，健全农村五保对象集中供养、医疗救助、住房救助、法律援助等专项救助制度，完善分层分类救助制度，强化救灾应急机制；加强老年福利服务，统筹城乡老年人优待政策，逐步建立覆盖农村所有老年居民、标准有别的生活补助制度，积极推进养老服务社会化，推进居家养老服务对农村社区的全覆盖；加强转移就业服务，积极开展形式多样的农村职业教育、就业咨询、预备劳动力技能培训、就业岗位信息发布等服务，实现城乡统筹就业；加强社会治安服务，大力推进农村社区警务室和治安防控体系建设，深化人民调解和社区矫正工作，化解社会矛盾，维护社区正常秩序和公共安全。其次，要健全农村社区社会服务体系。在扩大公共服务供给的同时，探索建立公益性服务和经营性服务相结合、专项服务和综合服务相协调的新型农村社区社会化服务体系。加强规划引导和政策扶持，按照方便、实惠、安全、生态的原则，加快发展农村社区经营性服务，满足居民生产生活、消费娱乐等需求。鼓励和支持各类社会组织、企业和个人投入农村社区服务业。支持基层供销社创办村级综合服务社，提供超市、家政、中介、维修、配送、保洁等各类便民利民服务。培育发展农村社区志愿互助服务，鼓励和支持共青团组织、妇女组织、民兵组织、调解委员会、计生协会、老年人协会、残疾人协会、科普协会以及各种专业经济技术组织、公益性社会组织，发挥各自优势，积极参与社会救助、优抚助残、卫生保洁、环境监督、纠纷调解、普法宣传、法律援助、社区戒毒、文娱活动等志愿服务。再次，要加快推进农村社区信息化建设。加大农村社区信息化投入，加快广电、电信和宽带网络"三网融合"，加强农村信息技术培训，积极开展农村社区数字化文化信息服务。整合"农民信箱"、"农技110"、移动农信通等资源，建立健全农村社区党员干部现代远程教育、市场供求信息、疫情预报、环境监控等信息系统，实现信息资源共享。统筹城乡社区服务运作模式，推进城市社区服务热线向农村延伸覆盖。

（作者单位：中共文登市委党校　课题组成员：荣建光　刘华兰）

基于全球价值链的威海市加工
贸易转型升级影响因素研究

杨慧力

一 引言

改革开放以来，我国发挥比较优势，主动参与国际产业分工与合作，大力发展加工贸易，取得了令人瞩目的成绩。作为山东省发展加工贸易的龙头之一，威海市积极响应国家政策，立足距韩国、日本较近的区位优势，把发展加工贸易作为扩大外贸出口的突破口和对外开放的重点。经过十几年迅速发展，加工贸易已成为威海对外贸易的主要方式，对于优化威海出口结构、促进产业结构升级、扩大劳动就业发挥了重要作用。然而，同其他沿海城市一样，威海市加工贸易主要从事全球价值链低端的加工制造环节，暴露出的问题日益突出。例如加工增值率低，缺少自主创新；产业关联带动作用小；技术层次低、溢出效应弱；等等。2008 年受全球金融危机、原材料涨价、劳动力成本上升、人民币升值等因素影响，威海市加工贸易企业尤其是劳动密集型企业陷入了前所未有的发展困局，因此，加工贸易转型升级研究显得尤为必要。

多年来，我国加工贸易转型升级问题一直是学术界关注的焦点，对于加工贸易转型升级的内涵、必要性、影响因素、机制、途径等都进行了深入研究，成果丰富。早期学者们关注加工贸易转型升级的必要性和途径，潘悦、张燕生等主张引进高技术含量的制造环节并提高全球配套生产能力；张旭宏、黄菁和杨三根等强调提高加工深度，延长国内加工链条；隆国强、裴长洪和彭磊等鼓励沿海地区发展高新技术产品加工贸易，将劳动密集型产业转向中西部地区。该领域研究的重大突破来自刘德学、苏桂富、卜国勤等，他们从全球价值链角度在微观层面上界定了加工贸易升级的内涵，从知识扩散与组织学习角度分析了加工贸易升级机制与过程。关于区域加工贸易转型升级的研究也随之增多，山东省的研究相对较少。徐杰、荀克宁提出应促使山东加工贸易向高技术产业转化，加工贸易主体向本土企业转变，促进加工贸易地区转移。隋红霞探讨了山东加工贸易增值路径，提出努力占据加工贸易增值的重要环节、促进配套产业群发展并扩大国内采购、提高加工企业自主创新能力、发展海外营销与培育国际知名品牌等建议。威海市前市长宋远方分析了威海市发展加工贸易的优势，指出威海市发挥优势、突出重点、大搞加工贸易的具体措施。宋永建、修振竹等分析了威海加工贸易的现状及存在的问题，提出了推进威海加工贸易转型升级的对策措施。现有研究成果为我们认识加工贸易转型升级问题提供了有价值的信息和分析框架，但仍存在一些不足，特别是对加工贸易转型升级的内涵和方向还没有明确统一的界定，研究角度多从宏观层面研究，微观层面的研究较少。对于山东省内加工贸易转型升级的研究多从定性和规范角度分析，实证研究不足。威海加工贸易转型升级的对策具有区域特点，不能一概而论，或者照办其他城市的经验，引导加工企业实现转型升级也不能仅仅依靠政府的舆论宣传，更不能依靠行政性的命令。

随着经济全球化不断深化、IT技术革命和运输技术的进步，全球分工格局发生了深刻的变化，全球价值链的形成对我国加工贸易参与全球化分工的地位和过程产生了深远影响。从事全球化生产的企业正是在全球价值链上不断的角色转换、价值链环节变换及地区转移中提升自己在世界经济和国际分工中的地位。因此，只有将加工贸易放到全球价值链之上加以考察，才能准确把握加工贸易转型升级的内涵。本文试图基于全球价值链理论考察加工贸易转型升级的内涵及路径，并以此为基础具体分析威海市加工贸易转型升级的现状和影响因素，讨论全球金融危机对威海加工贸易的影响，研究新形势下促进威海市加工贸易转型升级的对策，以期能对威海市政府制定相应的经贸策略、促进加工贸易转型升级提供决策参考。

二 基于全球价值链的加工贸易转型升级的内涵及路径

1. 全球价值链理论对加工贸易转型升级的启示

加工贸易转型升级是一个在实践中提出的概念，目前学术界对其还没有统一严格的定义。对于加工贸易转型升级的内涵，学者们提出了不同的观点。比较有代表性的观点认为加工贸易转型升级就是从传统劳动密集型产业向高新技术产业升级。我国的加工贸易是以传统劳动密集型产品起步的，经过30年的发展，加工贸易产品结构发生了重大变化，机电产品和高新技术产品占据了主要比重，2008年，机电产品和高新技术产品加工贸易出口比重分别为78.9%和50.7%。但是，深入加工企业内部去考察，会发现很多高新技术企业，其产品虽然是高新技术产品，但是我们从事的多是低附加价值的劳动密集型活动。所以这个观点没有揭示出转型升级的应有含义。我国大量低素质劳动力的基本国情不会短期内改变，因此，加工贸易转型升级不能轻言取消或限制劳动密集型产品的出口。近几年，一些地方政府为加快加工贸易转型升级，人为地推动"腾笼换鸟"，没有把握好高附加价值产业进入与低附加价值产业活动退出的节奏，局部地区出现了出口锐减和失业增加。加工贸易转型升级是在保持现有劳动密集型产业活动竞争优势的基础上，向上下游高附加价值产业活动的延伸，而不是简单的替代关系。

目前，全球分工格局已发生深刻变化，由产业间分工向产业内分工以及产品内分工转化，与之相适应，以纵向分离和协调为重要特征的全球价值链逐渐形成。全球价值链的形成使产品的价值创造环节分散于不同国家和地区，这无疑为发展中国家嵌入价值创造环节、提高生产和创新能力、实现产业结构的调整与升级带来了机遇。从20世纪90年代末开始，以美国杜克大学的社会学教授Gereffi为代表的国外学者开始从全球价值链这一崭新视角研究发展中国家的产业升级问题。Gereffi认为全球价值链是指为实现商品或服务价值而连接生产、销售、回收处理等过程的全球性跨企业网络组织，涉及从原料采集和运输、半成品和成品的生产和分销，直至最终消费和回收处理的整个过程，包括所有参与者和生产销售等活动在内的组织及其价值、利润分配，具体而言，涉及全球价值链上的设计、产品开发、生产制造、营销、出售、消费、售后服务、最后循环利用等各种增值活动。在Gereffi分析的基础上，Kaplinsky、Morris、Humphrey和Schmitz提出了一种以企业为中心、由低级到高级的层次升级分类方法，认为全球价值链上的升级方式有四种类型：工艺流程升级、产品升级、功能升级、链条升级。众研究表明产业升级一般遵循从工艺流程升级到产品升级再到功能升级最后到链条升级。随着产业升级的不断深化，参与价值链中实体经济活动的环节变得越来越少。

加工贸易的快速发展是全球价值链的形成和不断延伸的结果，全球价值链在深刻地影响着加工贸易转型升级。将加工贸易转型升级与全球价值链结合起来考察，可得出以下三点结论。

（1）加工贸易是全球价值链内分工与贸易的基本形式和主要内容，加工贸易转型升级应该置于全球价值链上讨论。加工贸易是东道国免税从国外进口中间产品、进行加工并最终再出口的一种生产与贸易活动。发展中国家的产业通过加工贸易嵌入全球价值链意味着进入了全球市场的"大通道"，有利于实现产业升级，从事全球化生产的加工企业可以在不断的角色转换、价值链环节变换及地区转移中提升自己在世界经济和国际分工中的地位。从全球价值链的视角来看，一国或地区的企业在实现价值链上升级的同时也就实现了相关产业的转型升级。

（2）全球价值链理论对加工贸易增值的启示。加工贸易增值源于价值链的各个环节。依据波特的分析，一个产业或一个企业的竞争优势可以源于价值链中的任何一个环节，能使企业获得长期盈利能力的创新应当分散在研究、开发、生产、销售、服务等各个环节。在全球产业价值链各个环节形成的"微笑曲线"上，中部的加工组装附加值最低，沿着曲线向上移动，附加值提高，上游的产品开发、核心技术、主要材料供应和下游的品牌、营销、售后服务附加值更高。可见，要保持全球产业竞争优势，关键是掌握该产业全球价值链上的战略环节。对于发展中国家来讲，由价值链低端沿价值链向战略环节转移，是加工贸易获得更多增值的重要途径。作为加工贸易企业应该对其所处产业的具体价值链进行分析，抓住其中的战略环节，调整企业在产业价值链中的位置，提高加工贸易的增值率和附加值。

（3）加工贸易转型升级处于外部联系和内部联系当中。加工贸易一方面嵌入全球价值链，另一方面植根于一国内部，某个国家的加工贸易只是全球价值链中的一个环节或阶段，与其上游、下游和平行的价值链环节相互作用、相互依存，从而构成了一个有机联系的全球价值链体系。一国加工贸易的转型升级不是孤立进行的，而是在全球价值链内与其他结点的互动中沿着价值链攀升的，也即加工贸易升级与全球经济处于密切的外部联系中。同时，加工贸易又植根于一国内部产业和区域经济中，它既受到国内要素、产业和市场等因素的深刻影响，也可以带动相关产业或配套产品参与国际分工。因此，对于加工贸易及其升级而言，内外联系缺一不可。如果内部联系薄弱，只有频繁的外部联系，加工贸易就会成为在国内产业和经济体外循环的"飞地"。

2. 全球价值链上加工贸易转型升级的含义

在全球价值链下，加工贸易转型升级是一个多层次、多领域、多阶段的动态发展过程。在全球价值链中，产业升级的中心可以包括价值链环节内在属性和外在组合等两个方面的变动，这两个方面都连接在同一链条中或不同链条之间的相互关联中。这样，在全球价值链上加工贸易转型升级具有多层含义。就中国加工贸易的具体情况而言，全球价值链上加工贸易转型升级有以下几层含义。

（1）产业结构升级：加工贸易产业结构朝高级化的方向升级，即在劳动密集型、资本密集型、技术、知识（信息和管理）密集型之间依次演变，更多的加工企业融入世界高新技术产业链，逐步向高新技术产业转移并实现产业的国际对接。

（2）产品升级：加工企业所生产的产品逐渐从低层次的简单产品转向同一产业内更复杂、更精细的产品。

（3）价值链升级：加工企业所从事的价值链环节和增值活动在价值链上从低附加值环节向高附加值环节转移的过程，实质是在价值链上获取附加值能力的提升。更多地把握战略性环节和增值活动并营造出自己的价值链体系，比如从生产到营销、设计，从装配到 OEM（Original equipment manufacturing，原始设备制造）到 ODM（Original design manufacturing，原始设计制造）再到 OBM（Original brand manufacturing，原始品牌制造）。

（4）角色地位升级：加工企业在价值链上的角色逐渐向更高层级攀升，不断提高在全球价值链中的地位和控制力，比如从低层级供应商到高层级供应商再到合同制造商和品牌领导者。

（5）关联与外溢效应升级：加工企业通过国内价值链的延伸、向配套企业提供技术援助、员工流动等途径推动当地经济发展的能力和效果不断改善。从根本上说，我国加工贸易转型升级的方向，就是提升我国在全球价值链上的分工地位。

3. 全球价值链上加工贸易转型升级的路径

（1）产业价值链优化，即产业结构升级和产品结构升级。依照国际产业转移由劳动密集型—资本、技术密集型—高新技术产业的路径，及时引导、加快加工贸易产业结构升级，特别是抓住当前以 IT 产业为主导的高科技产业转移机遇，实现加工贸易产品构成向以高新技术产品为主方向转变。

（2）价值链环节提升。从简单工序开始向前延伸，循着"简单组装—复杂组装—零部件制造—原材料生产—产品研发—自有品牌产品的研发、设计、生产"的轨迹，不断提升加工深度，达到提高工业化水平的目的。

（3）角色地位提升。全球价值链上不同企业的地位不是一成不变的，许多产业的全球价值链中均出现了企业主体地位提升现象。加工企业通过参与到跨国公司主导的全球价值链中，经历一般供应商—主要供应商—合同制造商—品牌领导者的角色转变过程。在这一升级过程中，推动供应商不断沿着价值链阶梯向上攀升的动力主要是因为供应商对更多利润的追求。

（4）国内价值链延伸。加工企业通过国内价值链的延伸、提高产业关联度，向配套企业提供技术援助与技术外溢和产品需求。其延伸方向：一是向上延伸，即增加国内原材料、零部件的采购率；二是向下延伸，即品牌、营销、物流方面，开拓销售渠道，建设物流配送中心，重点培育仓储、物流业。

以亚洲服装商品链为例，后起的国家和地区如日本、中国香港、韩国、中国台湾等的服装企业都经历了类似的从一般供应商到主要供应商再到合同制造商最后到品牌领导者这种价值链主体地位提升的过程。与之相伴的是当地服装企业的产业升级和优化过程。如果再加上产业集聚效应，则众多企业集体同步提升了价值链主体地位也就实现了当地整个服装产业的转型升级和结构优化。在这一过程中，会对当地或所在国家产生种种良好效果，如溢出效应、示范效应、关联效应及竞争效应等，而这会提供产业升级的种种有利条件和良好氛围。正是全球价值链的兴起及其特殊的内部机制的作用，为发展中国家融入新型国际分工模式、实现产业升级与结构优化提供了便捷、可行的路径。当然，作为某一价值链的后起加入者，往往只能从进入次要的、增值幅度最低的、利润最薄的生产环节开始，但不可否认的是，对于大多数发展中国家及其企业来说，这是必经之路。

三 威海市加工贸易转型升级的现状

1. 威海市加工贸易的现状

1996 年 4 月，威海市成为国家第二批《加工贸易进口料件银行保证金台账制度》试点城市。自 1996 年以来，威海市按照"经济工作以对外开放为重点、对外开放以加工贸易为重点"的要求，市、县、镇、村一齐上，城边、海边、路边一齐上，国有、集体、私营、个体一齐上，周边、远洋一齐上，来料加工、进料加工一齐上，高、中、低档项目一齐上，形成了千军万马大搞加工贸易的局面。主要呈现出以下特点。

（1）加工贸易稳步发展，但整体规模不大。经过十多年的发展，加工贸易已成为威海市发展对外贸易的主渠道。2008 年，全市加工贸易进出口总额达 79.049 亿美元，是 1996 年进出口总额的 8 倍多，加工贸易占全市外贸进出口总额的比重达到 66.96%。由表 1 可以看出，虽然威海市加工贸易近几年保持稳定增长，但与青岛、烟台相比，在加工贸易进出口总额上存在较大差距。威海加工贸易进出口总额增长率、加工贸易出口额所占外贸出口总额的比重均低于烟台地区。以 2008 年为例，当年烟台市加工贸易进出口总额为 246 亿美元，加工贸易进出口总额增长率为 55.3%，加工贸易出口额占外贸出口总额比重分别为 71.8%，威海市加工贸易发展与其相比存在不小的差距。青岛市加工贸易的进出口总额较大，但加工贸易进出口总额增长率及加工贸易出口额占外贸出口总额比重较低，这是由于受金融危机的影响，大量韩资撤离。

表 1　威烟青三市加工贸易主要指标

单位：万美元，%

城市/年份		加工贸易进出口总额	加工贸易进出口总额增长率	加工贸易出口总额	占该市出口额的比重	加工贸易进口总额	占该市进口总额的比重
威海	2007	738389	11.5	444305	65.3	294084	74.9
	2008	790490	7.1	473408	63.5	317082	72.9
烟台	2007	1584774	85.2	921612	65.4	663162	67.3
	2008	2461023	55.3	1481531	71.8	979493	68.1
青岛	2007	2169291	14.1	1439901	17.7	729390	7.5
	2008	2188945	5.8	1462188	6.9	726758	3.6

资料来源：根据山东省国际商务数据整理得到。

（2）商品结构逐步优化，机电和高新技术产品比重逐年增加。2006 年以来，威海市按照国家加工贸易政策调整要求，充分把握新一轮全球生产要素优化重组和产业转移机遇，积极促进加工企业产品研发和国际市场营销，提高机电和高新技术产品的出口比重和规模，使加工贸易出口从以数量增加为主向提高质量为主转变，推动了加工贸易转型升级。从 2006 年开始机电产品出口在威海市加工贸易出口中所占比重就超过 50%，并且高新技术产品出口增长迅速。2006 年，机电产品和高新技术产品分别占全市加工贸易出口总额的 60.6% 和 40.1%，分别比 1996 年增加了 42.5% 和 33%。2008 年机电产品加工贸易出口额为 30.175 亿美元，占全市机电产品出口的 85.35%，占全市加工贸易出口总额的 64%。2009 年 1~4 月，加工贸易机电产品出口 7.93 亿美元，占全市机电产品出口的 87.2%，占全市加工贸易出口总额的 63%。威海市造船业在危机中逆风飞扬，呈现良好发展态势。2009 年 1~4 月，威海加工贸易船舶出口 1.72 亿美元，同比增长 26.3%，占全市船舶出口的 92.2%，占全市加工贸易出口总额的 13.7%，成为加工贸易的一枝独秀。

（3）进料加工成为主要方式，但产品配套能力弱，国内采购率低。2003 年以前，来料加工占威海市加工贸易进出口总额的一半以上。2003 年以后，进料加工比重逐步提高。到 2006 年，进料加工进出口总额占全市加工贸易总额的比重达到 63.8%；来料加工进出口总额的比重下降为 36.2%。虽然如此，近两年威海市加工贸易进口在全市进口总额中的比重一直在 70% 左右，这说明威海市加工贸易仍处于"一进一出，单一工序"型的简单加工和组装型发展阶段。这种较为粗放的发展模式，所需绝大部分原材料与零部件都是通过进口获得，零部件国内采购率较低，国内产业链条较短，深加工结转比率偏低。国内采购比率是指加工贸易企业国内采购额占国内外采购总额的比重，该指标能够直观地反映加工贸易国内采购深度状况。从表 2 可以看出，威海市加工贸易企业的原材料、零部件国内采购额从 2005 年的 9.78 亿美元上升到 2008 年的 15.63 亿美元，增加了 5.85 亿美元，加工贸易国内采购率除 2006 年略有上升外，其他几年都呈下降趋势，由 32.84% 下降到 29.53%。这说明威海市加工贸易国内采购额的增加主要是由于规模扩大自然带来的结果，原材料、零部件国内采购升级并不明显。与烟台和青岛相比，2005~2007 年，威海市加工贸易的国内采购率高于烟台，说明威海市的产品配套能力要优于烟台，但是与青岛市相比，无论是国内采购率每年的绝对比重，还是总体的增长趋势，威海都要远远落后，也落后于山东（2008 年是 39.97%）与全国平均水平（2008 年是 40%），说明威海市加工贸易的产品配套能力还需要进一步提高。

此外，威海加工贸易缺少带动性强的龙头企业和"配套协作"型加工贸易企业，即使是在各类开发区、出口加工区中，也没有形成大规模的配套产业群，聚集效应较差。龙头企业的产业带动作用较小，对产业升级、产品换代的促进作用不显著。如荣成华泰汽车是一家整车生产企业，威海市有 60 多家汽车零部件生产企业，目前能够为华泰汽车直接配套的企业只有 3 家，可见产业配套水平还有待提高。威海市的纺织服装、水产品等劳动密集型产业没有形成完善的上下游产业链，大多数企业的产品雷同，同质竞争激烈，往往受政策、国内外经济形势影响较大，形成一损俱损、一荣俱荣的局面。

表 2　威烟青三市加工贸易原材料及零部件国内采购情况

单位：万美元，%

指标＼年份		2005	2006	2007	2008
加工贸易差额	威海	97775	137657	150221	156326
	烟台	107570	143807	258450	502038
	青岛	434653	544329	710511	735430
原材料、零部件国内采购额	威海	83109	117008	127688	132877
	烟台	91435	122236	219683	426732
	青岛	369455	462680	603934	625115
国内外采购总额	威海	297741	379430	421772	449959
	烟台	335912	478095	882845	1406225
	青岛	976678	1141405	1333324	1351874
国内采购率	威海	32.84	36.28	30.27	29.53
	烟台	27.22	25.57	24.88	30.35
	青岛	37.83	40.54	45.30	46.24

资料来源：根据山东电子商务网信息整理得到。

（4）外资企业是加工贸易的主力军，内资企业竞争力弱。1996 年，威海市加工贸易企业为 411 家，其中外商投资企业 261 家，外贸企业 44 家，2006 年分别达到 2772 家、1500 家、635 家，外商投资企业加工贸易进出口额占全市加工贸易进出口总额的 83.7%，比 1996 年增加了 31.2%。2009 年 1～4 月，威海市有实际加工贸易业务的外商投资企业 684 家，占全市加工贸易企业的 70%，进出口总额 11.6 亿美元，占全市加工贸易总额的 80.7%。同期，进出口超过千万美元的加工贸易企业 28 家，进出口总额 12.41 亿美元，占全市加工贸易进出口总额 60.4%。其中，三星电子进出口总额 3.3 亿美元、三角轮胎进出口 1.9 亿美元，三星重工进出口 1.1 亿美元。威海市内资加工贸易企业大多数规模较小，工序单一，技术含量低，加工贸易集聚效应弱，产品更新换代跟不上国际市场的需求变化，参与全球化竞争的能力有限。

（5）受全球金融危机影响较大。2008 年 9 月以来，由美国次贷危机引发的全球金融危机对中国实体经济造成了巨大影响。随着全球经济放缓，外部需求的减弱，威海市加工贸易也受到相当大程度的冲击。主要表现为，一是外需放缓，加工贸易企业订单减少。2008 年威海市加工贸易进、出口增长分别比去年同期下降 4.3 个百分点和 4.5 个百分点。加工贸易占全市进口和出口总额的比重同比下降 2 个百分点和 1.8 个百分点。2009 年 1~4 月，全市加工贸易实际进出口总额比上年同期下降 24.3%，其中，进口总额比上年同期下降 28%；出口总额比上年同期下降 21.7%。二是加工贸易企业数量下降。金融危机带来的出口困难，使不少以做贴牌生产为主的中小型企业倒闭。2007 年，威海市当年从事加工贸易业务的企业有 1287 家。到了 2009 年 1~4 月，威海有实际加工贸易业务的企业仅为 968 家，说明有大量加工贸易企业（尤其是劳动密集型中小企业）由于订单减少、成本上升而倒闭或者外迁。

2. 威海市加工贸易转型升级的现状

近年来，威海市积极推动加工贸易向研发设计、高附加值产品制造、现代服务业等领域延伸，延长加工贸易价值链。从效果来看，产业升级和产品升级比较明显，但是价值链升级进展相对缓慢。本课题调查了威海市 44 家加工贸易企业，发放 44 份调查问卷，回收 43 份，其中有效问卷 42 份，调查问卷有效率为 95.5%。地点选择了加工企业比较集中的经济技术开发区、高新技术开发区和环翠区等地。调研数据来自问卷调查和企业高层访谈两部分。根据全球价值链上加工贸易转型升级的内涵，重点调查了威海市加工贸易产业升级、产品升级、产业价值链升级、角色地位升级和关联与溢出效应升级状况。

（1）产业升级、产品升级比较明显。如前所述，2009 年 1~4 月，威海市加工贸易机电产品出口 7.93 亿美元，占全市机电产品出口的 87.2%，占全市加工贸易出口总额的 63%。在所调查的加工贸易企业中，有 39.47% 的企业的产品相对于初期实现了升级（见表 3）；有 28.57% 的企业高新技术产品出口占总出口比重超过了 50%，有 32.14% 的企业超过了 30%。这说明威海市加工贸易产业结构和产品结构逐步优化，产业升级和产品升级比较明显。但是，从生产要素密集度来看，63.41% 的企业从事劳动密集型生产活动，7.32% 的企业从事资本密集型生产，26.83% 的企业从事技术密集型生产。从事劳动密集型生产的企业占了一半以上，说明威海市加工贸易主要依靠廉价的劳动力资源从事价值链低端的加工制造环节。

表 3　加工企业出口产品升级情况

单位：家，%

出口产品升级情况	企业数	占样本比例
与初始期生产产品相比，技术提高，产品实现了升级换代	15	39.47

出口产品升级情况	企业数	占样本比例
与初始期相比，技术有所改进，但基本属于同一技术水平	14	36.84
竞争能力强，不需要升级换代	4	10.53
与国内已有产品相比，实现了升级换代	4	10.53
面临升级换代	9	23.68
接受此项调查企业	38	

注：因为调查问卷很多题目为多项选择题，所以样本比例加总不是100%。下同。

资料来源：根据调查问卷统计。

（2）产业价值链升级相对落后。加工贸易的产业价值链升级状况通过加工贸易增值率、基本生产环节升级、生产模式改进以及研发、营销与品牌建设环节体现出来。

①加工贸易增值率较低。威海市近年的加工贸易增值率都保持在50%左右（见表4，加工贸易增值率＝加工贸易出口/加工贸易进口－1），尽管中间有起伏，加工贸易增值率总体来看比较稳定，高于烟台市平均水平。但与青岛市、山东省和全国平均水平相比，还处于较低水平，这反映出威海加工贸易在价值链上升级状况不是很理想，还有很大的发展空间。

表4 威烟青三市加工贸易增值率对比

单位：%

年份	威海加工贸易增值率	烟台加工贸易增值率	青岛加工贸易增值率	山东省加工贸易增值率	全国加工贸易增值率
2005	45.55	44.00	71.58	68.13	51.99
2006	52.46	40.41	80.20	74.79	58.76
2007	51.08	38.97	97.41	77.45	67.60
2008	49.30	51.25	1.01	78.36	78.44

资料来源：山东省国际商务网。

②产品生产链环节升级缓慢。调查显示，有29.03%的企业已经进入了关键中间投入品的生产阶段，同样有29.03%的企业从事一般零部件的生产（见表5），两者合计为58.06%，说明参与调查的加工贸易企业中，有半数以上超越了简单组装阶段，但仅仅从事产品装配的企业所占比重依然较高，达到51.61%。此外，有43.24%的企业沿着"产品装配——一般零部件生产—关键

中间投入品生产"的路径提升，而相当大一部分企业（56.76%）没有实现生产链的升级。

表5　加工企业产品生产链环节

单位：家，%

产品生产链环节	企业数	占样本比例
产品装配	16	51.61
关键中间投入品生产	9	29.03
一般零部件生产	9	29.03
接受此项调查企业	31	

资料来源：根据调查问卷统计。

③生产模式有所改进。调查结果显示，有14.58%的企业依然从事简单产品装配，有46.15%的企业采用OEM方式，有20.51%的企业采用ODM方式，已经有38.46%的企业开始采用OBM方式生产（见表6）。采用ODM和OBM方式的企业共占58.97%，这一比例高于全国平均水平，这也说明威海加工贸易企业的总体生产模式较全国平均水平来看有很大的提高。从生产模式的转换形态来看，有48.57%的企业沿着"产品装配—OEM—ODM—OBM"路线升级，51.43%的企业由于种种因素限制没有实现升级。

表6　加工企业生产模式调查

单位：家，%

生产模式	企业数	占样本比例
产品装配	7	17.95
OEM	18	46.15
ODM	8	20.51
OBM	15	38.46
接受此项调查企业	39	

资料来源：根据调查问卷统计。

④研发、营销与品牌建设环节薄弱。根据调查，拥有研发环节的加工贸易企业比重为53.85%，拥有销售环节的企业比重为56.41%（见表7），27.91%的企业使用自身品牌（见表8）。这说明相当大一部分企业已经开始从事研发、销售、品牌建设等活动。不过很多企业从事的是销售、研发、品牌开发的初级环节。在品牌宣传方面，有48.3%的企业有广告经费预算，

但其中69%的企业年广告费在5万元以下，多数采用网络广告、平面广告、路牌广告和宣传单等费用低廉的方式，受众面有限，效果不明显。在没有品牌的企业中，仅有36%的企业有在未来2～3年内创立自身品牌的计划，大多数企业尚没有进行品牌建设的打算。

表7　加工企业研发和销售环节情况

单位：家，%

项目	企业数	占样本比例
国内仅有生产环节	9	23.08
国内有生产研发环节	8	20.51
国内有生产销售环节	9	23.08
国内有生产研发销售环节	13	33.33
接受此项调查企业	39	100

注：具销售环节企业比重：22÷39＝0.5641
具研发环节企业比重：21÷39＝0.5385
资料来源：根据调查问卷统计。

表8　加工企业品牌使用状况

单位：家，%

品牌使用	企业数	占样本比例
用海外母公司的品牌	13	30.23
用海外订货商（或其指定）的品牌	18	41.86
用国内订货商（或其指定）的品牌	3	6.98
用自己的品牌	12	27.91
接受此项调查企业	42	

资料来源：根据调查问卷统计。

（3）在全球价值链中处于从属地位。关于威海加工企业在全球价值链上的地位，首先，从对企业国外客户的分布情况来看（见表9），有34.29%的企业其前三位客户占加工贸易出口总额的比重超过了90%，65.72%的企业超过了60%。出口过于集中在少数国家的少数客户的情况，无形中加大了加工企业对客户的依赖。这不仅限制企业的定价能力，缩小其利润空间，削弱其与下游产业讨价还价的能力，也加大了其经营风险，使自己受制于国外大客户。其次，在加工企业讨价还价能力上，分别仅有28.95%、31.58%的企业与上、下游企业的讨价还价能力强和很强（见表10）。这说明威海市大部分加工贸易企业在全球价值链上处于不利的被动和从属地位，极易受到市场和技术变化的冲击。

表9　加工企业前三位出口客户占加工贸易出口总额比重

单位：家，%

比重	企业数	占样本比例
30%以下	4	11.43
30%～45%	2	5.71
45%～60%	6	17.14
60%～75%	5	14.29
75%～90%	6	17.14
90%以上	12	34.29
接受此项调查企业	35	100.00

资料来源：根据调查问卷统计。

表10　加工企业讨价还价能力

单位：家，%

程度	和上游企业讨价还价能力		和下游企业讨价还价能力	
	企业数	占样本比例	企业数	占样本比例
很弱	1	2.63	3	7.89
弱	4	10.53	4	10.53
一般	22	57.89	19	50.00
强	7	18.42	10	26.32
很强	4	10.53	2	5.26
接受此项调查企业	38	100.00	38	100

注：上游：强 + 很强 = 0.1842 + 0.1053 = 0.2895

下游：强 + 很强 = 0.2632 + 0.0526 = 0.3158

资料来源：根据调查问卷统计。

（4）关联与溢出效应不足。通过国内采购和提供技术协助推动国内配套产业的发展，是加工贸易产生关联与外溢效应的主要途径和直接渠道。调研发现，在加工贸易企业原材料与零部件的最主要来源中，有45.24%的企业选择了"中国国内采购"（见表11）。国内采购已经成为加工贸易企业原材料和零部件最广泛的来源。但是，加工贸易企业原材料与零部件的国内采购比例不是很高，这一比例超过55%的企业仅有20.51%。并且，国内采购多为初级产品和劳动密集型产品，比重分别为 42.31% 和 47.96%，而资本密集型中间产品仅占 10%。关于加工贸易企业设备采购情况，约有 36.20% 的设备来自国内（见表 12），但是在国内采购的设备大多是技术含量较低的一般设备，而关键设备和大规模生产线一般来自国外，说明威海加工贸易产业配套薄弱，加工贸易的产业关联与溢出效应不足。

表 11　加工企业原材料与零部件最主要来源

单位：家，%

原材料与零部件来源	企业数	占样本比例
母公司内部采购	4	9.52
母国进口	10	23.81
订购方提供	4	9.52
其他国际采购	5	11.90
中国国内采购	19	45.24
接受此项调查企业	42	100

资料来源：根据调查问卷统计。

表 12　加工企业采购机器设备来源

单位：%

机器设备来源	平均比例
国外母公司或集团内其他机构	47.96
国外其他公司	15.84
中国大陆公司	36.20
接受此项调查企业	100

资料来源：根据调查问卷统计。

台湾宏碁公司总裁施振荣先生提出了著名的微笑曲线，用以描述全球价值链上不同环节附加值的特征。越往上游的行业标准制定、研发设计和下游的营销和品牌两端走，附加值越高，中间的生产制造环节附加值小，处于"微笑曲线"的底部。总体来看，威海加工贸易企业基本上加工组装的发展阶段，附加价值低，处于价值链的低端。即使是高新技术产品的生产也主要是从事生产环节中的劳动密集型部分，对上下游产业的带动作用小，技术溢出效应不明显。而研发设计、核心技术、销售渠道、品牌运作等上下游高附加值价值链环节则被牢牢掌握在海外跨国公司手中。大多数外资出口企业被作为跨国公司国际分工体系中的低增值环节生产基地来使用，在全球价值链上处于被动和从属地位，极易受到外部需求变化影响，一旦廉价劳动力等要素成本优势丧失或市场需求出现变化，这些生产环节最容易出现向外转移。

四　威海市加工贸易转型升级制约因素分析——基于实地调查的结果

近年来，威海市采取一系列措施促进加工贸易转型升级，但效果并不明显。加工贸易转型升级受到诸多因素的制约。本文深入威海市加工贸易企业进行了问卷调查和企业高层访谈，分析了制约威海市加工贸易转型升级的制约因素。

1. 加工企业技术基础薄弱

调查显示，有53.85%的加工贸易企业主要技术源于海外母公司，这表明威海有一半企业的技术水平依赖并受限于国外母公司（见表13）。有开发技术机构并能提供企业所需大部分技术的占47.5%，能提供企业所需少部分技术的占17.5%，完全没有技术开发机构的企业占35%，这说明还有相当大一部分加工企业尚未意识到技术对于产品创新及产品结构升级的重要性，或是由于资金等能力所限，搞自主创新、创建自主品牌和营销渠道的积极性不高。此外，我们还发现虽然有47.5%的企业有自主研发机构且能提供企业所需大部分技术（见表14），但是有51.6%的企业近两年的新产品开发是从国外直接转移过来的，只有32%的企业源于自主研发（见表15），这一方面说明部分企业的产品创新能力弱，另一方面也反映出部分企业的自主研发机构创新效率和水平不高。从以上分析至少可以得出以下两点结论：一是不同加工贸易企业之间技术水平的差距比较大；二是加工贸易企业总体技术水平不高，过度依赖国外企业，在新产品开发、关键技术开发和原始创新方面还存在较大差距。加工企业的这种技术能力与技术结构既限定了委托企业初始的知识转移水平，也制约了知识扩散、创新与外溢的水平与效果。

表13　加工企业主要技术来源

单位：家，%

技术来源	企业数	占样本比例
主要由海外母公司提供	21	53.85
主要从国际市场购买	5	12.82

续表

技术来源	企业数	占样本比例
主要从国内市场购买	2	5.13
本公司自主开发	17	43.59
委托开发或与国内大学或科研院所合作开发	4	10.26
模仿	3	7.69
接受此项调查企业	39	

资料来源：根据调查问卷统计。

表 14　加工企业的技术开发情况

单位：家，%

技术开发情况	企业数	占样本比例
有开发技术机构并能提供企业所需大部分技术	19	47.50
有开发技术机构但只能提供企业所需少部分技术	7	17.50
有开发技术机构且出售技术专利	0	0.00
没有技术开发机构	14	35.00
接受此项调查企业	40	100

资料来源：根据调查问卷统计。

表 15　加工企业近两年新产品开发情况

单位：%

新产品开发情况	平均比例
自主研发比例	32.00
从国外直接转移比例	51.60
从国内企业购买比例	4.00
联合开发比例	11.60
其他来源比例	0.80
接受此项调查企业	100

资料来源：根据调查问卷统计。

2. 国外领导厂商的战略控制

作为全球价值链的核心治理者，领导厂商是根据其在全球范围内资源优化配置的战略目标来确定全球价值链环节的布局，控制供应商（加工企业）在全球价值链上的位置和向其转移的知识。其根本目的是降低其自身的生产成本，提高全球竞争力，而绝不是促进供应商的发展与升级，为自己培养竞争对手和掘墓人。因此，对于嵌入全球价值链的加工企业而言，完全依从领导厂商的战略会造成对领导厂商的长期依赖，失去发展的自主动力，同时也会出现"天花板效应"，技术上永远落后于领导厂商，加工贸易永远无法实现真正意义上的转型升级。调查发现（见表16），威海市加工贸易企业中有51.35%企业的总经理、45.45%企业的技术骨干都是由境外人员（国外母公司委派或招聘国外人士）担任。最高层管理人员和掌握核心技术的技术骨干主要由国外母公司委派，这为国外领导厂商的战略控制提供了有利条件，加大了加工企业对国外供应商的依赖性。此外，有相当大一部分企业的出口集中于少数国家的少数客户，这更增大了加工企业摆脱国外客户战略控制的难度。

表16 加工企业高中层管理人员与技术人员主要来源

单位：家，%

人员来源	总经理		副总经理		部门经理		技术骨干	
	企业数	占样本比例	企业数	占样本比例	企业数	占样本比例	企业数	占样本比例
国外母公司委派	19	51.35	15	45.45	6	18.18	6	17.65
国内母公司委派	4	10.81	5	15.15	6	18.18	6	17.65
招聘国外人士	1	2.70	1	3.03	6	18.18	2	5.88
聘用中国大陆人士	13	35.14	13	39.39	26	78.79	30	88.24
接受此项调查企业	37	100.00	33	——	33	——	34	——

资料来源：根据调查问卷统计。

3. 知识扩散与升级缓慢

一个企业融入全球价值链就等于被置于一条潜在的动态学习曲线之上，在知识扩散机制的推动下会不断升级。但研究表明，这种升级不是线性的，路径不是一成不变的，出现停止和反向转换也是可能的，特别是升级到了高级阶段更是如此。当沿着升级轨道移动时，每进入一个新层次的障碍会越来越高，对加工企业知识和能力的要求也就越来越高，升级会变得越来越困难。从调研情况看，威海有一些加工企业的转型升级进程已经进入了这一困难阶段，在一般加工制造阶段的升级似乎一切顺利，而一旦到了关键零部件制造、原创设计、品牌建设面前，企业则停滞不前，困难重重。调查发现，53.85%的加工贸易企业的主要技术源于海外母公司而非自主研发，50%的企业认为自身主要优势是"按客户需求提供生产和服务能力强"，只有35%的企业将主要优势归于"技术先进"（见表17），可见，企业在关键零部件制造方面的技术实力较低。在原创设计、品牌建设方面，51.6%的企业近两年的新产品开发是从国外直接转移过来的，只有32%的企业源于自主研发，此外，在生产模式中，有46.15%的企业采用OEM方式，只有20.51%的企业采用ODM方式，38.46%的企业开始采用OBM方式，使用自身品牌的企业仅占27.91%（见表6、表7、表8）。

表17 加工企业的主要竞争优势

单位：家，%

竞争优势	企业数	占样本比例
劳动力成本低	9	22.50
技术先进	14	35.00
质量一流	13	32.5
按客户需求提供生产和服务能力强	20	50.00
拥有强大的国际销售渠道	6	15.00
不断推出新产品，升级换代快	9	22.50
其他	2	5.00
接受此项调查企业	40	

资料来源：根据调查问卷统计。

4. 低素质劳动力仍然占相当大比重

关于员工素质，在接受调查的加工贸易企业中，33.88%的员工是初中和小学文化程度，40.03%的员工文化程度是中专和高中，而大专及本科以上员工比例仅为26.09%（见表18），说明威海加工企业中低素质的劳动力仍然占相当大比重，高素质劳动力比较贫乏，这影响了员工对于先进技术的消化、吸收和创新能力。根据对加工企业人员培训情况调查得知，企业对高层管理人员的培训比较重视，60%的企业高层管理人员在境外培训。73.3%的企业中层管理人员一般在国内由所在企业或者培训机构提供。技术人员和一般员工大多是由本企业提供培训（如表19）。多数企业平均每人每年的培训时间为1~2个星期。这预示着劳动密集型产业和价值链环节的发展仍然是威海经济发展的重要组成部分，劳动力密集型的加工贸易在威海仍将有较长的生命周期。但是这种发展模式容易陷入"路径依赖",使得威海的大量资源消耗在低附加价值、低层次的产品加工上,容易被锁定在劳动密集型产业和价值链环节。另外,从劳动力素质看还无法满足经济结构调整、新型产业发展的需要。很多劳动力受文化素质、职业技能的制约,只能从事简单的操作,形成一批就业弱势群体。由此可见,如果不能采取措施提高劳动力素质,随着劳动力成本的不断上升,威海就会丧失加工贸易竞争力以及升级的机会。

表 18 加工企业现有员工文化程度情况

单位:%

文化程度	平均比例
本科及以上	13.70
大专（含高职）	12.39
中专（含技校）	17.71
高中	22.32
初中及以下	33.88
接受此项调查企业	42 家

资料来源:根据调查问卷统计。

表 19 加工企业人员培训情况

单位:家,%

培训来源	高层管理人员		中层管理人员		技术人员		一般员工	
	企业数	占样本比例	企业数	占样本比例	企业数	占样本比例	企业数	占样本比例
出国培训	18	60.00	6	20.00	7	24.14	2	6.67
国内培训	17	56.67	22	73.33	12	41.38	7	23.33
本企业提供培训	9	30.00	14	46.67	22	75.86	28	93.33
培训机构提供	8	26.67	9	30.00	8	27.59	6	20.00
接受此项调查企业	30		30		29		30	

资料来源:根据调查问卷统计。

5. 相关产业配套能力弱

目前威海加工贸易产业配套的薄弱环节主要表现在高端原材料、零部件和高端设备的设计制造能力不足。根据调查,威海加工贸易企业原材料与零部件的国内采购比例不高,并且,国内采购多为初级产品和劳动密集型产品,而资本密集型中间产品仅占 10%。从设备采购情况看，在接受调查的加工企业中约有 36.2% 的设备来自国内，但是在国内采购的设备属于一般设备，而关键设备和大规模生产线基本来自国外。特别在高新技术产业这一点表现得尤为突出。尽管加工贸易的快速发展对装备制造业产品形成巨大的市场需求，但国内装备制造业为加工贸易企业提供关键设备、高水平成套设备的能力还比较薄弱。因而，对加工贸易推动作用相当有限。从长期来看，只有装备制造业首先朝着产业链的高端不断转移和升级，才能为加工贸易升级提供踏实的基础。

调查发现，在影响威海加工贸易企业国内采购的因素中，62.86% 的企业认为是国内产品质量不稳定，此外，"国外客户要求使用进口原材料或零部件""核心零部件在国内无生产""国内产品价格高于进口品"也是主要影响因素，所占比例分别为 42.86%、28.57%、17.14%（见表20）。除了"国外客户要求使用进口原材料或零部件"之外，其余各主要因素都与国内产品质量不高、技术含量低、价格高有关。这反映了威海市相关产业间的配套能力不强，高端原材料、零部件配套能力的不足，必将导致威海市在吸引和承接资本技术密集型产业、产品和价值链环节的国际转移中处于劣势，从而对加工贸易升级带来不利影响。

表 20　影响加工企业国内采购因素

单位：家，%

影响因素	企业数	占样本比例
核心零部件在国内无生产	10	28.57
国内产品价格高于进口品	6	17.14
国外客户要求使用进口原材料或零部件	15	42.86
缺乏国内供货商的信息	4	11.43
国内采购运输环节没有保障	3	8.57
国内采购出口退税时间太长	2	5.71
国内产品质量不稳定	22	62.86
母公司的发展战略安排	1	2.86
深加工结转手续太烦琐	2	5.71
国内产品交货不及时	4	11.43
其他	3	8.57
接受此项调查企业	35	

资料来源：调查问卷统计数据。

6. 加工贸易相关政策不完备

加工贸易相关政策制定和实施中的不完备现象也在一定程度上影响或抑制了加工贸易转型升级。诸如关税政策中对最终产品高关税而对中间产品的减免税；出口退税政策实施中，对境内结转的上游企业不实施出口退税；出口退税时间长、周转环节多；深加工结转"先征后退"等政策都或多或少对加工贸易的发展与升级产生了不利影响。在调查中，不少企业提出山东省经贸厅的部分政策与海关政策不一致，存在某些冲突，给企业带来了不少麻烦；出口通关手续繁杂，出口贸易的办理速度太慢，给企业带来很多不便；也有不少内资企业反映，不能享受到外资企业和合资企业的很多优惠政策，这是一种不公平竞争。这一系列不完备的政策都对加工贸易的转型升级带来了困难。

五　威海市加工贸易转型升级影响因素分析——基于实证分析的结果

为了定量分析威海市加工贸易转型升级影响因素，有必要对相关因素做回归分析。

1. 加工贸易转型升级的影响因素

根据潘悦、张婧、马强、黄菁和杨三根等学者的分析，加工贸易转型升级受到技术进步、外商直接投资、产业结构、劳动力供给、资本投入等因素的影响。

（1）技术进步。技术进步是推动加工贸易转型升级的重要动力。技术进步可以促进一国比较优势的转变，不仅可以加速加工贸易产业链由低端的加工装配向高端的产品研发升级的过程，也对产业结构升级有重要作用，是加工贸易产业由劳动密集型向技术和资本密集型升级的重要因素。而对于像中国这样的发展中国家来说，扶持和发展资本密集型进口替代产业，是扭转贸易结构，实现工业化的捷径，而其中，技术进步无疑是关键。

（2）外商直接投资。外资企业在威海市加工贸易中扮演了重要角色。目前威海市从事加工贸易业务的企业，一半以上是外资企业。外商直接投资可以通过资本、技术生产要素流入，改变东道国的投资结构，进而促进东道国的贸易结构优化。外资企业的进入可以带来先进的管理经验和技术外溢效应，同时对加强产业的前后关联和起到示范效应等方面发挥着重要作用。

（3）产业结构。一国的产业结构是决定其贸易结构的内在因素。国内产业结构影响着该国的需求结构和资源供给结构，也在很大程度上影响进出口贸易和引进外资、技术。一国的产业结构说明了各产业各部门在国内的比较优势地位，是确立对外贸易政策的基础。从世界经济的发展趋势来看，社会消费结构和生产结构的不断升级导致劳动密集型产品的需求比重不断下降，而资本和技术密集型产品的需求比重不断上升。发展中国家一般只在劳动密集型产品或产业链中的劳动密集型环节上具备比较优势，为适应世界产业结构的发展趋势，考虑经济发展和工业化的长远目标，最终可能会形成不符合比较优势的资源配置模式。

（4）要素禀赋。要素禀赋反映了一国在生产要素中所处的地位，是开展对外贸易的最根本原因。加工贸易的出现，在很大程度上是区位、劳动力、资金、技术等要素分散在不同国家和地区所致。同样，一国的要素禀赋是处于不断变动中的，我国凭借着廉价的劳动力优势，发展了加工贸易，但近年来，劳动力成本不断上升，新情况新问题出现，才使得加工贸易转型升级变得十分必要。从我国的具体国情来看，加工贸易不能放弃劳动密集型产业，而应充分发挥这一比较优势，参与到国际分工中，以利用国外的资本和技术资源。同时要加强职业培训，提高劳动力素质，加快我国人力资本的积累，改善要素禀赋结构，促进加工贸易结构的升级和优化。

2. 威海加工贸易转型升级影响因素实证分析

（1）变量选取及模型建立。为了定量分析影响威海加工贸易转型升级因素，本文基于 Ernst 在 2000 年和黄菁等在 2006 年的实证研究，建立如下回归模型：

$$Y = C_0 + C_1X_1 + C_2X_2 + C_3X_3 + C_4X_4 + C_5X_5 + \mu \tag{1}$$

Y 为加工贸易结构指数，为被解释变量，代表加工贸易转型升级的程度。用以历年威海市加工贸易制成品出口占总出口的比重来衡量。这一指标越大，表明加工贸易对于出口贸易的贡献也越大，说明加工贸易结构升级越优化。

X_1 为技术进步。技术水平是地区加工贸易转型升级的关键因素，一般来说，技术水平和加工贸易结构指数变化呈正相关。本模型采用技术进步对经济增长的贡献率来反映技术进步水平，用"索洛余值法"计算技术进步对经济增长的贡献率，公式如下：

$$A = y - \alpha K - \beta L \tag{2}$$

$$E = (A/y) \times 100\% \tag{3}$$

其中，y 为 GDP 增长率；K 为资本投入量增长率；L 为劳动力投入量增长率；A 为技术进步速度；α 表示资本的产出弹性；β 表示劳动的产出弹性；E 为技术进步对经济增长的贡献率。劳动和资本的产出弹性，这里采用世界银行对中国的计算结果，即 $\alpha = 0.6$，$\beta = 0.4$。

X_2 为劳动投入增长速度。劳动投入本该用劳动时间数表示，但由于劳动时间数据无法准确得到，因而通常用劳动力人数替代。出于数据可获得性考虑，本文假定劳动力总量等于就业人员数。就业人员指标反映了一定时期内全部劳动力资源的实际利用情况，因而就业人员是劳动投入的较好选择。用威海市历年就业人数的增长速度表示这一变量。

X_3 表示资本存量增长速度。一般文献中，资本存量以历年生产过程中使用的固定资产和流动资金（存货增加值）的年末存量之和反映，即资本存量为固定资产存量净值与流动资金（存货增加值）之和。对于资本存量的度量是一个复杂的过程，不同的学者度量的结果也不尽相同。本课题采用永续盘存法计算资本存量的增长速度，公式如下：

$$K_0 = I_0 / (y_0 + \sigma_0) \tag{4}$$
$$K_t = 0.9\, K_{t-1} + I_t \tag{5}$$

其中：K 为资本存量，K_0 为基期的资本存量，本文选择 1995 年作为基期，K_t 为计算期的资本存量；I 为固定资产投资；y 为 GDP 增长率；σ 为折旧率，学术界常用的数值是 10%。基期的资本存量用公式（4）计算得出，其他年份的资本存量用公式（5）计算得出。

X_4 表示外商直接投资，代表世界范围内的产业升级与转移对威海加工贸易转型升级的影响，用威海历年实际利用外商直接投资的增加率来表示。

X_5 代表产业结构，衡量产业的基础生产能力。由于我国加工贸易主要是出口制成品，所以这里用第二产业占 GDP 的比重来表示产业结构。这个数值越高，说明产业配套设施越完善，生产能力越强，从而越能促进加工贸易转型升级。

μ 是随机扰动项，体现其他未考虑的因素对加工贸易结构指数的影响。

表 21　威海市加工贸易转型升级影响因素的数据

年份	加工贸易结构指数（Y）	技术进步对 GDP 增长的贡献（X₁）	劳动力增长速度（X₂）	资本存量增长速度（X₃）	外商直接投资（X₄）	产业结构（X₅）
1999	0.741	0.5054	−0.0181	0.1036	0.0719	0.502
2000	0.764	0.805	−0.107	0.1104	0.3957	0.5245
2001	0.749	0.4095	−0.0004	0.1177	0.4138	0.5253
2002	0.779	0.0338	0.0201	0.2201	0.7691	0.5533
2003	0.802	−0.3964	0.0099	0.4103	0.348	0.5904

年份	加工贸易结构指数（Y）	技术进步对GDP增长的贡献（X_1）	劳动力增长速度（X_2）	资本存量增长速度（X_3）	外商直接投资（X_4）	产业结构（X_5）
2004	0.826	−0.4985	0.0466	0.3963	0.3875	0.6135
2005	0.84	−0.3946	0.0587	0.3643	0.2277	0.6201
2006	0.86	0.0025	0.0056	0.2611	−0.0541	0.6208
2007	0.862	0.1121	0.0357	0.2018	0.0244	0.6178
2008	0.882	0.0975	−0.0605	0.2223	0.313	0.6114

数据来源：历年威海市和山东省统计年鉴，海关统计年鉴。

（2）参数估计及检验。模型以加工贸易结构指数 Y 作为被解释变量，以 X_1、X_2、X_3、X_4 和 X_5 作为解释变量，用 OLS 进行估计，并逐步剔除 t 值不显著的变量，得到回归结果。在计量模型的截距处理方式方面，首先选择具有截距的模型，当常数项不显著时，则改用零截距模型，估计方法则采取 OLS，逐步得到回归结果。用 Eviews 做回归分析，得到模型：

$$Y = 0.1532 - 0.0845X_1 - 0.3725X_2 - 0.3652X_3 + 1.2988X_5 \tag{6}$$

表22　回归分析结果

Variable	Coefficient	Std. Error	t – Statistic	Prob
C_0	0.153233	0.053957	2.839896	0.0363
X_1	−0.084481	0.033833	−2.497006	0.0547
X_2	−0.372540	0.096801	−3.848493	0.0120
X_3	−0.365179	0.094336	−3.871053	0.0117
X_5	1.298752	0.075703	17.15594	0.0000
R – squared	0.990274	Mean dependent var		0.810500
Adjusted R – squared	0.982493	S. D. dependent var		0.050733
S. E. of regression	0.006713	Akaike info criterion		−6.862774
Sum squared resid	0.000225	Schwarz criterion		−6.711481
Log likelihood	39.31387	F – statistic		127.2688
Durbin – Watson stat	1.694442	Prob（F – statistic）		0.000032

对所得模型进行检验：

①变量的显著性检验：所有变量的 t 值的绝对值大于 $t_{0.05}$（5）＝2.015，变量均在 95% 的水平上通过 t 检验，变量显著。

②方程的显著性检验：$F = 127.2688 > F_{0.05} (4, 5) = 5.19$，方程在95%的水平上通过 F 检验，回归方程显著。

③序列相关性检验：利用一阶拉格朗日乘数检验，模型通过拉格朗日乘数检验，不存在一阶序列相关性。

④异方差性检验：利用怀特检验，模型通过怀特检验，不存在异方差性。

（3）结果分析。从以上分析可以看出，技术进步对经济增长的贡献率每提高 1 个百分点，加工贸易结构指数减少 0.0845 个百分点；劳动力投入每增长 1 个百分点，加工贸易结构指数减少 0.3725 个百分点；资本存量每增长 1 个百分点，加工贸易结构指数减少 0.3652 个百分点；第二产业占 GDP 的比重每提高 1 个百分点，加工贸易结构指数增加 1.2988 个百分点。而利用外商直接投资对加工贸易结构指数的作用不显著。这说明技术进步对威海加工贸易转型升级没有产生积极的促进作用，说明现阶段在劳动密集型生产占据主导地位的情况下，虽然威海高新技术产品出口比重逐年上升，但是由于加工企业从事的仍然是劳动密集型环节，研发能力和技术能力严重不足，技术进步的成果没有应用到加工贸易企业中。前期调查发现，大部分加工企业的核心技术从国外引进，一半以上的新产品从国外直接转移过来，核心零部件和重要原材料都从国外采购，说明技术进步的作用在威海加工贸易中体现得不明显。劳动力增长和资本存量增长对威海加工贸易转型升级没有产生积极影响，这是因为大量低素质劳动力从事加工贸易的简单装配环节和 OEM 环节，加工出口低附加值产品，影响了威海加工贸易转型升级的进度。这个结果与对加工企业的实地调查是吻合的。调查发现，威海加工贸易企业中低素质的劳动力仍然占相当大比重（初中和小学文化员工占员工总数的 33.88%），高素质劳动力比较贫乏（大专及本科以上员工仅占 26.09%），影响了员工对于先进技术的消化、吸收和创新能力。而且，大量低水平和盲目性资本投入加工贸易，对高附加值、高技术含量和拥有自主知识产权的加工贸易产生恶性竞争效果，扰乱了市场秩序，积压了优质资本的利润空间，不利于加工贸易转型升级。产业结构对威海加工贸易转型升级的带动作用较大，说明威海比较好的工业基础，以及配套设施的逐步改善对于加工贸易转型升级起到了比较明显的推动作用，从实地调研结果来看，相关配套产业的发展还有很大的发展空间，对于促进威海加工贸易转型升级还可以发挥更大的作用。而利用外商直接投资对加工贸易结构指数的作用不显著，说明威海吸引外资的质量和规模有待提高，在威海的韩资和日资加工企业多数为中小企业，投资目的是利用当时当地的政策优惠，廉价的劳动力和土地资源，以及税收优惠，多数从事加工装配等低端环节生产，短期行为严重，对于产业结构升级和加工贸易转型升级的推动作用比较小。因此，威海市要实现加工贸易转型升级，应该注重人力资本的投入，提高人力资源素质；注重改善资本投入和外商直接投资的结构和质量，加强投资引导作用；重视技术在生产经营管理中的应用，鼓励企业研发和创新。

六 威海市加快加工贸易转型升级的对策

加工贸易转型升级受到诸多内部和外部因素的影响。要想在加工贸易转型升级方面取得成就，政府应通过改变若干影响因素来塑造加工企业转型升级的激励条件，指导加工企业努力提升其竞争力。为此，政府要有针对性地实施具体措施来促进威海加工贸易在全球价值链上转型升级。

1. 构建有利于价值链上升级的自主创新体系

加工贸易由全球价值链的低附加值环节向两端的高附加值环节攀升，逐渐在价值链体系中占据更高的地位，这其中，自主创新、形成自主知识产权是关键的突破口。因此，威海市政府可以考虑把构建全球价值链内自主创新体系纳入本地区科技发展规划并置于重要地位，结合市内外向型产业的发展特点和阶段，充分利用本地的科技、产业与区位优势，有重点地选择一些产业，构筑有利于参与全球价值链内分工的自主创新体系，鼓励和支持研发，在科技经费投入、科研基础设施以及人才培养等方面予以适当倾斜与关注。在构建有利于价值链上升级的自主创新体系时要坚持开放性原则，即建立开放式的自主创新体系。建立自主创新体系的具体措施包括：制定参与全球产业链分工的发展战略定位与产业指导体系，鼓励有实力的企业要在研发和设备上加大投资，开发拥有自主知识产权的原创性技术；加速建立以企业为主体、产学研紧密结合的技术创新体系，鼓励企业与专业院校、研究机构联合研究风险共担、成果共享的创新机制，以促进技术创新和产品升级；增加投入，优化结构，构建多渠道、多层次的科技投融资体系；大力推进国民经济与社会信息化，带动传统产业跨越式发展；创新技术转移机制；实施知识产权战略与技术标准体系战略，切实提高产业核心竞争力；大力发展对外新科技合作与交流；建设创新文化，促进科学普及，提高公众科技素养等内容。

2. 培育相关产业发展，促进地区产业价值链形成与延伸

相关产业的发展是促进产业价值链形成和加工企业"落地生根"实现升级的重要条件。山东省和威海市原材料与零部件配套产业、装备制造业、物

流业、中介服务业等相关产业都存在一些不足，因此，应该鼓励加工贸易企业与本土上下游企业配套合作，加深产业关联度，按照国际市场的品质要求与生产管理规范，推动本土企业提高技术水平、加强管理，从而提升整体产业集群的国际竞争力。

（1）推动上游配套产业、装备制造业发展和下游服务环节价值链延伸。从威海产业目前的发展情况来看，关键原材料零部件配套能力、先进设备设计制造能力还相当薄弱，应当是今后一段时间重点扶植和培育的对象。威海市应不断完善投资环境和提升本土企业配套能力，加大原材料和中间投资品的生产技术改造，提高产品质量，鼓励加工贸易企业原材料及中间投资品采购本地化，增强对本地关联产业的辐射力度。推动配套产业和装备制造业发展的具体措施可以考虑从以下几个方面入手：一是把发展原材料零部件配套产业和装备制造业纳入实现价值链上升级整体战略，同时把为参与价值链上分工提供装备作为发展装备制造业的一个重要指向；二是引导企业关注加工制造原材料零部件配套市场和设备需求动向，支持企业与参与价值链上分工企业开展各种形式的合作；三是对于一些关键零部件和关键设备的开发与生产，可考虑在科技、融资、税收等方面给予特殊的优惠政策；四是出台鼓励价值链上加工制造更多地使用国产原材料零部件和设备的政策措施；五是引导装备制造企业融入全球价值链，参与国际产业大循环，通过为国外厂商提供配套而间接为本地加工制造企业提供装备，同时不断提高自身的设计制造能力。

除了发展上游的零部件配套产业、装备制造业之外，还应推进加工贸易向下游服务环节价值链延伸，鼓励发展仓储、物流、配送、售后服务，延伸加工贸易产业链，提高增值率，加强产业集聚，形成对跨国投资的综合吸引力。威海在加工贸易的价值链中，目前只分享其服务增值的很小部分，向下游服务增值链的延伸，空间巨大。

（2）实施相应产业政策，促进地区产业价值链形成与延伸。加工贸易产业政策不仅应该基于行业进行制定，更重要的是应该针对某个具体行业中的价值链环节进行制定，这样更能全面体现出一国在某个产业中的比较优势，也更符合全球价值链内升级的内涵。就威海目前情况而言，推动价值链内升级的基本产业政策取向应当是，积极鼓励技术密集和环保型行业、产品和环节加工贸易的发展，适度谨慎地限制资源、能源密集型特别是密集使用国内稀缺资源、能源的"两高一资"行业、产品和环节加工贸易的发展。要逐步改变大多数企业把自己定位于全球价值链中生产制造环节的不利局面，加工贸易要坚持节能减排、节约利用土地、保护环境的原则。

在促进产业价值链的形成与延伸方面，威海市政府可以有所作为。一是增进企业对价值链的了解，协助企业寻找伙伴。政府可通过组织会议、发布信息、宣传成功事例等方法来使企业了解产业价值链。二是通过提供信息、作为中间人、提供相关服务等手段来支持企业寻找价值链合作伙伴，例如采取交易会、企业研讨会、计算机网络等形式，并创造条件促进合作伙伴之间的沟通和信任。三是协助组织网络。在企业之间已经有了足够的理解和信任之后，指导和协助产业价值链的"核心企业"建立共同的目标、战略、结构和行为规范。政府在制定合作模式、确定产业价值链结构等方面要发挥应有作用。四是创造适宜产业价值链成长的环境。政府要在政策、法律、信息平台、人力资源等各个方面创造良好的环境。

3. 侧重渠道和品牌建设

加工贸易企业在自主品牌建设中不可能一步到位，要加大研发投入，逐步实现加工贸易从 OEM、ODM 向 OBM 的转型升级。针对威海加工企业普遍规模较小、资金技术实力有限的现实，加工贸易企业应该不断加大研发投入，促进技术创新和产品升级，逐步实现加工贸易从 OEM、ODM 向 OBM 升级。具体来说，可以通过以下途径：一是通过自主研发升级做 ODM 后，进一步向OBM 延伸；二是通过购买跨国公司研发机构股权先实现 ODM，再向 OBM 升级；三是企业在为跨国公司提供配套生产过程中，学习其先进技术，运用到自己品牌建设当中，改进和提升自主品牌。

如何在国际市场建立稳定的销售渠道，一直是我国企业最大的困扰。营销渠道建设有两种途径，一种是自己建立营销渠道，另一种是利用他人的营销渠道和网络，达到"借船出海"的目的。实力雄厚的企业可以自己开拓销售渠道，通过派出驻外办事处、寻找经销代理商、参加展销会等渠道建立国外市场销售网络，推广自己的品牌和产品。对于中小加工企业来说，可以通过品牌租赁、建立品牌战略联盟，进军国际市场。这样做，加工企业一方面可以学习和积累国际大公司的品牌运作经验，另一方面可以开拓自己的国际销售渠道，为自主品牌走上国际市场奠定基础。

4. 接近全球价值链上的领导厂商，努力成为学习型企业

作为已参与全球价值链或即将参与全球价值链的加工企业或供应商来说，应采取积极有效的措施接近价值链上的领导厂商、有效获取来自领导厂商的知识转移、创建自主品牌、研制开发具有垄断性和高附加值的差异性产品，以此提高分工层次和增值率，不断实现价值链升级。这种升级并不是随机发

生的，它经常发生在那些与全球价值链中的领导厂商有密切联系的行业、产品、价值链环节上。接近领导厂商的途径主要有成为领导厂商产业价值链的直接供应商或承包商、与领导厂商建立合资企业、与领导厂商建立 R&D 联盟、成为领导厂商的分销商等。因此，要想使威海相关产业在全球价值链上得到快速升级，政府管理部门和企业就一定要认识到接近领导厂商的重要意义，在战略和行动上注意接近领导厂商，以便提高学习效率和学习效果，快速学到"真正"的知识。加工企业要努力成为学习型企业，通过"干中学"不断积累整体资源能力和经验，加强研发设计，致力于技术创新，逐步转变为主要依靠自身研究与开发成果，成为集设计、制造、经营于一体的技术密集型企业，实现转型升级。

5. 加强参与全球价值链分工的人才培养，提高人力资源素质

构筑坚实的人力资源基础，是支持参与全球产业链企业可持续发展并不断升级的长远之计，也是抑制一些加工企业单纯为追求低劳动力成本而不断迁移的有效措施。目前，人才问题仍然是许多加工企业发展面临的最大困难，由于人才与观念的制约，很多企业家对于企业的发展、企业管理与产业结构调整、升级等问题感到忧心忡忡。因此，加强参与价值链上分工的人才培养特别是一些紧缺人才的培养已成当务之急。

威海政府在建设本地区人才培养体系过程中，要充分照顾到参与全球价值链内分工企业发展与转型升级的特殊需要。提高人力资源素质，目前应重点加强以下几类人员的培养工作。一是民营企业家及管理人员。要想解决其管理人员紧缺和管理能力低下的问题，关键是对企业主和现有管理骨干的培训，改变他们的一些思想观念，让其了解现代生产方式和商务模式、经济全球化背景下企业和产业升级的基本机制，使其成为企业走向现代化、实现价值链上升级的有力推动者和带头人。二是紧缺专业技术人员。从实地考察来看，加工企业都不同程度地存在专业技术人员特别是高级研发人员缺乏的现象，在有些行业还比较突出，比如纺织服装产业。培养紧缺专业技术人才，重点是要发挥高等技术教育体系的作用。相关高等院校要重视外向型产业部门对高级专业技术人才的需求与特点，可考虑有针对性地在不同培养层次上设置相关的专业，同时要积极响应和参与国家职业资格制度的组织实施和人才培养工作。三是重点行业技工尤其是高级技工。技工尤其是高级技工也是企业技术创新的重要力量，在一些行业，高级技工缺乏已经成为困扰企业技术创新的主要因素。因此，要在逐步加大对于职业技术教育投入的同时，努力创新人才培养模式，鼓励企业与职业技术院校联合实施有针对性的、定制

式的技术工人培养和培训计划，探索技术工人培养的"产学研"相结合的途径与机制。

6. 建立与现代生产方式相适应的加工贸易监管模式

在企业调研中发现，山东省经贸厅的部分政策与海关政策的不一致、出口通关手续过于复杂给很多企业带来麻烦。目前，威海许多加工企业已大量运用现代物流、电子商务等现代生产和管理方式，对海关监管的时效性和便利化提出了更高的要求。政府要适应客观形势和企业发展的需要，做好加工贸易监管工作，必须积极应用和推广信息技术，充分发挥各相关部门综合协调的整体机能，逐步建立起与现代企业生产和管理方式相适应的监管机制。一是构建开放式、人性化的加工贸易对外办事服务平台，提高办事效率，强化为企业服务的意识，彻底摆脱为了管而管的陈旧观念。二要健全海关、商检、外经贸、税务、外汇管理等部门的协作机制，实现各部门分工合作和良性互动，提高对加工贸易的监督、管理和服务配套能力。三是大力推广联网监管模式，不断拓展联网空间制定多层次、多方式的联网监管方案，适应不同行业、不同类型企业联网监管的需要。

[作者单位：哈尔滨工业大学（威海）　课题组成员：杨国柱　段　奕]

基于共享模式下的威海市社区
图书馆联盟构建研究

郝冬冬　　张永成

社区图书馆（community library）指的是建立在社区（村）内的图书馆或图书室，与人们的日常生活密切相关，具有强烈的地域性，是当地经济与文化发展水平的集中体现。联合国教科文组织颁布的《公共图书馆宣言》中公共图书馆主要使命中第 9 项即为"保证市民获取各种社区信息"，是市民生活中的"第二客厅""第二起居室"。在国外，社区图书馆是最重要的一类图书馆，它的起源可以追溯到 17 世纪晚期，它的办馆理念及发展思路深深植根于当地文化与居民价值观中。在国内，社区图书馆是近几年才开始起步的，党的十四大明确提出要建设社区图书馆，十七大则把建立覆盖全社会的公共文化服务体系作为实现全面建设小康社会的奋斗目标之一，可见国家对基层精神文明建设的投入越来越大，社区图书馆建设也相应进入了蓬勃发展阶段，在上海、广东、南京、大连、武汉、北京等地业已取得显著的成果。

笔者对威海市社区人口数量，社区图书馆现状，以及哈尔滨工业大学（威海）图书馆（下简称哈工大馆）、山东大学（威海）图书馆（下简称山大馆）、职业技术学院图书馆（下简称职教馆）和威海市公共图书馆（下简称市馆）的人力、纸质书刊、数字资源等情况进行了调研，同时，借鉴国内外先进的社区图书馆理念，构建出符合威海特色的社区图书馆与市公共馆、高校馆等多方资源共享的新型社区图书馆联盟蓝图，并通过集统一检索平台、认证平台、馆际互借系统、参考咨询系统等于一体的虚拟联盟体，借助网络向公众提供数字化的社区信息服务，使图书馆真正成为城市社区的信息中心、学习中心，成为社区所有居民分享学习和成就梦想的家园，以期推动威海市文化事业的发展。

1 威海市社区图书馆建设的必要性

威海地区市区人口 63 万，社区 119 个，居委会人员、经费和场所达到规定标准的占 75%，比上年提高了 50 个百分点，社区建设的速度很快，医疗机构、体育设施相对比较齐备，基本做到了"有人办事，有钱办事，有地方办事"，在威海市社区建设史上具有里程碑式的意义。但社区图书馆的发展状况不容乐观，虽然统计数据上社区图书室是 65 个，但实际上仅有菊花顶、温泉镇、古陌街道等几处图书室，其余馆则形同虚设，威海社区图书馆建设接近空白，这与威海的城市形象极为不符，必须重新进行规划建设，总体上有四方面必要性。

1.1 城市化进程中与国际惯例接轨的需要

国际图联规定，图书馆设立标准是每 1.5 公里半径内、平均 2 万人要拥有一所，居民人均拥有图书 2 册及增量 0.25 册。随后，各国也公布了自己的标准：欧美一些国家要求每 1.5 公里半径范围内、步行 10～15 分钟距离内能找到一所图书馆，日本则是方圆十里建一所图书馆，英国每 1.2 万居民拥有一所图书馆。

我国尚无相应标准出台，但从统计数据上显示目前平均 50 万人才有一所公共图书馆，远远落后于发达国家，随着社会经济的发展，我国社区图书馆近几年逐渐兴起，上海是我国最早建成市、区（县）、街道（乡镇）三级公共图书馆网络，平均 3 万多人就有一所公共图书馆，预计到 2010 年将建成 100 家城镇社区图书馆，并积极向机场、车站、商厦、地铁和会所等处延伸；2003 年深圳启动"图书馆之城"工程，现已达到每 1.5 万常住人口拥有一个社区图书馆的建设目标；福州的"社区（小区）文明图书室援建活动"2006 年 10 月正式启动，计划在"十一五"期间每年援建 50 个以上社区（小区）文明图书室。此外还有广东省佛山市"联合图书馆"项目、东莞图书馆总分馆体系、苏州图书馆总分馆体系、杭州图书馆的"一证通"等各类社区图书馆建设成果。目前社区文化建设已被纳入许多大中城市制定的"文明小区评选办法和考核标准"中，甚至对社区图书馆（室）有明文规定。

威海地处沿海，经济比较发达，处于城市建设上升期，图书馆事业发展却相当滞后，这将会影响到威海的城市化进程，为弥补这一缺憾，应借鉴国内先进的经验，并以国际标准为目标完善图书馆体系。

1.2 打造城市文化名片的需要

社区是城市管理中最基本的环节，所有城市文化均以社区为依托，以社区文化的形式开展的，社区文化又是以市民休闲时间的活动方式显示的，其休闲质量则成为体现一个城市、一个社会发展程度的重要指标，大多数人认为社区文化只是些单纯的群众性娱乐活动，如威海民间文化活动中的主角——唱歌、跳舞、扭秧歌等。其实社区文化的内涵远不止这些，它应该是聚居在一定地域范围内的人们（社会共同体）具有或者创造出的物质及精神世界，主要包括：文化环境、行为准则、社区精神、道德及价值观等。其核心是价值观，而价值观培养的主要阵地（除学校外）就是图书馆，它对于提升城市的文化质量和市民文化素质，对于城市的经济和政治发展均具有极其重要的作用。

威海被联合国评为宜居城市是个良好的开端，但我们不应仅仅停留在居住的物质层面，还需添加书香内涵，上升到文化精神层面，营造出终身学习的氛围，成为学习型城市，吸引更多的高层次人才落户威海。

1.3 解决大学生就业的需要

2009 年，山东省面临就业的高校毕业生和往年沉淀的未就业高校毕业生人数将超过 60 万，占到城镇新增长劳动力的 70% 以上，而部分行业和企业的用人需求大幅减少，毕业生供大于求的矛盾十分突出。教育部提出的四项"新政"即鼓励大学生去西部工作，下基层工作，服兵役，适当扩大研究生招生规模。中组部、人力资源社会保障部等八部门联合下发的《关于做好 2009 年高校毕业生"三支一扶"计划实施工作的通知》，在此形势下，大力实施"三支一扶"计划，鼓励和引导更多的高校毕业生到基层就业，对于缓解高校毕业生就业压力和基层人才匮乏的现状具有特殊重要的意义。

威海市区就有社区委员会 119 个，三市一区范围内则有 327 个社区委员会，如果每个社区建一个社区图书馆，那么吸纳就业的空间会很大，每个图书馆即使只有一个工作人员，也将至少提供 327 个工作岗位，既然大学生可以当村官，同样也可以当馆员。社区图书馆选用大学生当馆员既可以提高社区图书馆的业务水平，也使广大市民得到更好的服务，又能解决大学生就业问题，可谓一举数得。

1.4 促进社区和谐的需要

人是社区的主体，家庭是社区的细胞，社区的和谐离不开人的平安，家的稳定。社区图书馆利用处于居民区的地缘优势，一方面可以通过指导阅读，将内容健康的馆藏信息传递给读者，帮助个体树立正确的人生观与价值观，提高人们的文化素质，同时，通过各种活动，加强居民间的交流，淡化人们之间的疏离感，增加认同感，使个体人更好地融入社会。另一方面，社区中的家庭除了上班族外，主要成员就是老人与青少年，尤其是近年来我国已开始进入老龄化社会，老龄化问题困扰着全社会，社区图书馆正好给他们提供读书和活动的场所，即满足了他们的精神需要，也免去了儿女们的后顾之忧；而青少年是国家的未来，优秀文化及科学技术的传承者，也是潜在的读者，社区图书馆可以提供宽松的环境，丰富多彩的服务项目，从小培养他们的阅读习惯，树立良好的品德，避免沉溺于网络等不良嗜好。

2 社区图书馆联盟建设实施方案

2.1 确立联盟管理模式

目前社区图书馆建设模式主要有：总分馆式、政府建设、物业承办、社区自助、个人或企业等独资筹建、联合共建、网络化建设模式等，另外，还有以地理位置命名的模式，如"嘉兴模式""重庆模式"等。其中，总分馆制是国内外较为流行的管理模式，在美国，中国的香港、澳门、上海、深圳等地得到很好的推行，但其前提是该市公共图书馆事业比较发达，实力雄厚，另外的模式也各有利弊，根据威海的实际情况，市馆无论在资源建设上、人员配置上均无法与高校馆抗衡，因此，威海社区图书馆建设需要走联合共享道路，本着"政府主导、三级财政支持、四馆合作、全民受惠"的思路，统一采购、统一分配、统一管理、统一使用，在结构上共分三大部分：底层的资源层，中间的管理层，以及直接面对读者的社区图书馆层（见图1）。

资源层整合了整个威海市的相关资源，如图书系统的公共馆和高校馆，能够提供人力、馆藏、设备，政府部门的三级行政机关（市政府、区政府、社区委员会），能够提供政策上、经费上的保证，而其他社会力量，如企事业单位、团体、个人等，能够提供时间、资金、实物等方面的支援。

管理层中实行市政府垂直进行行政管理，避免中间层，提高工作效率，而具

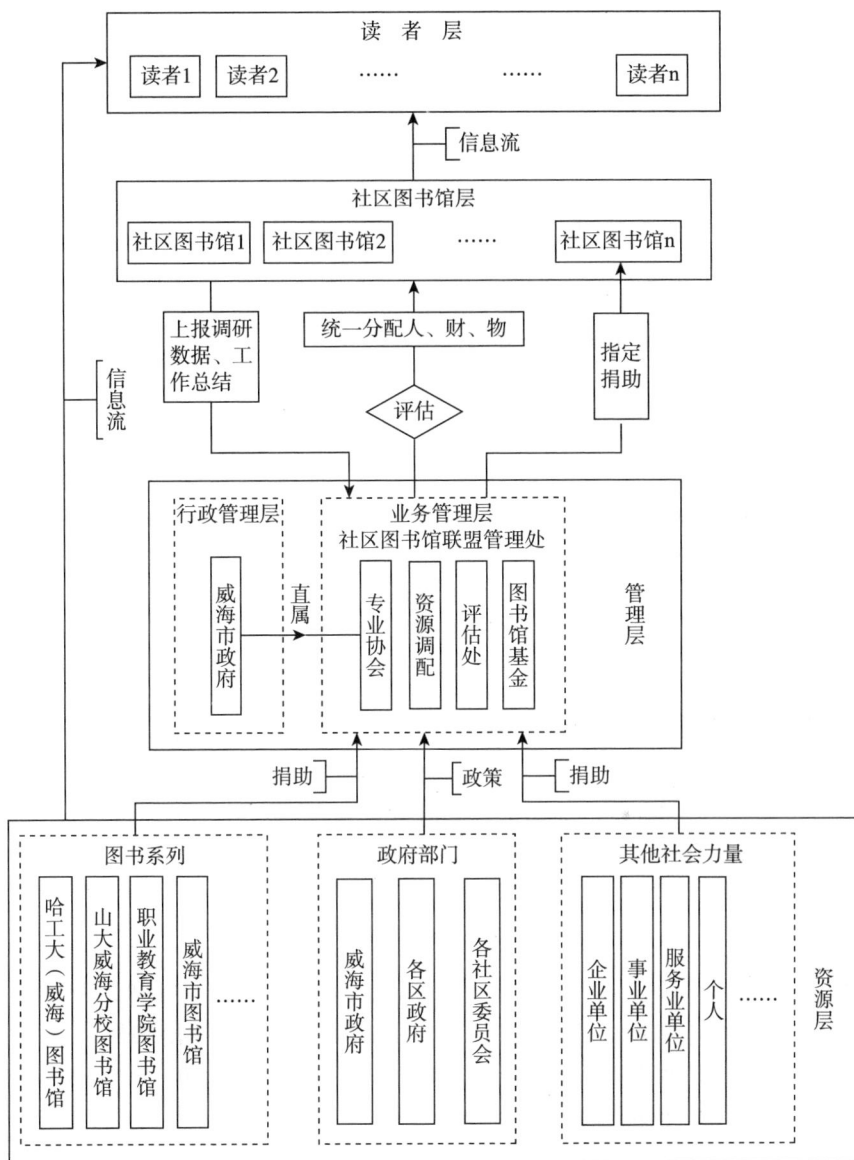

图1　威海市社区图书馆联盟管理模式

体业务则由社区图书馆联盟管理处统筹规划，专业协会负责专业的培训，技术标准的制定，工作流程的规范；资源调配处负责全市资源的分配，包括各项捐赠实物；评估处根据各社区馆的运行情况，服务效果进行调查，作为资源调配的依据，奖优罚劣；图书馆基金则管理各类资金，包括政府拨款、民间捐资等。

社区图书馆层，除了实体资源外，还要建立虚拟空间，内容包括：以威海市网络为基础，依托现有的网通通信平台直接联入各馆的局域网，实现了各馆之间的互联；建立全市文献资源的网络平台，通过各馆图书系统底层互联，自动抓取更新的数据，以保持数据的准确性、及时性；各种平台的介入，统一检索平台、认证平台、馆际互借系统、参考咨询系统；成立个性化、交互性网络社区……

对于读者而言，只需办理一馆证件，便能在全市图书馆范围内借阅书刊，还可以通过网络使用全市图书馆的电子资源，实现足不出户坐拥书城的愿望。

2.2 科学规划馆舍数量和面积

地缘因素是影响民众阅读的一个重要因素，社区图书馆不同于其他公共馆之处，就在于它贴近人们的日常生活，如果距离太远，就失去了存在的意义。一项调查显示：图书馆距住宅的限度为 700 米~1000 米。日本早在"定居圈方案"中就已提出，居民步行 20 分钟内必须有一所图书馆，美国纽约仅皇后区就有 52 个图书馆，徒步 10 分钟就能到一所图书馆。

深圳市启动了"图书馆之城"项目后，公共图书馆总面积超过 16 万平方米，平均 1.5 万人拥有一个社区图书馆。上海各级图书馆 311 座，平均 4 万人拥有一个社区图书馆，北京、天津、广州、大连、武汉等城市也已建立或正在着手建立规模不等的社区图书馆。

威海市区人口 63 万，荣成市、文登市、乳山市人口分别为 188 万，总计 251 万，市区就有社区委员会 119 个，下属三市有社区委员会 208 个，数量上除了各委员会均设馆外，还应该据实际情况，或由几个社区联合设馆，或由新楼盘建馆，参考威海市社区建设经验，对已成形小区，由物业提供，或政府征用，对在建或预建小区，要求必须将社区图书馆纳入基础建设规划，这样形成的馆舍群，拥有了集聚效应，可使广大纳税人获得更多的便利。

此外，在规划社区图书馆时，应该本着既服务广大群众，又杜绝浪费的指导思想，做好前期的调查研究，针对服务人口的人口素质、密度和层次特点以及需求定面积，再根据服务项目，科学预测各类功能所需的场所，社区图书馆的面积无须太大，设备也无须太多，只要依着人本理念，合理布局，温馨舒适即可。

2.3 合理分流高校馆资源到社区馆

全国范围内的调查表明，高校馆的资源非常丰富，但使用上不尽如人意，而社会对文献信息的需求旺盛，却无法得到满足，威海的情况也是如此。

（1）经费上，哈工大馆每年购书经费为120万元，电子资源经费150万元（四馆中最高），山大馆分别为300万元（四馆中最高）和40万元，职教馆分别为190万元和35万元，市馆购书经费仅仅25万元，而电子资源经费根本就没有。

（2）馆藏资源利用上，四个图书馆无论是纸质还是电子馆藏结构在侧重上各有不同，具有极强的互补性，山大馆的是综合偏文科，哈工大馆理工科图书相对集中，职教馆优势在技能方面，市馆则为普及性读物。山大馆纸质藏书最多，94万册，职教馆52.7万册，哈工大馆50万册，但种类上要比职教馆多，市馆仅有29万册，密集书库是利用率较低的图书集中的书库，哈工大馆和山大馆两馆密集库图书共有32.4万册，超过了市馆的总藏书量（见表1）。即使正常流通的图书也存在着外借次数偏少情况，如哈工大馆27万册可流通图书中，外借次数0次的为10万册，1次为3.7万册，2次为2.3万册，接近流通总量的3/5，闲置情况十分惊人。

表1　威海市公共馆与高校馆经费及馆藏情况

项目	哈工大馆	山大馆	职教馆	市馆
年购书经费（万元）	120	300	190	25
年购刊经费（万元）	30	35	20	5
年电子资源经费（万元）	150	40	35	0
图书总量（万种/万册）	15 / 50	26.8 / 94	14 / 52.7	29
期刊总量（种/万册）	2247 / 2.3	2306 /	1374/ 1.68	500 / 3

（3）馆舍面积使用上职教馆面积最大2.3万平方米，其次是山大馆2.1万平方米，最后是市馆和哈工大馆，均为5000平方米左右，但从每平方米使用人次上看，山大馆最高为114人次/平方米，其次是职教馆和哈工大馆为50人次/平方米左右，市馆最低为34人次/平方米（见表2）。

表2　威海市公共馆与高校馆馆舍使用情况

项目	哈工大馆	山大馆	职教馆	市馆
面积（万平方米）	0.5	2.1	2.3	0.58
座位（个）	200	2831	2390	400
年均读者数（万人）	2.2	3.5	2	0.5
年接待量（万人次）	25	240	116	20

从上述分析来看，高校馆的优势毋庸置疑，但同时也存在资源闲置问题，市馆囿于资金、馆舍，只为全市251万人口中5000人提供了服务，仅占总人口的0.2%，有着非常大的服务拓展空间，如果将高校资源分流到社区图书馆，盘活国家资产，无论是对威海居民还是城市发展都会有极深远的影响。

2.4　建立图书馆员准入制度

图书馆历来是被认为是轻松、无作为的部门，常用以安插各类家属和关系，降低了服务效果，制约了图书馆事业的发展，也令更多读者无法正常使用图书馆，直接损害了纳税人的阅读权益，为避免这一情况在新建的社区图书馆出现，必须建立严格的用人制度，引入竞争机制，经培训才能上岗，从招聘、培训到上岗、考核，采取能者上的原则，以业绩定岗定编。

正式员工的培训、考核由专业协会来执行，专业协会的成员应为各高校馆的专业人员组成，仅单个馆的力量是不足胜任的，市馆虽然高级职称比较多，占全馆人数的36%，但学历上有所欠缺，山大馆的研究生和本科生分别占总人数的37%和47%，哈工大的分别占30%和17.4%。就专业而言，图情专业与计算机专业人才山大馆最多，总计15人，哈工大馆和市馆分别为5人和7人。因此，可集中威海市图情与计算机专业技术人员组成培训团队，带领社区图书馆人员，共同提高业务水平，使其工作标准化、规范化、专业化。

社区图书馆工作人员除正式职工外，还应发动社会力量，如鼓励社区人员义务参加管理，吸引中小学生把帮助图书馆作为课外活动，此外还可以成为高校文检课的实习基地，志愿者的工作场所……这样既减少了工作人员的开支，政府部门的经济压力，也起到了宣传、扩大社区图书馆影响的作用。

2.5　积极提供多样化的服务

社区图书馆功能在于用而非藏，并且以休闲娱乐与知识传递为主，其生存空间在社区，如果没有居民信息需求的土壤，就失去了存在的价值和意义，因此社区馆服务应该紧紧围绕居民的日常生活和工作，在细化读者群基础上，针对不同对象展开相应服务项目，在潜移默化中对居民进行思想、道德、知识等方面的教育，最终成为社区的信息集散地和文化中心。

（1）传统借阅服务。根据对社区居民休闲、娱乐、科普、求知等文献需求的特点，组织相关图书、报纸、期刊等馆藏资源，此外，网络信息技术也为传统的借阅注入了新的活力，使"通借通还"成为可能，即"一馆办证，各馆借书，一馆借书，各馆还书"，读者可以通过互联网查询各馆的馆藏，如果社区图书馆联盟建立起网上统一检索平台，那么一次输入就可以查询到所需资源的馆藏地，然后就近借阅，或委托所在社区图书馆办理，使阅读活动变得轻松、愉快、自在。

（2）数字信息服务。高校数字资源愈来愈丰富，三校总计有中外文数据库上百种，种类涵盖所有学科，涉及图书、期刊、数据、学习平台及影视作品等多种信息形式，此外，市馆还是国家"文化信息资源共享"的服务网点，当然，如果各社区图书馆根据社区情况，建立社区信息平台，发布民生信息，那么数字资源将更加丰富多彩，更加贴近民生。

（3）联合参考咨询。当今社会处于信息时代，人们对于知识的需求呈多样化、深度化趋势，单一社区图书馆工作人员是无法满足的，通过建立全市图书馆员或专家的虚拟参考咨询系统，集全市的智慧来服务广大读者，造福社会。

（4）教育培训服务。社区图书馆根据社区居民的特点开办培训班或举办各种类型的讲座，提高居民的文化水平和生存技能，例如，提高生存技能的"计算机知识""求职礼仪""公文写作""法律法规"等培训班，增加社会参与度的"社会热点问题系列讲座"，适合家庭的"投资理财""美容养生""孩子教育""旅游环保"等讨论。

（5）文化活动服务。利用社区图书馆举办各类文化活动，如音乐欣赏、文化沙龙、电影放映、书画展、亲子阅读活动等，还可以对中小学生，采取放学后和寒暑假的"阅读托管"，既增长了青少年的知识，培养其阅读习惯，也解决了父母的无暇之虑。

3　建立长效的保障机制

任何一种好的模式，如果缺少了高强度的执行力，也仅仅是一纸空文，由于社区图书馆联盟涉及的部门繁多，且隶属于不同的系统，打破本位主义，各自壁垒，需要大量的协调管理，引入精细化管理概念，责任到人加以过程控制，以保证联盟的正常运转。

另外，从国内外社区图书馆建设经验中还可以得出：政府支持和法律保障是首要条件，利益均衡是辅助条件，这样才能确保社区图书馆健康、有序、持久的发展，避免因经费短缺、办事推诿、靠要思想严重等因素导致社区图书馆流于形式，轰轰烈烈上马，悄无声息湮没，最后不了了之。

3.1　法律上规范

国内外比较成功的图书馆发展轨迹都离不开法律，如，自美国马萨诸塞州颁布了世界首部公共图书馆法后，各州也出台了相应的法律，英国《公共图书馆法》规定了社区图书馆具体建制，瑞典图书馆法里强调将资金下放到基层居民区，新加坡的《社区住宅规划法》更明文规定每个社区必须建立图书馆。中国的公共图书馆法目前正酝酿中，一些城市则颁布了相关法规，如北京的《北京市图书馆条例》、上海的《街道图书馆工作条例》、深圳的《村（居委会）级图书馆达标标准》……可见，法律上的规范势在必行。

3.2　政策上倾斜

美国图书馆运行经费充裕除了联邦政府的拨款外，主要得益于国家税收体制及各类基金会，威海可借鉴美国支持企业单位、社会团体和个人向图书馆捐赠的做法，即捐助可以减少纳税额度，如比尔·盖茨15年间为公共图书馆计算机及网络建设捐赠了1.5亿美元，而我们国内却少有这样的善款，威海更是没有，如果市政府出台鼓励政策，使企业或个人都愿意为所在社区图书馆甚至其他图书馆提供捐助，那在全国也算创举。

3.3　利益上均衡

完全无偿地为社区图书馆提供支持是不现实，也是不符合市场规律的，真正将"资源共享"的口号落到实处，调动支援馆的积极性，仅仅在政策和法律上予以制约是不够的，还需要利益重组，因此，可以根据各馆的贡献程度接受政府的一定补助，或者其他方面的收益分配，如借书证押金和年费的分摊，使社区图书馆联盟进入一种良性的循环。

3.4　评估上完善

社区图书馆受助程度应于评估指标挂钩，在指标的制定上要注重以人为本，不只是读者，也包括馆员，相关评估指标如注册读者数，平均进馆次数，图书外借量，开放时间，服务流量，响应时间，服务成果（读者满意度指标，对馆藏、环境、馆员、网站满意度及评价），媒体关注度，社会指定捐助等，评估结果排在前面的，可通过图书基金的分配、管理系统的提供、活动的资助等多种形式予以奖励，对于运作情况不佳的社区图书馆，采取整改，更换工作人员等措施提高其服务效能。

结　语

图书馆与博物馆、科技馆等文化科技设施发展同样反映了社会文明进步的程度，尤其是图书馆，作为城市文化中最具有代表性的文化设施，它既是文献流、信息流、知识流、人才流、思想流的所在地和城市中最重要的免费公众空间，也是市民文化享受中不可或缺的组成部分。如果威海市通过建立以公益服务为主旨的贴近市民的一体化、规范化、网络化、布局合理、方便快捷的图书馆网络，提供优质的信息服务，使广大市民欣然感觉到身边的"城市教室"和没有围墙的终身学校给自己带来的便利，对于消除因身份和地位不同而存在的信息差异、数字鸿沟，对于构建学习型城市，提升整个城市的文化品位，对于安定社会、和谐各界关系，将起到非同寻常的作用。

[哈尔滨工业大学（威海）　课题组成员：刘占辉　毛宏燕　刘俊杰　邱建玲　曲　波]

关于完善收入分配制度的思考

高和进

收入分配制度是社会经济制度的重要组成部分，也是处理社会成员之间利益分配的基本机制。分配制度改革是处理好分配关系，完善社会主义市场经济体制的重要内容。党的十七大指出："深化收入分配制度改革，增加城乡居民收入。"它既有利于生产力的发展、经济效率的提高、社会财富的增加，也有利于保证社会成员收入分配公平，同时促进共同富裕目标的实现。

一 我国分配制度的现状及存在的问题

在改革开放的二十多年里，我国分配制度改革已经取得初步成效，以按劳分配为主体，多种分配方式并存的分配制度基本建立起来，收入分配调节政策体系和调控机制基本形成，城乡居民总体收入水平和生活质量不断提高。但是，近几年来，由于多种因素的影响，社会成员收入差距不断扩大，部分社会成员之间收入悬殊，收入分配秩序混乱的问题也日益突出，分配问题已经成为社会各界普遍关注的社会问题之一。突出表现在四个方面。

（1）宏观管理制度未能严格规范分配秩序。主要体现在税收制度不完善和工资分配制度不适应市场经济体制方面。目前，一方面，我国规范收入分配的税收在制度安排上存在几种倾向。一是重视企业分配之前的环节征税，轻视在企业分配之后的环节征税，体现为流转税和所得税的双重主体税。二是重视对劳动所得的课税，轻视对资本得利的课税。三是重视对收入环节的税制建设，轻视对财产环节的税制建设。这些倾向都需要通过深化税收制度改革予以解决。另一方面，分配秩序仍然比较混乱。在企业，有些单位没有建立工资制度或缺乏工资管理，工资支付行为不规范，一些企业把最低工资标准作为支付工资标准；少数企业仍存在拖欠甚至克扣劳动者工资、同工不同酬等问题，侵害劳动者劳动报酬权益，由此引发劳动争议甚至影响当地社会稳定。在机关、社会单位，仍存在分配双轨制，国家工资制度与单位分配制度并存，制度内工资不高，制度外收入不少。

（2）收入分配调节体系和调控机制的作用尚未充分发挥。主要表现为社会成员之间收入差距过大。收入差距过大的问题在城乡、地区、行业、社会群体之间及其内部普遍存在。尤其在城乡、地区之间居民收入差距更为突出。如果考虑到城乡居民在住房、医疗、教育、社会服务等方面的差异，估计城乡居民真实收入差距将扩大到 6 倍左右。

（3）社会保障体系尚不健全，社会贫困问题仍未解决。社会保障体系是调节收入差距的重要手段。当前，在坚持社会统筹和个人账户相结合，完善城镇职工基本养老保险制度和基本医疗保险制度方面、建设健全失业保险制度和城市居民最低生活保障制度、确保国有企业下岗职工基本生活费和离退休人员基本养老金按时足额发放、使所有符合条件的城市居民都能得到最低生活保障等方面已经有了长足的进展，但这些制度和措施仍待于继续完善，而我国人口大多数的农民仍然没有被完全纳入社会保障体系之中。

（4）转移支付力度有待加强。近些年来，特别是 1994 年分税制改革以来，随着国家财政势力的增强，政府在运用转移支付手段对低收入者进行救助方面取得了长足进展，在制度建设上，除了发挥优抚安置、临时救济等作用外，还建立了居民最低生活保障制度。但是，在运用转移支付手段方面，仍然存在一些问题：一是转移支付的总量不够大，结构不平衡；二是地区间财力不平衡，那些有较多低收入者需要救助的地区，大多数是财政较为困难的地区，从而影响了低收入者的转移支付。另外，面向低收入或贫困家庭的社会救济体系还需要进一步强化。

二　收入分配不完善带来的危害

改革开放以来，随着社会主义市场经济体制建立和完善，收入分配制度暴露出一些与社会主义市场经济发展不适应，这些不适应的存在导致了我国居民收入差距不断扩大，分配秩序比较混乱，造成了社会的不公平。这种过大的收入差距严重危害着社会主义和谐社会的构建。突出表现为三点。

（1）影响社会稳定。现阶段规模较大的贫困群体的存在，虽然从社会转型意义上讲不可避免的，但这种情况如果长期存在，会损伤社会的公正原则并降低社会的诚信程度，给社会经济发展带来负面影响。"贫者愈贫，富者愈富"的局面可能诱发贫困群体对社会财富在分配的强烈愿望。当他们的愿望得不到实现时，他们有可能采取非正常的手段达到目的，从而会影响社会的稳定。

（2）过大的贫富差距容易产生大量的社会弱势群体。目前，在农村贫困问题尚未解决的同时，近年来由于加大了国有企业改革的力度，下岗失业人员比重增加，城市贫困问题随之凸显。无论是农村，还是城市，贫困问题依然是现阶段面临的重大而严峻的问题。

（3）挫伤大批劳动者的积极性。收入分配差距过大体现在，由于在市场经济体制中有些规则尚未健全，出现了所谓的"灰色收入"和"黑色收入"。不法分子在不进行任何竞争与生产要素投入的情况下直接攫取财富，加剧了收入和财富占有的不平等。在一些人暴富的同时，腐败等不法因素也会直接或间接对其他群众尤其是弱势群体形成利益剥夺，从而进一步加大了收入分配的差距，挫伤了大批劳动者的积极性，对社会公正损害很大。

三　完善收入分配制度的建议

我国改革和完善分配制度的总取向是以共同富裕为目标，扩大中等收入者比重，提高低收入者收入水平，调节过高收入，形成中间大、两头小的分配格局。要完善分配制度，促进社会和谐。首先要加快发展、科学发展，夯实共同富裕的物质基础。发展是解决所有问题的关键。调节收入差距和实现共同富裕当然也离不开发展。无论遇到什么情况，发生什么问题，都要集中精力搞经济建设，不遗余力地发展生产力，坚定不移地进行改革是解决分配制度中存在的问题的唯一有效途径。在此基础上，注重公平，合理调整收入分配格局。

（1）努力处理好效率和公平的关系，实现效率和公平的统一。改革开放初期，为打破计划经济下的平均主义"大锅饭"，鼓励一部分人先富起来，强调"效率优先、兼顾公平"是必要的。但在发展市场经济过程中过分追求效率忽视公平的结果是收入差距不断扩大。效率问题，实质就是发展生产力，使劳动者的报酬与劳动贡献紧密结合起来，打破平均主义的分配方式，奖勤罚懒，激发人们的积极性和创造性。实现共同富裕是社会主义的本质要求，但共同富裕不是全体人民同步富裕，更不是靠平均主义能够实现的，必须以生产力的巨大发展，社会财富的极大丰富为条件。片面强调公平，牺牲效率，就没有生产力的发展和社会财富的不断增长，就不可能为实现共同富裕不断创造物质基础。所以要从促进生产力发展出发，提出效率问题，发挥市场的作用，承认收入分配方面应当和存在差别，促进效率的提高和生产力的发展，正是为实现共同富裕逐步创造条件。然而，以共同富裕为目标的社会主义社会在收入分配上也不应悬殊，更不能搞两极分化。因此，必须处理好效率和公平的关系。在收入分配调节中，坚持初次分配和再分配都要处理好效率和公平的关系，发挥市场机制的作用，创造公平的竞争环境，实行机会均等。再次分配必须更注重公平，统筹安排，加强政府对收入分配的调节职能，通过多方面的收入分配政策，调节收入差距，防止两极分化。

（2）努力规范收入分配秩序，发挥政府的调节作用。当前在收入分配中存在的收入差距扩大，需要政府进行管理。规范收入分配秩序，理顺分配关系必须强调国家的再分配功能。国为在解决收入差距过大的问题上，市场往往是无能为力的。市场的规律是优胜劣汰，市场调节遵循的原则只能是机会的公平，而不会是分配结果的公平。理顺分配关系，必须根据形势发展的需要，由政府来规范分配秩序，合理调节少数垄断性行业的过高收入；必须加强政府对再分配的调节功能，注重公平，调节差距过大的收入，必须坚决取缔贪污等非法收入，防止收入悬殊。

调节过大的收入分配差距，并不是要绝对的平均分配。相反，对于有利于提高效率的合理合法所得造成的收入差距，符合社会主义市场经济发展要求的，是应该鼓励和肯定的。对于不合法收入造成的差距过大，必须坚决取缔。垄断行业和部门凭借其垄断地位占有和支配优势资源，获得超额利润，转化为本部门职工的高收入，这种合法但不合理的垄断收入就应该由政府来加以限制，打破垄断，使资源优化配置，不合理的收入差距得以缩小；对于一定时期必须保留垄断的行业和部门，其收入分配标准应纳入政府监管。

（3）努力减少低收入和贫困群体，扩大中等收入者比重。国内外发展的历史经验证明，一个和谐稳定的社会，必须是一个中等收入者占多数的社会。同时从世界各国的现代化进程看，中等收入群体的兴起和壮大，是一个具有普遍意义的现象。2004 年全国城市住户基本情况调查的收入数据计算表明，目前我国城市中等收入群体的家庭约占全国城市家庭总数的 5%，高收入群体的家庭仅占 0.3%，低收入群体的家庭却高达 94.7%。从总体上看，整个城市社会收入分配格局中仍呈"金字塔型"，城市中等收入群体的扩张处于初期阶段，距离建设中间大两头小"橄榄型"的稳定的社会收入分配格局，还有很长的一段路要走。为不断扩大我国城市中等收入群体的规模，应从多方面采取措施。首先，要提高低收入群体的家庭收入水平。一方面要通过促进充分就业，从源头上解决低收入问题。各级政府应继续在税收减免、小额贷款、再就业培训补贴、增值税和营业税起征点等方面给予优惠政策，以增加失业人员的就业机会，提高其收入水平。另一方面，要继续完善社会保障体系，保障那些低收入或无收入来源者的基本生活。要继续完善最低工资制度，在保持工资水平与国民经济发展水平的协调增长的情况下，应以高于经济增长的速度尽快提高低收入群体家庭的工薪收入水平。其次，要加强人力资本投资。国内外的研究资料表明，在市场经济体制下，一个人接受的教育水平与其收入水平呈正相关关系。接受教育时间越长，预期收益也越高；接受教育时间越短，预期收益也越低。可见，提高城市居民收入的根本途径在于加强人力资本投资，不断提高大家的教育、科技和文化水平，培养有一技之长的有用之才。再次，要坚持城市化发展战略。现在我国农村人口仍占全国人口的大多数，若在一个低水平的城市化情况下扩大城市中等收入群体规模，将是失去现实意义和违背全面建设小康社会战略目标的。我们要实现的是一个在高度城市化情况下的城市中等收入群体占绝大多数的"橄榄型"社会结构。为此，必须坚持城市化发展战略。

（4）努力改变农村的落后面貌，缩小城乡和地区差距。以社会主义新农村建设为抓手，逐步改变农村的落后面貌，切实提高农民收入，从根本上扭转城乡差距过大并不断扩大的局面，逐步改变目前城乡居民平均收入和消费差距相差二十余年的状况，连接城市生产和农村消费的链条，完善和改革征用农民土地的补偿制度，整合现有的农村贫困救助制度、"五保"制度、农村合作医疗制度以及试行的农村老人执行生育政策补贴制度，建立起农村"低水平、广覆盖"的社会保障体制基础框架。

（作者单位：中共荣成市委党校）

基层经济责任审计的内容及
评价体系研究

李忠荣

一　研究背景

经济责任审计是干部监督机制中的重要环节，对加强干部监督管理、促进依法行政、提高执政能力、推进党风廉政建设、维护经济秩序等具有重要作用。1999 年中共中央办公厅、国务院办公厅下发了《关于县级以下党政领导干部经济责任审计暂行规定》（以下简称《规定》），经济责任审计工作在基层率先开展。十年来，县级以下领导干部经济责任审计工作取得了很大的发展。但从实际中看，各地具体情况不同、领导干部所任职单位具体职责不同、不同时期对领导干部的要求不同，导致领导干部所承担的经济责任也不可能完全相同，而《规定》对经济责任审计和评价的范围和内容等只是做了原则性规定，对经济责任审计工作缺乏具体的指导意义。因此目前各地开展的经济责任审计在内容和评价标准等方面极不统一，可以说是五花八门，有的还存在审计内容过窄、审计评价深度不够、评价内容超出审计范围等问题，成为制约经济责任审计工作的严重瓶颈，严重影响经济责任审计作用的充分发挥。

实践证明，不同地区、不同时期，对不同单位的经济责任审计既有共性，又有个性，为此必须因地制宜、因时而易地来确定经济责任审计的内容和评价体系。本课题通过研究学习各级对领导干部和经济责任审计工作的要求，总结多年来经济责任审计工作经验，并借鉴其他地区的经验和做法，对基层党政领导干部经济责任审计进行深入研究，力图确定符合全市实际情况的经济责任审计范围、内容和评价标准体系，以进一步提高经济责任审计工作水平，同时为有关方面加强对领导干部的监督管理提供借鉴，以有效促进领导干部加强自身修养、提高管理水平和认真贯彻落实科学发展观，推动县域、镇域经济社会平稳和谐发展。

二　基层党政领导干部经济责任审计的类型

《县级以下党政领导干部任期经济责任审计暂行规定》第二条对县以下党政领导干部的范围做出了明确规定："是指县（旗）、自治县、不设区的市、市辖区直属的党政机关、审判机关、检察机关、群众团体和事业单位的党政正职领导干部，乡、民族乡、镇的党委、人民政府正职领导干部。"由此可见，基层党政领导干部经济责任审计范围包括乡镇和所有市部门单位负责人。但如此划分对审计工作实践来说比较笼统，因此有必要对其再加以细分，并分别对审计和评价内容进行研究确定。根据审计实践，此次研究课题将基层党政领导干部经济责任审计分两大类，一是乡镇党政领导干部经济责任审计，二是市直部门单位领导干部经济责任审计。市直部门单位又按其职能进一步细分为执法类、经济管理类、社会事务管理类及公用事业类。当然有的市直部门实际承担的经济责任可能是多方面的，具有上述交叉职能，对这些部门单位应在审计中注意兼顾其所涉及职责，并有重点地进行审计。

三　乡镇经济责任审计内容和评价体系

（一）乡镇经济责任审计的内容

乡镇党委政府作为最基层的党政机构，其职责范围包括组织区域内的经济社会发展、社会矛盾（特别是农村矛盾）的解决、重点项目建设规划和基础设施建设、三农问题等方方面面，相对应的乡镇领导干部所承担的经济责任也是复杂多样的，其审计内容相比一般的行政事业单位来说要多。一般应包括以下几个方面。

1. 内部控制制度审计

内部控制是保证单位经济业务正常运作，避免和防止出现舞弊和差错的重要举措。乡镇机构多、人员多、资金流量又特别大，如果内控管理存在漏洞，往往会导致严重违规违纪问题的发生，而乡镇人员流动性相对较大，内设办事机构较多，又往往在内控管理方面存在不到位的地方，因此在乡镇领导干部经济责任审计中，要特别关注其内部控制制度的健全性和有效性。

2. 乡镇财政财务收支情况审计

乡镇财政财务收支一般分三大块：一是一般预算收支，二是预算外收支，三是单位本身收支。由于目前乡镇政府组织征收的预算收入较少，因此对一般预算收支要重点审查资金支出情况，如支出结构是否符合规定，资金使用是否达到预期的效益等。对预算外收支要重点审计是否存在乱收费、乱摊派、乱集资、增加农村和企业负担等问题。对机关本身收支主要审查支出手续是否完善，是否有超标准超范围支出及侵占挪用等违规违纪行为。

3. 资产情况审计

一是要摸清乡镇政府的资产家底，尤其在离任审计时，要把摸清家底当作一项十分重要的审计内容，否则往往会留下审计"后遗症"。二是要审查资产管理情况，看是否存在多套账簿资金混放、白条抵库、公款私存，随意购置、处置、固定资产，往来应收款不及时清收等问题。特别要重点关注领导干部任期投资兴建的重要基建设施的效益情况，以正确评价其投资的合理性、效益性，看是否有为建设"形象工程"，不顾乡镇实情而大兴土木的情况。

4. 债务负担情况审计

债务负担是目前对乡镇困扰较大的问题，也是各级比较关注的焦点。在审计中不但要通过审计和调查，将乡镇账内账外债务摸清楚，还要加强对债务增减、举债效益、偿债能力等情况的分析，坚决制止那些为求"个人政绩"而大肆举债，从而给乡镇财政带来沉重包袱的行为。

5. 专项资金管理使用情况审计

由于近年来乡镇财力比较紧张，挤占挪用专项资金的现象时有发生，这严重损害了广大农民的利益，也容易对乡镇党委政府造成政治和形象上的损害，因此，对乡镇专项资金的管理使用情况需要作为一项专门内容进行重点审计。

6. 农村经济政策落实情况审计

经济政策的范畴比较广泛，审计不可能全面了解和评价。在实际操作中，可根据所审计乡镇的具体情况，选择对镇域经济发展比较重要的经济政策执行情况进行审查，如农村教育医疗、农村社会保障、新农村建设、债务化解等。这些事项有的在财政收支审计中可能涉及，但不能像常规审计那样仅依据账本记录情况进行审计，而应开展广泛的延伸调查，审查相关政策是否真正落到实处。

7. 廉政纪律情况审计

鉴于乡镇工作的特点，在审计中应高度重视廉洁自律情况的审计。要以资金流向为主线，对重大资金、可疑资金的来龙去脉查清楚，严肃查处挪用、套取、侵占资金和私设账外账、小金库的行为。

8. 调查了解主要经济指标完成情况

主要包括国内生产总值（GDP）、财政收入、农民人均纯收入、招商引资、固定资产投资等指标，虽然这些指标大多不在账面上反映，但它们是乡镇领导干部经济责任审计评价的重要内容，因此需要到相关单位进行调查了解。

（二）乡镇经济责任审计评价内容与标准

乡镇经济责任审计的特点决定了在进行审计评价时除要遵循全面、客观、公正等一般性原则外，还应掌握以下几个原则。一是评价指标的多样性。乡镇领导干部职责范围广泛，为避免片面性，必须科学地选用多个指标对其履行经济责任情况进行综合评价。二是指标的可比性。选择评价指标时要尽量确定一些共性的指标，使不同乡镇间可相互比较。由于各乡镇的基础不同，因此最好是总量指标和相对指标相结合，既反映任期内的经济总量，又反映任期内的发展增量和增长速度，这样不同乡镇之间的对比也比较科学。三是审计评价的时代性。不同时期乡镇的工作重点不同，因此对乡镇领导干部所履行经济责任情况的评价也要保持与时俱进，要紧紧围绕中心工作和老百姓关注的热点、难点问题，对审计评价内容进行增减、对评价标准进行调整。

1. 镇域经济发展情况评价

由于审计手段的局限性，审计人员只能对财政收入等指标进行审计核实，故在对镇域经济发展情况评价时，应以地方财政收入的增加值和增长率为主要指标，同时可以参考农民人均纯收入、国内生产总值、固定资产投资、实际利用内外资、进出口总值等其他指标。评价结果一般为镇域经济下滑（负增长）、持续稳定发展、持续较快发展和高速发展四个等级。同时应简要表述为推进镇域经济发展所做的工作和采取的有效措施。还可以用各产业比重、税收比例、财政收入占 GDP 比重等指标来评价镇域经济发展质量和潜力。

2. 内部管理控制情况评价

主要评价内容有：内控制度建立健全情况，财务、工程和资产管理及成本控制情况，对下属单位管理情况等。为取得翔实的评价依据，可审计延伸部分站所和重点工程。评价结果可分为内控制度健全有效、基本健全有效和不够健全有效三个层次。

3. 经济决策情况评价

乡镇决策事项相对较多，在评价时应突出关注那些资金量大、群众反映强烈的重要决策，如重大投资和重大建设等事项。对经济决策主要从三个方面进行审计评价。一是在决策程序上，看是否存在以个人决策代替集体决策情况。二是在决策内容上，看是否存在不适合当地实际的盲目决策，是否有违反国家规定的决策。三是在决策结果上，看决策是否有效执行，决策事项建成后是否达到预期的效果。评价结果一般分为对重大经济事项实行科学民主决策并取得较好效益，对重大经济事项的决策不够科学民主，造成一定（或严重）的损失浪费及国有资产流失等问题。

4. 重要经济政策贯彻执行情况评价

由于受审计手段和权限的制约，对经济政策执行情况的审计评价，主要应从相关项目的建设和资金收拨的角度来进行。如对农村、教育、医疗、社保、环保等方面的投入占财政支出的比重是否合理，有关的专项资金是否及时拨付到位等。对特殊重要的政策，可开展相关的延伸调查，为进行评价提供可靠依据。评价结果一般可分为积极贯彻执行有关经济政策和执行政策不够得力两个等次。

5. 镇级债务负担增减情况评价

评价指标主要为：任期内债务负担增减率、债务负担占财政收入和可用财力的比重、年内新增债务与总支出的比重。根据债务增减率，评价为任期内大量举债，致使债务总量增加；任期内未大量举债，但无财力偿还以前债务，债务负担变化不大；积极化解债务，债务负担减轻。根据债务占收入和财力的比重，评价为债务负担较轻、债务负担较重。同时应表述化解债务负担的做法、任期内增加债务的使用去向和效益情况。

6. 财政财务收支真实合法性评价

（1）对财政、财务收支的真实性，依据会计核算的差错情况分别评价为真实、基本真实和不真实三个等次。如果审计发现会计核算差错率不超过1%（含1%，下同），应评价为财政财务收支真实、完整；如果审计发现会计核算差错率为5%以下，应评价为财政财务收支基本真实、完整；如果审计发现会计核算差错率为5%以上应评价为财政财务收支不真实、完整。

（2）对财政、财务收支的合法性，依据被审计单位是否存在违反国家规定的财政收支、财务收支行为，以及违规违纪行为的严重程度，分别评价为合法、基本合法和不合法，同时对违规问题予以列示。如果审计未发现违法违规行为或者违规行为显著轻微不需要处理的，应评价为财政、财务收支合法；若审计发现违规金额占资金总额 5% 以下或违规行为比较严重的，应评价为财政、财务收支基本合法；若审计发现违规问题性质严重、数额较大，应评价为财政、财务收支不合法。

四　市直部门单位经济责任审计内容方法及评价体系

市直部门单位在经济活动上存在一定的共性，如均有经费开支、资产管理等日常经济业务，财政财务收支均纳入财政预算管理等。但由于所承担的职责不同，部门单位间的经济责任又有一定的差异，如有的单位有收费、罚款，有的单位有行政执法权、审批权，有的单位掌管使用的财政资金量很大等。因此对不同单位审计的侧重点也应有所不同，尤其是要与传统的财政财务收支相区分，不能仅局限于对财政财务收支和资产管理情况的审计，而应采取差异化的审计策略，以更广阔的视野全面审查领导干部履行经济职责情况。

（一）市直部门单位的一般审计内容

1. 内控制度情况

相比于乡镇，市部门单位的内控制度大多比较健全，但部分部门，特别是长时间未接受审计监督或下属单位较多的部门，在内控制度上也有不完善的地方，对此在审计中应加以重视。从审计实践看，对市直部门单位的内控制度一般关注以下几点：一是资产管理制度及落实情况，二是支出管理制度及落实情况，三是对所承担的重大经济事项的管理制度及落实情况，四是对下属单位的内部审计情况。

2. 财政财务收支情况

行政事业单位的财政财务收支一般为本身的经费收支，部分部门单位还涉及财政资金的征收和重要财政资金的转拨。在审计时要重点关注以下几点。一是看是否存在超预算支出等现象。二是审查经费支出的真实性、合法性和效益性，特别要关注经费的节约情况。三是要审查收入的完整性，查清是否存在截留挪用坐支及私设"小金库"等行为。四是看资金拨付的及时性，看应拨付的资金是否及时足额拨付到相关单位，是否有挤占、挪用和故意延迟拨付而影响相关事业的发展等问题。

3. 资产管理情况

从审计中看，目前市直部门单位在资产管理方面的主要问题有：资产的处置、报废未按规定进行评估、审批和账务处理，购置资产未经政府采购或未及时纳入账内核算，工程建设在计划、立项、建设和核算管理上还不够规范等。对此，在审计中应根据被审计单位的资产情况进行具体分析，确定适当的审计内容和重点。

4. 经济决策情况

对市直部门单位经济决策情况的审计的内容与乡镇大体一致，也应围绕决策程序、决策执行、决策结果进行审计和评价。但市直部门作为市委、市政府的职能部门和办事机构，许多是直接执行党委政府的决策，对此，要重点审查部门单位执行党委政府决策情况，以及其本身所作决策与党委政府决策的适应情况。

5. 经济政策执行情况

市直部门单位所执行的政策也相对比较单一，如土地部门有土地政策、环保部门有环保政策等，为此，在审计时应事先把被审计单位所涉及的政策搞清楚，这通过收集有关文件，上部门网站等途径可轻松搞定。由于经济政策的执行可能涉及资金收支，也可能不涉及资金收支，所以在审计中也不能仅盯着账面资料，还要拓展审计面，对有关业务资料进行审查，以查清有关政策是否执行到位，是否存在违背政策损害群众利益的行为。

6. 经济权力运用情况审计

主要是在对具有经济审批、收费、检查等职权的部门审计时，要着重关注是否存在该批不批、违规设卡、管理缺位及乱收费、乱检查而导致扰乱经济秩序、影响企业发展和个人创业的情况，促进经济发展环境的不断优化。

7. 党风廉政建设情况审计与乡镇经济责任审计相同

党风廉政建设情况审计，与乡镇经济责任审计相同。

（二）市直部门单位的一般评价内容

对市直部门单位领导干部的经济责任评价，一般从以下几个方面进行。

（1）内部控制情况评价。

（2）财政财务收支真实合法性评价。

（3）管理决策情况评价。

（4）重要经济政策贯彻执行情况评价。

具体评价内容和方法与对乡镇领导干部的评价基本相同。

（三）对不同类型市直部门的审计策略

1. 一般性的党务和社会事务管理类

这类单位的特点是除本身的经费收支外，所涉及的其他经济活动较少，因此掌控的资金很少，并且一般都实行集中会计核算。对此类单位实施审计时，可尽量简化审计程序，以提高审计效率。同时也应视具体情况对相关事项进行适当的延伸调查，以审查是否存在资金体外循环的现象。

2. 经济管理类

这类单位有的负责对重要经济事项的决策、审批或组织实施，有的负责资金的征收或安排使用，一般所涉及的资金量较大、职责权限也较重要，对区域经济社会发展往往起到举足轻重的作用，因此是审计监督的重点，在审计时必须以决策管理事项和资金流向为主线，对其所管理的经济事务进行全面的了解和审查，充分揭示其经济管理中存在的缺位、失位等问题和薄弱环节，并加强对问题的深入研究，从宏观视角提出改进和完善制度的建议，发挥审计的免疫功能和建设性作用。

3. 执法监督类

从经济责任的角度看，此类部门除经费收支等经济活动外，还有就是可能涉及的罚款或收费事项，为此在审前调查时应充分了解其是否存在罚款和收费事项，若有，则应作为审计重点。至于其具体的执法和监督情况，要摸清其与经济责任的相关度，对与经济责任有关事项应深入进行审计，对与经济责任无关的事项，由于受审计手段和审计权限的限制，在经济责任审计中不应过分涉及。

4. 公用事业类

这类部门单位所承担的事项一般与人民群众的生活直接相关，比如学校、医院、广播电视等，而且其规模较大、人员较多，大多还涉及收费事项等，因此审计内容相对复杂，在审计中既要对单位本身的经济业务进行审查，还要适当地对其服务和收费对象进行延伸调查，全方位地收集资料和发现问题，做到既促进相关事业的发展，又维护好人民群众的切身利益。

（作者单位：荣成市审计局　课题组成员：肖艳莉　隋鹏英　刘彩霞
刘　杨）

对当前消费观及消费行为的思考

尹选芹

一 当前我国居民消费状况

2003 年是中国历史上具有里程碑意义的一年，中国人均 GDP 已超过一千美元，我们党提出了以人为本，全面协调可持续发展的科学发展观，坚持改革为了人民，改革依靠人民，改革成果由人民共享，这标志着中国经济和社会发展进入了一个重要的、崭新的时期。在消费领域，突出表现为居民消费结构已向发展型、享受型升级，由寻求温饱的重视衣、食消费，转向谋求住、行条件的改善，在紧张的工作之余谋求休闲旅游。

2003 年中国城乡居民整体消费水平继续提高，食品消费所占比重进一步下降，城镇居民家庭恩格尔系数已下降为 37.1%，农村居民家庭恩格尔系数也下降到 45.6%。这种变化表明，居民家庭消费总支出中用于食品的比重越来越少，有更多的支出用于人的发展和享受型的消费。在总体进入小康和恩格尔系数不断降低的情况下，我国居民（特别是城市居民）的整体消费水平迈上了一个新台阶，整体消费结构朝着优化方向发展，呈现出许多消费热点。

（1）汽车、住房消费成为热点和新的经济增长点。随着居民收入水平的提高及家用汽车价格的下调，住房、汽车已成为我国近几年形成的新消费热点之一。从趋势上看，这方面的消费需求将会持续旺盛。汽车和住房是我国消费结构升级的标志性商品，实际上不仅仅是我国，其他国家也如此，在经济发展到一定程度，当汽车和住房成为居民消费的主要产品时，标志着一个国家的消费水平达到了新阶段。

先看汽车消费。从各个国家的发展经验看，当一个国家人均 GDP 达到

3000～10000 美元时，将进入汽车消费快速发展的时期。我国一些大城市人均 GDP 已经接近或超过 3000 美元，汽车消费量也开始快速增长。2002～2003 年出现了"井喷式"的消费现象，热销地区主要集中在收入水平比较高和消费观念比较新的广州、北京、深圳等地区及沿海发达地区，近年来开始向省会城市和其他大中小城市蔓延。

再看住房。从需求看，越来越多的城市居民有能力购买商品房和经济适用房。2003 年商品房销售面积已经达到了 32247 万平方米，比 1991 年增长了近 10 倍。目前城镇人均住宅建筑面积达到 23.7 平方米，农村人均住房面积达到 27.2 平方米，达到世界中高收入水平。当然，目前我国的房地产市场还存在一些问题，国家正集中研究房地产的投资、消费、金融和税收等政策。从未来的发展看，城市化和人均居住条件的改善以及房屋的自然折旧，将带来住房的巨大市场需求，特别是随着城市化的快速推进，对住房的需求会进一步加大。2003～2007 年，我国城市率从 40.5% 提高到 45.2%。在"十一五"期间，专家预计城市化率仍将以每年一个百分点的速度推进。毫无疑问，城市化率的提高会直接带动房地产业发展。从这些情况考虑，未来住房的需求潜力很大，我国已进入住房需求大幅度增长的时期。

由于汽车、住房等行业具有明显的产业链条长、有持续的市场需求、科技含量高、与新材料新技术和技术进步紧密联系在一起等特点，对经济增长、社会就业、促进资源有效配置都具有很强的带动作用，在许多国家都是支撑经济发展的支柱性产业。

（2）通信、信息消费进一步成为新的消费热点。网络信息技术的广泛使用，电话普及率逐年提高，手机拥有量逐年增长，现代化的通信服务已形成巨大的消费市场，涵盖面逐步扩大。从"九五"后期开始，通信、信息消费成为我国居民新的消费热点，产销均呈现快速增长势头。目前，中国是全球最大的手机市场。2007 年，我国互联网上网人数已达 1.72 亿，网民平均每天上网 5.43 小时。今后五年，中国信息产业还将继续保持 20% 以上的增长速度。以信息技术为核心的电子信息产业，具有很高的关联度和附加值，能带动机械、电器、新型材料等十几个产业，必将对消费、生活产生更大的变革，将加速产业结构升级转型，促进新型工业化发展，使国民经济步入又好又快发展轨道。

（3）旅游消费成为新的亮点。旅游消费作为一种重要的文化活动，随着国家社会经济文化生活水平的发展成为人们消费生活的一个亮点。未来学家约翰·托夫勒指出：人类社会的第三次浪潮是服务业的革命，第四次浪潮是信息革命，第五次浪潮是娱乐业和旅游业的发展。按照国际经验，人均 GDP 达到 800~1000 美元，旅游消费进入快速增长时期。我国显然已经进入了这样的时期，当然，它要求有制度性的安排与其配合。随着收入的增长，职工带薪休假制度的实施、加上双休日和法定节假，全年工薪阶层可享受假期 120~130 天。闲暇时间的增多，以及交通的快速发展，大大刺激了人们的旅游欲望，旅游消费已由少数高收入人群的生活方式和消费方式，逐步变成大众的生活方式和消费热点，旅游消费大幅度增长。2007 年我国国内旅游人次达到 16.1 亿，城乡居民总出游率达到 122%，人均出游 1.2 次，比 2000 年提高了 63 个百分点。在今后一个时期，伴随着经济的发展和居民收入的持续增长，我国居民的出游率仍将会快速增长。旅游消费的兴起吸收了大量劳动力，促进产业结构的升级和优化，增加了地方收入，地区经济文化得到了协调发展。"十一五"期间乃至更长的时间内，我国都将是一个旅游的消费大国，旅游业将是今后拉动经济增长的一支重要力量。

（4）医疗保健和健康消费成为新宠。医药保健品消费水平与居民可支配收入具有很强的相关性，随着居民生活水平的提高、"以人为本"理念的提出，生活方式的改变，健康生活理念的迅速抬升，以及人口自然增长和人口结构老龄化，人们对自身的保健愈加重视，由事后治疗转向事前预防、事中保健，更加重视保健和健康型商品的消费，保健品已开始由以前的奢侈品向必需品转变。2006 年销售已达 600 亿元。预计在未来的五至十年内，随着中国经济结构的转型和消费结构的升级，保健产业将进入高速发展期，年均增速将达到 15%。特别是绿色商品备受欢迎，各类健身器材、保健器材和滋补保健品将进入普通居民家庭，医疗健康、保健消费支出将成为继食品、教育之后的第三大消费支出。

（5）高档消费品和品牌商品的消费快速增长。高档消费在我国也进入一个较快发展时期。珠宝首饰、高档钟表、高档服装以及家庭用品，在近几年有很明显的消费增长趋势。另外，据有关部门对商品品牌销售统计监测信息显示，居民消费的品牌意识日益增强，品牌商品在百姓心目中的认知度、信任度和忠诚度越来越高。品牌消费在"十一五"期间将越来越突出，成为一个消费热点，必将推动企业自主创新，促进名牌企业和名牌产品成长。

（6）节能环保型产品市场潜力越来越大。能源制约已成为我国经济发展的瓶颈，近两年表现得更为突出。我国虽然是一个资源大国，但是每年 8%、9% 的经济增长速度，对资源的需求越来越大。资源短缺已成为影响经济增长的关键问题。环境的改善也是实现科学发展观中的关键。因此，节能环保型产品市场潜力越来越大，节能产品越来越受欢迎，这必然带动企业节能降耗、开发新产品，走资源节约型、环境友好型之路，实现可持续发展。

（7）投资类消费成为时尚。知识经济时代，知识、智力已成为决定性因素，广大居民对文化教育重要性认识的提高，随着改革的不断深入，文化教育的福利性逐步减少，市场化、货币化比重逐步提高，文化教育消费在消费结构中的比重不断提高，文化教育消费成为热点成为必然。另外，随着经济体制改革的深入和居民收入的增长，居民的个人投资渠道呈现日益拓展的发展趋势，居民对购买有价证券"情有独钟"，势必带来消费转型，追求经济安全、享乐和发展，追求时尚化与个性化日趋明显，教育、投资理财成为新宠。这些积极变化，会反过来促进城市产业结构、经济结构的调整和优化，特别是提高劳动者素质，提升第三产业，迅速增加对第三产业的需求，推动第三产业快速发展，改变中国第三产业比重偏低的不合理状况，成为经济增长的持续推动力量。

二 我国目前居民消费状况存在的主要问题

从整体上看，目前我国居民消费理念逐渐成熟，消费行为趋于理性，消费结构升级速度不断加快，处在由温饱型向小康型、现代型过渡阶段，消费对经济增长的拉动作用明显。2007年，我国GDP增长11.4%，其中消费、投资、出口的拉动分别占4.4%、4.3%、2.7%，消费对GDP增长的贡献率近年来首次超过投资，表明其对经济发展的带动作用正在加大。但从目前的消费状况看，仍存在一定的问题，主要表现在以下三个方面。

（1）消费断层问题。与城市居民相比，农村居民消费行为、消费水平和结构尚处于较低层次，在城市开始普及时，家用电器才刚进入农村家庭，农村居民每百户拥有彩电、冰箱、洗衣机等家电产品只相当于城市十年至十五年前的水平，而家用电脑、空调、移动电话、轿车等耐用消费品拥有量很少。城乡居民消费结构的断层，造成了很大的浪费，使许多潜在的生产能力无法发挥出来，影响了国民经济持续快速发展。

消费断层现象的出现，原因在于农民收入低、城乡居民收入差距过大。因此，千方百计增加农民收入，从根本上缩小城乡差距，是解决消费断层问题的关键。

（2）炫耀性、挥霍性消费流行。黄金发展期的中国，财富以前所未有的速度被创造、被累积，财富也改变着中国人的消费伦理。越来越多的人用高消费来提升生活享受，住豪宅、驾名车、穿品牌不仅是生活质量的标志，更成了一种成功标志。在美国式消费文化与中国式奢侈的叠加中，一些人的消费模式呈现三方面特点：一是以实物消费为主，把数量作为消费水平的标准，忽视消费质量；二是以能源和资源的大量消耗为支撑，消费的资源成本过高；三是追求近期目标和当代人消费的满足，忽视未来人的消费需要，缺乏可持续性。这种消耗资源和浪费资源的消费模式，助长了不健康、不文明甚至病态的消费行为。中国品牌战略协会统计显示，中国的奢侈品消费人群已达到总人口的 13%，且还在迅速增长中。欧美用户平均 40 个月换一部手机，我国消费者的更换频率则为 4 个月。礼品奢侈化、节庆奢侈化在中国消费市场屡见不鲜。天价月饼，上千上万的豪华礼品，豪华年夜饭……中国式奢侈文化越来越流行。如果说这种奢华生活方式在社会中只存在于财富金字塔顶端的"少数派"，那么，当住花园洋房、开大排量汽车、习惯于"一次性"消费品的美国式生活方式和消费观念全面覆盖主流消费人群，中国脆弱的资源环境已不堪重负。所以，正在迈入小康社会的中国，亟待建立起科学的消费观，建立与自然协调的健康的消费方式，提高消费者的社会责任意识、节能意识、环保意识，鼓励节约型消费。

（3）消费者素质有待提高。消费者的素质存在以下问题：一是知假买假，知差买差；二是购买知识缺乏，成本意识淡薄；三是有法不依或不懂法。这些问题的存在较大地影响我国消费市场发育程度和市场化进程。

三 规范消费行为、优化消费结构的对策建议

通过上述分析，可以看出伴随着 30 年的改革开放历程，我国居民消费结构不断优化升级。20 世纪 80 年代初期以吃、穿等基本生存需求为主的消费结构已经被取代了，而以人力资本投资的教育、文化、卫生、保健的新消费结构正在形成。

目前居民消费增长点在居住、交通、通信、医疗以及娱乐教育投资方面，但更健康的消费结构由于受到消费观念、国家政策和产业结构等方面的制约，还没有完全形成，投资、出口、消费协同拉动经济增长的格局有待进一步完善。站在新起点实现新发展，我们依然要不断解放思想，坚持改革开放，在改革创新中构建有利于科学发展、社会和谐的体制机制。就此，笔者提出以下建议。

（1）加快现行消费体制改革。我国消费体制改革滞后，制约了消费结构

的转变，割裂了巨大的市场消费需求潜力与现有供给能力之间的联系。在城镇住、行的消费方面，福利型、供给型和集团型的消费方式至今仍未彻底打破，用于住、行的消费品和消费行为，仍未完全纳入个人商品消费领域，使这两个方面的消费需求处于被压抑的状态，从而与住、行相关的产业不能得到充分发展。

（2）推行鼓励消费的政策。加快费改税步伐，建立规范、透明的管理体制，千方百计降低住房、汽车等高价值商品的价格。彻底整顿土地转让价格和拆迁补偿费，清理各种摊派和收费，规范住房成本构成，切实降低房价。放开住房二级市场。取消对汽车的各种不合理收费，积极推进燃油税改革进程。

（3）扩大就业渠道。制定再就业优惠政策等一系列措施，保障国有企业下岗职工基本生活，积极促进其再就业，增加他们的家庭收入。积极发展现代农业，切实解决"三农"问题，增加农民收入。

（4）完善社会保障体系，增强消费信心。完善社会保障体系是我国社会保障事业健康发展的标志和条件，也是提升居民消费结构的重要前提。

（5）关注不同消费阶层消费特征的变化。对消费阶层的分析是对市场需求发展的一种判断，因为市场导向着生产和销售，导向着经济发展。我国在现有的收入水平、消费结构下，出现了三种消费阶层：一般收入水平的群体和消费居民、中等收入和消费阶层、广大农民和城市低收入者阶层。一般收入水平阶层仍然占大多数，这是我国消费的主体部分。中等收入和消费阶层正逐步成为消费需求增长的主要动力，随着中等收入阶层的崛起，我国居民的消费率将不断上升，目前我国消费率是历史最低点，预计到 2010 年将上升到 65%，并于 2020 年达到 71%，接近发达国家水平。中等收入阶层的消费倾向是购买高端、新型商品，从而推动消费结构和产业结构的升级。广大农民和城市低收入者阶层，目前还是我国消费市场的一个薄弱环节，关注这个阶层的消费既是党和政府关注民生，构建和谐社会的需要，又是扩大内需，促进国民经济持续健康发展的需要，也是企业扩大生产和销售的有效途径。

（作者单位：中共荣成市委党校）

用创新精神和先进文化破解新农村
建设中的三大难题

毕志强

党的十七大报告指出："解决好农业、农村、农民问题事关全面建设小康社会大局，必须始终作为全党工作的重中之重。""培育有文化、懂技术、会经营的新型农民，发挥亿万农民建设新农村的主体作用。"这两句话，既阐明了"三农"问题在全党工作中的战略问题，又从战略高度对农民"主体资格"进行了界定。本文着重就破解新农村建设的三个难点问题谈谈体会。

一 如何破解"发动群众和清理三大堆难"的问题

1. 关键在于用创新精神和先进文化动员群众

首先，要牢固确立"一等二靠三落空，一想二干三成功"的思想和"不想不干一场空，想了干了才成功"的观念。其次，要牢固确立"建设新农村，人人有责任"和"共建共享，人人有责"的思想，真正发挥农民群众在新农村建设中的"主体作用"。

2. 村干部能"领"多远，村民就能"跟"多远，群众没有动员起来，要从干部自身找原因

3. 组织发动群众清理三大堆"九步法"

村干部要有清理三大堆的坚定决心和斗志；召开小区长以上干部和村民代表会议统一思想，并制定《门前三包责任制》（包卫生、包路平、包整齐）；组织部分骨干外出参观学习，组织 50～100 名村民到市内先进村"观摩换脑"，用事实说话；返回后趁热发动村民参与清理"三大堆"；村民参与活动；利用晚上时间，由村干部和小区长挨家挨户通知，第二天一大早全村一

齐行动清理三大堆，村干部和小区长逐户检查，督促后进户，并提倡左邻右舍对病灾老年户要给予帮助；对重点部位和重点户由村干部落实有效措施予以解决；有条件的村，可确定"村容专管员"，给予相应的报酬，实行"专兼结合"整治村容；按照《门前三包责任制》的要求常年抓好落实。

4. 组织发动群众示意图

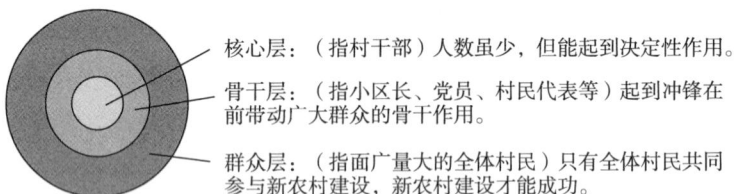

核心层：（指村干部）人数虽少，但能起到决定性作用。

骨干层：（指小区长、党员、村民代表等）起到冲锋在前带动广大群众的骨干作用。

群众层：（指面广量大的全体村民）只有全体村民共同参与新农村建设，新农村建设才能成功。

5. 结论

（1）要想搞好新农村建设，首先要在组织发动群众上狠下功夫，真正确立农民群众在新农村建设中的"主体作用"。

（2）组织发动群众的力度有多大，村民的重视程度和行动力度就有多大。

（3）群众能否真正发动起来，是检验基层党组织是否有凝聚力和战斗力的重要标志，也是检验新农村建设是否成功的重要标志。

二　如何破解"资金投入难"的问题

1. 要牢固确立"自立"精神，不当"等靠村"，争当"自立村"

2. 筹资筹物"八法"

通过积极落实上级制定的建设新农村的激励政策，争取上级补助和奖励；积极兑现村里的承包合同，收足收齐租金；发动村民捐款、捐石料、捐义务工等；动员村民托亲赖友捐助；包扶单位节约开支扶助；赢得镇党委、政府和相关部门在职能范围内帮助；开辟和创新收入渠道增收；积极编报有关农业项目，争取上级安排。

3. 结论

（1）村干部带着感情和激情办事，用心做事，以诚感人，往往容易赢得别人的支持。

（2）村民把各自门前的卫生搞好了，村容整洁了，就能赢得更多的资金支持。

（3）清理"三大堆"这件事解决不了，村容不整洁，就是打了一个败仗。

三 如何破解 "管理保持难" 的问题

1. 存在的问题

自来水通了，路灯通了，如果水费和电费收不起来，村集体又贴不起，自来水和路灯就会停止运行。小公园建立起来了，文化健身广场建立起来了，如果管理上不去，杂草丛生，器材损坏，就会劳民伤财。医疗卫生室建立起来了，农资超市建立起来了，村民活动室建立起来了，图书室建立起来了，如果管理跟不上，就会流于形式。

解决的方法是：因村制宜，落实责任，加强管理，精心维护，确保正常运行。

2. 结论

（1）村干部不但要有筹资筹物的本事，更要有"管理"的本事。

（2）管理上不去，就会造成资金投入的损失和设施的废弃，还会严重败坏村干部乃至党和政府的形象。

（3）责任不落实，管理上不去，是村干部的失职。

（4）村干部必须耗费很大精力搞管理。

新农村建设有很多工作要做，有很多困难要克服，我们应承认和正视这些困难，力求更好地解决这些困难以便早日实现十七大为新农村建设描绘的宏伟蓝图。

（作者单位：中共荣成市委党校）

农村基层组织建设调查报告

侯文金

加强和改善新形势下的农村基层组织建设，是建设社会主义新农村、推动全市农村经济社会又好又快发展的重要保证。近期，文登市委组织部与市委党校组成联合调研组，深入镇村，对全市农村基层组织建设情况进行了深入调研。现将有关情况报告如下。

一 现状与做法

总体看，近几年全市基层组织建设成效比较明显，村级组织的创造力、凝聚力、战斗力不断增强，农村呈现出团结一心干事业、齐心协力谋发展的良好局面。

（1）镇党委的重视程度越来越高，加强党对农村工作的领导成为共识。各镇坚持一手抓项目建设促经济发展，一手抓基层组织建设促农村和谐，不断强化工作措施，有效提高了全市村级组织建设水平。一是人员安排到位。各镇党委普遍把村级组织建设纳入党委工作重要议事日程，建立了基层组织建设责任制，安排专人抓村级组织建设。大水泊镇抽调9名班子成员抓村级组织建设，张家产镇成立了农村工作组，安排机关干部专职包片包村指导农村工作，取得了良好效果。二是资金投入到位。各镇在充分利用上级惠农政策和包扶资金的基础上，积极对农村进行财政倾斜，切实为村级组织建设解决实际困难。近几年，全市新建改建村级活动场所200多个，其中2007年新建改建村级活动场所76个。三是调度落实到位。各镇按照《村级工作规范》的要求，围绕农村干部"选、育、管"等关键环节，积极创新村级组织建设工作机制，加强对农村干部的监管，促进了农村干部规范施政、激情创业。

（2）农村干部的创业激情越来越高，农村班子的战斗力明显增强。去年农村"两委"换届后，全市农村干部的精神面貌发生明显转变，呈现出工作热情高、为民意识强、干事氛围浓的良好态势。主要原因有三个。一是村级组织岗位吸引力明显增强。各级对农村的投入逐年加大，特别是包村联户工作的扎实推进，在扶持农村发展集体经济、兴办公益事业、促进农民增收等方面发挥了重要作用，有效增强了党员干部干事创业的信心。二是农村干部队伍结构明显改善。通过大力推行"一人兼"和交叉任职，多渠道选拔"双高双强"型干部，农村班子结构进一步优化。去年，农村换届选举共产生"两委"干部 1791 人，平均每村 2.06 职，其中高中以上文化程度的占 51%，45 岁以下的占 65.4%，农村党支部书记"双高双强"比例达 86.3%，除村委会主任非党的村党支部书记由机关干部挂职外，其他村均实现了"一人兼"，"两委"成员交叉任职率达 96.7%，以往"两委"摩擦、互相扯皮的问题得到根本解决。三是对农村干部的激励引导措施不断加大。发放农村干部工资补贴、实行农村党支部书记星级管理等激励措施的落实，切实保障了村干部最基本的工作报酬，有力调动了农村干部的工作积极性。同时，各镇积极开展争先创优活动，在政治上、工作上、生活上对农村干部给予充分的关心照顾，提升了村级干部的政治地位，增强了他们的社会荣誉感。

（3）干部群众的民主意识越来越强，村级管理更加规范。调查中我们感到，当前农民群众的民主意识不断增强，参与村务管理的热情持续升温。以去年村委会换届选举为例，全市各镇选民平均参与率达到 95%，许多村甚至接近 100%，群众的参选热情超过以往任何一届。为此，各镇不断加大村级组织规范化建设力度，普遍健全了村民小组、村民代表、民主理财小组、村务公开监督小组等村级组织，规范村级事务决策程序，保证了村级事务决策科学、运行规范、监管有力。泽头、界石等镇还实行了"村章镇管"制度，对村集体资产处置、合同签订、往来借贷等需加盖公章的事项，在履行民主议事程序的前提下实行镇级审批，有效杜绝了盖人情章、签低价合同、乱借乱贷等现象的发生。界石镇在全市率先建立了联村党总支，对各村事务实行大事合议，实现了以强带弱、互赢共促。

（4）党员干部的带动作用越来越突出，先进性建设成效明显。通过先进性教育活动，农村党员干部的理想信念进一步坚定，宗旨意识进一步强化，先锋模范作用进一步发挥。一是带头致富、带领群众致富作用突出。全市各级通过结对帮扶、技能培训等措施，把一大批党员培养成为致富能手。同时，各镇注重培养发展致富能手、科技示范带头人入党，有效改善了农村党员队伍结构。近两年，全市新发展的农村党员中，35 岁以下、高中以上文化、掌握 1~2 项致富技术的优秀青年达 233 名，占 43.7%。二是推进新农村建设作用突出。在"两委"换届选举中，各镇积极鼓励在外能人竞选村干部，使一大批素质高、能力强、群众拥护的优秀人才充实到农村干部队伍中，有效增强了村级班子的战斗力。据统计，近几年全市共有 172 个村通过选配了一名好当家人，使村庄实现了由弱变强、由差变治。龙山办管庄村 8 年没有村班子，2004 年选出新班子后，村干部带领党员群众规划村庄，硬化街道，引进了 5 家家纺企业，短短几年时间就发展成为全市新农村建设示范村。三是在打击歪风邪气、推动乡村文明等方面作用突出。全市农村普遍开展了无职党员设岗定责、党员目标承诺活动，广大党员积极参与村务管理，发挥模范带头作用，多数党员能够在关键时刻伸张正义，主持公道，有效推进了村级规范化建设，促进了农村和谐新风建设。大水泊镇口子村通过实行党员联户管理，充分发挥党员组织群众、宣传群众、教育群众、服务群众的作用，使一个有名的"乱"村变成了村风好、民风正的文明村。

（5）发展村级经济的思路越来越宽，村级服务功能得到增强。调查中我们感觉到，目前全市农村发展集体经济的热情很高，几乎村村都在想法子、找路子、谋发展，农村经济状况不断好转，村级组织的服务功能进一步增强。近城守镇的村，充分发挥区位优势，通过房产开发、发展商贸流通业、建厂房招商、引资办企业等形式，发展村级经济。大水泊镇清石河村发挥临近城区的优势，积极建设标准厂房，引进了 11 家企业，年增加集体经济收入 100 多万元。靠山临海和有闲置资产的村，充分发挥资源优势，积极发展林果业、养殖业、旅游业和加工业，促进集体增收、群众致富。一些没有区位和资源优势的村，也积极创新思路找出路，千方百计增加村集体收入。泽头镇林村采取集体投资、分享产权、利益共享的方法，在田间路、村路和村四旁全部栽上速生杨，通过轮伐补植，年均增加村集体收入近 20 万元。有的镇、办事处还积极探索强村强企兼并弱村的发展路子。龙山办事处西楼居委会成功兼并了金岭屯村，实现了共富双赢。目前全市 871 个村居中有固定收入的共 610 个，占 70%，有产业项目的 173 个，占 19.9%，集体年收入 1 万元以上的 494 个，占 56.7%，年收入 5 万元以上的 158 个，占 18.1%。

二 问题及成因

尽管近年来全市村级组织建设有了长足进步，取得了明显成效，但也存在一定问题，影响了新农村建设的整体推进。主要表现在以下五个方面。

（1）镇党委的领导方式不适应，对农村及农村工作的统驭能力有所降低。客观上，由于农村推行村委会直选，村干部已由原来的单纯对上负责，转变为更多地对下负责，镇党委开展农村工作有时只能依靠感情推动，导致有的镇在农村工作中方法较少，削弱了党对农村基层组织的领导力度。主观上，近几年镇党委经济建设任务十分繁重，个别镇存在重经济轻党建的倾向，对党建工作仅限于简单地安排部署，对党建投入精力不足，造成了工作力度的减弱，成效不够明显。

（2）村干部的工作方法不适应，管理村级事务缺乏有效抓手。一是思维方式不适应。有些村干部受观念限制，习惯于用行政手段推进工作，对一些新问题、新矛盾束手无策，存在"老办法不管用，新办法不会用"的现象。二是处事方式不适应。个别村干部民主意识、法制观念淡薄，作风不民主，办事不公正，村务公开不全面、不及时，影响了党群干群关系。三是能力素质不适应。近几年，农村新任干部明显增多，一些新任村干部缺乏政策法律知识和驾驭农村工作的能力，仅凭热情干事，出现了好心办不成好事的现象。同时，部分村干部因村级经济薄弱，存有畏难发愁和消极应付情绪，工作热情不高。

（3）村级集体经济状况不适应，无钱办事的问题比较突出。部分村由于20世纪80年代兴办企业亏损、税费改革后集体经济收入来源减少、村干部缺乏发展村级经济的思路和办法等情况，集体经济发展举步维艰。由于受经济条件制约，部分村级组织办事无能力，服务无手段，导致说话无人听，办事无人跟，影响了村级班子的凝聚力和号召力。

（4）农村党员队伍素质不适应，先锋模范作用未充分发挥。调查中，一些群众反映少数党员模范带头作用不明显。一是党员教育不够经常。个别村党组织疏于对党员的经常性教育管理，很多党员对上级政策知之不多、体会不深，造成党组织纪律观念淡漠，队伍管理比较涣散。二是党员队伍老化比较严重。目前，全市农村党员中55岁以上的占74.6%，35岁以下的仅占7.1%。多数党员年老体弱、接受新事物能力差，思想观念和能力素质明显不适应形势发展的要求，在发展经济、带头致富、参政议政等方面难有作为。三是发展党员渠道不够畅通。个别村宗族派性比较严重，在发展党员问题上难以形成共识；还有个别村干部怕"培养了苗子，丢掉了位子"，故意设置障碍阻挠先进分子入党，影响了党员队伍结构的优化。

（5）农村工作环境不适应，开展农村工作面临诸多难题。一方面，农村遗留问题比较严重。不少村存在土地分配、村集体与群众经济往来、集体举债、合同纠纷等遗留问题，这些问题多年得不到有效解决，束缚了村干部手脚，影响了工作热情。另一方面，一些村村风民风不正。部分镇村对农民的教育管理重视不够，办法不多，导致部分群众个人主义、无政府主义以及封建迷信思想比较严重，有的群众只讲权利不讲义务，认为"无人管事总比有人管事强"，消极对待甚至抵制村干部正常工作，造成村干部工作困难重重。

三　对策建议

结合这次调研，我们认为抓农村基层组织建设必须紧扣发展这一主题，不断完善党的先进性建设长效机制，切实增强村级组织的创造力、凝聚力和战斗力，为全市农村经济社会又好又快发展提供坚强保证。

（1）强化镇级责任意识，凸显农村工作重要地位。基础不牢，地动山摇。抓好以党支部为核心的村级组织建设，镇党委负有直接责任，起关键作用。当前各级都在全力加快经济建设。发展经济主要靠项目，项目落地关键靠村级组织。因此，加强村级组织建设是发展经济、引进项目的重要前提和保证，必须切实抓好，抓出成效。一要强化目标考核。要像抓大项目一样抓村级组织建设，像考核大项目一样考核村级组织建设，提高村级组织建设在镇目标责任制考核中的赋分比重，引导镇党委高度关注村级组织建设、集中精力抓好村级组织建设。二要明确工作职责。要把基层组织建设作为镇党委"一把手"工程，建立党建工作目标责任制，层层签订目标责任书，做到任务到人、责任到位，形成一级抓一级、一级带一级、层层抓落实的责任体系。三要加强信息掌控。镇一级要普遍建立村级组织建设预警机制，动态掌握村情民意，排查不稳定因素，努力把问题解决在萌芽状态。市里也要建立组织、纪检、信访、民政、公安等部门联席会议制度，定期收集群众来信来访情况，扩大问题信息来源渠道，并将信息及时反馈到镇，限期排查整治，维护农村和谐稳定局面。

（2）健全激励保障机制，引导农村干部激情创业。农村干部处在新农村建设的最前沿，工作任务重、压力大，要真正重视、真情关怀、真心爱护农村基层干部，促使他们激情创业。一要引导村干部想干事。市镇两级要定期开展优秀党支部书记、先进基层党组织等评比活动，像宣传表彰企业家那样，大张旗鼓地表彰村级组织建设先进村和优秀村干部。对表彰对象，不仅要给予政治荣誉，还要给予经济奖励，不仅要举行大会表彰仪式，还要通过媒体广泛宣传，大力营造抓村级组织建设光荣的浓厚氛围。二要督促村干部真干事。把农村干部任期目标管理作为推动农村工作的总抓手，加强对村干部目标完成情况的督查、评议和考核，考核结果与干部切身利益挂钩，真正实现"用目标选干部、用目标管干部、用目标促干部"的目标，充分调动农村干部干事创业的积极性。三要保障农村干部能干事。针对农村集体经济仍比较薄弱、村级组织运转经费缺乏的实际，建议加大村级转移支付力度，并逐村设立专户，保障农村的基本支出费用。要认真落实村干部财政补贴、星级津贴等政策，保证农村干部最基本的收入。要继续开展包村联户工作，进一步加大正面引导和督导考核力度，力争在包扶资金投入、改善民生、发展集体经济等方面取得新突破，为新农村建设提供有力支持。

（3）突出发展第一要务，不断壮大村级集体经济。要引导农村立足实际，发挥优势，选好突破口，走各具特色的发展路子。集体经济有一定基础的村，要进一步搞好集体资产经营，提高运营质量，不断壮大集体经济实力。集体经济基础比较薄弱的村，要发挥守城、守镇、守路的区位优势，大搞招商引资，利用土地、滩涂、山岚、闲置房屋等资源资产，变资源优势为经济优势，将潜在优势转化为现实优势。发展优势不明显的村，要围绕农业产业化经营开展社会化服务，或通过争取外部资金扶持等方式，使集体经济发展尽快起步上路。同时，要引导农村合理支配集体资金。要把资金使用重点放在为群众办实事和发展能够长期受益的项目上，坚决杜绝借为民服务之名，大搞非生产性投入、攀比发放村民福利待遇等短期行为，避免因集体资产流失，导致强村变弱、好村变差。特别是在村民福利待遇发放上，可由镇党委统一规定不同类型村发放的上限标准，遏制当前部分村脱离实际，盲目攀比发放福利待遇的势头，避免村级集体资产过度消耗。

（4）加强村级制度建设，进一步规范村级施政行为。要健全完善村级管理制度，促进村务管理规范化、程序化。一要规范决策程序。加大《文登市村级工作规范》落实力度，农村凡是与农民群众利益密切相关的事项，都必须实行民主决策，由村民会议或村民代表会议决定，不能由个人说了算。对不按规定违规决策的，造成的损失由责任人承担，构成违纪违法的，要依纪依法处理。二要规范财务管理。要在实行农村财务镇级委托代理制度的基础上，进一步加强对村集体经济活动的监管。村集体需要资金支出，事前要填写请示报告单，经镇政府预批后方可实施，否则不予报销。要总结推广部分镇"村章镇管"的经验做法，通过合法程序，将各村公章统一上缴镇政府管理，村集体在签订经济合同时，必须经镇司法所、经管站审核，合格后方可盖章，以加强村级经济活动的监管，避免集体经济受损。三要规范村务公开。大力实施"阳光村务"工程，落实村级民主议政日、重大事务村民公决等制度，提高群众参与村务管理的热情。要坚持群众点题公开与热点焦点公开相结合、全面公开与全程公开相结合、公开栏公开与明白纸入户公开相结合，扩大村务公开的影响力，切实保障村民的知情权和参与权。

（5）加大选拔培养力度，努力提升干部党员素质。要适应新农村建设的要求，加强对农村干部党员的选拔培养，提升党员队伍素质，使农村干部党员能够充分施展才能、发挥作用。一要精心培育农村干部。要在推行竞职演讲、目标承诺等制度，广开渠道选"能人"的基础上，采取以会代训、集中办班、外出参观学习等形式，多形式培训农村干部党员，提高农村干部的实际能力和学识水平。要打破传统的培训模式，根据农村地域特点、经济发展状况、新农村建设成效、村干部工作经验等进行分类培训，增强教育培训的针对性。二要建好农村党员队伍。要突出农村发展党员重点，注重在非党村委会主任、非党村民代表、致富能手、复退军人、外出务工青年中发展党员，提高党员队伍的整体素质。要推行发展党员"四集中"制度，避免发展党员工作的随意性，从源头上保证新发展党员的质量。要积极实施党员"素质提升工程"，增强党员的"双带"能力，较好发挥党员的先锋模范作用。三要储备一批后备干部。要按照党员群众推荐、党支部考察、党委审批的程序，确定一批农村后备干部，进行重点培养，缓解农村干部队伍后继乏人问题。对培养成熟的农村后备干部，通过规定程序，及时调整使用；对缺乏发展潜力和培养前途的，随时调整出后备干部队伍，并及时补齐后备干部缺额，使后备干部队伍始终保持生机和活力。

（6）创新村级组织设置，切实增强农村发展活力。要针对农村生产力布局不合理、村与村之间发展不平衡的实际情况，创新党组织设置形式，发挥农村党组织在新农村建设过程中统筹协调、组织引导、带动群众的作用。一要突破地域建立联合型党总支。在农村，要组建联村党总支，实现大村带小村、强村带弱村，联合共建、共同发展的目标。在城郊，要积极推广龙山办强居强企联合小村弱村，建立村居联合党组织的做法，形成村居（企）合一、优势互补、共同发展的农村社区党组织运行机制。二要立足产业链设置联动型党支部。对特种动物养殖、西洋参种植、水产养殖等已形成一定规模的农业产业，要依托产业建立党支部，并根据产业内部分工、党员数量及分布，在产业链点上建立党小组，形成农村党组织带动群众致富的规模效应。三要根据党员从业特点设立专业型党支部。针对农业产业结构调整、农民就业方式转变的新变化，将农村党员按从事的产业、文化程度、经济状况、居住地点等分类，采取产业建组、职能建组、邻近建组等形式，调整划分党小组，方便党员相互学习、交流信息、发挥作用。

（7）坚持教育打击并举，大力优化农村工作环境。要把加强对村民的宣传教育、提高村民素质，作为推动农村进步的根本大计来抓。要坚持多部门联动，深入开展送政策、送文化、送科技、送法律、送教育、送健康下乡活动，提升农民素质，培养新型农民。要鼓励有条件的村建设文化大院、设立图书室、老年活动中心等，为村民提供读书学习、休闲娱乐的活动场所。要积极开展"星级文明户""五好村民""安全文明小区"及文化体育比赛等喜闻乐见的群众性精神文明创建活动，引导农民群众树立良好的村风民风。同时，要把宣传教育同打击歪风邪气结合起来，对拉山头、搞派性、左右村务、威胁恐吓、打击报复村干部以及隐匿村级财务和公章、寻衅滋事、扰乱治安等不法行为，要依纪依法严肃处理，构成犯罪的要给予法律制裁，为村干部大胆开展工作创造良好的社会环境。

（作者单位：中共文登市委组织部）

关于乳山市推行农产品质量安全
区域化管理的研究

姜翠萍

今年 4 月，在乳山召开的全省出口农产品质量安全示范区建设现场会上，副省长才利民表示，希望区域化管理在威海全面推开，全力提升威海农产品的质量，维护山东出口农产品的形象，为山东的经济繁荣做出更大贡献。市委书记、市人大常委会主任王培廷强调，农产品质量安全区域化管理是推动传统农业向现代农业转变的根本措施，是增加农民收入的重要途径，是保障人民群众身心健康安全的必要之举，也是保护山东乃至中国食品农产品形象的重要举措。因此，如何全面推广"乳山经验"，加强农产品质量安全管理，是事关群众身体健康和切身利益的一件大事，也是构建和谐社会的重要之举。

一 加强农产品质量安全管理的紧迫性

近年来，国内国际市场上的食品安全问题层出不穷，"苏丹红事件""婴幼儿奶粉事件""毒水饺事件"……食品农产品的信誉和形象正遭受前所未有的冲击。种种问题的存在，影响了中国食品、农产品的出口，以及农业、食品工业等重点行业的健康发展。其产生的直接效应就是包括山东等重点出口省份在内的中国食品、农产品出口受阻，间接效应则是欧美、日本等国家和地区纷纷把农产品质量安全问题作为技术性贸易壁垒，其措施变化之快、标准之高前所未有，明显加大了中国企业的发展压力。从人本的角度看，这些问题犹如悬在民众头上的巨石，严重威胁广大消费者的身心健康。"三鹿婴幼儿奶粉事件"，代价是 30 万中国儿童的健康，教训不可谓不惨痛。

严峻的食品农产品质量安全形势引起了国家的高度重视。去年"三鹿婴幼儿奶粉事件"发生后，胡锦涛总书记在中央经济工作会议上一针见血地指出，"如果增长粗放和产品质量不高的问题不能得到全面有效解决，总有一天会引发系统性风险，甚至会引发信用危机和社会动荡"。温家宝总理在全党深入学习实践科学发展观活动动员大会上也指出：一些地方连续发生食品安全事件和生产安全事故，严重损害人民生命健康，造成了极其恶劣的社会影响，教训十分深刻。各级党委政府必须把食品安全和安全生产工作摆到重要的日程上来，任何时候都不能松懈，这是贯彻落实科学发展观的要求。今年元旦，温家宝总理在视察山东时再次指出：山东出口农产品数量多，一定要抓紧抓好，不能出现问题。

市委、市政府对农产品质量安全也非常重视，早在乳山决定推行农产品区域化管理之初，就通过与省有关部门协商，专门安排威海出入境检验检疫局农产品质量安全技术专家曲径前往乳山挂职副市长，主抓乳山农产品区域化管理。在今年2月召开的全市农村工作会议上，市委书记、市人大常委会主任王培廷要求全市全面推行农产品质量安全区域化管理。4月13日的全省出口农产品质量安全示范区建设现场会一结束，王培廷立即召开紧急会议，再次要求加快推进全市农产品质量安全区域化管理步伐。

二 目前农产品质量存在的问题及分析

一是植物性农产品的农药污染严重。在生产环节，由于农业生态环境污染、农民购买并使用过量的化学肥料、化学农药等化学品及生产管理的不合理，造成植物性农产品的农药污染。有关资料显示，我国每年使用约170万吨农药，其中约有30%是含有机磷的，其毒性的残留对消费者的健康危害极大，我国市场上18%的农产品有害物残留量超过了国家规定标准。

二是动物性农产品的抗生素、激素等残留超标。在养殖过程，为了防治疾病、提高饲料转化率和动物生长率、提高动物产仔率和仔畜体重、改善动物胴体质量，经常使用抗微生物药、驱虫药、杀虫药和激素类药等，这些兽药残留对人体健康危害极大。

三是不合格或超量、超范围使用化学色素、化学添加剂等现象严重。在农产品生产加工过程中，为满足加工工艺的需要或为延长保质期或为改善产品的感观性状，往往会加入某些化学色素、添加剂等，若使用不合格或超量、超范围使用，都会造成农产品的污染。

四是不合理的贮藏、保鲜等造成污染农产品的事件时有发生。在食物运输、流通过程，由于不合理的贮藏、保鲜，不遵守相关的卫生管理规定，使用不洁的或曾贮运过有毒、有害物质的仓库和运输工具，导致有害微生物入侵，污染农产品的事件时有发生。另外，由于农产品市场准入制度尚未健全，市场监督管理不严，保障体系不完善，投入不足，优质优价政策不落实等造成种种农产品质量安全问题。

三 "乳山经验"的深刻剖析

近年来，乳山市按照省和威海市统一部署，以发展现代农业为总体方向，抢抓山东省推行农产品质量安全区域化管理的机遇，在上级外经贸、出入境检验检疫和农业等部门的关心指导下，以"管理无盲区、投入无违禁、产品无公害、出口无障碍"为目标，大力推进全区域、全方位、全覆盖的农产品质量安全区域化管理，初步达到了提升形象、扩大出口、壮大龙头、促进增收的目的，创出了具有乳山特色的试点经验。统计数据表明，自实行区域化管理后，乳山农副产品的创汇能力大大增强。2008年，该市农产品出口额达到2.6亿美元，增长28%，其中花生制品出口量居全国县级第二位，占据日本60%以上的市场份额。乳山农民也受益匪浅。2008年，乳山苹果、大姜的价格均高出周边地区，仅差额部分就增收1.7亿元，该市农民人均纯收入达7533元，较上年增长9.8%。"乳山经验"已经充分证明，区域化管理对提升食品农产品质量、促进食品农产品出口具有显著作用。在推进农产品质量安全区域化管理过程中，乳山市重点建立了五大体系。

一是建立农产品质量安全标准体系。乳山市按照"有标贯标、无标建标、缺标补标"的原则，围绕种植、生产等各个环节，编制了12项生产技术操作规程和100多个企业生产标准，形成了与国际接轨的农业标准体系，指导农民和出口加工企业实行标准化种植、规范化生产。在此基础上，采取发放明白纸、媒体宣传等形式，推广普及生产标准，提高广大农民对质量标准的认识程度，促进农业标准化生产，从源头上提高农产品质量，力争经过3~5年努力，达到"四个百分之百"工作目标，即全市行政区域内农产品100%达到无公害标准，出口农产品100%达到国际标准要求，大宗农产品100%建立市场可追溯体系，优势农产品100%以村或龙头企业为单位使用统一标识和代码。

二是建立农资监督管理体系。从严堵农业化学品源头抓起，乳山市以农业植保、供销生资和邮政服务站3家规模最大、网点最多的农资经营单位为主体，强化营销网络建设，完善审检登记备案制度，规范农资销售市场，将400 余家农资经营网点全部挂靠 3 家骨干经营单位，实行定点供货、专营专供。同时，按照日本、欧盟等国际标准，提高了农资准入标准和经营门槛，通过严控货源、群众举报、集中整治等措施，从根本上堵住了违禁农资的进入渠道，有效净化了农资市场，切断了农产品污染的根源。今年以来，在各级组织的农资执法大检查行动中，乳山没有发现一次违规经营、使用违禁农资的现象。

三是建立安全检验检测体系。一方面，乳山市成立了市级农产品质量检测中心，配备必要的测试仪器和技术人员，负责对全市农产品的化验、分析等工作，在主要农产品生产基地、大型农产品批发市场建立质量检测点，对农产品实行全程监控。今年还将启动建设好总投资 4000 万元、设在乳山的省级农副产品监督检验中心，提高对农产品质量的监测能力。另一方面，采取政府补贴的方式，鼓励出口企业自建检测中心 53 家，切实把住原料进厂和产品出厂"首尾"两道关口，初步形成了以市级农产品质量检测中心为依托，以农产品加工企业检测资源为主体，农业、质监等部门检测机构共同参与的检验检测体系，实现了农产品从农资、生产、加工各个环节全过程、无缝隙的监控和检验检测，切实保证农产品质量。

四是建立企农联动共赢体系。乳山市围绕建立市场化的利益导向机制，充分发挥企业和农民两个主体作用，大力推行"企业＋农户＋基地"的企农联合经营模式。其一，抓基地建设。与检验检疫部门联合对出口企业自属基地实行"双备案"，获备案产品出口在抽检、通关等方面享受一定便利，有效调动了企业带动发展标准化生产基地的积极性。同时，围绕发挥好村级组织带领农民参与基地建设的协调管理作用，由农产品基地所在村与企业签订发展合同，凡是按照企业标准要求进行种植，每收购 1 吨农产品原料，企业给予基地村一定的管理补贴。目前，全市"双备案"基地面积已达 38 万亩，联系 10 万多农户，年增加农民收入 40 多亿元。其二，抓质量认证。引导帮助企业开展质量认证，建立和完善质量管理体系，确保所有产品、每道工序的质量安全。目前，全市有 23 家农产品加工企业通过 ISO9001 质量管理体系和 ISO10004 环境体系认证、12 家企业通过了 HACCP 体系评审。其三，抓品牌创建。积极实施品牌战略，出台了奖励政策，对通过无公害农产品、绿色食品、有机食品认证的涉农企业分别给予 1 万 ~3 万元奖励，以此引导企业提高产品质量和档次，增强市场竞争力。目前，乳山市现已发放品牌奖励资金 70 多万元，争创无公害农产品和绿色、有机食品认证 23 个，成功注册了"乳山牡蛎"国家地理标志证明商标，"乳山大姜"被中国绿色食品发展中心认定为绿色食品 A 级产品。

五是建立技术服务体系。围绕推广标准化种植技术，组织开展了以"送科技到村、送技术到户"为主题的农业技术人员"联户带村"活动，培植科技带头户和科技示范村，辐射带动全体农户，形成"科技服务直接到村、科技人员直接到户、良种良法直接到田、技术要领直接到人"的新格局。目前，全市 125 名农技人员，结对联系 125 个村和 777 个种养业户，先后组织推广了苹果非疫区建设、测土配方施肥、大姜优质高产栽培等农业新技术 100 多项、新品种 300 多个，全市主要农作物良种普及率达到 98%，水果良种覆盖率达到 92%。同时，坚持办班学习与现场指导相结合、走出去与请进来相结合等多种方式，多形式、多层次地开展农村实用技术培训，先后分期分批对全市1400 多名镇村干部、农技人员进行了专题培训，培训群众 4 万多人次。

四 "乳山经验"启示

"乳山经验"对推行农产品质量安全区域化管理提供很好的借鉴作用，主要体现在以下几个方面。

一是各级要从思想上真正重视。乳山区域化管理之所以成功，其中，认识上高度重视是乳山能够克服推行过程中层出不穷的困难的基础。如果在认识上都没有充分重视，难度很大的区域化管理能够按时保质地全面推行。目前，农业种养植在我国绝大部分地区还是属于一家一户分户种养植的模式。在这种情况下，如果没有政府部门从上至下的重视，没有科学、有效、系统的管理机制，单纯依靠执法部门的监督检查，显然是捉襟见肘。

二是要进一步加大培训和宣传力度。依据乳山经验，加强农产品质量安全区域化管理，最有效的办法之一就是加大培训和宣传力度。在宣传培训范围上，乳山市上到政府、部门、企业的领导，下到万千农户，凡与食品农产品质量安全相关的单位、人员无一排除在外。培训内容则从国家、行业以及地方的食品安全法规，到进口国对进口产品的质量标准要求，到目前国家禁用、限用农业化学投入品的种类、名称，再到可用农业化学投入品的安全间隔期等。

三是要有完善的组织管理体系。工作头绪多、杂、乱，是目前推行农产品质量安全区域化管理工作人员的共同感受。作为一项社会化工程，农产品质量安全区域化管理从部门讲，涉及农业、工商、质监、渔业、安监、公安等十余个部门；从人员讲，从千家万户的农民，到众多从事食品农产品生产加工的企业管理者，再到万千从事农业化学投入品经营的人员，涉及群众面十分宽泛；从组织体系讲，从村两委到乡镇再到市级，各级领导干部都投身其中。可以说，此项工作是牵一发而动全身。为此，要建立健全纵向和横向组织网络，构筑起"全领域、全方位、全覆盖"的管理格局，为推动区域化管理建立了强有力的组织网络保障。实行市、部门及镇三级联动的纵向管理网络，形成了从上到下层层抓的管理格局；拓展横向管理网络，将区域化管理范围由出口农产品延伸到行政区域内农、牧、渔等所有农产品。

四是规范农业化学投入品市场。近年来发生的诸多食品安全事件，可以发现一个共同点——都离不开一个"药"字：花生制品被封关、冷冻水产品被就地扣压销毁、叶菜类蔬菜制品被限制出口等。种种事实表明，管好农业化学投入品市场对于农产品质量安全至关重要。实事求是地说，上述现象更多是由生产厂家管理缺乏章法所致，威海作为一个消费市场，农业化学投入品管理者对身在异地的生产厂家往往鞭长莫及，只能通过投入大量的人力物力加大市场执法来尽可能地进行监管。乳山在推行农产品质量安全区域化管理之初，也曾面对同样的市场困惑。但乳山市之所以最终能成功，还在于乳山市从掐住农业化学投入品流通渠道入手，下大力气理顺和完善了农业化学投入品的管理机制，使得管理由过去单纯依赖执法向着机制管理与执法并举转变，很好地解决了执法力量有限而市场广阔之间的矛盾。

五是依法推进农产品市场准入。市场准入，是调动农民生产优质农产品积极性，搞好农产品质量安全工作的有效切入点。要根据法律确定的农产品市场准入要求，明确市场监管主体，完善市场检测检验和依法处罚制度，加强对进入批发市场、集贸市场以及超市的农产品的监督抽查，防止和杜绝不合格农产品上市销售，并不断扩大市场准入覆盖面；要建立无公害农产品专营市场、专营区、专卖店等有效形式，积极推行无公害等优质安全产品的市场专营，引导培育优质优价机制，进一步调动农民生产无公害农产品的积极性；要逐步建立农产品的包装和标识制度，方便消费者识别农产品质量安全状况。要完善追溯体系，实行绿色消费问责。

六是依法加强农产品质量安全检测。实行农产品质量安全检测是保障农产品质量安全的重要手段。要重点建好县级检测机构、农产品批发市场和超市检测站，建立以企业自检、社会中介检验检测机构委托检验和执法机关监督抽检相结合的工作网络，尽快健全具有特色的农产品质量安全检测体系，确保农产品质量安全监管工作正常运行；要通过改进仪器设备等检测手段，提高检验检测能力和水平；要健全例行监测制度，制定监测计划，完善检测程序和办法，延伸检测区域，扩大监测范围。

七是积极搭建土地流转平台，努力推动标准化的基地建设。加快土地流转、整合土地资源，是扩大标准化基地面积的前提。为此要按照依法自愿有偿的原则，积极鼓励农民以转包、出租、互换、转让、股份合作等形式流转承包经营权，发展多种形式的适度规模经营，为标准化基地建设提供保障。为此通过乡镇设立的土地流转交易中心建立健全土地流转有形市场及时发布土地流转的信息，统一办理土地流转的咨询、权利认证和收益结算等事项，通过搭建土地流转平台膨胀标准化基地建设的规模。同时为扩大基地建设规模，可以组织有关部门广泛搜集农业龙头企业发展、土地流转等方面信息，积极搞好中介服务，加强龙头企业与基地村的衔接协调，解决龙头企业找地难、农户找企业难的问题。

（作者单位：中共乳山市委宣传部）

后　记

　　威海市社会科学优秀成果奖，是威海市政府奖。1997 年，时值威海市成立 10 周年之际，中共威海市委宣传部、威海市人事局、威海市财政局、威海市社会科学界联合会联合报请，经时任市委副书记、市长孙守璞同志亲自过问并批准设立。

　　自 1997 年设立威海市社会科学优秀成果奖至今，共举行 20 次评选，有接近 1400 项成果获奖。许多成果进入决策，较好地解决了经济社会发展实践中的难题。

　　2007 年，为庆祝威海市建市 20 周年，我们编辑出版了《威海市社会科学优秀成果获奖作品文库》（第一卷～第十卷）。近 10 年来，威海的哲学社会科学事业，尤其是社科理论研究领域，从人才队伍到研究领域到成果质量水平，都得到了全面的发展。2017 年，威海市成立 30 周年，我们继续组织编辑了本套《威海市社会科学优秀成果获奖作品文库》（第十一卷～第二十卷）。

　　《威海市社会科学优秀成果获奖作品文库》（第十一卷～第二十卷），汇集了 2008～2017 年获得威海市社会科学优秀成果奖的著作、论文、研究报告，集中反映了近十年威海市哲学社会科学界取得的优秀成果，研究范围涉及经济学、管理学、语言文字学、教育学、文艺理论、外国文学、哲学、政治学、社会学、法学、科学社会主义理论等专业领域以及党的建设、历史文化、社会发展、经济建设、体制改革、马克思主义研究等诸多方面。

　　受篇幅的限制，编辑过程中，我们删除了成果原文中的"内容提要""关键词""参考文献"以及"尾注""角注""夹注"，加注了作者所在单位。若需详查，读者可与作者直接联系。

　　编辑过程中，有些文稿中图片的清晰度不够，达不到印刷要求，在不影响原意表达的前提下，一般作删除处理。因时间跨度较长以及各种社会因素变化，有些获奖成果已难以搜集，有些作者提供的资料过于简单或者缺乏研究的深意，也有个别研究因为资料来源不规范和一些认识偏差，没有收录，在此一并说明。

社会科学文献出版社的领导和编辑们，在文库的编辑工作中展现了出色的业务能力、精益求精的工作态度和一切从客户愿望出发的职业道德，成为我们学习的榜样。在此，表示衷心感谢！

编　者

2017 年 9 月